生來張狂

——科比·布萊恩傳——

The life of

KOBE BRYANT SHOWBOAT

羅倫·拉森比——著 李祖明——譯

ROLAND LAZENBY

目錄

第五部　曼巴

獻給黑與白以及其間所有美妙的朦朧，獻給埃拉・梅・奧斯丁（Ella Mae Austin）以及羅傑・戴維斯（Roger Davis），並獻給達克・佛斯特（Doc Foster）與艾絲特拉・漢普頓（Estella Hampton），獻給所有以百萬種珍貴方式傳授莫大教訓來保佑我們的人，並獻給多年來陪伴在我身旁的佳人凱倫（Karen），她的愛完全無法衡量，獻給我的孩子，珍娜（Jenna）、亨利（Henry）與摩根（Morgan），以及我的孫子，連姆（Liam）與艾登（Aiden）。

紀念與珍妮・拉森比・瑪斯騰（Jeanie Lazenby Masten）共度的美好記憶。

作者序

與他初次相遇時，他看起來就是個貪玩的孩子。然而他不是，科比．比恩．布萊恩（Kobe Bean Bryant）必須不辭勞苦，向世人展示沒有自己無法跨越的難關。

尤其是那個問題重重的新秀球季。

一九九六年十二月，他在夏洛特體育館以一顆三分球寫下個人NBA生涯第一次進球紀錄。那個夜晚，我在場邊目睹一切順其自然地發生。

比賽結束後，布萊恩蹦蹦跳跳地直奔休息室。當時的他還不認識手持筆記本與錄音機、有如路人的我，但從跟我打招呼時真誠地來了一次「兄弟之握」，兩人拇指輕觸一下後，接著用其餘四隻手指鉤著彼此的動作，都再再流露出他想要讓全世界認識自己，已經想很久了。

該年球季的不久之後，我在克里夫蘭一間空蕩蕩的休息室與布萊恩坐在一起。那時恰好是一段空檔，他正等著在NBA第五十週年明星周末的灌籃大賽登台亮相。

當代有一批年輕球員來到NBA，在這批青年才俊中，布萊恩正是其中的看板人物。我們探討了他的處境，而他在討論中提及身為一名剛滿十八歲的球員，自己面對了哪些困難、期待與危害，以及在洛杉磯這個龍蛇雜處的大城市中充滿的各種誘惑。

布萊恩還提到一九九一年魔術強森（Magic Johnson）因為愛滋病而宣告退休時，十三歲的自己心中有多大的震撼。強森曾承認自己抵不過美色的誘惑，每年能與三百至五百位女性共度春宵。布萊恩認為，自己能夠克服相同的關卡。

「對我來說這並非難事。」布萊恩告訴我，「因為在我的生命之中，還有許多事等著我來完成。」

確實如他所言，結束我們在休息室中那段深具意義卻又不失輕鬆的對話幾分鐘後，他以劇力萬鈞的表現拿下灌籃大賽的冠軍。這也在布萊恩原本就已經氣燄高張的企圖心上，又點燃了一把熊熊烈火。

隔年他就獲選為明星賽的先發球員，事實上，他當時甚至尚未名列於湖人的先發五虎。而接下來湖人進入了多災多難的一九九九年球季，這最終成為最後一根稻草，壓垮了當年天賦滿載卻無法更進一步的這支球隊，令湖人老闆傑瑞．巴斯（Jerry Buss）決定將它砍掉重練。

第三個球季，身陷於混亂的正中心，二十歲的布萊恩，失落、孤獨，心中更充滿挫折。

「我只不過是想成為台柱。」他這麼對我說，並重申他想成為ＮＢＡ最頂尖球員的目標，「我還不知道該怎麼做才能達成這個理想，不過我會找出一條路的。」

即使這個目標擺在那個時空背景下有多麼不切實際，他還是找到了。在職業生涯即將譜下終曲的二〇一六年，回首於二十年來自己創下的功績與成就，布萊恩可以宣告自己在最偉大球員的行列中掙得了一席之地。二〇一五年，他超越自己的偶像喬丹（Michael Jordan），成為聯盟總得分榜第三高的球員，僅次於賈霸（Kareem Abdul-Jabbar）與馬龍（Karl Malone）。*更重要的是，他幫助湖人隊贏得五次冠軍，十八次入選明星賽，並贏得兩面奧運金牌。

雖然在克里夫蘭的那個夜晚，身為菜鳥的他表明自己還不知道該如何走向巔峰。但面對這個問題，他的心中早已設想好從未改變過的解答。他將會不計一切、堅決不懈地克服所有比賽中的考驗，日復一日，一場接一場，直到他發現自己的主宰力已經令所有對手望塵莫及。

前所未有地替單一球隊效力二十年後，這些比賽塑造了孤高而永不妥協、聰明而自信的布萊恩，也讓他成為美國職業運動史上一個巨大的不解之謎。他是籃球史上最執著的競爭者，也是一位逐年在體育圈內打響重視細節的賽前準備大師名號、總是讓周遭眾人吃驚的奇葩。也因為如此，他的生活有如一台機器，生產的大量衝突，成為了追求統治力過程中的副產品。

隨著比賽的積累，日曆的翻篇，二十年來，他經歷傷病與動盪的折磨，也承受著每一段緊密連結的關係出現的裂痕。但為了達到心目中的偉大境地，沒有代價是他不願意承擔的。

在這段過程中，他成為人們口耳相傳中最兩極化的NBA球員，所有NBA球迷也因此對他愛恨交織。

布萊恩還小的時候，前NBA球員的父親喬・布萊恩（Joe Bryant）就試圖給兒子建立強大的自信心。而這股唯我獨尊的霸氣，至今也是他的註冊商標。

曾和喬丹與布萊恩都共事過的心理學家蒙福德（George Mumford）認為，無堅不摧、難以撼動的自信心，成為布萊恩在相同時代球員中出類拔萃的關鍵。「他因此獨樹一格。」蒙福德說。

布萊恩的信心能延續至今，蒙福德解釋，是因為他沒有在乎過任何質疑。「他從不讓自己費心煩惱那些負面評價。」

蒙福德表示，自信心，引領還是名青少年的布萊恩走過NBA生涯初期的掙扎困頓，走出與隊友和教練的爭執鬥爭、二〇〇三年的性侵指控、與父母的衝突與疏離，也幫助他從比賽中的重傷浴火重生。自信心，成為他單場攻下八十一分的信心，布萊恩很少意識到自己一場比賽中到底出手了多少次，但也因為如此，即使承受著能將其他球員送進傷兵名單的病痛，他還是能在整個職業生涯中照常來到球場進行一貫的訓練。

＊　譯按：已於美國時間二〇二〇年一月二十五日被勒布朗・詹姆斯（LeBron James）超越，目前為第四。

也因為這股自信心，開啟了布萊恩職業生涯中的另一篇章。雖然他與歐尼爾（Shaquille O'Neal）攜手帶領湖人在西元二〇〇〇至〇二年間完成三連霸，但故事最終的結局卻是不歡而散。從許多層面上來看，他與這位大個子的關係，也影響了他職業生涯的軌跡。這讓他從此更樂意面對甚至點燃與隊友間的衝突，而類似的大小火花，也引爆在生涯中的每個階段。

這本書的標題，也因此誕生。當布萊恩在新秀時期迫不及待在場上展現自己的灌籃技術與殺入籃下的能力時，爭強鬥勝的愛現鬼（Showboat），便因此成為歐尼爾給他取的綽號。

布萊恩非常不喜歡這個諢名，他認為這個名號貶低了他，把他當作一個只能炫技、沒有實力的球員，這也是他的父親在還是職業球員的那些年所被貼上的標籤。但這個綽號，也代表著布萊恩與父親對於籃球有著相同的熱愛，以及他們以華麗且具有娛樂性的球風替球賽帶來的樂趣。

「我的父親是名籃球選手，也因此從小開始，對於籃球的熱愛就在我的血液中流動，」布萊恩說明，「我熱愛籃球。雖然我也從事過其他運動，但我從未像在打籃球時一樣，得到這麼多樂趣。」

從小開始，他就花了很多時間，看著父親在義大利聯賽大展身手。在美國的職籃生涯草草結束後，這裡成為了他的避風港。

「我從人們對他的招式以及魅力而產生的反應中獲得了許多樂趣，」布萊恩曾對我這麼說，「我也想要體會相同的感受。再次強調，他打球時真的很酷，畢竟他可是『豆豆糖』喬·布萊恩。」

曾在美國業餘體育聯盟（Amateur Athletic Union, AAU）帶過他不少時間的教練萊恩斯（Sam Rines），在這孩子還是個年輕的青少年時，就看到了一樣強烈的熱情。

「他熱愛表現自己，也享受其中，」萊恩斯說，「科比想要成為眾人關注的焦點，他想要站在舞台的中央，展現他的儀表、步伐與談吐。他在高二的夏天就很愛秀了，而他真的是個不可思議、擅於娛樂大眾的表演者。」

在因性侵遭到控告的醜聞爆發後，為了抵禦來自外界的批評，在爭強鬥勝的自我之外，他塑造了另一個自我，這也成為他自取綽號「黑曼巴」（Black Mamba）的由來。他引用自塔倫提諾導演（Quentin Tarantino）拍的電影中，一個毒蛇殺手集團的角色。這個綽號與他的天性，同樣擁有著為了勝利而冷血無情的性格，因此顯得相得益彰。

在他的職業生涯後期，他開始將這段過程描述為擁抱並接納自己競爭天性中有個「惡棍」的一面。因此當他聽到《ＨＢＯ》的《真實體育》（Real Sports）節目組告訴他，前隊友奈許（Steve Nash）說他是個「混蛋中的混蛋」時，他開懷地笑了起來。

他承認，這句話說的沒錯。

雖然他持續堅持著自己爭為強者時展現出嚴厲與苛刻的一面，但在無比艱困、在敗北泥淖中掙扎的二〇一五—一六年球季，他的這一面卻開始圓滑了起來，也開始投入在巡迴於每一場客場征戰的告別之旅。沒有別的事物能比布萊恩在二〇一六年四月最後一場在ＮＢＡ的比賽，更能讓人們聯想起他對籃球的熱愛以及他爭強鬥勝的性格。他在這場燃燒自我的比賽中，為了替自己的生涯留下完美句點，投進一球又一球。最終他獨得六十分，也帶領湖人在這場迎戰爵士的比賽中，完成漂亮的逆轉勝。

從表面上來看，這場比賽對這兩支無緣晉級季後賽的失意球隊來說，是毫無意義的比賽。但這場比賽的意義，卻因為科比這些年來的每場比賽在場上化腐朽為神奇，累積起球迷的愛戴並成為一場退休禮讚而大不相同。許多年來，只要在洛杉磯說起籃球，他就是人們第一個想到的招牌。雖然現在他曾經高超的球技已經消耗殆盡，卻還是以最富戲劇性的方式替他的籃球生涯寫下最後的篇章。似乎在宣示在這座重視影視娛樂的城市中，他才是最具戲劇張力的那個男人。

在接下來的本書中，我致力於捕捉他精采動人故事中的每個片段。而或許這不只是則故事，更是一則這些年來多人見證的警世寓言。

當這本傳記在二〇一六年出版時，科比還只有三十八歲，並對卸下球衣後的另一段職業生涯翹首期盼。他已經開了幾家多媒體公司，希望不再是一位球員後，自己能夠展開寫作與製片的嶄新人生。而不論他接下來選擇了哪些道路，都可以預期他會繼續保持他的雄心壯志，用他的無畏精神面對每一次的重要時刻，並朝著自己選定的方向積極前進。

如果是這樣，我衷心祈願他能像在夏洛特投進NBA生涯中第一球的夜晚一樣，在握手寒暄過後，用澄澈明亮的雙眼望向未來的彼方。

羅倫・拉森比

二〇一六年八月

前言　唯有孤寂

費城

二〇〇一年六月十五日

此刻在這裡，所有與勝利有關的每一件事務，都沉浸在噴灑而出、甜膩又昂貴的香檳中。

碩大的ＮＢＡ二〇〇一年總冠軍賽金盃，此時正輕巧地被他捧在懷裡。沒有人像科比·布萊恩一樣，對這個榮耀如此夢寐以求。對被這項美國職業競技體育賽事吸引、每個頑強執著的競爭者與心高氣傲的男人們來說，這是至高無上的寶藏。

剛做好的湖人官方球帽被他戴在頭上，而在這頂帽子的湖人隊徽上方，用金色的字體，繡上了這一行字：冠軍。

即使現在是六月，待在悶熱的休息室裡，他還是穿著一件五彩繽紛的特別版皮衣夾克，上頭縫上了代表湖人隊所贏得每一座冠軍的補丁。穿上這件夾克，就好像這位年僅二十二歲的球員，已經能與這支球隊的傳奇球星們並肩而行。

他有充分的理由可以仰天露齒而笑，慶祝這個在家鄉費城迎來、無與倫比的時刻。布萊恩幫助湖人在季後賽締造十五勝一敗的空前紀錄，並在總冠軍賽以四勝一敗擊敗七六人與勁敵艾佛森（Allen Iverson）贏得二連霸。

要知道，他的心靈導師、贏得萬千球迷喜愛與尊敬的前湖人傳奇威斯特（Jerry West），也只在他艱辛且充滿苦痛的十四年職業生涯中贏得一座冠軍而已。而現在年輕的科比．布萊恩，已經贏得兩座了。

他正以令人目眩神迷的飛快速度實現自己的夢想，每個偉大成就就像高速公路的告示牌一樣從他身邊呼嘯而過。他在一個籃球素養深厚的家庭中長大，這個家庭也對他滿懷著邁向偉大的期待，並以此用心栽培他成長。

他的母親，舊姓考克斯的潘．布萊恩（Pam Cox Bryan），從他出生起，就像多年前疼愛自己也在打籃球的兄長一般，寵愛著自己的兒子。

一個與布萊恩家族是好友的人指出，布萊恩的年輕時期，讓她想起電視劇《迷離境界》（The Twilight Zone）其中一集的故事。在故事中，有個孩子每天都被他的家人們照顧得無微不至，就好像每天都在過生日一樣。

「他的生日好像永遠過不完一樣，」這位好友表示，「而他身邊的大人們對待他的態度，就像在說，『噢，沒錯，今天是你生日！生日快樂』。」

不過他父母的行為不但沒有寵壞他，反而產生了好的效果，讓他從很小的時候就開始追逐自己的夢想。自從他在一九九六年以青少年之姿成為眾人的焦點，他就一直維持著年輕有為的形象，在各方面都表現得聰明有禮。不過也因為他對自己有著超凡的信心，很容易惹惱所有與他相遇的人，甚至讓他們懷疑他是不是根本就瘋了。

會建立起這樣的自信心，主要得歸因於他的父親「豆豆糖」喬．布萊恩。在看著自己原本有著美好前景的職業生涯在一九七〇年代NBA的紛亂中四分五裂後，他開始不斷地細心栽培兒子的自信心。

在他的青少年時代，科比．布萊恩就已經做出了驚天動地的大膽預測。他宣稱，自己將會成為史上最偉大的籃球選手。

每一次，他對於自己將在未來成就偉大的宣言，換來的都是聽到的人搖頭或挑眉的無言反應。因為這樣的夢想實在太過虛幻、幾乎不可能實現。「科比瘋了」，他身邊的人們每次都以苦笑著說出這句話作為結論。

他的曾祖母曾經預言過，家族終將會有一人站在通往財富與名聲的道路上。而現在，科比就站在這裡。如果這是電影《生活多美好》（It's a Woncerful Life）的畫面，他現在應該被朋友、家人與當年贏得高中州冠軍的隊友們團團包圍，呈現出眾星拱月的氛圍了。

不久前，他的湖人隊友們一邊開始噴灑香檳，一邊開始唱起了饒舌歌手DMX的歌詞，「是你們讓我如癡如狂／就在這裡，就在這裡／是你們讓我全力以赴／就在這裡，就在這裡。」

這幾句歌詞就像是布萊恩一生的縮影。然而他並沒有沉浸在狂歡之中，而是悄悄地走到另一邊。他坐在休息室裡一個無菌浴室隔間裡，身體靠著鋁合金製成的欄杆，地面上磁磚的顏色，有如在費城的清晨中，瀰漫在舒伊爾基爾河（Schuylkill River）上的薄霧。他把頭埋進自己的掌心，目光凝視著地板，就好像思緒隨著他的凝望飄向了千里之外。他正處於完全的孤獨與惆悵中，心思也完全被突然襲來的情緒佔據與撕扯著。而這樣的情緒，這幾個月以來一直如洪水般淹沒著他。

從小當他和父親一同搭乘著義大利次級聯盟的球隊巴士四處征戰時，就曾對一位長者與父親的另一位隊友表示，他會變得比在座的各位都還要出色許多。從這時開始，科比的存在就一直像是個對於偉大異常執著、以近乎不人道的方式在追求的求道者。

與他同世代、數以百萬計的學生球員們都曾做過與喬丹一樣偉大的夢想，但在這百萬人中，只有一個人展現出鋼鐵般的意志與動力，在比賽中不斷追求著這個夢想，這個人就是布萊恩。也因為如此，儘管當年還只是個青少年，他就已經被球鞋公司愛迪達的代表相中，並被告知他們將會把他塑造成下一個喬丹。而這個形象正好與他的人格特質不謀而合，所以在短短幾個月的時間，他就讓自己成了與喬丹最相似的男人。不論是談吐還是充滿信心的態度，甚至就連他剃光頭的腦袋，都讓人難以想像辦到這件事的人當時只不過是個十七歲的孩子。這樣的轉變看在當時身為愛迪達（Adidas）代表之一、也是籃球產業的造神王者瓦卡羅（Sonny Vaccaro）眼裡，實在讓人驚喜萬分。

現在，布萊恩在勝利時刻的表情，也讓人確信他會付出任何代價、付出任何犧牲，只為了達成他再三提過的目標，成為比賽中最具統治力的那個男人。

最近，他為了追求這個目標，在祭壇上獻上了自己的直系親屬。這曾是一個因成員的成就與道德素養而人人稱羨的模範家庭，但現在卻因為他在實現理想的道路上堅定不移而破碎，並成為了犧牲品。

「他就像在俄國絕嗣了的羅曼諾夫（Romanov）王朝一樣，」瓦卡羅一邊回想過去，一邊分享自己的觀點，「他擺脫了所有人。」

很快地，他換過了經紀人，換過了代言的球鞋公司，就連教練「禪師」菲爾·傑克森（Phil Jackson）與球星戰友歐尼爾也在日後難逃與他分道揚鑣的結局。而現在，他則是與父母與兩位姊姊們一刀兩斷，精準迅速地就像用手術刀切的一樣，將他們逐出自己的生活。而這些家族成員們也多次對熟人提及自己的遭遇，像是信用卡被取消、車被拖吊、連工作也丟了，打電話給他也不接，最後被迫搬家，使得關係就此破裂的故事。

「發生的這一切就是一樁悲劇，」紐約的美國業餘體育聯盟球隊教練、也是布萊恩家族至交的查爾斯（Gary Charles）說，他們一家的朋友們三番兩次提起這件事時，都有著相同的看法。

「如果你有看過他們以前相處的情形，一定會覺得不可思議，」查爾斯回憶起當年還是個青少年的科比與父親之間的關係，「你可以看得出來科比對父親的愛與尊敬。在AAU比賽打完後，科比都會跑去擁抱他的父親問，『有看到我打得怎樣嗎？』喬·布萊恩都會告訴他，『有，當然看到了』。在我與他們相處的時候，從來沒看過科比對他的父親不敬。」

然而，成功與欲望帶來的衝擊以及布萊恩在職業生涯中賺進令人眼花繚亂的大筆金錢，在這個家族之間造成了巨大的鴻溝。巨大到此前就熟識這家人的每個人，聽到後都嚇了一跳。

在費城光譜體育館（Spectrum）的這個夜晚，他的舅舅、綽號「小胖」的考克斯三世（Chubby Cox），代表了整個家族來到現場。而當舅舅與舅媽在賽後悄悄地來看這位年輕的湖人球星時，布萊恩終於完全地崩潰了。

「喬・布萊恩跟我說了當晚的情形，」查爾斯回憶，「當科比的舅舅、舅媽來看他時，科比抱住了他們哭個不停。」

在那個冠軍之夜，默默地啜泣與他臉上的痛苦表情，顯露出家人的眾叛親離帶給他多大的打擊。然而這位意志堅定、心意已決的年輕球星，依然認為即使沒有任何自己所愛的人陪在身邊，他還是得繼續前進。

「想要成就偉大非常困難，絕非易事。」一位布萊恩家族的老友莫・霍華（Mo Howard）說。

「這真的是比悲傷更悲傷的事，」另一位來自費城與他們家人走得很近的朋友、近距離看著布萊恩長大並展開職業生涯的安東尼・吉爾伯特（Anthony Gilbert）分享了自己的看法，「就跟費茲傑羅（F. Scott Fitzgerald）他的文學作品與名言一樣，給我一個英雄，還你一齣悲劇。」

第一部

盡情搖擺

「在我的印象中，總覺得沒有人鄭重其事地對待他，他們只覺得喬・布萊恩是個有趣的傢伙。」

——威斯特海（Paul Westhead）

第一章 緝拿歸案

費城

一九七六年，五月五日

一輛白色跑車在午夜的霧靄中，幾乎沒有發出任何聲響地朝著一輛警車緩緩前進。同一時間，警車上的員警們也毫無緊張感地駕車移動，車內收音機與車窗外川流不息且混雜的交通造成的兩種聲音，不協調地在費城這個週三的夜晚混合在一起。

跑車經過警車時，員警們看到了一個身型壯碩的黑人彎腰駝背地趴在方向盤上。

當時是一九七六年五月上旬，地點是費城最大的公園，費爾芒特公園（Fairmount Park），車上的人是七六人隊的二十一歲新秀喬・布萊恩，以遊戲人間的豆豆糖（Jellybean）名號聲名遠播。對當地的球迷來說，他有著英雄般的地位。

根據多方說法，這是他年輕時期的朋友莫・霍華替他取的綽號。

然而這並非事實，莫・霍華在多年後解釋，喬・布萊恩這個綽號是源自於他勁爆又流暢的球風。

「我記得南費城的鄉民們都叫他果凍（Jelly）。」莫・霍華回憶，「會取這個綽號，是因為他在球場上的過人技術實在太晃了，你懂我的意思嗎？人們總是說，果凍才這麼會搖，果醬根本晃不起來，對吧？這句話或許就是對他球風的最佳詮釋。」

喬・布萊恩也對這種色彩繽紛的豆子有著特別的偏愛，「豆豆糖可說是他的私藏好物。」莫・霍華德笑稱，「當時通常只會在復活節前後看到這些糖，但這傢伙簡直是隨身攜帶著它們。」

後來還有其他人聲稱，會有這個綽號是因為某場比賽時，場邊的球迷給了他豆豆糖的緣故。

不論這個名號有什麼根據，都不影響它完美符合喬・布萊恩風格的事實。為人隨和的「豆豆糖」總是笑口常開，幾乎每個與他初次碰面的人，都會在看到這張笑容後被他迅速拉近距離。

「這是他的一貫作風。」莫・霍華回想，「臉上掛著一抹微笑，總是隨著玩笑話而笑著，我想這就是我會被他吸引的原因。」

更棒的是，喬・布萊恩善良的心地與微笑的面容搭配起來毫不違和。幾年後，一位八年級時的同學想起喬・布萊恩時，便提及他毫不遲疑地伸出援手，幫助了一名在學校遭到霸凌的猶太小孩。

「喬是個無憂無慮的人。」莫・霍華如此形容，「一起在派對中勁歌熱舞，是我們最快樂的時光。你會看到這個六呎九吋的傢伙舞力全開，他是舞池中最靈活的人　他的舞技和為人都好到沒話說，而我從來沒看他有過任何煩惱。」

現在回頭看，那無憂無慮的天性或許可以解釋在這個　九七六年五月上旬，天氣溫和、即將遍地開滿櫻花的夜晚，「豆豆糖」布萊恩為什麼會發現自己被捲進了有如玩命關頭般的事件。

就連老天爺都知道，喬・布萊恩需要為這個晚上的行為辯護，而他也確實這麼做了。這個情緒激動且難受的一天，從至交吉爾伯特・桑德斯（Gilbert Saunders）母親的喪禮展開。某種程度而言，她就像是喬・布萊恩的第二個母親。他在桑德斯家中有過許多美好時光，這裡就像第二個家。他喜歡在餐桌旁，等著桑德斯的母親拿出一道接著一道豐盛的拿手好菜。喬．布萊恩有個十分清貧的原生家庭，桑德斯太太因此發現，喬．布萊恩時不時地會面臨沒有鞋子或外套可穿的煩惱，而她總是默默地幫助他度過難關。那天喪禮結束後，喬．布萊恩拜訪了桑德斯一家，拿出那張七六人開的支票向大家報平安。

「天啊！」吉爾伯特．桑德斯的父親睜大著眼睛驚訝地說。

喬．布萊恩與七六人簽下了一份價值近百萬美金的新秀合約，這不但在當時是天價，對這幾個月賺進這麼多錢的他來說，更是連作夢都想不到的事。

當時正在切尼州大（Chyney State）的錢尼教練（John Chaney）麾下打球的吉爾伯特．桑德斯，認為喬．布萊恩拿出這張支票「是為了替我們家打氣，因為他被我們家接納，而我們也願意接納他，當年我的母親幫他買了許多球鞋和外套，因此他拿出支票的舉動，看起來就像是讓我父親知道『這就是他回報的作風。』」

以上種種事件與當日激動的情緒，或許有助於解釋為什麼「豆豆糖」在幾個小時後的午夜出現在費爾芒特公園，並捲入了拿命開玩笑的事件。

喬．布萊恩開的車壞了一個車尾燈，甚至沒有駕照、只有過期多時的學習駕駛證，他甚至直到去年秋天才開始認真開車。與七六人簽下新秀合約後，他替老婆潘（Pam）與自己買了兩台閃亮的Datsun 280 Z。

「這兩台車的馬力充沛，」吉爾伯特．桑德斯記得，「喬．布萊恩夫妻都很滿意，更完全對他老婆的胃口。所以他們買下了這兩台車，一人一台。」

喬．布萊恩在費城西南部長大，他總是把那裡稱為「貧民窟」。在輕軌與高架鐵路上的列車發出的尖銳高音，與馬路上城市公車的低鳴交錯之下的嘈雜世界中，每天上演的是幫派之間為了爭奪地盤大打出手的戲碼。原本隸屬無車族的他，如今駕駛著跑車，簡直就像是得到一台能在地上跑的火箭。坐上這台只有兩千八百磅重、馬力卻有一百七十匹、搭載燃料噴射裝置的雙人座跑車，操縱方向盤時，任何人都有可能在驚喜中帶著一絲驚恐，對駕駛經驗趨近於零的「豆豆糖」來說更是如此。

也因此他不但愛這台車，更愛開著它衣錦還鄉、拜訪昔日費城西南部的老鄰居。其中一位朋友辛普森（Vontez Simpson）便回憶，「他在每個人面前炫耀這台車，想向所有人證明自己成功了。當時這台車可是熱門車種。」

而身旁的兩瓶古柯鹼和一個小巧有型的湯匙，或許暗示著就算車子在那個晚上早已停下，喬・布萊恩可能還沉浸在快感之中。

把事情搞得更複雜的另一個原因，是即使他當時與年輕貌美的妻子，以及一歲大的女兒住在城市近郊的高級住宅區，卻還是與母校約翰巴特拉姆高中（John Bartram High）校隊前隊友的妹妹兼前女友琳達（Linda Salter）相約見面。

從一開始，他的婚姻就籠罩在妻管嚴的陰影下。潘的美麗和火氣成正比，只要是熟識的朋友都會注意到，每當要做決定時，喬・布萊恩都會立刻溫順地望向自己的妻子。就連家族成員都笑稱就算只有一絲欺騙愛妻的想法，都足以讓他坐立難安。

然而現在他不僅對老婆撒了一個彌天大謊，更當場人贓俱獲。

如果這是一部過時電影的橋段，背景音樂或許會是強尼・泰勒（Johnnie Taylor）的《迪斯可女郎》（Disco Lady），一首在一九七六年春天大多時間中最流行的歌。流暢的音樂，正是喬・布萊恩最喜歡的曲風。

> 搖上搖下，繞近繞圈，迪斯可女郎。

然而不論跑車內放的是哪首歌，喬・布萊恩在那個晚上又有哪些離開地球表面的不切實際幻想，當他意識到自己正被人用著閃爍的燈光直直照著時，也都隨之粉碎了。可以想見，他很快察覺到暗潮洶湧的四伏危機，然而最重要的是，他是個深夜在公園裡開著一輛豪車的黑人。而他所在的這座城市，更遭受著嚴重的幫派暴力與各種醜陋的種族歧視麻煩帶來的危害。

他在幾個月前與七六人隊簽約的消息，是《費城論壇報》（Philadelphia Tribune）的頭版頭條，在這則新聞旁邊的欄位，介紹著一則過去幾個月有數十名非裔美籍人士遭到費城警察槍殺的故事。

三年以來，費城警方射殺了七十三人、射傷人數也達到一百九十三人以上。在那段日子，警察總是習慣性地對著逃跑的嫌疑犯開槍示警。

過去一年，則有五位費城警察遭到槍殺，其中一位還是在公營住宅的樓頂遭到十五歲少年暗殺的。當他告訴有關單位「我就想殺個條子」時，整座城市都為之震撼。

在這座城市中的黑人居民，就算沒看過報紙上的新聞報導，也都對這個案子印象深刻，喬·布萊恩當然也不例外。

或許這真的如同員警們陳述的一般，只是針對車尾燈問題的一次千篇一律的臨檢。但當下的氛圍既怪異又緊張，尤其是異樣的氣氛還越來越濃厚。

當員警們看到人高馬大的「豆豆糖」走下車並挺直腰桿地站在自己面前時，便感到有些不對勁。即使員警們把燈照在自己臉上，喬·布萊恩還是試著保持冷靜，並很快地認清自己的處境，在倉促之間想出對策。他迅速地擬定了坦白自己的駕照問題，期望員警們能從寬處理的計畫，以此避免對方產生搜車的念頭。

雖然交出了自己的登記證件，但喬·布萊恩這份學習駕駛證過期的說詞，卻讓員警們聽得丈二金剛摸不著頭腦。就在雙方言語一來一往中，某個環節觸發了朝著喬·布萊恩襲來的強烈恐慌。或許就如同日後有人提出的說法一樣，喬·布萊恩突然發現這樣一來自己會被妻子逮到，也或許即使已經如實提供了證件和姓名，喬·布萊恩對警察的恐懼卻依然根深柢固。

因此接下來發生的事，不但嚇到了員警們，更震驚了整個費城當地社群，以及一九七〇年NBA的保守狹隘思想文化。

喬．布萊恩突然轉身回到車上，令員警們以為他打算試著從雜物箱中找出駕照。但事情卻出乎他們意料，喬．布萊恩發動引擎、排好檔位，便開車加速逃逸。轉眼間，在探照燈的燈光下，留下的只剩因跑車飛奔而去揚起的沙塵，以及員警們難以置信的神情。

需要片刻回神的警方，這才理解了喬．布萊恩全速離開、高調拒檢的事實。於是他們趕緊回到警車上發動追捕，甚至透過電台全面通緝。不過他們很快就發現，想要追上他是件十分危險的事。據警方估算，喬．布萊恩駕車疾馳的速度，超過了時速一百英哩。宛如一條超乎尋常的飛船，想要劃破夜晚的黑暗一般。

電光石火間，他的車就衝出了園區，並像無頭蒼蠅般在城市的街道中飛奔，燈還是關著的。

十二分鐘後，另一支警隊才發現了喬．布萊恩。

一名員警鄧恩（Raymond Dunne）的報告指出，當他正在雪松大道（Cedar Avenue）上駕車西行的時候，從後照鏡中看到一輛跑車朝自己的巡邏車全速前進。駕駛激動地按著喇叭，要警察閃開別擋路。

這是個剎那即永恆的時刻，「豆豆糖」布萊恩一路上不斷狂按喇叭、要人讓出路來，彷彿疾馳在通往地獄的高速公路上。

直到最後關頭，喬．布萊恩才在巡邏車附近突然轉向，於是鄧恩員警立刻追了上去，直到車速實在快到他受不了，才忍痛放棄。鄧恩後來報告說，為了跟上「豆豆糖」的車速，他一度擔心開這麼快會讓巡邏車失控。

幾分鐘後，喬．布萊恩直直衝進巴爾的摩大道（Baltimore Avenue）上一處車水馬龍的十字路口，才被一輛車擋住去路。

當他試圖高速轉向時，「豆豆糖」的車終於在這時失去了控制。這台跑車先是撞上了停車的交通告示牌，接著車身翻進法拉格特街（Farragut Street）後又撞壞了一個禁止停車的標示。在撞上街道一側的一輛車後，又搗毀了另一側的另外兩輛，簡直如同乒乓球般在大街上四處彈跳。此時倒回車道的車，在不幸中的大幸下衝上路邊，高高躍起後撞進一道牆，才終於停了下來。

在他引發了有如小龍捲風般的災難所留下的殘骸中，喬．布萊恩和他的前女友頭暈目眩地被困在早已不成車形的跑車中。也許他那時才驚覺，在這番亡命天涯的全速奔馳中，沒有處理掉古柯鹼。如此一來當警方搜索這台跑車時，一定會發現這幾包毒品。

喬．布萊恩在那瞬間做出最後一個錯誤的決定，拔腿跑向黑夜之中。

「他跳出車外把前女友一個人留在車裡。」一位喬．布萊恩的老友說，「喬驚慌失措地逃跑，但根本沒有必要這麼做，只要是這個社區的警察，看到有個身材這麼高大的人在逃竄，內心對於他的身分都有個底。每個人都認識他，實在沒有逃跑的理由。」

在這個當下，夜晚的這樁鬧劇終於塵埃落定。然而在這個充滿許多錯誤決定的瘋狂事件中，卻有個帶點運氣成分的結局。

幸運的是，警方並沒有對拒檢逃亡的他「鳴槍示警」。

喬．布萊恩不但是名優秀的籃球員，高中時期更是田徑場上的明星選手。然而不知何故，一位名叫朗巴迪（Robert Lombardi）的員警，居然在幾碼內就有辦法追上並撲倒他。隨之而來的，是喬．布萊恩回過身的拳打腳踢。

「我逮到他了，」朗巴迪回憶，「他掄起拳頭，因此我予以回擊，制服他，並將他上銬。」

喬．布萊恩的頭受到了需要縫六針才能癒合的傷。數十年後，時任七六人總教練的舒爾（Gene Shue）回憶警方顯然在那時對自己的子弟兵施加暴力。挨了這頓揍，也在喬．布萊恩的腦海中留下了深刻的屈辱感，這成為日後漫長的光陰中不斷困擾著他的煩心事之一。不過在煩惱未來之前，此刻他得先面對手銬、監獄以及必須面對妻子所產生的恐懼焦慮。

在接近半小時的時間，年輕的布萊恩原本擁有的美麗人生變得一團糟。許多在費城的人們犯的錯比他更少，卻成為太平間醫療推車上的冰冷屍體。而對喬．布萊恩來說，這個事件在接下來的幾個月和幾年，將越來越顯著地對他與其職業生涯造成巨大的傷害。

「豆豆糖」在監獄的那個晚上，度過了一段痛苦的時光。就在這時，他從模糊的印象中想起了一段預言。他的祖母幾年前曾說過，他們家族中的某人將在未來飛黃騰達、舉世聞名。而在一九七六年五月這個夜晚，喬．布萊恩想到的第一件事，就是這位預言之子，並不是自己。

第二章 父親的身分

少年時代，喬．布萊恩的籃球生涯證明了是另一種能引領他飛上枝頭變鳳凰的耀眼途徑，帶領他走向社區裡其他男孩鮮少能夠企及的夢幻島。然而「豆豆糖」的球風從小就獨樹一幟，有著專屬於自己的風格。早在童年時期，還在祖母位於西費城的老家、靠近四十二街與雷迪大道（Leidy Avenue）的瀝青球場打球時，喬．布萊恩就已經十分引人注目。祖母每天都讓他打球，只有星期天例外，因為那天她會一大清早把孫子趕下床，以便在早上六點準時出門，參加新伯利恆浸信會教堂的安息日活動。

「我們會待一整天。」喬．布萊恩曾說。

那些樂聲、膜拜與禮讚，為他的道德養成打下基礎。而他的籃球基礎，則出自於週間其他六天在球場上的時光。

接近青春期時，布萊恩一家搬往費城西南部，住進柳樹大道（Willows Avenue）上一排總是漏風、搖搖欲墜的透天厝。他家離金塞辛球場（Kingsessing Playground）不遠，那裡也成了他新的籃球實驗室。與費城西南部的其他道路相仿，柳樹大道也是一條崎嶇不平的小路。然而這條路旁綠樹林立，也讓「豆豆糖」的老爸大喬（Big Joe）偶爾會坐在前廊的樹蔭下，面帶笑容向所有人揮手致意。

大多時候，人們會對他回以微笑。如果生在另一個時代，大喬或許可以在國家美式足球聯盟的費城老鷹隊擔任防守截鋒。他有著六呎三吋的身高、粗壯的身軀與寬厚的胸膛。在廣大的費城中，你找不到任何一位不喜愛大喬的人。他的臉孔粗曠卻平易近人，更重要的是，他深愛自己的兒子。

他在社區中人盡皆知，是因為他在嚴苛的經濟條件下，仍有辦法將三個孩子扶養長大，這被視為一件難能可貴的成就。幾十年後，鄰里之間的人們還是能輕鬆地想起大喬或布萊恩老爹（Pop Bryant）的名號，因為當時每個小孩都這麼叫他。近年來時常引用他發言的《費城論壇報》，更親切地稱呼他為「柳樹大道上的快樂先生」（the Jolly Gentleman of Willows Avenue）。

而激發他快樂泉源的萬靈丹，就是看著他的兒子打籃球。雖然有著碩大厚實的手掌與滿是笑容的臉龐，但他依然秉持著嚴明的紀律與舊約聖經般的「愛之深，責之切」精神。他曾經向費城體育記者朱利厄斯・湯普森（Julius Thompson）解釋，他總是告誡他十幾歲的兒子如果要在晚上出門，就「別讓陽光照進我家」，意味著不要拖到早上才回來。兒子曾經試圖挑戰過這項規矩，結果馬上被他老爸揍得暈頭轉向，直到二十分鐘後才回過神來。朱利厄斯・湯普森心想，醒過來的兒子，應該確實收到了父親傳遞給他的訊息。

緊盯著兒子的大喬，產生了舉足輕重的影響力，「喬，布萊恩走到哪，布萊恩老爹就跟到哪。」他們家的朋友辛普森說。

「大喬簡直全程參與了兒子成長的每一步。」深耕費城多年的籃球作家魏斯（Dick Weiss）回憶，「他真的以兒子為傲。」

「『大喬』布萊恩是個既了不起又魅力十足的傢伙，」曾在拉塞爾大學（La Salle University）執教過「豆豆糖」的威斯特海（Paul Westhead）說，「這座城市的人們都認識喬・布萊恩的老爸，只要是對兒子和全家好的事情、幫助他們成為更好的人，他都有興趣，是位能讓周遭愉悅的男人。」

由於年紀漸長、體重日益增加，還染上了糖尿病，令大喬不得不在走路時柱起了枴杖。即使如此，看著兒孫打球時，他的雙眼依然炯炯有神。從「豆豆糖」到科比（Kobe），如炬的目光從來沒有絲毫改變。他的愛有多偉大？偉大到生活就算受到糖尿病的劇烈影響，大喬還是會拖著氧氣瓶來到球場上看孫子比賽。

逃出喬治亞

「豆豆糖」的父親看似有著許多糟糕的經歷，但他鮮少花時間舊事重提。他來自喬治亞州（Georgia）的「黑帶」（Black Belt），一個幾乎隨著四十一號公路延展的長條地帶，也意味著他是參與了二十世紀非裔美國人大遷徙的其中一員。

費城是普遍的遷徙目的地之一，尤其是費城南部，十九世紀時原本是一片四處是農莊、鄉村別墅與植物園的地區，但如磁鐵般吸引了早期的歐洲移民與當時的非裔美籍人士前來求職後，這裡就演變成為工業區，充斥著肥皂、機動車工廠、油庫與煉油廠。到了一九二七年，甚至連機場都有了。

進入二十世紀，在所謂「友愛之邦」的居民原本以白人為主，但這樣的現象在一九二〇、三〇與四〇年代隨著數以百萬計的黑人漂向北方後有了轉變。

從南方一路北上的列車，每天都載滿了非裔美籍人士，當時人們叫他們「黑鬼」。這麼解釋著的朱利厄斯・湯普森，是美國東海岸大報早年聘僱的第一批黑人體育記者之一。他從一九七〇年開始，任職於現已停刊的《費城公報》（Philadelphia Bulletin）。

由於一九三〇年代的農業經濟崩壞，讓他們得從原本就一貧如洗的家中整理行囊，北漂到全國的其他城市，一邊找工作，一邊尋找嶄新的生活方式。經濟大蕭條使農產品價格暴跌，連帶而來的絕望感雖然使得由佃農支撐著的經濟體系分崩離析，並驅使著這些移民，但對長期以來在這個國家沒有受教權的他們來說，佃農依然是他們唯一的工作選項。

數十年來，白人針對黑人動用了許多私刑與暴力，這些層出不窮的案例都被圖文並茂地記錄在南方的報紙上，也加速了他們的遷移。

到了一九四〇年代，來自北方的吸引力，也隨著戰時費城造船廠與其他地方提供的工作機會增加而上升。而戰爭結束、經濟復甦後，工作機會也只會變得更多。

在喬治亞州時，大喬布萊恩就已經跟著之後將「喬布萊恩」之名連名帶姓傳了三代的父親一起務農，他們一週要工作六十個鐘頭，日薪卻只有一分錢。人口普查紀錄顯示，大喬的祖父在一八四〇年代出生，而他一出生就是個奴隸，也以奴隸的身分而死。他的兒子就像父親，也在南方刻苦無情的田野裡工作著。

與許多人相仿，年輕時大喬布萊恩也以難民之姿來到費城。不過即使他的生活困苦，卻還是留下了包括韌性與強大心靈在內的某些資產。而父親的身分，在布萊恩源遠流長的血脈中更有著特別的地位。還年輕時，從鄉村搬到城市裡的大喬成了家，並與妻子生養了三個小孩。而在這三個深受他重視的親骨肉中，繼承自己名字的長子更為受寵。

「老兄，我可以這麼跟你說，在B先生的眼裡，喬．布萊恩是完美無缺的。」他們家族的老友莫．霍華思索著說。

「豆豆糖」的籃球之旅始於青少年時期，他一天可以花好幾個小時，在柳樹大道一架固定在電線桿上的籃框下打球。從這裡開始的籃球生涯，接下來將延續到科布斯溪車道（Cobbs Creek Parkway）對面的公園，那裡有另一座更有競爭力的球場。之後他在籃球之路上的足跡，遍及了整個費城西南部。大多時間，他會在四十八街與伍德蘭大道（Woodland Avenue），或是金塞辛大道（Kingsessing Avenue）的大運動場上現身。

「豆豆糖」瘦得像皮包骨，但他突出的身高讓更年長的球員容許他加入比賽。他將永遠為此感激不已，因為瘦弱的他，在比賽中學到了許多從外線進攻的技術。這段在瀝青球場上與更年長的男孩們較量的時光，也讓他越來越明確地將自己視為一名籃球選手。多年後，他的兒子科比，將與父親走上相同的路。從小就瞭解自己的命運，挖掘對籃球比賽的熱愛，是父子共有的天賦之才。

「他熱愛比賽，只想上場打球，享受那種感覺。」朱利厄斯．湯普森曾如此形容「豆豆糖」，而這句話或許也可以套用在科比身上。

「黑珍珠」孟羅（Earl Monroe）是「豆豆糖」早年的偶像之一，他在一九六〇年代早期曾穿上約翰巴特拉姆高中的球衣。孟羅有著一手炫麗的控球技術，並神奇地帶領球隊贏得了一九六三年費城公共聯盟（Philly Public League）的冠軍，這讓當時才九歲的喬·布萊恩看得瞠目結舌。由於公共聯盟的球隊不論身材和打法都十分強硬，因此賓州（Pennsylvania）其他高中球隊甚至不允許公共聯盟的所屬球隊參加錦標賽。

「否則每年的冠軍都會被他們包辦。」辛普森這麼說，還表示這是當地大多數人的共識。

「當時的公共聯盟擁有許多優秀的球員。」魏斯說。

「我從來沒看過任何一座城市有過這麼多天賦異稟的好手。」當時正替費城公報報導公共聯盟的朱利厄斯·湯普森說，「六〇到七〇年代，好球員就像量產一般，一批接著一批地出現。」

孟羅畢業之後去了溫斯頓—沙倫州大（Winston-Salem State），接著加入了當時的巴爾的摩子彈隊（Baltimore Bullets），最終才成為了尼克隊的一員。對包含喬·布萊恩在內的下一個世代而言，孟羅宛如劃過天際的流星。而在一九六六—六七年球季替七六人贏得總冠軍的明星球員瓦利·瓊斯（Wali Jones）、切特·沃克（Chet Walker）、葛瑞爾（Hal Greer）、路克·傑克森（Luke Jackson）與張伯倫（Wilt Chamberlain），對十二歲的喬·布萊恩來說也同樣耀眼。過了不久，他又迷上了拉塞爾大學的主戰球星杜雷特（Kenny Durrett）。

喬·布萊恩特別喜歡華麗的球風，也花了好幾個小時苦練胯下運球、背後運球以及各種不看對手的誘敵動作，這些都是當代長人甚至連想都不曾想過的事。

大家很快發現，在蕭爾初中（Shaw Junior High）與之後在巴特拉姆高中人稱ＪＢ的他，只要一球在手便無所不能。他在只有少數人才能精通的技能上，已經展現了與生俱來的才能，以及近乎天才的天分，而這些技能融入了「黑珍珠」、庫西（Bob Cousy）、哈林籃球隊（Harlem Globetrotter）與「手槍」（Pistol）馬拉維奇（Pete Maravich）的特性。不論他在哪裡打球，總是能令觀眾為之驚艷。因為從來沒有任何大個子，能擁有與他相同的持球技術。

多災多難

到了九年級，「豆豆糖」的身高已經接近六呎七吋，邁開腳步奔跑的他更是健步如飛，光靠雙腳就能夠迅速抵達任何想去的地方。這項特色也讓市內的田徑教練與籃球球探都對他垂涎三尺。

從表面上看，六〇年代末和七〇年代初的費城籃球似乎是一個甜蜜並值得回味再三的故事，只有一件事例外。由於幫派的存在，讓在充滿暴動的街頭上成長的男孩們勢必會惹上不少麻煩，也將這座城市困在黑暗之中。《費城日報》（Philadelphia Daily News）之後曾報導過，總共有一百零六個不同的幫派盤踞在這座城市，各有各的地盤。自製的簡易槍枝，對大部分的幫派成員而言是基本配備。在那個年代，隨著爭奪地盤的戰爭延伸到學校教室的走廊上，令許多年輕人在幫派與幫派之間的鬥爭中失去性命。

這道有如費城年輕人們頭上的緊箍咒有多緊呢？在大多數的日子中，如果你與任何幫派都沒有掛鉤，那麼別說是安心上課，就連能不能活下去都是個問題。這些幫派不但人多勢眾，也讓形單影隻的邊緣人隨時有可能倒大楣。

「在我賓州費城的家鄉，由黑人組成、兇殘的街頭幫派幾乎統治著黑人社區的每個角落。而這對生存在城市裡未開發地區中最邪惡地帶的黑人青少年來說，當時的時空背景實在太過險惡了。」前幫派成員路易斯（Reginald S. Lewis）如此寫道。

光是喬・布萊恩在巴特拉姆高中讀高一的一九六九年，這座城市紀錄在案與幫派有關的死亡人數即高達四十五人。緊張感在室內的每一間高中裡瀰漫著。而這些黑幫甚至最早從小學就開始拉人入夥。

幸好因為在其他領域發光發熱的緣故，「豆豆糖」布萊恩成為倖免於幫派鬥爭的幸運兒。「如果不是運動選手，你就有麻煩了。」朱利厄斯．湯普森說，「這些成功度過難關的人，都得力於家庭的強力支持。」「回過頭來看，」吉爾伯特．桑德斯回顧，「最重要的就是找到方向。其實喬．布萊恩跟當時的孩子們並無二致，一開始也沒有方向。就如那句非洲諺語所言，要養好一個小孩，需要全村的支持，讓他在安全的環境下成長。」

籃球彷彿就是整個村子提供給他的避風港，至少成了一股凝聚力。除了大喬對兒子無時無刻的關注、吉爾伯特．桑德斯和藹的雙親與籃球校隊的教練之外，帶給喬．布萊恩一生最多影響的，絕非費城傳奇桑尼．希爾（Sonny Hill）與他創辦的籃球聯賽莫屬。幾乎每個災難當前的關頭，希爾都會出現，並將危機化為轉機。

對許多費城的年輕球員來說，他也在他們的生命中，扮演了相似的角色。

就如吉爾伯特．桑德斯所說，「桑尼．希爾名副其實地拯救了我和許多人的人生。」

當時各式各樣的籃球聯賽在費城遍地開花，朱利厄斯．湯普森說，「從日出到日落，這座城市的任何地方，都看得到在打籃球的孩子。」

不過當時大多主要賽事都在郊區主辦，直到桑尼．希爾出現才改變了一切。「他經營了一個工會，」朱利厄斯．湯普森解釋，「我覺得他稱得上是費城籃球的經典人物，他有著優異的政治手腕，能使所有人都無法置身事外。」

桑尼．希爾過去是一名短小精幹的後衛，在當代只有十支球隊、每支球隊陣中黑人球員少之又少的NBA中效力於東區球隊。此後他成了一名著名的體育播報員，並身兼工會老闆與社區組織者的重任。桑尼．希爾也是街頭出身，因此對青少年在人生與運動中要面對的挑戰再清楚不過。

一九六〇年代初期，桑尼．希爾創立了貝克聯盟（Baker League），一個給職業球員參加的夏季聯賽。靠著幫助尼克球員布萊德利（Bill Bradley）從海外留學歸來的空窗期找回身手，這個聯盟很快地打響了知名度。

「當桑尼．希爾一手開創了他的聯盟時，聯賽在偉大希望浸信會教堂（Great Hope Baptist Church）舉行。」費城知名體育作者魏斯回憶，「我還記得在那裡看了孟羅與布萊德利之間的對決，當時在羅德島（Rhodes）領獎學金的後者才剛返鄉不久。他也藉由征戰於與NBA相似度最高的貝克聯盟找回手感，做好替尼克出戰的準備。他從普林斯頓（Princeton）遠道而來，只為了參加在費城舉辦的貝克聯盟。」

魏斯承認，那個年代在夏天舉行的貝克聯盟賽事，有時甚至比NBA例行賽精彩。

包含張伯倫、佛雷塞（Walt Frazier）在內的其他球員，也因此很快地注意到了桑尼．希爾的聯盟。在那個NBA還沒有成立官方夏季聯盟的年代，貝克聯盟被視為夏季賽事中的瑰寶。

貝克聯賽的成功，激發了桑尼．希爾在喬．布萊恩將從八年級升往九年級的一九六八年創立另一個聯賽的動力。桑尼希爾聯盟（Sonny Hill League）提供了一個架構完整的賽事，讓地區頂尖的高中球員參與，這個聯盟也成為了桑尼．希爾影響力的指標。

這個業餘聯盟在當時的定位是貝克聯盟的前哨戰，會在貝克聯盟比賽開始前進行，「整座會場擠滿了人，」魏斯回想，「這裡成為黑人社群的聚集地。」

「那簡直像是大型的野餐活動，」在征戰桑尼希爾聯盟後前往馬里蘭大學（University of Maryland）效力於德賴塞爾（Lefty Driesell）教練麾下的莫．霍華同意魏斯的說法，「我對於籃球最初的印象就是去看了貝克聯盟的比賽，我還記得走進教堂的地下室，有座美輪美奐的體育館，然後在那裡看著布萊德利、卡基．羅素（Cazzie Russell）、瓦利．瓊斯與葛瑞爾等人比賽。看著他們在夏天酷熱的環境中奮戰不懈。」

隨著莫．霍華升上了高中，桑尼希爾聯盟也正式開打了，讓他驚覺自己突然之間成為了球員，參加的比賽結束後緊接著就是職業球員參賽的貝克聯盟。

「這是激勵年輕人最好的方式。」莫．霍華回憶，「能夠在貝克聯盟開打前率先披掛上陣，而你知道，會有數不清的人們為了球賽而來。尤其交手雙方陣中都是最厲害的高中球員，各有十到十五名選拔自費城四面八方強權球隊的高手。這意味著你在這裡提到的每個名字，都是高手中的高手。」

由於高中球員與職業球員的賽程緊接著進行，也讓他們在不久之後就產生了許多在非正式場合下交流的機會，莫．霍華說，「在這裡，不論是瓦利．瓊斯和我勾肩搭背並對我說『小夥子該對左手下點功夫了』，還是孟羅提醒我『你得練練你的擦板球』，都是稀鬆平常的事。我的意思是，我們可以隨時與他們交流，而令我難以置信的是，通常是他們主動找上我們，這實在不可思議。」

那個時代其實有許多聯盟可供地區頂尖高中生挑選，而桑尼希爾聯盟誕生前，最熱門的聯賽是在費城郊區戶外球場舉辦的納伯斯聯盟（Narberth League），這也讓在城市中室內球場舉辦的桑尼希爾聯盟，與其他聯賽相比之下別具特色。

朱利厄斯．湯普森記得，「用不了多久，桑尼希爾聯盟就成了頂尖的聯賽。」

桑尼希爾聯盟與貝克聯盟幫助費城在那個原本多災多難的時代，尤其是瑞佐（Frank Rizzo）擔任警察局長與市長的那幾年，建立起對籃球的驕傲。魏斯解釋，「很顯然地，六〇年代的這裡暴亂叢生。尤其在馬丁路德．金恩（Martin Luther King）過世後那段日子，更是發生了一場大暴動。我的意思是，在瑞佐的治理下，外出是件很危險的事，白人與黑人之間的關係非常緊張。但幸好有籃球這項運動，能夠把人們團結在一起。」

桑尼．希爾會一手打造桑尼希爾聯盟，某種程度上也是為了對抗席捲整座城市的黑幫。由於實在太多本土幫派對自己的領地過度保護，男孩們想要搭乘大眾交通運輸工具移動到另一個社區都困難重重。如果他們膽敢嘗試，通常就得等著面對地盤爭奪戰引起的大麻煩。不過若是有球員背著桑尼希爾聯盟一款獨特的背包，通常這些幫派成員會放行，不會刁難他們。這代表球員可以自由往返於城市各地參加聯賽。由於桑尼．希爾曾經聰明地在教練團與聯盟幹部中安插了幾名假釋官與公眾安全人員，所以各大幫派很快就學到他們不該跟桑尼希爾聯盟的球員有任何牽扯。

桑尼希爾聯盟在紀律方面也有著嚴格的規範，「球員不可以跟裁判爭執，不准發生任何形式的暴力事件。」曾在聯盟中出賽的吉爾伯特．桑德斯回憶，「他們不在乎你有多少天分，在乎的是球員的成績與品行。」

「桑尼．希爾非常看重紀律。」魏斯同意，「要打這個聯盟，你得把上衣紮好，而且永遠不准跟裁判爭論。若是發生了，他會馬上介入。他深信不論是做好球員的本分還是做人處事，球員都應該拿出正確的態度，並以此為傲。」

桑尼希爾聯盟之所以能夠辦得成功又長久，正是因為有著桑尼．希爾本人獨到的才能與權力，魏斯說明，「為了聯盟，他有能耐動員整座城市……他在社區中有著巨大的政治影響力，也藉此開展了這個聯盟。」

桑尼．希爾的聯盟替這座城市的籃球帶來了新的焦點，但並非所有人都為此歡欣鼓舞，有人指控他透過自己的影響力將好球員送進特定的高中與大學，桑尼．希爾對此矢口否認，並花了許多時間提出反證。「許多人把他視為把孩子帶到另一個聯盟炒作的投機客，」魏斯闡明，「但這些批鬥他的人並不明白他替費城建立的信心、令費城以自己所擁有的事物為榮有多麼重要。」

在桑尼．希爾沒有很篤定的印象中，「豆豆糖」是在八、九年級時加入桑尼希爾聯盟的。當時他兼具高大的身材與出色的體能，唯一欠缺的只有在面對競爭時還不夠成熟而已。在桑尼．希爾的記憶中，「他在一年後回來，變得更成熟了。而我認為最關鍵的因素，是他的父親。」

大喬非常喜歡這個聯盟要求品行的作風與完整的架構，因此就算兩個兒子都早已離開聯盟，他依然主動投身志工的行列。

就在這些夏季舉辦的聯賽中，「豆豆糖」初次認識了莫．霍華，兩人也很快地熟稔了起來。

「喬・布萊恩和我在納伯斯聯盟、桑尼希爾聯盟以及另一個聯賽的球隊都並肩作戰，」憶當年的莫・霍華說，「這也讓那個夏天的行程非常緊湊，這甚至還沒算上其他業餘聯盟和鄰里間的夏日聯賽，所以我們真的打了很多球。這裡總是找得到打籃球的地方，也總是有正在進行的比賽。」

當時高三的「豆豆糖」與莫・霍華攜手帶領球隊奪冠，這支球隊的陣中還有位名叫麥卡特（Andre McCarter）的球員，後來加入了加州大學洛杉磯分校（UCLA），替伍登教練打過球。

不久後，莫・霍華的父親愛德華（Edward）也認識了大喬，當他們發現彼此同樣來自喬治亞後，頓時一見如故。

「他們都是很有影響力的父親，」朱利厄斯・湯普森如此評價兩人，「這兩位父親都是願意雪中送炭的類型。」

「沒有任何人的胸襟比得過B先生和我父親，」莫・霍華邊想邊笑，並補充說，不論他與「豆豆糖」有沒有同隊，「B先生和我爸都會坐在一起講幹話，他們總是在打嘴砲，簡直像心有靈犀。B先生是個高大的男人，真的又高又壯。我的父親雖然比較矮，但身形也是頗為壯碩。而當時是名卡車司機的我爸，每次來到體育館裡第一個要找的人就是這個『大隻佬』（Mr. Big），所以我們叫他B先生，不只是因為他姓布萊恩（Bryant）。所以不管是我們的父親還是他與我之間的關係，總是充滿著互動。」

上一代非裔美籍人從未在體育競技方面獲得與兒子相仿的機會，莫・霍華邊說邊回顧，「這感覺就像『不論你們身上發生了什麼事、你們獲得了多少名聲與榮耀，都得與我們共享。』透過這種作法，某種程度也證明了他們的存在意義。作為我們的父親，帶給了他們在人生中不曾有過的自豪。讓大家來瞧瞧他們有兩個兒子，是多麼偉大的籃球員。」

「愛自己的兒子是B先生和我爸的一貫作風，而他們也喜愛彼此。很多人會說有些老爸總是在兒子功成名就後才跳出來想要分一杯羹，這種案例更以黑人小孩為絕大多數，但我要是不出來說句公道話就實在太糊途了。我們的老爸從一開始就陪伴著我們，他們為我們買鞋、買襪，甚至會在賽後帶我們買熱狗。他們在我們的生命中密不可分，願意為了我們赴湯蹈火。他們相信所謂的支持，就是不要在生命中的關鍵時刻缺席，讓外界認為他們對自己的兒子漠不關心。就算到了將死之時，我也會告訴你只要是認識我父親和大喬的人，都對他們抱持著敬意。」

第三章　唯樂是圖

不管在城市中遇到了什麼麻煩，早年又面對了多少困境，「豆豆糖」總是有辦法靠著他的籃球天分與願意栽培他的人們度過難關。他有著無盡的個人魅力，不過在他的籃球啟蒙導師眼裡，更重要的是他的球風。

毫無疑問的是，才華洋溢的「豆豆糖」是球場上的寶物。他喜歡在戶外打比賽時的無拘無束，彷彿球場也同樣喜愛著他。不管街頭隨機配對的鬥牛還是都市業餘聯賽，他都學到了如何在球場上發光發熱。大喬總是會來到場邊看兒子下一球會怎麼出招，而他並不是唯一的觀眾。

「只要喬．布萊恩上場，人們就會把場邊擠得水洩不通。」辛普森試圖讓人明白當時的盛況，「有時就連想去球場都難如登天，每個人都愛看他比賽。」

「他總是面帶微笑，」日後執教「豆豆糖」的威斯特海描述，「你常常聽到有人說『讓我們開心地打籃球吧！』雖然這句大家都懂的話說得沒錯，不過已經有點陳腔濫調了。然而喬．布萊恩是少數真的快樂打籃球的人之一。因為他的體型和球技，他對於如何打好籃球有一定的掌握度。」

「他用他的比賽方式帶給人們許多歡樂。」魏斯認同這樣的說法。

透過參加街頭比賽與貝克聯盟，「豆豆糖」在增進自己技術的同時，也保有了技術。他將體型、體能與持球技術合而為一，這也幫助他從全費城的菁英球員中脫穎而出。

「讓人震驚的是，他是個六呎九吋的球員，當時所有身高達到六呎九吋的球員，大多是內線球員。」

莫．霍華分析，「這種類型的長人大多會跑到低位，轉過身來向隊友要球。喬．布萊恩能做的不僅如此，他還能負責組織進攻。把球交到他手裡，他能打得像個控球後衛。他能夠在離籃框二十呎遠處急停跳投，也能夠在運球時送出一記不看人妙傳。在那個時代的費城，沒有人能模仿喬．布萊恩的打法。」

在那個時代最深植人心的比賽之一，就是「豆豆糖」與吉米．貝克（Jimmy Baker）的對決。後者當時是奧爾尼高中（Olney High）學生，日後就讀內華達大學拉斯維加斯分校（UNLV）與夏威夷大學（University of Hawaii）並短暫在美國籃球協會（American Basketball Association, ABA）打過球。

「吉米．貝克其實也是位神乎其技的天才球員，甚至比喬．布萊恩還厲害。」朱利厄斯．湯普森說，「但他被毒癮毀了，毒品搞砸了他的生涯。」

「他大概有六呎八吋高，而且有著一手神準的跳投。」莫．霍華回憶，「他也是一位身材高挑、體能拔群的球員，不過他的功能性比喬．布萊恩更單一，畢竟後者在球場上堪稱無所不能，運球、傳球和投籃都難不倒他。我還記得很清楚那場喬．布萊恩和吉米．貝克在球場上互尬投籃的比賽，我的老天爺啊，那場比賽看得我如癡如狂，吉米．貝克大概得了三十二分，『豆豆糖』也有二十八分進帳，而且他們全靠跳投得分。兩個場上身材最高大的球員狂投猛射，而不是殺進籃下，這實在是跳脫了傳統與籃球的框架，不是當時在球場上該有的作為。」

讓「豆豆糖」不同凡響的特質，是他處理球的能力，「我看過不少人在球場上防守喬．布萊恩時被他用運球晃倒甚至摔得屁股朝天。」想起這件事的吉爾伯特．桑德斯，不禁笑了出來。

不難想像，若加入一支公共聯盟的高中球隊，「豆豆糖」的流派對更保守的教練團來說會是個難題。這樣的情形在巴特拉姆高中本應尤其明顯，喬．布萊恩在這所學校替紀律嚴明的費瑞爾（Jack Farrell）教練打球，後者不但在球隊擔任教練，更是這所學校的男子學生訓導主任兼英語老師，不遺餘力於阻止黑幫將黑手伸進校園。他有一名助手名叫賈拉格爾（Jack Gallagher），是位身材高大、內心堅毅，並致力於盡其所能地幫助年輕運動員的愛爾蘭人。

不過費瑞爾是位一看就知道球員有哪些天賦的教練，「對黑人小孩來說，他是個非常親切的人，」曾負責採訪費瑞爾與那支球隊的朱利厄斯・湯普森說，「他不是個簡單角色，是個特別的人。他很懂人性，當年有許多教練其實並不懂與他朝夕相處的球員們在想什麼，不過費瑞爾了解他的球員。這不是件易事，他當年面對的可是一批性格剛烈的孩子，而非溫順的唱詩班。」

「他時常傾聽喬・布萊恩的傾訴，」原本擔任球隊經理，後來也成為巴特拉姆高中校隊一員的辛普森回憶，「他聽進了許多喬・布萊恩的主意，並給後者許多自由揮灑的空間。」

最重要的是，這位教練欣然採納了能將「豆豆糖」的天分完全發揮的主意。球隊願意讓場上打中鋒的他，透過自己的運球與傳球技術協助控衛突破對手的全場壓迫。

「我第一次看到喬・布萊恩打球，是他在打公共聯盟的比賽時，帶球突破了對手的壓迫，」莫・霍華笑著分享他的回憶，「你不會看到有其他大個子這麼做，教練也不會允許。」

「在尋找突破對手壓迫的策略時，他的存在給了費瑞爾教練許多調度的彈性，」吉爾伯特・桑德斯認同，「喬・布萊恩有辦法讓大家融入戰術，因為費瑞爾教練基本上就是讓他扛起控衛的職責了。」

費瑞爾還給了喬・布萊恩無限開火權。

「他的出手選擇很謹慎，從不以不喜歡的方式或在不喜歡的時機投籃。」辛普森回想，「他總是在底角進行遠距離投射，但你也明白，只要他出手，通常對於進球的結果都是很有把握的。」

一個長人在底角出手，這種事情不管是發生在美國的哪個角落，通常都會馬上被叫回板凳教訓一頓。雖然如今這種事已經不值得大驚小怪，但在一九七二年，這樣的出手選擇，簡直是在球場上目無法紀的象徵。

「喬・布萊恩發現費瑞爾教練本可以透過限制自己而展現自己的權威，但他並沒有這麼做，而是給了自己在球場上做自己的餘裕。」之後也如法炮製的威斯特海說。

無拘無束換來的是光彩奪目，莫．霍華欽佩的說，「現在，沒有人能在這座九十四呎的球場上守住他，就算是離籃框還有二十五呎遠你也拿他沒轍，費瑞爾教練知道喬．布萊恩是名多麼優秀的球員。只要能帶領球隊贏得勝利，教練便讓他自由發揮。想想看，每支其他高中的球隊都有個六呎九吋的球員，且這名球員都會待在該死的禁區裡頭，結果現在居然在巴特拉姆高中有個這麼高的球員反其道而行。他雖然還是個年輕小夥子，卻有著極高的籃球智商。他可以選擇在球場上獨斷獨行，他如果是個自幹王，每場比賽都可以拿下四十分。但他不是這樣的人，而是個注重團隊合作、熱愛勝利的傢伙。」

不過就算他不是自私的球員，喬．布萊恩還是會有幾個得分大爆發的夜晚。

「巴特拉姆高中並不是一支實質意義上的強隊，」莫．霍華補充，「但獲得像喬．布萊恩這樣的一名球員，當他在場上有能力與空間做到他想做的事時，便使他們成為一支非凡的球隊了。他不但能運球、能傳球，更有能耐把它們做得盡善盡美，這傢伙真的不簡單。」

喬．布萊恩是位有著強烈好勝心的球員，但有著華麗球風的他，有時比起輕鬆得到分數，更醉心於酷炫的進攻技巧。而外界對他的這個觀點，直到後來上了大學與進入職業球壇，都緊跟著他。

這個看法並非完全是個誤會，辛普森說，「現在你知道科比是跟誰學的了。」

爭論不休

許多年後，費城籃球界的老球皮們最愛爭論不休的議題之一，就是高中時期的科比和「豆豆糖」，哪位是更優秀的球員。

大多時候，年資較長的籃球圈前輩們會站在喬．布萊恩這邊，指出他的體型與獨步武林的球技，足以證明青少年時期的他比科比還優秀。回顧「豆豆糖」的生涯　朱利厄斯．湯普森說他是二十一世紀的球員。

「我愛科比，對他的任何事都沒有意見，但我見證過喬．布萊恩的巔峰期，」擔任籃球文字工作者與教練多年的朱利厄斯．湯普森說，「六呎六吋的科比能做的，六呎十吋的喬．布萊恩都做得到。」

此外，喬．布萊恩還達成了一件兒子從未辦到的成就，那就是率領球隊稱霸費城公共聯賽。

一九七二年的大四球季，身穿二十三號球衣的「豆豆糖」在替球隊聲援的球迷們塞爆體育館的情況下辦到了。這個球季，他在創下單場投進二十六球紀錄的比賽中攻下五十七分，並有另一場得到四十分的比賽。在帶領巴特拉姆高中擊敗錢尼教練在接下大學教鞭前執教的格拉茨高中（Gratz High），與未來ＮＢＡ球員索傑納（Mike Sojourner）領銜的日耳曼鎮高中（Germantown）後，他獲選為公共聯盟錦標賽的最有價值球員。

由六呎九吋、二百四十磅的索傑納與另一名七呎長人聯袂組成的內線，使日耳曼鎮高中在高中球隊之中，甚至公共聯盟裡都顯得高大強悍。但在朱利厄斯．湯普森的印象中，喬．布萊恩面對挑戰並未退縮、知難而上，「對上他們，喬．布萊恩打出了瘋狂的表現。他在那天接管戰局，大概砍下了三十分吧。」「豆豆糖」在冠軍賽狂砍三十分、十二籃板，不過多虧隊友「瘋狗」普萊德（Joe "Mad Dog" Pride）神來一筆般的貢獻，才幫助球隊完成逆轉勝。

奪冠之後，喬．布萊恩與父親手挽著手，對著《費城論壇報》的攝影師微笑。父子倆的手臂掛在彼此的肩膀上，手指指向天空，好似此刻已經唯我獨尊。享受這個瞬間的大喬，在眾人面前笑得燦爛無比。

在高中球壇取得的成功，使「豆豆糖」贏得整座城市的關注，而他也準備好成為焦點人物了。魏斯回憶，「作為一名有著大人物器量的高中球員，喬．布萊恩必成大器。他總是在笑著，給四周帶來歡樂。但也可以保持安靜，做出如同紳士般彬彬有禮的言行舉止。每個人看到他，都能感受到他是真的開心而不是虛情假意。我認為他對桑尼希爾聯盟與整座城市來說，都稱得上是絕佳的形象大使，因為當人們看到他打球時，臉上都會克制不住地浮現一抹微笑。他無人不知，也無人不愛。」

「追本溯源，這些待人接物的作風都可以從大喬身上找到。」朱利厄斯．湯普森表示，「喬．布萊恩跟誰都能聊，人們也因此喜歡上『豆豆糖』這個綽號。他真的活潑、好動又友善。」

緊接著舉辦的是城市冠軍賽，由公共聯盟的冠軍對決在天主教聯盟（Catholic League）站上頂點的球隊。往年公共聯盟的球隊總能把天主教聯盟的代表壓著打，雖然在今年聖湯瑪斯摩爾高中（St. Thomas More）與巴特拉姆高中的初次交鋒，前者差點在一場拉鋸戰中爆冷獲勝，但由於喬．布萊恩的搶眼表現，大多數人依然更看好巴特拉姆高中是能夠捧回金盃的大熱門。

以往天主教聯盟球隊大多試圖透過降低比賽節奏，降低公共聯盟球隊的體能優勢。然而今年的聖湯瑪斯摩爾高中具備能與巴特拉姆高中抗衡的運動能力。

「巴特拉姆高中太自大了。」辛普森回想，「他們本以為能輕鬆寫意地電爆對手，結果發生了悲劇。」

在辛普森的印象中，失利後的「豆豆糖」顯得非常失望。幸好公共聯盟的MVP，只不過是喬．布萊恩在這個球季贏得的其中一個榮耀與肯定，而這些獎項也引起了全國大學教練的興趣。打來的電話源源不斷，甚至逼得大喬不得不換電話號碼以圖安寧。

後來因當上知名運動鞋品牌主管而一舉成名的瓦卡羅（Sonny Vaccaro），雖然當時還是一位髮型如灌木叢般茂密、在匹茲堡（Pittsburgh）某中學任職的特教老師，不過同時經營著每個球季的全國高中明星賽。這項賽事名為圓球經典賽（Dapper Dan Roundball Classic），每年春天都將全國頂尖大學球隊教練引來費城，只為親眼目睹這批全國最強高中生。

莫．霍華與「豆豆糖」都受邀參加了圓球經典賽，兩人的父親也迫不及待地想要出發參賽，「我有一台平托房車（Pinto），」莫．霍華一邊回憶他開的那台福特小車一邊說，「而我到現在都還想不透，他們是怎麼把自己的大屁股塞進這台車，然後一路開到匹茲堡的。而他們願意忍受這番舟車勞頓，原因很簡單，就是為了我跟喬．布萊恩。我們的父親都來自遙遠的南方，就我所知，我爸甚至還不知道自己的生父是誰。我們的出身卑微，父親也只是做工的人，因此我們有時能賺到比父親所拿過最大筆數目的支票還多的錢，而這番少年得意，招致了不少罵名。」

而大喬布萊恩則在那個周末更加聲名遠播，因為兒子在明星賽榮膺了MVP，也讓「豆豆糖」又進一步得到更多學府的關注，這番成果也令大喬喜出望外。家人們希望喬．布萊恩能留在費城的學校打球，如此一來，他們就能從更近的距離欣賞他一步接著一步打響自己的名號。

吉爾伯特．桑德斯回憶，這座獎盃成了喬．布萊恩在柳樹大道家中的另一個收藏品，而這批一字排開的收藏，不管誰看了都會印象深刻。下個球季，吉爾伯特．桑德斯也獲邀參加了瓦卡羅的明星賽。一九七三年比賽的開幕儀式中，也回顧了前一年「豆豆糖」在與高中明星較量時依然能主宰戰局的影片。「這是我第一次真切地感受到他是多麼有才能。」吉爾伯特．桑德斯說。

「喬．布萊恩在場上的全能名不虛傳，」魏斯回憶，「他在球場上有打五個位置的能力，他可以控球，也能打內線，並有著無所不包的進攻技巧。他的比賽風格有著魔術強森的影子。我不是拿他與魔術強森相提並論，但他真的精通球場上的五個位置。所以在魔術強森直到七〇年代後期才浮上檯面之前，他就已經以相同的風格在打球了。尤其當他在開放式進攻持球時，打得真的很棒。他在球場上的好球不但替隊友製造了機會，也打造了能讓球迷因自己而歡欣鼓舞的舞台。」

包含記者、教練甚至對手在內，幾乎所有人都有共識，「豆豆糖」必將邁向前途不可限量的未來。幾乎每間學校都歡迎他的加入，但「豆豆糖」也想留在離家近一點的地方。他知道自己是費城的家鄉英雄，樂於享有當地風雲人物的地位，而費城五校聯盟的五所名校，更早已令他欽慕不已。在天普大學（Temple）與拉塞爾大學的二選一中，由於後者曾是偶像杜雷特的母校，最終成為他做出選擇的關鍵。而且威斯特海執教的快節奏開放式打法，看起來也充滿了更多樂趣。

「拉塞爾大學有著明星球員搖籃的盛名，」衛斯陳述，「最早可以追溯到很久很久以前，四〇年代後期、五〇年代初期的古拉（Tom Gola）。」喬・布萊恩被視為偉大球員的接班人。事實上，由於當地三大巨星喬・布萊恩、後來去了猶他大學（Utah）的索傑納與莫・霍華在同一年崛起，一九七二年對費城高中籃球而言成了特別的年份。他們也成為每所學校爭相挖角的對象。

威斯特海篤信喬・布萊恩就是隊史下一位偉大球員，威斯特海解釋，在那個年代，教練直到球員高中時期的後段，才能較為通透地摸清球員的斤兩，「我真的沒有從球員還年僅十二到十四歲時就開始追蹤，要是現在，喬・布萊恩可能在更年輕時，大概十二歲，就出現在每間學校教練團的雷達之中了。他們大概會說『費城西部有個孩子真的很能打』。我第一次接觸到喬・布萊恩時，他已經高四了。他有著驚人的天賦之才。而且他熱愛比賽，願意努力訓練。他絕非懶惰的球員，簡直就是籃球的化身，所以要他訓練，是一點問題都沒有的。」

在喬・布萊恩決定好自己的去向後，莫・霍華也同意加入馬里蘭大學，這支德賴塞爾教練自詡為「東區的UCLA」的球隊。

選完學校後，這兩名因籃球而結識的好友在春夏兩季掃遍了整座城市的球場，莫・霍華想起這些事，便笑了起來，「我和喬・布萊恩把高四生該做的事都一起做了。我會在他放學的時候從我的學校開車到他校門口接他，接著上車移動找比賽，找遍整座城市所有體育中心與運動場。當時在郊區有幾個聯盟，我們兩個高四生就初生之犢不畏虎地挑戰聯盟裡的成年人，然後把他們痛宰一頓，懂嗎？我們痛宰了他們！」

探索者

不過不管痛宰了多少球員，全美大學體育協會（National Collegiate Athletic Association, NCAA）都不是莫・霍華與喬・布萊恩有辦法主宰的組織。為了預測新進運動員的學業成就，負責大學運動員的主管機關再一次地更改了學業成績出賽資格的相關規定，不同的規則也令他們兩人都無法在大一取得出賽資格。

無論如何，莫．霍華還是去了馬里蘭大學，而喬．布萊恩則是在吉爾伯特．桑德斯家待了很長一段時間，這也成了失落的一年。他偶爾參加校內的比賽，大多時候，則是在他熟悉的地盤、街頭籃球場上度過。

大二時他依然瘦得令人無法置信，體重還不到兩百磅。一九七三—七四年球季，他總算初次披上拉塞爾大學探索者隊（La Salle Explorers）的戰袍上場比賽，也將這支球隊的球員深度提升了一個檔次。當時威斯特海是位著名的莎士比亞專家，身著高領衫與運動夾克的他，在場上指揮比賽的一舉一動，都充滿了學術氣息。

「豆豆糖」則在球場上做好自己的工作，用他的球技譜寫著籃球版本的弱強五步格英詩。一份拉塞爾大學的學生刊物，形容他有如一位「絢麗的天才」。

「老天賜給他的不只是身材，」威斯特海記得，「他還是位動作靈活的球員，總是隨著比賽節奏在場上殺進殺出。他的字典裡沒有停止這個字，這對他一點意義都沒有，因為他總是在場上四處移動。他的比賽風格充滿活力，防守時也不例外，他總是對球虎視眈眈，為每一次抄截機會做好準備。」

作為一位年輕的教練，威斯特海偏愛開放式進攻，這代表他的球隊會進行許多壓迫防守以圖製造許多快速反擊的機會。而喬．布萊恩就是構成這個進攻體系的首要條件，在他抓下防守籃板後，因為他具備著持球技術，這讓他不需要傳給控衛，就能第一時間帶球推進。

「他就是那種能在抓下防守籃板後，有辦法自己運球過半場的球員，」威斯特海分析，「在七〇年代和接下來的幾年，這種萬能的球員並不常見。」

五年過後，六呎九吋的魔術強森就以這種打法聞名於世。他不但以此帶領密西根州大（Michigan State）贏得全國冠軍，更帶領湖人贏得五座金盃。

二〇一五年，格林（Draymond Green）更是在幫助勇士贏得總冠軍時，以能組織快攻的大前鋒之姿發揮了巨大功用。但在一九七四年，有著後衛技術的大個子，幾乎是史無前例的球員。

「在世人知道有人可以這麼做，或是有人被准許這麼做之前，喬・布萊恩就已經做到了。」威斯特海說。

「豆豆糖」的存在終於幫助威斯特海得以打造他夢寐以求的快節奏球風，「他堅信自己的球員應該要跑得比誰都快，」朱利厄斯・湯普森說，「如果球隊沒有在上半場得到五十分，他就會因此而不爽。」

「威斯特海是位秉持跑轟概念的教練。」吉爾伯特・桑德斯表示。

威斯特海自己則有另一種想法，「我認為我能夠看清他多有才能、可以成為多麼偉大的球員，並讓他自由發揮。我不是讓他擔任控球後衛，而是讓他在比賽中進化，成為一名無所不能的球員。不是讓他到哪都為所欲為，而是讓他自己找出能完成任務的方式，尤其是他持球的時候。我試著降低半場進攻的比重，試著挑戰極限，總是在球場上馬力全開。」

拉塞爾大學在一九七三年十一月的球季揭幕後取得了好的開始，而莫・霍華也已經按捺不住地想要看老友和這支球隊的比賽了。在那個有線電視與廣播尚不普及的年代，拉塞爾大學的比賽並不常有轉播機會。在他終於看了比賽後，發現威斯特海就像不知道如何煞車，甚至根本沒有想煞車替比賽降速的念頭。他的球員在場上總是全力奔馳，這種風格簡直與「豆豆糖」是天作之合。

「這就是『B』與他的打球方式，」莫・霍華回憶，「對這支球隊而言，想要登峰造極，就要讓喬・布萊恩無拘無束地打球。而威斯特海也從未想過要限制他。拉塞爾大學會以包含全場壓迫、四分之三場壓迫等各種方式來箝制你。他們打得很快，因為喬・布萊恩跑得跟後衛一樣快，他甚至通常會是發動快攻的核心球員。」

費城五校聯盟在當時有如ＮＢＡ名教練的農場，戴利（Chuck Daly）在賓州大學（Penn）執教、麥金尼（Jack McKinney）帶領的是聖約瑟夫大學（St. Joe's）、唐・凱西（Don Casey）在天普大學，以及拉塞爾大學的威斯特海都是日後在ＮＢＡ赫赫有名的教練。這五校中唯一沒有前進ＮＢＡ的，是維拉諾瓦大學

（Villanova）的馬希米諾（Rollie Massimino）教練，而他在大學球壇稱霸了數十個年頭。在他們面前，喬．布萊恩以最佳狀態繳出一番精采絕倫的演出。

他在NCAA的第一個球季，平均攻下十八點七分，並以十點八個籃板成為五校聯盟的籃板王。每場主場比賽，大喬都會親臨現場。下個球季，「豆豆糖」又將自己的成績提升到平均二十分、十一籃板以上。「掌握靈活巨人的巨大天賦，是新球季的目標之一。」一份拉塞爾大學的學生報刊上在球季預測的文章中如此寫著。

喬．布萊恩的第二個大學球季有著許多亮點，戰勝了大西洋沿岸聯盟（Atlantic Coast Conference, ACC）的強隊克萊門森大學（Clemson）、靠著最後關頭的補籃領軍爆冷擊敗全美第六的阿拉巴馬大學（Alabama）贏得砂糖盃經典賽（Sugar Bowl Classic）假日錦標賽冠軍、迎戰曼菲斯州大（Memphis State）獨得三十四分，並在對上戴利教練率領的賓州大學時投進致勝一擊。

這時拉塞爾大學的排名已經攀升到了全美第十一名。喬．布萊恩與隊友泰勒（Bill Taylor）、烏艾斯（Charlie Wise）在帶領探索者隊打出二十二勝七敗的戰績並贏得例行賽龍頭後，也在一九七五年入選了五校聯盟的年度第一隊。不過在那個年代，NCAA還沒有太多邀請未奪冠強隊參加錦標賽的大區邀請（at-large bid）名額，因此想要成功晉級錦標賽，唯一的機會就是在球隊所屬分區奪魁。

在那裡，「豆豆糖」給威斯特海留下了一段足以烙印在腦海裡的回憶。

「我們聯盟的冠軍賽在拉法葉學院（Lafayette College）舉行，」想著往事的威斯特海說，「我們打進了決賽，只要贏下這場球，就能獲得通往NCAA錦標賽的門票。在迎戰拉法葉學院的最後兩分鐘我們還保持領先，我印象中是七分的差距。喬．布萊恩抄到了球並一條龍殺到籃下。在無人防守的狀況下，他只要輕鬆上籃就能將優勢擴大為九分。不過他並沒有這麼做，而是衝進內線後用盡全力起跳完成一次大力灌籃，並面帶微笑地轉身。在那個時代的大學籃球中是不可以灌籃的，這也成了一次違例。」

裁判馬上吹了技術犯規，進球不但無效，還給了拉法葉學院兩次罰球機會與球權。但喬・布萊恩還是止不住笑意，走向板凳席並告訴威斯特海：「教練，我真的情不自禁。」

「所以七分差的比賽被縮小為四分差距了，」威斯特海在四十年後想起這件事，而從他的語氣中，還是聽得出他直到現在還是懷疑自己看到了什麼，「我看得呆若木雞，沒有跳起來拍拍他的背、誇獎他『真是個厲害的傢伙』，也沒有對他大吼大叫，而是在震驚中無法自拔。他知道自己在做什麼，我甚至敢說這一切完全符合他的計畫，『我等了一整年要幹這件大事，反正不管怎樣我們都會贏的，所以沒差吧？』」

這一刻成為「豆豆糖」替威斯特海效力的球員生涯寫照。「那場比賽他大概得到二十幾分，還抓了很多個籃板，」教練說，「但我印象最深刻的還是那次抄截後一騎絕塵的畫面，因為他把所有人甩在三十呎遠的腦後。」

拉塞爾大學還是拿下了這場比賽，並在有著「大學籃球殿堂」之稱的費城競技場（Palestra）舉行的錦標賽首輪迎戰關注度極高的雪城大學（Syracuse）。喬・布萊恩打出一場精采的比賽，但在比賽最後三秒卻錯失投進了致勝球的機會，接著探索者隊也在延長賽敗下陣來。後來在那屆錦標賽中，擊敗他們的雪城大學一路打進了最後四強。

球季結束後，「豆豆糖」在那年春天宣布自己因為家裡經濟困難決定投入選秀。威斯特海知道，這個時機恰到好處。

「回想起來，喬・布萊恩真的是美國史上第一位六呎九吋的控球後衛，」教練說，「但在那個時代沒有人認為這種身材的球員可以擔任控球後衛或持球者，也沒有身材如此高大的球員具有這種技術。事實上，很多人看到他打球，都會覺得他精力過剩、在場上做了太多越俎代庖的事，覺得他應該做好自己前鋒的本分，而不是搶後衛的飯碗。」

威斯特海從許多球探與教練聽過太多諸如此類的批評，但他從來沒有贊同過他們。對威斯特海而言，配置得當的「豆豆糖」是一股強大的力量。而教練也同意，這位陣中最佳球員，已經準備好成為職業籃球員了。

費城球迷對他的支持與熱愛猶在耳邊，喬．布萊恩篤定自己將走向輝煌。當時的他幾乎沒有想過，事態有可能朝著不同的方向發展。

第四章 潘與豆豆糖

還在拉塞爾大學打球的那幾年，喬・布萊恩深深著迷於一名容貌令人驚艷、身材如雕像般美麗的女子。這位女子名叫潘・考克斯（Pam Cox），這件事在當時也令她的父親大感意外。

「潘・考克斯本可朝著律師或其他同類型的職業發展，」與《費城日報》長期合作的運動專欄作家史莫伍德（John Smallwood）說，「然而她卻在喬・布萊恩瘋狂的追求中淪陷了。」

這句話幾乎總結了父親約翰・考克斯二世（John Cox II）的千頭萬緒，後者顯然不認同女兒選擇與「豆豆糖」交往的想法。其他家族成員還記得他曾經質問過，這麼一個窮光蛋怎麼養得起他女兒，哪來的辦法讓女兒過上習以為常的好日子。

「她原本可以過上心想事成的生活，」魏斯同意，「她有著能與伸展台上模特兒匹敵的姣好面容，是個大美人，我確信她的父親期待女兒與醫師或律師共結連理。」魏斯說，「他應該從沒想過，女兒會與一個來自費城西南部的職業籃球員步入婚姻。」

這對夫妻也讓兩組深不可測的籃球基因庫合而為一，潘的哥哥、綽號「小胖」（Chubby）的考克斯三世（John Arthur Cox III）日後在維拉諾瓦大學與舊金山大學（University of San Francisco）打過籃球，喬・布萊恩更是已經踏上ＮＢＡ的征途。

不過布萊恩（Kobe Bryant）之所以能成為籃球比賽史上最偉大的球員之一，是因為具備一項至關重要的人格特質。而這項特質，並不是源自於「豆豆糖」或「小胖」。

「那個殺手，潘．考克斯才是那個殺手，老兄。」莫．霍華笑著解釋，這是在這對夫妻的好友群中重複提及的看法，「她不但是個美麗的女子，更有著冷面殺手的一面。」

潘．考克斯還有著非比尋常的自我要求，這也成為另一項遺傳給兒子的特徵。

「她是讓喬．布萊恩走上正途的人，」辛普森說，「後者就像個大孩子，讓人無法不喜歡上。」

喬．布萊恩的教練發現，他在大三時變得更加專注且受教，對於這樣的變化，知道兩人開始交往的朋友都不覺得這兩件事同時發生是個巧合。不過對於這樣的說法，威斯特海教練卻嗤之以鼻，「他會因為開始約會後就不再耍弄背後傳球了嗎？」教練問，「不會嘛，我可沒發現這樣的跡象。不過言歸正傳，見過她之後，你能感受到她是個好人，她的存在也對喬．布萊恩大有裨益。」

在某些旁觀者眼中，這對情侶並不門當戶對。首先他們的原生家庭就有著天壤之別的差距，布萊恩一家不但相對較晚才來到這座城市，這批從喬治亞逃出來的難民，更馬上陷入了經濟方面的困境。考克斯家族則是費城古老的豪門世家，他們的婚禮或其他社交活動，甚至能在全國歷史最悠久的非裔美籍大報之一、《費城論壇報》的版面上佔有一席之地。

考克斯家族最早的約翰．考克斯（John Cox）在一九三三年結婚，他是聖伊納爵堂區（St. Ignatius Parish）的中流砥柱，這是一個在一九八〇年代創立後、便在費城西部服務德國移民的老字號機構。除了在這裡服務過之外，考克斯也曾是神聖救世主堂區（Holy Savior Parish）的成員。這是一個為了費城西部非裔美籍人士而創立於一九二四年的天主教禮拜社區。但由於這個區域說德語的人一度大幅減少，因此在一九二八年，以白人為主的聖伊納爵堂區會眾便接觸了神聖救世主堂區洽談合併事宜。

透過雙方整併，聖伊納爵很快成長為一個強大的堂區，倡議蓋學校與療養院的行程寫滿在制定的社區日程表上，可說是充滿雄心壯志。約翰．考克斯接下了為機構籌款的二手貨商店經理一職，而這間商店所帶來的利潤，也成為興建療養院與其他計畫的主要資金來源。到了一九五〇年代，這間店在考克斯的經營下，業績蒸蒸日上。根據《費城論壇報》報導，這也讓聖伊納爵強大到不需要費城大主教管區（Philadelphia Archdiocese）提供額外的資金了。

幾十年來非裔美籍移民的湧進，造就這座城市中一系列社會與種族間的緊張氣氛。但聖伊納爵堂區在面對衝突時，卻成為整合雙方的因子。其中一個跡象發生在一九五六年，在被冷落了許多年後，約翰．考克斯終於成為最早一批被選為哥倫布騎士會（Knights of Columbus）的黑人之一，加入這個為了慈善與社會議題而奮戰的天主教兄弟會志願者組織。當地各地區的會所之間缺乏整合，一直是會眾爭論的議題之一。不過考克斯在接受《費城論壇報》訪問時，看起來想輕描淡寫地帶過這番現象，並表現出審慎樂觀的態度。

「其實不管是加入還是留在這個組織中，都不是件難事。」他如此評價哥倫布騎士會，「我們知道有些人的心中留有敵意，但我們每天都在試圖消弭這些仇恨。」

他的兒子考克斯二世，也因其作為拳擊手的精湛技藝，以及替社區籃球隊打球的緣故，而在四〇年代後期與五〇年代初期聲名大噪。不過那個年代對年輕黑人來說依然難以出頭，因此最終他沒有上大學，而是選擇入伍。

一九五三年，當時二十歲、在美軍擔任二等兵的他從訓練中告假回鄉與十七歲的美女米爾德雷德．威廉斯（Mildred Williams）匆忙完婚。根據《費城論壇報》報導，這場在聖伊納爵舉辦的婚禮於一大清早七點半的彌撒中舉行。儀式匆忙到甚至沒有足夠的時間宴客，這對準夫婦還是在齋戒後分發早餐的儀式中宣讀結婚誓詞的。一切都在倉促中結束後，二等兵考克斯又得急急忙忙地趕往阿拉斯加（Alaska），加入當地的憲兵部隊。

「小胖」考克斯三世是這對夫婦的長子，妹妹潘．考克斯在不久後也出生了。

服完兵役後，考克斯二世回到了費城，並在市中的消防隊工作，展開全新的職業生涯。這份工作一開始頗為艱苦，因為在他最初任職的幾年間，得應付許多由於族群融合而發生的難題與難堪場面。不過也因為如此，他在法蘭克・瑞佐當權的那幾年獲得重用，成為早年部門中少數黑人小隊長之一，這是件不小的成就。

他的身上散發出了某種費城人特有的堅忍不拔，「考克斯先生，就是個土生土長費城人，」莫・霍華試著講得更清楚，「他在費城西部長大，不是個含著金湯匙出生的人，全靠他與妻子養大了潘和『小胖』，讓他們過上不錯的生活。當我第一次遇到這兩個孩子時，他們住在世界上最大的都會公園、費爾芒特公園附近。能在這座公園周遭有間自己的房子，是件人生中的豐功偉業，對黑人來說更是如此。」

在那個泛稱園區（Parkside）的地帶，生活條件與考克斯二世成長的費城西部有著雲泥之別。莫・霍華說，「那裡的環境大概只比最底層好一點，我想對考克斯夫婦來說，在那裡的生活給了他們追求成功的刺激與動力。」

有人會說考克斯二世是個難以親近的高冷男子，家族中對他的評價也褒貶不一。米爾德雷德・威廉斯的近親蓋爾・威廉斯（Gail Williams），曾寫過一部小說描述一個籃球之星的家庭。劇中醜化的兩個人物，就是暗指潘・考克斯與其父。考克斯家族的朋友們在受訪時也承認，這對父女確實有一些難相處的要素，但大多數的熟人也認為他們有著足以彌補這些難相處要素的其他特質。

考克斯家與布萊恩家也有件讓人好奇的處境，大喬布萊恩其實並沒有多少社交手腕，但他的言論或照片卻常常被刊載在當地的報刊上。反之，考克斯二世不但在消防部門屢建奇功並位居要職，甚至兒子、女婿甚至孫子都是有頭有臉的人物，但他個人卻很少上報，看起來就像是刻意避免自己成為焦點人物。

對籃球的愛

考克斯二世或許至今仍不滿意女兒與「豆豆糖」結縭的選擇，但這段良緣不但維持了數十年，更栽培了三位出人頭地的兒子。且這對夫妻的故事，就連在那位鼎鼎大名的兒子生命中，都產生了重要的決定性因素。從他的養育過程到與家人間的激烈衝突，都看得見父母影響力的影子。

潘記得自己早在孩提時代就認識了喬．布萊恩，因為兩人的祖父母家離得很近。而她在受訪時說，當時自己對「豆豆糖」一點都不感興趣。

「喬．布萊恩總得透過『小胖』這個中間人，才能更加了解潘。」吉爾伯特．桑德斯解釋，她的哥哥和喬．布萊恩都有著和藹可親的個性和難以計量的才能，作為年輕球員他們不但有著相似的價值觀，彼此更是惺惺相惜。

「小胖」比「豆豆糖」和莫．霍華小一個年級，他們經常與他交手，或聯手與其他球員較量，莫．霍華回憶，「『小胖』整天想著的就是『我想變得跟你們一樣強，你們做什麼，我也要跟著做什麼』。要追上我們，老兄，最重要的就是會得分。喬．布萊恩是公共聯盟的得分王，『小胖』則在排行榜上緊追在後。雖然他比我們小一個年級，但他真的是位非常、非常好的球員。」

他在球場上充滿自信，因此許多年後，當莫．霍華看到年輕的科比，總是會想起「小胖」，「科比生涯初期那副跩樣，跟『小胖』簡直是一個模子刻出來的。」莫．霍華說。

而有件怪事並未逃過眾人的法眼，那就是潘真的太崇拜她的哥哥了，「在她眼裡，千錯萬錯，都不會是『小胖』的錯。」辛普森說。

隨著時間的推移，「小胖」很明顯地被過度溺愛的父母與崇拜自己的妹妹給寵壞了，這也讓父親不得不找上桑尼．希爾，請他幫忙管管自己的兒子。

「考克斯一家把他交給了我，」桑尼．希爾回憶，「『小胖』來自上流階級家庭，他真的被寵壞了，因此他們家只好把他送進我的聯盟。我也因此在『小胖』人生中的養成、紀律與籃球方面，扮演極為重要的角色。」

「小胖」與侄子科比的相似之處，不僅是球場上的囂張態度與打球風格。他們還都是家裡的天之驕子，受到家族其他成員無止盡的吹捧與討好。

「小胖」和妹妹潘一開始在費城的歐佛布魯克高中（Overbrook High School）上學，但因為家人在園區市郊的主線區（Main Line）買了間房子，因此兄妹只好轉學到羅克斯伯勒高中（Roxborough High）。這是一間並非傳統籃球強權的學校，也讓「小胖」輕易地在這裡成為籃球場上的明星。

考克斯家族買下了曾在拳王阿里（Muhammad Ali）名下，一棟位處郊區並附有游泳池的房子。而一間有泳池的房子，在當年可是非常稀有，但對於在消防部門擔任高管的考克斯二世與在聯邦政府工作的妻子來說，還負擔得起買房的費用。

「考克斯夫婦都是努力工作的人，也因此他們能給孩子一個衣食無虞的生活，」看在眼裡的莫．霍華說，「他們不會覺得自高一等，也對每個人一視同仁，從我第一次遇到他們時，就一直是這樣。」

有人認為「小胖」家的房子和迷人的妹妹是吸引「豆豆糖」的主因，令他只要有機會就會拜訪他們家，而莫．霍華並不認同這樣的說法。「我不認為物質生活上的成功會對喬．布萊恩有任何吸引力，不管有錢還是沒錢，喬．布萊恩從來沒有變過。他們家有著各式各樣的設備，所以這傢伙可能會被新鮮感吸引，但知道嗎？你不能就這樣定義他是被物質欲望所誘惑。」

然而，考克斯二世先生不喜歡有外人來家裡閒晃、更不喜歡有人來自己家的游泳池游泳，也是人盡皆知的事。

考克斯二世不只要守護游泳池，「考克斯先生不歡迎任何人來家裡與自己的家人共進晚餐，更不用說有人來家裡找女兒約會了。」吉爾伯特．桑德斯說。

潘．考克斯認為自己對「豆豆糖」初次產生好感時，是某個晚上她的哥哥與維拉諾瓦大學出戰拉塞爾大學的比賽。考克斯一家人坐在場邊，當她起身走向另一邊對大喬布萊恩打招呼時，發現「豆豆糖」正朝著相反方向走去，問候自己的父母。她後來解釋，這就是讓自己動情的瞬間。

潘一開始在匹茲堡上大學，後來在大三前轉學到維拉諾瓦大學，也繳出不錯的成績。她後來表示自己不是因為喬·布萊恩才回到費城的，但事實上如果她不解釋得更清楚一點，不只會引發更多他人的妄加臆測，更不用說，還會引起父親的關切。

當時「豆豆糖」在拉塞爾大學的表現不錯，但對旁觀者來說，他看起來還是找不到自己的方向。「他是一塊鑽石的原石，」吉爾伯特·桑德斯解釋，「是潘讓他發光的。他不是父親的首選，但他接受改變，而潘就是讓他發光發熱的人，甚至為此堅決地與他結為夫妻。」

某天，「豆豆糖」與潘決定一起搬進一間公寓，吉爾伯特·桑德斯回憶，「當時她可以舒舒服服地過上富貴的生活，和爸媽待在城市主線大道（City Line Avenue）上舒適的家，卻選擇兩人一起住進日耳曼鎮一間狹小的公寓。她是真的愛他，愛到能夠不顧父親看法，接受丈夫最真實的模樣。」

這場家庭革命直到「豆豆糖」在六月舉辦的NBA選秀會中，被勇士以首輪第十四順位選上才稍微平息。在總教練雅圖斯（Al Attles）的率領下，勇士才剛贏得總冠軍。這位教練曾是一位性格剛毅的後衛，曾經在勇士還在費城的年代與張伯倫當過隊友。這也讓這支球隊看起來是最適合「豆豆糖」展開職業生涯的去處了。

布萊恩一家對此十分興奮，雅圖斯事後也回憶當下真的很渴望能夠執教喬·布萊恩。只是顯然球隊與經紀人菲利浦（Richie Phillips）的談判初期並不順利。勇士想提供一份年薪接近十萬美金的合約，菲利浦對此無法接受。

隨著夏日時光逐漸流逝，在合約談判上打算以靜制動的勇士靜得出奇。而在這段充滿著不確定性的時間，潘與喬·布萊恩完婚了。不久後，朋友們便聽說她懷孕的消息。

「簡直是他們一分鐘前才剛在一起，事情就一連串地發生了。」憶當年的辛普森說。

幾十年來，考克斯家的婚禮都辦得鄭重其事，而且事後都會鉅細靡遺地在《費城論壇報》的社會版上報導。然而潘與「豆豆糖」的婚禮卻是悄悄地在一位住費城西部的朋友、維吉爾・戴維斯（Virgil Davis）的家中舉行。相較之下，顯得像是件雞毛蒜皮的小事，也省了一筆在《費城論壇報》上刊登廣告的開銷。

合約

那個時代，球隊被要求在九月初提供一份合約給他們在選秀會中選上的球員。如果球隊沒有遵守規定，就會失去該順位的簽約權，聯盟也會允許這名球員成為自由球員。

「如果沒有送出一份合約，就會失去與他簽約的權利，」時任七六人總經理的派・威廉斯（Pat Williams）回顧當下，「這就代表你會失去他。然後接下來的某天，我接到了一通菲利浦打來的電話，他曾擔任費城的助理地方檢察官，如今則成為一些運動員與大聯盟裁判公會的代理人。當時也是『豆豆糖』經紀人的他，跟我是朋友。」

菲利浦詢問了威廉斯一些選秀簽約權的相關規定，並告訴他還沒有從勇士方面聽到任何報價。

派特・威廉斯聽了大吃一驚，失去首輪選秀權可說是捅了個大簍子。米尤利（Franklin Mieuli）是一九六二年從費城遷往加州（California）時的勇士老闆，他與七六人老闆關係不錯。派特・威廉斯知道球隊也不想讓米尤利難堪，因此建議菲利浦稍安勿躁，說不定過幾天就會收到合約了。

幾天後，菲利浦再度致電派特・威廉斯，告訴後者他們還是沒有收到勇士的合約，也接觸過尼克隊，而後者很快對他們釋出了興趣。

派特・威廉斯找上了七六人老闆科斯洛夫（Irv Kosloff），並告知他現況：勇士執行長維特利布（Dick Vertlieb）還沒有提出合約。

「噢，但我不想對朋友這麼做，」科斯洛夫告訴派特・威廉斯，後者回應，「是沒錯，但還是有人要把他收入囊中的，最終會有某個人將喬・布萊恩納入球隊。他是個不錯的年輕球員，而你也知道他有想跟我們簽約並留在費城的意願。」

與此同時，七六人助理教練麥克馬洪（Jack McMahon）也曾目睹「豆豆糖」在貝克聯盟大殺四方的時刻，因此教練團也贊同簽下他的決定。

七六人才剛從兩年前災難性的一九七三年球季走出陰霾，他們在該季僅贏得九勝七十三敗，是聯盟史上最差戰績。不過在舒爾總教練的帶領下，他們已經步上穩步重建的軌道，不過萬事俱備、只欠東風的他們，還需要引進望眼能及的青年才俊以填補他們的陣容。

「所以我們就開始交涉了。」派特・威廉斯說。

作為自由球員，「豆豆糖」是談判籌碼比較多的一方，「我們認為他會成為明星球員，」派特・威廉斯說，「我們渴望天賦，他是位年輕的費城家鄉英雄，身邊有著一位強硬的斡旋大師菲利浦也成為他的優勢。而菲利浦是不會放過這一筆天降橫財的。」

七六人在那個球季已經在選秀會用自己的選秀權獲得兩位讓人眼前一亮的球員，分別是十八歲的道金斯（Darryl Dawkins）與還沒把綽號「世界級」（All-World）加進法定姓名沃德・B・佛利（World B. Free）、當年二十一歲的佛利（Lloyd Free）。首輪第五順位的前者，簽下了總值七年一百四十萬美金的合約。在合約剛生效的前幾年，他的年薪大約十萬美金出頭。

而喬・布萊恩，這位首輪十四順位的新秀，最終與球隊敲定一份三年九十萬美金的合約，讓他一年可以賺到三十萬美金。

就在兩年前，公牛每年只付給老將鮑溫克（Tom Boerwinkle）四萬五千元美金，就連決定要不要給球迷喜愛的史隆（Jerry Sloan）年薪六萬的待遇都思前想後。在擔任七六人總經理前，曾是公牛總經理的派特・

威廉斯細數了這些當年的簽約往事。

「在那個時代，喬・布萊恩的合約真的是獅子大開口，」派特・威廉斯說，「我們開始制定一份雙方都滿意的合約，接下來的事你也知道了，我們與他簽約，並替他舉辦了記者會。這可是費城的大事，當地大學名人，居然鯉魚躍龍門成了七六人的一份子。」

在柳樹大道的家中，大喬把家裡所有人聚集在一起。所有他對兒子在籃球路上支持的點點滴滴，居然以意想不到的方式湧泉以報。「在那個他與七六人簽約的夜晚，我們哭成了一團、一起向上天禱告。」喬・布萊恩的父親事後這麼說。

「豆豆糖」在日後宣稱，是因為自己在桑尼・希爾舉辦的貝克聯盟中的好表現，才讓他多賺了八十萬美金。在之後的幾十年間，這番感謝宣言總是被桑尼・希爾掛在嘴邊。

失去首輪選秀權為勇士帶來了沉重的打擊，開發年輕球員潛能，是ＮＢＡ球隊賴以為生的必備能力。即使ＡＢＡ的解體替ＮＢＡ在那個球季開創了充足的球員來源，但因為管理層的疏忽而失去了首輪新秀，依然是一件不欲人知、亟欲掩蓋的失誤。因此多年來，外界通常將這個事件誤解成一樁交易。

「我根本不記得七六人有為了換喬・布萊恩付出任何代價，」雅圖斯教練事後含糊其辭、不願正面回應，「這件事是維特利布負責處理的，我個人是很想要這名球員啦。」

儘管簽下了大合約，但在那個年代，職業籃球員的飯碗依然朝不保夕。除了失去在ＡＢＡ球隊中尋求門路的機會，ＮＢＡ球隊還進一步縮減了球員名單的一個名額，使得球員的工作機會越來越少、大環境也越來越差。

但這樣的時機與境遇，對來自拉塞爾大學的喬・布萊恩來說卻幾乎完美。就算原本沒有對自己的前景寄予厚望，拿到這份鉅額合約後，他也理解到自己不僅被期待為明日之星，更被期許能立即派上用場。

「我們全靠這些年輕人了。」派特・威廉斯回顧。

「這真是幸福的煩惱。」魏斯如此評價七六人的陣容。

在費城球迷的眼中，「豆豆糖」就是他們的天選之子。在知道這位家鄉英雄要披上七六人的戰袍後，費城球迷們便大肆慶祝了起來。

「天啊，每個人都樂瘋了。」莫．霍華回憶，「他不但會留在費城，還會成為七六人的一員。我們都覺得有人要坐板凳了，因為他會佔據先發的位置，把一個人送回替補席。」

因此我們馬上有了個疑問，誰會被「豆豆糖」取而代之？

第五章 驚爆組合

在威斯特海與莫・霍華的心裡，喬・布萊恩是NBA一等一的天才。但如今「豆豆糖」加入了七六人後，這支球隊的球員架構便有些失衡。他們有著由頑強老將組成的先發球員，但替補席上的卻都是資歷尚淺的年輕球員。

通常出賽順位在喬・布萊恩之前的，是康寧漢（Billy Cunningham）、米克斯（Steve Mix）與麥金尼斯（George McGinnis）這些資深前鋒。菜鳥們不但年輕、沒有經驗，更非常地不穩。這也使他們一開始上場機會非常少。

不過後來佛利、道金斯與喬・布萊恩這三位年輕的天才球員，因為他們在球場上的任何角落都能出手，在日後成為了球迷口耳相傳的「驚爆組合」（the Bomb Squad）。尤其這麼多年來都是本地球迷的希望之星，喬・布萊恩更是信心滿滿，這也幫助他從新秀球季中原本出賽時間受限的處境裡破繭而出。

「後來不管在什麼情況下，喬・布萊恩都能夠爭取到自己的上場時間了，」派特・威廉斯回想當初的情形，「想要獲得他想要的出賽時間並不簡單，他是才氣煥發的持球者，是場上的大娛樂家，還有個很棒的綽號。我記得在許多個夜晚，他在球場上都引起了球迷的喝采。我不確定教練團是否欣賞這一點，但他是個愛秀的人，這一點從未改變。」

當時球隊總教練是舒爾。「他已經在這個聯盟打滾很久了，」派特・威廉斯說，「我們突然讓他手裡多了許多年輕的可用之兵。」

與當代的許多教練相仿，舒爾對菜鳥而言並不是一位好老師，事實上這也不是他的工作範圍。這項專業直到二十一世紀、當球隊越來越偏愛年輕球員時才越來越受重視。在一九七五年，職業籃球還是成熟大人的領域。

「舒爾教練在籃球界裡已經相當資深，他也希望自己麾下的球員知道自己在做什麼，」派特・威廉斯說，「他自己曾是個老資格的球員，執教經歷也相當豐富，其中包含率領那支成績斐然的子彈隊（Bullets）征戰多年。不過不管到哪，他就是他，從未改變過自己的風格。『比賽該怎麼打就怎麼打』，是他希望球員遵守的信條。」

七六人在佛羅里達（Florida）的高中早早挖掘到道金斯這塊璞玉後，一直不讓他的相關訊息在選秀前出現在其他球隊的雷達中，選上他後便讓他開始賺錢、成為職業球員。他也是當時NBA高中跳級生的首例，一年前的摩斯・馬龍（Moses Malone）也從高中跳級進入職業球壇，不過他加入的是ABA。

「舒爾手裡有一票年輕球員，他們都想要球權，也都想要出賽機會，」派特・威廉斯說，「如何分配出賽時間給他們是件難事，我們陣中有喬・布萊恩、道金斯和佛利，他們都是積極爭取出賽時間的年輕人，在一九七五、一九七六年的七六人陣中，真的稱得上盛況空前，也是一場奇遇。」

由於喬・布萊恩的出賽時間很不穩定，為非裔美籍社區服務的《費城論壇報》上的專欄作家們也對舒爾沒有更頻繁地派他上場感到非常憤怒。

「我們都看得霧煞煞，」莫・霍華說起喬・布萊恩的朋友與籃球夥伴們，「因為我們都不懂為什麼沒有人能理解喬・布萊恩是名怎麼樣的籃球選手。大家都是為了喬・布萊恩才去看比賽的，你懂我的意思嗎？我看他打球看很多年了，懂的話你就知道，我之前看他打球時，他總是能打出自己的風格。過去當他待在外圍時，時常能看到他秀出背後傳球。不過到這裡後他被教練束縛了，雖然他能夠發動快攻、能夠在離籃框十五呎至二十呎處接球後旱地拔蔥投進一記跳投。不過要是沒投進，他就會被教練給冰封在板凳席上。你知道嗎？過去在費城我們從來沒看過這種事。」

突然之間，支持「豆豆糖」的球迷，如今成為了他的壓力。不管他走到哪裡，都得試著說明自己為什麼沒有上場，而箇中原因其實就連他自己都不太明白。這是他的人生中第一次得枯坐在場邊看著自己最愛的比賽，沮喪之情溢於言表。

「我們為了看他打球而去看比賽，卻根本看不到他上場，就像我們說的，我們都知道他能以什麼樣的方式打球，但他卻在這條路上『迷航』了。這看在我們眼裡也是很沮喪的。」莫．霍華解釋，「尤其是他是費城人，這裡還是他的故鄉。他是個能組織、能投籃的六呎九吋外線球員。他不是個自私的球員，願意為了幫助球隊贏球而做任何需要他做的事，他就是一名這樣的球員。不過說句公道話，他確實打得比部分後場球員還要華而不實就是了。」

即使過去了四十年，舒爾對喬．布萊恩的喜愛與對現實情況的挫敗，依然能在採訪中清晰可見。

「喬．布萊恩能得到一些上場機會，但當時這批球員們都還是孩子，」舒爾回想當年的情景，「他們都想要更頻繁地出賽，但上場時間根本不夠他們分。我一直都很喜歡喬．布萊恩，也很喜歡佛利，但要再次強調，他們都還是非常、非常年輕的孩子。我記得道金斯大概才十八歲、喬．布萊恩或許也才二十歲，而佛利應該也只有十九歲。根本沒辦法分出足夠的上場時間給喬．布萊恩發揮長處，所以他只能從板凳出發、上場時間也處處受限。」

很快地，球團發現他們開始身陷媒體風暴，與本地社群之間的連結也出現裂痕，而與媒體和球迷之間的關係，都是他們在一九七三年後試圖重建的。那個災難性的球季使費城球場內的氣氛風雲變色，來到光譜球場（Spectrum）的球迷就像走進墓園一般死氣沉沉。來到這裡的舒爾，背負著扭轉現況的使命。但現在球迷想看的，是喬．布萊恩上場比賽。

「一九七三年時，根本沒有體育記者願意來這座球場採訪，」教練回憶，「沒有報導、沒有球迷，來看我們比賽的人屈指可數。這簡直是籃球史上最糟的球隊。」

舒爾執教首季，他把球隊勝場數提升到二十五勝，又在隔季拉抬到三十四勝。在喬·布萊恩的菜鳥球季，球隊整季贏了四十六場比賽，還在教練的帶領下獲得季後賽的席次。隨著日漸成功，媒體也回到球場報導比賽了。「突然之間，記者們悄悄地來了。突然之間，我們又有了球隊的樣子，然後他們就回來了。」他說。

負責七六人的隨隊記者在事過境遷後回憶，道金斯、佛利和喬·布萊恩，都時常催促記者們寫出他們缺乏上場時間的報導。

「我一點都不怪球員。」舒爾回憶著，遣詞用字在四十年後依然充滿了激烈的情感，「我怨懟的是那些記者，因為他們每天都在找為什麼哪位球員沒有上場的負面消息，也因此他們會找上道金斯、找上喬·布萊恩，當然也會找上佛利，而球員順理成章地流露出他們對自己沒有上場的現況感到失望的心情，報導者們也就跟進報導了球隊事務與內部的一些糾紛。而球員想要的，其實就只是上場時間而已。」

這座城市對「豆豆糖」的降臨有著期待，人們希望他能減緩一個困擾這座城市多年、從費城勇士（Philadelphia Warriors）與出自肯塔基大學（Kentucky）的白人射手「跳投者」佛克斯（Jumpin' Joe Fulks）在NBA成立的第一個賽季奪冠後持續至今的問題。球隊在一九五六年再度以亞瑞辛（Paul Arizin）、約翰斯頓（Neil Johnston）與古拉為首的白人球星群奪冠，而這些人都是費城出身的本地之星。「但他們即使擁有這三位優秀的球員，卻從未真正與費城北部的球迷、黑人社群建立良好的關係。」魏斯解釋。

球隊後來在六〇年代初期補強了張伯倫，這才幫助球隊吸引到足以塞滿球場的球迷。魏斯補充，「張伯倫、亞瑞辛與古拉這些費城勇士的前輩們都是非凡之人，如今的費城居民仍然認為張伯倫是聯盟有史以來最強的球員。」

然而他們雖然在球場上取得了成功，勇士還是在一九六二年的球季後被賣到了西岸，在那個球季，張伯倫平均攻下出神入化的五十點四分、二十五點七籃板。那年三月，費城的終極寵兒張伯倫單場豪取一百分，後來在季後賽晉級了分區決賽。

打完這麼偉大的球季後，勇士居然要搬家了，《費城詢問報》（Philadelphia Inquirer）專欄作家費茲派翠克（Frank Fitzpatrick）是這麼寫的，這樣的情形就像是「背上有一根痛得要人命的刺，而即使傷口會隨著時間癒合，理智卻無法隨著時間漸漸接受這一切。不論是當時還是五十三年後的現在，我都沒辦法理解這樣的舉動。」

一九七九年，費城勇士多年的老闆戈提列布（Eddie Gottlieb）把球隊遷往他處的原因帶進了墳墓。球隊售出時，還是當時僅有九支球隊的聯盟中進場觀眾第五多的隊伍，平均每場約有五千五百名球迷入場，這個數據也顯示了聯盟在當代與現在的影響力有多大的差距。

勇士離開後，雪城國民（Syracuse Nationals）搬進了費城並成為現在的七六人。這支球隊後來找回張伯倫，並在一九六七年奪冠，不過又在一年後將他交易到了湖人。

可以說在這座城市當一位職籃球迷是段煎熬且七上八下的經歷，這也是為什麼七六人希望透過費城的家鄉球星站上球場，替球迷文化打一劑強心針。不過「豆豆糖」的上場時間並不多，因此他在費城的期間，反而使球迷更加不滿了。魏斯分析，「這成為七六人這麼長時間以來一直避免在選秀會中挑選本土球員的原因。因為他們發現如果沒有讓本地球員上場，就沒辦法贏得球迷的心。因為專程前來的球迷會好奇為什麼同鄉的球員沒有出賽，就像現在的喬・布萊恩一樣。」

就如舒爾所說，在這三名球員的菜鳥球季，球隊在球場上發生的大多問題來源都是因為這三名天分極佳的球員年輕、缺乏經驗與不穩定。菜鳥們通常需要一點時間才能適應ＮＢＡ賽場上的節奏，但球隊卻在球迷與媒體的壓力下被迫讓喬・布萊恩趕鴨子上架。

《費城論壇報》是球隊的希望，球隊希望這間媒體能發揮將球迷從家裡吸引出來看球的關鍵力量。他們在報導中試圖讓外界知道，對於喬．布萊恩在新秀球季的短短幾周內就受到這麼熱烈的歡迎，並不是球團喜聞樂見的現象。

「舒爾在喬．布萊恩未來定位的議題上以權謀私」，一九七五年十二月十三日，《費城論壇報》上如此報導。

讓事情變得更加錯綜複雜的，是當年籃球界對愛現球員的普遍印象。當NBA在一九四〇年代還全部由白人球員組成時，聯盟賽事乏人問津，反而是後來同時包含NBA與哈林籃球隊賽事門票的套票小有成績。一般也認為這番成果為能讓聯盟在早年慘澹中生存下來的原因。

隨著NBA日漸上了軌道，全是白人球員的明尼亞波里斯湖人（Minneapolis Lakers）與全黑人的哈林籃球隊在一九四〇與五〇年代硬碰硬交手了一系列的比賽，不過這幾場比賽卻有些爭議。考量當年的種族風氣，可以理解為什麼這樣的情形使得部分黑人與白人間更加理解彼此，也使得另一部分對彼此的敵意更加深厚。

在那個年代，就連灌籃的舉動，都能引發運動家精神的爭議。明尼亞波里斯湖人當年體能勁爆的球星波拉德（Jim Pollard），就曾解釋過當年就算白人球員有能力灌籃也不願意去做，因為他們認為這是一種愛現或是給對手難看的行為。

就連藉由華麗的運球技術與樂趣十足的活動提供大量表演娛樂元素來驚艷球迷的哈林籃球隊，在二次世界大戰剛結束的那個時代也很少灌籃。當時灌籃還不是比賽的一部分。

隨著時代演進，事實證明愛現與否的爭論遠比比賽本身還更複雜。不過就在一九七〇年，史上最愛秀的球員之一「手槍」馬拉維奇以新秀之姿來到老鷹隊，簽下　份兩百萬美金的合約。而這支球隊在對馬拉維奇「大撒幣」的同時，拒絕了年薪都不到十萬美金的威肯斯（Lenny Wilkens）與卡德威（Joe Caldwell）兩名老將的合理加薪要求。

當年的老鷹總教練葛林（Richie Guerin），以最頑強競爭者之一的名號享譽聯盟多年。他將充滿拚勁的球風灌輸在老鷹之中，也讓他們成為一支強隊。「馬拉維奇的打球風格可說是侮辱了身為教練的我與我們的球員，」葛林在一九九二年回首當時在老鷹執教馬拉維奇的兩個球季時這麼說著。

這種保守態度到了一九七六年依然盛行，也影響了「豆豆糖」花俏球風的外界觀感。不過話說回來，在逮到機會大秀特秀之前，他得先上場才行。

一月，隊上球星康寧漢遭遇了膝傷麻煩，這也讓喬．布萊恩終於得到了出賽時間。而除了保有愛秀的習性之外，喬．布萊恩還展現了以兇猛的灌籃攻擊籃框並羞辱對手中鋒的愛好。在一場一月初迎戰公鹿的比賽，他就對著敵隊中鋒艾默爾．史密斯（Elmore Smith）這麼幹了，還揮舞著拳頭替自己的表現慶祝。

他的精力充沛到了極點，「我只是真的太想打球了，」他對《德拉威爾縣日報》（Delaware County Times）如此表示，「這是讓我能保持狀態的原動力，也讓我能在每一次得到的機會中全心全意地打球。」

「喬．布萊恩是名真正的職業球員，」舒爾在當晚告訴記者，「整體的信心一直是他進步最多的地方，本季剛開始時，他因為沒辦法在比賽中振作起來而陷入掙扎。部分原因是我給予他太多限制，給他的出賽時間斷斷續續。」

到了二月，喬．布萊恩還對抱持著懷疑態度的記者表示，自己還沒有放棄贏得年度最佳新秀獎的希望。「我把它當作我的目標。」不過最終喬．布萊恩沒有達成這項成就，得獎的艾爾文．亞當斯（Alvan Adams）以平均超過十九分、九籃板的成績幫助太陽隊在那年春天打進總冠軍賽。整季例行賽結算下來，「豆豆糖」出賽七十五場、每場上陣十六分鐘，繳出七點四分、三點七籃板的成績單。以新秀的角度來看算是可圈可點，但這遠遠沒有達到喬．布萊恩自己與整個社區對他的期望。就算《費城論壇報》展現了當地社群人不親土親的偏愛，在四月的報導中將他列為年度最佳新秀與最佳新秀前鋒，也改變不了他甚至沒有入選年度新秀隊伍的現實。

七六人本季例行賽以四十六勝的成績作收，並在三戰兩勝賽制的季後賽首輪迎戰水牛城勇者（Buffalo Braves）。喬．布萊恩在球隊吞敗的系列賽首戰僅獲得零星上場時間，第二戰則攻下十二分，也幫助球隊扳平系列賽。

系列賽第三戰前夕，《費城論壇報》以「喬．布萊恩的賢內助，一位二十歲的女士」為題寫了潘的故事。一則球員老婆的報導出現在一份報紙上，而這篇文章對七六人的季後賽希望根本無關緊要，由此可見喬．布萊恩在社群中享有何種程度的聲望。

「他和我聊了一堆籃球的事。」潘受訪時如此說道，並補充自己明白在挫折中鼓勵老公並幫助他在心態上做好準備是自己的本分。

潘告訴《費城論壇報》自己與丈夫並沒有太多時間能夠處理家務事。她的父母住得很近，因此小倆口曾與兩老一起住了一段時間，直到這對新婚夫妻在不遠處、費城近郊豪宅區勞爾梅里恩（Lower Merion）買了新家為止。他們不常回費城西南部，但根據她的說法，大喬常常會打電話給她，尤其在她懷孕和聽到孫女夏莉亞（Sharia）在三月出生後，更是兩大通話高峰期。

儘管那個球季讓人失望，但布萊恩一家的住所卻很快地變得像快樂天堂，莫．霍華回憶，「那是棟美侖美奐的房子，我們常常在比賽後造訪他們家，隨意地坐下並打開電視來看。播點音樂、吃點東西和幹些有的沒的。我們也很常在那個休賽季去他們家，白天訓練打完球後，晚上去他們家打發時間。因為，你知道的，當年就我們所知，他們家是少數擁有中央空調設備的房子。」

那篇報導出刊後隔天，七六人在那場關鍵戰役中敗下陣來，以一百二十四比一百二十三敗給勇者隊。喬．布萊恩不但只得到九分，還六犯畢業。

考驗

球季結束三星期後，被警察盤查後造成的破壞與被逮捕的結果，使「豆豆糖」的人生迎來了天搖地動的翻轉。包含大喬、桑尼．希爾、朋友與球迷們在內，大家都對這樣的事態發展感到訝異與震驚。但最難以接受的人，還是喬．布萊恩自己。

「他絕對是瘋了，」時任費城總經理的派特．威廉斯回憶，「他得做最壞的打算，迎接職業生涯的終結，並就此從故鄉的神壇上跌落。這對他來說，絕對是一場惡夢。」

在那個年代，初犯的吸毒者直接入獄的案例還不多見，通常都是被判罰監禁一段時間。但他除了吸毒之外還造成了公共安全方面的問題，沒開燈的他在市內飆車、逃逸警察臨檢並造成重大的財務損失。這些罪名加上他的古柯鹼，法官大可對他從重量刑，藉此殺雞儆猴。

他的妻子，潘，也很快地連絡上了《費城論壇報》的記者，並在受訪時誓言自己會在丈夫身邊陪伴他「直到世界盡頭」。

有些人認為這是害考克斯二世中風的原因，但其實考克斯家族早在一九七四年的八月就已經被法律問題纏上。那時「小胖」因為一起在眾目睽睽之下犯下的搶劫罪而遭到起訴，使他面臨著背上許多重罪罪名的危機。他與一群朋友開車閒晃時，居然起鬨要他們之中的某人下車去搶一位女士的錢包。事後他雖然發誓自己是開玩笑的，但這件案子馬上吸引了大批記者蜂擁而來到他們家門口，在費城的各大報紙上寫下一件件駭人聽聞的報導。

時任檢察官、一年後成為喬．布萊恩經紀人的菲利浦，在這場官司上代表「小胖」考克斯面對這些指控並幫助客戶從麻煩中脫身。這名年輕的後衛也因此能夠轉學到舊金山大學與卡特萊特（Bill Cartwright）當上隊友，並在那裡成為校園之星。

因此面對喬．布萊恩的法辦之災，在此時身兼經紀人與辯護律師二職的他顯得游刃有餘。這位律師信心滿滿地對著記者們宣稱自己的客戶能夠從這些指控中全身而退，考量到有這麼多不利於他的證據，這番發言的確令人有些吃驚。

預審表訂於六月上旬舉行，這通常代表檢方會公開證據，並將案件送往大陪審團起訴。而在現階段訴訟進行時，被告方並未提出任何證據。

不過，身為前檢察官的菲利浦打算加快訴訟流程。他計畫在預審中提出證據辯護，這是一個非比尋常的公關舉動。

儘管毒品濫用通常會遭到嚴懲不貸的判罰，但古柯鹼在一九七六年還沒被視為特別危險的毒品。儘管在南美洲的毒梟於近十年開通了美國市場並將這些藥粉淹沒這個國家後，這種毒品已經存在很多年，更在當年迪斯可盛行的年代成為時尚的代名詞，還在富人階層中引起了一陣旋風。

美國心理學會（American Psychological Association）在當年還沒有宣布毒品會讓人上癮，因此它在當地文化中四處可見，在NBA更是尤其如此。因為聯盟當時改變薪資結構後，讓球員多了不少可支配的現金。一九七六年，用當時的鄉民說法，這些閒錢都會被球員「插進鼻子裡」。不久後，NBA就成為了因藥物濫用而惡名昭彰的聯盟。

「每個人都在吸毒，」知名運動鞋品牌主管瓦卡羅回憶，「我說的每個人真的是指每個人，那幾年最能代表NBA的文化就是吸毒。」

時任湖人總經理的紐威爾（Pete Newell）在一九九二年受訪時回憶七〇年代的光景，對聯盟來說，是低潮中的低潮。在球隊下榻的旅館走廊上，會飄散著充滿著人麻獨特氣味的陣陣濃煙。女人們成群結隊地尾隨著球員，營造出一股淫靡的氛圍。如果這還不足以讓球員意亂情迷，古柯鹼就成為了當下最適合的春藥。

許多球員都因此成為性成癮者，前湖人球員哈德森（Lou Hudson）在一九九二年這麼解釋，「他們承受著性成癮症狀的茶毒。」

紐威爾說當時聯盟管理層還沒有任何正式的禁藥規章，對於這樣的現象根本束手無策。由於當時洛杉磯就是這股反主流文化的原爆點，因此湖人開始聘請非當班的洛城警署副警探來監控球員的動向。

但這樣的策略並沒有減緩古柯鹼的傳播。榮恩．卡特（Ron Carter），一名來自維吉尼亞軍校（Virginia Military Institute）、於一九七八年來到湖人的新秀，回想起一場在洛杉磯由兩位知名演員的超級粉絲替賈霸舉辦的派對。在這場令人目瞪口呆的派對中，桌上就神祕地出現了幾碗古柯鹼。

「先記住這點，我們當時對那件事毫不知情，」派特．威廉斯澄清，「我記得我們有聽到相關報導和風聲，但我們之中沒有任何人知道此事的蛛絲馬跡。我的意思是，我們根本不知道發生什麼事。所以我記得某天我看了報紙才知道，喬．布萊恩在費爾芒特公園被逮捕了。」

費城是當時發現自己被這股快速變遷的潮流文化影響的球隊之一，這次的「豆豆糖」事件則成為將球員的毒癮問題攤在陽光下的首例。

「費城有很多人擔心他，因為他們喜歡他，也不希望看到他向下沉淪。」在那個時代負責採訪七六人的魏斯說，「那時的ＮＢＡ充斥著毒品，我總是很驚訝沒有人在搭飛機到各個城市打比賽時被攔下，因為他們總是毒不離身。」

「球員永遠不會跟記者們開誠布公地討論這件事的，」他說，「我們也從沒想過這會是什麼大事。要是現在有這樣的事發生，媒體絕對會鋪天蓋地、大幅報導。在當時，這原本只是文化的一部分。」

就算是這樣，喬．布萊恩被捕的消息還是上了新聞。這個案件讓他感到悲傷地幾乎難以自拔，但是除了擁有菲利浦做為自己的律師之外，他還有著另一股強力奧援在支持著他，那就是他與桑尼．希爾之間的關係，而後者營運著一個在假釋官與其他法庭事務官間都頗受歡迎的聯盟。

吉爾伯特．桑德斯說明桑尼．希爾沒有打算失去任何一名他從費城街頭上拯救的明日之星。在喬．布萊恩的預審中發生的不尋常現象，也證明了這一點。

「豆豆糖」西裝筆挺、繫上一條寬鬆的針織領帶、面容壯重地到達市政府大廳的二八五號法庭。他抱著女兒夏莉亞，當時還是嬰兒的她睜著圓滾滾的大眼、戴著一頂鑲摺邊的帽子。大步走在他右側的潘留著一頭俏麗的露耳短髮，身著一襲俐落的長褲套裝，看起來一點也不像兩個月前剛生完孩子的體態。這對夫妻的代表團走在法庭走道的側邊，菲利浦則穿著一件三件式套裝並戴著太陽眼鏡。

菲利浦召集了二十名品德信譽見證人替喬・布萊恩發言，這是在預審階段前所未聞的策略。這二十人中包含喬・布萊恩的教練與球隊總經理。雖然球隊在這時才剛被售出，但多年來的老闆科斯洛夫還是很喜歡「豆豆糖」，所以也出面替他發言。他的田徑教練費斯圖斯（Eugene Festus）牧師也出席了，他還曾是第一次世界大戰名震一時的第三六九步兵團、人稱哈林地獄戰士（Harlem Hellfighters）的一員，也是一位費城的傳奇人物。

控方有充分的證據，但是在這起喬瑟夫・華盛頓・布萊恩三世（Joseph Washington Bryant III）刑事案的預審中，J・厄爾・西蒙斯（J. Earl Simmons）法官很快裁定警方並沒有搜查喬・布萊恩座車的相當理由。考量到喬・布萊恩在一個月前那個夜晚中的行為，這項判決結果讓人倍感驚訝。

這名法官告訴喬・布萊恩：「我希望從今以後你能過著中規中矩的生活。你在社區中享有崇高的地位，我也期待你不會辜負這番名聲……你是費城年輕人的偶像。我希望你能繼續當一位值得崇拜的人。」

「球團跟他站在同一邊，」派特・威廉斯回憶，「他心力交瘁，但也感到如釋重負並心懷感激。我想這次真的把他嚇得要靈魂出竅了。」

「喬・布萊恩輕鬆逃過一劫」，《德拉威爾縣日報》隔天便在頭條如此下標評論，這也是當地媒體的共同看法。

他們認為「豆豆糖」至少該受到「打手心」等級的輕罰，但結果卻像「他幾乎只是被訓誡一番後就脫身了」，《德拉威爾縣日報》如此指出。

雖然沒有受到任何懲罰，至少不是正式的，但這次事件將會陰魂不散地在喬·布萊恩的職業生涯中纏繞他的心頭。「豆豆糖」開始相信，這對他來說才是最嚴酷的懲罰，而從這座監牢中離開的一天永遠不會到來。

不過無論如何，隨著時光飛逝，顯而易見的是這個家庭在法庭上的一念之下才不至於覆巢之下無完卵。如果不是遇到一位寬宏大量的法官，喬·布萊恩很有可能得入獄服刑，這也代表科比·比恩·布萊恩不會誕生。湖人球迷也可能因此永遠看不到這位霸氣十足、自稱「黑曼巴」的球員了。

第二部

神童現身

第六章 科比·比恩

一九七七年十一月，七六人打出一波十四勝一敗的高潮。他們在感恩節前夕的週末客場出征波士頓，以一百二十一比一百一十二擊敗塞爾提克。接著搭機抵達費城後，在四日間比賽兩場、週六對決密爾瓦基、週二面對休士頓（Houston）的緊湊賽程中拿下兩場勝利。接著他們又得早早準備週三在底特律（Detroit）舉行的比賽，然後還要在感恩節當天趕上另一班航班。

而在這一連串忙碌的行程中，喬與潘·布萊恩夫婦還得抽出空檔，創造布萊恩家第三個繼起之生命。長女夏莉亞在一九七六年出生，他們的次女夏亞（Shaya）也在一九七七年出世。接著，就在感恩節主場賽事前夕過去正好九個月、喬·布萊恩剛在貝克聯盟度過了一個成功的夏天後，他們的第一個也是唯一的兒子，於一九七八年八月二十三日來到這個世界。

布萊恩家族已經連續三代以喬瑟夫（Joseph）命名，而約翰（John）之名也在考克斯家族一脈相傳了三世。但潘與喬·布萊恩替兒子取名為科比，箇中緣由據說是因為在潘的懷孕期間，他們在賓州普魯士國王郡（King of Prussia）的一間日式牛排料理店享用了一頓佳餚。事實上他們後來都解釋過，他們喜歡這道料理名稱的讀音，只不過他們的發音是「科比」（Ko-bee），而不是日文中的「神戶」（Ko-bay）。

雖然不論喬瑟夫還是約翰都沒有傳承下去，但為了不完全斷絕父子之間姓名的聯繫，於是因為父親有個「豆豆糖」的綽號，雙親也以此替兒子取了個音譯為比恩的中間名「阿豆」（Bean）。這也成為科比·比恩·

布萊恩的由來。

有些旁觀者在事後這麼說，這對夫妻就好像怕全世界不知道他們有多奇怪一樣。但七〇年代，是一個新世代跳脫舊有傳統的十年。別忘了，著名的小丑醫生派奇・亞當斯（Patch Adams）醫師，還將自己的親生兒子取名為「原子巧克力棒」（Atomic Zagnut）。

因此布萊恩夫妻將兒子命名為科比・比恩的行為，可說完全符合時代精神。別忘了，他們真的很愛神戶牛，時間也會證明他們的命名選擇在獨特性與市場行銷方面都再理想不過。

而他們的兒子很快就會成為一名大家只要聽到「科比」的名號，就能立刻聯想到的明星。

早些年在費城當地報紙中任何提到這位布萊恩家之子的文章，都會加上中間名，像是「年輕的科比・比恩展現出成為一名球員的未來性」。

有些人後來指出，這個名字其實格具意義，因為神戶牛十分珍稀，透過特別的方式才能繁殖、養育並保存下來，成為最高貴、最有特色的品牌，就與科比・比恩・布萊恩一樣。

在威斯特海眼中，基因庫遠比名字重要。「潘來自於一個運動員家庭，『小胖』不但有天分，更勤勞也因此熟能生巧。他沒有喬・布萊恩的體型，但他是名球技爐火純青的球員。綜合這兩組基因庫而誕生的終極產物，可以這麼說，這孩子的身體裡蘊藏著無可限量的天賦。」

除了DNA外，通常得經由完美主義者母親的栽培，才能造就一位偉大的競爭者。潘・考克斯・布萊恩身上還有些許謎團，因為與喬丹的母親德蘿莉絲・喬丹（Deloris Jordan）不同，潘沒寫過書、沒上過雜誌封面、更沒以守護家人健康為由環遊世界。相反地，她過著十分低調的日子。

在她兒子的成長過程中，正是她在幕後運籌帷幄的才能，給自己同時招來親友間的欽佩與憤慨。人人都這麼說，她是一名集聰明、動人、嫵媚、優雅於一身，熱愛生活中不落俗套的美好事物的女子。然而就像她的父親一樣，面對照在兒子身上的鎂光燈，她避之唯恐不及。

在她的家庭中，最能明顯看出她完美主義的傾向。三個孩子被她打扮得整齊得體、也被教養得彬彬有禮，在言行舉止、美姿美儀方面，她的兒女們從小就堪稱模範。

「如果其他人也效法布萊恩一家栽培小孩的方式，那麼這個世界上就會多出許多能人異士了。」喬·布萊恩在義大利聯賽的隊友，看著潘是怎麼養小孩的里昂·道格拉斯（Leon Douglas）說。

儘管如此，親友們還是指出，獲得母親全心全意、最多關愛的，還是兒子科比。也因此在母子之間，建立起一段緊密的連結。

「當潘終於生出一個兒子時，她真的欣喜若狂，」一位布萊恩家的朋友說，「別誤會，女兒也是她的心頭肉，但科比才是她的宇宙中心。或許是因為喬·布萊恩想要兒子，而她想要把丈夫的心留在自己身上。科比就是他們的寵兒，夫妻都願意為了他投入自己的一切。」

事後證明，當年潘對哥哥「小胖」的偏愛只不過是日後教養兒子這齣重頭戲的熱身罷了。

「科比出生後，潘整個人都神采飛揚了起來。」莫·霍華回憶，「她原本最愛的是『小胖』，但現在有兒子了。她以前真的愛『小胖』愛到不可思議，現在終於可以把這股愛轉移到自己的兒子上了。」

潘努力不懈地營造家人的完美形象，「不論她的家庭發生了什麼大小事，呈現在我們面前的都是最完美的一面。」布萊恩一家的這位好友解釋，「我的意思是，不管她談到了家族中的誰，都是表現最棒的。她總是試圖呈現出自家完美無瑕的形象，不論是科比、女兒們還是任何事。」

潘追求完美的範圍也包含自己的一舉一動，這位朋友說明，「她總是非常動人、甜美又親切，是個非常非常好的人。兩個女兒簡直是她的復刻版，有著相同的風采。」

她對於成功的態度，就是自己追求完美心態的延伸。個人運動能力的天賦，從來不能當作孩子們的藉口。她期望自己的孩子們自動自發地完成作業，成為盡職盡責的人。

從出生的那一刻起，科比·比恩就在羨煞旁人的家庭中長大。而欽羨這家人的不只費城當地的報紙，還有他們所到之處的所有人。

派特・威廉斯還記得布萊恩一家自豪地將他們家新生兒帶到七六人主場光譜球場的情景：「人們總是這麼問：『你還對科比・布萊恩的哪些大小事有印象嗎？』真要我講的話，我連他的祖父母都記得。他們會把他抱在懷裡搖晃，或用嬰兒車把他載來看比賽。甚至可以說，他簡直就是在光譜球場長大，他人生中的第一年是與七六人一起度過的。」

吉爾伯特・桑德斯也記得，他曾在夏天的一場籃球賽後，巧遇作為人父的喬・布萊恩牽著還在蹣跚學步的兒子從電梯出來。那時還小的科比・比恩，開著一台玩具汽車。

「那可是一台賓士車呢，」吉爾伯特・桑德斯一邊回憶，一邊輕聲笑了起來。

不論何時，只要兒子在他身邊，任何人看到喬・布萊恩，都會覺得他是個自豪的父親。

此後，布萊恩就會因為與父親之間的籃球傳承而舉世聞名。不過考量到父親在兒子成長階段時作為職業球員的名氣與不得不來回奔波的因素，我們不難理解與科比・比恩最早建立起最緊密連結的人，是他的母親。這也是為什麼姊姊們會叫他「沒救的媽寶」。

因此她的兒子反映出許多潘身上具有的特質，而遠遠不是父親的樂天知命。

「在熱情這一點、對籃球的熱愛上，我與父親更為相似，」布萊恩曾在一九九九年這麼說，「但在球場上我更像我母親，她簡直像頭鬥牛犬。」

「她的脾氣就是那樣，」他說著說著還拍起了手來、拍出不小的聲響，「她很好勝，所以我可說是繼承了他們兩人的優點。」

在多數時間，母子兩人其實都十分開朗，但也可以在轉眼間變得冷漠的嚇人。對於曾被這麼「冷處理」的人來說，會非常不滿也是合情合理的。尤其是他們還會突然暴怒，而這樣的性格，也被母子用來拿捏生活中的分際。

不過，完美主義才是驅使他的最大動力。曾與喬丹和布萊恩都密切地共事過的資深教練溫特（Tex Winter），時常提及強烈的完美主義是兩人之間的共通點中最重要的一個。因此可以公道地說，母親在各方面造就了布萊恩與他今日的成就。

冠軍的悲情藍調

喬・布萊恩逐漸成長茁壯的家庭帶給他許多快樂，不過他的職業生涯卻給他帶來了恰恰相反的情緒。一九七七年休賽季，球隊以一份數百萬美金的合約，在ABA土崩瓦解時從紐約籃網隊（New York Nets）陣中挖角了厄文（Julius Erving），也就是偉大的「J博士」（Dr. J）。這也使得喬・布萊恩突然之間在舒爾教練心中的上場順位又更低了。原本就已經少得可憐、令「豆豆糖」在新秀球季時三番兩次抱怨過的出賽時間，遭到了幾乎砍半的命運。

「他有過自己的精彩時刻，」派特・威廉斯說，「喬・布萊恩是個有天分的球員，這一點在我們任何人心中都是無庸置疑的，而我們也都對這批年輕球員的未來感到樂觀。然而，我們現在卻得到了一批比他們更能派上用場的資深球員，這些人包括麥金尼斯、厄文、米克斯與卡欽斯（Harvey Catchings），此外我們還得讓道金斯更融入我們的球隊。因此我必須說，我們陣中有天分的球員已經多到滿出來了。」

莫・霍華說，當他上場打球時，「豆豆糖」還是能夠融入聞名的「驚爆組合」，只是這對他的成長沒有幫助。「對於這些從板凳出發的球員，他們根本不屑一顧，真的是一點都不在乎，懂嗎。他們得在厄文和其他人上場之後才能出賽，這種感覺就像『我們上場打比賽，只不過是來收拾殘局罷了』。我想喬・布萊恩的名聲之所以會越來越差，就是從這裡開始的。」

這支球隊是個無拘無束的團體。

「休息室中發生了許多精彩的訪談，」採訪這支球隊的魏斯回憶，「這裡沒有發言無的放矢的人，厄文以自身的終極職業素養替這支球隊奠定基調。這支球隊有著許多合群又開朗的傢伙，還有著像米克斯、卡德威．瓊斯（Caldwell Jones）這樣有趣的人。」

道金斯不但是一名身型巨大、年輕有勁的球員，還有個響亮的綽號「巧克力雷霆」（Chocolate Thunder），更自稱是來自洛夫特倫星球（Lovetron）的詩人。也在同一時間，佛利終於正式把自己的名字改成了沃德．B．佛利。

「道金斯是個趣味橫生的球員，」魏斯說，「佛利和喬．布萊恩也無話不談，你只要把筆記本打開，妙語如珠的他們就會讓你文思泉湧地把筆記本寫滿。」

麥金尼斯會一邊接受採訪、一邊吞雲吐霧，「豆豆糖」有時候也會效法這個習慣，跟記者對話時他會一邊彈奏空氣吉他，一邊不忘在嘴裡叼根菸。

「我問過喬．布萊恩關於七六人的情況，」辛普森回想，「因為這批球員真的才華洋溢。他說球隊中沒有一個管束他們的模範。球隊中有著許多有錢的年輕人，在打完比賽後瘋狂開派對。」他告訴辛普森，厄文自己不怎麼參加派對，也不會告訴其他隊友要怎麼過生活。

在球場上，所有七六人球員都必須為了厄文調適自己。「每個人都得適應他，」魏斯說，「其他事情就交給厄文來搞定。雖然他已經不像在ABA時期一樣是個超人了，但來到這裡的他還是強得沒話說。」

麥金尼斯曾是這支球隊的領袖，因此在接受領袖易主的內部變動前，也曾掙扎過一段時間。幸好這樣的動盪在挑戰金盃的這個球季中穩定了下來，這也讓他們一路殺進一九七七年的總冠軍賽，對決華頓（Bill Walton）領軍的拓荒者。

「我不覺得喬．布萊恩有想過球隊居然能打進總冠軍賽。」莫．霍華回憶。

一名二年級球員通常不會有這麼高的期待，更別說是 位深受挫折的二年級球員了。

麥金尼斯在季後賽又開始陷入了掙扎，這也讓「豆豆糖」突然得到了更多的出賽時間。說也奇怪，在總冠軍賽期間驚艷了教練與球迷的，反而是他的防守。七六人去到波特蘭（Portland）並贏得前兩場比賽，不過第二戰即將結束前，道金斯與波特蘭的大前鋒莫里斯・盧卡斯（Maurice Lucas）扭打了起來，也讓局勢產生了變化。

「直到那一刻為止，本來我們看起來可以橫掃拓荒者的，」派特・威廉斯回憶，「結果他們真的打了起來。」

道金斯在事後大發雷霆，因為除了顯然有試過幫忙、不過卻被道金斯不小心打中的道格・柯林斯（Doug Collins）之外，居然沒有隊友在混戰中對他伸出援手。這名年輕中鋒氣得在休息室飆罵每個人，還打壞了廁所造成淹水。

「他打壞了水槽、踢壞了馬桶，把休息室弄得一團糟，」派特・威廉斯說，「這可是一位處於震怒之下、六呎十一吋、兩百七十磅重的二十歲巨人，這裡真的被他弄得一蹋糊塗，亂七八糟。」

很久以後，有些人或許會在笑談中回憶昂貴的球鞋與衣裝漂浮著的場面，但在那個當下，沒有人笑得出來。整個事件看起來打亂了整支球隊的心態與化學效應，佛利事後諸葛地評論。儘管當時球隊以二比零握有系列賽的領先，但七六人卻沒能再贏得任何一勝，於自家主場連輸三場。

醒悟的詩人道金斯，為了準備這場背水一戰，寫下一首《第六戰頌歌》。七六人打出一場好比賽，但還是輸掉了這場緊張刺激的賽事。

球隊的紛亂延續到了隔季的前六場比賽。球隊的新老闆狄克森（F. Eugene Dixon）在與舒爾的合約談判中被激怒了，因為他成了首開先例聘請了經紀人的教練之一，而他的經紀人，正是走到哪都碰得到的菲利浦。

「狄克森很不爽。」派特・威廉斯回憶，「他覺得舒爾想從自己身上撈更多錢，只因為他是新來的老闆。」

狄克森就坐在板凳席後面，而在看了一整個星期球隊糟糕表現後的某天晚上，他揮手把派特．威廉斯從記者席叫來樓下，並告訴後者把舒爾給炒了，改聘球隊名宿康寧漢就任總教練。

「他的心意已決。」派特．威廉斯說。

可以理解，舒爾與整個聯盟都為此震驚不已。然而康寧漢不但在球員時期是球迷的最愛，他一接手後還馬上領軍在十一月打出十四勝一敗的戰績。這也成為科比 比恩來到母親腹中的前奏。

康寧漢以務實嚴肅的態度對待自己的執教工作。而由於在季後賽的傑出表現，也替喬．布萊恩獲得球隊續約。他在費城又待了兩個球季，這段時間，正好是康寧漢與助理教練戴利（Chuck Daly）、麥克馬洪打算大刀闊斧地剷除「驚爆組合」與他們帶來的風氣的時段。

一九七八年季後賽敗給子彈隊後，教練團要求派特．威廉斯交易佛利。

「我們那時在選秀中選上了齊克斯（Mo Cheeks），」派特．威廉斯憶當年，「然後我們和丹佛（Denver）進行交易，拿麥金尼斯換來巴比．瓊斯（Bobby Jones）。教練團找上我，接著說我們必須送走佛利。我愛這個傢伙，他的球風秀味十足，是個強大的得分機器且無所畏懼。」

「這是我所度過最艱難的時光，」派特．威廉斯記得，「教練團很堅持如果故步自封，將無法達到我們需要到達的境界。就算我說這傢伙被送到別的球隊後一場比賽可以拿三十五分也沒用，所以我得幫他找到買主。這是我的責任。我找遍聯盟但真的賣家難覓，最後當時轉戰聖地牙哥執教快艇的舒爾，才終於透露出一點興趣。不多，就一點興趣。接著我終於有辦法做成一項交易，以佛利為籌碼換回快艇的一九八四年首輪選秀權。附帶一提，我們後來使用交易來的選秀權獲得了巴克利（Charles Barkley）。」

「驚爆組合」遭到拆散，不過球隊還是於一九七九年再度打進季後賽。在迎戰聖安東尼奧（San Antonio）的激烈系列賽中，康寧漢把喬．布萊恩派上場，就看到他馬上失手一記遠距離投射後，導致馬刺得到一次快攻機會。

康寧漢也很快地把喬・布萊恩叫回板凳，這場比賽最終也以七六人的敗北收場。

「每當把喬・布萊恩派上場時，康寧漢總是緊張兮兮的，」派特・威廉斯解釋，「教練團總是說『我們攔不住他，也沒辦法駕馭他』。」

「我還記得那一球，」莫・霍華說，「然後他就再也沒有上場過了，完全沒有。你們在討論的那球我記得很清楚。我覺得可能是因為他才剛上場身子還沒熱開，不然其實他平常的出手習慣也差不多就是那樣。」

在費城的四年以來，喬・布萊恩不斷向記者抱怨，透露自己想要被交易的心聲。突然之間，這件事出現了成真的可能。

「當康寧漢、戴利和教練團表態球隊必須送走喬・布萊恩時，我們正在為下個球季做準備。」派特・威廉斯回憶。

為了嘗試各種交易「豆豆糖」的可能性，這位總經理給聯盟的每支球隊都打過電話。「結果一無所獲。」他說。

終於，時間來到十月，就在新球季準備開始前，又是舒爾拿出了他們球隊一九八六年的首輪選秀權來交易喬・布萊恩。這個選秀權後來被交易到克里夫蘭（Cleveland），後者用它選了北卡大學（North Carolina）中鋒道爾提（Brad Daugherty）。

「我還記得把我們所做的一切鉅細靡遺地告知喬的情形，」派特・威廉斯回憶，「我覺得他鬆了一口氣。他想要上場打球，也知道自己的出頭天到了。他渴望去一個能得到機會盡展所長的地方。」

對喬・布萊恩在這座城市的許多球迷與朋友來說，這段披上七六人戰袍的光陰，就像一次被浪費的機會。

「他很特別，」莫・霍華觀察到，「費城的人們真的都很欽佩喬・布萊恩的打球方式。我常覺得他們會讓他上場，只是為了滿足所有費城球迷而已。他的上場時間就像蜻蜓點水，不久後球隊就會把他換下來，然後再也上不了場。如果能給他機會，讓他克服自己的錯誤，或外界眼中的錯誤，他有機會成為一位超凡入聖的球員。費城有很多真的很棒的球員，不過喬・布萊恩在他們之中還是很特別。他能做到其他人做不到的事，他能打得像葛文（George Gervin）一樣。」

職業生涯前四年，「豆豆糖」替七六人打球時在球場上的五個位置都留下了出賽紀錄。不論是擔當後衛、前鋒還是中鋒，他都表現得不錯。

多年後回過頭來看，派特・威廉斯會指出喬・布萊恩雖然多才多藝卻梧鼠技窮，沒能在任何位置找到自己的專才。對一名後衛來說，他不夠敏捷。體能也沒有優異到能成為一名優秀的前鋒。而以中鋒的角度來看，他又不夠強壯，無法穩定地扛起這項職責。

除此之外，大家也發現他在場上的表現不穩定到令人抓狂。他能夠在打出一場精采絕倫的比賽後，接著繳出一場災難性的表現。

由於費城充滿了濃厚的派對色彩，這番因素實在不適合三個孩子都未滿四歲的年輕家庭。因此要搬往聖地牙哥，對潘來說簡直稱心如意。而他個人在球場上的表現，也有越來越好的趨勢。

第七章 有趣的傢伙

舒爾教練曾經保證，會把緊湊刺激的打法引進聖地牙哥快艇（San Diego Clippers）。這支球隊的老闆是電影製片人雷文（Irv Levin）與紐約律師利普頓（Harold Lipton）。在這支球隊搬來聖地牙哥的第一年，舒爾領軍贏得四十三勝與西區第五的成績，因此在一九七九年九月引進中鋒華頓，過了一個月獲得「豆豆糖」的助拳後，人們對這支球隊的期望也隨之水漲船高。

然而華頓很快地又受了一次腳傷，這也是他此後生涯一系列挫敗的起點。與舒爾重逢後，喬・布萊恩得到了穩定的出賽時間與一個重要的新角色，那就是紅花旁的綠葉。在這裡他不需要如同在家鄉一般，承擔成為球星的壓力。他逐漸適應了快艇，並成為一名平均得到十分以上的得分手。

這樣的改變讓「豆豆糖」明白了自己過往在費城一直承受著什麼樣的「同儕壓力」。根據他的說法，這讓他「茅塞頓開」。

「我總是被期許要扮演明星球員的角色。」談到自己在家鄉的期望時，他這麼說著，「但當一名超級球星，並不是我的風格。」

就算不再是眾人的焦點所在，他還是能貢獻出屬於自己的精彩。像是初來乍到聖地牙哥的日子，他就曾在迎戰湖人的比賽中完成一記一飛衝天的暴力灌籃，力道之強讓賈霸都得就地掩蔽。另外，他也有過把波士頓的「大鳥」柏德（Larry Bird）打爆的夜晚。

不過由於華頓整季只打了十七場比賽，快艇的戰績下滑到三十五勝，聖地牙哥體育館的入場球迷也下跌到每晚不到六千人。老闆也因此讓舒爾在球季結束後捲舖蓋走人，並以希拉斯（Paul Silas）執掌帥印。這是後者第一次擔任總教練，但與考文斯（Dave Cowens）在波士頓塞爾提克作為內線搭檔並贏得兩座冠軍後，他就以堅強而明智的職業球員之名享譽聯盟。

一九八〇年春天，喬．布萊恩看著名為魔術強森的六呎九吋後衛帶領湖人在總共打了六場的總冠軍賽中擊敗費城。魔術強森在這一系列的對決中擔任過後衛、中鋒與前鋒。他是「豆豆糖」心目中想要成為的理想型態，而這不但激發出他的挫敗感，也引發了一場關於未曾發生的假設辯論。

「我認為喬．布萊恩對他的時代而言有點太先進了，」桑尼．希爾在二〇一五年受訪時說，「在那之前從沒出現像他一樣的大個子用跟他一樣的打球方式在聯盟中生存。這也是為什麼他總是自認為是魔術強森的早期版本。因為以前的高個子總是被要求把長人的任務做好就好。」

「魔術強森可是史上最偉大的球員之一，喬．布萊恩與他相比當然望塵莫及。」舒爾回首過去，提出自己的看法，「不過喬．布萊恩與他確實有些相似之處，比起內線，他更喜歡待在外線：他能控球，也能傳球。然而喬．布萊恩在職業生涯中從來不是球隊的『那個男人』，從來不是主導球隊的人物，從來沒有人對他說『好，我們整場比賽就交給你做自己、放手一搏了』。」

「不是那個男人」，這句話成為喬．布萊恩的職業生涯中揮之不去的陰影，而這句話也在後來激勵了他的兒子不再重蹈覆轍。

「我就是想當能成為球隊領袖的『那個男人』。」科比　布萊恩在職業生涯的初期，總是一遍又一遍地重複這句話。

在魔術強森崛起的年代，湖人的總教練不是別人，正是依然堅守著快節奏球風的威斯特海。即使如此，威斯特海回憶球隊在當時也從來沒有討論過試圖引進昔日前東家拉塞爾大學球星喬．布萊恩的可能性。威斯特海解釋，他當時只是教練，鮮少插手人事管理。這方面當時被經營管理得有聲有色，負責人是總經理夏曼（Bill Sharman），與他的助手威斯特（Jerry West）。

儘管「豆豆糖」效力的球隊是快艇，在有些人的印象中，他的小兒子卻是穿著湖人迷你夾克。而就在這幾年，人們也開始意識到籃球比賽的樣貌即將出現重大改變，喬．布萊恩也很快地開始崇拜起湖人與魔術強森，就像幾年後的兒子一樣。

「豆豆糖」只能從遠處守望，並堅守自己的崗位。「我在那個球季遠征客場的每一天，都會打電話回家，並跟潘與每個孩子對話。」他在那時這麼說。

「我也會打給我的父母，不管比賽是輸還是贏。」

不論他的賽程安排如何，他的妻子總是堅持不懈面對這個年輕家庭的挑戰。他承認，「你必須時時關注孩子們，以免他們沾染惡習。在紀律管教方面，我的太太是個高手。」

要操持家中財務並讓在NBA打球的丈夫不至於偏離正道，只有心志特別堅強的女子才辦得到，派特．威廉斯回憶，「潘必須經營整個家庭，喬．布萊恩是個我行我素的傢伙，很多時候他的行徑實在讓人難以預料。」

一九八〇年代早期布萊恩一家的剪輯影片中，有著一段當父親在電視中替快艇打球時，小科比在塑膠籃框上灌籃的畫面。隨著喬．布萊恩在聖地牙哥的第三個球季展開，他的兒子長大了，到了更大的籃框下打球，這也讓他在《費城論壇報》上了生涯第一次的頭條。

「布萊恩之子——三歲就灌籃？」這份報紙上這麼問。

「科比才三歲沒錯，但他已經很愛籃球了，」大喬如此告訴費城資深體育作家羅格爾（Herm L. Rogul），「他會沿著走廊全速衝刺，跳上他的小跳跳床，然後把他的迷你籃球塞進八呎高的籃框。」

顯而易見的是，這張跳跳床是他從姊姊們那裡搶來的。多年之後，兩位姊姊都堅稱她們的小弟在那一年就開始練習左手投籃了。

「他會在房裡運球跑來跑去。我本來期待他當一名醫牛。」大喬回憶，「他總是對我說『爺爺我想當一名籃球員』，我就會告訴他『打籃球會很累，會流得滿身大汗』，然後他就會回應我『爺爺，籃球員本來就該竭盡全力後汗流浹背的』。」

夕陽無限好，只是近黃昏

擺脫了板凳球員的標籤並不用再癡癡期待著如塵埃般少許的上場時間，這是「豆豆糖」職業生涯第一次得到能在每場比賽全力發揮的機會。希拉斯就跟在費城的康寧漢一樣，是位一絲不苟的教練。雖然對希拉斯來說，要讓喬・布萊恩守規矩，簡直是一場長期抗戰。但在這位第一年執教的教練麾下，二十六歲的「豆豆糖」繳出生涯最佳表現，在每場二十八點八分鐘的上場時間平均得到十一點六分、二點三助攻與五點四籃板。

球隊的戰績進步到三十六勝，而喬・布萊恩依然有著取悅觀眾的才能。至少在與父親的定期通話中，他是這麼說的。

「他和以前一樣受歡迎，」大喬告訴羅格爾，「在聖安東尼奧，他們的鐵桿球迷俱樂部『底線老屁股』（Baseline Bums）還送過他一件繡有他名字的上衣。在迪士尼樂園和海洋世界，孩子們都會追著他跑。還有個孩子對他說『我們喜歡你的打球風格』。」

只可惜天下無不散的筵席，休賽季期間，房地產大亨史特林（Donald Sterling）買下這支球隊。雖然他買下這支球隊是為了炫耀自己多麼有錢，但不久後他惡名昭彰的一毛不拔與旁門左道，就此開啟球隊墜入深淵、痛苦不堪的漫長旅程。

為了節省薪資而裁撤部分球員後，快艇在一九八一—八二年球季僅取得十七勝六十五敗的成績。那個球季，「豆豆糖」抱怨過球員沒有依照勞資協議在搭飛機時享有頭等艙的待遇。在意見沒有得到回應後，他揚言要帶領球隊杯葛接下來的所有賽事。希拉斯終於說服他停止這項抵制行動，但對管理層的傷害已經覆水難收。這樣的作為看起來就像喬・布萊恩把搞砸自己的選手生命當成自己的使命一樣。他的名聲原本就已經惡評如潮了，現在又多了一項「球隊律師」的惡名。

在這悲慘的一年，少數能讓人放鬆心情的事，恐怕是在球隊訓練時能看到小科比打球。「我曾經看著他在體育館裡打球，」希拉斯告訴記者亞柏拉姆（Jonathan Abrams），「他那時候還只是個小屁孩而已。」

在每場輸球的比賽後，帶科比去看湖人的比賽，就是喬・布萊恩安慰自己的方法，「科比那時才快四歲，就已經像個大男孩了。」回憶往日光景的「豆豆糖」說，「我帶科比去看湖人比賽，還把他介紹給球員。他是魔術強森的球迷。」

當然，這句話的意思是，喬・布萊恩自己也是魔術強森的球迷。這位高大的湖人後衛是喬・布萊恩曾急切渴望成為的球員，也是如今他難以達成的理想。

這個球季後，喬・布萊恩與一個次輪選秀權被打包送到休士頓火箭，換回了另一個次輪選秀權。

一九九九年被問及與喬・布萊恩在聖地牙哥同隊的情形，華頓笑著回應，「他是名好球員，但這麼說好了，NBA教練是不會為了研究如何防守『豆豆糖』布萊恩而放棄睡覺時間的。」

雖然喬・布萊恩一開始並未意識到這點，不過這個交易代表著他從一支擺爛的球隊被送往另一支也在擺爛的球隊。他原本想說與摩斯・馬龍一起打球是個「爽缺」。火箭在戴爾・哈里斯（Del Harris）執教下曾經在一九八一年打進總冠軍賽，但在一九八二—八三年球季，他們為了獲得維吉尼亞大學（University of Virginia）明星球員桑普森（Ralph Sampson）而有計畫地輸球爭取狀元籤。結果摩斯・馬龍去了七六人，休士頓也得迎接漫長的一年。

墜地的火箭整季僅拿下十四勝六十八敗，「豆豆糖」也跟球隊一起墮落，出賽八十一場，每場出賽二十五點四分鐘、平均得到十分。而他唯一錯過的那場比賽還上了頭條，因為他在通霄的撲克牌賭局中輸了一屁股，讓他沒錢可以搭計程車以致於沒趕上球隊巴士。據說為了避免這樣的情形再次發生，潘稍微提高了他的每周支出上限，在他的襪子裡塞了一張五美金的鈔票，供他在緊急情況下使用。

在這個他成為職業球員的第八個球季，很明顯的，NDA中沒有球隊想要「豆豆糖」了。雖然這時他年僅二十八歲，還處在職業球員的巔峰時期。

在很久之後，回顧他的職業生涯，旁觀的威斯特海會說，「他是自己放棄了自己的職業生涯。」威斯特海也總是在想，為什麼他昔日執教的大學球星沒有成為一位實現他人期待的NBA球員。他懷疑這個綽號就是元兇，而藏毒被捕事件又讓一切變得更糟

「我不知道他這個綽號是從何而來，」威斯特海在二〇一五年時說，「這滿有趣的，然而老實說，隨著他的籃球生涯從大學再到進入職業聯盟的事態發展，這個綽號看在別人眼裡是好是壞，就因人而異了。」

這是許多人的共識。

「每當我想起喬．布萊恩，和有人提起『豆豆糖』時，腦海就會浮現那個開心地微笑、靈活地送出背後傳球的傢伙。」威斯特海說，「有些在NBA工作的人會說這就是他的毛病，我個人不這麼想，但我認為這某種程度上影響了大眾與球隊總經理們的想法，覺得他打球太花俏。」

「場面被搞得很難看，」他的朋友莫．霍華回想，「他有著各種才能，這條籃球產業鏈卻不允許他上台獻技。」

「我一直在遠方關注著他的近況，我會聽別人麼評論他，」威斯特海回憶，「只要有人想聽，我就會說，『這傢伙很有才華，也有天分。他可以在籃球場上做到任何想做的事』，在我的印象中，總覺得沒有人鄭重其事地對待他，他們只覺得喬．布萊恩是個有趣的傢伙。」

一九八三年球季結束後，他離開了聯盟，還替火箭老闆查理．湯瑪斯（Charlie Thomas）賣起了汽車。在度過了原本除了籃球以外一無所有的人生後，一開始他原本想過繼續投身這一行、喜歡上包含與人攀談的時光以及販售這些貨車、卡車與汽車的相關體驗。但當時全國又遇到一次嚴重的經濟衰退造成的高利率與銷售循環緩慢，而喬．布萊恩不但沒有大學學位，除了籃球員之外更什麼都不是。

這段時間對布萊恩一家來說顯然並不快樂，所以他們重新回到了費城。

除了妻子努力鞏固的家庭之外，喬．布萊恩還擁有的另一件事，就是他與桑尼．希爾之間的情誼。他還是繼續在打貝克聯盟的比賽，在那裡他可以盡情發揮自己所有在球場上娛樂大眾的天賦，球迷也依然十分喜愛他。此外，他也開始在桑尼希爾聯盟執起教鞭，而他發現自己還滿喜歡當教練的。

桑尼．希爾則把喬．布萊恩視為最成功的案例之一。不過他們之間的連結不止於此。這個聯盟中還有許多球員太過年輕並頭腦空空，隨著他們日漸年長，才會慢慢意識到桑尼．希爾在他們的生命中有多麼重要，然後更加珍惜在這裡打球的經驗。

「豆豆糖」也是過來人，不過他是較早理解到這一點、投入在當年聯賽中美好時光的人之一。每個夏天都來聯盟報到的他，不但增強了聯賽的強度，也支撐了桑尼．希爾，讓他能在艱鉅的挑戰下維繫聯盟的運作。

桑尼．希爾知道喬．布萊恩還愛著籃球，因此開始鼓勵他考慮去歐洲打球。那裡的薪資條件很不錯，他這麼告訴喬．布萊恩。

就各種層面而言，這是潘最不想聽到的事。她把年幼的孩子們從費城拉拔到聖地牙哥再到休士頓，還得與遠在天涯海角、在NBA打球的丈夫維繫感情，現在更不只是在美國東奔西走，他這次居然說要飄洋過海到歐洲？

過了好幾個月和喬．布萊恩在休士頓賣車的生活，潘才接受了這個想法。之後如果有機會問她喜歡休士頓的哪裡，潘會含糊地告訴你是「馬」。即使是各方面都力求面面俱到的她，在提到德州（Texas）時也實在想不出什麼好說的。

喬・布萊恩正在呼籲並努力爭取家中每個人認同搬往義大利的決議，但孩子們已經表態過，搬家不但提升了交朋友的難度，更得在下一次搬家與好不容易變熟的朋友道別。

因此為了說服大家，喬・布萊恩只好再三解釋這一年很快就會過去了，也是個接觸不同文化的機會。最重要的是，他們需要這筆錢。潘的生活有些拜金，也非常希望能留在費城郊區的豪宅中。「她痛恨這個又得離開費城的主意，」喬・布萊恩回憶，她到最後才無奈同意，這個主意值得一試。

一九八四年夏天，在他們飛往義大利前，科比在電視上看了美國奧運隊在洛杉磯的熱身賽。奧運代表隊和職業球員進行一系列對抗賽，這也是科比第一次注意到喬丹。「那是一支大學生組成的球隊，」他回憶，「他們正為了備戰奧運而與職業球隊比賽，那傢伙運球快攻後起跳，我記得躍過了魔術強森，在魔術強森的頭上灌籃。怎麼會發生這種事，他算哪根蔥啊？我當時不喜歡那傢伙，因為魔術強森才是我的偶像。我想，這就是我第一次注意到他。」

第八章　義大利

在義大利某個訓練營，一張皮膚黝黑、似笑非笑的臉孔，混雜在高加索球員們組成的背景中。他在這張照片中的右下角，站在兩排笑嘻嘻的義大利人面前。這些人都比他年長，但他當時的表情就好像暗示著年幼的科比．布萊恩已經知道，自己能夠成為一名比在座的各位都還要優秀的球員。這張照片的焦點人物，是在當地有如英雄、英姿挺拔的喬．布萊恩。身為訓練營的名人嘉賓，臉上依然掛著微笑的他，顯得容光煥發。

雖然「豆豆糖」總是面帶微笑，但當時的朋友都記得，科比與他南轅北轍，尤其是站上球場的時候。

「打球時，他的表情總是很認真，不苟言笑，」一位比科比稍微年長、當時常常和他在斯里吉洛（Ciriglio）的托斯坎村（Tuscan）半山腰球場上打球的羅特拉（Michella Rotella）回憶著，「他神情專注，沒在搞笑的。」

「只要是參加體育競技類活動，他就會嚴陣以待。」他的姊姊夏莉亞記得。

「科比的精神非常集中在獲勝上。給我勝利，其餘免談。」另一位他在義大利的童年玩伴維托里（Jacomo Vittori）說。

「當他八歲、我十一歲時，我們在同一個聯賽打球，」夏莉亞在一九九九年回顧，「其他小朋友們只是想打球，但他滿腦子是『我想贏』。有一次在比賽剩下三十秒、我們落後兩分時，他那個時候想的都是『把球給我』。我的意思是，他總是投入其中，也始終如一。」

他說他第一次意識到自己可以接管比賽時，「是在我還很小，大概九或十歲，參加各項少年籃球聯盟的時候。當比賽進入關鍵時刻，或處於退無可退的處境時，我就會挺身而出。在這種考驗人性要戰鬥或逃跑的時刻，我總是選擇當個戰士。」

許多年後，在湖人教練團與隊友們的眼中，都推測他鄙視沒經驗或沒天分隊友、只相信自己的習性就是在義大利養成的。當他在湖人打得太過自私時，有些教練就會竊竊私議地說科比．布萊恩又「夢回義大利」了。

「他打球真的很自幹，」維托里回憶，但也補充他會這麼獨霸是因為他比其他球員強太多了，「每個人都注意到，他不但是這裡唯一的黑人小孩，技術也在我們之中出類拔萃。」

他與母親相仿、尖銳不圓融的人格特質第一次被注意到時，是在他的成長期。他是母親的小寶貝，她似乎也很喜歡用毛衣或其他紳士風格的衣服將他梳妝成「小大人」模樣。就好像他身體看似小孩，成熟風範卻過於常人一般。

潘是一位風度翩翩的女子，這也讓科比年幼時在行為舉止上就有了相似的氣質。在義大利的生活與歐洲文化的薰陶下，科比被栽培得與眾不同，這一點在他進入美國職籃後格外明顯。

剛來到ＮＢＡ被問及在義大利成長與生活感覺如何時，布萊恩回答，「除了我跳得很高之外，徹頭徹尾都是義大利風格。」

義大利不只影響了他們整個家庭的風格，也讓他們過上了優渥的生活。喬．布萊恩在球場上曾經讓費城如癡如狂的花招與妙傳，也在義大利掀起一陣狂潮。他只打了一場比賽，就了解到在這裡自己可以繼續靠著籃球活下去，並重新獲得他渴望的球迷喜愛。

對喬．布萊恩的打球方式為之驚艷後，「美」，會成為義大利人們描述他的球風時，再三使用的形容詞。

事實上對這個年輕家庭來說，義大利堪稱是一個理想國度，把家人們更緊密地連結在一起。同一時間，也有些他們當時沒能發現的事物在此時埋下了種子並逐漸催生，這些事物融入於他們在義大利感受到的種種熱情中，讓他們難以察覺，卻確實在他們的生活中注入了一股冷漠。讓還年輕的科比・比恩將它融入到自己的生活，並成為了他的個性之一。

與在美國時相仿，布萊恩一家來到義大利還是得常常搬家，這也進一步地建立了他在一生中總是與人保持距離的生活準則。兒提時代，他總是很難交到朋友。在他好不容易交到朋友後，往往又是跟他們說再見的時候了。

布萊恩家族在義大利的第一個落腳處是列蒂市（Rieti），科比過完六歲生日不久並剛開學幾星期後，他們就搬來了這裡。同一時間，夏莉亞八歲、夏亞七歲。這是一座古老的小城市，離羅馬不遠，在它的東北邊。這座城市以薩賓人（Sabines）的故鄉聞名，他們過去曾被以增加羅馬人口為由，而強迫犧牲與奉獻出他們的女性族人。這座城市位在韋利諾河（Velino River）河畔、與風景秀麗的湖泊相鄰，因此這片山區地帶中的別墅，也曾經深受教皇們喜愛。

布萊恩一家輕鬆地適應了那裡的生活，球隊還提供他們房子和車子。他們雖然不懂義大利語，但孩子們還是可以透過玩文字遊戲時彼此教學相長而耗掉一整個下午。短短幾個月，他們就在一個截然不同的世界找到了舒適圈。這成了一個重要的共同體驗，使家人之間更加不分彼此。

「我們在那邊過得非常舒適，」科比記得，「我們很快就適應了。家人是最重要的，這是我們在義大利培養出的心態。只要有家人在，其他事情都無關緊要了。不管你得到五十分還是零分，你的家人都會陪在你身邊。義大利人有著相同的特質，他們都很熱情地對待彼此。」

因此他的家人們成為他信心的基石，這也是他父親不斷強調的一點。喬・布萊恩日後解釋，自己總是為缺乏自信感到懊悔，並認為這是他失敗的原因。他似乎下定決心，要讓兒子不會產生和自己一樣的死穴。

年輕時就獲得包括與成年人搭上球隊巴士共同行動在內的充分比賽經驗，也增強了科比的信心。每支職業球隊都有所屬的青年隊，因此在青年隊打球的他也得到機會跟父親一起訓練，這也替他對比賽的理解能力快速地奠定了基礎。

回想起來，他在義大利度過的時光，可說是上了一所超乎眾人想像、最全面的籃球學校。「我在義大利開始打籃球，」他說，「這是段很棒的經歷，因為我從基礎開始學習。我覺得很多在美國長大的小孩，學到的都是如何華麗地運球。在義大利他們教你真正的基礎動作，而不是那些沒用的東西。」

再一次，或許是每一次，他都能敏銳地意識到是哪些「沒用的東西」毀了他的父親。

但某些教練不會同意他的看法，甚至會爭論就是這段在義大利的歷程，讓布萊恩成為一名不和隊友交流的球員與一名不可靠的隊友。然而就連這些批評他的人也無法否認，這段經歷讓他在打比賽的許多層面都更為精煉。「基本上，我覺得義大利奠定了他打球的基礎。」喬・布萊恩在義大利聯盟的隊友里昂・道格拉斯說，「他在那裡能夠打出全方位的比賽，並學習各個領域的技術。」

在他的職業生涯中，如果發現自己有哪些缺點，布萊恩就會展現出他的職業風範，以近乎瘋狂的堅持，完善他與他人競爭所需要的每一個要素。這樣的態度，是他在義大利生活中得到的另一個產物。

事實上，在他還年幼的時候，就從未停止精進自己的球技。他的童年玩伴維托里歐（Vittorio）記得，如果他沒在打籃球，就是在看NBA球星的影片。「科比時時刻刻想的都是打籃球，從不間斷。」

接下來幾年，他會證明自己早已掌握住專注帶來的力量，並將其發展為他日後的「戒律」（the code）。他從小就立定志向成為一名職業籃球員，這意味著他必須以最有效率的方式度過每一天，以此豐富自己的個人簡歷。而在他成為自己心目中理想球員的過程中，義大利的生活是不可或缺的一環。儘管這裡的人們與世無爭，生活氣氛也相當慵懶，卻充滿了激情。從文藝復興時期大大小小的教堂到籃球場，都擠滿了載歌載舞的球迷。

正是有著這些經驗與喬・布萊恩的堅持，激發出他根深柢固的自信心。隨著自信心的膨脹，也讓他越來越妄自尊大，不把隊友放在眼裡。在那之後的許多年，一些在義大利的隊友回想起他對待他們的方式時，心情都十分低落。他們為此抱怨，以至於教練開始不讓他上場，讓其他球員有更多發揮空間可以成長。

「我年輕的時候是個麻煩製造機，一直動口打嘴砲，打個不停，讓很多更年長的傢伙更難過了。」他回味無窮地說。

就在義大利的最初幾年，布萊恩一家看見了兒子的未來，也幫助他朝這個未來前進。「他們有七歲層級的少年籃球賽，」喬．布萊恩當時解釋，「有一場比賽全隊得了二十二分，科比就包辦了十六分。他們因此讓他進階到十歲層級的聯賽，但他還是統治了那個聯盟。除了打球，他還有空手道黃帶，甚至也上過芭蕾舞課呢。」

天倫時光

作為陌生土地上的陌生人，布萊恩一家的孩子與雙親懂了什麼叫互相依靠。「我們當時正在適應不同的文化，」科比回憶，「我們一家人是生命共同體。我們就像來到不同的世界，誰都不認識，所以你擁有的只有彼此，也必須一起生活下去。」

文化的巨變也讓喬．布萊恩的籃球生涯峰迴路轉。雖然在南歐，足球受歡迎的程度遠勝籃球，但義大利人對在地的籃球隊依然很有熱情。在當時的義大利，每支球隊只被允許擁有兩位美籍洋將。這些洋將通常能獲得令人滿意的薪資，並發現賽程的安排讓他們能享受天倫之樂，不像在NBA每星期要打三到五場比賽，必須不斷奔走。

在義大利，球隊著重訓練，通常一天要練兩次球，這是在美國職業球壇難以想像的事。另一方面，在慣例上從十月進行到隔年五月的球季，每支球隊通常每星期只打一場比賽，而這場賽事大多安排在週日。

「我可以帶孩子去上學，然後在下午接他們放學。」喬．布萊恩對《費城論壇報》說。

相較於「豆豆糖」在NBA感到處處受限，他很快地在義大利得到上場機會，並找回了他的明星光彩，平均攻下三十分（當時他在場上對決的許多義大利球員年僅十八歲上下）。如果他想要小試身手、大秀花招也沒有問題，甚至球迷們還會歌頌他的神乎其技。「你知道是誰比魔術強森或賈霸還強嗎？」科比記得的一首義大利歌詞是這麼唱著的，「是喬瑟夫，喬瑟夫．布萊恩！」

一九八六年冬天，喬．布萊恩在列蒂市平均攻下三十七點八分。他的頭號粉絲，是個在許多午後跟著他來到球場訓練的小男孩，「他的打球方式很有魅力，」科比日後如此回憶著父親在歐洲的時光，「他教會我享受比賽。」

從NBA來到歐洲不但讓喬．布萊恩能花更多時間陪伴孩子們，也使他與潘之間的感情逐漸癒合。「潘和我共處的時間比還在NBA打球時多了許多，」喬．布萊恩在一九八六年時對記者透露，「我們現在是最親密的朋友，不只是朋友也是愛人。我們一起訓練、一起慢跑，大概跑個五或六英哩。潘能跑八到十英哩，明年我們說不定能參加比賽呢。」

「潘很不想離開費城，但她現在感覺好多了。」他補充

不只打籃球，科比和姊姊們還上芭蕾課，而夏亞還發現自己和弟弟一樣喜歡空手道。他們就讀於一間由認真嚴格的修女們管理的天主教學校，因此孩子們也受到了良好的教育。

「孩子們義大利語說得很流利，還被國家電視台採訪。」喬．布萊恩說，「我爸不得不提醒他們要記得講英文。潘和我這個球季也在學義大利語，我現在看得懂報紙上的體育版了。他們對表現不好的足球選手真的很殘忍。」

足球是義大利最主流的運動，這也讓已經為數不多的籃球場還兼具小型足球場的功能。在異國的這段時光，開始強化了他與母親共有的孤立主義天性，並激發他獨自投籃與增強球技的動力。如果有其他義大利孩子們來到球場，布萊恩會與他們共用場地、踢球和打球井水不犯河水，直到來踢足球的小朋友實在太多，布

萊恩才會勉為其難地加入踢球的行列。守門員對又高又瘦的他來說，實在再適合不過。有其他人則在事後回憶，他也在擔任前鋒時展現了不少腳下功夫與帶球過人的才能。

踢足球其實很有趣，這番經驗也讓他成為一輩子的足球迷，但能令他深陷其中的運動，依然只有籃球。最後是潘，而非喬．布萊恩，費盡心思在他們家蓋了一座籃架，而這不僅加深了科比對籃球的追求，也加深了他從同儕中邊緣自己的傾向。

為了維持布萊恩一家與美國文化的聯繫，在費城的祖父母們會源源不絕地提供運動賽事與電視節目的錄影帶，前者大多是籃球賽，後者則以《天才老爹》（The Cosby Show）為主。據說深受影響的科比在看了錄影帶後有陣子還跳起了地板舞。不過影響他最深的，還是一季可以看到四十場的籃球比賽。

「他們常常寄給我們各式各樣的電視節目和電影錄影帶。」他記得，「但我最期待的還是籃球比賽錄影帶。我想看籃球，因為在義大利我得熬夜到凌晨三點才能看NBA比賽，然後我明天還得上學，所以根本不可能這麼做，只能等錄影帶寄來。我每分每秒都在期待郵差先生的身影，等他把錄影帶送來我們家。」

不久後喬．布萊恩便訂購了比賽錄影帶直送的服務。父子倆會一起鑽研球賽，記錄每一處細節與腳步，這成為他日後精通倒叉步、刺探步與V字切的入門，也讓他從現在起就對NBA的球星與五花八門的攻守技術有了認識。

「從魔術強森、『大鳥』柏德到喬丹和威金斯（Dominique Wilkins），每個人的影片我都會看。」布萊恩回憶，「我會觀察他們的招式，並把這些技巧融會貫通。」

這就是他日後在整個職業生涯都投入在研究比賽影片的開端，這通常是助理教練們鑽研戰術的領域。當他是現役NBA球員時，每天會花很多時間在分析自己與對手的表現上，付出的苦心遠超過其他NBA球員所能想像。

在義大利的時候，他總是會把畫面定格然後慢速重播那些一組接著一組的鏡頭。父親會在他身旁，指出每一段影片中的關鍵。當喬・布萊恩不在時，科比自己還是會看。他幾乎能把整段影片記得滾瓜爛熟，尤其是透露出球員習性的畫面。九歲時，他自己做了一部球探報告錄影帶，觀察相對沒沒無聞的老鷹後衛巴透爾（John Battle）。喬丹在那幾年間也已經開始嶄露頭角，不過在布萊恩的少年時代，魔術強森依舊在他們一家人心中有著無可比擬的地位。

「我想看的是魔術強森，」他回憶，「由於他加諸於比賽的熱情。你看得出來，他就是愛打球。尤其是他能傳到隊友跑位路徑上的傳球，總是讓我為之瘋狂。」

當時湖人正處於「Showtime」年代的黃金時期，魔術強森炫目的控球技術，替球隊在一九八〇年代追逐冠軍的旅程增添了不少色彩，也令這支洛杉磯的球隊成為收視率的保證。以一張魔術強森的巨幅海報為主體，科比的房間被裝潢整理得有如魔術強森的聖殿。而他會以魔術強森為偶像絕非偶然，因為在父親的心目中，他就是偉大球員的典範。

科比會用家裡的電視反覆播放魔術強森的精華影片，這讓很多酸民大感訝異，因為布萊恩成為職業球員後，實在很難看出他與魔術強森的相似之處。

雖然喬・布萊恩跟兒子分享了許多自己當年勇的影片，但其實科比不需要，因為比起影片，他能夠以更真實的方式來衡量自己。有空時，喬・布萊恩會與他單挑。只是在義大利的球隊每天要訓練好幾個小時，父親要滿足科比的饑渴，實在是心有餘而力不足。

所以他只能自己打球，想像跟另一個自己對抗。「影子籃球。」他如此稱呼當年與自己對抗的比賽，「我和我的影子對決。」

這個想像中的自己不只有他的影子，還有他從電視上看到的NBA球星、深刻地存在他腦海中的一舉一動。這份對於籃球的渴求，與四十年前的威斯特驚人地相似。當年他還是個骨瘦如材的孩子，在西維吉尼亞（West Virginia）山丘上的室外球場，也獨自一人投入了數不清的時間。

第九章 紅色腳踏車

每年夏天，布萊恩一家都會舉家返回費城。喬・布萊恩會在他熟悉的貝克聯盟揮灑自我，並把握在桑尼希爾聯盟執教的機會。在列蒂市待了兩個球季後，布萊恩家於一九八六─八七年球季搬往雷焦卡拉布里亞（Reggio Calabria）。那是一座濱海的城鎮，有著與聖地牙哥相似的氣候。在費城度過休賽季後，一家人回到了義大利，來到一座新城市。這時，他們的兒子也逐漸接近可以在場上打出名堂的年紀了。

他效力的新球隊位於皮斯托亞（Pistoia），這是一個位於托斯卡尼大區（Tuscany）、小而古老的城市，正準備加入甲二聯賽，也就是義大利的次級聯盟。在聽取了兒子的建議後，奧林匹亞皮斯托亞隊（Olimpia Pistoia）總裁貝西亞尼（Piero Becciani）從雷焦卡拉布里亞把喬・布萊恩的合約以一百五十萬里拉（時值十一萬五千美金）的價碼買下。這支球隊有著在籃球界中崛地而起的雄心壯志，也希望能替球隊在進攻端增添吸引力，藉此為建立新球場炒熱氣氛。

里昂・道格拉斯是這支球隊在一九八七─八八年球季簽下的另一位美籍球員，他回憶球隊引進喬・布萊恩與自己是為了生存下去的最後一搏。這支球隊在成軍首季甚至沒辦法進行主場賽事，只能靠著移動到超過二十五英哩遠的佛羅倫斯（Florence）解決問題。

喬・布萊恩是最有辦法在進攻面滿足球迷娛樂需求的球員，里昂・道格拉斯說完後，接著補充他和喬・布萊恩在義大利交手多年，還曾經見證他單場攻下過七十分。

從高中時期到現在，喬·布萊恩都始終如一地熱愛出手投籃。唯一改變的是，現在的他不再是當年僅有兩百磅重的竹竿，如果他之前有過愧疚，現在也不用再擔心自己是否出手太多了。「我記得當他手感開始發燙時，他的家人就會在場邊叫囂說『打爆他們』。」里昂·道格拉斯邊笑邊說，「喬·布萊恩是名射手，因此看科比打球常常讓我想到他。科比場上的很多舉動，都是他老爸以前的招式。他的父親也是個得分好手。」

喬·布萊恩開心地發現，自己的每一記跳投，都能夠讓義大利球迷興奮不已。

「他有著五花八門的招式。」球隊銷售與公關部門的員工孔蒂（Alessandro Conti）解釋，「喬·布萊恩在義大利籃球界非常有名，皮斯托亞可是花了一大筆錢將他的合約買斷，才讓他來到這支球隊。」

球隊的賭博成功了。不論皮斯托亞的比賽在哪裡舉行，都會遇到替喬瑟夫·布萊恩加油的熱情球迷。

「他在這裡就像是上帝。」科比的童年玩伴維托里沒有忘記，「他的一言一行簡直跟聖經沒兩樣。科比也對此有著相同的信心。」

維托里就是在這一年與科比初次相遇，他們都是球隊的「拖地球僮」（mop boys）。在佛羅倫斯宮殿球場（Palace of Florence），只要一有暫停，他們就會上場擦乾地板上的汗水與灰塵。

「他是負責把地板上的汗擦乾的孩子之一。」里昂·道格拉斯回憶。

「當球僮讓我可以更近距離地欣賞比賽，」科比回憶，「我可以感受到球場上的節奏和肢體對抗。」

看過他的人都記得科比是個享受成為眾人焦點的孩子，就算沒有必要，他還是會衝出來擦地，因為他想在觀眾面前表現自己。

中場休息時間，科比會在球員回到休息室而空下來的球場上，打他的「影子籃球」，練習一貫的投籃與運球動作，以此博得熱情球迷的驚嘆與掌聲。他們會揮舞旗幟、甚至一展歌喉，用任何想得到的方式來替父子加油。

「暫停時間裁判會把球給我，」科比回想著，「然後我會稍微運個球，走上球場上籃和罰球，直到球員回到場上為止。」

「只要是我們球隊比賽的中場休息，就是科比的表演時間，」里昂・道格拉斯提起這段記憶，忍不住笑出聲來，「他會在球場上投籃，我們在下半場快開始回到球場時，還得費一番功夫才能把他趕下去。」

維托里也是球隊的拖地球僮，有時候他也會和科比一起投籃，也記得自己的玩伴當時有多愛現，「因為就他而言，他這麼做是心無旁騖地專注於放眼未來。」

皮斯托亞的老闆之一馬廷蒂（Roberto Maltini）說球迷都很喜歡在中場休息時間看這個瘦小但有著一雙大腳的男孩打球。「他們當時都說這孩子很有天分，不過還比不上父親。」馬廷蒂回憶，「科比的動作堪稱喬・布萊恩的翻版。」

許多年後，曾在湖人成為布萊恩隊友的慈世平（Metta World Peace）也會在皮斯托亞精力充沛又充滿熱情的球迷面前，迎接他在義大利聯盟的初登場。後來他也立刻打了一通電話給科比並對他說「我現在總算知道你為什麼會有這樣的打球風格了」。

「美國球迷對球賽的熱情遠遠不及義大利球迷。」里昂・道格拉斯如此評論皮斯托亞的球迷。

孔蒂的女朋友也認同這一點。她到美國旅行時，在號稱籃球聖地的麥迪遜廣場花園（Madison Square Garden）看了一場比賽。但她很驚訝地發現，球迷看起來甚至沒有真正把心思放在比賽上。

「這裡的熱情對年輕的科比產生了重要影響。」孔蒂說。

「他在皮斯托亞長大，遇見了我們的球迷，」維托里解釋，「他在這裡學會如何全心投入場上的奮戰。」

這支球隊與蒙泰卡蒂尼（Montecatini）之間的宿敵對決，是最能點燃球迷熱情的比賽。這是另一座托斯卡尼大區的山間小城，與皮斯托亞只有三英哩的距離。那支球隊有一名很會得分的義大利明星球員。科比成了那位義大利球星的粉絲，也迷上了率領奧林匹亞米蘭（Olimpia Milano）在當代登峰造極的美籍球星丹安東尼（Mike D'Antoni）。

科比養成了和球員們一起搭球隊巴士參加客場比賽的習慣，也因此給父親的不少隊友們留下印象。「很多孩子在他們還小的時候是不怎麼和別人對話或交流的。」這是里昂・道格拉斯個人的觀察，「他們很內向，但科比一點都不內斂寡言。他會和大家交流，也知道面對大人該如何應對進退。他還是個孩子，卻懂得該如何以不同的態度面對成年人或同齡的小朋友。」

里昂・道格拉斯是在球隊巴士上觀察到這個情形的。科比已經看了無數的ＮＢＡ錄影帶，因此他不但已經發現父親所在的義大利球隊是一支水準較差的隊伍，跟魅力十足的ＮＢＡ比起來，更顯得更平淡無奇。「有一次，科比對我們鄭重宣告了一段震撼人心的話。」里昂・道格拉斯回憶，「他說，『等我長大，我會讓你們見識一下籃球該怎麼打』。他烙下這句自己將會成為一位偉大球員的宣言，而這個想法從小就已經灌輸在他的腦袋裡了。」

里昂・道格拉斯說他和喬・布萊恩在搭巴士與雙方家族一同出遊時變得更親近了，他們變得就像家人一樣。「喬・布萊恩有次表示自己的祖母是位傳道者，」里昂・道格拉斯回憶，「他說，祖母告訴他，家裡會出一位偉人，那個人會幹出一番大事，並改變整個家族的命運。她曾如此預言，而她預言的對象，就是科比。喬・布萊恩不覺得自己是那個預言之子，他從不表示預言中的人是自己。」

「我記得科比的童年時代，與他美麗而緊緊相連的家庭。」當年是皮斯托亞隊一員的卡波內（Eugenio Capone）說，「我永遠不會忘記，練習或比賽結束後，喬　布萊恩會和兒子打球，或讓他做運球和投籃的訓練。他們從中得到不少樂趣，但這同時也是輕鬆而不失嚴肅的訓練。我們總是說，『別插手了，喬！他還是個孩子啊。』現在科比成了無人不知、無人不曉的球員，而我第一個想到的，就是當年一位父親和他的兒子一起打球、傳授所有技巧的畫面。」

在這段父子一同打球的時光中，喬・布萊恩不但是他的同伴，也是他的導師。喬・布萊恩亟欲確保發生在自己職業生涯的前車之鑑不會在兒子身上重演。然而儘管他有著祈望兒子邁向偉大的心願，但真正驅策他前進的，還是發自科比內心的動力。

「父親從來不會主動找上我，告訴我『好的，兒子，你該做好這些和那些事』，」科比解釋，「都是我找他，在我需要幫助時尋求他指點迷津。」

他很清楚地有著自己的籃球夢，而這些夢想之所以能如燎原烈火般壯大，絕不只是因為受到父親的影響而已。

斯里吉洛

搬來皮斯托亞時，布萊恩夫婦想要找個遠離城市喧囂的住所，於是他們在斯里吉洛的村莊中找到了一棟雄偉的別墅，挺立在遠離城市的山間蜿蜒小道上。

那是個如詩如畫的場景。直到現在，籃球巨星喬・布萊恩彎扭地把腰彎在方向盤上，開著白色富豪牌旅行車來到一間當地酒吧點了一杯卡布奇諾，還堅持要裝進一個大馬克杯的故事，依然為當地居民津津樂道。不久後，馬廷蒂便笑稱「喬・布萊恩就像是斯里吉洛的市長」。他的和顏悅色、來到咖啡廳的姿態、美好的家庭與尊爵不凡的氣場，抓住了每個人的心。

許多年後，村民們與這位球隊老闆還是牢牢記得這些與布萊恩一家人之間的回憶。

馬廷蒂記得科比在九歲時就簽下了第一份代言合約。聯盟在羅馬舉辦明星賽，當時科比自告奮勇要去當明星賽的拖地球僮。馬廷蒂喜歡這個主意，但他希望科比能穿上一件替馬廷蒂企業打廣告的毛衣。科比同意了，但有個條件，他想要一台全新的腳踏車。

明星賽結束後的清早，科比就打了電話，「我想要紅色的腳踏車。」他說。

他現在有交通工具了。他可以在斯里吉洛的山腰上騎著那台腳踏車走一小段距離，到當地學校的球場和其他村子裡的大男孩打球。如果沒人在球場，他就自己打。「他回家把作業寫完後，就會出來打球，把自己當成『J博士』。」里昂．道格拉斯笑談此事。

馬廷蒂記得布萊恩家的母子非常相像，這位球隊老闆也自認是布萊恩太太的眾多粉絲之一。甚至很多年後，馬廷蒂提起她時依然若有所思，並會以充滿情調的方式唸出她的全名：潘梅拉（Pah-mell-ah）。「潘梅拉就像個陸軍中士。」馬廷蒂在二〇一五年受訪時笑稱，「她才是一家之主，是這個家的老大，既美麗、甜美，卻又無比兇悍……」

喬．布萊恩顯然是個怕河東獅吼的人，馬廷蒂也知道絕對不要招惹她。有一次喬．布萊恩的薪水支票遲發，她馬上就前來興師問罪了。從此以後，支票再也沒有遲來過。

布萊恩一家住的別墅很大，大到他們離開後幾年，這棟別墅被拆成兩棟房子來住。潘把這裡裝潢得美輪美奐，馬廷蒂記得，特別是在聖誕節期間，她能把這裡打造成一處絕對安閑自得的場所。多年後，當他聽說布萊恩家族的各種煩心紛擾甚至離婚風波時，建議如果他們能回來斯里吉洛，過一個潘準備的聖誕節，就會修復一切並找回內心的安寧。

在斯里吉洛時，維托里與布萊恩家族度過了許多時光。他跟他們家族的關係非常親密，親密到夏亞成了他的初戀，甚至還記得科比來過自家吃過多少頓飯。「他喜歡吃義大利麵。」維托里回憶，科比的行禮如儀總是讓他的雙親留下深刻印象，只不過在球場上他從不以禮待人就是了。

「要他傳球是不可能的任務。」維托里想起往事時笑了起來，「但他總是想著要打籃球，一直都是。他總是想要比賽投籃。」

這些所謂的投籃比賽，有時其實是科比把自己的幻想帶入到現實世界。他總是會想像自己身處在遙遠的NBA，比賽開始倒數的時刻，他得在各式各樣的防守者面前得分。看他那天的心情，這些防守者可能是喬丹、魔術強森、「J博士」或自己的父親。馬廷蒂表示，對科比而言，除了魔術強森之外，「J博士」也如同居住在奧林帕斯山的籃球之神，因為喬．布萊恩經常談起這位昔日隊友的偉大之處。

科比總是埋頭苦練，也從這些球星身上學到了許多。他之後會說其實當年這些球員的招式在他眼中都沒什麼好大驚小怪的，因為這些動作自己也做得到。而他說到做到。

布萊恩家的孩子們常常在下午造訪維托里家，有時喬．布萊恩來接小孩回家時，還不忘送上一束花朵給維托里的母親。維托里也常常會在布萊恩家族位於斯里吉洛的家中過夜。

雖然在皮斯托亞沒有每件事都迎來盡善盡美的結果，但喬．布萊恩與里昂．道格拉斯還是幫助球團達成了既定目標。進入他們在球隊的第二個球季，一座全新落成，可容納五千個座位的球場在等著他們。這是一棟低矮的建築物，甚至就像移動式的半圓拱形房屋，不過當地人很滿意這座球場。

「比賽門票相當搶手。」皮斯托亞隊工作人員孔蒂說。

球館啟用後的開幕戰第一次熱身時，球場兩邊的玻璃籃板都碎了，這也讓拖地球僮們忙著清掃玻璃碎片。喬．布萊恩在這個球季再度繳出絕佳的成績，還兩度單場攻下五十分，作為這座球場的洗禮儀式。這讓

馬廷蒂期待「豆豆糖」在下季也留在球隊，展開第三個在皮斯托亞的球季。

只是馬廷蒂再也沒有機會給喬．布萊恩一份新合約了。後者與雷焦艾米利亞（Reggio Emilia）隊簽約，他們一家人也展開了在義大利的另一篇章。

與其他球隊相仿，這支球隊也有一支青年隊，而科比也跟以前一樣：努力訓練但在休息室沉默寡言。在球場上，他總是事必躬親，這也令隊友們覺得自己是累贅。

其他球員的水準跟他差太多了，堅決如他更是不可能在場上對平庸的隊友們和顏悅色。最終他們對他心生怨懟，因為科比從不傳球。

直到日後，科比都還記得他們這麼告訴他，「你在這裡打得好沒錯，但回美國你就沒那麼了不起了，那

是不一樣的世界。」

至少在一開始，他們沒有說錯。科比十一歲夏天回到費城參加桑尼希爾聯盟，在所有比賽中一分未得。雖然的確是越級挑戰了更年長的球員，但他真的被擊垮了

「科比其實是在這個聯盟成長茁壯的。」曾經在桑尼希爾聯盟執教過喬・布萊恩的席爾茲（Tee Shields）教練在幾年後告訴記者。

早年科比在這裡打球時，一名瀏覽著球員申請表、檢查他們填寫的內容是否有誤的顧問，注意到職業規劃的欄位中，科比填了「NBA」。

這個聯盟一直想要導正會寫出這種答案的不切實際心態。對桑尼希爾聯盟來說，籃球就像是一根當作誘餌的胡蘿蔔，引導男孩們遠離費城街道上的危險陷阱。聯賽本身當然也重要，但更重要的是腳踏實地朝未來前進。

見識過大風大浪的顧問並不是第一次看到這種答案。事實上，每個球員都懷抱著這樣的夢想。許多球員都相信，他們走在朝向NBA前進的康莊大道上，在那裡等著他們的，是巨大的榮耀，以及更重要的支票。這裡是費城大區（Greater Philadelphia）所有最棒的年輕球員聚集與彼此對抗之處，也因此在這裡打球，讓他們越來越跩了。籃球是一項關乎於信心的運動，籃球打得好能帶來強大的信心，但過於自大也可能使人盲目。所以聯盟的任務就是替年輕球員建立信心之餘，同時幫助他們面對現實。

所以這位顧問在輔導科比時，提出了一個論點。「一百萬人中，只有一個人能成為NBA球員。」顧問說，「所以除了打籃球之外，你得替自己的人生想個備案。」

「我會成為那百萬分之一。」據稱科比如此回答。他解釋，如果魔術強森做得到，喬丹也可以，那為什麼他不行？

這種程度的信心與自我期許，對不斷鼓勵他的父親眼中，也只不過剛好而已。之後有些人覺得這種態度

純屬自傲，也有很多人覺得他的態度令人難以忍受。但也有些人覺得，撇開他在十一歲這年得到的分數不談，在這麼年輕的時候就有著如此堅定的目標，便足以令人佩服了，更別忘了他異於常人的球技水準。

然而在科比一直以來孤芳自賞的成長過程中，這個答案實在是再合理不過的正常發揮了。從小到大他都沒有把自己當作凡夫俗子，因為他知道自己有著什麼樣的血統。

「我的父親和舅舅『小胖』常常和我一起打球，」布萊恩曾分享過自己的少年時代，「他們不但雕琢了我的投籃、搶籃板還有防守功夫，也激勵著我隨時要在場上用盡全力。」

起初，當年在義大利的隊友們在盛怒之下對他的警告，成了他最大的噩夢，但他沒有放棄，堅持了下來。

「我相信科比會每個夏天都來參賽，不是因為我在家族中開了先例或另有原因，而是他真的從小就想打球了。」喬·布萊恩後來在一九九四年時如此對《費城論壇報》表示，「我們認為這極具教育意義。」

總體來看，喬·布萊恩在歐洲待了八個球季，在義大利當過球員與教練，也到西班牙與法國打過球。這段經歷意味著科比·比恩還年輕時就已經周遊列國，看過包含阿爾卑斯山、梵諦岡、古羅馬遺跡、浪漫的威尼斯運河在內的奇景。來到義大利任何角落打球的美國球員，都在事後回首時才領略到這裡是個多麼悠然自得的國度。喬·布萊恩記得當年與家人們在當地街道上吃著冰淇淋的情景，這也是許多事情急轉直下後，他們在多年後回味無窮的美好記憶

一九九一年八月，喬·布萊恩原本計畫在歐洲多打一個球季以上。那時潘看起來滿足於國外生活，她成為一位精通義大利料理的廚師，生活方式與藝術的鑑賞也受到了許多歐洲風格的影響。「在義大利過得真的太棒了，」她當時曾這麼說，「這裡的人們讓人感到愉快，每個人都認識彼此。對喬·布萊恩來說，能到這裡打球真是因禍得福。」

「我必須說我的妻子直到最後都和我在一起，」喬·布萊恩坦白地對《費城論壇報》表示，「我和我的家

庭因她而完整，我真的很愛她。」

一通於一九九一年秋天深夜打來的電話，敲響了布萊恩一家義大利時光的死亡喪鐘。科比的祖父母傳來了一項震驚世界的消息，魔術強森宣布自己感染了ＨＩＶ病毒並退休。隔天早上，當潘和喬．布萊恩告訴科比那位湖人的超級巨星將會因病而退出球壇時，雖然沒有說明細節，但也已經不重要了。這位十三歲的孩子崩潰地大哭，吃不下飯，為此難過了超過一個禮拜。

「我試著接受現實，」他記得當時自己不知道ＨＩＶ病毒是什麼，還研究了一番，試圖找出答案，「我哭了，我不知道什麼是ＨＩＶ病毒。我讀了書，還租了一部關於它的電影。我當時是個束手無策的孩子，只希望我能以某種方式幫助到他，這真的很難熬。」

喬．布萊恩在一支法國的弱小球隊開始了他的新球季，孩子們則得跨國境到一間瑞士的學校上學。他本可在歐洲一直打下去，或自認至少可以多打兩個球季，身披歐洲球隊的戰袍投進更多跳投。然而儘管在歐洲過得很舒適，但潘已經厭倦舟車勞頓的生活也有了思鄉情節，而且孩子們也得回到美國，完成他們的人生。

由於沒有大學學位，喬．布萊恩再度為了球員生涯結束後的生活而焦慮了起來。或許他可以當教練。當了十六個球季的職業球員，他在魔術強森宣布退休的幾天後，也選擇高掛球衣。「豆豆糖」的籃球之旅已經來到了終點，現在輪到科比啟程了。而這番交棒的過程，將快得迅雷不及掩耳。

二〇一三年夏天，科比重遊故地斯里吉洛，他背著一個印有花卉圖案的後背包、穿著一件粉色襯衫，來到村莊外的歡迎標語拍照留念，再來到那個位於半山腰上樹林間、已經年久失修的小球場。就連原本和籃球場併用的足球場，如今看來也難逃荒廢的命運。

時過境遷，滄海桑田。

來到皮斯托亞，他帶著一名保鑣到他十歲那年新建的體育館。他直奔體育館上層，走向那個他再熟悉不過、沒有鑰匙也總是為他敞開的門口。他在上層來回踱步，看著當年還是個拖地球僮的自己在中場休息時間大秀投籃的球場。他慢下腳步、稍微沉浸在過往的回憶中，接著便馬不停蹄地離開了。

二〇一五年，他再次來到皮斯托亞，在一個清晨突然出現在市中心，也使熙來攘往的市民們驚訝地討論著：「那是科比嗎？」

球隊公關孔蒂聞訊後從家裡趕來，想跟科比打聲招呼。但這位世界級的偉大巨星已經離開，繼續前往下一個地點，追逐他許許多多的童年回憶。

第十章　勞爾梅里恩

布萊恩一家人在一九九一年十一月回到費城，發現世界動盪不寧。貝爾法斯特（Belfast）不時出現炸彈攻擊，克羅埃西亞陷入內戰，而美國正在進行總統大選。相較之下一位名氣較低、來自阿肯色州（Arkansas）的政治家柯林頓（Bill Clinton），試圖在爭取民主黨提名時得到大家的支持。初上任美國最高法院大法官不久的克拉倫斯．湯瑪斯（Clarence Thomas），則陷入了安妮塔．希爾（Anita Hill）的性騷擾指控風波。

當年的年度專輯是昆西．瓊斯（Quincy Jones）的《出發》（Back on the Block），而啟程回到溫尼伍德（Wynnewood）市郊老家的布萊恩一家人，處境正與歌中的情境相仿。很快地，喬．布萊恩與科比就在車道上展開了激烈的單挑對決。每一天，科比的球技都在成長　意味著喬．布萊恩必須用更強悍的肢體對抗，才能守住自己在單挑中的優勢。這幾場激烈到打裂嘴唇、彼此嘴上也不饒人的比賽，總是會把被惹怒的潘逼來院子裡，用身體擋開丈夫、分開互相推擠著的兩人。

感恩節前夕，就在魔術強森宣布自己感染ＨＩＶ病毒的幾個星期後，皇后合唱團（Queen）主唱佛萊迪．墨裘瑞（Freddie Mercury）因愛滋病離開人世。這件事也讓湖人與球迷人心惶惶，擔心魔術強森也會面臨相同的命運。哀傷的氣氛在球隊間蔓延，沒有魔術強森帶領他們，這支球隊在未來恐將一瀉千里。

同一時間，科比．比恩一心想投入他的美國高中球員生涯。當時就讀八年級的他，在融入非裔美籍學生的都會生活時遇到了許多難關。因為在國外生活了八年，使他與其他人格格不入。看到一位操著奇怪口音的新同伴，令這些出身於費城郊區的同學們驚奇不已。

與往常別無二致，他把自己的身心都放在籃球上，甚至還找上鄰居的孩子來和自己一起打球。這個孩子名叫舒瓦茲（Robby Schwartz），雖然比他還要瘦小，但在許多層面都跟他一樣有企圖心。這孩子和他一起投籃也一起訓練，不過大多時間，舒瓦茲在和科比打全場一對一時都只有搶籃板的份，最後也通常以差不多十比一百的懸殊差距慘敗。

當時布萊恩的身高很快地長到了超過六呎，身材驚人地纖細，並有著從清瘦的肩膀生長開來的一對長臂。

但他的教練們很快就發現他是個刻薄急躁的小怪咖，每當被換下場時他的眼中都泛著怒火，憤怒到喬·布萊恩必須用義大利語來跟他溝通、讓他冷靜下來。他的任性與頑固一次又一次地在人們心中留下了難以磨滅的印象。而如何一次又一次地證明自己，也是布萊恩明確的課題。

給他的第一次機會，馬上就來臨了。

十一月，成為八年級學生的第一天，他在巴拉肯維德中學（Bala Cynwyd）的自助餐廳吃午餐時，另一名男孩朝他走來，並站在他的身邊。

「我聽說你很強。」那個男孩說，「不過，要成為最強，你得先打敗最強的人才行。」

「所以我在放學後跟他較量一番。」布萊恩事後回憶，「我打得他啞口無言，也因此在這裡得到每個人的尊敬。」

「我在義大利已經期待這種事很多年了。他不知道我的腎上腺素正在爆發。」

巴拉肯維德中學的「最強之人」並非唯一遭到十三歲科比羞辱的人。現在已經年長許多的莫·霍華，還是自我感覺良好地自認球技尚可，也會和包含喬·布萊恩在內的老友們在費城的一間健身中心報隊打球。

「如果我們只到場八或九人，就會找我們的兒子來湊數。」莫．霍華回憶，「然後，我的天，科比第一次加入我們時，我跟你說，是我在防守他，然後他把我整慘了。他應該只有十三歲，你知道日後成為湖人球員時，他在防守者面前得分時會擺出什麼表情吧？我在他十三歲時就看過了。這小子完全摧毀了我的自信，我的信心就此灰飛煙滅。」

消息很快就傳開了，有個新來的孩子加入了巴拉肯絳德的球隊，還是位NBA球員的兒子。當時三十三歲，在附近的勞爾梅里恩高中執教的唐納（Gregg Downer），便在一場八年級比賽進行時來看了一眼。

「我看到的比賽其實不是布萊恩的個人秀，」唐納在二〇一五年受訪時回憶，「我到場時，他被換上換下得很頻繁，所以我感受不到他有多優秀。他當時瘦瘦的，身高稍微超過六呎，目視大概才一百三十五磅重。看起來他想當個控球後衛，我的意思是，他想一手掌控這顆橘色皮球。」

這是唐納在勞爾梅里恩高中執教的第二個球季，勞爾梅里恩是一所位於蒙哥馬利縣（Montgomery）郊區的學校，上一次贏得州冠軍已經是一九四三年的事了。他不太肯定自己該如何帶領這支球隊重振雄風，但在看到科比的第一眼，他就覺得在場上的這個纖瘦孩子，就是一部分的答案。

「我是在一九九〇年接下這份工作，幾乎就是來把這支球隊砍掉重練的。」唐納回憶，「我來面試時，他們告訴我球隊曾經因為學業成績不合格，在一場比賽最後只剩四名球員能打完全場。也跟我說過有一場比賽下半場一分未得，最終以十三比五十四慘敗。」

於是唐納邀請那位新來的八年級生來參觀勞爾梅里恩高中的校隊練習。

「直到這時我才真正了解到他有什麼料。」這位教練說。

這位和父親一起踏進球場的未來之星，替一切拉開了序幕。

「當我開始試訓科比時，他的父親就站在角落。」唐納說，「於是我便從觀察中了解到何謂虎父無犬子。」

一九八〇年代，唐納曾經在維吉尼亞州（Virginia）的NCAA三級球隊林奇堡學院（Lynchburg College）擔任過控球後衛。而在一九七〇年代，他是個狂熱的七六人球迷，還買過光譜球場的季票。雖然他的偶像是道格．柯林斯，但關於「豆豆糖」的回憶也逐漸在腦海中復甦，甚至想起當年「豆豆糖」父親在光譜球場的季票座位離自己很近的往事。

勞爾梅里恩球隊訓練當天，喬．布萊恩並沒有太出風頭，而是退居幕後把這個機會讓給科比，這種作法在日後也成了常態。練習賽只打了幾分鐘，唐納就了解到自己觀察的球員已經具有職業水準的球技了。還只是個孩子的他，在面對校隊球員的防守時，切入就像切豆腐般容易。

勞爾梅里恩高中的學長們也同樣注意到這個情況，深受衝擊之餘，隱約察覺到這位準新鮮人，將為他們的人生帶來重大的影響。

「只要你看過他最初的技能組合，」這位教練回憶，「一開始你會想到的是基因，不過當你開始認真探究，就會看到他的工作態度與領袖氣質，並了解到你所面對的是位不僅特別，更是獨一無二的人物。」

一邊看著比賽，他一邊對著身旁的助理教練充滿信心地表示，只要有這樣的球員，他們就能繼續戴穩烏紗帽了。

雖然已經不再是NCAA的球員了，但唐納還是有參加頗具競爭力的業餘聯賽。因此在那天，內心浮現某種動力驅使著他親自下場與這位八年級生過個幾招。教練沒有逃過與麾下球員們、莫．霍華以及喬．布萊恩的歐洲隊友們相同的下場，同樣遭到這位十三歲少年在球場上痛下殺手。

那年夏天，一位名叫唐尼．卡爾（Donnie Carr）的球員在桑尼希爾發展聯盟與科比相遇。他們都是八年級生，卻也都在桑尼希爾聯盟一路「越級打怪」，面對十一、十二年級的對手。

對於這位傳說中潛力無限的NBA球員之子，唐尼．卡爾早已久仰大名。「但我第一次見到他時，」唐尼．卡爾回憶，「他還只是個綁著兩個護膝、身形瘦長的孩子，跟我的期待有些落差。他還在成長，也因為他的膝蓋總是不舒服，因此要他做屈膝或類似的動作會有困難。他真的很修長，有著瘦長的雙臂與軀幹。在孩子們中他顯得鶴立雞群，當時已經長到將近六呎四吋了。」

讓他膝蓋不適的疾病是脛前骨骺炎，會讓有在運動的青少年產生劇烈的膝蓋疼痛。這個病症也迫使科比只能放慢自己的腳步，使他看起來笨手笨腳。當時他若想出手，得先把防守者引到球場上的某個定點，接著做出一系列的假動作才能獲得出手空間。一旦他起跳，通常跳起來的高度都足以讓他在防守者的頭頂上出手。唐尼・卡爾回憶，「然而老實說，當時我們是看到了潛力，但並不是什麼過人之處。我再說一次好了，因為他沒有日後具備的速度和爆發力。當時的他就只是個移動遲緩、比較高的瘦皮猴。」

「我們都覺得，『他很棒，但有那麼棒嗎？』顯然沒有人會當面這麼質疑他，但彼此之間會這麼討論，然後說，『我看不出他哪裡特別』。」

唐尼・卡爾笑著回憶，他們之間的宿敵對決就是從那年夏天在桑尼希爾聯盟開始的，「我們會不斷對彼此說垃圾話，我們之間的競爭就是這麼開始的。我會嘴他，他也會嘴我。雖然科比來自郊區，但我總是告訴其他人：這傢伙的一舉一動都不像來自鄉村，而是跟城裡的孩子一模一樣，這不是同化或偽裝而來的。他一直有著費城特有的百折不撓以及永不屈服的精神。他熱愛挑戰，舉例來說，如果你跟他碎嘴了些有的沒的，他就會認真專注起來，你可以看出這股決心從他的面容上自然而然地真情流露，然後他就會打得更投入。」

隨著唐尼・卡爾日益了解科比・比恩，他發現這個戴著護膝的孩子，花了許多時間給自己設下挑戰。「他會找出任何能夠激勵並挑戰他的事，」這位對手說，「與日後成為他人傳頌的球員時相仿，他在小時候就有著相同的精神。他總是試著找出能讓他的動力更加旺盛、以此打得更好的事物。在他即將升上九年級時，可以很常在他的比賽中看到這樣的現象。

艾迪・瓊斯（Eddie Jones）是早年就見識過科比在桑尼希爾聯盟打球的人，當年六呎六吋主打前鋒的他是天普大學的球員，「就算他當時只有十三歲，也已經很能打了。」艾迪・瓊斯回憶，「即使那時他還小，也有辦法教訓對手。」

「這是場精采的比賽，非常有趣，」布萊恩如此談起在記憶中的桑尼希爾聯盟，「因為我們就在天普大學的體育館比賽，所以他們常常來看我們打球。艾迪．瓊斯會來，麥基（Aaron McKie）、布朗森（Rick Brunson）也會到場。他們會在我們比賽結束後來球場打球，所以我會留下來稍微觀察一下他們。報隊時，艾迪．瓊斯常常會挑我當隊友。他覺得我還有點能耐，所以會選我，我就和他們一起打。」

王牌少年

在勞爾梅里恩高中的那年秋天，唐納發現科比有著驚人的敬業精神。他鞭策自己完成了包含了田徑、重量訓練以及永不停歇地打球在內、一份艱辛的個人成長計畫。在球隊訓練中，他下定決心不在任何訓練或比賽中輸給任何人。將近四年間，他保持著全勝不敗的完美紀錄。

「當我開始發現科比．布萊恩這名球員有多麼出色後，我挑選教練團成員時便開始以實戰能力優先了。」他說，「我的想法很單純，『我得找一些能守住他、與他競爭並挑戰他的人』。」

他找來了前大學球員、一位體能優異的後衛基瑟曼（Jimmy Kieserman），接著說服了自己體格好、力量大的兄弟祖魯．唐納（Drew Downer）從一間大企業離職來加入教練團。

那時在勞爾梅里恩的球隊內部中，便流傳了一句笑話，「我的天，我搭飛機千里迢迢地趕來，是來防守一個十四歲少年的。有什麼問題嗎？」而這句話的笑點，當然是這些來防守十四歲少年的人，都被這個厲害的新生給打敗了。

唐納聘請的另一位教練，就是這名少年球星的父親。會這麼做是因為擔任總教練的前者還擔憂另一件事，那就是勞爾梅里恩這支鄉下球隊和費城的的傳統強校、像是唐尼．卡爾註冊入學的羅馬天主教高中

（Roman Catholic）等校相比之下，招生吸引力不足。因此讓科比的父親加入教練團，便能鞏固他與球隊間的聯繫。另外，布萊恩一家的兩位千金也已經在勞爾梅里恩就讀，適應良好之外，還有在打排球。

原本這會是個籠罩此球隊的陰霾，但幸好科比喜歡一支自己能夠主導戰局的球隊，一支他可以盡情上場打球並藉此成長、能忍受他這麼做的球隊，這一環的憂慮也就逐漸撥雲見日了。

「前幾次我們與市內學校交手時，總是有人對我議論紛紛，」他曾這麼細說過，「一半的人會說，『這鄉下人有夠軟』。」

會有這樣的負面氛圍，某種程度上是因為勞爾梅里恩高中在科比高一球季的戰績。上個球季，唐納帶領這支球隊贏得二十四勝。因此大家對球隊的期待很高，然而主力球員的畢業與傷病使球隊陣容殘缺不齊，因此勞爾梅里恩王牌隊（Lower Merion Aces）在將新生科比指派為先發球員的一九九二—九三年球季，只留下四勝二十敗的成績。

「這個帳面成績看起來不怎麼漂亮。」唐納說。

這位教練與麾下的未來之星，很快就發現難以忍受失敗，成了他們的共識。「如此頻繁的敗北對他來說簡直要天崩地裂了，」唐納說，接二連三的敗仗，讓想把科比換下場這件事變得更難了。「隨著時光的推移，他成為在場上包山包海的扛壩子，你懂的，他從一號打到五號，但就算如此，我告訴你，想要讓他下場喘口氣還是很困難的。」

有其父必有其子，科比．比恩也時不時會發生出手選擇不佳的壞習慣。這時唐納會把他換下場，藉此制止他。

「我得說，我們試過很多次，不過沒什麼效果，」唐納回憶，「他會對你板起臉孔，對你怒吼，他沒辦法接受這種調度。」

當場上氣氛逐漸惡化時，喬．布萊恩又會講起義大利語試圖安撫他的兒子。唐納永遠不會知道這位助理教練跟他說了什麼，但看起來很有效。

「我覺得以居中緩衝的角色而言，喬．布萊恩十分稱職，」這位教練說明，「先聲明，科比不常對我大吼大叫，但當他這麼做的時候，他爸會負責處理他。」

這位年輕教練後來重新審視自己在調度科比時的方針，想出一個互利的做法，最終教練團調整了他們的執教哲學：「比起科比投籃失手，其他人傳球失誤是更糟的結果。」

「顯然，他有著很高的籃球智商，」這位教練解釋，「就算還只是個高一新生，他已經能傳出許多好球了。他能幫助隊友變得更好，但我覺得當我們陷入苦戰，或球員天分不及對手時，他就會口出狂言，『你有搞清楚狀況嗎？這些事就交給我吧』。」

交給他，成為解決年輕科比與資深隊友之間問題的良方。而這個問題不但在他還身處義大利時遭遇過，日後進入NBA時，這仍然是他得面對的課題。

「他日漸流露出老大特質。」唐納承認，布萊恩才是球場上的老大。

不過對於大部分處於這種狀況之下的教練來說，顯然地，布萊恩的存在讓許多事情變得簡單許多。「他的職業素養，以及為了成為最棒的籃球員而像塊海綿般吸收新知的精神，是在執教他時最輕鬆的事，」唐納說，「我總是覺得他的大腦就是海綿做的，只要你當過教練，就會知道這不是人人都有的特質。任何事，只要你告訴過科比一次，就不必再提醒他了，就好像那件事已經在他的腦裡紮根了一樣。我們將他確立為核心，這也令科比替球隊帶來許多改變，然而他身邊並沒有足夠的天賦可以支援他。」

「當他的教練最輕鬆的地方在於，」唐納補充，「他會在每一次衝刺訓練中一馬當先，是球隊中最刻苦訓練的球員，會在隊友們的面前屢仆屢起，讓隊友逐漸能夠被委以重任。」

教練表示，這樣的作法特別在第一年吞下的敗仗中無可避免地造成了磨擦，但其他隊友們都得承認布萊恩的貢獻難以磨滅。「對於學長們和那些年紀比較大但沒什麼貢獻的球員而言，我想，一旦他們看到他投入比賽的努力與熱情，就很難再質疑我們，很難不願意加入我們試著幹點大事的行列。」

蒙斯基（Evan Monsky）是陣中年紀較大的球員之一，他說自己想起當年的布萊恩時，強調大家得先了解，追求偉大的他在休息室也是會放鬆一下的。「他是個快樂的孩子，和別的孩子沒什麼兩樣，會和大家一起因為玩笑話而開懷大笑。」蒙斯基說。

不過教練們有時還是難以接受科比．比恩年輕氣盛的傲慢態度，「我發現他有點固執，」唐納承認，「我發現他有點自傲，但這也是讓他之所以偉大的人格特質。」

唐納喜歡要求球員「站前防守」，意思是在低位防守球員時，要站在他們前面干擾對手的傳球。「有一天練習站前防守時我們對科比大吼，然後他說，『但我在ＮＢＡ不會這麼做』，聽到這句話，我們吼回去，『但這裡不是ＮＢＡ』。」

有些人認為科比．布萊恩的支配性人格加上父親是教練團的一員，讓他在勞爾梅里恩球隊中一呼百諾。這種話或許有些道理，但唐納指出，喬．布萊恩承諾自己不會越線插手，而是會當個普通的家長，絕不以私利為優先。

喬．布萊恩是位勤奮的教練，他不但在執教二軍時繳出不錯的成果，也成為一軍陣中絕佳的助手。「當時聯盟有個『安全帶規則』，它要求教練必須在椅子上坐好坐滿，」唐納回憶，「蠢規則，真是個愚蠢的規則，但規定就是規定，執教時你就是不能站起來。在我的執教生涯中，大概有十年吧，都因為這條規則只能乖乖坐在板凳上。」

在科比效力首季的某場比賽，喬．布萊恩在板凳席站起來跟裁判爭論一次吹判，這讓他遭罰技術犯規。下一場比賽，他就不見人影，沒有待在板凳席了。比賽進行到上半場時，教練團的其中一位成員抬起頭才碰巧看到「豆豆糖」坐在體育館上層。中場休息時間，唐納便指派了一位助理教練去關心他。喬．布萊恩回應，他不想給球隊惹麻煩，所以才決定靜靜地離開氣氛劍拔弩張的球場。

唐納和其他教練聽到這句話後都笑了出來，並堅持認為喬要回到板凳席，因為他的存在有著不可取代的價值。尤其是其他人都不會說義大利語。

日後成為賓州高中籃球界的宗師，履歷中記錄著贏得三次州冠軍的唐納，當時還是一位年輕的教練。從執教科比．布萊恩的經驗中獲得許多成長的他說，「你懂的，當你現在回過頭來看他在追尋偉大的過程中留下的吉光片羽，再看看他當時的年紀，你就會明白，他這段非凡的旅程真的很不可思議。我不確定用『瘋狂』來形容是否合適，但他真的舉世無雙。」

唐納說，第一個球季在不斷的敗仗中沉淪，對這名年輕教練與一年級球星來說都很難熬，不過這並沒有讓他們分崩離析，而是更加團結一心。「我們都不喜歡輸的感覺。我們還不夠完美，因此，在每一場敗仗後，我們都迫不及待想在隔天到體育館訓練，讓自己變得更好。」

「我的第一個球季真的令人難以忍受，」布萊恩回憶，「我記得我們只有四勝二十敗。這一年真的苦不堪言，但我得到了不少經驗。我的高中教練是個很棒的教練，而他不但在球隊訓練結束後留下來陪我挑燈夜戰，也與我在訓練開始前一同聞雞起舞。我們會一起討論比賽，而他真的在成長與成熟方面惠我良多。」

儘管球隊在首季的慘敗讓他頗感失望，布萊恩仍然以他飛天遁地的運動能力打出了不少令觀眾看得入迷的精采好球。他在球場上的發展，也引起了費城高中籃球界的注目。

他的天賦與決心吸引了市內的許多教練。萊恩斯，一位在費城的美國業餘體育聯盟教練，也是一位總是在挖掘天才的男人，回想起他第一次看到布萊恩的光景。

「他還沒有被眾人認可，」萊恩斯回憶，「但我覺得，你看得出來他是不錯的球員，他是那種你看了會驚呼『天啊，他只有九年級』的那種球員。」

不久之後，當時年紀尚輕的布萊恩弄傷了膝蓋，也因此錯過高一球季的最後幾場比賽。「他當年十四歲，身高大約六呎二吋，」當地一位籃球作家兼廣播員崔特曼（Jeremy Treatman）回憶，「他當時沒有灌籃，也沒什麼特別的記憶點。真要說的話就是他很瘦。事實上，他的膝蓋會骨折，就是因為有人撞到他的膝蓋，由此可見他真的有夠瘦。」

這樣的情形給了唐納一個機會，見識這支球隊沒了布萊恩會有多慘。「我總是覺得只要布萊恩的腳踝受傷不克出戰，我們就跟一般的球隊沒什麼兩樣。」他說，「或許事實就是如此。」

即使高一球季已經結束，唐納還是能感受到布萊恩帶給這支球隊的巨大壓力，也了解這個壓力只會在接下來的幾年中急遽成長。科比・布萊恩的心中有個明確的日標，如果你不打算與他同心協力，他也清楚地表達出他是那種會毫不猶豫地抓住你的衣領、把你扔下火車的人。

第十一章　意氣相投

科比．布萊恩的人生舞台不停地變換著，但不論他的人生劇本在哪裡上演，都會演出似曾相識的橋段。在難以依靠的軟弱白人之中，兩名黑人的相逢，驀然成了他在勞爾梅里恩高二球季的主旋律。他遇見了傑曼．葛瑞芬（Jermaine Griffin），他們都逃離了原本的生活，只是前者逃離的，是在歐洲的特別禮遇；後者擺脫的，則是在紐約皇后區外遠石區的生活。

傑曼．葛瑞芬在高二時來到勞爾梅里恩高中，脫離遠石區（Far Rock）的危險街頭後，加入「更好的機會」（ABC, A Better Chance）青年計畫。包含他在內，共有八位年輕人與一名輔導者住在一棟房子裡一起生活。藉由這番經驗，給他們一個將人生導向正軌的機會。

「有很多市內的孩子加入他們的計畫，」傑曼．葛瑞芬在二〇一五年受訪時說明，「當時我覺得那是我最好的選擇了。」

唐納教練說，要將自己的人生交付給像ABC這樣的組織，只有像在一九九三年夏末來到勞爾梅里恩的傑曼．葛瑞芬這種很有上進心的年輕人才做得出來。這裡對他來說，將是個與過往他居住的遠石區截然不同的世界。後者是個濱海的社區，有著數以畝計的公共住宅以及數千座古早年代蓋好如今年久失修的老舊平房。當年的遠石區雖然號稱度假勝地，卻因為城市萎縮而沒沒無聞。

「這個地區發生了很多壞事，」卡梅拉．喬治（Carmela George）告訴《紐約時報》（New York Times），

「槍擊事件、毒品買賣、召妓賣淫、幫派械鬥，甚至房屋縱火事件，在這裡都時有所聞。」

不過隨著當代新興的雅痞族群來到這裡認購空屋，這個濱海社區中產階級化的都市發展便沖淡了原本糟糕的氛圍。年紀輕輕的傑曼．葛瑞芬已經見過許多世態炎涼，不過ABC青年計畫卻提供了他一個體驗不同事物的機會。

「我來自於一個人口以黑人為主的地方，」他解釋說，「不過我來到這間位於勞爾梅里恩的學校，遇到的卻大多都是白人，因此這對我來說就像一次文化衝擊。」

這項計畫的本意與籃球無關，但很快就成為計畫的一部分。初次參訪學校時，唐納就是他最先打過照面的人士之一，他也很快注意到傑曼．葛瑞芬有著六呎三吋的身高。沒過多久，教練就對他詳細解釋了球隊的現況，而這位來自皇后區的高二生對自己從教練口中聽到的一切也感到十分滿意，「我看到了他對球隊的願景，也聽到了在我來到這裡之前，上個球季他所承受的煩惱與痛苦。」

很快他就認識了科比．比恩，兩人也很快地產生了英雄惜英雄的情誼。「第一次見到他時，他就是個很酷的小子，」傑曼．葛瑞芬回憶，「我們看彼此都很順眼，他和我都投入在精進自己的球技上。」

「籃球是其中一個原因，」旁觀的唐納表示，「我覺得他和科比就是很來電。我們陣中有其他不錯的球員，但他們倆人變得特別親密。傑曼．葛瑞芬成為這支球隊的二當家，也是這支球隊的重要拼圖，而我認為，他與科比是能夠同甘共苦的朋友。」

「你知道的，科比是我們之中自信心最強的人，」傑曼．葛瑞芬說，「我想這就是科比和我在學校中如此親密的原因。我自己也是個有自信的人。因為我是從紐約來的，所以我和大家相比顯得有些特立獨行。說話方式不同，隨口說出的口語不一樣，風格也不盡相同，但這些不與他人隨波逐流之處，對我來說非常重要。」

就臭味相投的朋友身分而言，傑曼．葛瑞芬能夠在他的新朋友面對各種大小事與決定時，提出截然不同的觀點。因此，布萊恩也將在勞爾梅里恩高中經歷自己的文化衝擊。雖然他在這所郊區的高中過得頗為愜意，他也渴望體驗非裔美籍人們生活中的大小事，藉此了解他的文化淵源，也讓他不再覺得自己像個踏上異國的過客。「科比會說，『我們該這麼做』，我就會告訴他，『科比，我想我們應該有別的作法』。」傑曼．葛瑞芬回憶，「這就是我們一拍即合的原因，因為我們都對自己很有信心。他不需要跟我妥協，我也不必對他讓步。我們可以在各自熟悉的領域引領對方前進。」

傑曼．葛瑞芬在遠石區見過一些在形勢所趨下變得極端自信的特定人士，然而只不過是高二生的布萊恩，卻有著無人能及的自信。而傑曼．葛瑞芬不但看透了這位新朋友這樣的個性，更掌握到他其他特質的不同面向。在他的優越感之下，藏著在他力求完美時日益萌發的纖細敏感。「我絕對見證到了許多人從未在他身上見過或聽說過的另一面。」他說。

從各方面來看，布萊恩其實「和其他人沒什麼兩樣，」傑曼．葛瑞芬認為，「他唯一與眾不同的，就是他在追尋成為世界級球員的道路上那捨我其誰的老大霸氣。」

回想當年，布萊恩的另一位隊友蒙斯基同意，科比也只不過是另一位試圖在有時也很複雜的高中生活圈中找到歸屬的青少年。在這裡，有著一張面帶微笑的深色臉龐、在白人群體中鶴立雞群的他，就像其他同學一樣，都得在學校的長廊間為了趕上下一堂課而奔走。

沒過多久，名人光環就突然在這段高中生活中降臨了，與多數青少年無異，布萊恩飢渴地接受了這個機會，還不時露出得意的微笑。從許多方面來看，他的高二時代就是他純真無邪少年時代的尾巴，也是他能以業餘球員之姿享有非公眾人物自由的最後一段時光。此後他將被帶往自己渴望已久、在一些熟人眼中宛如童星般的生活。並只能在回首過去時，感嘆自己失去了哪些珍貴的寶物。

「高中時代，我們就是愛開玩笑又喜歡惡搞的那種人，」傑曼．葛瑞芬一邊回憶，一邊沉醉於當年與布萊恩之間的友誼，「講到求學時代，總是有那麼幾天是你不想來學校、想放鬆一下的。我們很喜歡來學校，只是有時候你就是想沒來由地大吼大叫，或溜出學校吃點東西、休息一下，跳脫當下的環境，只為了聽點音樂或任何隨心所欲的事。」

他們一起享受翹課與溜出學校的時光，就如同在高二英語課共享他們發現的新大陸一樣。他們發現的是馬斯特莉亞諾（Jeanne Mastriano），一位戴眼鏡、洋溢著非主流文化氣息的年輕女性。「她是我最喜歡的老師之一。」傑曼．葛瑞芬說，「她就是有些不一樣的地方。她總是會對我的作文或其他的行為嚴加批評。儘管我們討論的總是日常生活的大小事，卻總是能進行一段又一段發人深省的對話。上她的課，真的改變了我，透過我們的對話與大量的閱讀，不論是我在寫作上的觀點還是對生活的願景，都有了顯著的改變。這將我提昇到了另一個層次。」

「我們的十年級生上了很多寫作課，」馬斯特莉亞諾在二〇一五年回憶，「我們上了很多自由寫作的課程，是那種你可以在筆記本上盡情揮灑的自由寫作，不管是美言佳句還是惡言禁語，把你想到的東西寫出來就對了。」

這些寫作課程對傑曼．葛瑞芬來說意義深遠，透過寫作，他重新檢視了自己在遠石區的生活。也是透過寫作的幫助，布萊恩得以審視自己的少年時代。他從中得到的靈感之多，令他在二〇一五年回顧高中生活時，還將馬斯特莉亞諾稱為自己的「繆思女神」。得知自己獲得一個半人半神的封號後，他的昔日恩師也忍俊不禁地噗哧一笑。

「一位繆思女神，主司智慧的九位女神之一，對吧？」她在接受廣播電台採訪時說，「好吧，他在高中時可從沒叫過我繆思女神，不過我們之間的關係確實不錯就是了。」

周末時布萊恩不會在教室出現，因為他得替一支接一支的菁英球隊出賽。不過他總是會在回來上課時準時交作業，這也贏得了馬斯特莉亞諾得來不易地尊重。「他在高中時便格外自律。」她回憶。

他們家的一位好友表示，他會如此自律是母親的傑作。在頻繁搬家造成的環境變化下，她堅持把兒子帶好是自己的責任。

儘管布萊恩在課業上的專注遠不及他對籃球付出的心力，馬斯特莉亞諾還是能感受到他的求知若渴。「他認為學習就是讓自己多得到一種能力，在上課時他非常專心聽講，」她在二〇一四年時如此表示，「你能夠想像如果每個人都過著這樣的生活，世界會變成什麼樣嗎？」

「他的寫作主題總是離不開籃球，」她說，「他一直在講要成為一名職業籃球員的事。」

長久以來，布萊恩一直展現出自己對寫作與詩歌的濃厚興趣，令大喬備感欣慰，也在接下來的幾年來總是對愛孫給自己看的作品嘆為觀止。大喬從很早以前就問過，科比在各方面都展現出過人的才能，有沒有考慮過籃球員之外的工作。但「豆豆糖」和他的兒子早已一頭栽進籃球的世界，幾乎不可能從中抽身了。

饒舌歌手

青少年時期的寫作生涯，將幫助布萊恩在球場這狹隘範疇以外找到心靈寄託。為了應對青少年個性轉變期的自我認定危機，他所做的部分努力，就是探索自己身邊、也是他雙親的非裔美籍文化。自從遇見傑曼·葛瑞芬後，一開始在桑尼希爾聯盟以及他在費城北部各處體育館與球場上加入的街頭比賽中，他就已經展開了這方面的交流。

奇妙的是，他與黑人文化最緊密的連結之一，是發生在溫尼伍德市郊城市大道（City Avenue）的猶太社區中心。喬·布萊恩在這裡當起了健身經理，這是他斜槓兼職中的其中一份差事。不當球員後，他只能透過不斷地打零工來緩解整個家庭巨大的經濟壓力。而除了在猶太社區中心與勞爾梅里恩高中任職之外，他還在溫尼伍德的亞奇巴（Akiba）私立猶太學校擔任女子籃球隊的教練，並在那裡深受球員愛戴。

「他非常出色，」當時在阿奇巴擔任男子二軍教練的崔特曼說，「他既投入其中，也幽默風趣，給女孩子們帶來許多歡樂。別誤會，他真的有在教球，雖然這不是一支強隊，但他還是認真地在教導她們，是位很熱血的教練。」

隨著這位男籃教練親眼目睹「豆豆糖」熱衷地向女籃球員們展示各種假動作、內線腳步與基礎動作的要訣，崔特曼與喬．布萊恩之間也很快地萌發出了友情。喬．布萊恩看起來很享受執教的時光，因此崔特曼認為，要是工作待遇更好，前者或許會在這裡待上很長一段時間。

崔特曼記得科比，當時才剛步入青少年時期的他，時常和亞奇巴的球員一起練球。他會在另一側的籃框，秀出各種令人瞠目結舌的神技。他的球技已經超越了青少年的水準。

崔特曼曾經問過喬．布萊恩在與兒子相同年紀時，籃球有沒有跟兒子打得一樣好。

「當然沒有。」這名父親以他一貫的笑容回應。

「真的嗎？」崔特曼又追問了一次。

「相信我，」喬．布萊恩說，「他比當年的我出色許多，繼續看下去就對了。」

除了籃球，發生在猶太社區中心的許多大小事也影響了科比青少年時期的生活。這對父子在這裡的體育館練投時，給了年輕的科比認識班尼斯特（Anthony Bannister）的契機。後者是社區中心的管理員，當時大約十六歲。班尼斯特還是各種饒舌領域的專家，不論是經典老歌，還是嘻哈、R&B等新世代黑人音樂，都是他的涉獵範圍。新世代黑人音樂是以憤怒、男子氣概與珠光寶氣為基底而創作出連珠炮似的快節奏曲風。在接下來超過十年間，全世界不管在哪種文化背景成長的青少年，腦海中的遐想都會被這類音樂佔據。像機關槍般射出的口語化歌詞，將與像科比．布萊恩這種為賦新辭強說愁的年輕人產生心靈上的共鳴。

憑藉其作為作家的巨大才華和目標成為唱片製作人的熱情，班尼斯特成為一位耐人尋味的人物。而這些夢想與才能，都孵化於猶太社區中心這間管理員休息室。隱藏在體育館旁昏暗走廊中的它，被布萊恩當成教室，用來學習在歐洲成長時錯過的各種嘻哈音調。他們會一起打球，然後一起回到這間辦公室，激盪出歌詞、韻腳、節奏或各種音樂元素的火花。

隨著傑曼・葛瑞芬與布萊恩的友誼增長，前者也被帶來猶太社區中心與班尼斯特結識，還認識了一些也想在費城饒舌界闖出名號的人物。

「他絕對是個有影響力的人，」傑曼・葛瑞芬想著班尼斯特的往事，「他是個冷靜隨興的人，他喜愛音樂、熱愛寫作、喜歡娛樂大眾。他和我們在一起好幾年，我們會去找他創作音樂。我們會聽他們即興創作、唱點饒舌，然後我就和科比去打籃球。你懂的，那裡就像是我們的祕密基地，來到這裡，我們對音樂越來越投入，甚至開始創作的原因之一，就是因為我們耳濡目染、受到他的影響。」

「這傢伙是個狠角色。」科比對傑曼・葛瑞芬說。

「他真的擅長饒舌，」傑曼・葛瑞芬回憶起班尼斯特，「他在文字領域很有一套。」

班尼斯特向布萊恩展示了許多饒舌音樂的製作過程，挑選你喜歡的節奏與歌曲片段後，接著置入你的歌詞或想法，透過混搭不同曲目的特色，以全新的方式呈現這些素材。

「當年十四歲的科比身形瘦弱，但充滿熱情與決心。」班尼斯特曾如此對記者戈利亞諾普洛斯（Thomas Golianopoulos）說明。

不過布萊恩卻是以在猶太社區中心毫不留情地輾壓班尼斯特作為回報。

「他就是這種人，」傑曼・葛瑞芬笑談布萊恩的為人，「你知道的，他絕對不會手下留情。我很確定班尼斯特有好幾天都很不爽。」

幸好班尼斯特擁有一股幽默感，這讓他有時依然能夠對此處之泰然。

「科比會把班尼斯特當靶子，在他身上測試自己的新招數，」傑曼・葛瑞芬提到，當年的布萊恩總是在猶太社區中心實驗完最賣弄的花招後，才把它們實踐在費城的球場上。從這一點來看，班尼斯特就像布萊恩籃球實驗室裡的白老鼠。

他開發音樂這項新愛好的下一步，就是集結志同道合的夥伴，在勞爾梅里恩高中的餐廳以即興創作、發想各種歌詞與節奏的創意，以及與其他饒舌歌手較量來度過一段快樂時光。在這裡，布萊恩遇見了另一位重量級人物，「沙人」桑契斯（Kevin “Sandman” Sanchez）。布萊恩寫過一首化身改造人與歌手用饒舌一對一對決的歌，這令桑契斯印象深刻。如果你是個有影響力的孩子，並有志於投身在街頭興起的饒舌界，首先該做的就是走進一所郊區高中的自助餐廳。這讓布萊恩能來到一個強度較低的環境中幫助自己找到定位與方向，再投入由街頭強而有力的放克（Funk）音樂推動的音樂產業中。

「很多時候，」傑曼．葛瑞芬說，「人們會告訴他，『噢，你過這麼爽，又有著這樣的生活，饒舌不是這麼唱的，你根本沒資格討論饒舌、根本不應該來唱饒舌。或就算你要唱，也至少該用別的方式』。但對他來說，音樂更像是逃避現實、一種溝通或說故事的方式，就跟籃球一樣。」

有些旁觀者認為只要是明眼人都看得出來，布萊恩會想努力成為饒舌歌手，是將此視為在新環境中贏得街頭信譽、與其他同齡年輕人拉近距離的手段。許多人已經開始不把布萊恩當作一名球員看待，因為他是勞爾梅里恩高中的球員，這支球隊被視為郊區的二流球隊、陣中球員也不過是郊區的井底之蛙，根本沒辦法在激烈的公共聯盟賽事中與市內的對手抗衡。

然而傑曼．葛瑞芬解釋若布萊恩真是為了沽名釣譽，那麼他的做法實在太拐彎抹角了。他看似湊巧獲得的街頭信譽，都是靠他發想的節奏或他們的無伴奏合唱獲得的。傑曼．葛瑞芬說，布萊恩並沒有為了打進街頭文化圈，就給自己戴上一副假面具。

饒舌音樂在美國各大城市以不同的方式蓬勃發展。在費城，饒舌的主流發展大多以咄咄逼人的公開言詞交鋒為主。這幾乎是為了生性好勝的布萊恩量身訂做的對抗方式。參賽者要以流暢的節奏輔以隱蔽狡詐的侮辱方式與終極男子氣概的展現彼此怒噴，而在饒舌對決中獲勝，就能贏得街頭信譽。

「拿出你渾身解數的饒舌功力，贏的人就是冠軍，」傑曼．葛瑞芬說，「對我們來說，這就是街頭信譽。」

從很多方面來說，布萊恩只不過是在學習能夠以他的新同儕，像是唐尼．卡爾，能了解的方式，清楚闡明自己參加競技體育的目的。饒舌對決很快地讓他獲得了一種與他人建立連結的方法。影響更大的是，當年饒舌的經驗後來也成為他在球場上說垃圾話風格的基礎。當與對手在信心方面一決雌雄時，這一點格外重要。

饒舌對決是不假思索、在當下便脫口而出的決鬥，布萊恩也很快地在這塊領域展現出天賦。相輔相成的是，這時他正逐漸長高到六呎六吋。瘦長但儀表堂堂的身軀，裝滿了喬．布萊恩灌輸的信心。

事實上，饒舌的競爭要素、臨場反應和無拘無束的形式，都令布萊恩與傑曼．葛瑞芬覺得與籃球十分相似。「不論你要做什麼動作，或如何反制對手的動作，籃球重要的是思考下一步，」傑曼．葛瑞芬說，「這跟饒舌一樣。你得讓對方手足無措，你不會想讓對方習慣你的動作。」

頂著饒舌歌手的頭銜，布萊恩很快地展開他進一步的冒險，來到費城街舞界的大場面增廣見聞。「他和一些已經寫歌很多很多年的傢伙對決，」傑曼．葛瑞芬說，「我們只不過是初學者。但我們的態度卻像，『來吧，我們接受你們的挑戰』。我們會投身到對決，或這場戰鬥之中，隨便他們怎麼說。然後我們會讓他們瞧瞧，即使是這些人之中最頂尖的饒舌歌手，我們也有辦法陪他們過幾招。」

籃球影響了他們的饒舌對決，也影響了他們的創作。而寫歌的過程中，也令布萊恩與傑曼．葛瑞芬四處尋找能夠寫作的題材，並將它們拼湊在一起。傑曼．葛瑞芬說，他們尤其深受班尼斯特的影響，「起初你會聽各種人唱的饒舌，在開發你個人的音色與主題曲時，會試著東拼西湊。因此我們確實從他身上挖到寶，也從他其他夥伴、那些常來找他唱饒舌的朋友們身上獲得了許多素材。我們能從他身上拿到那些新興饒舌歌手的編曲。我們會錄音、即興表演和寫歌。科比在音樂方面很有才，可說是才華洋溢。我們從中得到了很多樂趣。他唱的饒舌就像在說故事，能夠把文字組織在一起。你懂的，有時候你能透過文字排列講出一則故事，有時候則是說個笑話，有時候，我們只是透過演奏，聽取其中的一段節奏，讓大腦隨著聽到的節奏運作。有時候會重播，有時候會催下去，就直接催下去。我們饒舌不打草稿，沒有人會預先想好一個饒舌的大綱，然後跟大家說，『我們等等要饒舌的主題是這個』。」

一開始他們會提前寫好筆記，但布萊恩很快便學會如何隨著音樂作出臨場反應。這指的是聽到一段節奏、感受到它的押韻後，發自內心地唱出自己想唱的東西。

「我們不必再把重點寫在筆記本上了。」傑曼．葛瑞芬說，「你需要的只是靈機一動，讓節奏與饒舌自然而然地傾瀉而出。」

一顆成為職業饒舌歌手的種子，就在這樣的氛圍下埋在了科比．布萊恩的心底。而他和班尼斯特與其他歌手集結而成的團體，後來與索尼音樂公司簽下一筆巨額合約。這給布萊恩一家帶來一番全新的影響，並將就此永遠改變他們的人生。

他們以「CHEIZAW」替自己的團體命名，這是「標準智人公認偶像財閥的抽象話」（Canon Homo sapiens Eclectic Iconic Zaibatsu Abstract Words）的簡稱，命名靈感則是來自於邵氏兄弟集團武打電影《金臂童》中的地名七殺谷。

他們不斷招兵買馬，並在費城的每個角落進行饒舌對決。他們的戰場遍及南街（South Street）、園區、天普大學、貝爾蒙特高地（Belmont Plateau）以及各種俱樂部、商場和任何你想得到的地方。

布萊恩稱自己是「第八人」，他通常會避免參加團體的公開活動，而是在他們與對手逐一單挑時突然現身助拳、殺得對手猝不及防。當布萊恩與團員們公開登場時，傑曼．葛瑞芬總會對現場聚集的人群與籃球場邊吵鬧觀眾的相似度感到驚奇。有些粉絲支持你，有些支持對方，當然也有保持中立的人。不論他們的立場是什麼，都在等待著隨節奏而搖擺的時機。

CHEIZAW成了這座城市饒舌對決界的紅人。「科比人很好，老兄，他是個情感豐富的人。如果他的為人不是如此，我是不會讓他加入這個團體的。」班尼斯特在接受《Grantland》訪問時如此說明。

不久之後，唐納就能在球隊巴士後座看到神采奕奕的布萊恩在傑曼・葛瑞芬與其他隊友們圍繞之下，在大聲響起的歡聲笑語中，進行一輪又一輪狂野的即興饒舌。他們的年齡相近，因而年輕的科比十分享受這段與隊友的親密關係。當時沒有人料想得到，這些時刻有多麼珍貴，也當然想不到，隨著時光飛逝、歲月如梭，每個人又會有著什麼樣的發展。

「只要是與朋友在一起，你就能觸碰到自己內心深處的靈魂，」傑曼・葛瑞芬一邊說，一邊回首過去，「做音樂是如此，打籃球亦如是。」

第三部

天選之人

第十二章　夏日溫情

多年來，喬·布萊恩一直崇拜著厄文，甚至到了有些嫉妒的程度。與「J博士」成為隊友的經歷讓他有所啟發，而在魔術強森迅速崛起後，他的啟發也成為了確信。雖然離開NBA多年，喬·布萊恩卻理解到如果你真的想在職業籃球聯盟成為一方之霸，就必須是那個獨領風騷的男人。你必須兼具信心與技術、有著成為球隊主宰的霸氣。「豆豆糖」明白了。那樣的男人，能夠得到與凡夫不同的待遇。

「豆豆糖」當然有技術，就像許多優秀的運動員一樣，也十分渴求自我實現。但像厄文與魔術強森這種最棒、最頂尖的體育明星，找到了能以個人意志與才能折服球隊的方法。球隊中幾乎每件事，都是以他們為中心而打造的。

「豆豆糖」從來不具備相應的天分或決心，去成為一支NBA球隊中能堪領袖重任的那個男人。於是培養出成為球隊老大的企圖心，成為父親在栽培兒子時奉為圭臬的方針。在喬·布萊恩的努力下，他的兒子絕對不會像父親一樣，因為沒有信心而重蹈覆轍。甚至超越喬·布萊恩諄諄教誨的範疇，時間證明在科比·比恩好勝的一生中，每個階段都能看出他驅策自己成為主宰的本能。從籃球到饒舌對決，無一例外。

因此就像他日後不斷提及的一樣，不論是在哪個層級效力於哪支球隊，科比·比恩總是能替自己殺出一條血路以贏得領袖地位、成為「那個男人」。如果他發現自己在某個環境中處於非主導地位，那麼他和他的家人將尋求跳脫到另一個環境的機會。

早在他的高中時期，唐納就見到了這樣的現象。教練承認，他一開始擔心的是布萊恩會不會去另一間更大的學校，不過後來他了解到這樣的情形絕對不會發生，因為布萊恩已經在勞爾梅里恩高中建立起自己的主導地位了。

確保這一點後，布萊恩在高一賽季結束時，開始放話要帶領這支郊區高中球隊贏得他們想都不敢想的州冠軍。王牌隊在隔年取得了大幅進步，整季贏得十六勝並只輸了六場球。布萊恩平均貢獻二十二分、十籃板，這對一場比賽只打三十二分鐘的高中賽事來說，是十分可觀的成績。

然而獲得如斯成就，卻有人認為科比・布萊恩的進步並非是在勞爾梅里恩與其他公共高中比賽時獲得的。在一九九〇年代初期崛起，每場四十八分鐘、在休賽季期間舉行的ＡＡＵ聯賽，成為開發與辨識天才球員的重要賽事。而這個聯盟的重要性，在接下來的幾年將越來越高。

嚴格來說，所謂的ＡＡＵ聯賽，更像是集結全國各大錦標賽的菁英球員，讓這些最頂尖的天才球員面對面交鋒的明星賽。萊恩斯明星隊（Sam Rines All-Stars）是布萊恩效力的ＡＡＵ球隊，教練萊恩斯在二〇一五年受訪時說明，他執教喬・布萊恩之子的時段是每年三到十月，相較之下，從十月末到三月初執教他的唐納，與他相處的時間還比較短。

儘管萊恩斯在科比的成長歲月中扮演了重要角色，但數十年來，一直保持著神祕的他，從未接受任何想更瞭解這位全球級明星的記者或媒體採訪。

萊恩斯解釋，布萊恩可以加入更廣為人知、更強大的ＡＡＵ球隊，但他更喜歡萊恩斯這支名不見經傳、也沒什麼企圖心的球隊。因為如此一來，他就可以成為這支球隊的主宰與招牌球星。

布萊恩一家開始挑選ＡＡＵ球隊時，萊恩斯還是一名年輕的教練，剛開始負責運作這支由同名同姓的父親在一九九二年創立的球隊。萊恩斯的父親曾在一九七〇年代擔任賓州高中（Pennsylvania high school）教練，領軍贏得州冠軍，並在拉塞爾大學擔任助理教練長達十二年，直到一九九二年離職為止。

喬·布萊恩得先確認科比會成為帶領球隊的人，才讓科比加入萊恩斯的球隊。從某種意義上來看，老大地位可以直白地以他能在一場一小時的AAU比賽中投籃多少次來衡量。出手越多次，是老大的機會就越高。

「為了確保科比在這支球隊的地位，喬·布萊恩一開始曾找我的父親討論過，」萊恩斯解釋，「畢竟能出手二十次和五次，相較之下絕對是有差的。」

為了磨練自己，科比每場比賽必須得到那十五次額外的出手機會。教練團與其他球員也必須了解，科比是這支球隊中水準最高的球員。

萊恩斯很快察覺到，布萊恩對於回到板凳區這件事恨之入骨，這一點與他在勞爾梅里恩高中打比賽時一模一樣。這位AAU球隊教練回憶，由於布萊恩被換下場後的情緒反應都相當負面，因此球隊為了避免爭端，有時只報名九位球員參賽。即使如此，這支球隊因調度而發生的衝突依然時有所聞。

「我們通常只報名九位球員，因為我們試著進行讓科比留在場上的調度策略。」萊恩斯在二〇一五年受訪時坦承以告，「他很珍惜自己的出賽時間，我們也知道。我知道只要科比在場上，我們就沒辦法執行平常的五上五下調度，因為他不想被換下來。科比就是科比。我的意思是，科比是個愛表演的人，球場上的他，或許是我所見過的孩子中最專注的一個。不說廢話，絕不鬆懈。他不會對著你笑，從哨音響起到比賽結束，他都想在球場上不留情面地屠殺你。他什麼都不在乎。」

「他是個渾然天成的老大，」萊恩斯繼續說，「如果要定義何謂籃球員中的老大，那麼每次踏上球場的他就是最佳解答。他從十三到十五歲時就是這樣了，此後也從未改變。」

如果說有什麼不同的話，科比對AAU球隊要將自己留在場上的要求甚至更加激烈、更不合理，因為這支球隊不像郊區的勞爾梅里恩一樣是支校隊，而是一支各校頂尖球員的集合體。不過多了一位像科比·布萊恩這樣的球員，其實有助於萊恩斯的球隊成長。這支球隊起初就像一間幫助球員成長、僅在周末營業的診所，之後才開始逐步拓展。

「我們四處尋找能讓球隊變強的孩子，」萊恩斯說明，「如果球隊變得夠強，就能招攬其他球員加入，畢竟連像科比這樣的球員都加入了。科比對我們球隊來說是個加分條件。當時我們是支挑戰高等級聯賽的新球隊，過往我們從來沒能引進夠水準的球員。以前我們被認為只不過是支次級的AAU球隊，因為我們只有大概兩、三位在聯盟一級裡程度較差的球員。科比剛加入我們時，正好是聯盟開始壯大、讓球員、球隊有更多機會的時機。許多人開始主辦錦標賽，科比就曾拜託我們多參加一點比賽。」

當時AAU賽事已經獲得了教練較少管教球員或傳授基本動作的惡名，但萊恩斯的父親希望透過著重基本動作與盡可能參加區域性錦標賽來開發年輕球員的潛能。這樣的模式也可以讓他的兒子吸收到更多擔任總教練的機會，而作為父親的他則能以資歷深、可信賴的助理教練身分，盡可能地幫助兒子。

任誰都看得出來科比十分尊敬萊恩斯的父親，然而他也很快就與年輕的總教練發生了衝突。

「我們領先二十五分，」萊恩斯回憶起剛開始執教科比的一場比賽，「他不覺得自己的表現好到可以休息的程度，所以他想回到場上。因此引發了我們之間的口角。」

「讓我上場。」科比告訴他。

「免談，」萊恩斯說，「就憑你跟我說話的態度，我是不可能讓你上場的。」

「我們之間的意見有些分歧，」萊恩斯回憶，「我們有幾次把場面鬧得很難看，也爭吵過不少次。」

對於科比的這番要求，「豆豆糖」則是站在兒子這邊

「喬．布萊恩和我不時會有些衝突，」萊恩斯回想，「他這樣的做法就跟其他家長一樣。」

人盡皆知，只要提到上場時間，AAU球員的家長在教練面前都變得如狼似虎。AAU賽事當時的定位，就是讓天才球員獲得發揮空間，以得到被大學教練慧眼識英雄的機會。而要出現在教練眼中的前提，要先能上場打球。加上參加這些球隊是要花錢的，家長便會希望在孩子身上的投資不至於竹籃打水一場空。

「當我和他有些爭執時，喬．布萊恩就會開始用義大利語跟他溝通，」提起與科比之間的爭論，萊恩斯這麼說，「這樣一來就沒人聽得懂他們在說什麼了，爭論後，科比就能重整旗鼓。但你懂的，科比是個脾氣特別差的人。」

他為什麼會生氣，至今基本上依然是未解之謎，但看起來有一部分是因為布萊恩在更高等級的賽事中沒有穩定控球的能力。不過即使如此，還是有許多教練在第一次看到他打球後，內心便被激起了漣漪。就像萊恩斯，還是能清楚回想初次看見布萊恩在頂級錦標賽中打球的情形。

「比賽是在德拉威爾舉行的，」教練說，「我近距離觀察他，但我當時有眼不識泰山。我就站在那裡，看著他……看著一位身高六尺四吋或五吋、高高瘦瘦的孩子不斷跳投命中。他非常出色，尤其對一位與十二年級生抗衡的九年級球員來說更是如此。誠然，他當時還不具有在內線廝殺的力量，但他有運動能力，投籃也有一手。」

萊恩斯當年完全沒有想過，這個自己觀察著的孩子有一天會成為NBA球員。「以他的體型和運動能力來看，看得出來他在高一球員中算是挺不錯的。」他說。

當時他的結論是，布萊恩會成為一位非常優秀的高中球員。

「那時科比不但非常年輕，更是位很棒的年輕球員，」萊恩斯解釋，「雖然他的持球能力還不怎麼樣，但他能力不足的地方，能夠透過努力訓練加以提升。而他的努力我都看在眼裡。」

花在訓練科比上的時間越久，他就越能發現這位青少年真的把每分每秒都埋首於籃球。「他的早上，」萊恩斯說，「是在貝拉維爾飯店與職業球員訓練中度過的。下午他在聖約瑟夫大學操場上，一邊背著降落傘一邊練習運球。到了晚上，他會一個人來到猶太社區中心練球。」

於是這些夏天的比賽成為了他的研究院，用來測試自己所擁有的一切。隨著資金流入這項運動，AAU教練們便開始為他們的球隊招募頂尖球員，藉此吸引其他優秀球員與球鞋廠商的興趣或其他支持。因此大家很快便理解到，科比儼然成為萊恩斯球隊中最重要的資產。

「如果科比做了一個糟糕的出手，」萊恩斯說，「那也是他在更上一層樓時必經的路程。我們必須接受本性難移的他是一名怎麼樣的球員。我們知道他的目標是朝下一個階段邁進，我們都心知肚明。」

「所以他經歷過一個打得非常非常自私的階段，」萊恩斯補充，「接著他度過了一個學習如何運球、換手運球過人的階段。有時候他為了學會一招半式，會在一場比賽中連續七、八次把球踢到界外去。這讓我怎麼教小孩？如果他想學會一項新招，就會在想到後馬上在球賽中實踐。最後我就想，『這什麼鬼，比賽這樣打要怎麼贏？我們先拿下這場勝利，你再來練你想學的任何新招好嗎』。因為當他在AAU比賽中練習運球過人時，接下來我們通常就會因此落後十二、十四甚至十六分。」

布萊恩過於專注在自己的發展上，顯然不僅傷害了球隊，也侵害了AAU聯賽的生態。因為這些比賽最初的目的，是提供所有球員被大學球探看見的舞台。

「人人都指望在這個舞台上讓球探眼前為之一亮，」萊恩斯說明，「然而如果你是一名等球的跳投射手，結果科比沒有看到你的空檔，或把球運出界外，那麼這位隊友應有的投籃機會就會減少。這是有人不傳球、或我們沒有按照正確打球方式進行比賽造成的，這樣的情形就會影響到其他隊友。這不但影響到隊友，也會影響到一球在手的球員，因為球探會說，『他很棒，但還有所不足』。」

萊恩斯指出，布萊恩的控球能力不足，在高強度的比賽中還需要調適。「我們必須在他身邊安排其他後衛，才能讓他的運球不至於露出破綻。不過他還是會在遇上某些球員時踢到鐵板，特別是那些很會打的傢伙。」

遇到一位像赫洛威（Shaheen Holloway）的頂級後衛，就能讓布萊恩的死穴被攤在陽光下，不過這也反過來成為他決心消滅自己所有弱點的動力。

「最棒的是，」萊恩斯說，「聯賽中到處都是優秀球員。你遇上的每一支球隊都不是水貨。就算是當時最差的球隊，陣中都有七位聯盟一級的成員。」

比賽的過程中，教練們發現了一個會在他的籃球生涯每個階段中都困擾著科比的問題。「科比的很多問題，都是因為他想太多而來的，」萊恩斯說，「他想太多，也分析過度。我和喬・布萊恩之前討論過這件事。喬・布萊恩則維持著他一貫不可思議的從容作風。他告訴科比，『別想太多，打球就對了。讓這些見鬼去，別管什麼勝負，你懂我的意思嗎？你只管打球就好。你是來這裡變得更強的。我們特地把你載來這裡，不是為了讓你鬧彆扭的。我們今天還要再打三場比賽，結果你居然在為一次攻守回合而煩惱。』」

只要是科比有比賽，喬・布萊恩就會出現在場邊，就像他自己打比賽時老爸一直都在一樣。不同的是，喬・布萊恩不但能將自己豐富的經驗傳授給兒子、引領兒子度過籃球生涯不同層級的各種難關，同時還得苦心維持科比的優越感。通常家長這麼做，會引發隊內激烈的糾紛，但喬・布萊恩知道如何小心翼翼、避開這些麻煩。而有著強勢性格的潘，看起來不但沒有過問任何AAU大小事的打算，就連與勞爾梅里恩高中有關的事，她也幾乎都退居幕後，只把心力放在科比日常生活的通勤上。

萊恩斯當時是一位格外年輕且資淺的教練，而他發現自己和這個冥頑不靈的青少年陷入了根本上的不合，還曾聽到他問，「為什麼這傢伙對我疾言厲色？為什麼他要如此逼人太甚？」

萊恩斯花了一段時間才讓布萊恩接受，比賽不像他在義大利學到的一樣，要靠他的運球急停跳投打敗所有人才能贏。教練說，雖然不太甘願，不過他開始接受一些團隊合作的打法。「與其說我是他的教練，其實更像是在當他的心理學家，我會對他說，『科比，你明明知道球會回到你手上的。為什麼在我們會把球回傳給你的前提下，你還是執意在三、四名防守者面前運球？』大概花了三個錦標賽，他才了解到自己是隊友依靠的對象。」

「加油，老弟，」萊恩斯會這麼告訴他，「你能表現得比現在更好，球會回傳給你的。」

在建立好一些彼此共有的基礎團隊原則後，萊恩斯便見證了布萊恩的另一次飛躍。對手開始用box and

one防守策略來對付布萊恩，所謂的box and one，就是以區域聯防限制他的四名隊友，再派出一名優秀的防守者盯防布萊恩。萊恩斯說，在AAU賽事中，使用這種防守策略對球隊來說並不是件好事，但對手的教練太在乎勝利了。「一旦我們能夠把球交到他手裡，對手就會使出box and one。他們試過盡可能避免這麼做，但在勝利至上的比賽中，為了贏球，你很難不使用這門戰術。這裡我必須稱讚科比，他真的是忘乎勝敗，只專注在自己的進步與表現上。這不是指他會計算自己得了幾分，而是他能感受到自己打得怎麼樣。所有人都成了他的實驗對象，他就是這樣的球員。他終於接受了傳切打法與無球跑動的戰術，因為他了解到，球還是會回到他手上的。」

坦白說，布萊恩的獨幹，是教練需要隨時注意並點醒的球風。萊恩斯回憶，「但另一方面，因為他的貢獻，我也不得不佩服他。」

布萊恩一家也對此付出了努力，而喬·布萊恩也意識到自己的兒子還有很多東西要學，像是不要讓自己的意志凌駕於一支優秀球隊的需求上，是會有好處的。

「瘋狂的是，」萊恩斯說，「他在高二球季，開始有所回應了。所以此後當我看到有球員出了差錯，沒有發揮出應有的表現、兌現我認為他蘊含的巨大潛力時，我就會開始鞭策他。我不在乎他們怎麼想了，他媽的。」

當時萊恩斯還是不覺得布萊恩能夠成為職業球員。但隨著他訓練布萊恩的時間一天天地增加，他開始將他視為一位能夠成為頂尖大學球員的潛力股，或許可以加入一間像北卡大學這樣的強隊。這位教練開始發現到，在他和這位難搞的球員之間，開始萌生出一點互相尊重的情感了。

「我想他會開始尊重我，是因為我對他的標準提高了。」萊恩斯說，「他比我看過的任何孩子都練得更勤，甚至就連職業球員、大學生或其他高中生都比不過他。他或許是史上最刻苦的籃球員了。他有著一顆想要達成目標的心，而他的企圖心比誰都強。」

不過這回過頭來也衍伸了更多問題。包含妻子在內，在喬．布萊恩身邊的人，總是認為他太過投入於籃球了。他的話題一直圍繞在籃球上。然而他兒子對籃球的專注度，更遠在父親之上。

「講到籃球時，我和他之間的關係還滿融洽的，」提起與科比之間發展出的交情時，萊恩斯這麼說，「但籃球是能聊多久？他的人生就像是為籃球而活。如果籃球就是你生活的原動力，那做為一名年輕教練的我，實在沒有太多時間可以跟你聊這些，我會轉移話題，畢竟生命中還有許多美好事物等著我們去挖掘。」

籃球界大多數與科比打交道的人，對他的饒舌愛好幾乎一無所知。但他對籃球的投入，也讓人們產生了一個疑問，就是他怎麼還有時間去玩音樂。一名記者曾在布萊恩剛開始效力湖人時問過他除了籃球之外的日常生活，而他回應，「籃球，就是我的全部。」

在那些從未試著追求過完美的人眼中，這樣的回答顯得十分可笑，這樣的生活方式簡直就像在荒野求生、目的過於單純。一些得以就近觀察布萊恩的人，看到他在青少年時期對籃球的追求，都認為他的生命中錯過了許多非關籃球的事物。

對於這樣的情形，與總是帶著莫名怒火的布萊恩，萊恩斯都感到難以理解。

「這一切的根源，」教練總結道，「是他想成為偉大的籃球員，是因為他對於哪些事情對自己有益的見解與眾不同。科比一向是個很難教的球員，因為他拒絕他人的幫忙。他有自己的處世方式、風格與哲學。」

在籃球方面，他對籃球巨星影片的鑽研在他與外界之間豎立了一堵高牆，是這名教練下的結論。如果你總是在分析魔術強森、喬丹和許許多多偉大球員的錄影帶，就會自然而然地把他們認定為自己的導師，再加上你還有著一位前職業球員的父親，那麼對你來說，一位小小的高中或ＡＡＵ教練，又能說出什麼了不起的言論呢？其他事後諸葛的人則認為，喬．布萊恩已經考量到日後的挑戰，為此事先在兒子的心中灌輸堅強的意志力，這可說是下了一著好棋。

「我們本應獲得比當時更高的成就，」萊恩斯回憶起那幾個與布萊恩相處、曾試著與這位後起之秀找到平衡點的初夏，「但在此之前，我們得先扛住他為我們帶來的苦難才行。」

一家人

多年過去，傑曼．葛瑞芬在聽到有關科比．布萊恩為了頂級賽事而做出調整的軼事後笑了出來。看過他的新朋友在饒舌與高中籃球界的表現後，傑曼．葛瑞芬開始欣賞起他刨根究底的實驗精神。不管是什麼事，不管是運球過人的新招或饒舌的韻腳與節拍，他都願意嘗試。

「勇於嘗試，就是人之所以偉大的精隨所在，」傑曼．葛瑞芬說，「如果我們每個人都以相同方式做事，得到相同的答案，那麼偉大的事物就不會誕生了。所謂的偉大就是當每個人都墨守成規時，我跳出來告訴大家，『你看，你不需要照章行事也行得通』。嘗試與犯錯，是做任何事的必經之路。為了追求完美，你必定會經過這兩道門檻。在臻至偉大境界前，你必定得先嘗試並從錯誤中學習。凡事不能只看表面，你必須控制它、改變它，不然我們都只不過是機器人罷了。」

實驗，當然，需要的就是嘗試。他的父親，在肢體對抗強度日漸升高的一對一較量中，成為多年以來布萊恩測試自己時最主要的實驗對象。

「喬．布萊恩聊過那些發生在後院的對決，」唐納回憶，「然後你明白的，在這幾場出拐不留情的較量中，科比越打越好，即使打臉彼此也沒在退縮。他們之間的對抗日益激烈，喬．布萊恩一直維持著不敗紀錄，不過隨著科比長到十四歲、十五歲時，彼此的差距一大比一天小，突然有一天，科比終於打敗了他，當時的場面就變得像為了年輕女性初入社交界而舉行的晚會一樣。於是喬．布萊恩便宣告，『到此為止，我不再和他單挑了，因為我知道我再也打不贏他了』。」

「在單挑中擊敗父親的那一刻，他到達了全新的境界，」目睹這場父子對決，看著兩人手下不留情、嘴上不饒人的傑曼．葛瑞芬回憶。而就在敗給兒子之後，做父親的喬．布萊恩終於能夠卸下原本非常在意、被兒子視為接近完美無缺的偶像重擔。「他的父親在義大利和NBA打過球，因此我知道科比崇拜他、景仰他，」傑曼．葛瑞芬說明，「而這就是越過山丘並吶喊『我終於成功了』的一刻。你知道的，他的父親也有著旺盛的競爭意識，不會對科比做出任何讓步。他擺出了『我不會讓你輕鬆獲勝』的姿態，這樣子贏球，你才是真正的勝利者，也是你應得的勝利。」

傑曼．葛瑞芬也看著喬．布萊恩給了科比練球的動力，看著他在兒子身旁如何悉心指導。

ABC青年計畫把傑曼．葛瑞芬從皇后區帶來勞爾梅里恩，就是為了幫助他改變看待世界的方式，其中便包含著家人間的關係。布萊恩一家人，活生生地在他面前上演了美好家庭應有的生活方式。「布萊恩先生就是另一位在我適應新環境時幫我度過難關的人，」傑曼．葛瑞芬說，「他絕對是個值得我尊敬的偉大領導者。」

喬．布萊恩後來成為傑曼．葛瑞芬當父親的榜樣。「很多他對待科比、幫助科比成長的方式以及在科比身邊安排的人，都成為我參考的模範。」傑曼．葛瑞芬說，「他訓練科比、在比賽中督促科比的方式，還有像是他用義大利語跟科比對話、告訴他面對狀況該怎麼處理，這些都是我學到的。不論是籃球還是他對待家庭的方式，甚至為人方面，他都是我尊敬的人。」

傑曼．葛瑞芬可說是從包廂中以最佳視野看著這對父子充滿愛的互動，這些互動在某些層面上並不完美，卻又是如此不可或缺。這樣的珍貴資產，可說在布萊恩一族的男人間一脈相傳，從大喬傳承到喬．布萊恩，現在再傳到這位天才青少年。

「對我來說，他是個很好的人，」傑曼．葛瑞芬如此評論喬．布萊恩，「我都這麼覺得了，你就可以想像，在科比眼裡自己的父親是怎麼樣的人。」

那些年傑曼．葛瑞芬經常被邀請到布萊恩家，這給了他進一步親眼見證家庭之愛的機會。「讀高中時，我常常會來他們家過夜之類的，就已經看到他們的一家和樂。」他說，「你知道，他很愛父親，各方面都很敬重他。在我看來，他的父母就是他的全部。就像雙親是他的全世界一樣。我對此有許多印象。他的家就像我的第二個家。我在ABC青年計畫的家中有我的同伴，也有寄宿家長在。不過在ABC青年計畫之外，他們就像我在賓州的家人。我絕對是他們家人願意在他們的人生中接納的對象之一。高中時代，我常常和他們待在一起。」

除了和喬．布萊恩有著良好的關係之外，雖然同個家中青春期的青少年之間隨時都會有些不和，不過布萊恩還是非常喜愛姊姊們的。傑曼．葛瑞芬回憶，就連年紀稍輕的表弟考克斯四世（John Cox IV），對科比來說也像親弟弟一樣。

潘是個恩威並施又耳聽八方的人，顯然，在很多事情上她都想掌控全局。她的行事風格保持低調，卻又總是在暗中觀察著每件事。

有些人不能明白潘的用心，但傑曼．葛瑞芬覺得自己能夠理解她。「現實就是要生存下去，你得夠強悍才行。雖然你必須融入普羅大眾，不必時時刻刻都擺出強悍姿態，因此也會遇到需要以和顏悅色面對的場面。但有些時候，在人生中的幾個瞬間，你不能人善被人欺、打哈哈度過。你的聲音裡必須有著一絲堅定，讓你的話語鏗鏘有力。通常這種情況發生時，對方就知道該忍讓了，但也有些人會對無法逼迫你這件事感到惱羞成怒，因為他們沒辦法對你為所欲為。」

潘可能是個非常嬌生慣養的人，但她從不輕易妥協。她時常關注著兒子周遭環境有沒有不良影響並督促他的學業。身為他們一家之友的崔特曼指出，布萊恩家的世界因為科比在籃球方面的旭日東昇而不斷快速改變，潘別無選擇，只能隨時保持警覺。

「你知道嗎？」傑曼．葛瑞芬說，「母親會保護自己的孩子。不管是什麼物種，母親都會保護孩子，她們必定會義無反顧地這麼做，潘也是如此。她盡心盡力地守護自己的小孩，是名偉大的女性。她會做飯，我在週末早上拜訪他們家時，會在大家都清醒後一起享用早餐。廚房就是她的主場，蛋、培根或餅乾之類的東西，你想得到的應有盡有。」

這些與布萊恩家相處的經驗，讓他知道了什麼是家庭生活，這也是多年來他無比珍惜的寶貴回憶。

「你明白的，」他說，「我就像是終於有個家了。」

第十三章 青雲直上

隨著科比．布萊恩在籃球比賽上花的時間越來越多，花在個人裝備的心力也越來越大。對像他這樣的球星而言，所謂的裝備，指的就是球鞋。就像與布萊恩有關的許多事一樣，他與球鞋結緣的起點也有喬丹的身影。隨著耐吉（Nike）推出的Air Jordan系列成為炙手可熱、引爆市場的產品，一場球鞋革命就此從一九八四年開始掀起。而到了一九九〇年代早期，這波革命中的三位核心要角離開了耐吉，營運著愛迪達（Adidas）美國分公司，並期待能透過找到一位代表性年輕球員作為新球鞋系列的代言人，藉此再創當年旋風。這三個人分別是前耐吉副總裁史特拉瑟（Rob Strasser）、在耐吉擔任設計師多年的摩爾（Peter Moore）與籃球界權威瓦卡羅，而他們也將看著自己的努力，挑起了耐吉與愛迪達在一九九〇年代一場越來越有針對性且一發不可收拾的球鞋戰爭。

瓦卡羅攻佔美國青少年籃球市場的戰略，幫助愛迪達超前部署、提前掌握下一世代的未來球星，此舉也成為點燃球鞋市場戰火的主要原因。有人覺得瓦卡羅這一招令人拍案叫絕，但也有人認為這是以金錢利益進一步玷汙了這項運動，年輕球員將成為這場錢鬥的焦點，球鞋產業的巨大金流也將吞沒一流的ＡＡＵ球隊。

無論這對籃球造成了什麼樣的長期傷害，耐吉創始人菲爾．奈特（Phil Knight）都很快地發現了這樣的競爭將成為箝制自家公司在籃球鞋全球市場利益的一大威脅。

作為耐吉的前員工，瓦卡羅、摩爾和史特拉瑟都非常渴望與菲爾．奈特和他們的前東家競爭。與喬丹這位不論在球場翱翔還是在市場賣鞋都無人能出其右的夢幻青年球員共事，成為鼓舞著他們夢想的美好回憶。

事實證明，**Air Jordan**系列在一九八四年秋天的發售是一次通往成功的瘋狂冒險，也是一次值得他們再三緬懷的回憶。他們也理所當然地賺了不少，這將成為他們人生中的巔峰，他們的職業生涯也將因喬丹的神奇魔法而大放光明。

神奇到，就連史騰（David Stern）都想要他的簽名鞋。即使是在三十年後想到這件事，摩爾都忍不住嘴角的微笑。

一九八四年，耐吉和愛迪達還是難兄難弟，都是苦苦掙扎的運動鞋公司，像隻無頭蒼蠅般地尋找市場與定位。當時耐吉的股票，一股只要七美金就能買得到。

隨後，瓦卡羅提出了一個以來自北卡大學的年輕飛人喬丹為主體，打造一系列產品的偉大構想。CBS廣播員派克（Billy Packer）、瓦卡羅和菲爾・奈特在一九八四年奧運期間在洛杉磯共進晚餐，席間派克聽到瓦卡羅滿腔熱血地希望耐吉能以一筆大合約簽下喬丹。他告訴菲爾・奈特，喬丹會成為下個世代的重量級人物。派克記得，菲爾・奈特對瓦卡羅的提案並不感興趣。

然而，史特拉瑟已經看過瓦卡羅在大學籃球界施展他的魔力。基於他在檯面下付費請教練讓他們麾下的業餘球員穿上耐吉球鞋的想法，耐吉在一九七〇年代末首次聘用了瓦卡羅。這項策略使得耐吉在球鞋市場中躍居了領先地位。因此儘管菲爾・奈特不動如山，但長得像是真人版浩克的史特拉瑟願意再次聽聽瓦卡羅在喬丹身上打什麼主意。

耐吉的喬丹魔術始於與這位年輕球星的代表、佛克（David Falk）的首次會面。而這個球鞋系列會取名為「**Air Jordan**」，也是憑藉了他的創意。時任耐吉首席設計師的摩爾回憶，「是佛克命名的，不是我。這是個完美的概念，我們以Air替這個系列命名，而穿上這系列的球員，是個能跳到體育館上空的男人。我們得到了一位天行者，一個能在空中飛翔的傢伙。」

只花了幾分鐘，摩爾就畫出這系列產品有著一對翅膀的初版商標。

隨後，耐吉在那年年尾向這位任性的年輕球星和他的母親在波特蘭進行介紹，這是摩爾與喬丹之間的第一個重要時刻，在那裡，他闡述了耐吉對Air Jordan系列的願景。喬丹將成為第一位擁有專屬系列商品的團隊類競技體育選手，這時他甚至還沒在他的NBA處女秀中登台亮相。當時年僅二十一歲的喬丹，其實在會議一開始對耐吉的態度有些嗤之以鼻。

「在北卡大學時，練球時或是任何場合，喬丹總是穿著愛迪達的球鞋，」摩爾分析，「汀恩・史密斯（Dean Smith）要求他在比賽時穿上Converse的球鞋，他才照辦，於是在之後的照片中才會看到他穿的都是Converse。不過他其實想和愛迪達簽約。」

然而耐吉提出的合約，不論是愛迪達還是Converse都望塵莫及，耐吉甚至還提出了前所未見的球鞋抽成方案，此前還沒有任何代言人能夠像史特拉瑟與耐吉開給喬丹的條件一樣，從代言產品的銷售利潤中獲得一定比例的收益。

「我們把這個方案介紹給他的家人們看，他們看了後眼前為之一亮，」尤其是喬丹的母親德蘿莉絲，摩爾說，「因為有人這麼在乎他們的孩子，所以我們給他們留下了深刻到不行的印象。而喬丹從一開始的滿不在乎到接下來的心動不已，這之間的轉變更是讓人看得心滿意足。」

隨著喬丹在會議期間對這個想法的反應越來越熱烈，摩爾第一次感受到了他的吸引力。

「這孩子一走進房間的時候，」這位設計師回憶他感受到吸引力的瞬間，「我心想，喬丹應該是我認識唯一能夠走進密西西比州傑克森市隨便一間國際獅子會的會議裡，在五分鐘後就不會有人在意他膚色的黑人。沒有人會在乎他是黑的、白的還是綠的。他們只會想要試著更了解他，這就是他擁有的魅力。」

耐吉副總裁史特拉瑟在喬丹和公司之間建立起第一個真正的羈絆。史特拉瑟在球鞋業界被稱為在耐吉的「肥仔」，在加州大學柏克萊分校（Berkeley）修習律師相關專業的他，是名身形巨大的蓄鬍男子。不過也因為他有著屬於自己的強烈魅力，以至於他很快就獲得喬丹的青睞。「喬丹就是他眼裡的財神爺。」摩爾回憶，「他也很喜歡史特拉瑟。」

耐吉想以從未在任何運動員身上嘗試過的方式來宣傳喬丹與他的系列商品。「喬丹是第一位能在一支運動團隊中以個人魅力成為市場圖騰的運動選手，」摩爾說，「這得歸功於史特拉瑟的創意。我們讓原本是團隊中一份子的他，成了比任何人都偉大的代表人物，就像最偉大的高爾夫球員阿諾・帕瑪（Arnold Palmer）一樣。」

一九八四年十月，他第一次在NBA的比賽中登場。耐吉讓喬丹穿上了紅黑配色的耐吉 Air Ships。當時還引來了史騰的來電，告訴他們這雙鞋不能穿，因為當時聯盟只允許球員穿白色的球鞋。

摩爾清楚地記得這次對談的內容：「史騰打了通電話給史特拉瑟說，『嘿，我禁止你們穿那雙鞋』，史特拉瑟回應，『這我們等等再談，等我回到東部再好好談』。史特拉瑟搭上一班飛往紐約的飛機，來到史騰面前說，『仔細瞧瞧，這雙球鞋完全符合規定』。但史騰告訴他，『並沒有，你的鞋子不能這麼五彩繽紛』。」

「他禁了這雙鞋，」摩爾回憶，「但沒想到走出門外時，史騰說，『我要請你幫個小忙，但我實在不好意思說出口』，史特拉瑟回應，『你已經毀掉我這一天了，但說無妨』，史騰接著說，『我的兒子覺得我是個混蛋，所以可以請你給我一雙喬丹的簽名鞋嗎？』這是真人真事。」

如果不是當時不爽到反胃，史特拉瑟聽到這句話可能會笑出來。

他被告知，喬丹每穿這雙鞋打一場球，就會被罰款五千美元。摩爾與瓦卡羅都還記得，當年這位副總裁回到波特蘭後第一時間的反應。「他說，『去你的，我們罰得起！』」瓦卡羅回憶。

不過NBA會從何時開始並如何處罰還尚未明朗。直到二月底，聯盟寄來一封信，才展開後續行動。不過在這之前的每一天，史特拉瑟都沒有浪費。

收到了一份來自史騰的行銷策略贈禮後，耐吉的「肥仔」告訴他那戴眼鏡的禿頭老拍檔摩爾，開始行動。

「史特拉瑟說，『去你的！好了，我已經備妥五萬雙球鞋，一切都進行得很順利』，他興奮地得意忘形了起來，接著還說，『我們必須做點什麼』。於是，我們就做出了《Clank, Clank》的廣告。」摩爾回憶。

一九八四年感恩節即將來臨。他們匆忙地在十一月二十七日、公牛前往金州進行客場之旅期間拍攝廣告。公牛在比賽前一天抵達金州，因此如果他們能趕工完成，那麼時間就剛好足夠他們拍攝。「於是我們把他帶到工作室，讓他穿上那雙『禁止使用』的鞋子、襪子與一件不是公牛隊制服但仍是黑紅配色的衣服。」摩爾回想著，「攝影機從他的頭開始往下拍，一直拍到他腳上的鞋子。」

隨著喬丹把球翻來覆去，並開始運球，影片中也念起了一段旁白，「九月十五日，耐吉打造了一雙革命性的球鞋。十月十八日，NBA禁止它們出現在球場上。幸運的是，NBA不能阻止你們穿上它們。Air Jordans，耐吉鉅獻。」

「我們本來要指名道姓說是史騰禁止它們出現在球場上，」摩爾想著當時的情景，「但史特拉瑟覺得還是說NBA比較恰當。然後當鏡頭來到那雙鞋時，兩條黑槓伴隨著『哐啷、哐啷』（Clank, Clank）的聲音出現，擋在鞋子上……」

「五萬雙鞋就這樣賣光了。」摩爾一邊說，一邊彈了一聲指頭。

很快的耐吉又拍了另一支廣告，這支廣告是在公牛來到紐奧良（New Orleans）的客場之旅期間拍攝的，這位設計師回憶。「他拿著球，朝籃框拔足狂奔。影片中沒有其他東西，你只看得到他朝著籃框奔去，起跳，然後灌籃。這就是這支影片的全部內容。他穿著他的紅黑短袖上衣，你懂的，Air Jordan的一貫風格。接著旁白說，『你可以準備起飛了』，然後你就會在他跳起來時，聽到噴射機起飛的巨大聲響。此時旁白會繼續說，『誰說人類不能飛翔？』然後，哇靠，全世界的孩子們都開始跳上跳下，嘴裡嚷嚷著這句話。人生無處不籃球，一切都因他的飛翔而起。」

直到二月，史騰的副手葛拉尼克（Russ Granik）最終才發來一封信，幾乎是以漫不經心的口吻提醒史特拉瑟這雙鞋不符ＮＢＡ規定。鞋迷們後來研究了喬丹在該季的影片和照片，不過他們幾乎找不到任何影像片段或照片裡，有著他在比賽中穿過紅黑配色Air Jordan 1球鞋的證據。

史特拉瑟與摩爾只是抓住了ＮＢＡ執法時輕輕放下的機會，並執行了這個史上最偉大的行銷妙計，就靠著銷售賺進了超過一億五千萬美金。

而喬丹革命影響到的不僅是球鞋層面。他塑造的形象也很快地證明他也能夠引領潮流。首先受到影響的，是ＮＢＡ基本款的球衣。當時的ＮＢＡ每支球隊都穿著有如影集角色黛西杜克（Daisy Duke）穿的牛仔熱褲般的短褲，而喬丹對此痛恨到極點。

「喬丹總是在跟我講短褲的事。」摩爾說。

「我想要把褲子弄長一點。」喬丹告訴摩爾。

不過就連摩爾也不得不承認喬丹是對的。

「他的雙腿看起來就像桿子，像從短褲裡冒出來的兩根小木棒。」他說。

兩年後，喬丹第一次穿上那件加長型球褲登台亮相。很快地，他的公牛隊友皮朋（Scottie Pippen）跟進，接著ＮＢＡ的所有球員們都想要穿這件新式球褲了。

「就我的認知，喬丹就是加長型球褲成為風潮的原因。」摩爾說，「他就是開創潮流的人，事情就這麼發生了。他可能不太想聊這個故事，但事實就是如此。」

「這對我來說更加自然、更加舒適自在，」喬丹曾如此解釋，「穿著它們感覺很棒。」

摩爾想替喬丹設計新形象的基礎，其實是源自於一九八四年奧運，由攝影師蘭特密斯特（Jacobus Rentmeester）替《生活》（Life）雜誌拍的一張喬丹穿著熱身上衣的照片。摩爾為了蘭特密斯特這張呈現出特別畫面的照片，花了一百五十元美金買下它的暫時性授權。

後來蘭特密斯特卻控告耐吉，宣稱這家公司以他的拍照手法呈現了喬丹伸展四肢、一躍而過芝加哥天際線（Chicago Skyline）的經典照片。這張照片也被摩爾拿來做成喬丹的第二款商標。

摩爾想要在喬丹新形象的一部分中，找出俄羅斯舞者的概念。飛人（Jumpman）商標的誕生，是摩爾與喬丹和耐吉合作期間、在初次提案成功後第二驕傲的時刻。一九八七年，這個商標在由曾任摩爾助手的哈特菲爾德（Tinker Hatfield）設計的 Air Jordan 系列第三代初次亮相。

此後，飛人商標的概念深植人心，最終成為喬丹與耐吉無比成功系列商品的的代表圖騰。

喬丹自己的本能、與對潮流的野心，是整個革命的核心。這兩者也於日後在布萊恩的年代得到了呼應。

「喬丹想要的，」摩爾說，「就是做自己。」

不久之後，這位設計師看到了喬丹的飛人海報掛在菲律賓一間茅舍的牆上，他因此理解到喬丹想做自己

一九八六年，一位尚未闖出名號的年輕電影導演史派克・李（Spike Lee）發行了獨立電影《美夢成箴》（She's Gotta Have It），這很快引起了廣告業界內重要人士的注意。「我當時在參加耐吉的影片編輯會議，」摩爾回憶，「然後編輯是一個叫布里吉斯（Larry Bridges）的傢伙。他對我說，『你看過《美夢成箴》了嗎？』我跟他說，『沒有，這聽起來不像我平常會看的電影。』」

「他說，『這是一部黑人非主流電影。主角叫麥斯・布雷蒙（Mars Blackmon），他在和女孩上床時，床頭上掛著的就是你們那張喬丹在空中飛翔的海報』。我說，『真的？那傢伙真的在和女孩享受魚水之歡時，還掛了一張空中飛人喬丹的海報？噢，老天，這棒極了』。於是他接著說，『我想你們可以拍一支電視廣告，讓史派克・李來飾演麥斯的角色』。」

摩爾找上了在與耐吉合作的威登與甘迺迪（Wieden and Kennedy）廣告公司擔任藝術總監的里斯沃德

（Jim Riswold），並告訴他，「你何不想個點子，讓我們來看看能做些什麼。」

這間公司花上了幾年的時間，才實現這個有史派克．李參與的計劃，這個計畫也為喬丹的形象帶來巨大的影響。摩爾曾經為喬丹設計過一個嘻哈風格的廣告，但最終並未公開，而是成了公司內部流傳的趣談。喬丹與嘻哈文化之間的鮮明對比，使得這在一九八六年成為一齣笑話。

「他徹頭徹尾都跟街頭沒有共通點。」摩爾回想。事實上，喬丹總是形容自己是鄉村男孩。

而由史派克．李導演並親自演出的廣告，將讓一切風雲變色。

「史派克．李把他變得街頭了，」摩爾說明，「史派克．李讓他成為一個能吸引街頭男孩的人，而他在影片中甚至還不是主角。」

這次史派克．李的成功，就算沒有史特拉瑟或摩爾的參與一樣辦得到，而這樣的發展也差點使喬丹離開了耐吉。

正當這部廣告獲得巨大的聲量時，由於耐吉內部的內部分歧，幾乎使得Air Jordan掀起的革命隨之崩潰。耐吉錯過了一九八〇年代早期有氧運動訓練鞋市場的狂潮，這差點拖垮了公司的股價。還好Air Jordan系列的爆發使局勢為之逆轉，因此媒體形容史特拉瑟形容是「耐吉的救世主」。

身為菲爾．奈特的老友，史特拉瑟突然發現自己和這位公司老闆的關係冷卻了下來。

在旁觀者眼中，菲爾．奈特意圖趕走每一個在耐吉功高震主的人。之後史特拉瑟藉故請假，接著在一九八七年六月離開耐吉後永不回頭。一星期後，摩爾也跟上了他走出耐吉大門的腳步。

一名記者問及這兩位幫他與耐吉簽約的關鍵人物離開是什麼原因時，喬丹回應，「這是件有著深層原因的大事，顯然這件大事包含著我也無從參透的部分。」

喬丹顯然並不滿意。他不喜歡菲爾，摩爾解釋道。「菲爾．奈特不認為耐吉需要依靠特定運動選手。運動員，歡迎；特定選手，免了。但要記得，喬丹是一名籃球員，菲爾．奈特以前是一名田賽、田徑選手，專跑一英哩賽跑，是位孤獨的跑者。兩者的心態完全不同，你懂的。」

不過喬丹和菲爾．奈特確實同樣有著接近瘋狂邊緣的好鬥天性，摩爾補充，「如果你覺得喬丹和科比很好勝的話，看看菲爾．奈特吧。他的好勝可不是開玩笑的。那種感覺就像，『為我而戰，或因為我受不了你而死在我手下』。菲爾．奈特就是這樣的人。而他也從未羞於承認自己的心態就是如此。」

史特拉瑟與摩爾很快地成立一間新的行銷公司後，喬丹也想要深入參與其中並離開耐吉。

「史特拉瑟和我離開後，我們開了一間叫運動集團（Sports Incorporated）的公司，」摩爾說明，「他想要成為我們公司的一份子。喬丹想要加入我們。他與我們接觸並討論過這件事。」

考量到耐吉給了喬丹那份包含史無前例的球鞋銷售抽成方案在內的不可思議合約後，史特拉瑟與摩爾告訴他，只有笨蛋才會放棄他的耐吉球鞋代言合約。因為錢實在太多了。

喬丹同意為了球鞋合約而留在耐吉是聰明的選擇，但是耐吉並不打算實現推廣休閒服飾或其他拓展喬丹牌商路的理念。

喬丹想要史特拉瑟與摩爾幫他開一間新的麥克喬丹股份有限公司，如此一來便能夠打造並推廣一個包含衣著與裝備在內的喬丹品牌。

喬丹認為，對他們三人來說，這可能是一次值得的冒險。而且考量到喬丹原本簽下的合約即將於一九八九年重新談約，他們或許能讓耐吉加入，並投入部份資金　喬丹、史特拉瑟與摩爾決定安排與菲爾．奈特見面，討論他們修正過的提案。

「我們沒談攏。」摩爾回憶。

身穿三件式套裝、手持公事包的喬丹帶頭走進了會議室。「起初會有個過渡期，」摩爾回想當年的計畫，「而我們最終會替他打造一個專屬品牌。這還是個破綻百出的構想，但老實說，我們會提出這個想法都是因為喬丹的要求，因為他當時被激怒了。」

如果說在會議之前他就已經有點生氣，那麼會議之後，他更是怒上加怒。「別肖想了，」據說菲爾・奈特在喬丹全盤托出自己的計劃後如此回應，「我們是不會做這種事的。」

從結果上來看，這次會議最終還是幫助喬丹獲得了自己的品牌。而史特拉瑟和摩爾則踏上了不同的道路，接手了愛迪達美國分公司。而這家德國運動鞋公司的子企業，正在美國挑戰耐吉霸權的征途上努力掙扎著。

在接連與高層們見面後，愛迪達於一九九三年初聘請了史特拉瑟來營運美國分公司，接著招攬了摩爾來擔任經營公司的二把手。他們馬上得面對使公司急遽成長並從耐吉手裡瓜分市佔率的重任。當時耐吉在這個產業的市佔率高達近四〇％，也就是說，他們的任務就是要找到下一個**Air Jordan**。

兩人很快地在紐約的一間酒吧遇見了瓦卡羅。「能再造巔峰的人少之又少。」史特拉瑟對瓦卡羅說，他準備好尋找下一位年輕有為的大人物了嗎？

體態擁腫、眼角下垂的瓦卡羅沒有錯過這個機會。他早就很不喜歡菲爾・奈特了。

儘管曾利用瓦卡羅在籃球界的人脈在過去十二年透過球鞋銷售狂賺數十億美元，菲爾・奈特還是還是在一九九〇年解僱了這位球鞋教父，甚至連一分錢的資遣費都沒給。至於為什麼會解雇他，背後的原因也從未公開。

NCAA是瓦卡羅另一個不共戴天的宿敵，前者曾經以十分強硬的手段壓迫瓦卡羅，只因他們認為後者試圖賄賂在UNLV執教的朋友塔卡尼安（**Jerry Tarkanian**）。他們甚至還聘請了一位前FBI探員調閱瓦卡羅的銀行轉帳紀錄。這也是為什麼瓦卡羅亟欲對耐吉與NCAA展開復仇。

為此，他的腦海裡孕育出一個計劃。尋找籃球的下一位偉大球星，在他高中畢業後就讓愛迪達直接簽下他。

瓦卡羅在二〇一五年受訪時表示，這是個一石二鳥的策略。簽下一位像喬丹一般偉大、不論是球場上的球技還是球鞋市場上的銷售魅力都好得無話可說的球員，能夠幫助他給予耐吉沉重的打擊。進行這項策略同時，他還可以藉由幫助這位次世代天才略過大學、從高中跳級挑戰ＮＢＡ來打臉ＮＣＡＡ。

瓦卡羅解釋，自己與ＮＣＡＡ之間的戰爭，主要原因是理念上的不同。年輕球員跳過大學直接進入職業球壇，多年以來在棒球和網球界中都已經有過案例，瓦卡羅認為籃球員當然也可以。他認為ＮＣＡＡ是個損人利己的組織，他們從年輕體育選手身上賺進數十億美金，卻沒付他們半毛錢。大學體育給了不少運動員很多完善的機會，這一點他承認，但講到那些頂尖選手又是另一回事了。他們來到職業舞台後都將非常搶手，而不該有任何人或任何事讓他們不能在年少有為的時期成為職業選手。

有些批評瓦卡羅的人認為，他曾有過一段與拉斯維加斯（Las Vegas）賭博業有所牽連的黑歷史，是籃球界的敗類。但摩爾卻不這麼想，將他視為一位比起想出賺錢的方法，對想出方法這件事更有興趣的人。總之，摩爾認為瓦卡羅最在乎的是確保每個運動員都能得到報酬，有時甚至為此犧牲自己也在所不惜。

十年後，俄亥俄州高中巨星詹姆斯（LeBron James）的顧問丹尼斯（Chris Dennis）也對瓦卡羅的為人發表了類似的看法。「瓦卡羅總是想著要怎麼幫球員賺錢，」丹尼斯分享自己的觀點，「這是他最在乎的。」

瓦卡羅從一九九三年起負責替愛迪達尋找球星接班人，起初他的目標是紐約的高中明星羅培茲（Felipe López）。他很快地雇用了一位羅培茲的親戚，並開始著手於更了解這位球員，為他的職業生涯與球鞋合約做準備。

羅培茲有著魅力十足的人格特質，時間也會證明他是個優秀的人。但包含瓦卡羅在內的許多球探都大大高估了羅培茲的球技。加上羅培茲對於從高中跳級成為職業球員的意願並不高。當代的聯賽還是屬於成年人的舞台，雖然這幾年有些人高馬大的高中生高中畢業後就不讀大學直接挑戰職業聯盟，但若是對後場或鋒線球員提出相同的建議，在外界眼中就實在太愚不可及了。

事實上這也是他在替愛迪達工作時最常遇到的難題。有天分的球員並不多，而有天分又對跳過大學階段有興趣的球員更是少之又少。

尤其是，當年愛迪達美國分公司根本還沒在市場站穩腳跟。「我們當時連資金都還沒到位。」回顧當年的瓦卡羅解釋。

希望能夠簽下羅培茲的瓦卡羅，安排了一份能讓後者賺進五十萬美金的合約，要他到歐洲當職業球員。只是這位青年球星拒絕了這份提案，並在聖若望大學（St. John's）註冊，進軍大學聯賽。

瓦卡羅在羅培茲身上投入的心血並沒有石沉大海。球鞋業界中很快就有流言傳出說菲爾．奈特其實對替愛迪達工作並尋找簽約球星一事有些擔心，這位耐吉的老闆更聲色俱厲地質問自己的屬下、質疑他們為什麼會讓瓦卡羅搶先一步。

於是當時兩家公司之間的潛在衝突便逐漸加溫，但就在愛迪達重振雄風十個月後的一九九三年十月，史特拉瑟卻在一場於德國舉辦的公司會議中猝逝，當時的他年僅四十七歲。

這是一九九三年體育鞋產業又一個沉重打擊，當年八月，有人在南卡州（South Carolina）找到了喬丹之父、詹姆士．喬丹（James Jordan）的遺體，有兩人被指控為殺人兇手。

那年十月，史特拉瑟過世幾天後，喬丹突然宣布退休。這條大新聞也馬上讓球鞋業界迎來了寒冬。據說菲爾．奈特個人的耐吉股票，市值暴跌了超過一千五百萬美金。

獲知史特拉瑟的死訊後，摩爾打了通電話給菲爾．奈特，告訴他這個消息。

「他是個非常高尚的人，」摩爾回憶，「我們替史特拉瑟辦了一個追思會，邀請了許多人，替耐吉或替愛迪達工作的人都有。很多耐吉的員工都來了，當然沒來的也不在少數。」

雖然當時喬丹一家人都還在悲傷之中，即使耐吉有人建議她不要出面，但喬丹的母親還是飛來波特蘭參加追思會了。摩爾說，「她真的飛來這裡，即使有人勸她說，來這裡參加追思會並非上上之策。」

「我確定沒看到任何耐吉的人來到現場，」瓦卡羅回憶，「可能有人坐在很後面吧。」

這位籃球界教父在史特拉瑟的追思會上發表了一篇慷慨激昂的演說。

「讓我們翻轉耐吉的勾勾，讓它變成一個問號！」瓦卡羅對著來到現場哀悼的人們如此保證。朋友辭世後，瓦卡羅再度將自己投入於尋找人才的忙碌之中。高中籃球界潛力新星匯集的茫茫人海中，誰才是下一個將成大器的人才？哪個孩子又有足夠膽識，想要成為下一個喬丹？

前奏

耐吉與愛迪達之間的競爭從一九九四年七月起越演越烈，當時他們連替高中球員舉辦的菁英訓練營都準備在同一周開幕。耐吉訓練營選在芝加哥的郊區進行，愛迪達則辦在紐澤西州（New Jersey）的費爾里．狄金生大學（Fairleigh Dickinson University）。曾經替耐吉一手操盤ABCD訓練營的瓦卡羅，現在要在愛迪達如法炮製。他特地將訓練營安排在與耐吉同一週，就是為了讓雙方的競爭增添更多的話題性。他要這些頂尖球員選邊站。雖然並不是沒有其他優質訓練營，但參加者大多是為了爭取在大學教練面前曝光的球員。耐吉與愛迪達的訓練營則是只邀請菁英球員，不但基本上免費，也另有許多好處。

「這是真正打響耐吉與愛迪達之間戰爭的初陣。」瓦卡羅回憶。

七月訓練營開幕的前一天，瓦卡羅驀然昂首，發現喬．布萊恩站在自己面前，且看起來有求於自己。自從後者在自己舉辦的一九七二年圓球經典賽全明星錦標賽拿下MVP後，瓦卡羅就再也沒看過「豆豆糖」了。至少沒有面對面看過彼此。

喬．布萊恩很快便開宗明義地對瓦卡羅說，自己現在在拉塞爾大學擔任助教，並有個剛以非凡成就結束高二球季的兒子，只是他並沒有收到任何人的邀請、沒能參加任何菁英級的訓練營。

「當我還是高中生時，沒有人給我參加全美等級訓練營的機會。」科比事後回憶。

當然，他的言下之意是指耐吉並未邀請布萊恩參加訓練營。

桑尼．希爾是當時耐吉在費城最高層級的代表，甚至還有一位勞爾梅里恩高中的老師，在這間公司擔任面對業餘球員的窗口。但他們都不覺得科比有足夠能力進入訓練營，或自身也沒有夠大的權力將他納入耐吉訓練營的頂尖球員名單。「我想桑尼．希爾與這些人最大的問題，在於他們目光短淺，沒辦法看得更遠。」瓦卡羅邊說邊回首往事，「如果你不是歐佛布魯克高中、西費城高中（West Philly）或任何費城主流高中球隊的球員，在他們眼裡就不是菁英球員。科比讀的是勞爾梅里恩高中，他們很難忽視這一點，這也讓科比在費城的地位並未受到承認。」

當時桑尼希爾聯盟的人對科比的看法都與唐尼．卡爾大同小異，在他們眼裡，科比是個還不錯的球員，但也沒什麼大不了的。

當時瓦卡羅從未聽過科比．布萊恩的大名。「我對他一無所知，」他說，「更從沒看過他打球。」而幾乎所有參加瓦卡羅訓練營的球員都是高知名度、升高四的球員。只有其中三位是即將升上高三的學生。

因此在這個邀請制的訓練營開幕前夕，喬．布萊恩真的是在向瓦卡羅乞求一個機會，讓他的兒子加入。如此一來，科比的前景將產生戲劇性的轉變，因為光是能名列訓練營受邀名單，就代表著他的名字將會出現在全美國大學教練眼前。

「我讓他加入了。」瓦卡羅說，「因為喬．布萊恩參加了我在一九七二年辦的比賽，還贏得MVP。」

「桑尼．V！」被問及瓦卡羅的事時，科比在二〇〇一年這麼說，「是桑尼．V給了我第一次機會，他讓我參加訓練營、給我機會展現我身為籃球員所擁有的技巧。我愛這個傢伙，他有著開闊的胸襟，也熱愛籃球，更重要的是，愛著孩子們。他願意給他們機會，讓他們展現自己的能耐。他很棒，真的是個很好的人。」

這一年訓練營給籃球圈留下最深刻的記憶點，是來自布魯克林的後衛馬布瑞（Stephon Marbury）完成一次經典的灌籃後昂首闊步地走出體育館。而他也贏得了訓練營MVP。

但令瓦卡羅回味無窮的卻是另一件事。他從第一天起就在看布萊恩打球，看著他表現優異、在這星期持續進步。看著這孩子不但有著帥氣的臉龐，在義大利長大的他，還能把許多國家的語言說得十分流利。但真正令瓦卡羅印象深刻的，是當訓練營結束時，科比走向了瓦卡羅，感謝他，並給他一個擁抱。

對以親吻球員雙頰聞名的瓦卡羅來說，這是個很有義大利風情的舉動。

「這個星期，我在你的訓練營中還不是最優秀的一位。」布萊恩對瓦卡羅說，「但我會在明年成為這個訓練營裡的最佳球員」

瓦卡羅回憶，那個瞬間讓他感到不寒而慄。電光石火之間，他感覺到向自己打招呼的，就是下一位偉大的籃球選手。布萊恩的舉動不但包含著偉大球員才有的敢做敢當與人格魅力。綜合剛剛發生的事與瓦卡羅對這位十五歲少年所知的一切，他猜想布萊恩具備著球鞋銷售市場所需的重要關鍵。他並不完全肯定，但有著很強烈的第六感。

瓦卡羅把對布萊恩留下的這個印象埋在心底，只告訴了萊恩斯。訓練營結束後，他將自己的想法對布萊恩的AAU教練據實以告。

「瓦卡羅是個非常非常聰明的人，」萊恩斯回憶，「我永遠不會忘記科比十年級的夏天，我第一次與他的相遇。我們在聊天，而我想了解在訓練營時發生了什麼事，因為他說話的感覺，就像在說，『就是他了。我們覺得這傢伙將會成為下一位超級巨星』。在ABCD訓練營，也是我第一次看過這麼盛大的訓練營，我們人在費爾里．狄金生大學。然後他對我說明他替科比設想的未來計畫。那段時間我大概跟他聊了十到十五次天，而每次我跟他聊天，總是聽到一些新的想法，因為瓦卡羅基本上已經能夠闡明，他希望科比在這個藍圖中成為什麼樣的球員了。」

毫無疑問，瓦卡羅與萊恩斯的對談也改變了這位ＡＡＵ教練對其子弟兵的看法。這位難搞的優秀球員，不但已經映入這位打造天王巨星的名師眼裡，更將就此突飛猛進。

「我對激烈的競爭甘之如飴。」當時科比對記者這麼說，「這是能讓你進步的方法。我知道，在勞爾梅里恩打球時，我將面對郊區最好的球員。來到桑尼希爾聯盟，我就有能夠和費城最優秀的球員交手。ＡＢＣＤ全美訓練營，則把我推上與全國頂尖球員交鋒的舞台。」

訓練營結束後，瓦卡羅本來打算讓布萊恩加入塞蒙（Jimmy Salmon）執教的一支ＡＡＵ強隊。這支在紐澤西州帕特森市（Paterson）的球隊有著提姆．湯瑪斯（Tim Thomas）和其他高手，當時的提姆．湯瑪斯，是布萊恩同屆球員中大學前景最被看好的球員。

「之後，他加入他們打過一次錦標賽，不能說他不喜歡這支球隊，只是這支球隊並不適合他。」萊恩斯解釋，「科比必須大權在握。他必須一球在手，並確信球會回到自己手裡。他在兩支球隊打過球，其中甚至包括桑尼希爾明星隊。這麼做是出於對桑尼．希爾的尊重，但他脫口而出的第一句話卻是，『早就想跟你們這些傢伙玩玩了』。結果就是，這些在費城的球員雖然還是與他相敬如賓，卻不認為他有這麼出色。」

那年夏天與初秋，在桑尼希爾聯賽與其他強手如雲的錦標賽中，有著越來越多優異表現的布萊恩，休賽季期間的表現令人驚嘆不已。在那個早早天亮、到九點才天黑的時節，他參加了六個不同聯盟與兩個夏季訓練營。

有個流傳許久的都市傳說，說布萊恩在加入帕特森隊時，和提姆．湯瑪斯與卡特（Vince Carter）攜手拿下ＡＡＵ全國冠軍。布萊恩確實在一九九四與九五年的幾個周末加入過這支球隊，然而萊恩斯說，沒有任何證據顯示他們一起贏過ＡＡＵ全國冠軍。萊恩斯說，他們贏過的應該是全國性的菁英錦標賽。別忘了，卡特來自佛羅里達、布萊恩來自賓州然後提姆．湯瑪斯則是來自紐澤西州。萊恩斯指出，當年ＡＡＵ規定，代表球隊參加全國錦標賽的球員，必須與球隊所在地同屬一州才有出賽資格。

「就我個人來說，那可說是史上最強的ＡＡＵ球隊了。」在二〇〇一年提起這支紐澤西州球隊時，回首當年的布萊恩表示，「任何球隊都不是這支ＡＡＵ球隊的對手。」

這支球隊有布萊恩、提姆・湯普森與卡特之外，還有者像是艾德蒙・桑德斯（Edmund Saunders）與佛里曼（Kevin Freeman）這樣的頂尖球員。布萊恩回憶，「我們每個晚上都能贏對手四十五或五十分。我們參加過一場辦在佛羅里達州大（Florida State University）的錦標賽，把對手打得屁滾尿流。這是個很棒的經驗，因為我早已久仰只大我一歲的卡特大名。他當時是那屆頗具盛名的高四球員之一，提姆・湯瑪斯則是全國第一的高三球員。因此他們讓我打控衛，這讓我每天都過得充實且刺激，可以一直送出空中接力和不看人傳球，實在很有趣。」

萊恩斯與瓦卡羅都曾在二〇一五年異口同聲地表示他們發現布萊恩在這些年來有著信口開河的傾向。然而無庸置疑的是，布萊恩不但確實有和帕特森隊一起打過球，也打得不錯。

萊恩斯談起瓦卡羅時表示，「當他們看到科比時，瓦卡羅就很明顯地想確定自己能不能得到科比、讓他成為旗下的球員。」不過瓦卡羅想讓科比成為自己旗下的球員，並不代表他會帶布萊恩脫離萊恩斯的球隊。

隨著布萊恩在參加一九九四年的ＡＢＣＤ訓練營後給人們留下了深刻的印象，萊恩斯也盡心盡力於補強球隊陣容。他們最大的補強，就是引進來自費城西部科次維爾市（Coatesville）的得分後衛，「Rip」漢米爾頓（Richard “Rip” Hamilton）。而他看起來並不在意布萊恩對出賽時間的要求。

「實在不敢相信，『Rip』願意接受球隊老二的定位，」萊恩斯說，「事實上，這一點我必須尊敬他，因為他從未對此有過任何怨言。『Rip』不在乎上場時間，主要也是因為我們的主要調度策略都是圍繞著他們在進行的。這麼說好了，當我們換下『Rip』後，過了三分鐘我們就會接著換下科比，再讓『Rip』回到場上。」

後來在ＮＢＡ有著輝煌職業生涯的漢米爾頓，就算是在與布萊恩攜手作戰時，也絕對有在錦標賽中贏得ＭＶＰ榮耀的能力。萊恩斯回憶，「他並沒有比科比更出色，但他有時候表現與科比不遑多讓。他們的組合就像三明治不可或缺的花生醬和果醬組合一樣，是完美的後場搭檔。當人們在討論雙人組時，總是會遺憾他們從未在NBA同隊過，因為這兩人合作時的表現是真的不可思議。他們之間產生了不可思議的化學效應，我們在『Rip』加入球隊後，就發現了這一點。」

他們聯手的時候，漢米爾頓和布萊恩甚至在一場辦在馬里蘭大學的錦標賽中，能夠和擁有提姆．湯瑪斯和卡特的帕特森AAU球隊分庭抗禮。「我們在柯爾體育館（Cole Field House）的一號球場與他們交手，也有別的比賽正在其他球場上同時進行，」萊恩斯回憶，「他們必須暫停另一個球場進行的比賽來疏散觀眾，因為大概有三百個人圍繞在我們比賽的場地四周，只為了看科比打球。擠得水洩不通的人們，讓其他觀眾根本看不到其他場次的比賽，事實上就連比賽本身也根本打不下去了。眾星雲集的帕特森隊有提姆．湯瑪斯、卡特、艾德蒙．桑德斯等人，但科比才是這場秀的主角。這是場不可思議的比賽，就連教練都成了這場秀的點綴。」

「科比很享受這種感覺，他愛死它了。科比想要在人群中成為眾人矚目的焦點，他想站在舞台中央，展現他的儀表、步伐與談吐。他在高二的夏天就很愛秀了，而他真的是個不可思議、擅於娛樂大眾的表演者。」

在球技方面取得進步的那段時間，他還是會不時與萊恩斯發生衝突。「我和他之間還是有著相處愉快的時刻。」教練說，「但因為我還是會告誡他，『不能全部都是你在獨斷獨行，別這麼自私。他們都是你的隊友，也有大學要上，你得幫幫他們，也幫助自己成為一名團隊型球員』。所以有時我們依然會意見相左。」

而在漫長的一九九四年球季菁英錦標賽結束時，他們之間的關係終於有了進展。

「科比，我的想法很單純，就是讓你成為史上最強的籃球員。」教練對他說。

這個訊息，就是科比一直以來引頸期盼的。

「他必須走出總想著在比賽中證明自己的階段，」萊恩斯說，「這是件非常正面的事，我不想讓你把事情想得太過負面，別往壞的方向想。」

唐尼・卡爾終於明白這個勞爾梅里恩高中的孩子有什麼特別之處值得人們討論了。「老實說，」卡爾表示，「在十一年級前的夏天，一切都水到渠成了。從這時起，他在球場上開始有了一番特別的作為，人們開始驚呼，『他就是那個傳言中的傢伙』。」

「在他更年輕時，就已經具備這股精神與意志。他是我見過意志力最強的人，但當時的他尚未具備其他所需的條件。」

這兩年來，唐尼・卡爾不但自認比布萊恩還強，更覺得自己每次在場上與科比交鋒都能夠主宰戰局。但現在事情不一樣了。來到他們的高三球季，唐尼・卡爾發現布萊恩除了體能條件有進步之外，更在費城西部的球場上投入了大把時間，在父親的栽培下打造出自己的獨特球風。」

「十一年級的他，幾乎已經是完成品了，」觀察著的唐尼・卡爾說，「他變得更有爆發力、更有運動能力。可以看得出來，他的骨架發育得更加強健，這反映在他的爆發力與體能條件上。他已經有了卓越的心理素質。即使他在郊區生活，還是在費城西部的球場上見過不少大場面。他所屬球隊征戰的桑尼希爾聯盟，比賽就是在費城西部進行的，這也讓他在市中心待了很長一段時間，令他與那裡的球員一樣，有著要把對手打得灰心喪志的精神。」

布萊恩的地位也變了。他不再是喬・布萊恩的瘦兒子。在他的努力之下，布萊恩的轉變來得又快又猛，或許這也能解釋為什麼之前耐吉沒有邀他參加訓練營了。在那之後，科比・布萊恩以飛快的成長速度成為一名優秀的球員。

「現在他成了最令人敬畏的球員。」唐尼・卡爾說，「十一、十二年級時，他是這座城市、這一州與其他鄰近地區中最恐怖的球員。沒有人想在球場上與科比・布萊恩硬碰硬。」

高三時代

科比在勞爾梅里恩高中高三這年，努力得到了回報。一九九四—九五年球季，布萊恩平均攻下三十一點一分、十點四籃板、五點二助攻、三點八阻攻與二點三抄截。他不再是無名小卒了。隊友們驚喜地發現，包含來自於杜克（Duke）與北卡大學的著名教練們，都來看勞爾梅里恩的比賽了。

「孩子們以正面態度看待科比．布萊恩帶來的效應，」唐納告訴記者，「有更多觀眾來看他們打球，甚至還有像是皮提諾（Rick Pitino）和薛塞維斯基（Mike Krzyzewski）這樣的教練在我們體育館裡出現。他們很珍惜這樣的場面。」

布萊恩特別喜歡「K教練」。

很快地長到六呎六吋後，防守時守內線、進攻時打後衛的布萊恩將球隊帶往了頂尖的層次。王牌隊整季取得二十六勝五敗，並擊敗在中央聯盟（Central League）六度衛冕的宿敵瑞德利高中（Ridley）。在贏得聯盟冠軍的比賽中，布萊恩獨得四十二分，率領勞爾梅里恩高中以七十六比七十戰勝對手。

布萊恩與勞爾梅里恩高中在高三這年也與漢米爾頓和科茨維爾高中兩度交手，在例行賽，他們廝殺到延長賽才戰勝對手。而在季後賽的前段賽事狹路相逢，也一樣由勞爾梅里恩高中勝出。從此之後，兩人就更加了解彼此了。「他們率領著各自的球隊與對方殺得難分高下，是場十分激烈的對決。」萊恩斯笑著表示。

之後，勞爾梅里恩高中殺進AAAA州大賽的八強賽，但隨著布萊恩在比賽倒數時刻發生的失誤，他們的季後賽之旅也就此止步。他在那場比賽包辦三十三分，其中有十分是在第四節得到的，他不斷撕裂敵隊的防線，帶領勞爾梅里恩隊從七分落後的逆境中反撲，但在比賽僅剩十秒戰成五十九平的時刻，球卻在布萊恩的手裡硬生生地被對方的防守者掏走。比賽因此進入延長，而勞爾梅里恩高中再也沒有得到任何一分。

即使時間來到一九九九年，也就是高三球季事過境遷的五年後，布萊恩依舊表示這場敗仗是自己人生中最慘痛的經歷。事後，難過的情緒瞬間湧上心頭，令他淚流滿面地在休息室對隊友們連聲道歉。「他把這場季後賽失利歸咎於自己，」崔特曼回憶，即使他繳出三十三分外加十五籃板的成績，還是認為是自己的錯，「但其實球隊有機會站上這個舞台，也都是因為有他在。」

唐納則對布萊恩對輸掉比賽的反應有著不同的印象。

「這是一場不堪回首的敗仗，」這位教練在二〇一五年時回憶著，「我們對上黑茲爾頓高中（Hazleton），體育館裡大概有三千名對手的球迷，只有一百個人支持我們。我記得科比應該犯滿離場了，這也讓我們在休息室裡準備送別高四球員時，留下一段值得載入史冊的時刻。當時我正等著科比發表一段感人肺腑的告別辭，然而他說完『即將要離開的你們，我感謝你們所作的一切』這句話後，轉頭就對著會回歸球隊的球員們說，『不管有誰會回來，這種事都絕不會再發生。你們得作好自己份內的事，我會好好盯著你們，這樣的情形絕不會再發生了』。」

唐納回憶，當下的氣氛直接冷掉，「我認為他對著要離開的高四球員這樣講有些薄情，但或許他只是想展現一點領袖風範，並告訴大家，『聽好了，事情已經發生，但它不會再發生了』。」

崔特曼認為布萊恩是一九九四—九五年球季費城地區年度最佳高中球員的不二人選，但這名記者卻得知《費城詢問報》實習編輯打算提名另一位優秀高中球員霍華·布朗（Howard Brown）為得獎者。為了避免他認為的錯誤發生，崔特曼說他介入了《費城詢問報》編輯的提名，確保布萊恩是最佳球員頭銜的得主。

除了身為《費城詢問報》記者的職責，崔特曼開始在當地電視台的一個節目中負責報導高中體育賽事。以職責之便，崔特曼說他替科比製作了第一則電視專題報導，製作時，他也對這位球員在面對媒體時的應對進退感到驚艷。「他表現得很完美，一切都是如此自然，」崔特曼回憶，「他知道該說什麼話，也懂得如何表達。他會認真聆聽提出的問題，很多人做不到這一點，但他會注意聽人講話。」

雖然比賽輸了，但唐納還是對球隊的進步以及布萊恩按照計畫朝著在高四成為全國年度最佳球員的目標邁進這兩件事感到滿意。

「假設有一百位跟你一樣的高一新鮮人，」教練曾在一次彼此都沒有隱瞞的對話中，跟這位年輕球員討論著，「其中有五〇%會偷懶，也可能有五〇%的球員一點也不受教，又可能有五〇%的人會染上毒癮，也或許會有五〇%的未來之星沉淪於女色。」

這些富有潛力的球員，以每年一半的速度減少。唐納說明，「按照這個模式計算，這一百名球員會依序減少為五十人、二十五人、十人，到最後只剩五人。」

三年來，布萊恩瘋狂地投入訓練，也因此避開了這些誘惑。

「高三到高四這年，他就像是跨過一道門檻，從這一百人之中的二十人，躍升到有望成材的最後五人。」教練回憶，「我常會藉由說某球員比他還出色來刺激他，這讓他常常對我惱怒不已。我會說，『你也知道吧，提姆．湯瑪斯的聲勢比你還浩大，卡特的名聲比你還要響亮』。我知道怎麼刺激他，激勵他更勤奮地訓練。我也知道，像他這種有老大心態的人，只有贏得全美年度最佳球員的頭銜，才是他能接受的結果。」

吞下季後賽的敗北後，唐納發現布萊恩在作為球員方面又有了進一步的成長。這一點，唐尼．卡爾也看在眼裡。那年晚春，許多同區的高中球隊都會參加一個休賽季聯盟，唐尼．卡爾就讀的羅馬天主教高中（Roman Catholic）與布萊恩和勞爾梅里恩高中都有參賽。

春日尾聲，迎戰勞爾梅里恩高中前幾天，唐尼．卡爾與女友正在通話，這時有一通電話插播打斷了他們的熱線，令前者只好按下按鍵接起這通來電。

「唐尼，別來無恙？」電話另一端傳來的聲音說。

「你誰啊？」唐尼．卡爾反問。

「我科比啦，兄弟過得好嗎？我只是想說，我很期待這場比賽。」

布萊恩聽到一則傳聞，指出天主教高中失去了亞瑟．戴維斯（Arthur Davis）這名全美排名前五十的球員。他和唐尼・卡爾是天主教高中的後場最佳拍檔。

「我和亞瑟・戴維斯就像是球隊側翼的雙頭馬車，」唐尼・卡爾在二〇一五年時回憶，「我們或許是對手在鋒線上最不想看見的組合了，因為每個人都知道我們滿滿天賦。」

布萊恩想知道亞瑟・戴維斯會不會在接下來的比賽上場。唐尼・卡爾已經知道後者離開學校了，但還是回答不知道。

「我只是想知道他會不會出賽，」布萊恩告訴他，「因為如果只有你的話，我就不知道這場比賽值不值得我出馬了。不過如果你和他都會打，那我想我們或許會有一場龍爭虎鬥。」

唐尼・卡爾聽到這樣的話都驚呆了。許多年後，當有新聞報導布萊恩曾經致電雷・艾倫（Ray Allen），和他的對手玩心理戰時，一九九五年晚春，科比這通電話前哨戰的回憶，便在唐尼・卡爾的腦海浮現。

「一切都可以追溯到他打那通電話的時候，」唐尼・卡爾回憶，「這件事我永生難忘，掛斷電話後，我打給我的兄弟和家人。」

「我真不敢相信他剛剛說了什麼，」唐尼・卡爾對每個人這麼說。

「你懂的，他基本上就是在對我下戰帖，」唐尼・卡爾說，「他想讓我知道，『我是來屠殺你的，當你站上球場與我一戰時，我會讓你嚇破膽』。」

比賽當天，布萊恩又開啟了他的垃圾話模式。

「你知道今晚對你來說將會是個漫漫長夜吧？」布萊恩對他說。

在布萊恩蓋掉唐尼・卡爾的出手後，他嘴砲的音量也越來越大。

「他一直講個沒完，」唐尼・卡爾說，「一整場都在講。」

「我才懶得鳥你。」他曾在比賽中如此回擊布萊恩。

「這場比賽不只打球，還比嘴上功夫，」唐尼・卡爾回憶，「你得要忽視他，每當與科比交手時，我都知道自己得先冷靜下來、養精蓄銳。你懂我的意思嗎？我必須進入一個非常專注的狀態，因為我知道他想爬到你頭上，他想要在球場上羞辱你，而我只想確定自己能拿出最佳狀態，因為我知道他也會呈現出自己最好的一面。」

不過布萊恩的賽前挑釁，從這場夏季聯賽的上半場看來，似乎有適得其反的現象。「我在上半場得了二十五分，科比只得四分。」唐尼．卡爾回想。

進入中場休息時間，當他走下球場經過喬．布萊恩身邊時，後者還對自己說，「冷靜一點啊，你衝過頭了啦！隊友什麼都指望你來做，慢慢來就好了！」

就好像科比場上的垃圾話講得還不夠多一樣。

不過其實很夠了，因為兩人的表現在下半場風雲變色。唐尼．卡爾回憶，「他全場攻下三十六分、十籃板與七助攻，我最後則得到三十分、七籃板、七助攻。」

布萊恩完全將他封鎖，讓他在下半場只得到五分的同時，自己還攻下三十二分，並幫助勞爾梅里恩高中以一分險勝。遭受這番毀滅性的打擊，唐尼．卡爾的情緒在球場上直接潰堤了。

「我永遠不會忘記這一幕，」他說，「我那時在場中央，手摀著我的雙眼，然後他來扶了我一把。」

「兄弟，站起來。」布萊恩一邊說，一邊用肩膀扛著他離開球場，「別難過了，我們還會再碰頭的。」

「他擁抱我，」唐尼．卡爾回憶，「然後說，『夥伴，感謝你激發出我的全力，我真的愛死跟你較量的感覺了』。」

唐尼．卡爾說布萊恩告訴他，或許有一天他會在大學層級的舞台上，享受著兩人並肩作戰的感覺。後來唐尼．卡爾進入了拉塞爾大學，可惜遭遇重傷，限制了他的發展。而科比．布萊恩則在那年夏天即將拓展的全新道路上，朝著不同方向前進。

那年六月，唐尼．卡爾與布萊恩參加了在紐澤西州普雷斯頓市（Preston）舉辦的菁英訓練營，他們在報到時巧遇。參加這個營隊的球員還有歐登（Lamar Odom）、傑曼・歐尼爾（Jermaine O'Neal）、提姆・湯瑪斯、羅倫・伍茲（Loren Woods）與厄爾（Lester Earl）這群高中球壇最令人看好的球員。

「報到時，他們只給我們一台排氣扇和一把鑰匙，」唐尼・卡爾記得，「沒給我們電視，因為他想讓我們互動，好有機會建立人脈、認識新朋友。」

布萊恩與唐尼・卡爾一起走進宿舍。

「唐，」布萊恩對他說，「你和我認識很久了，所以你知道我不是針對你，但不要來我的房間。我也不會去你的房間，我甚至不會離開我的房間一步。」

唐尼・卡爾有些傻眼，因此布萊恩進一步解釋，「我要在離開這個營隊時，成為全國第一的籃球選手。」

布萊恩那時已經在球員排名中急遽竄升，在某些名單中，他甚至可在前五的位置徘徊。唐尼・卡爾說，布萊恩的球隊在訓練營冠軍賽擊敗了歐登的隊伍，布萊恩也獲選為MVP。

七月，布萊恩第二次來到了瓦卡羅的訓練營。耐吉大費周章想要將布萊恩拉進自己的營隊，但他還是遵守自己的諾言。「這是毫無疑問的，」瓦卡羅說，「他曾宣誓過要在重返我舉辦的訓練營時成為其中最好的球員。分別一年後，他已經成了有頭有臉的人物，錯過他的桑尼・希爾只能徒呼負負。」

「他是我在那段時間見過高中階段進步最快的球員，」籃球招募分析師吉本斯（Bob Gibbons）在愛迪達訓練營開始之前告訴一名記者，「他是高中層級最接近葛蘭特・希爾（Grant Hill）的球員。」

他在一九九五年愛迪達訓練營的表現沒有讓人失望。布萊恩榮獲MVP，漢米爾頓則獲選為訓練營最佳十人的一員。布萊恩這一隊的成員還有來自南加州哥倫比亞市（Columbia）歐克雷爾高中（Eau Claire）的傑曼・歐尼爾、來自紐澤西州帕特森市帕特森天主教高中的提姆・湯瑪斯與在路易斯安那州（Louisiana）首府巴頓魯治（Baton Rouge）的格蘭橡樹高中（Glen Oaks）打球的厄爾。

「我覺得這四個大男孩如果投入選秀，有可能包下那一年的前四順位。」瓦卡羅曾對記者如此表示。

「這年夏天，愛迪達訓練營是他的大事，」唐納回憶，「我在這一年見證了他的爆發。」愛迪達訓練營結束後，瓦卡羅終於完全相信布萊恩就是他一直在替愛迪達尋找並簽約的「喬丹接班人」。他開始盤算要如何實現這個計畫。

隨著夏日即將遠去，唐尼・卡爾發現自己又要與布萊恩交手了。這一次他們在另一個錦標賽碰頭，科比加入的則是桑尼希爾明星隊。

「他在那場比賽完完全全地壓制了我，」唐尼・卡爾承認，「那場我腳踝扭傷，雖然還能上場，但沒辦法自如地打球。」

「你可不能離場，」布萊恩告訴他，「我才不管你腳踝有沒有扭傷。我只知道你在場上和我面對面，而我正準備把你吞噬。我不會替你感到遺憾。我告訴你，你跑到哪，我追到哪。」

「整場比賽他就一直在針對我，我的意思是，他只針對我。」唐尼・卡爾回想著。

最後他們在那場錦標賽共享了MVP的榮耀。唐尼・卡爾知道他在接下來的高中球季還有最後一次與布萊恩分出高下的機會，然而成為大學隊友的夢想似乎越來越難以成真了。因為滿天飛的謠言指出，布萊恩將會在高中畢業後直接挑戰NBA。

「如果他能打NBA，那我也可以啊。」有一次被記者問到這件事時，唐尼・卡爾有些惱怒地回應。

當時科比・布萊恩人生最重要一年中的最後幾場比賽，萊恩斯明星隊終於對他們陣中這位招牌球員的要求妥協，同意參加一場在拉斯維加斯舉辦的全國錦標賽。

「這是我看過他打得最好的一次，」萊恩斯說，「對我來說，科比之所以偉大，是因為他有能力扭轉戰局。人們說他會有更好的表現是因為來到一支更好的球隊。但其實他表現得更好，是因為他讓自己成為了明星球員。即使對手陣中有四或五位一級聯賽的球員也未必扛得住他，他就是能控制比賽。」

最重要的是，根據教練的觀察，布萊恩知道自己在萊恩斯明星隊能獲得大量出手機會。雖然漢米爾頓沒能參賽，所以球隊沒贏得這次拉斯維加斯錦標賽的冠軍，但在布萊恩的帶領下，他們還是繳出了不錯的成績。

「我爸其實根本不想讓球隊去拉斯維加斯，」萊恩斯說，「是科比逼我們去的。這是個集結全國ＡＡＵ精英球隊的賽事，所有愛迪達贊助的頂尖球隊都會參賽。」

就連他們比賽時，每支球隊都感覺到自己只不過是一場更大規模戰爭中的棋子。

「人們還是在討論著那場球鞋戰爭，而這裡就是戰爭的開端。」萊恩斯說，「同一時間，耐吉在ＵＮＬＶ也辦了一場錦標賽。那一年耐吉和愛迪達的人馬都來到了拉斯維加斯，我想瓦卡羅是刻意為之的。這是段美好的時光。想想看，對孩子們來說，所有大學教練都來和你聊天、並肩漫步、願意花時間在你身上，是件多麼瘋狂的事。」

錦標賽進行時，瓦卡羅就坐在場邊，一邊看著布萊恩打球，一邊忍著止不住的笑意。他將會找出一個方法，從大學籃壇手裡攔胡這名有如頭彩的球員，並讓他以愛迪達的簽約球星之姿進軍ＮＢＡ。如果籃球界中有誰是知道如何實現這個計畫的人，那絕對就是瓦卡羅了。

第十四章　球場上的壞孩子

毫無疑問，科比．布萊恩渴望得到人們的關注，即使他很少想過要如何回報這份愛。他在ABCD訓練營的表現，令各個大學教練的招募電話如潮水般在他高四那年湧入。不過布萊恩並沒有和他們之中的大多數人聯繫。

布萊恩的高中隊友舒瓦茲記得科比是如何輕率地對待這些收集到的招募信函。「他大概是說，『來這裡，看看這些』，然後把這些信一股腦丟在桌上。我記得在撿起這些信時，有看到杜克、北卡、喬治城（Georgetown）大學的來信，總共大概有五十封吧。」

他安排了一趟到肯塔基大學與皮提諾會面的參訪。「最後肯塔基大學只有我去，」他的高中教練唐納回憶，「他沒有去。然而我實在太尊敬皮提諾，所以我還是去了。他當然很期待我能成為幫助他得到執教科比這個機會的橋樑，但是科比沒來，讓他不得不察覺到氣氛有些異樣。」

杜克大學的薛塞維斯基教練依然是奪得布萊恩芳心的最大熱門，他帶領球隊在一九九一、九二年兩度贏得全國冠軍。布萊恩很欣賞他執教藍魔鬼隊（Blue Devils）時培育葛蘭特．希爾的方式。此外，每次「K教練」來電時，他們通常什麼都聊但很少聊到籃球，義大利是最常聊到的話題。薛塞維斯基知道「豆豆糖」一定會試著把科比帶去拉塞爾大學，所以他想保持輕鬆風趣的態度，他很清楚布萊恩現在面對的壓力。不過布萊恩已經在自己的腦海裡描繪過，如果能來到杜克大學，在有著瘋狂球迷的卡梅隆室內體育館（Cameron

Indoor Stadium）打球，會有著什麼樣的生活。

維拉諾瓦大學也有引起他的興趣。基透斯（Kerry Kittles）與艾伯瑞茲（Eric Eberz）正準備要離校，這意味著布萊恩加入後可以無縫接軌收下他們的出賽時間並掌控這支球隊。而且他與維拉諾瓦大學助教休威特（Paul Hewitt）之間的關係也不錯。另外提姆．湯瑪斯正在考慮加入這所學校，要是他也去了，就會是一個不錯的組合。

另一個讓他心動的助理教練是密西根大學（Michigan）的佩瑞（Scott Perry），這位助教可說是寸步不離地關注著他在這個夏天的進步。賈奈特（Kevin Garnett）從高中跳級到ＮＢＡ的那年春天掀起了一陣波瀾，而他會這麼做，是因為擔心自己的學業成績在大學未達標準。此前他曾說過密西根是自己最心儀的學校，布萊恩現在也明白為什麼他會這麼說了。

布萊恩也喜歡亞利桑那大學（Arizon），因為他在麥當勞全美高中明星賽（McDonald's All American Game）上與史蒂芬．傑克森（Stephen Jackson）熟識了起來，而後者就是要去那所大學。另外布萊恩提過，畢比（Mike Bibby）也會成為亞利桑那野貓隊（Wildcats）的一員。

「對，說得沒錯。」畢比回應。

儘管並非來自言語層面，但真正帶給布萊恩招募壓力的，是他每天回到家的時候。他的父親被拉塞爾大學聘來幫助史比迪．莫里斯（Speedy Morris）重建球隊人才庫。莫里斯曾帶領球隊在好幾個球季強勢問鼎分區冠軍，並在他早年帶隊時取得了數次在ＮＣＡＡ錦標賽出賽的資格。但球隊現在在他的帶領下，這幾年有慢慢走下坡的現象。

科比在勞爾梅里恩高中讀高三的那年，喬．布萊恩正在招募羅馬天主教高中的長人卡特納（Lari Ketner）。他安排了一場卡特納、科比與拉塞爾大學球員報隊的街頭比賽。比賽中布萊恩輕鬆寫意地與卡特納進行空中接力的配合，並戰勝了拉塞爾大學的一軍成員。因此拉塞爾大學的球員們也對於科比和卡特納加入後的球隊前景感到興奮又期待。

然而在看過拉塞爾大學最近幾個球季的比賽後，他對史比迪．莫里斯的執教風格產生反感。後者被視為費城版本的「火爆教頭」巴比．奈特（Bobby Knight）。而布萊恩覺得他大吼大叫得有點過頭了。

布萊恩最後告訴父親，「不是你的問題。我只是不喜歡史比迪．莫里斯的執教方式。」他的父親回答沒關係。但回過頭來，他開始以史比迪．莫里斯會因為在一個球季戰績不佳而遭到開除為前提，謀劃了奪取球隊總教練大位的計畫。這件事，他對瓦卡羅與老友辛普森坦白過。

從一開始，任何好心的建議者都會對喬．布萊恩指出，史比迪．莫里斯是名在大學籃壇領軍贏得超過六百勝的教練，這包括在拉塞爾大學留下一七七勝九十五敗的傲人戰績。雖然過去三個球季，球隊在他的帶領下戰績都在五成上下徘徊，但此前連續六個球季，史比迪．莫里斯率隊平均贏得二十場以上的勝利。

在喬．布萊恩的大力挖角下，卡特納對探索者隊做出了口頭承諾，表示只要科比承諾加入該校，自己就會跟著簽下入學意向書。

喬．布萊恩的願景是，一旦他當上總教練，有了科比，就能讓他引進提姆．湯瑪斯、傑曼．歐尼爾、漢米爾頓、赫洛威和唐尼．卡爾這些布萊恩一家早就打好交道的球員。如此一來，拉塞爾大學就能夠成為一支頂尖的大學球隊。科比認為這樣的陣容絕對比揚名天下的密西根五虎（Fab Five）還強。由於球隊在史比迪．莫里斯的執教下，一九九五—九六年球季輸了很多場比賽，因此校方確實很有可能考慮喬．布萊恩的計畫。

這個計畫的第一個障礙，是科比是否要在一九九五年十一月、在入學意向書第一階段截止日前宣布自己的動向。但他心中還有些猶豫。賈奈特在一九九五年進入ＮＢＡ，讓他想過自己也可以直接跳級挑戰聯盟。所以到了那年十一月，他都還沒有下定決心要上大學還是挑戰ＮＢＡ，這也讓其他人在高中球季開始後，都陷入了進退維谷的窘境。

絕密任務

查爾斯（Gary Charles）和瓦卡羅看起來不像是執行機密任務的理想組合。查爾斯穿著一身花花綠綠的西裝，而名聲顯赫的瓦卡羅又愛與他人高談闊論。在匹茲堡舉辦他的高中明星賽期間，他同時與十二名教練在酒店大廳談笑風生的事蹟依然廣為流傳。

但在一九九五年秋天，他們卻能鴨子划水地試圖幫助愛迪達簽下科比．布萊恩。這幾年來瓦卡羅早就因進行多次暗盤交易而遭到控訴，但這些跟與科比的合約比起來簡直是小巫見大巫。二十年後回顧起往事的他說，「在我的人生中，這是我最不能說的秘密。」

事實上多年後瓦卡羅承認，一九九四或一九九五年，這個產業中沒有人會認真認為布萊恩有可能在高中畢業後成為職業球員。因此沒有人設想過以一份球鞋大約來吸引這名年輕球員不上大學、直接進入職業球壇的計畫。從來沒有人這麼想過。

確實有傳言指出布萊恩有在考慮跳級的事，但大多人都認為這只不過是一名初生之犢不畏虎的球員在大放厥詞而已。

「這種大事是第一次發生在高中球員身上。」瓦卡羅說。

賈奈特在一九九五年六月從高中走向職業舞台時，在外界眼中是個充滿不確定性的球員，也並沒有在球鞋市場引起太多廠商的興趣，這讓他最後只簽下了一份很小的球鞋代言合約。然而賈奈特的跳級激發了瓦卡羅的靈感，讓他更嚴肅對待挖角高中球員、培養他們成為下一位巨星這件事。然後同年七月，布萊恩就在愛迪達訓練營嶄露了頭角。

「今年我是訓練營最優秀的球員了。」榮膺訓練營MVP後，布萊恩對著瓦卡羅耀武揚威，「接下來，我也會成為最優秀的職業球員。」

他的宣言讓這位球鞋教父對自己的想法吞下一顆定心丸。瓦卡羅心想，布萊恩言出必行，他最終會成為職業球員的。

瓦卡羅回憶，布萊恩的發言，讓他決定快馬加鞭地簽下他。「我當時還需要一些鼓勵與動力，就差他這句話了。」

每當他看到布萊恩，他都能感受到那股與喬丹相仿的特質，瓦卡羅解釋，「這種能讓任何人事物都圍繞著他打轉的態度，簡直像是這孩子是個有著光環的神明似的，實在不可思議。」

這位球鞋業高層主管知道，如果他搬到費城並開始在布萊恩替勞爾梅里恩高中出賽的比賽場邊出現，絕對會引起軒然大波，並使耐吉對自己的計畫產生警覺心。但瓦卡羅還是需要就近觀察布萊恩的方法。因此他說服愛迪達花了七萬五千美金讓他從美國西岸搬進一棟紐約住宅區裡的時尚公寓。

如此一來，瓦卡羅就能安排曾任長島黑豹（Long Island Panthers）AAU球隊總教練的查爾斯做為自己與布萊恩家族的中間人。「查爾斯是我與這家人私下聯繫的管道，」瓦卡羅說明，「他幫我打通了一條路。」

雖然瓦卡羅不能參加科比的高中比賽，但查爾斯可以，因為他是喬．布萊恩的朋友。他們會認識，是因為喬．布萊恩曾以拉塞爾大學助教的身分前來考察查爾斯的AAU子弟兵。「我們建立起融洽的情誼，」查爾斯解釋，「他來看我們打球，然後他也邀我們去看他兒子比賽，所以賽後我就離開了我們比賽的球場去看科比打球。我越看科比打球，就越喜歡這名球員。加上我喜歡喬．布萊恩的為人，他愛開玩笑也笑口常開，說的話也恰到好處。是個很好相處，也很容易讓你喜歡上的人。」

不只是科比的球技，他滿滿的自信也足以給人留下深刻印象。「我總是跟人們說，科比大概是我所看過最大搖大擺的刺客，」查爾斯回憶，「你知道的，刺客通常是靜悄悄的。但他會昭告天下他要對付誰，那個人還拿他沒辦法。」

「大多與他同輩的人都還不太有自信。只有球技好是不夠的，你還得知道你夠優秀才行。科比就有這方面的自信，他也從不害怕表現自己。他會告訴你，『我要成為最強的』。」

查爾斯原本和瓦卡羅一起在尋求與羅培茲簽約的機會，但他發現羅培茲不太在乎自己的球隊是贏還是輸。「我開始有所懷疑，」查爾斯回憶，「他是不是志不在此。」

但是見過布萊恩的人之中，有些人抱持著另一種想法。一間名叫貝斯特運動諮商（Best Sports Consultants）的運動行銷公司老闆麥克．哈里斯（Michael Harris）說，他自大得太過分了。麥克．哈里斯本身也打過大學籃球，他親眼目睹布萊恩投入訓練與無比專注的態度。「但我沒把他當一回事，」他承認，「我覺得他有點太過投入了。」

布萊恩的自信與他的天賦同時在眾人眼前浮現，也開始在對的人心中留下深刻印象。這兩個夏天，他破除了許多大眾對他的疑慮，這也讓查爾斯與喬．布萊恩之間的對話頻率越來越高了。

「很顯然喬．布萊恩知道我是在幫愛迪達工作的顧問，」查爾斯回憶。有一天，喬．布萊恩對查爾斯提到科比想過在高中畢業後直接挑戰NBA的事。

「你說啥？」查爾斯吃驚回應。

「是啊，你沒聽錯。」喬．布萊恩說。

「你不會想冒這個險的。」查爾斯警告他，並指出這是個風險很高的舉動。布萊恩太早進入職業聯盟，很可能會惹禍上身，並很快地使一個充滿希望的職業生涯遭到摧毀。一九九〇年代的NBA，這種事更是有發生的可能性。尤其當時的籃球是個陽剛味十足的運動。而也因為有這次對話，給了查爾斯將瓦卡羅的計畫全盤托出的機會。

「願不願意考慮一份錢一定會進到口袋的球鞋合約呢？」查爾斯建議。

聽到這句話，喬．布萊恩興奮地跳了起來。他對科比的信心，就跟科比對自己的信心一樣大。事實上，幾乎可以說是喬．布萊恩窮盡一生的努力打造出科比的高傲自信，讓這一刻的美夢有機會成真。當年敲定

Air Jordan合約的人，與現在要與科比簽約的是同一批人。雖然他們現在效力的東家從耐吉變成了愛迪達，但這無傷大雅。

「那我們就進入正題吧。」喬．布萊恩回應。

「就在那時候，我把所有跟愛迪達有關的計畫與詳情一五一十地告訴他。」查爾斯回想著，「我並沒有刻意把話題朝這個方向推進或動其他手腳。我沒有預期過事情會這麼發展，沒想到反而是他自己先說了。」

「我喜歡這個計畫，」喬．布萊恩對查爾斯說，「讓我回家跟科比和老婆談談。」

查爾斯記得，「於是一切的進展就從這裡開始。」

表面上，布萊恩的高四球季就是要全力贏得賓州州冠軍的寶座。但檯面下，這一年其實圍繞著一份球鞋合約的談判進程。而這份合約，有望讓這名年輕球星在高中畢業後，直接登上NBA的舞台。

這次的情況給瓦卡羅帶來了相當大的風險。他曾經鼓勵初探市場的耐吉將全部預算賭在讓二十一歲的喬丹成為代言球星這件事上。現在他則是準備要鼓吹愛迪達美國分公司在一名只有十七歲的球員身上孤注一擲，並在這個立場上堅定不移。

「當我們招攬喬丹時，他已經是舉世聞名的人物了。」瓦卡羅說，「但我們在為愛迪達簽下科比時，全世界都還不認識他。因此這是個更大的賭注。」

當耐吉在一九八四年找上喬丹時，瓦卡羅已經透過在大學籃球教練上下的功夫，替公司賺進了數百萬美金，這也讓他們的賭博風險相對平緩。在一九九四與一九九五年，他正要開始替愛迪達尋找增加業務量的方法，還沒有時間替公司建立起像耐吉一般的營利基礎。

「愛迪達美國分公司的規模與耐吉相比簡直微不足道，」瓦卡羅說，「如果投資科比的策略失敗，那我們在一九九九年就得關門大吉了。」

被耐吉解雇的瓦卡羅，再度以自己的頭路作為賭注。但在這場賭博中，收益與風險成正比。擁有一位像科比・布萊恩這樣有著光明未來的年輕人會是一項巨大優勢，並有助於愛迪達分食原本屬於耐吉的市佔率。球鞋廠商需要一位年輕的招牌球星吸引下一個世代的球員與球迷，而瓦卡羅拚命地想替愛迪達找到一位這樣的明星球員。

摩爾離開耐吉後，也加入了愛迪達，現在則是這間公司的董事長。一九九五年瓦卡羅第一次與他談起布萊恩的事時，當下的他驚訝回應，「我們要去爭奪一個十七歲的孩子嗎？」

但是隨著喬丹的成功，運動鞋與運動裝備產業現在都開始以對待網球與高爾夫領域的方式，給予對籃球領域相同的重視。而不論是哪個運動，有著頂尖個人運動天賦、能在市場闖出一番名號的球星與過去相比有著越來越年輕化的現象。如果他們看中了哪位擁有明星潛力的年輕球員，就會慫恿他們在年紀輕輕的時候就站上職業舞台。這樣的情形在歐洲籃球界已經屢見不鮮。瓦卡羅的計畫，就是在美國籃球界也帶起這股風氣。畢竟對這些頂尖球員來說，這讓他們能在短暫的運動生涯中，更早站上賺錢的起跑點。

當然，這也會讓愛迪達能夠賣掉數以噸計的球鞋。

這個策略還能帶來其他的邊際效應，就是讓瓦卡羅能在耐吉與NCAA這兩個對手面前扳回一城。瓦卡羅認為管理大學體育的高層是剝削他人的一方，靠著這些年輕的天才業餘運動選手在場上出力，他們賺進數億美金。但除了獎學金之外，這些選手沒有得到任何回報。而這樣的批評聲浪也越來越高了。

瓦卡羅敏銳地察覺，要讓這一切策略成功的關鍵，就是繼續低調地與布萊恩家族協商，最終讓缺錢的科比一家能簽下一份嘗得到甜頭的合約。

「他們家當時有著嚴重的財務危機，」他回憶，「喬・布萊恩在他的職業生涯中，並沒有存多少錢下來。」

街頭鬥牛

包威爾（Shaun Powell）是一位專跑職籃的資深體育撰稿人，一九九五年秋天，也在紐約擔任《紐約日報》（Newsday）的專欄作家。在十月展開的訓練營，他和籃網隊前鋒馬洪（Rick Mahorn）聊天時，這位球員提到了自己在這年夏天看到的一位青少年。當時的NBA正因為勞資糾紛而陷入短暫的停擺，因此馬洪和其他幾位職業球員來到費城訓練。這些一起練球的夥伴中，也包括了他的前東家七六人隊的球員。雖然聯盟停擺，但他們還是會在街頭報隊打鬥牛比賽，也會相約重訓為球季做好準備。那個青少年的球技好得沒話說，事實上，好到就連他們在分隊挑隊友時，都不會是最後才被選走的人。

馬洪告訴他，這名青少年是「豆豆糖」的孩子。包威爾足足想了一分鐘，才想起來喬・布萊恩是何方神聖。這個故事聽起來很有趣，所以他把這個點子整理成一篇草稿後交給了他的責任編輯。

他們聊到此事的同時，科比在夏天訓練時所留下的傳說，就已經在費城籃球界中流傳開來。有些內容甚至在口耳相傳間，還被加油添醋了不少。而這些都市傳說，一開始大多都出自布萊恩自己或他的父親喬・布萊恩之口。

聽到這些傳聞時，唐尼・卡爾也會豎起耳朵。「聽說他會和柯曼（Derrick Coleman）和麥斯威爾（Vernon Maxwell）這些職業球員一起練球，」唐尼・卡爾回憶，「你甚至還會聽到一些傳聞說，『兄弟你聽說了嗎，科比在場上替他們上了一課呢』。」

唐尼・卡爾問過科比這些事。

「小唐啊，」布萊恩說，「我只能跟你說，如果有機會跟這些球員對上，千萬別害怕，兄弟。打好你的球就對了。你會很驚訝地發現，他們會的招式，高中球員也都會。」

「是哦？」唐尼・卡爾說，「你認真？」

「兄弟，」科比誇口，「大家的動作都大同小異，打好你的比賽就對了，這是你唯一該做的事。」

布萊恩從辦在拉斯維加斯的愛迪達訓練營回來後，收到了七六人總教練約翰．盧卡斯（John Lucas）的邀請，邀他來參加球隊的訓練。科比到達體育館後，發現約翰．盧卡斯對他別有用心。

「他朝我走來，」布萊恩事後回憶，「然後說，『科比，我有個驚喜給你』。我轉身，正好看到走進門的史戴克豪斯（Jerry Stackhouse）。我們在場上正面交鋒，這感覺很棒，充滿了樂趣。」

一下子，布萊恩在單挑對決中狂電史戴克豪斯，逼得約翰．盧卡斯上場終止比賽的流言就這樣傳播開來，簡直像是流言本身能夠自由行動的一樣，讓史戴克豪斯只好在這幾年來不厭其煩地堅決否認這項傳聞。隨著類似的故事越來越多，布萊恩在球場上宰制了許多職業球員的傳聞被描述地繪聲繪影。但其實這不是真的。那年夏天在聖約瑟夫的體育館裡，沒有人被痛宰一頓。不過科比的能耐確實足以帶給職業球員壓力。他雖然還是個瘦弱的高中生，但足以與職業球員匹敵了。

莫．霍華是那場比賽的見證人，他被馬里蘭大學的前隊友約翰．盧卡斯請來控管這次訓練的過程。因為根據聯盟規則，球隊內部工作人員不能與這種事有任何瓜葛。約翰．盧卡斯有個女兒也在勞爾梅里恩高中上課，和布萊恩一家人熟識，也是她告訴莫．霍華，科比會加入這次訓練。勞爾梅里恩高中的另一位高二控衛潛力股達布尼（Emory Dabney），也加入了訓練的部分行程。他後來說，印象中科比非常渴望這個與職業球員一戰的機會。

「老兄啊，我告訴你哦，這可是我第一次看到這種事，」莫．霍華細細回味著那個夏天，「我敢向上帝保證這事千真萬確。我們一天訓練兩次。早上十點開始的訓練，科比八點就到了。我們從十點練到十二點，但他會留到下午兩點。我們會在晚上七點繼續訓練，五點科比就來了。練球練到九點結束，他會加練到十一點，每天都是如此。就連職業球員都不會這麼做。」

這段時間，莫．霍華從沒聽過科比講什麼五四三。

曾是活塞隊壞孩子軍團（Bad Boys）首冠核心成員的馬洪走向莫・霍華問道，「這孩子是誰？」按規定本應不該出現在這裡的教練齊克斯，也問了一樣的問題。

「他是打哪冒出來的？」齊克斯問。

「從勞爾梅里恩高中來的。」莫・霍華說。

「他上了哪所大學？」齊克斯繼續問。

「他還在勞爾梅里恩高中打球，」莫・霍華說，「才正要升高四。」

「他聽得下巴都掉下來了，你懂我意思嗎？」莫・霍華回憶到有趣之處，忍不住笑了出來。

這次夏季訓練結束後，湖人隊的艾迪・瓊斯（Eddie Jones）也來和布萊恩一起訓練。「科比他啊，」莫・霍華說，「就像一塊海綿。如果他想知道什麼事，就會來問你。他會找上艾迪・瓊斯然後說，『讓我看看你是怎麼做到這個和那個的』。不論在技術還是心理上，艾迪・瓊斯都可說是他的導師。」

當時艾迪・瓊斯已經認識布萊恩超過一年了。後來布萊恩進入ＮＢＡ並取代了艾迪・瓊斯後，莫・霍華時常會想起當年艾迪・瓊斯在與這位青少年一同訓練時展現出來的無私態度。

即使在科比還是個青少年的時候，對他身邊的職業球員來說，科比就已經是個難以言喻的威脅了。

「守到他的人都會有這種感覺。」莫・霍華回憶，「我告訴你，被搞得最慘的就是史戴克豪斯。科比總是會為了跟他打球做好準備。要是史戴克豪斯有成為選秀榜眼的身價，那科比一定也有。」

「和這些傢伙在一起，整個夏天我都覺得非常舒服，」那年秋天布萊恩對《紐約日報》說，「我一點也不緊張，也從未害怕過。我可以殺進禁區，跳投也投得進，當然也能得分。雖然不是想進就進，但我還是能把握住一些出手機會。我可以替隊友製造機會，也能夠抓籃板。加上這些傢伙也都尊重我，能夠贏得他們的尊重，必定有其意義。」

七六人球探兼籃球人事主管迪里歐（Tony DiLeo），也目睹了訓練的幾個環節。他在上個ＮＢＡ球季就見過科比，當時喬．布萊恩帶他去光譜球場看一場七六人與公牛的比賽，這也是科比第一次見到喬丹。「他是個安靜的孩子。」迪里歐回憶著那個夜晚。

一如預期，這個夏天科比和NBA球員合練的結果有好有壞。迪里歐說，「不過他能打得不落下風。我的意思是，對一個今年要升高四的孩子來說，他做得很棒了。他的體能優異，技術也相當嫻熟。在其中一場比賽後，史戴克豪斯和科比打起了一對一，然後你知道的，科比打得真的很好，約翰．盧卡斯不得不出面打斷他們的比賽。」

萊恩斯也到場看了好幾次。「我就在那裡觀戰，」這名AAU教練回憶，「而麥斯威爾則在和科比對決。我這麼說好了，麥斯威爾在球場上虐殺了科比，還噴了一堆垃圾話。他說了很多，像是『乳臭未乾的小子，你守不住我』，以及任何你想得到的屁話。瘋狂的是，我知道麥斯威爾前一晚還出去爽。過了凌晨兩、三點，我還在一間夜店看到他。然後他回過頭來還能在早上起床後把科比給完完全全地打趴。」

科比顯然對被麥斯威爾打爆的結果並不滿意。萊恩斯說，「他沒辦法接受這個結果，但你真的得對他致上敬意，因為他又打得比我所見過的他更加認真了。就是這瞬間，我知道科比會成為職業球員。隔天他從谷底翻身，打爆了當時效力湖人的艾迪．瓊斯。那是一場五對五的比賽，他在球場上摧毀了艾迪．瓊斯，並給史戴克豪斯製造了不少麻煩。」

另一場比賽，布萊恩對上了一位NBA浪人伯頓（Willie Burton），後者曾在上季一場例行賽中攻下五十三分。很多人說，伯頓在科比的防守下得分後，說了一點垃圾話。接著這位青少年就以連進十球還以顏色，並守得伯頓後來在這場比賽只有再多一球進帳。這位老將憤而離場，之後便沒有再回到體育館了。下個球季，他就去了歐洲打球。

莫．霍華不記得喬．布萊恩整個夏天有沒有看過他兒了打球，他也很期待與老友見面。終於在十一月，兩人在光譜球場看七六人比賽時偶然相遇了。

「有人跟你提過關於科比進軍職業球壇的事嗎？」莫・霍華問他。

喬・布萊恩回應說是有一些人跟他提過。

「老喬，」莫・霍華對他說，「如果他能去，就送他去吧，送他去。」

「真的嗎，老莫？」喬・布萊恩問。

「老豆啊，」莫・霍華說，「這孩子，他會把職業球員踩在腳底下，他會把他們電爆的。」

後來出現了許多圍繞著這次訓練的傳言，不同目擊者記得的事也不盡相同，因此從布萊恩在這個夏天與職業球員一同訓練的經驗中，實在很難得到太多結論。唯一重要的，就是布萊恩自己的想法。離開訓練營時，他覺得自己辦得到，能立刻和這些ＮＢＡ球員在球場上正面對決。

布萊恩不是唯一這麼想的人。萊恩斯現在也對他改觀了。就在夏末的那幾個月，這位教練看著子弟兵已經成長茁壯到不需要他的執教、甚至是整個體系的幫助。他也聽說了布萊恩有在考慮成為職業球員，而現在這名教練不再認為這是個荒唐的想法了。

「直到高四我才覺得他與眾不同，那時我覺得他已經是位很優秀的球員了。」萊恩斯回憶，「這感覺就像，『大家坐穩，放輕鬆，準備看我帶大家起飛』。好像只要抓到籃板球把球給他就能搞定了。他出色的不只是運動能力，還有中距離投射，包括他運球後的出手以及旱地拔蔥的急停跳投，都好得不可思議。沒有人能守住他的投籃了。他現在變得更強壯，運動能力也變得更好。從一個只能投籃和灌籃的瘦皮猴，成為如今能夠在任何人面前得分的傢伙。」

那時看著科比，讓萊恩斯回想起在貝克聯盟看著喬・布萊恩打球的回憶。「喬・布萊恩的球風和科比有點不同，」他說，「當我看喬・布萊恩打球時，他給我的感覺是，『天哪，這傢伙打得輕鬆飄逸，得起分來有如行雲流水』，他有自己的打球風格。科比則比喬・布萊恩用了更多大腦，後者打球更加順應本能，更加依靠他的彈性和流暢性。他們確實有相似之處，但我不認為說他模仿父親打球的說法百分之百準確。」

那年夏天，科比和喬・布萊恩一起告訴崔特曼，他考慮不上大學了。八月的某一天，喬・布萊恩在家裡的廚房對科比說，「你得準備好打ＮＢＡ了。」

「約翰・盧卡斯總是對每個人說，『他在球場上對大家有夠殘忍，真是個壞孩子啊』。」崔特曼回憶，後來，艾迪・瓊斯也用一樣的口吻對崔特曼說，「他是個壞孩子，真的壞透了。」

儘管看到科比在分隊比賽時大放異彩，費城的籃球社區還是無法全盤參透布萊恩在比賽與訓練之外的努力。他花了大量時間反覆觀看籃球影片。難以想像，一個這麼年輕又天賦過人的孩子，居然還比其他人更加努力。喬・布萊恩在費城看起來像個有錢人，而在大家的刻板印象中，普遍認為富二代不會這麼認真，只會等著坐享其成。

儘管不斷有科比球技不斷進步的風聲傳出，當地球迷、教練與其他球員還是只把他當作一個郊區的土包子。他根本不是真的有多了不起，一切都是他爸搞出來的幻覺，嚇不倒他們的。

「我不認為喬・布萊恩有把兒子給寵壞，」萊恩斯說，「我認為喬・布萊恩確實有在幫他鋪路，讓他的人生走得更輕鬆，因為喬・布萊恩相信如果盡了人事，剩下的除了聽天命之外，或許還有機會收到天下掉下來的大禮。只要他有不順心的事，喬・布萊恩就會幫他轉換心情。像是布萊恩雖然不想和桑尼希爾隊參加桑尼希爾未來之星的賽事，但喬・布萊恩還是拿得出辦法來讓他參加，即使他事後會連連抱怨，『噢，天哪，這真的爛透了』。」

「如果沒有喬・布萊恩，科比就不會成為科比了。」萊恩斯下了如此結論。不過他也認為，科比的努力是沒有假手他人的結晶。觀察著每件事發展的萊恩斯，做出這個總結。

「科比是個籃球天才沒錯，」這位ＡＡＵ教練說明，「然而我認為他不斷朝完美的境界努力，也比任何人都還要認真地在鑽研比賽。」

唐尼・卡爾也知道這一點，雖然他當時嘴硬不想承認。「他對於留在球場上的飢渴以及他展現出來的心態與決心，就好像他無家可歸、球場就是他家一樣。」唐尼・卡爾話當年，「他總是在嘗試成為更好的球員，為此他能夠心無旁騖地切斷任何可能造成干擾的人事物與他之間的牽連。感覺就像是他有個遠景，心中有股意念要達成，而這股意念就是他的一切，也是他的終極目標。他打得像是每一場都是最後一場比賽，練得像是每一次都是最後一次練球。他的意志總是比他人更堅定，沒有人比得上他。」

到了夏日盡頭，在適應了與職業球員訓練的強度後，布萊恩以平均三十八分的表現，帶領一支來自德拉威爾河谷（Delaware Valley）的球隊在賓州學區的賽事中意外奪冠。唐納擔任費城代表隊的教練，而這支球隊在冠軍賽被獨得四十七分的科比擊敗，後者也拿下了另一座MVP獎盃。

雖然幾乎是不可能的事，但他的信心又增加了。這孩子從在義大利看著父親的背影、與職業球員一同搭上巴士、在比賽中擦地並以此為契機近距離地看比賽，一路成長到現在，終於即將迎來屬於自己的偉大時刻。

第十五章　聚首

一個微微彎腰、又高又瘦的男孩，在剛過四點半不久時，鑽進一輛ＳＵＶ休旅車，發動引擎與車燈，從雷瑟維宣路的車道駛出，把車開進天還濛濛亮、被昏暗街燈點綴的清晨。幾縷薄霧與破曉的天光，在地平線上浮現。他還有充分的時間開車去接他的兩個年輕同伴，並準時在管理員五點開門時抵達勞爾梅里恩高中體育館。

稍事熱身後，他們便開始進行一些訓練環節。通常是他負責投，另外兩人負責搶籃板。

「當時真的很瘋狂，」兩個同伴之一的舒瓦茲在二十年後回首當年時這麼說。舒瓦茲在高三那年是個只有五呎四吋高的後衛，比科比．布萊恩小一年級。他會鼓吹並加入這個早晨的瘋狂計畫，是因為他想升格為校隊一軍，但他的實力尚缺臨門一腳。而在科比那個失望的高三球季後，由於有許多球員畢業，唐納教練需要在一九九五—九六年球季招攬一些新面孔加入球隊。

「我是心有餘而技不足，」舒瓦茲說起自己的球技，自嘲了起來，「我知道這一年會有多特別，如果沒有天份又沒有身高，你在場上將處處受限。因此如果有人需要我，不管前方有多少困難我都會使命必達。這也是我能在球隊立足的生存之道。」

他之所以欽佩布萊恩，是因為後者看起來清楚知道自己的目標在哪，而當時身邊其他同儕根本不知道自己想要什麼。舒瓦茲當時也無法明確表達出自己的目標，不過等到他長大成人，度過一段擔任私人訓練師、健美運動員與在混合健身業界自立門戶的職業生涯後，時常會想起當時早起訓練的時刻。

「在年僅十五、六歲的時候，」舒瓦茲解釋，「人們渴望的是被大家接納，只想交到朋友。但他不在乎這些，真的不在乎。這種事對他來說並不重要。」

他回憶布萊恩十七歲時的惡行惡狀，讓球隊的新成員看得有些瞠目結舌。因此讓新成員了解球隊新球季目標的責任，就落到了另一名升高四的球員傑曼・葛瑞芬肩上。他也經歷過一九九五年季後賽最終令人失望的結局，賽後，布萊恩對他發誓，「下個球季結束時，他們絕對要以州冠軍之姿走出球場。」

傑曼・葛瑞芬把這個嚴肅的任務傳達給有希望於一九九五—九六年球季成為球隊一員的所有人。多少聽過布萊恩名號的他們，印象中的他，是那個在學校走廊和大廳裡晃來晃去，微笑時笑得燦爛、生氣時怒氣沖沖，還不時哼著饒舌韻腳的男人。開著一輛新的休旅車在新學期回到學校，讓他又引起一陣議論。很快就有流言傳出，說他已經是公認的全美第一高中生了。

因此對更年輕的球員來說，光是想到他們要披上王牌隊的戰袍，壓力就壓得他們喘不過氣了。「當時我們球隊的排名不但很高，陣中更有全國最優秀的球員，你懂的，大家都覺得我們非贏不可。」舒瓦茲回憶。

舒瓦茲的父母對於兒子晨練的行為也感到驚訝不已，也會提醒兒子行程安排得太滿了，別忘了下午還有課要上，接著還有更密集的籃球訓練在等著他。但有時候就算一周已經練滿五天，這些孩子們還是覺得不夠。

「我們有時候會在星期天去哈弗佛德學院（Haverford School）報隊打比賽。」舒瓦茲說。

「我想這就是他為什麼對許多人來說並不討喜，因為他們不了解，如果你想在各行各業攀向巔峰，都得做出一些沒辦法讓每個人都喜歡你的行為。你懂的，你必須付出巨大的犧牲。很多人會覺得你自大，但其實你只是太過專注而已，這一點他真的和其他人不一樣。很多人總是會問『高中時期的他是個混蛋嗎？他是不是很這樣又那樣？』其實不是，他只是打從八歲就知道自己將來要做什麼而已。」

舒瓦茲說，布萊恩不是那種心理學中的A型性格、表現慾和競爭心很強的人，「他應該更像是AAA性格的人吧。」

瑞克大老的建議

高中聯賽球季展開時，包威爾聽取了馬洪的建議，打了通電話給喬．布萊恩，向後者詢問自己能不能從紐約趕來看一場勞爾梅里恩高中的比賽。

喬．布萊恩聽到這個想法非常開心，還在比賽當晚與包威爾在體育館碰頭，一起找位子坐下。

「比賽才打了大概三、四十秒，喬．布萊恩就對裁判發火了，」這位《紐約日報》的專欄作家回憶，「他開始罵東罵西，但其實我不覺得裁判有什麼問題。五分鐘後，又有另一個裁判吹了不利於科比的吹判，喬．布萊恩便憤怒地從椅子上跳了起來，像頭瘋狗似的。」

可憐哪，看著比賽的包威爾心裡這麼想著。布萊恩在整個上半場大概只投進了兩球，這位專欄作家開始覺得馬洪的寶貴建議其實也沒這麼寶貴了，而且他正在浪費自己寶貴的時間。

「他甚至不是場上最優秀的球員，」他回憶，「我不知道另一個後衛是誰，但他的鋒頭完全被那個人給壓過去。」

下半場開始前，包威爾起身找了球場另一端的位置坐下，與發瘋的喬．布萊恩保持距離。然後比賽有了天翻地覆的轉變。

「下半場，科比在球場上抓狂了，」包威爾記得，「他上半場都在傳球。我知道這瘋狂得令人難以相信，但他真的在傳球。他花了整個上半場傳球後，下半場他火力全開，後仰跳投什麼的樣樣都來，真是不可思議。」

包威爾重拾了對布萊恩的信心，並在賽後直接來到休息室，告訴布萊恩自己正在撰寫一篇他的專題報導，想要在隔天開車回紐約前採訪他。

「來學校找我就行。」布萊恩對他說。

隔天，包威爾來到了勞爾梅里恩高中的行政處室，想問科比在哪。

「他一定在體育館裡投籃啦。」某人告訴他。

包威爾穿過大廳，沿著長長的樓梯走到了體育館。布萊恩就在那，穿著外出服與禮服鞋，非常隨興地投著籃。陪他一起訓練的另一個球員，則負責撿籃板球。

布萊恩朝他走來，但由於下一堂課要開始了，另一個班級的學生也進到了體育館。專欄作家與布萊恩只好撤到走廊，坐在地板上對談。

「我迷上了他閱讀比賽的能力，」包威爾承認，「首先，我們討論的他當時還是個孩子。我知道他的父親打過職籃，但科比對比賽局勢的分析真的很到位，以他前一個晚上在場上的作為舉例，為什麼他不在第一節就火力全開來說好了，是因為他想讓隊友都融入比賽，提升他們的信心。但在下半場，當他覺得大事不妙時，就自己出馬主宰比賽了。他還是會替隊友尋找上籃或輕鬆出手的機會，這樣隊友就不會覺得壓力太大。至於困難的投籃，就由他自己來了。他聊了一些在義大利的成長過程，也用義大利語說了些話，讓我難以忘懷。」

鐘聲響起，走廊突然擠滿了換教室的學生，熙來攘往地從坐在磁磚地板上這位專欄作家與明星球員身邊走過。包威爾不在乎，因為對他來說這次的訪談就像魔法般美妙，他不想輕舉妄動地解開魔咒。

「科比對我表示感謝，」包威爾說，「他驚訝於有位來自紐約的文字工作者居然專程來採訪他。他還是有著純真的一面。」

回程開車從高速公路朝著紐約前進的路上，包威爾想著要如何把這篇講述一位費城高中球員的故事，賣給對文章內容從不輕易妥協的《紐約日報》責任編輯。

「他未來絕對會是下一個大人物。」他在回到紐約時對他們這麼說。編輯們回應了他的請託，在週日特報上用滿版的跨頁報導，讓科比・布萊恩人生第一次擁有刊登在全國性媒體上的專訪。

在一場籃網隊的比賽結束後，包威爾來到休息室，感謝馬洪的建議。

「老兄，我就說吧，」這位NBA的猛漢開心地回應，「他跟我們這麼多好手一起分隊時，都不是最後才被挑走的。他不過是個高中球員，就已經和我們不相上下了，這其中必定有其意義，說明你是屬於NBA的。這傢伙甚至還試著要硬上，在我頭上灌籃呢。」

最後一擊

球季第二場比賽開打前，唐尼・卡爾非常緊張。他的羅馬天主教高中要與布萊恩的王牌隊碰頭了。要打敗這位最好的敵手，這是唐尼・卡爾最後的機會。

「這是我們最後一次與對方交手，」他回憶，「我絕對不會忘記我在比賽前有多麼焦慮，因為我知道科比已經成為全國首屈一指的球員，也知道這場比賽的票早就販售一空了。這場在卓克索大學（Drexel University）舉行的比賽只賣站票。我知道NBA球探會來，更會有大批的大學球探蜂擁而至。所有相關人士，包含體育文字工作者與負責報導高中籃球的人都會來，畢竟我們之前已經留下許多膾炙人口的經典比賽了。我當時六呎三吋，他大概有六呎六吋高。」

「當時這場比賽真的很讓人緊張，就連我看比賽的朋友，都覺得科比會壓著我打並接管戰局。」

比賽前那幾天，祖母、兄弟與母親都成了唐尼・卡爾訴說心聲的對象，訴說他有多麼希望自己能在這次最後的對決中拿出優異表現。

「這是最重要的一場比賽，」唐尼．卡爾一直這麼告訴他們，「每個人都會來，來看這場最終爭霸戰。」

從各方面來看，這場比賽的意義遠遠不只是兩名球員之間的鬥爭。對那些老資格的費城老球皮來說，這是市區菁英與一個想裝得自己像是土生土長費城人的鄉下孩子的對決。」

或許這種劍拔弩張的氣氛，也解釋了比賽為什麼會有這樣災難性的展開了。唐尼．卡爾前四次出手都沒進。他知道自己太著急了。「放輕鬆點。」看著布萊恩時，他不斷與自己對話，這個身穿栗色與白色相間、勞爾梅里恩高中三十三號球衣的對手，看起來信心十足。

終於，天主教高中的傳奇教練塞登（Dennis Seddon）喊出暫停。

「先投進一球就好，你沒問題的。」他對唐尼．卡爾說，「放輕鬆，順其自然地找回手感就好。」

下一球，唐尼．卡爾在左側接到球後撕裂防線殺到防守圈的心臟地帶拋投得手。這一球，打開了他得分的開關。

「在這之後，我上半場繳出絕妙的表現，全場比賽得了三十四分，大概有十九分集中在上半場。」他說。

身為王牌隊先發控衛的達布尼，錯過了球季剛開始的前幾場比賽，因此這段期間布萊恩只能靠自己吸引對手的防守、替隊友製造許多出手空檔，來掌控球隊的節奏。但上半場打完，整體球員實力更佔優勢的羅馬天主教高中反倒讓王牌隊落後六分。布萊恩挺身而出予以回擊，破解了對手的包夾甚至三夾，連續投進八球。他被迫單槍匹馬與強敵對抗，最終獨得三十分。

「他打得精彩絕倫，」唐尼．卡爾說，「不過事情就是這樣，雖然他能隻手遮天，但我有比他更好的隊友支援我。」

「他在球場上要做的事太多了。」這個球季加入勞爾梅里恩高中教練團成為助理教練的崔特曼回憶。

天主教高中以六分之差贏得勝利。

哨音響起後，布萊恩直直地走向了自己的宿敵。

「他當時不爽到了極點，」唐尼．卡爾回憶，「但當我們走向彼此時，他還是給了我一個大大的擁抱。」

「兄弟，我真的很愛在球場上跟你對抗的感覺。」布萊恩對他說。

他接著說，很想和唐尼．卡爾一起在更高的層級繼續打球，這感覺一定很特別。

「他是個出類拔萃的球員。」唐尼．卡爾說。

「唐尼．卡爾發揮得和科比一樣出色，」萊恩斯說，「但是科比打得更流暢也更有天分，他讓一切看起來如此輕鬆寫意，也是他之所以偉大的地方。而且他是光憑自己就能改變戰局的人。」

隨著高中聯賽球季進入深秋，包威爾在《紐約日報》上的報導也讓整個籃球界開始關注起布萊恩的未來，在費城尤其如此。此前崔特曼曾經試著邀約《費城詢問報》做類似的報導，卻遭到對方回絕，但在包威爾的文章刊登後，當地媒體便熱切地討論起與布萊恩有關的每一則流言蜚語了。

「科比有很多選項，」喬．布萊恩說，「他可以想怎麼做就怎麼做。不論他做了什麼決定，我們全家人都會支持他。」

被問及是否會試圖改變兒子心意時，喬．布萊恩回應，「我為什麼要做這種事呢？如果科比覺得自己準備好了，不管做什麼，我都會祝福他。」

當時賈奈特正展開他NBA生涯的第一個月，並有不錯的表現，因此記者們也問科比，這是否會影響他的決定。

「我沒有特別研究賈奈特，」科比說，「我祝福他，也期許他能表現得超乎期待，但他的表現真的對我沒有任何影響。」

媒體們也問，他是不是真的要挑戰職業聯盟了。

「我現在沒辦法給你們答案，」他說，「自從上高中開始，這一直是我的目標。我一直想著有朝一日要在NBA打球。雖然我父親打過NBA，但這不是我想打NBA的原因，我的決定與他無關。」

媒體、球迷與教練們還是很懷疑，接近六呎六吋高的布萊恩，生理與心理條件有沒有準備好、有沒有達到ＮＢＡ的標準。這個忙碌的夏天，他增重了十五磅，使體重達到了兩百磅，但他看起來還是很瘦。

「我已經聽到很多人說我還不夠成熟、還沒準備好打ＮＢＡ了，」布萊恩對包威爾說，「這麼說吧，我這輩子已經見過許多普通孩子從未見過或經歷過的大場面。這些年來我的腳步遍及整個歐洲，去過法國、德國，在義大利生活過，一生都與職業球員為伍。我想我跟同年齡的人比起來，要早熟許多。」

接著他被問到什麼時候才會下定決心。

「可能今年晚些吧，」他回答，「到時我會再回頭思考，身為球員我學到了什麼。那時我就會做決定了。且如果我決定好要走上哪條路，就絕對不會再回頭。」

弊病

敗給羅馬天主教高中後，他們緊接著又遭到了紐澤西州名校聖安東尼高中（St. Anthony）的毒手，吞下一場慘敗。這場比賽唯一值得紀念的是，布萊恩在這個晚上得到了他高中生涯的第兩千分。

在這之後，王牌隊又前往南加州的默特爾海灘（Myrtle Beach）參加頗具盛名的海灘綜合球類經典賽（Beach Ball Classic），在賽事中與有著歐登、厄爾、畢比與傑曼・歐尼爾等明星球員的其他球隊交手。

唐納原本指派另一名助理教練與布萊恩同房，但布萊恩要求和崔特曼同住，共享後者那間雙臥室套房。科比這麼做的用意很快就真相大白了。那間套房中有一間更大、更舒適的臥房。崔特曼已經先把他的裝備放進這間房間，不料布萊恩居然對他提出了換房的要求。

「我是教練，」崔特曼說，「這間房應該歸我使用。」

「不然這樣，」布萊恩說，「我們何不把這些裝備留在這裡，這樣你就可以住進我這間臥房，和『阿豆』

我一起打發時間了？」

布萊恩知道另一個助理教練是不會跟他妥協的，崔特曼了解這一點。「他很喜歡這個點子。」他們換好房後，這位助理教練很快地發現科比會這麼拜託他的第二個原因。因為他的母親潘這星期總是很早且時常地打電話來，從遠在費城的家中監控兒子的一舉一動。

而在潘來電之間的空檔，則輪到女孩們打電話來找布萊恩了。很會利用時間的布萊恩，晚上在這個海灘的社區跑了一攤接一攤，把房間號碼給了所有他遇見的漂亮女孩們。

「你媽有打電話來，」崔特曼在科比回到房間時對他說，「我跟她說你已經睡了。」

「好喔，很棒。」布萊恩說，「謝啦。」

「我的確有對他媽說謊，」這位教練回憶，「但我也不知道能怎麼辦。」

崔特曼觀察到，科比很清楚他母親的掌控慾，而且就像其他青少年一樣，時常只能白眼以對。

「她對科比過度保護了，」談起潘時，崔特曼這麼說，「她擔心的範圍很廣。學業成績如何、有沒有偷嚐禁果，都是她煩惱的範疇。當然，她會這麼擔心是很合理的，畢竟她兒子可是全美頂尖的高中球員。我覺得她想控制他，姊姊們也很保護他。他的母親總是嚴格督促與管制他的功課與門禁，她們想盡可能地讓他待在家裡。」

他高四這年，據說布萊恩的姊姊與表姊妹們組成了「圍雞總動員」，千方百計阻止他亂槍打鳥般地勾引年輕女性。布萊恩當時有個女朋友叫喬瑟琳（Jocelyn），據說不但漂亮，在學業方面的追求更與布萊恩對運動的執著一樣驚人。在當時的八年後，接受《紐約日報》訪問時，喬瑟琳說要當科比．布萊恩在那個年紀的女朋友，就得做好他們的夜生活可能會充滿著觀賞籃球影片行程的心理準備。

不過對一名主宰球場的運動員來說，他的偏好卻相對有點宅，從《星際大戰》（Star Wars）到青少年喜劇影集《Moesha》都是他的最愛。尤其後者在該季初次上映後便掀起了一陣熱潮，劇中飾演女主角的女歌手布蘭蒂（Brandy Norwood），更是把他迷得神魂顛倒。

即使這樣，他確實有著青少年明星特有的自負，崔特曼說明，「以人們對待他的方式、甚至把他拱上神壇的角度來看，我想，可以理解為什麼他會這麼自大。」

讓崔特曼煩惱的不只是在默特爾海灘與這位未來之星同住一房時，潘打來的電話。「當我沖澡時，地板就會被我弄濕，」崔特曼解釋，「所以我把毛巾丟到浴室的每個角落。我很擔心他要是滑倒了怎麼辦，因此我總是對自己說，『我得確保浴室的地面沒有半點濕滑才行。如果科比·布萊恩滑倒、摔斷了脖子，然後是我造成喬丹接班人的殞落，那我絕對不會原諒自己，也會被世人所怨恨』。」

回想起來，灌籃大賽才是那個星期的亮點。儘管他的姊姊們不同意，但科比還是用繃帶綁起痠痛的手腕參加了比賽。

「他的手腕痠痛，真的很痠，」唐納回憶，「然而他說，『喔對啊，應該是簽太多名的關係』。」雖然教練和家人們都說「別搞這些有的沒的」，但他堅持參賽，還完成了一記越過兩名隊友的灌籃，落地後還對座位離嘶吼的群眾不遠的崔特曼眨了眨眼。

「他跳過了我們兩個，」舒瓦茲記得很清楚。球隊裡沒有人看過布萊恩秀過這麼精彩的灌籃，教練團也大吃一驚。

「不論比賽還是練習時，他都一直在灌籃，但你知道嗎，我們從沒看過這麼秀的一記飛扣。」舒瓦茲說明。

很顯然，這些動作是布萊恩私下練習的。

「這是會讓你永生難忘的事，」唐納回憶，「我的意思是，光是這幾個灌籃的創意和力度，就足以讓人銘記了。這傢伙喜歡成為焦點人物。我不確定你能不能找到像他一樣這麼喜歡站在鎂光燈下的運動選手。」

他輕鬆擊敗另一個高中生明星球員厄爾，贏得這場灌籃大賽冠軍。

只是在團體賽中就是另一回事了。王牌隊雖然贏了第一場比賽，打敗有著明日之星柯利爾（Jason Collier）的球隊。第二場比賽，對上一支來自奧克拉荷馬州詹克斯市（Jenks, Oklahoma）的球隊，勞爾梅里恩高中浪費了十八分的領先，布萊恩還在比賽末段犯滿，這讓他延長賽時只能枯坐板凳，看著隊友們被對手打出一波二十一比二的攻勢。

「他一直在講，『這些傢伙根本沒辦法獨當一面、沒辦法獨立自主』。」崔特曼回憶，「我覺得他的意思是，『這些傢伙沒了我就是一群渣渣』。」

對這位助理教練來說，要看到布萊恩坐在板凳上，是件很稀奇的事，「他本來是不會坐太久的。」他語帶諷刺地說。

吃下這場敗仗後，球隊的戰績來到三勝三負，唐納在飯店的房間裡召集球員，討論的主題是「我的弊病」。

「他在房間裡來回踱步，並規範了每個球員在球隊中的角色。」崔特曼回憶，「而他也告訴大家，他們還有哪些地方需要成長。」

「科比，」唐納看著這位主戰球星說，「你必須成為一位更好的隊友，也必須帶領這些傢伙。」

然後教練轉過身來對球隊的所有成員說，「你們都不明白，要成為科比．布萊恩，得在肩上扛起多少壓力、得經歷些什麼，你們不知道他的存在對我們來說有什麼意義、幫我們做了多少又為此付出多少努力。如果你們這些傢伙不能持續把他視為榜樣，那就可以離開這支球隊了。」

根據「禪師」傑克森（Phil Jackson）日後所說，每一支好的球隊都會面臨一個關鍵的契機，好建立起球隊中的等級制度。這次的球隊會議，就是勞爾梅里恩高中的關鍵時刻，唐納也將成為帶領勞爾梅里恩高中數度稱霸州冠軍的名教練。

「他說我們打得太自私，不像一支團隊，」崔特曼回想，「從那之後我們就沒有再輸了，再也沒嘗過敗北的滋味，連贏二十七場比賽。」

關關難過關關過

從南卡州回來後，這支球隊的化學效應變得好多了，但人生如戲、戲如人生的戲碼還遠未結束。外界開始察覺在這裡有好戲將要上演，因為隨著每場勝利後，來到現場觀戰的球迷越來越多。在一月大勝馬波牛頓高中（Marple Newtown）的比賽，布萊恩獨得了五十分。這場比賽影片的片段，還在幾年後被放進了布萊恩的球鞋廣告裡。

「你知道的，當時還不是有網際網路的時代，」唐納回憶，「也不是有電子郵件、甚至錄影器材也還不普及的時代，但記者們開始緊跟在我們後頭、擠滿了走道，相機亮起的陣陣閃光，也此起彼落地在我們的休息室中閃爍著。就我來看，這得花點時間才能習慣，但科比看起來卻總是從容不迫，好像這些事從頭到尾他都能一個人搞定一樣。我的意思是，不論是簽名在球鞋上，還是接著把這些簽名鞋拋給巴士車窗外的孩子們，他看起來對這些舉動都駕輕就熟。」

舒瓦茲記得，整支球隊都因此獲得不少樂趣。「這些傢伙對自己的能力很有信心，但並不會逞能，這成為了絕佳的組合。舉例來說，布蘭登．派提特（Brendan Pettit）是我們球隊的中鋒。他的投射能力不佳，只能搶籃板和防守。但身高大概六呎五吋，作為隊上白色巨塔的他，從不主動要球，並樂於鞏固籃板與防守。你看，完美組合。大前鋒傑曼．葛瑞芬，投籃手感很糟，但很會搶籃板，所以他打球超拚的。看吧，絕佳組合。潘格拉齊奧（Dan Pangrazio）是個很棒的射手，總是在三分線外埋伏，等待科比被包夾時的分球讓他伺機出手三分球，又是最棒的組合。當年組成這支球隊的拼圖，並不是那種『我要更多出手機會』的黑洞，而是『我會把握我的出手機會』的球員，你明白的，畢竟科比吸引太多注意力了，這才是我們球隊能夠贏球的勝利方程式。」

某種程度上，唐納就像是「K教練」的複製人，舒瓦茲說，「我覺得他很了解要如何與科比相處，而他對待科比的方式不但聰明也時常奏效。他不會以『你該怎麼做』的口吻來命令球員，而是更加依循球員的個性來因材施教。」

大家都見識過布萊恩易怒的脾氣。這位明星球員曾承認，自己和他母親一樣，會突然暴怒。發生這樣的情形時，周遭的人最好能閃多遠就閃多遠。

有一天訓練開始前，球隊被告知不能使用體育館，另一座體育館淹水了，原本男籃使用的體育館必須讓給另一個項目的校隊使用。

「唐納不得不取消訓練，」崔特曼回憶，「聽到不用訓練後，十四個人衝了出來，還很興奮地擊掌。當然他們不是在教練面前做出這麼明目張膽的行為，大概是在走廊那邊慶祝吧。沒有人對此感到不滿。」

除了布萊恩之外。

「吃屎吧！」布萊恩一邊怒吼，一邊把球砸在地板上，「講什麼鬼話！我們得練球，我想要練球，這太荒謬了！

「他真的很生氣，」崔特曼說，「我們看得目瞪口呆，說不出話的我們只能用『哇』之類的感嘆詞來表達我們的驚訝。」

「雖然他只是個孩子，」舒瓦茲說明，「但我覺得當事情不如預期時，就會引發他的霸道心態。我其實不太喜歡這麼說，但我覺得這很貼切。舉例來說，他總是希望每個人能拿出他們最好的表現，一點都不願意妥協。他什麼都不想輸，要是輸了，他可能會這麼對你說，『我不只要修理你，還要把你修理到不會忘記要全力以赴為止』。」

大家不會忘記的，是布萊恩在訓練環節中輸掉時發生了什麼事。教練們記得，過去四年來他從未在訓練中輸給任何隊友，這種事是第一次發生。

「我們正在進行訓練賽，」崔特曼記得，「那是個三對三的全場練習賽，當時雙方打成平手。」

舒瓦茲與布萊恩是隊友，而後者當時有機會出手最後一擊，唯一的問題是，球在舒瓦茲手上。在訓練時，舒瓦茲時常擔任布萊恩的隊友，也總是對他唯命是從，只有這次例外。

「他假裝要傳球給科比，但最後用刀運了一下球後，自行出手。」崔特曼說，「舒瓦茲在球隊是名副其實的吊車尾，陣中的第十五人。」

「他們一定覺得他會拿到球，」舒瓦茲記得，「所以我做了一個傳球給他的假動作，然後我的防守者就往他那邊移動了。我便趁機殺進籃下，但上籃放槍。對手也理所當然地拿到了球，然後就得分了。科比氣瘋了，是真的氣瘋了，對我怒火沖天地大吼大叫『你以為你算老幾？』我那時候只不過是個又瘦又小的十六歲青少年，真的嚇破了膽，而他並沒有打算就這麼算了。『你為什麼要出手？』他接著逼問，我真的不知道該怎麼辦，不知道要不要閉上嘴巴、以不變應萬變。我試了一段時間，然而他不但沒有平靜下來，還越講越生氣。」

「科比目光如炬地瞪著他，」崔特曼說，「接下來的一個半小時，他一路跟著他走到廁所、走到飲水機。我甚至擔心科比是不是想殺了他。我當時想，『他在幹嘛？這樣真的又蠢又混蛋，這有這麼嚴重嗎？』」

沒有一位教練打算安撫布萊恩，甚至沒有對他說出一句話。

最後，舒瓦茲小聲地嘀咕了幾句像是「夠了沒」或「閉嘴吧」之類的話。

「我甚至不記得我確切說了什麼，」他回憶，「但我當時想的是，『我知道了，我們輸了，是我搞砸的』。他大概聽到我說了什麼，然後就開始瞪我。」

突然之間，布萊恩開始對隊友發飆了。

「當他要衝著我來時什麼話都沒說，」舒瓦茲說，「但我肯定他絕對是要衝來找我麻煩。所以我不能繼續坐以待斃、看他還要出什麼招了。我轉過頭夾著尾巴逃走，逃得很快。」

舒瓦茲逃出了體育館，不過布萊恩緊跟在後。「我沒敢回頭看，」他說，「在我全神貫注地逃跑後，回過神來便發現我已經逃到了離體育館兩百碼遠的保健室，然後我四處張望，發現他繼續在追趕我。」

不久後，舒瓦茲回到了體育館。「在那之後的訓練瀰漫著一股沒人想對此發表意見的氣氛，」他說，「我會這麼想，是因為當我回到體育館時，覺得非常不舒服。不過畢竟我是最底層的人，會有這樣的待遇也可以理解。」

教練團沒有為此表達任何意見，也沒有試圖出面阻止。舒瓦茲說如果他們有所作為，他相信布萊恩的心情會緩和下來的。

不過崔特曼也因為這件事，內心動搖了起來。

「我記得開車回家時，自己就像靈光乍現一樣突然醒悟，」這位助理教練說，「我心裡想，『這傢伙怎麼這麼渾蛋。我已經認識科比三年了，還以為他是世界上最好相處的孩子，結果他卻是個渾蛋』。但順著這乍現的靈光思考下去，我轉念一想，『等等，這樣的性格不正是他之所以偉大的原因嗎！這樣的性格讓他與眾不同！也因為如此，他才能如此特別，有望成為下一個喬丹』。」

不管布萊恩是不是個特別的人，舒瓦茲都沒有打算讓這件事就此平息。幾個星期後，他和布萊恩在另一次三打二打一訓練中交手。「我和另一個人防守，科比和另外兩個球員進攻。他在三分線外急停跳投命中。我們拿到球後，輪到我們兩個打他一個。我知道他覺得我不會投籃、會傳球給隊友。所以我做一個傳球的假動作後直接殺到籃下，而他站在那裡，想製造一次進攻犯規。」

舒瓦茲不但沒有傳球，還在布萊恩的防守下上籃得手。

「他假摔，倒在地板上，」舒瓦茲回想著當時的情形，「我上籃放進了這一球，沒有人吹哨。球破網而出後，我撿起來扔給還倒在地上的他。我把球朝他扔過去，轉身後的我欣喜若狂，跑著回到球場另一端。」

舒瓦茲邊跑邊在空中揮舞著手臂慶祝。他的隊友們看著他的同時，也一直用動作示意、提醒他小心。「我本來以為他們的意思是，『棒呆了，你從他身上扳回一城了』，他們一直指著布萊恩的方向。接下來發生的事，我得說都是老天保佑，因為我一回頭，就看到一顆球直直地以時速三十英哩左右的速度朝著我的頭飛來。他想要用球砸我的腦袋。於是我就像《駭客任務》（The Matrix）電影裡的人在閃子彈一樣，一轉身，用了與電影相仿的動作以最小的距離避開從我的頭旁邊呼嘯而過的球。我要是被這顆球打中，一定會當場失去意識。」

「這是我唯一記得他想用球砸人的印象，因為沒有人會笨到想挑釁他，」舒瓦茲想起這些往事，不禁笑了起來，「不過畢竟前一次的事我還有滿腹苦水無處發洩，所以這次反擊感覺還滿爽的。」

從這次與舒瓦茲的衝突中可以看出布萊恩在他的高四球季中累積了多少壓力。在其他更放鬆的場合，他比較能容忍隊友的失誤，尤其是有人在看的時候更是如此。萊恩斯說，他想起有一次在一場拉鋸的ＡＡＵ賽事快要結束時，布萊恩有個出手的機會，但他卻傳給了另一名有大空檔但天分較差的隊友。「教練團對此津津樂道，這真是瘋狂的一幕。科比明明有大空檔直接拔起來跳投的機會，卻在緊要關頭傳給了另一個孩子，結果他居然在無人防守時上籃放槍。科比很可能因此怒髮衝冠、對其他人大發雷霆，然而他居然不但能保持冷靜、克制住自己的情緒，還擁抱了那個孩子並對他說，『只差一點點囉』。從此之後，我又更佩服科比了。」

「我們一直在一起，所以我們之間真的發生了很多事。」舒瓦茲說，「大多時候，我們都很喜歡他。當然也有時候我們真想把他給宰了，但這只是因為他個性太好強的關係。」

敵對球迷也試過刺激他的好勝個性，想藉由打亂他的情緒來幫球隊佔點便宜。在季中一場與中央聯盟勁敵對上的比賽，球迷中便響起了一陣「不自量力！你被高估！」、針對布萊恩的噓聲。他絕對不是被高估的球員，當時他正要挑戰打破張伯倫創下的賓州東南區高中的球員總得分紀錄，同時也帶領著勞爾梅里恩高中爭取隊史超過五十年來首度在州冠軍賽出場的資格。而這些成就，都是他在一支被外界評價球員天賦遠遜於其他競爭者的球隊中達成的。

在該年二月十七日進軍季後賽前，球隊寫下了十七連勝的紀錄。季後賽是一趟長達六星期的漫長征途，要打到三月底才會結束。他們首先開始的是在第一學區的賽事，該分區的第二場比賽，布萊恩迎戰學園高中（Academy Park）時攻下五十分，帶領球隊大勝對手。

「科比只不過是在玩弄他們，」唐納回憶，「他們沒有針對他使用任何特別的防守策略，這樣的情形，會讓我煩惱得徹夜難眠。他這場比賽打得就像用左手也能拿五十分，還在比賽快結束時大秀胯下換手灌籃與各式各樣的特技。所以我這個晚上最重要的事，就是煩惱『我要什麼時候把他換下來？』我不想表現得沒有運動家精神。他也有像今天這場比賽一樣在球場上爆發過，如果他打出這樣的表現，我又是個不讓他下場的機掰教練，這場他可能會拿下七十分。」

「他在上半場就投進了六顆三分球。」崔特曼回顧那場比賽。

這也是布萊恩在勞爾梅里恩高中主場打的最後一場比賽。

「我的籃球生涯從這座體育館、這間休息室展開，」布萊恩在打完這場比賽後說，「球迷們給予了我許多支持，遺憾的是，我們都得隨著時間的流轉繼續前進。」

三年後，布萊恩說高四這兩場獨得五十分的比賽，讓他對飆分的感覺上了癮，也不斷在日後的職業生涯中尋求這種統治比賽的快感。這在日後成為了這位高出手、高得分的球員奠定自己統治地位的手段。雖然這樣的情形會讓唐納為了比賽的運動家精神而煩惱得難以入睡，但這種感覺也使布萊恩在深夜中暗自回味時，享受到天上天下、唯我獨尊的志得意滿。

唐尼・卡爾在聽到布萊恩第二次單場攻下五十分時也有些詫異。接下來的幾年，他常常會想起這場比賽，並以這場比賽作為討論布萊恩的主要話題。「科比在ＮＢＡ成為一位大師級的人物，」唐尼・卡爾說，

「而這個在NBA總是令對手擔心他會不會在自己頭上攻下五十分的男人，早在他讀十一、十二年級的高中年代，就已經讓對手產生相同的恐懼了。每場比賽他都只想著要主宰比賽，絲毫不會有『好，讓我們來較量一番』的想法，因為他只會思考要怎麼把你踩在腳下。他後來在NBA也成了一位得分大師，但這種輾壓對手的想法早在十二年級就已經存在於他的腦海。他每場比賽的目標，都是要得五十分。」

唐尼．卡爾也一直想知道為什麼布萊恩要反覆練習那些最困難的出手方式。原來是因為，比賽時他常常遭到防守方的包夾甚至三夾，但就算是他傳給了有空檔的隊友，他們也常常失手。因此如果這支球隊想要贏球，布萊恩知道得靠自己在重重防守圈的包圍下把球投進才行。「他知道比賽中會出現就算隊友有空檔，還是得靠他製造自己的出手機會才能贏球的場面。」唐尼．卡爾說，「這種訓練方式，除了要有設想比賽情境的想像力、具備解決難題的創造力之外，他相信自己可以辦到的精神力，也是不可或缺的。」

王牌隊在球場上一路高歌猛進，於分區準決賽與科茨維爾高中和布萊恩的AAU老戰友漢米爾頓相遇。傑曼．葛瑞芬在防守漢米爾頓這位未來職業球員時發揮了奇效。比賽在宏偉壯觀、歷史悠久的費城競技場舉行，崔特曼的印象中，這場比賽的門票銷售一空，甚至傳出了有人在賣黃牛票的傳聞。「上半場結束前一秒，科比在籃下接到球後，把球高高舉過頭頂完成了一記反手扣籃。這一刻著實震撼人心。從我第一次來到費城競技場後已經過了二十年，印象中從未有過比這一刻更加響亮的歡呼。中場休息時間我們走下球場時，兩邊的球迷甚至還對我們起立致敬。歡呼聲響亮到我們不得不抬頭觀望這些球迷。這就是科比當年引發的風潮。」

贏得一場艱苦的勝利後，晉級的勞爾梅里恩高中在分區冠軍賽要面對的是查斯特高中（Chester），他們陣中有另一位科比的AAU隊友、速度超快的後衛萊恩漢（John Linehan）。

王牌隊曾在這個球季中輸過查斯特高中多達二十七分，因此每個球員都把二十七這個數字寫在球衣上作為教訓。上半場打完落後八分的勞爾梅里恩高中，在布萊恩完成一記灌籃的帶動下開始反擊，最終以七十比六十三取勝。

兩隊攜手晉級四A級州冠軍錦標賽（Class AAAA state championship）季後賽。王牌隊又連勝三場後，發現他們又得和曾經贏過他們的查斯特高中與萊恩漢，在費城競技場舉行的州準決賽交手了。日後成為NCAA歷史抄截王的萊恩斯，也將率領球隊與勞爾梅里恩高中進行雙方在這個球季的最後一次對決。

「那年查斯特高中真的很強，」舒瓦茲回憶，「我的意思是，從先發球員到板凳末端、從一號到五號，這支球隊的陣容都比我們還好。」

這股緊張氣氛不只存在於比賽中，也蔓延至那星期的球隊訓練。「我們訓練得很勤，」唐納回憶，「而在大戰前夕，你最想避免的就是傷病的發生。」

「我們球隊中還有個很矮的黑人高四球員，叫做史戴西（Leo Stacy）。」舒瓦茲記得，「他跟我就像雙胞胎一樣，唯一的差別只有他是黑人、我是白人。有一天我們在訓練時，進行了多出兩個人來包夾科比的七打五訓練賽。通常負責包夾他的人，就是我和史戴西，以此讓他習慣對手的多人防守策略。科比當時要運球過人，而史戴西則試著抄下這一球，結果他的頭撞上了科比的鼻子。兩人的頭與鼻子直接撞在一起。」

「史戴西最多只有五呎八吋高，」唐納說，「科比的鼻子骨折了，幾乎是粉碎性骨折，這時距離州準決賽只剩七十二小時。」

「他的鼻子在流血，」舒瓦茲說，「因此他把冰袋放在鼻子上冰敷。」

工作人員認為需要立刻進行治療，把他帶出體育館，而他臉上除了冰敷的冰袋，還蓋上了一條大毛巾。

「當他要走出體育館時，還跟大家要球，」舒瓦茲回憶，「於是有人就把球丟給他。他大概在左側三分線後二到三呎的位置，抓起這顆球後用左手把球投出。隨著這顆球應聲入網，他便為了治療鼻子離開了球場。我記得我當時坐在場上，在那個瞬間想著的都是『這是在開玩笑吧』或『發生什麼事』、『根本不可能』的想法。他感覺就像在說，『對，我的鼻子斷了，還在流血，但那又如何？把球給我就對了』。」

許多年後，當舒瓦茲在看布萊恩的紀錄片《科比・布萊恩的繆思》（Kobe Bryant's Muse）時，當年這一幕的記憶便被喚醒了。在這部紀錄片中，科比談到了許多他在職業生涯中受到的大小傷勢。「如果當下是比你受到的傷還重要的時刻，你就不會覺得痛了。」

「我們必須加緊腳步替他找到一副面具。」唐納回想著。

不過科比很討厭戴面具，比賽開始前在休息室裡，他一邊怒噴髒話、一邊把面具甩到牆上，想藉此提振士氣。

萊恩漢不但是查斯特高中的主力，也是布萊恩在萊恩斯明星隊的隊友。而在費城競技場舉行、觀眾爆滿的這場比賽，萊恩漢在站滿走道、甚至為了爭奪座位與更好的觀賽視野而大打出手的球迷面前，好好地在這個三月的夜晚「款待」了勞爾梅里恩高中的持球者一番。

「科比在這場對上查斯特高中的準決賽發生了八次失誤，」崔特曼回憶，「他在比賽中顧此失彼、頻頻掉球。」

即使如此，布萊恩還是奮力排除萬難，替王牌隊建立起些微的領先優勢。只是他們的領先沒有維持太久，萊恩漢靠著一連串的抄截，帶領查斯特高中在第四節發動了一陣反撲。

「我們的控衛達布尼在第四節大概發生了三、四次失誤，」舒瓦茲回想當時的比賽，「他看起來都快哭了。」

布萊恩也因為萊恩漢的敏捷吃了許多苦頭，但他可不想在球場上落淚，「就連達布尼在哭哭啼啼的時候，科比也一直在幫他擦屁股。」

「振作一點，」在一次暫停間，布萊恩對他說，「你在搞什麼東西？」

「當時達布尼才高二，」舒瓦茲回憶，「卻要面對我一生中見過速度最快的球員萊恩漢。查斯特高中成功反擊，把比賽追成了平手。」

從各方面來看，這都是整個球季最關鍵的時刻。「科比一直在注意著達布尼的狀況，」舒瓦茲說，「而達布尼在比賽結束前賞了萊恩漢一個火鍋，也將比賽逼進延長。我一直覺得以達布尼在比賽最後關頭糟到不行的表現來看，都是多虧有科比一直在支援他，才能讓他找回狀態，在第四節結束前送出這記阻攻。」

「科比不但攻下三十九分，還完成了高中生涯最完美的一次灌籃。」歷歷在目的崔特曼表示。

「延長賽，他從後場帶球殺到前場，運球閃過所有人，不但把球灌進還製造了對手犯規。」唐納描述著那個鎖定勝利的時刻。

即使帶著嚴重鼻傷上陣的布萊恩對球隊二十六連勝做出如此巨大的貢獻，並帶領球隊晉級四A級州冠軍賽，但崔特曼記得，這座城市廣播電台放送的談話節目中，卻還是充斥著這個男孩不該跳級成為職業球員的言論。「當時的運動談話性廣播節目把他看扁了。『這傢伙想進NBA，但他光是在查斯特高中的防守下都沒辦法好好運球！』但我得強調，他面對的萊恩漢可是全國最快的後衛。」

上半場布萊恩還在適應與鼻子骨折的傷勢在球場上共存的方式，因此表現不好，三分球的出手選擇也不佳，打得像是還需要額外四年大學球季來好好磨練。前三節打完，他出手高達二十五次，卻僅命中八球。不過在第四節，他獨得十二分，也因此擋住了查斯特高中的逆襲。

冠軍賽前，在載著球隊前往體育館的巴士中，就已經瀰漫著緊張的氣氛。他們將在赫爾希鎮（Hershey）的好時公園體育館（Hersheypark Arena）迎戰伊利市（Erie）的大教堂預校（Cathedral Preparatory School）。

「我以前很喜歡搭巴士到比賽現場的氣氛，」提及王牌隊的球隊巴士之旅時，舒瓦茲這麼說，「在這個賽前緊張感逐漸累積的時刻，通常科比會坐在巴士後座，那個位置照慣例是留給最優秀球員的寶座。而我們大多時間會進行饒舌對決，讓每個人在十到十二秒鐘之間秀出自己的即興發揮。不過我們通常花最多時間的其實是在鬼打牆、慫恿別人展現自己的拿手絕活，對彼此說出『輪到你了，換你上啦』之類的閒話。大家一言一語、針鋒相對的感覺，真的非常有趣。」

這些方法確實能化解一些緊張感，不過在賽前，大戰的氛圍又會重新加溫到一觸即發。冠軍賽中，這支伊利市的代表隊立刻掌握了節奏，還守得布萊恩在第一節一分未得。雖然他在第二節獨得八分，但對手依然在上半場握有二十一比十五的領先。王牌隊在第三節強攻，反倒超前了六分。只是好景不常，對手又控制了比賽節奏，並在比賽尾聲要回四十一比三十九的領先。然而在一陣兵荒馬亂中，他們犯規過多，頻頻將布萊恩與他的隊友送上罰球線，給了這位有著強大意志力的年輕球星足夠的領先優勢，讓他捧回從來到這間郊區學校的第一天起就不停掛在嘴邊的州冠軍。這也是勞爾梅里恩高中在超過半個世紀的時間中，拿下第一座冠軍。

他、傑曼・葛瑞芬與唐納將這個巨大的獎盃高高地舉到空中，讓所有赫爾希鎮的球迷一起見證這個榮耀的時刻。

「我不會忘記這段乘著巴士回家的時光，絕對是最棒的一次巴士之旅，」舒瓦茲說，「真的太高興了。」

在這之後，他們會舉辦一個在消防車上帶著吉祥物大麥町狗一同慶祝的奪冠遊行。不過在此之前，他們以新科冠軍之姿回到家的第一個夜晚，在一名啦啦隊成員的家中集合。就像季後賽期間一樣，他們一起聽著在那年冬天引起廣大迴響、流亡者三人組（Fugees）的專輯《The Score》。他們整個晚上都沒睡，因為他們知道在共享這麼多高低起伏後，離別的時刻就要到來了。「專輯裡有一首歌就是在唱攀上頂峰的感覺，」舒瓦茲說，「我記得當時大家都待在那位女同學的客廳，所有球員與啦啦隊員都坐在客廳裡。當這首歌開始播放時，我們都感受到它現在對我們來說有了不同的涵義，因為我們現在也攀上頂峰、贏得州冠軍了。」

這場比賽結束後，布萊恩對記者說，他終於可以參加派對、稍微輕鬆一下。

他也的確這麼做了，整個晚上他都在與同齡的朋友們玩耍，每分每秒都在開懷暢飲。但不論飲酒還是作樂，都沒有比流亡者三人組的歌曲來得重要。因為當時這張專輯裡，有一首歌正好貼切地形容了當時科比的心境。

《準備好了嗎》（Ready Or Not），NBA，我這就來了。

第十六章　布萊恩團隊

或許當時外界並不知情，但潘在兒子的生活中就像個隱藏角色，若將科比的生活環境比喻為宇宙，他的母親就像一顆無法觀測到的暗星。萊恩斯在ＡＡＵ球隊執教了布萊恩將近兩年，但這段期間從來沒碰見過後者的母親。當然他常和潘在電話上交談，也有過聊得很開心的時候，卻從來沒有當面見過她。由此可見，在兒子的籃球人生中，她有多麼的低調。

查爾斯則幾乎沒有在菁英賽或其他ＡＡＵ比賽中看過潘的身影，她可能會在比賽快結束時出現，卻全神貫注地和女兒們打迷你高爾夫。

一開始，排球比賽對這個家庭來說都是比籃球賽更重要的活動。布萊恩的大姊夏莉亞在天普大學打排球時，就已經與其他隊員上過《運動畫刊》（Sports Illustrated）的封面並因此獲得關注，二姊夏亞也是拉塞爾大學排球隊的一員，因此在當時的大西洋中部賽區，姊妹倆不時會有交手的機會。當時是天普大學的學生、也是夏亞的朋友安東尼．吉爾伯特（Anthony Gilbert）表示，包含祖父母與表兄弟姊妹在內，他們整個家族在姊妹交手時都會來到場邊觀戰。

「如果她們要上演姊妹鬩牆的好戲，」安東尼．吉爾伯特回憶，「那麼包含科比與祖父母在內，整個家族都會來看比賽，這對他們來說是件大事。」

直到布萊恩的高中籃球生涯快要結束時，他籃球賽的地位才終於在家人們眼中超過了姊妹的排球賽。在他剛展開高四球季時，一場比賽在有九千個座位的費城競技場舉行，門票很快便銷售一空。不過在費城的鐵桿球迷眼中，來自郊區的科比·布萊恩不算是一個道地的費城人，充其量是個能幫助球隊多賣一、兩張票的吸票機而已。

萊恩斯為了這場重要比賽，早早地來到現場，用外套蓋住幾個前排的座椅來佔位子。沒想到過了一會，他就看到一名女子走來，把他的外套拿走後坐了下來。

「你沒看到我的外套放在那裡嗎？」萊恩斯不敢置信地問，「你幹嘛動我的外套？」

這就是他與潘的初次相遇。回首當年的教練笑著承認，這實在是一次枝微末節的衝突。

或許這件事情沒這麼讓人意外。因為在一些親近的人眼中，潘可不只會插手搶別人的座位，更會插手操控兒子的人生。最明顯的例子，發生在邁向一九九六年的暮冬，當時他們正朝著州冠軍的目標衝刺，而科比則與費城歐哈拉主教高中（Cardinal O'Hara High）的球星、「女王牌」克萊門特（Kristen "Ace" Clement）傳出了緋聞。克萊門特後來加入了隊名為女子志願者的田納西大學女籃（Tennessee Lady Volunteers）、成為桑密特（Pat Summitt）教練麾下的控球後衛，還是知名防曬霜品牌熱帶夏威夷（Hawaiian Tropic）旗下的模特兒。因為這兩個身分引起關注的她，還跟布萊恩一樣，正在該季挑戰張伯倫的費城高中球員得分紀錄。

他們之間的緋聞，也因為她開始在二、三月時出現在勞爾梅里恩高中的比賽現場而得到了證實。

「她就在場邊看球，」舒瓦茲記憶猶新，「她真是個引人注目的美人，兄弟。我沒記錯的話，她是在我們打分區賽時開始來看比賽的。你是不會漏看她的，畢竟她大概有六呎一吋高。」

她也有來赫爾希鎮看州冠軍賽，就在離巴士不遠的地方。比賽結束後，有流言傳出布萊恩甚至還偷偷把她帶進了球隊休息室一起慶祝。兩人之間其實沒什麼見不得人的事，因而當這段關係突然結束時，有人將原因歸咎在潘的身上。

「若要計算學生在勞爾梅里恩高中的膚色比例，黑人大概只佔百分之五。」萊恩斯觀察到，布萊恩的青春期不斷在試著探索一個非裔美籍的孩子該有著什麼樣的言行舉止。「然而在一個基本上到處都是白人的學校，想學如何當個黑人，終究有其極限吧？」萊恩斯說，「我很確定他此前就與白人女孩約會過。他在一個能夠接納不同文化、接納孩子與白人女孩約會的家庭長大。我知道他和克萊門特約會過，或許另外還有一、兩個白人女孩跟他走得很近。不過在球場下，膚色根本無關緊要，甚至就算是在球場上，是不是個黑人也未必很重要。」

他的姊姊夏莉亞曾對安東尼．吉爾伯特解釋過這件事。「她覺得，『他不知道自己是不是屬於這裡，也不確定自己是否有恰如其分地表現出像個來自費城的黑人的形象，因此他有著無處宣洩的滿腔怒火』。」安東尼．吉爾伯特說，「因此他想，『你知道嗎？我不管這麼多了。我不管你們說什麼，也聽不懂你們的方言，但我知道在球場上碰頭時，我會宰了你們』。」

萊恩斯的球隊與布萊恩一家人發現這幾個月來他們越來越投入在彼此的共同利益之中，也就是致力於以布萊恩的天賦實現「錢進球場」的可能。

「我們開始與科比和他的家人建立更真誠的連結，」萊恩斯回憶，「當時原本就有人贊助我們，只是不久後，球隊的開銷變得越來越大了。」

正如瓦卡羅解釋的，所有大學教練都有他們幕後的「白手套」，AAU球隊當然也一樣有他們的贊助來源。瓦卡羅自己也找到了管道，將愛迪達的資金引進萊恩斯明星隊。萊恩斯回憶，「瓦卡羅為我們提供了大筆資金。」就如同他所說，正因為有這些錢，球隊才有辦法參加大大小小的錦標賽。

而且布萊恩一家雖然看起來手頭寬裕，但他們其實也在尋求其他資金來源。「喬．布萊恩四處在籌錢。」瓦卡羅說。

至少，他從來沒有為這支AAU球隊出過任何費用。「喬．布萊恩時常開下空頭支票，但從不兌現。」萊恩斯說。

這位教練說明，反而是當地一位小有名氣的醫生挺身而出，組織了一個團隊，提供這個家庭和這支球隊所需的幫助。「我們在他高三、高四期間去了很多地方，喬·布萊恩和我們這些大人們也都很開心。」

雖然這位醫生只不過是他們家的朋友，也只是位想積極參與球隊活動的球迷。但這次拉到贊助的經驗，替萊恩斯與布萊恩家族們奠定了日後聯手與贊助商談判的基礎。一九九六年春天，就是他們負責跟愛迪達討價還價，盡可能地替科比簽下一份最好的合約。

在主流媒體面前，瓦卡羅將他的真正目的保密到家。許多ＮＣＡＡ與媒體人士都以為瓦卡羅會來紐約，是因為他企圖影響歐登要上哪間大學的心意。當時惹出不少麻煩事的後者，是查爾斯的ＡＡＵ球隊一員。

「大家都以為他想接觸的對象是歐登，」查爾斯笑著說，「但其實在南方一百英哩處，還藏著一個更珍貴的大祕寶呢。」

的確，幾個月過去，瓦卡羅對布萊恩無與倫比的自我要求有著更深刻的了解後，他也越來越渴望和他簽約了。

「我就是他們的中間人，」查爾斯說明，「因此表面上大家只看得到我和喬·布萊恩的互動。而且，我們也不想讓耐吉察覺任何風吹草動。」

查爾斯說，他很小心翼翼地在培養他與喬·布萊恩之間的友誼與信賴關係，「我覺得如果想要得到科比，就得先穩健發展與喬·布萊恩之間的情誼，使我們變成越來越好的朋友。」他說，「到了春天，喬·布萊恩與我之間的關係已經無可動搖，也信任著彼此。」

儘管瓦卡羅和查爾斯知道，潘和科比才是這份合約最關鍵的人物，他們還是小心翼翼地透過父親進行交流。

「我們可一點都不想讓潘與喬·布萊恩覺得我們越過了應有的界線。」查爾斯解釋。

其實查爾斯有不少與科比本人接觸的機會。「他對於自己挑戰ＮＢＡ的立場沒有絲毫懷疑。」這位在長島ＡＡＵ球隊執教的教練說。但是在科比替勞爾梅里恩高中征戰的這個球季中，確實對於自己是否要跳級成為職業球員的想法有過疑慮。大約有一星期的時間，他嚮往過杜克大學，嚮往過自己在卡梅隆體育館的瘋狂球迷們面前打球的樣子，也嚮往過大學生活。布萊恩的好勝天性與杜克教練對球賽的熱情若能搭上線，馬上就會成為完美的組合。因此甚至出現了喬．布萊恩會加入杜克教練團的傳聞。只不過傳聞終究只是傳聞，事實上，薛塞維斯基教練也從未提出過相關的提案。

大學社交生活產生的邊際效益，或許能吸引其他的年輕球員，對布萊恩來說卻沒什麼特別的吸引力。有位他的高中隊友事後回憶，科比有次湊巧參與了一次派對，但對這樣的活動無所適從，看起來無精打采的。他會來參加派對，似乎是想試著學會一些社交技能，以彌補自己可能有所不足的一面。

最後，有一天在家裡的廚房，布萊恩對父親坦白自己對於跳級挑戰ＮＢＡ的目標曾有過的各種懷疑。「你什麼時候懷疑過自己了？」喬．布萊恩問，「你在高中從來沒有自我懷疑過。所有批評你不行過的人，你都證明了他們才是錯的。既然這樣，為什麼現在要開始懷疑自己呢？我給你的唯一建議就是，有必要自我懷疑嗎？」

父親的一席話讓布萊恩想了很多，也讓他有了結論，自己是不會錯的。

「科比知道要簽合約的事，但他沒有參與過這份合約的討論，」查爾斯說，「我都跟他爸交涉，他會再轉述給科比。我都會問他，『科比覺得這樣子可以嗎？』他爸就會回答，『對啦，科比對這個沒意見』。」

由於此前試圖勸誘過羅培茲跳級，因此他們對於如何替業餘球員開拓一條邁向職業舞台的道路並不陌生。這次經驗也像是一次熱身，讓他們可以更得心應手地來捕獲布萊恩這條大魚。

「我們也知道該給喬．布萊恩一筆仲介費，」查爾斯回憶，「這是無庸置疑的，想要談妥一門交易，就是要搞定這些眉角。畢竟喬．布萊恩需要一份工作來開源，所以才會在拉塞爾大學當助理教練。」

瓦卡羅心知肚明，如果拉塞爾大學將喬．布萊恩任命為總教練，那這份愛迪達的合約就不用談了。「這樣科比就不會馬上挑戰職業舞台了，」他說，「喬．布萊恩有跟我說過這件事，他說這是唯一有可能使事情生變的因素。我不知道科比會不會這樣發展，但喬．布萊恩的計畫看來是這樣。」

「當地也有許多人希望科比進入拉塞爾大學就讀。」唐納說。

不過到了春天，喬．布萊恩的計畫告吹，也離開了拉塞爾大學。他的母校最終決定留下史比迪．莫里斯，讓他繼續當總教練。「史比迪．莫里斯拿到延長合約的那一天，一切局勢風雲變色。」曾跟喬．布萊恩商討過當時狀況的辛普森說，「喬．布萊恩因此決定離開。」

費城當地報紙事後報導，「豆豆糖」沒有按照正式程序提出離職，而是直接曠職，連支票都是派他女兒去學校代領的。有些朋友認為，如果喬．布萊恩原本有過在大學執教的長期規劃的話，那麼他現在是自毀前程。畢竟史比迪．莫里斯一定會對這種處理方式不爽很久，這種糟糕的離職方式，也意味著他日後的履歷應該沒辦法獲得史比迪．莫里斯的背書與推薦了。

或許在他人眼中，喬．布萊恩這一連串的舉動中最怪異的是，一個在NBA如此失意的男人，卻積極地想讓自己還是個青少年的兒子跳過人學挑戰NBA。喬．布萊恩似乎很願意冒這個險，不只賭上兒子的前途，也賭上自己的將來。

「喬．布萊恩知道自己手裡這張牌是個天才，而怎麼打好這張牌就要看他自己了。」查爾斯解釋。

突然之間，這位父親身上背負了更多的經濟壓力。因此隨著日子一天天地過去，想要談妥任何跟科比有關的合約，便代表著你也必須順帶替他的老爸找個工作才行。

「這種事我們也很清楚，因而我們跟喬．布萊恩說，他可以來愛迪達工作，」查爾斯說，「如此一來，一切事前作業都在我們進行的計畫中發揮了效果，畢竟在獲得任何保障前，喬．布萊恩是不會貿然讓他兒子成為職業球員的。」

布萊恩一家如此缺錢的現象，對當時的前NBA球員來說並不奇怪。如同查爾斯指出，要當年的職業體育球員把賺到的錢存下來是件很困難的事，在一九七〇年代更是如此。因為當年職業運動選手賺到的薪水，跟日後的大合約相比實在差太多了。直到喬丹讓籃球在一九八〇、九〇年代成為一項更受矚目的運動，才改善了聯盟的薪資結構，讓明星球員有辦法簽下數千萬美金的合約。

「就連『J博士』都還要再找工作，」查爾斯笑說，「所以當喬．布萊恩打職業聯賽時，你覺得他又能存到多少錢呢？」

不過，喬．布萊恩顯然掌握到了幾個能解決現況的關鍵條件。首先，球鞋廠商和美國職籃已經演進成願意拿出數百萬美金來爭取潛力球員的環境了。這位父親也很清楚，運動選手想要賺更多錢的話，當然越早越好，畢竟與其他職業相比，職業體育選手的生涯可是很短暫的，時間也更顯寶貴。而當時就連獨眼龍也看得出來，市場對於有天份球員的需求正開始提升。公牛隊老闆藍斯朵夫（Jerry Reinsdorf）在一九八〇年代只花幾百萬就買下了球隊，之後可說是坐看喬丹一邊打球，一邊提升球隊的價值。短短幾年，球隊的市值就突破了五億美金。在這之後，這些有錢的老闆們紛紛想透過招攬一位曠世奇才來替球隊提升價值、替自己帶來樂趣，也是可以理解的。

不過撇開這些情況不談，想要搞定這份合約，主要還是得看科比的意願。對於挑戰職業球壇他毫不畏懼，從小在義大利長大，他接觸的就是職業聯盟，而不是大學籃球。這裡，也是他從小就聽父親不斷提起的應許之地。因此科比告訴自己，他已經準備好迎接此前沒有任何後衛面對過的挑戰，也就是跳級挑戰NBA。

「毫無疑問，」瓦卡羅在二〇一五年時回顧，「他是意志最堅強的男人，從一開始他就知道自己要什麼，那就是要比誰都更強。賈奈特其實對於轉戰職業球壇的決定並沒有這麼肯定，他覺得自己是因為學業成績的關係，才不得不做出這個決定的。而即使強如喬丹，也先在大學打過球。因此科比．布萊恩不但踏出了極為重大的一步，也是他們之中最有種的一個。」

麻煩不斷

不過雖然要搞定布萊恩這份球鞋合約看起來只缺臨門一腳，卻還是有過煮熟的鴨子差點飛了的情形。隨著日子進入三月下旬，布萊恩一家越來越急迫地想知道愛迪達是不是認真要與他們簽約。而就在三月，他們遇到了第一個麻煩。工作中的查爾斯，接到了瓦卡羅之妻潘・瓦卡羅（Pam Vaccaro）的來電。

「查爾斯，這門生意要吹了，」她對他說，「這次的交易要砸鍋了，瓦卡羅很不爽，他快氣瘋了。」

「喬・布萊恩在紐約和瓦卡羅見面時，還帶了一位律師。」查爾斯回憶，「整個交易最讓瓦卡羅滿意的，就是這一直是我們幾個人之間的秘密，除了我們之外沒有人知道這件事。當然也不需要律師來攪和，結果現在喬・布萊恩帶來了一位律師。瓦卡羅從不相信圈外的任何人，所以他對此大感不滿。他說，『我搞不懂你在想什麼』。」

查爾斯告訴潘・瓦卡羅，先試看看能不能讓她老公冷靜下來。

「其實我自己也沒冷靜到哪去。」查爾斯承認。

事實上他也很緊張，所以他買了自己最愛吃的「Kit- Kat」巧克力餅乾，來讓自己保持冷靜。畢竟，他和瓦卡羅投注了很多心力，才讓事情走到這一步。而當他終於恢復平常心後，他走到他在華爾街辦公室外的公用電話，投進幾枚硬幣後，打給了喬・布萊恩。

「喬，你在幹什麼東西？」查爾斯問，「你在做什麼？瓦卡羅很不高興，你帶那傢伙來幹嘛？我告訴你現在要怎麼解決，你帶上老婆，坐上你該死的車，現在就開回來紐約，讓我們今天就搞定這筆簽約，記得別再帶其他人來了！」

而這正是布萊恩一家想聽到的消息，這對夫婦馬上就把車開上前往紐約的高速公路，準備下午的會議。接下來，查爾斯去了瓦卡羅準備與布萊恩夫婦會面的旅館。「我得告訴他要做好準備，放輕鬆一點，」查爾斯回憶，「我說，『瓦卡羅，你聽好，沒什麼好氣的，我已經在電話裡又跟喬．布萊恩核對過一次合約內容了，沒什麼大問題，只要你別暴走就好了』。他回應，『好，我很抱歉』。」

布萊恩夫婦一進門，瓦卡羅便起身擁抱了身為父親的喬．布萊恩。「他親了喬．布萊恩的雙頰，接著擁抱了他。」查爾斯說，這是瓦卡羅的招牌動作。這些年來，這位球鞋業界的主管一直被外界懷疑是不是有黑道背景。早在一九七〇年代他首次在耐吉高層面前進行簡報時，就有人好奇過他的來歷了。甚至他們之中有些人還想請ＦＢＩ來調查他的身家背景，是史特拉瑟出面阻止了他們，並很快地決定雇用了瓦卡羅，接著才能藉由與大學教練接觸，開啟大學籃壇的球鞋代言時代。透過他的個人帳戶，瓦卡羅付給這些大學教練好幾百萬美金，要他們讓自家球員穿上耐吉的球鞋。

多年來，實際上瓦卡羅也很享受外界對於他黑道背景的揣測，甚至反過來將它當成一種優勢。當他親吻球員的臉頰時，總是讓許多球員丈二金剛摸不著頭腦，想著，「這傢伙是什麼來頭？他想幹什麼？」

瓦卡羅是在匹茲堡附近長大的，一九五〇年代，高中時期的他曾經擔任美式足球的跑衛，還有資料指出他曾經有過單場四次達陣的紀錄。

二十四歲時，他因為開辦了圓球經典賽而聲名鵲起，這就像是個高中球壇的明星錦標賽，有來自全國的頂尖選手參賽，因此很快地發展起來，並吸引了數以百計的大學球探。

「我熟知匹茲堡的黑幫生態，」二〇一五年時，他在回憶中細數當年與這些黑幫有過的連結，「我見過他們的老大，也認識幫派中的小弟，但我從未跟他們有過任何掛勾。那時我二十四歲，創辦了圓球經典賽，而這跟他們一點關係也沒有。他們讓我放手去做，也替我感到驕傲。」

這個錦標賽使他成為了當地的名人。他說，「每個人我都認識，也到最好的餐廳用餐廣結善緣，也因此有機會去拉斯維加斯。」

他以一名賭場仲介人的身分在拉斯維加斯起家，主要工作就是把賭客從匹茲堡帶到拉斯維加斯。他有個住在內華達州（Nevada），想在賭博業中成為頂尖運彩開盤者的哥哥。因此那一年，他在匹茲堡營運錦標賽之外，也開始在拉斯維加斯替客戶下注各種體育賽事，並從中賺取佣金。而在身邊許多知名撲克牌玩家的耳濡目染下，他很快地栽進了賭場生活，這段時期也成為不會在他履歷中出現的黑歷史。等到耐吉聘請他後，他的人生才有了一百八十度的轉變，他也因此藉由與幾位著名教練的人脈，奠定在球鞋產業的基礎。

瓦卡羅的聰明才智讓他在球鞋業的成就人盡皆知，也讓他走在人們前頭，圍繞著喬丹打造出一條完整的產業鏈，並再一次提高了他在業界中的地位，直到他因不明原因遭到耐吉解雇為止。

之後他透過朋友、紐約五星籃球訓練營的權威人士加芬克爾（Howie Garfinkel）牽線，接觸到查爾斯，並在一九九二年邀請他來到明尼亞波里斯市觀賞NCAA的最後四強賽事。

「我永遠不會忘記這件事，」查爾斯回憶，「我這輩子都沒看過這種事。一走進飯店放眼望去，看到的都是大學教練，簡直就像肉品市場一樣，擠滿了人。我撥了瓦卡羅的房間號碼，他便跟我說，『到我房裡來』。穿著一身白色長袍的他打開了門迎接我，我記得當時看到了他的老婆潘・瓦卡羅站在他身邊，當時心裡不禁想著，『噢我的老天，這傢伙怎麼把得到這麼漂亮的女人？』」

瓦卡羅要展開他劍指AAU聯盟的計畫，而他需要查爾斯的幫助。「我注視著他。」查爾斯回憶，「我看了看他的妻子，接著又看了看他，又再看了看他的妻子，然後對自己說，『能和這麼漂亮的女人結婚，這男人一定對自己要做的事胸有成竹』。」

一九九六年，瓦卡羅與查爾斯組成搭檔，一起替愛迪達做了不少工作，拚命簽下籃球選手。在這段時間，查爾斯總是固定戴著一頂黑氈紳士帽與一副進口的太陽眼鏡，而瓦卡羅還是瓦卡羅，滿腦子想著與耐吉競爭的想法與動力。而他們現在只差一點，就能釣上一條大魚了。

喬・布萊恩當然也早就知道瓦卡羅就是搞定Air Jordan合約的男人，這也是為什麼那天被瓦卡羅親吻問候時，他的內心雀躍不已。

代表愛迪達一方，瓦卡羅與查爾斯很快地展示了合約內容，這份總值千萬美金的複數年合約，還保障科比第一年就可以獲得超過一百萬美金的收入。檯面下，愛迪達還額外付了十五萬美金的保證金給了喬・布萊恩這名「員工」，這幾乎是當年剛起步的愛迪達美國分公司的所有預算了。想起當年情景時，瓦卡羅表示，「我們給了喬・布萊恩一筆錢，科比對此非常感激。」

「所以我們現在搞定了嗎？」查爾斯記得那天在飯店房間，自己是這麼問喬・布萊恩的。「他看著我，我看著他，對他點點頭後，他接著回應，『都沒問題了』。」

雖然幾周後合約才會正式簽署，但在三月底的這間旅館房內，這份合約已經勢在必行，他們掃除了原本存在的所有疑雲，雙方達成了共識。

他們開始擁抱彼此。「老兄，」查爾斯說，「我們可真是幹成了一件大事，對吧？」

聽到這句話後，「豆豆糖」式的招牌微笑，在喬・布萊恩的臉上綻放開來。

圓球經典賽

一九九六年，瓦卡羅把他一手創立的圓球經典賽從匹茲堡帶到底特律，並以魔術強森冠名，將它改名為魔術強森圓球經典賽（Magic Johnson's Roundball Classic），這不但吸引了更多高中球星，還簽下一份更優渥的電視轉播合約，讓他們可以請到ＮＣＡＡ知名球評維特爾（Dick Vitale）來擔任球評。對愛迪達來說，這是個能夠展示自家新星並行銷新一代球鞋的絕佳機會。

布萊恩顯然是同期高中球員中最優秀的球員。災難性的高一球季後，他率領球隊在接下來的三個球季贏得七十七勝十三敗的成績。球場上的五個位置都難不倒他之外，還在美國大學委員會的考試得到一千零八十分，意味著美國不會有任何大學球隊將他拒於門外。高四球季，他平均攻下三十點八分、十二籃板、六點五助攻、四抄截與三點八阻攻，帶領勞爾梅里恩高中取得三十一勝三敗的戰績。結束高中籃球生涯後，他留下兩千八百八十三分的得分紀錄，令他超越張伯倫與利昂內爾．西蒙斯（Lionel Simmons），成為賓州東南部史上最高得分紀錄保持者。

在締造如此驚人的表現後，他被票選為奈史密斯年度高中最佳球員（Naismith High School Player of the Year）、開特力年度最佳男子球員（Gatorade National Boys Basketball Player of the Year）、入選麥當勞全美高中明星賽以及《今日美國》（USA Today）的全美年度最佳球員（USA Today's All- USA Player of the Year）。

播報圓球經典賽時，維特爾這位有著獨特風格的大學籃壇頂尖主播，除了驚嘆於這些年輕的未來之星，也就是他口中的「小大人」（Diaper Dandies）之外，也熱烈地討論了布萊恩的成熟球風以及流利的義大利語。維特爾甚至還在播報時暗示觀眾，布萊恩可能會跳級成為職業球員。

那個周末，瓦卡羅把愛迪達董事長摩爾也帶來底特律針對合約進行最後的確認，而場上的布萊恩也沒有讓他失望。「從某種意義上來說，這就像是一次面試，」瓦卡羅說，「他表現得很精采，展現出他的本色。他在訓練時進行的練習賽打得很棒，也讓摩爾吞下一顆定心丸。」

比賽前一天，當瓦卡羅與布萊恩坐在一輛豪華轎車上時，被後者嚇了一跳。不論是他剃的光頭、言談的方式還是學到的舉止，都像極了喬丹，簡直就像他已經開始要接喬丹的班了一樣。

車上的他們剛參加完一場媒體發布會，布萊恩表現得有如喬丹般吸睛。回程途中，瓦卡羅也在談話間，提及了喬丹的大名。聽到瓦卡羅說的話後，布萊恩俯身靠向這位有著義大利血統、蒼老臉龐上掛著一對悲傷雙眼的的老人，告訴他，自己會變得比喬丹更厲害。「他對我說，」瓦卡羅回憶，「『我會變得比他還厲害。』」

布萊恩這番宣言，沒有意外地讓與他對話的瓦卡羅陷入了短暫的沉思。畢竟在那個球季，NBA其他球隊只能任由重出江湖、當時三十三歲的喬丹宰割，他帶領以野火燎原之姿席捲聯盟的公牛贏得當時史上最佳、七十二勝十敗的例行賽戰績。

在誇下如此豪語時，布萊恩當然知道瓦卡羅曾經與喬丹走過的風雨和共享過的榮耀。雖然覺得要他說到做到的可能性很低，但瓦卡羅還是認為，至少這代表著布萊恩比當年正要在NBA初出茅廬的喬丹要來得有自信多了。

二十年後回首當初，瓦卡羅認為愛迪達的傾力追求，給十七歲的布萊恩塑造出自認為喬丹接班人的自信。因此野心勃勃的布萊恩，早早就把喬丹當成自己的榜樣與目標了。

麥克．哈里斯負責在球鞋市場推廣球鞋，那年春天和布萊恩合作密切的他，記得科比家裡有個壁櫥，裡面裝滿了重要的研究資料。「這些錄影帶都是喬丹的比賽，」麥克．哈里斯說，「他會拿出這些錄影帶，來研究並學習他的動作。」

「看看我學到的新招。」有時布萊恩會對麥克．哈里斯這麼說，然後秀出他剛練好的新動作。

除了努力精進球技，他更努力地在扮演喬丹接班人的角色。

所以當年打造出**Air Jordan**系列的原班人馬，是希望簽下他後，他會成為下一個喬丹嗎？「布萊恩的潛意識接收到這個訊息，並不由自主地朝這個目標邁進，」瓦卡羅說，「而他也樂在其中。」

人們開始把他看成一個滿腦子幻想要追上喬丹、一夕爆紅的小屁孩，兩人之間的比較很快成為了這個年輕人的負擔。他不但不只是個愛作夢的青少年，更是被球鞋品牌炒作的產物，經由刻意挖掘、追求與培養後，才被冠上喬丹接班人的頭銜。對許多人來說，布萊恩在他們心中的形象就是如此。

這些來自外界的力量，無疑地是讓他走上接班喬丹這條路的推手。但是他追求目標的動力、面對難關的忍耐力，與這些外在因素無關。這是他的本質，是無法勉強或裝出來的。瓦卡羅覺得，這就是科比最真實的一面，並不是受到外界影響，讓他為了實現青春期的虛幻夢想才刻意模仿喬丹。

科比通過了底特律的考驗後，在選擇經紀人而引起的激烈爭辯中，他又惹上了新的麻煩。隨著四月到來，布萊恩一家在紐澤西與瓦卡羅碰面，討論他們想出的「布萊恩團隊」（Team Bryant）模式，希望能由他們擔任兒子的經紀人。

「我們替科比想了一個計畫，」萊恩斯記得，「我們將這個計畫取名為『布萊恩團隊』。這是一個把科比和家人綁成生命共同體的計畫，他開始賺錢後，不管他在做什麼，過著什麼樣的生活，全家人都要獲得一樣的待遇。這是一個在賭場工作的市場總監想出來的主意。」

這次會議安排在紐澤西州的大西洋城（Atlantic City）。「在這裡事情開始有了些變化，」一個熟悉當時內情的人說，「當時他快要參加選秀了，所以他們家人便組成了一個經營團隊。那個年代，很多球員背後會有一個團隊替他們出謀劃策，而通常這個團隊的成員都會是他們的家人。潘是個友善的好人，但我敢說這一定是她搞出來的。科比已經想自己當家作主了，他們卻想把他牢牢地握在手心裡。」

「於是我們便來到大西洋城，」萊恩斯回憶，「準備和同樣會到場的瓦卡羅開會。」

「很多人在知道這孩子即將成為職業球員後，就想取代我的位置，」瓦卡羅回憶，自己在那場會議中舌戰群儒，「他們想自己搞行銷。所以一夥人盛裝出席，就連科比的姨媽都來了。不過不管來了多少人，潘永遠是他們的老大。」

雖然這次會議並沒有鬧得雙方都不愉快，但還是有些一觸即發的氣氛，因為這批人不但帶了一名律師來，還想要親自挑選科比的經紀人。萊恩斯回憶，當時瓦卡羅對於經紀人的人選已經有安排了。「瓦卡羅就坐在那裡，」萊恩斯回想著當時的情形，「經過了大約十五、二十分鐘後，瓦卡羅說，『科比，我說最後一次。如果你沒有和我們的人簽經紀人合約，就沒辦法從愛迪達拿到一筆價值一百萬美金的簽約紅利』。就從這裡開始，大家的神經都緊繃起來了。」

「他們會搞出這個『布萊恩團隊』的目的很簡單，」瓦卡羅回憶，「就是想從科比身上賺到的錢抽成百分之二十，用這些錢爽爽過一輩子。我沒辦法說得更準確了，這就是他們的計畫。」

「他在處理這件事上展現出強硬的行事手腕，」提起當時的瓦卡羅時，萊恩斯這麼說，「他來去如風，停留在這裡的時間不超過三十分鐘。他沒留下來吃晚餐，沒有在他們身上耗費額外的時間。他只給你兩個選項，要嘛就簽約，不要就拉倒。不然其實我們本來還打算帶另一個紐約的經紀人來開會的。」

事實上，瓦卡羅已經替布萊恩請好兩名經紀人了。第一位是威廉莫里斯事務所（William Morris Agency）的瑞克·布萊德利（Rick Bradley），會聘請他，是因為布萊恩想涉足音樂與娛樂圈。瓦卡羅說，這間經紀公司負責處理他的球鞋合約。

第二位則是瓦卡羅的好友，來自洛杉磯的泰倫（Arn Tellem）。他負責與球隊簽定與球鞋合約相較之下無利可圖的新秀合約。

當時還沒有人想得到，但聘請泰倫作為科比·布萊恩的經紀人，對他在職業生涯的成功上發揮出至關重要的影響。比起他有的任何技能，大家都沒預料到，他和在湖人管理層工作的「Logo Man」威斯特之間的密切關係反而更加關鍵。

雖然布萊恩團隊那天從紐澤西無功而返，但他們並未放棄。過了幾天，查爾斯結束工作後，發現喬·布萊恩早已等候他多時了。

「我想這件事甚至連瓦卡羅都不知道，」查爾斯說，「那天喬·布萊恩開了一輛禮車來接我下班，我一從辦公室離開，就發現看著我的他，身邊還跟著幾個經紀人。他要我上車，接著他們載我去吃晚餐，並打算拉攏我。」

查爾斯眼神堅定地望向喬·布萊恩，告訴他，「經紀人的位子是泰倫的，你們誰也動不了他。」

「好吧。」喬·布萊恩最後只能妥協。

不久後，科比與家人最終與愛迪達在紐約的Il Vagabondo餐廳簽下經紀約。合約簽好後，科比似乎像衝動購物的買家般，有了一絲想反悔的心情，拋出一個問題給這位鞋界大老。「瓦卡羅先生，」他說，「如果我要去杜克大學，這份合約還算數嗎？愛迪達還會付我這些錢嗎？」

「不會，」瓦卡羅記得自己對這位青少年這麼說，「我們會把這份合約和這筆錢交到學校手裡，交給杜克大學和『K教練』。」

「真的假的？」布萊恩回應，「那我做了一個正確的決定，對吧？」

瓦卡羅印象很深刻，他當時真的被科比對業餘競賽規章的無知程度嚇到了。「直到那時他才明白這一點，」瓦卡羅說，「我從來沒跟他討論過學校和教練會怎麼瓜分這類球鞋代言合約的錢。雖然一九九六年時，也的確沒有理由要一個高中生煩惱球鞋合約的事就是了。只是他這幾句話透露出，如果一樣能拿到錢，他可能會去上大學。」

不過生米已經煮成熟飯，簽下這份合約、跨出這麼一大步的他已經走不了回頭路，而他還得面對關於未來的許多問題。

查爾斯記得，在布萊恩下定決心後，他曾與這位年輕球星一同在百老匯漫步的情景。

「我們走在路上，還有人認出了科比，」查爾斯回憶，「走著走著，他問了我一個問題：『你覺得我會在選秀第幾順位被選中？』」

查爾斯告訴他，跟他同位置的球員，起碼會有兩個比他更早被選上。

「其中一個是安東尼・沃克（Antoine Walker）。」這位AAU教練說。

「我比安東尼・沃克還強，」布萊恩回應，語氣中突然有了些火氣，「你在胡說什麼？」

查爾斯記得當時他停下腳步，注視著這個青少年並在心裡這麼想著，「就是要這麼帶種的人，才賺得了這麼多錢，我想我們真的是押對寶了。」

「安東尼・沃克可是才剛在肯塔基大學拿下NCAA全國冠軍，」查爾斯提醒他，「而且他有六呎八吋。」

「但我還是比他強。」布萊恩顯然語帶惱怒地回應。

「好啦，」查爾斯沒有繼續爭下去，「你說了算，來，我們繼續走吧。」

查爾斯告訴布萊恩，另一個可能會比他更早被選中的同位置球員，是出身維拉諾瓦大學的後衛基透斯。

「我可以預期會有球隊在選我之前先選走他。」布萊恩回應。聽到這句話，讓查爾斯又停下了腳步，思索這名年輕球員到底已經對自己的競爭者進行過多麼全方位的評估。

後來布萊恩在選秀時得到了一個絕佳歸宿後，回想起當時對話的查爾斯笑了起來。「在我眼中，」查爾斯說，「他是個很棒的年輕人，聽父親的話，也尊敬父親和他的家人們。父親說過的話，都被他牢牢記在心裡。他就像塊海綿，把所有東西都吸收到腦海裡。」

布蘭蒂，妳是個好女孩

「我們得把你的畢業舞會搞得盛大一點。」那年春天，「大麥克」（Big Mike）對布萊恩這麼說。

「大麥克」是麥克．哈里斯，也就是貝斯特運動諮商這間體育娛樂行銷公司的老闆。像是雷．路易士（Ray Lewis）、西米恩．萊斯（Simeon Rice）這些國家美式足球聯盟（National Football League, NFL）的球員，以及紅透半邊天的R&B樂團「大人小孩雙拍檔」（Boyz II Men），都是他們的客戶。

科比在十幾歲時學會開車後，他最常開的就是父親的BMW。有鑑於過去父親的教訓，他的母親總是會再三確認兒子有沒有把駕照和行照帶在身上。她警告兒子，開著一台昂貴的豪車，加上駕駛者的膚色與年紀，都很可能讓他樹大招風、遭到警察盤查。果然沒多久後，他就遇到臨檢了。他高四時得到了一台SUV休旅車，也同樣被母親告誡了一番。然而麥克．哈里斯記得，那年春天布萊恩不論去哪，都是騎自行車。在將純真無邪的年華賣給職業籃球舞台的前夕，布萊恩或許想藉此抓住青春的尾巴，而在成為職業球員的許多年後，他都再也沒有享受過這種青少年時期無拘無束的滋味了。

麥克・哈里斯的住所離布萊恩家有幾英哩的距離，但布萊恩卻甘願踩著腳踏車來到他家，和他在傍晚四處閒晃，直到深夜才又騎著腳踏車回家，消失在夜幕之中。

麥克・哈里斯覺得這很危險，但布萊恩覺得這沒什麼。

麥克・哈里斯是在那年冬末和隔年春天透過共同好友與布萊恩開始變熟的。而這個搭起兩人友誼橋梁的前維吉尼亞大學跑衛名叫華盛頓（Jerrod Washington），他當時已經和布萊恩的姊姊夏莉亞訂婚了。

起初為了提升這位青少年籃球明星的知名度，麥克・哈里斯覺得讓他和R&B的明星歌手莫妮卡（Monica Arnold）約會是個不錯的主意。

但布萊恩卻告訴他，「老兄，我比較喜歡布蘭蒂。」

麥克・哈里斯知道布萊恩向來實話實說。他在那年春天開始跟布萊恩出去玩、看著他進行艱苦的訓練，然後每天下午，後者都會衝回家，和姊姊們準時坐在電視機前收看《Moesha》這部由布蘭蒂主演的新影集。

由於布萊恩是位有望成為籃球明星的客戶，因此麥克・哈里斯想出了一個計劃。

首先，麥克・哈里斯為布萊恩安排了一個與「大人小孩雙拍檔」成員見面的機會。於是這個想盡可能推廣科比的人，打給了將要在四月下旬的精華嘉年華音樂節（Essence Festival）於麥迪遜廣場花園登場的樂團成員們。

「我會把他帶去音樂節。」他說。聽到這個消息的樂團成員，也覺得這是個很酷的主意。因此原本在早已行程滿檔、預定要宣布跳級挑戰NBA的四月最後一個禮拜，年輕的布萊恩又多出一個行程。飛往曼哈頓（Manhattan）下榻於四季酒店（Four Seasons）後，他和這個樂團一起坐上禮車，還去錄製了頒獎典禮的節目。見到荷莉・貝瑞（Halle Berry）、泰拉・班克斯（Tyra Banks）、唐妮・布蕾斯頓（Toni Braxton）與許多明星，看得布萊恩兩眼發光，而這些明星日後都成為了他在演藝圈的熟人。布萊恩後來說，那個晚上他看著身邊這些大明星，激動地四處張望。

活動結束後，他們一回到四季酒店，麥克・哈里斯就打了通客房電話給布萊恩，要他來「大人小孩雙拍檔」成員溫亞・莫里斯（Wanya Morris）的套房。他還告訴布萊恩，另一位成員麥克・麥凱瑞（Mike McCary）也在。

「我沒讓科比知道布蘭蒂也會來。」麥克・哈里斯回憶。

布萊恩走進了溫亞・莫里斯的房間後，才看到了他心心念念、原本只存在於電視節目中的偶像布蘭蒂，他樂瘋了。布萊恩事後也承認，這是他人生中最緊張的時刻之一。

「我的天，我的老天爺啊！」他一遍又一遍地驚呼，大家也看著興奮的他笑了起來。事實上，麥克・哈里斯覺得他的表現恰到好處。

當時，溫亞・莫里斯有在和布蘭蒂約會，因此麥克・哈里斯記得，他並不怎麼願意讓布萊恩把她帶去出席別的場合。

「但畢業舞會真的是件大事。」麥克・哈里斯對他說。

於是溫亞・莫里斯才心不甘、情不願地同意，接著在當天晚上晚些，布萊恩便與麥克・哈里斯討論邀請布蘭蒂參加舞會的想法。麥克・哈里斯回憶，的確，當時布萊恩還有一位正牌女友喬瑟琳，但這個既年輕又沒見過大場面，還有著濃厚學生氣息的女孩，實在不符合當時布萊恩需要一個遠近馳名的舞伴來替他打開知名度、替未來製造更多機會的需求。

「跟我討論這些，說得好像我有可能會拒絕一樣。」科比說完後，麥克・哈里斯便打給了布蘭蒂。

「布蘭蒂、布蘭蒂、布蘭蒂，」他連聲呼喚，「我的朋友科比想邀請你參加他的畢業舞會。」

就這樣，在布蘭蒂的母親致電聯絡了科比的母親後，這個大計畫正式啟動。就連潘也對這個計畫感到非常高興。

來到費城的隔天晚上，「大人小孩雙拍檔」參加了一場名人籃球賽，還邀布萊恩加入當他們的「外掛」。他用一記氣勢磅礡的灌籃炒熱了氣氛，活動結束後，也得到了第一次與布蘭蒂獨處的機會。

毫無意外，他馬上被迷住了。與他相仿，她也正追逐著自己在演藝與歌唱事業的夢想，並為此放棄了童年與上學的歡樂時光，接受家庭教師的個人指導。在布萊恩心裡，她是這麼地平易近人，卻又是如此耀眼迷人。

兩人的母親開始聯繫後，也聊得非常投緣，因此他們就順勢開始約會了。布萊恩幾乎每天都會打給他這位新朋友，而麥克．哈里斯說，平常不愛接電話的布蘭蒂，也會反常地接起布萊恩的來電。

接下來幾個星期，麥克．哈里斯領略到年輕的布萊恩內心裡蘊藏著多少企圖心。有時他會在外頭待到凌晨一點才回家，但不論他多晚回家，每天早上都會進行令人難以置信的嚴格鍛鍊。

老實說，麥克．哈里斯覺得這有點非比尋常，也做得太過頭了。

布萊恩滿腦子都在想著要如何朝ＮＢＡ的目標衝刺，也思索著要如何與職業球員抗衡。

他還告訴麥克．哈里斯說，自己能夠打敗當時效力於國王隊的明星後衛，也是一九九五年明星賽ＭＶＰ的里奇蒙（Mitch Richmond），甚至大言不慚地宣稱：「就連『小蟲』羅德曼（Dennis Rodman）也守不住我。」

「你瘋了是吧？」麥克．哈里斯把這句話藏在心裡，「他遠比我和任何人，都更相信自己。」

雖然麥克．哈里斯沒有相信他的狂言，但畢竟科比是他的客戶，也不好當面戳破他。接下來，就如麥克．哈里斯所希望的，勞爾梅里恩高中在貝爾維尤酒店（Bellevue Hote）舉辦的畢業舞會，可說是盛況空前。

球員和家長中有些許雜音指出，布萊恩和他的耀眼舞伴把這場畢業舞會變成了他的個人秀，但事實上這些批評他的人，在這個盛大舞會到來時，卻也欲拒還迎、乖乖地排隊合照。

《時人》雜誌（People）與許多其他單位的記者，甚至就連內容農場的體育寫手，都來到了現場。布萊恩差點就讓他們失望了，他和傑曼．葛瑞芬看籃球影片（不然還能看什麼？）看得忘記了時間。他們匆匆穿上了晚禮服，接著傑曼・葛瑞芬與當時還是勞爾梅里恩高中學生的七六人總教練約翰・盧卡斯之女同行、布萊恩則把布蘭蒂摟在懷裡出現在眾人眼前。他們與布萊恩的好友、留著長髮的馬特科夫（Matt Matkov）坐進禮車。不過後者在舞會開始前的最後一刻被舞伴拋棄，所以他們在這個盛大的晚會中花了很多時間在安慰他。

萊恩斯說，在這個初次約會前，布萊恩與布蘭蒂其實先試約過一次，去了貝瑞・懷特（Barry White）在大西洋城舉行的音樂會。值得一提的是，音樂會的門票錢與當晚飯店住宿的費用，都是由那位出資金援他們AAU球隊的醫生支付的。他們漫步在人行道上並欣賞著煙火。而畢業舞會隔天，布萊恩一家人與布蘭蒂母女又回到了大西洋城，來尋找更多樂趣。

就如同麥克・哈里斯所期待的，布蘭蒂在那個周末前來參加布萊恩的畢業舞會，讓科比的知名度大大提升。接下來的好幾個月甚至好幾年，許多人物介紹的文章只要寫到他，就會提到這段經歷。

很快地，布萊恩就像情竇初開的青少年一樣，喜歡上了這位與自己約會的大明星。

「這很正常，」麥克・哈里斯說，「他迷她很久了，當然會有很多遐想。」

就像布萊恩的癡情與布蘭蒂對布萊恩的好感會讓溫亞・莫里斯醋意橫生一樣，也是很正常的結果。

「所以溫亞・莫里斯就找上我了，」麥克・哈里斯回憶起這件事，還笑了出來，「我盡可能試著遠離這些桃色糾紛。不過隨著科比打出名堂，他會越來越有名氣，當然，也會有越來越多女人找上門。」

「而她確實也很有魅力。」麥克・哈里斯如此評價著布蘭蒂，「她是位非常機靈的年輕女性，也難怪這兩個這麼受歡迎的年輕男子會拜倒在她的石榴裙下。」

在周遭對布萊恩跳級挑戰NBA的討論聲浪中，麥克・哈里斯有個在《ESPN》工作的朋友，在電視採訪中問他，「你覺得他有這麼厲害嗎？」

聽到這個問題，麥克・哈里斯說他決定賭一把。他打的如意算盤是，如果科比真的實現了他的野心，成為一名偉大的球員，那大家就會對自己的神預測印象深刻。就算布萊恩失敗了，也不會有人在乎他在一九九六年說過了什麼。

「終有一天，人們會將科比與喬丹相提並論。」麥克．哈里斯告訴這位《ＥＳＰＮ》的朋友。

「我想我自己也這麼相信著，」麥克．哈里斯說，「雖然他看起來有些內向，卻有著遠大的夢想，也在找尋著能夠支持他的夢想的人。他從一開始就與眾不同，對待事情的方式也與別人不一樣。他非常有自信，這一點不論是我還是其他人都遠遠比不上他。」

雖然鎂光燈都照在布萊恩身上，但其實還有另一位高中球員也在同年決定挑戰ＮＢＡ，他是傑曼．歐尼爾，一名身高七呎的大個子，看起來風險比身為後衛的科比小多了。在布萊恩決定宣布動向前幾個星期，人們對於兩人的抉擇爭論不休。曾和布萊恩較量過、後來加入杜克大學的卡拉威爾（Chris Carrawell）告訴記者，他認為布萊恩做出了錯誤的決定。「我能理解金錢的誘惑有多大，但上大學對他比較好。他至少得在大學打三年。我不覺得他們在心理與生理上都準備好了。」

親眼目睹布萊恩在那個夏天與職業球員分庭抗禮的馬洪，與前者有著截然不同的看法，覺得他要挑戰ＮＢＡ一點問題都沒有。「如果這就是他想要的，他已經準備好了，」馬洪說，「這一點是毫無疑問的。」

布萊恩承認另一個讓他想盡快成為ＮＢＡ球員的情感因素，是他的昔日偶像魔術強森為了和喬丹再度交手而復出。亟欲和他們兩人對決的心願，成為他另一個想盡快前進ＮＢＡ的動力來源。

「我想進入ＮＢＡ和他們比試一番。」他後來揭露了這個原因。

四月二十九日，崔特曼幫助學校準備好一個記者會。在這裡，這位年輕的籃球之星將會宣布自己的決定。記者會在勞爾梅里恩高中的體育館舉行，不論是當地還是諸如《華盛頓郵報》（Washington Post）、《ＥＳＰＮ》與《紐約時報》的全國性媒體，都聞風而來。

在那個特地喬好、讓各家媒體在記者會結束後可以趕上做好節目在晚間新聞播放的時刻，穿著他爸那件精緻的棕色夾克，在剃光的頭頂上掛著一副太陽眼鏡的布萊恩走上了舞台。這是在愛迪達付了一大筆錢希望他能成為籃球之神接班人後，他第一次如此悉心打扮地出現在眾人眼前、試著扮演好自己的角色。然而與二十二歲的喬丹在迎接自己第一次大場面時，就展現出他一絲不苟的招牌態度不同，在鏡頭前的布萊恩，卻不斷咯咯傻笑，表現得幾乎只比假笑好一點。

他的隊友坐在他身後，擺出各種姿勢，享受著面對各大媒體的這一刻。這時，舒瓦茲想起他們在這棟體育館裡，和布萊恩一起完成過許多刻苦的訓練。「我記得當時看著他，心裡想，『這裡有這麼多相機對著他拍，桌上大概還有二十五支麥克風吧』，結果呢，這傢伙居然在致詞時把太陽眼鏡戴在額頭上，讓這個原本嚴肅的夜晚都顯得搞笑了起來。誰會在記者會把太陽眼鏡戴在額頭上啦？又有誰會在室內戴太陽眼鏡啊？」

「體育館裡真是人山人海啊。」崔特曼想起這段回憶，也笑了起來。

布萊恩剃的光頭，在閃光燈下閃閃發光，布萊恩走近那排麥克風，停頓了一下，接著又笑了起來，隨即宣布，「我已經決定不上大學了，要把我的天賦帶到ＮＢＡ。我知道自己得格外努力，也知道這是很大的挑戰，但我辦得到的。」

「這是一生只有一次的機會，我得趁自己還年輕時就抓住它。我不知道自己能不能就此平步青雲、摘下天邊的皎潔星月，但就算因此失敗墜落深淵，我也在所不惜。」

當晚布萊恩的口出狂言，對日後造成了重大的負面影響。這本應是他第一次將自己隆重介紹給全世界的機會，卻留下了不好的印象。並在接下來的二十年，只要有媒體單位想要證明他的傲慢無禮，這個片段就會被反覆放送。

不過崔特曼與舒瓦茲都說，科比的用意其實非常單純。他只不過是太年輕，想要享受當下，想要試著裝酷，只是經驗不足加上緊張，所以表現欠佳。

「我覺得因為他知道茲事體大，所以力求表現得有點過頭了。」舒瓦茲說，「我覺得他知道事情的重要性，也知道自己在幹什麼，只是他想表現得有趣一點而已。我個人倒是挺喜歡他這個風格的。」

「他的發言有點誇大其辭，他其實是想製造一點娛樂效果，」舒瓦茲補充，「你知道的，有些人可能會買帳，但也有些人不吃這一套。我認為這取決於你對他的了解程度。如果你對他的第一印象是一個記者會時在頭上戴著太陽眼鏡的高中生，那的確不會馬上喜歡上他。」

布萊恩一家曾經在記者會公布決定前沙盤推演過應對負面評價的對策。然而崔特曼說，他們絕對想不到會有這麼大量的負面聲浪。「感覺就像媒體是刻意針對他，沒有理由地針對。」

《體育新聞》（The Sporting News）雜誌的專欄作家迪庫西（Mike DeCourcy）寫道，「我不確定為什麼大家要這麼在意他有沒有準備好這樣的生活，因為他身邊的人顯然並未準備好。」

在費城的體育談話性廣播節目《WIP》中，評論員艾斯金（Howard Eskin）對布萊恩與他跳級挑戰NBA的批評，最令崔特曼感到惱火。「他狠狠地批評了科比，然而他從未看過他打球。」這位助理教練說，「他只不過是紙上談兵、提出理論解釋他們為什麼會不上大學。他認為喬．布萊恩是幕後主使者。」崔特曼說。

「他們不了解我，」布萊恩在那個星期對崔特曼說，「他們不知道我有多麼渴望達成這個目標。」

這時候，喬與潘．布萊恩夫婦正努力在這個決定發表會後，替兒子的宣言往好的方向解釋給記者聽。

「不管他選擇怎麼做，我們都會支持他。」潘說，「不管他要上大學還是去打NBA，我們都會做他的後盾，我們一直以來也都是這麼做的。這是科比的決定，他有自己的目標，而我們也會一直支持著他。」

一位記者提出質疑，喬．布萊恩是否不讓兒子為自己的決定做主，只因他想藉由兒子的人生來實現自己的人生。

「照你這麼說，那麼科比就會去拉塞爾大學打兩年球，找個老婆然後生三個小孩組成一個家庭了。」潘說，「這才是喬．布萊恩的夢想，對我們來說也是皆大歡喜。他已經在NBA打過球了，不需要靠任何人來實現自己的目標。」

「很幸運我曾經是個圈內人，知道他要到NBA試水溫時會遇到哪些情況。」喬．布萊恩對媒體說，「有很多家長們是對此毫無頭緒的。我覺得人們不能因為我已經在NBA探過路、比其他人更了解NBA就反過來攻擊我。我跟很多人聊過，也跟很多人打過照面，因此能有位能夠熟悉環境的父親，對科比來說是很幸運的事。嘿，我也很希望科比讀了四年高中之後能上哈佛大學（Harvard）啊，但這種事有可能嗎？他會想在大學多待一或兩年嗎？打NBA是科比的夢想，這是他的人生，所以這也是他的選擇……我對兒子堅信不移。沒有懷疑，只有支持，與許許多多的愛。」

喬．布萊恩提醒記者，他的兒子有著空前獨特的成熟特質。「在義大利的生活是關鍵之一。」這位父親表示，「我們的孩子在那裡學會成熟與負責的態度。這些批評他的人，真的不夠了解科比。他是個特別的孩子，也知道自己想做什麼、能做到什麼。」

「我們夫妻結褵已經二十四年了，」他補充，「我們經歷了風風雨雨，而這就是人生的一部分。但最重要的是，我們希望把自己的孩子，養育成比我們更好、更強大的人。」

「我覺得媒體的反應震撼了科比，」崔特曼說，「我覺得選秀會後在洛杉磯出現的負面評價，也有震撼到他。不過他夠成熟，了解人們本來就有喜歡對別人品頭論足的天性。所以他說他不在乎，他也將這些批評當成動力，激勵自己更加努力。」

崔特曼回憶，還是有人們支持著這個家庭的。「支持他的人，都是些真正重要的人。像是他的叔叔、祖父母與雙親、好友，以及勞爾梅里恩高中的教練團與隊友們。」

潘也讓媒體知道，她對於職業體育聯賽的文化有些擔憂，「對毒品、酒精與倒貼的女人感到憂心」。不過，她話鋒一轉，「孩子們在高中時期就已經暴露在這些威脅之下了。而科比是個成熟穩重的年輕人，也總是專注於真正重要的目標。我不擔心科比或我家其他的孩子，畢竟我們的家庭教育給他們打下了良好的基礎。」

回想起來，儘管開始得有點早，不過這一刻也許是科比．布萊恩職業生涯的關鍵。溫特（Tex Winter）這位在喬丹的職業生涯中扮演重要角色的教練，最終也成為布萊恩的良師益友，因此他時常會比較這兩名球員並探究他們的偉大起源。這位名教頭總結，他們之間有很多不同之處，而最大的不同，是喬丹在大學裡經過了三年歷練，並在講求紀律的汀恩．史密斯麾下學到如何打好團隊籃球。溫特相信，就是這樣的背景奠定了喬丹日後在公牛成就霸業的基礎。

溫特日後與布萊恩之間建立了非常良好的情誼，也十分欣賞他對籃球堅定不移的付出，但他也相信布萊恩缺少了在大學磨練的經驗，最終導致他無法達成他的終極目標、成為史上最佳球員的不二人選。

溫特的觀點引出了一個關於一九九六年春季的問題：如果布萊恩雙親更關注的不是NBA而是大學與布萊恩的人格養成，事情會如何發展呢？當然，這個問題沒有人能夠回答。事實也證明，因為他有著無與倫比的堅定決心，令他依然有一個成就卓越的職業生涯。

年輕的布萊恩就這樣踏出了大膽的一步，走進了職業聯盟，他曾經覺得自己一度很難出頭，但他也很快地在比賽中把握住機會，締造了前所未有的成就。不管是好是壞，他都設定好了自己該走的道路，並在他堅定的意志帶領之下，不遺餘力地掃除所有障礙、達成所有未完成的目標。

「我們願意一年給他一百萬並額外給喬．布萊恩一筆錢，就代表著我對他的信心。」瓦卡羅說，「在他宣布要加入NBA、在選秀會被選中之前，我就給了他該死的一百萬。我給了他這麼多錢，就知道我有多愛這名球員。」

隨著一切條件在四月備齊，接下來瓦卡羅要做的，就是找出如何讓一個十七歲的孩子在NBA選秀首輪便雀屏中選的方法了。

第十七章　星光大道

一九九六年選秀會，除了經歷過一番往年都有的勾心鬥角，也因為時間證明這個梯次中最好的球員是當時沒上過大學、年僅十七歲的孩子而顯得更加戲劇化。當時沒有多少球隊能預見這一點，只有洛杉磯湖人與費城七六人例外。其他球隊雖然在球探報告與試訓時都對他印象深刻，但還是不願意以高順位選秀權選擇一名像科比．布萊恩這樣的球員，也是可以理解的。

一直以來，大家都認為ＮＢＡ是只有成熟男人才應付得來的聯盟，這些球員得有發育成熟的體魄與得來不易的大賽經驗。一九九六年以前，ＮＢＡ已經營運了四十個年頭，僅有六名球員在高中畢業後直接進入ＮＢＡ，而他們不但大多都是長人，成就也有好有壞。

一九四〇年代與二次世界大戰時期，隨著職業籃球演變成現在的ＮＢＡ，讓當時一些青少年們打開了進入籃球殿堂的大門。不過在那個年代，許多球員都是實質意義上的「老將」，因為他們都曾在二次世界大戰服役過。他們知道要如何爭取每一個球隊席次，這也代表沒有留下多少機會給年輕人。

康尼．西蒙斯（Connie Simmons）與格拉伯斯基（Joe Graboski）是當時少數的年輕球員，他們後來在ＮＢＡ展開了漫長的浪人生涯。然而大多時候，職業球隊並不喜歡年輕球員。

一九四〇年代晚期與一九五〇年代初期，要成為職業籃球員，得背負很高的風險。那時不但球迷少，媒體也不怎麼關注，或許只會在當地報紙很後面的頁數中才被提到一小段。ＮＢＡ一開始叫做全美籃球協會

（Basketball Association of America, BAA），一九四六年，聯盟只有十一支球隊，更很快地縮減到只有八支球隊在苦撐。當年人們會打大學籃球，主要目的除了賺取獎學金之外，就是得到校友的一點金援了。畢竟當年職業籃球員的薪水，只比挖水溝的工人好一點。因此這些球員大多數在休賽季期間還有其他斜槓事業，甚至還得在飯店時的洗手台洗自己的球衣。當然，前提是他們要有飯店可以住才行。

放棄受教權去追尋職業籃球的殘酷夢想，對當時的男孩來說不但是個賺不了多少錢的選擇，更像是在月球漫步般虛幻的夢想。相較之下，大學籃球有吸引力多了，就連媒體都關注著大學籃球的賽事。

那個時代的ＮＢＡ設立了許多保護機制來保護大學籃球。當時的ＮＢＡ很快就通過了一項規則，規定如果球員提早離開大學，那麼得要等到你大學畢業的年紀才能獲得打ＮＢＡ的資格。當時以低位進攻與驚人身體天賦聞名的張伯倫，在堪薩斯大學（University of Kansas）效力兩個球季後就於一九五八年離校，而不被允許立刻在ＮＢＡ打球。

因此他只好加入哈林籃球隊，直到與他同年級的學生畢業，他才能加入當時的費城勇士。當時ＮＢＡ一直以相同的方針對待大學球員，直到沒有禁止球員棄學成為職業球員的ＡＢＡ在一九六七年成立，才有所轉變。

摩斯．馬龍於一九七四年直接在高中畢業後投入ＡＢＡ，後來才轉戰ＮＢＡ，在日後成為名人堂球員。其他案例，像是七六人的道金斯，也就是喬．布萊恩的前隊友，就是因為太早進入ＮＢＡ，在這個與大人競爭的世界中苦苦掙扎，從未實現過他們的潛能。

總體而言，職業球隊在一九八〇年代有著盡可能避免引進年輕球員的風氣，尤其是高中畢業後想直接挑戰職業球員的人。不過ＮＣＡＡ在一九八三年決定採用更嚴格的新規則，對學業成績有更高的要求。而這項規則在後來幾年也變得越來越嚴格，這讓出身背景較不佔優勢的球員在大學籃壇會越來越難以立足。因此這類球員大部分先去了專科學校，提升他們的成績與球技後，再來到ＮＣＡＡ一級的學校打球並完成學業。

當年如此嚴苛的學術環境，迫使六呎十一吋的賈奈特不得不劍走偏鋒，在一九九五年從高中畢業後直接挑戰NBA，這也影響了布萊恩的決定。

雖然當時這種提前挑戰NBA的行為是受到允許的，但還是有些許阻力存在。這些阻力不僅來自於部分NBA球隊與媒體，更出自於NBA總裁史騰。

當時的七六人球探部門總監迪里歐，記得史騰曾表示自己不希望「NBA球探出現在高中體育館」，因為僅僅是他們的存在，就有可能誘導年輕球員做出錯誤的決定，並在未來走上錯誤的道路。他這麼做也是希望能保護聯盟本身，避免讓太多空有潛力但年輕不成熟且對職業生涯毫無準備的球員湧進聯盟。

在二〇〇〇年代中期，史騰與NBA球員工會達成協議，禁止太過年輕的球員直接挑戰NBA，也禁止NBA球探去高中或AAU比賽觀戰。

不過一九九六年時，相關規定尚未改動，而喬・布萊恩也早已談好條件，決定在那年春天奮力一搏。他知道七六人有狀元籤，因此他拜託老朋友迪里歐，請他讓科比進行一次非正式試訓，以便為此後接受其他球隊正式測試做好準備，拿出好表現以供球隊評估。

「喬・布萊恩只是希望藉由不同的人與他一起測試，這樣或許能聽到不同的意見，」迪里歐回憶，「這樣科比就知道該對自己有什麼期望。」

此前迪里歐從未同意過這樣的要求，但他這次卻同意了。他已經見過布萊恩那個夏天在聖約瑟夫大學與職業球員在球場上一較高下，也看過他在高中打球的情形，因此他也對布萊恩的表現很有興趣。

迪里歐還找來了另一位在球隊擔任球探多年、也曾執教過喬・布萊恩的舒爾一同觀看。這次試訓沒有讓布萊恩與其他球員對抗的環節，只有進行幾個測試項目。迪里歐表示，如果你真要從布萊恩當時的球技中雞蛋裡挑骨頭，那這個弱點可能就是投籃。「他的投籃很不錯，不過你知道的，還有很大的進步空間。而光看他優美的投籃機制與敬業素養，就知道他的投籃變準也只是時間問題而已，所以這不是什麼大問題。」

這次非正式試訓從頭到尾，迪里歐都看著布萊恩，看著這位年輕球員使出渾身解數。這位球探回憶，「我和他一起訓練得越多，越能看出他內心蘊藏著多少動力，而正是這些動力，驅策他成為一名偉大的球員。從他訓練、聽取建議、吸收新知並很快將其實踐的這些方面，你都能看到這一點。」

舒爾與迪里歐都知道喬·布萊恩的能耐。也因此當他們看到他的兒子展現出絕佳的身體素質與純熟的技術時，都感受到了虎父無犬子的基因傳承。

「天賦與技術之外加上他的動力，結合成為一位特別的球員，」迪里歐說，「所有像是喬丹、魔術強森的偉大球員，他們對於偉大的追求，都有著難以置信的動力。有天賦的球員實在太多了，但他們未必具有這種心靈上的強韌、精神上的動力。這些偉大球員就具備這些條件，而我與科比試訓時，在他身上看到了這些。」

舒爾更對此毫不懷疑。兩位球探都認為這個少年應該是當之無愧的選秀狀元，這在當時是個非常瘋狂的想法。「我們覺得他就是有這麼好。」迪里歐說。

當迪里歐告訴喬·布萊恩特這件事時，他感到欣喜若狂。

儘管如此，迪里歐與舒爾都知道他們還得面對一些障礙，因為當時兼任總經理的約翰·盧卡斯教練被解雇了，由曾在波特蘭拓荒者工作的葛林柏格（Brad Greenberg）取而代之。

與其他專家們看法一致，葛林柏格也認為在這個天才薈萃的選秀梯次中，來自喬治城大學的艾佛森（Allen Iverson）才是狀元的最佳人選。二〇一五年受訪時，葛林柏格指出自己曾經在大學時期與喬·布萊恩交手過，也認為科比有著成為優秀球員的潛質。然而他覺得他的能力還有待開發，尚不足以成為選秀狀元。葛林柏格也證實，迪里歐與舒爾確實堅持認為布萊恩才應該是狀元。

「事實上是舒爾和我說服了葛林柏格，才能讓這孩子參加我們球隊的正式選秀試訓，」迪里歐回憶，「我說，『我們後院就有個天縱英才的少年，必須把他帶來試訓』。」

因此葛林柏格同意將布萊恩加進狀元候選人的名單。「我們只能期待把他加進名單後，他能在試訓表現得一鳴驚人，讓球隊能考慮用狀元籤選他，或是透過交易得到他。」迪里歐回憶。

在艾佛森替七六人進行首次試訓後，這幾位球探們更看好布萊恩了。「這很有趣，」迪里歐回憶，「因為艾佛森第一次試訓的表現實在糟糕透頂。我們得把他帶回來進行第二次試訓，他才在第二次機會中拿出更好的表現。」

就算如此，球隊的兩位球探依然沒有從艾佛森的表現上看到值得他們改變心意的要素。「我喜歡艾佛森這名球員，」舒爾在二〇一五年時表示，「這傢伙是個不可思議的球員，也絕對是聯盟最強悍的球員之一，但我還是更喜歡科比一點。」

布萊恩穿著大衣、繫著領帶來到試訓現場，換好球衣後，才再次投入七六人的試訓，表現也讓球探們讚嘆不已。

當時七六人還開始對接受試訓的球員進行心理測驗，替球員準備了各式各樣的問題讓他們回答之外，還安排了一次與心理學家的一對一面談。

「問的問題非常深入。」迪里歐回憶。

艾佛森、馬布瑞、布萊恩與其他幾位來七六人試訓的球員，都接受了心理測驗。事後傳出了有關布萊恩在當時這項測驗的結果中顯示出幾個危險訊號的流言蜚語，但迪里歐回憶，當時科比．布萊恩心理測驗的結果，並沒有傳遞出這樣的訊息。「他很聰明，也很有企圖心，有著成為偉大球員的人格特質。他非常專注，甚至到了偏執的地步。這樣的人格分析結果，看起來挺不錯的。」

也許是布萊恩的偏執，成了其他球隊的疑慮。迪里歐說出自己的看法後，補充說明或許這看在球隊眼裡是負面因子，但執著，正是驅使著偉大球員們在比賽中無比專注的動力，像是喬丹、魔術強森與威斯特，無一例外。

「我們提出了我們的看法，」舒爾回想，「但球隊已經下定決心，要選艾佛森了。」

畢竟葛林柏格對於科比還是感到十分陌生，迪里歐說，「他不知道我們所知道與科比有關的一切，可以追溯到很久很久以前的事情。因此這對他來說風險太高了，是個很大的賭注。我想對他來說，要以狀元籤作為籌碼的賭博，風險實在太大了。」迪里歐承認，「葛林柏格對於以狀元籤選擇一名高四球員的想法有些卻步，這我可以理解。畢竟還有其他像是艾佛森、馬布瑞與坎比（Marcus Camby）等人選，你懂的，有太多好球員可以挑了。」

因此針對這一點，迪里歐改變策略，轉而嘗試說服葛林柏格把北卡大學出身的史戴克豪斯作為交易籌碼，換回另一個高順位選秀籤，藉此挑選布萊恩。手握十三順位的夏洛特黃蜂隊看起來對剛在費城打完新秀球季的史戴克豪斯很有興趣。

「這就是我的策略核心，」迪里歐回憶，「史戴克豪斯有交易價值，他在新秀球季繳出一張不錯的成績單。而舒爾和我都覺得科比會比史戴克豪斯更好，所以我們才會爭取他。」

葛林柏格回憶，當時艾佛森看起來會與史戴克豪斯成為費城未來後場的完美組合。史戴克豪斯已經證明自己是名好球員了，但十七歲的科比卻還只是個問號。

迪里歐日後回首，事實證明，艾佛森與史戴克豪斯的組合並不順利。「他們的組合並不完美，他們是兩個很想證明自己的年輕球員，也需要有球在手，因此合作成果不如預期。」

對想像著如果事情朝另一個方向發展又會如何的七六人球迷來說，乍看之下，艾佛森與布萊恩的組合明顯也會在一起打球時遇到相同的問題。但迪里歐認為這兩種組合不能一概而論。

他說，像布萊恩與艾佛森這種真正偉大的球員，會找出能在球場上共存的方法，幫助彼此打得更好。他也補充，當時的七六人球迷是不會做出這種臆測的，因為根本沒有人知道七六人的球探部門有多想得到布萊恩。

「我知道這些事有多麼瘋狂，」二十年後語氣仍充滿著失望的舒爾說，「但我們在選秀會想得到的球員是科比·布萊恩，我們也讓負責操盤的人知道這件事。如果我有選秀的權限，那我絕對會選科比。他真的很不可思議，是個很棒的球員。不過，你永遠都不知道事情會如何發展就是了。」

當時賴瑞·哈里斯（Larry Harris）擔任密爾瓦基公鹿的球探，這支球隊在當年選秀會握有第五順位選秀權，他也在春天時看過布萊恩替勞爾梅里恩高中打的比賽。這是他第一次看到如此神通廣大的高中球員。

「我見過許多高中球員，但沒有人像科比一樣，」賴瑞·哈里斯回想，「他在場上打得優遊自得與輕鬆寫意。明眼人都看得出來他是場上最優秀的球員，但他還能讓身邊的人都打得更輕鬆。我的意思是，他就像球場上的魔術師，還有著絕佳的身材與一對長臂。我覺得，他看起來就像年輕的皮朋，看看他的移動方式、身形、高大且體能絕佳的身體素質與技術有多麼高超吧。他的跳投夠準，準到足以贏得防守者的尊重，而且他也有辦法隨時隨心所欲地左右開弓殺到籃下取分。」

賴瑞·哈里斯並沒有像當時的許多人一樣，把布萊恩視為一名自幹型球員。「他並不是那種球都要在他手上、每次進攻都要自己出手的球員，」這位球探表示，「就算他是全隊最好的選手，他也會傳球，幫助身邊的隊友打得更好。他是劃時代的球員。」

不過賴瑞·哈里斯在看過布萊恩那年春天在麥當勞全美高中明星賽的表現後，也產生了幾個疑問。「儘管科比很出色，也獲邀參加麥當勞全美高中明星賽，不過雖然一場比賽不足以判斷一名球員的優劣，但他確實沒有從中脫穎而出。」賴瑞·哈里斯回憶，「他很棒，但沒有主宰這場比賽。他看起來很瘦，你會懷疑他在ＮＢＡ能帶來什麼樣的影響力。」

賴瑞·哈里斯說明，今年有一批來自大學、天賦頂尖的球員投入選秀，他們不但經驗更豐富，身體也成長得更加成熟。

「如果你有選秀的前五或前六順位，雖然不是說科比不值得用這麼高的順位去選，但你忍不住會心生躊躇。當然在現在，看過他的生涯表現後再事後諸葛都很簡單，但在當時，當你看著手邊的數據，看著雷·艾倫與馬布瑞在大學的表現後，很難下定決心說，『好，我們要在挑選這些傢伙之前先選科比』。」

因此就與當年ＮＢＡ選秀會其他十二支球隊一樣，密爾瓦基公鹿也沒有選擇科比。他們挑了馬布瑞，旋即將他交易，換回雷·艾倫。

賴瑞·哈里斯說，除了上述提到的原因之外，費城還有另一個因素打擊到布萊恩的聲勢。那就是他的父親讓鄉親父老失望的陰影還遲遲未散，而像這樣的案例在ＮＢＡ也並不少見，這也使得ＮＢＡ球隊會想盡可能地避免招攬當地球員。「雖然這在ＮＢＡ沒有明文規定，」賴瑞·哈里斯觀察到，「但整體而言，要在選秀會中選擇當地的球員，你得非常小心，最好確定他跟你想的一樣優秀。要做出這個決定，最好是這名球員優秀得無庸置疑，優秀到讓西瓜來選都不會出錯。」

當地球迷的氛圍很快就會成為那名家鄉球員的壓力，賴瑞·哈里斯解釋，就跟之後羅斯（Derrick Rose）在芝加哥的處境相仿。「所有的期待、買票進場的球迷與親朋好友，都會成為你每天需要面對的壓力。我認為，這對一個無法承受並應對這些情境的年輕球員來說，有時候會是個巨大的負擔。」

因此或許葛林柏格不但救了自己與七六人，也救了科比·布萊恩，擺脫二十年前吞噬了父親的那種從期望變為失望的挫敗。

當年很多球隊測試過科比。許多年後，很多看過他試訓的人，會分享他們所見、有關他優異表現的故事。但事實上，他們都與七六人與公鹿球團一樣，並沒有在選秀會中選擇他。

選秀前夕，喬與潘·布萊恩夫婦與紐澤西籃網隊共進晚餐，看起來籃網幾乎確定會在第八順位選擇他們的兒子，夫妻倆也因此十分開心。他會在一個離家不遠又不會太近的地方打球，並會得到許多發揮空間。

然而，ＮＢＡ選秀會早已被證明是個能夠將剎那化為永恆的舞台。各種不確定因素，在電光石火之間來回反覆影響每個人，也因此幾個小時的時間，便漫長地有如恆久遠。

大手筆

偉大的吉姆・莫瑞（Jim Murray）在觀察威斯特後曾經說他「在行駛的火車上從車窗往外看都可以發現人才」。多年以來，威斯特將他的熱情與執著投入在湖人隊的比賽之中。一九七〇年代末期，他成為湖人總教練度過了不愉快的三個年頭後，轉戰管理階層，並瘋狂地不遺餘力為他深愛的這支球隊盡可能地尋找最優異的人才。他以魔術強森為核心、透過不斷補充具有天賦的新隊友，打造出球隊的「Showtime」時代，在那十年間讓湖人贏得五座冠軍。直到一九九一年的十一月，隨著魔術強森因感染ＨＩＶ病毒而宣布退休，一切才突然落幕。這支球隊因此經歷了一段艱困的時光，威斯特也不斷在尋找下一位能像魔術強森一樣完成他的理想的偉大球員。

一九九六年，他埋首於引進大中鋒「俠客」歐尼爾的艱辛任務。當時這位長人連續兩季在季後賽遭到對手橫掃後，已經對替奧蘭多魔術效力這件事越來越提不起興致。

由於威斯特一直專注於將歐尼爾納入球隊的事，當然沒空去看一個費城青少年的測試。威斯特日後解釋，球隊的計畫一開始並不包含布萊恩，他是後來的追加事項。

不過威斯特與經紀人泰倫是很熟的朋友，所以瓦卡羅指出，布萊恩能夠成為湖人一員，正是因為泰倫在那年春天創造了奇蹟。布萊恩將會來到洛杉磯加入湖人這支以數度稱霸聯盟為傲的球隊，這也成為他邁向偉大的重要關鍵。瓦卡羅也強調，如果布萊恩去了籃網或其他球隊，或許他還是有可能在與同位置球員的比較中成為在歷史留名的優秀球員，但瓦卡羅認為，披上湖人戰袍，卻能令布萊恩贏得總冠軍，也使他戴上史上最偉大後衛之一的光環。

這些事全都讓瓦卡羅在內心再度確定，堅持讓泰倫當布萊恩的經紀人是正確決定。若是交給「布萊恩團隊」提名的那位紐約經紀人，布萊恩很有可能會被籃網選到，而泰倫這傢伙卻有辦法讓他得到一次替威斯特試訓的機會。布萊恩壓根沒考慮過湖人，因為他們在首輪只有第二十四順位的選秀權。

碰巧當時泰倫家與威斯特家正在一同旅行。因此威斯特同意讓布萊恩接受湖人的測試，完全是出於與泰倫之間的友誼。

那一天，他在威斯特面前的表現好得驚人。與昔日湖人球員庫柏（Michael Cooper）和祖魯（Larry Drew）交手時，威斯特日後透露，這小子「把他們踩在腳底下」。

不久之後，布萊恩在預定回到洛杉磯替愛迪達拍攝廣告時，喬．布萊恩在某天早上告訴他，「我想你得再替湖人試訓一次了。」

湖人的第二次試訓，旨在告訴科比球隊正在認真考慮他。這次測試之前，布萊恩得到首次與威斯特促膝長談的機會，後者與他分享了些在NBA中競爭的想法。這成為這位球隊高層與這「小子」之間師徒情誼的起點，而洛杉磯的球迷很快也會這麼叫他。「關於比賽，他真的懂很多。」布萊恩說。

另外，錯過上次試訓的總教練戴爾．哈里斯也出席了此次測試，這也透露出球隊在第一次試訓時對科比的期待有多低。第二次試訓是在洛杉磯巷弄間的一個基督教青年會（YMCA）舉行，令布萊恩對於體育館選址如此偏僻與整件事搞得神秘兮兮的原因感到十分困惑。這次試訓，布萊恩面對的對手是在密西西比州大（Mississippi State）頗具盛名的大四球員鄧泰．瓊斯（Dontae' Jones），他在那年春天還是NCAA錦標賽東南賽區的MVP。一開始，兩名球員進行了投籃訓練，接著布萊恩便與這位打法強硬的大四球員進行單挑，不但打得對手毫無招架之力，還在他頭上灌籃。

布萊恩此前曾想像過自己在大學會有什麼樣的表現，這一刻完全解決了他心中的困惑。布萊恩一直很想參加NBA選前訓練營，藉此與大學球員較量，但經紀人與父親不讓他這麼做。反其道而行，他參加了許多球隊的單獨測試，包括在鳳凰城（Phoenix）與長人富勒（Todd Fuller）進行激烈的一對一交鋒、去了紐約、來到紐澤西三次並展現出令人印象深刻的投籃能力，並因此與每次試訓時都在旁觀看的總教練卡里帕利

（John Calipari）建立了良好的關係、然後還去了波士頓。

根據瓦卡羅表示，第二次試訓只進行了二十分鐘就被湖人終止了。威斯特從他在一側籃框下的座位起身，匆匆趕到場中，抓住瓦卡羅的手臂，要他別再讓布萊恩接受其他球隊試訓了。

「讓這事到此結束吧，」威斯特對著瓦卡羅竊竊私語，「我要選他。」

「這是我人生中最重大的時刻之一，」瓦卡羅在二〇一五年時表示，「威斯特親口告訴我，我沒有看錯這小子。」

幾分鐘後，威斯特也把這項消息複述給布萊恩：這支球隊會用盡全力在選秀會得到他。

一段時間後，湖人陣中便傳出威斯特認為布萊恩的試訓是他在測試球員時所見過的最佳表現的風聲。當時他把這些話告訴了喜歡講評多年前球隊軼事的湖人傳奇播報員赫恩（Chick Hearn）。威斯特長期以來抱持著一個信念，那就是球探能看出一名球員在場上的能耐，卻很難、甚至不可能看出一名球員的心志，而後者才是真正偉大的地方。然而布萊恩在試訓的表現給威斯特留下了極為深刻的印象，也展現出他的心之所向，就跟此前迪里歐看到過的一樣。從許多層面來說，在他試訓時所展現的技巧就可以看到這一點，不管是他的腳步、假動作或是在球場上舉手投足間展現的執行力，都可以想像他為了臻至完美境界費了多少苦工、為了追求天衣無縫的絕招投入了多少時間。

布萊恩回到飯店房間後，他打了電話給緊張的想知道結果的泰倫。布萊恩告訴他，試訓進行得很順利。「我愛死你了，兄弟。」興高采烈、曾被《HBO》的經紀人影集《Arli$$》部分參考為藍本的泰倫脫口而出。雖然這位青少年要他的經紀人「冷靜點」，但這本來就是會讓兩人都為之振奮的一刻。

然而就算威斯特再怎麼愛布萊恩，這件事也還遠遠未達拍板定案的程度。首先，湖人得試著透過交易換來順位更高、高得足以選到布萊恩的選秀權。他們研究判斷唯一有可能會在選秀中及早將他納入陣中的球隊，只有教練卡里帕利與管理階層約翰・奈許（John Nash）與里德（Willis Reed）都對他很滿意的籃網，他

們有第八順位的選秀權。在他們之後，接下來的球隊都鎖定了不同的目標，這代表著湖人藉由與夏洛特黃蜂進行交易，便可以在第十三順位挑選布萊恩。

為了阻止籃網選他，泰倫得說服他們，布萊恩根本沒把籃網放在眼裡，也拒絕為他們打球，甚至即使得為此去義大利打球也在所不惜。而威斯特也在包括籃網陣營在內的他人耳目中，營造出自己對布萊恩毫無興趣的印象。

籃網要的是球員，不是一名心懷不滿、還要讓球團費心處理的青少年。布萊恩替籃網試訓時，約翰・奈許與卡里帕利都看得出來他非常優秀，但泰倫卻設法讓籃網管理層相信布萊恩要到海外打球的威脅是認真的。泰倫說，布萊恩很愛義大利，如果要加入一支實力相對遜色的NBA球隊，他寧可回義大利打球。泰倫故佈疑陣，讓籃網高層疑神疑鬼。

於是選秀會上輪到他們挑選新秀時，籃網心有不甘地放棄布萊恩，選了維拉諾瓦大學的後衛基透斯。

選秀會當晚，在熱門待選新秀齊聚的小綠屋中，瓦卡羅緊張地坐在布萊恩旁邊，身旁還有他的父母、兩個姊姊、「小胖」舅舅和表弟考克斯四世以及泰倫。就在選秀會即將開始前，查爾斯把那個即將發生的交易，告訴了喬・布萊恩。

「喬，」查爾斯問他，「科比還好嗎？他要去洛杉磯了。」

「什麼？」他說。

「就是這樣，」查爾斯繼續說，「我們正在進行一筆交易。把你的大嘴巴閉上就好，科比的事搞定了。」

「該死，」喬・布萊恩興奮地表示，「這真的太好了，我們都覺得很棒。」

喬・布萊恩與泰倫在小綠屋中通知了布萊恩這件事。即使如此，等待著唱名的科比當下還是很緊張，後來去了快艇的萊特（Lorenzen Wright）就坐在布萊恩一行人旁邊，當時這兩位球員正緊張地開著玩笑，並緊盯著他們的模擬選秀名單，關注著選秀的發展。

籃網選了基透斯後，布萊恩便知道自己會去湖人了。

喬治城大學的艾佛森、喬治亞理工（Georgia Tech）的馬布瑞、麻州大學（University of Massachusetts）中鋒坎比（Marcus Camby）、加州大學（University of California）一年級的阿布都─拉辛（Shareef Abdur-Rahim）以及康乃狄克大學（University of Connecticut）後衛雷．艾倫都在他之前被球隊選上後，他終於在第十三順位被夏洛特黃蜂選中。

夏洛特黃蜂是布萊恩少數沒有在選秀前幾星期去試訓的球隊之一。而就在他被選上後不到一小時，交易傳聞就在為了選秀而聚集於此的媒體間傳開了。

夏洛特黃蜂總經理貝斯（Bob Bass）證實，球隊已經與湖人在選秀前達成協議，要替湖人挑選一名他們也不知情的球員，並用這名球員的選秀簽約權換回資深中鋒狄瓦茲（Vlade Divac）。直到選秀的前五分鐘，湖人才告訴黃蜂，他們要選的是布萊恩。

「我們不需要高中的小鬼頭。」黃蜂教練考文斯後來對記者說，「從來沒有想過要選他，我們覺得他沒辦法給予我們立即性的助力。」

不管考文斯怎麼說，很快就有小道消息流傳說是泰倫逼迫黃蜂進行交易，因為布萊恩想要到市場更大的球隊，才能獲得更多在媒體面前曝光的機會。

媒體再度對此群起而攻之，並將公眾的怒火導向這種明顯不像話的行為。不過也有費城的體育電台提出質疑，說一個十七歲的孩子怎麼會有這種通天本領，可以決定自己在選秀會的去向。

「顯然考文斯沒有收到科比．布萊恩行銷計畫的副本。」《體育新聞》狠批，「這就是ＮＢＡ這段時間在史騰帶領下的樣子，簡直像被小屁孩佔領的托兒所。這已經不只是籃球的範疇了，事關聯盟的形象。」

與此同時，布萊恩一家全都外出慶賀選秀的結果，只有沒那個心情的大姊夏莉亞沒有同行。依照她告訴安東尼．吉爾伯特的說法，她回到自己的房間，並大哭了一場。

南街

這樁黃蜂與湖人之間的交易，因為狄瓦茲太喜歡在洛杉磯打球的感覺而被迫延後。他起初為了留下還以退休相逼，過了一陣子才改變心意並同意交易。且由於球員工會同意新版勞資協議前，所有交易都因此凍結的關係，直到七月十日，這樁交易才終於定案，布萊恩也隨即成為湖人一員。因為剛被選上的他還只有十七歲，所以直到他在八月二十三日滿十八歲之前，與球隊簽訂的合約都要由他和父母一起簽名。

美國國慶日七月四日過後的周末，從高中轉戰職業球員前的過渡期，布萊恩在費城的南街巧遇了唐尼·卡爾，這兩位宿敵便聊得忘我了起來。唐尼·卡爾是真的欣賞科比，因此在他脫口而出那句「如果他可以當職業球員，我也可以」的發言被記者聽到時，他馬上就後悔了，而他的餘生都會因此遭到嘲笑。布萊恩一直與唐尼·卡爾很要好，七月的那一天，他也繪聲繪影地描述了自己生命中的驚人發展。讓唐尼·卡爾吃驚的是，布萊恩在那天還談到了「威斯特與球隊高層覺得他在一年之內就能成為湖人的先發球員，並因此想過要如何送走范艾克索（Nick Van Exel）與艾迪·瓊斯讓他上位。」

這一刻看起來好不真實。

「他那時候就知道了，」唐尼·卡爾回憶，「他早就知道會有這樣的事，在選秀會被選上後過沒多久，他在南街和我聊天時就告訴過我，所有湖人管理層都很看重他。」

不知道是新聞本身，還是布萊恩居然在費城大街上大喇喇地公開講出這件事更讓人吃驚。而且當時還深受湖人喜愛的艾迪·瓊斯，過去不但曾在天普大學打球，就連現在在休賽季期間也會回到費城度過一段時間。

「他說基本上這就是他和『俠客』的球隊了，」唐尼·卡爾說，「他們希望他和『俠客』組成最佳拍檔，接下來會為他清出發揮空間，這番話讓我嚇了一跳。」

「認真嗎？」唐尼．卡爾記得自己這麼問過布萊恩。

「當然。」布萊恩回應。

「他們會為我打造一個發揮的舞台，老兄，」布萊恩說「我也得為此努力才行，他們說管理層很看好我，會為我挪出揮灑空間的。」

他討論的可不是什麼大學球隊，而是大名鼎鼎的湖人。「這真的很扯，」唐尼．卡爾說，「然而他說的一切最終都實現了，他說的每一件事，最終都成為現實。他很確信自己將會成為ＮＢＡ的明星球員，並告訴我他已經準備好投入這項造星計畫的大工程，也很期待在不久之後成為湖人的明星球員。」

一開始他們聊天時，布萊恩說什麼，唐尼．卡爾就信什麼。他們兩人在球場上競爭時，也建立了堅定的情誼。然而隨著對話延伸，有個想法在唐尼．卡爾的腦海中浮現。

「我記得當時心裡想著，『他是不是有點起肖了，跟我認識的他不太一樣』，范艾克索當時在聯盟可是一名不錯的球員，科比才剛從高中畢業，而艾迪．瓊斯更是一度入選明星賽的明星球員，我心裡想，『他是在說什麼鬼話？』」＊

布萊恩在那天散發出的信心震撼了唐尼．卡爾。他早已見過這位好友對自己信心滿滿的大小事蹟，這次又比之前的每一次都更誇張。這兩位球員的鮮明對比，恰好就是證明職業籃球世界瞬息萬變的最佳案例。

「我曾是全國最頂尖的三十名球員之一。」唐尼．卡爾回憶，自己曾被來自大西洋沿岸聯盟（Atlantic Coast Conference）、大東區聯盟（Big East）和其他競爭激烈的ＮＣＡＡ賽區的數十支球隊招募過。

雖然喬．布萊恩在擔任拉塞爾大學助理教練時飽受批評，但他還是有在做事，像是幫助球隊在招募方面擊敗其他的競爭者，替總教練史比迪．莫里斯與探索者隊延攬了唐尼．卡爾。

「他總是既健談又友善，」提到喬．布萊恩時，唐尼．卡爾這麼說，「他很積極地招募我去拉塞爾大學，事實上，我們還討論過我和科比一起打球的可能性。我之所以會去拉塞爾大學，就是因為有可能和科比聯手。為此我放棄了很多對我招手的傳統強隊。」

當時只不過是大一球員的他，在球季剛開始時就在探索者隊一飛衝天，平均得分一度達到三十分大關，還曾在全國得分榜上領先群雄，成為對手威脅的他也開始在每場比賽吸引了對手的包夾。在球季結束後，他繳出平均二十三點九分的成績，在NCAA一級得分榜排第六，也立刻面對了他人生中的關鍵時刻。

他可以在自己行情最好的時候賭一把進軍職業，這是場賭博，不過NBA球隊在一九九七年突然開始喜歡年輕球員，就像是期貨市場裡的投資客一樣。球隊看上了年輕球員背後更經濟實惠的合約價碼、能打更多球季的青春肉體以及高風險投資帶來更高的回報。

唐尼．卡爾決定遵循傳統留校，他也在那裡不斷地得分、得分再得分，生涯總得分累積超過兩千分的他，與包含了古拉與利昂內爾．西蒙斯在內的知名球員齊名，並在拉塞爾大學的校史得分榜名列前茅。然而四年過去，NBA球隊卻開始把大四球員看成雜貨店裡超過保存期限的商品。十幾歲的青少年能賺進幾百萬美金，但二十幾歲的球員卻面臨了難以吸引球隊關注的困境。唐尼．卡爾最終到了土耳其打球，那裡有個實力堅強的聯盟，他在這裡也依然是頂尖得分好手。聯盟的籃球氛圍很棒，球迷也狂野又熱情，唐尼．卡爾在那裡度過了兩個狀態絕佳的球季，後來卻受到了毀滅性的膝傷打擊。他的職業生涯就此終結，而不時會與老友相遇的他，只能在接下來的球季從遠方看著布萊恩的活躍。

「如果早知道我現在知道的事，我早就棄學了，」唐尼．卡爾談到在大一球季後沒有轉戰職業的決定，「但我太蠢了，最後決定留校。我大二打得還可以，整個大學的成績也真的很不錯，但我們球隊總是差一、兩個幫手，所以我覺得由於我們沒有贏得足夠的勝利，令我沒有獲得公正的評價。」

＊ 譯按：艾迪．瓊斯於一九九六—九七年球季首度入選明星賽，因此布萊恩與唐尼．卡爾的對話當下，他還沒有參加過明星賽。後來還在一九九七—九八、一九九九—二〇〇〇年球季成為明星球員的他，入選明星賽次數也是三次而不是兩次。

唐尼・卡爾也回首了當年「豆豆糖」在科比轉戰職業吋扮演的角色。「他留給了兒子最珍貴的資產。」他說。

夏令新聞

「俠客」歐尼爾的到來給南加州帶來了一股喜悅，這個夏天他與湖人簽下一份總額超過一億兩千萬美金的合約。

從許多方面來說，簽下歐尼爾可說是終結了五年前魔術強森宣告因HIV病毒而引退後，球隊一直以來對於球隊招牌的追逐。這五個球季以來，引進球隊扛壩子的計畫毫無進展，這也不斷地折磨著尋找答案的威斯特。與此同時，湖人隊也在一個接著一個毫無成果的球季中步履蹣跚地前進著。總是在比賽進行時非常緊張的他，會焦慮起來，因此時常在比賽結果揭曉時躲在論壇球場（Forum）的停車場。除此之外，你也能看到他站在球場二十六區的座位附近，一邊看著忙碌的帶位人員，一邊緊張地扭動自己的身體。

很多人對於歐尼爾會想離開奧蘭多（Orlando）並捨棄與天賦滿載的後衛「一分錢」哈德威（Anfernee "Penny" Hardaway）合作的機會感到震驚。《ESPN》便宣稱歐尼爾不可能會笨到離開，因為在奧蘭多打球才有最大的機會能夠奪冠。

但也有些在觀察他們的人開始質疑魔術隊的化學效應。有傳言指出哈德威極為成功的「小一分錢」（Li'l Penny）行銷，將這個公仔塑造成一個影響力十足的虛構人物，鋒頭甚至蓋過了歐尼爾別具特色的行事風格。而另一個更大的因素，是哈德威入選了NBA年度第一隊，歐尼爾卻因為歐拉朱萬（Hakeem Olajuwon）與羅賓森（David Robinson）的存在而不得其門而入。

還有一個原因，是球隊接連在一九九五、一九九六年的季後賽失利。在一九九五年，魔術隊在總冠軍賽遭到火箭隊橫掃，一九九六年東區冠軍賽，他們又遭到公牛隊直落四淘汰。平日樂天的歐尼爾，在這兩次敗北後都淚灑球場，他的人生中，在這之前，他人生中唯一為了籃球落淚，是高三時在州冠軍賽吞敗，此前他們整個球季沒有輸過一場球。在奧蘭多，在哈德威、教練團或其他隊友的前頭，歐尼爾已經開始對隨著失敗而來的壓力感到厭煩了。

歐尼爾知道湖人是一支在特別照顧球員這方面有著淵遠歷史的球隊。尤其威斯特本身就是一位超級球星。他知道成長中的明星球員得面對哪些壓力、誤解與問題。可以說，沒有哪位NBA高層比威斯特還不遺餘力地保護並栽培這些年輕球星了。

再加上湖人的傳統、與好萊塢的連結以及論壇球場的光環，都深深吸引著歐尼爾。因此在洛杉磯打球，也意味著他可以在好萊塢發展他饒舌音樂與演藝事業的場外興趣。

威斯特與他的團隊看見了簽下歐尼爾的曙光，但可能要花一億美元才有這個機會，這筆大數目也高得足以嚇跑大多數追求他的球團。這樣的條件也令威斯特得絞盡腦汁在薪資上限之下騰出空間，以簽下這位大中鋒。「就算必須放棄整支球隊，才能簽下像『俠客』這樣的基石球員，你也一定會考慮一下的。」當時他曾這麼說過。

威斯特原先認為他起碼得提出九千五百萬美金的合約才能獲得這位至寶。但最終結果證明這還差了好幾百萬。因此為了在接下來的七個球季都將團隊薪資壓在薪資上限之下並騰出薪資空間，威斯特稱得上是拋售了後衛皮勒（Anthony Peeler）與替補前鋒林區（George Lynch），把他們送到溫哥華。

「湖人原本也有可能收手的，」歐尼爾的經紀人亞馬托（Leonard Armato）跟瓦卡羅相似，也是一名球鞋廠商代理人。歐尼爾一離開路易斯安那州大（Louisiana State University），他就馬上用盡千方百計地成為了這位中鋒的經紀人。「他們瀕臨退縮了幾次，但威斯特不願意就此放棄。他在球員時期可是『關鍵先生』（Mr. Clutch），現在談起生意也未改當年本色。」

奧蘭多見狀將合約金額加碼到一億一千五百萬美金，之後還略有增加，這也逼得湖人為此放棄包含魔術強森與瑟雷特（Sedale Threatt）在內的七名球員，才能夠提出一億兩千三百萬美金的合約。這種把球員掃地出門的行徑實在近乎瘋狂，假如歐尼爾選擇留在佛羅里達州（Florida），那湖人可謂賠了夫人又折兵。

魔術隊本可以拿出更多錢來簽下這位自家的自由球員，但在歐尼爾宣稱錢不是最重要的因素後，一切都顯得無關緊要了。奧蘭多提出的是頭重腳輕型的合約，這讓歐尼爾在合約第一年就可以拿到兩千萬美金，但他的西行意願已經難以動搖了。

「他們是一支真正有組織的籃球隊，」他後來如此評價湖人，「當我決定離開時，並不是為了錢、拍電影或是饒舌音樂。我只想受到尊重，就是這樣，這才是最重要的原因，不是錢。誰在乎錢啊？我想說的是，錢我自己就有了。」

簽下這位二十四歲的中鋒後，湖人再次將聯盟中身體素質最具統治力的球員招入麾下，這也成為這支球隊多年以來的一貫傳統。在接連簽下麥肯（George Mikan）、張伯倫、賈霸等偉大中鋒後，這幾位中流砥柱在一九九六年以前，一共替湖人贏得十二座總冠軍。

「拿下這座自由市場的大獎，」威斯特當時說，「讓我想起了當年歷史的種種，以及當年我與這支球隊度過的時光。而這可能是我們近期所促成最重要的大事。」

因此在自由市場的激烈攻防下，在選秀會中得到科比，看起來頂多就是個精心安排的追加計畫而已。

一旦他的合約正式定案後，布萊恩便將重心投入在成為湖人夏季聯賽球隊一員、出征Fila夏季職業聯盟（Fila Summer Pro League）上，那是ＮＢＡ球隊會在夏季參加的幾個聯賽之一。「沒有人知道他加入我們後會發生什麼事，」執掌夏季聯賽兵符的湖人助教祖魯說，「我們只知道他很有天分。」

許多觀察者認為歐尼爾如此高調地來到洛杉磯，會分走布萊恩所受到的關注，這樣就能減輕一些這名年輕菜鳥身上背負的壓力。但是當他第一次站上有五千個座位、在長堤市（Long Beach）金字塔體育館

（Pyramid）舉行的夏季聯賽時，這個希望就落空了。通常來看夏季聯賽的球迷寥寥無幾，但在布萊恩首度出賽的夜晚不但球場裡座無虛席，甚至還有兩千名球迷因滿座而被拒於門外。

「我記得他來到現場的第一天，」祖魯回憶，「所有的媒體與球迷都在現場守候著，呼喊著他的名字。整座體育館擠滿了人。他來到體育館的第一天，甚至還沒有穿球衣上場比賽，但現場早已因為他的存在而充滿了激情。」

記者布謝（Ric Bucher）記得在夏季聯盟時第一次在休息室裡看到科比的情形。「他與一般的高中生無異，」布謝回憶，「他乖乖地把球褲和球鞋收進背包，在接受採訪後，你懂的，就像個放學的高中生一樣走出球場。」

祖魯說，通常湖人會藉由夏季聯賽來幫助陣中的新秀及年輕球員適應球隊。「但是最初幾天他還有很多既定事項沒有完成，也錯過了跟我們進行團隊訓練的機會。在夏季聯賽，我們通常會有五或六天的時間訓練，並讓球員了解我們希望他們怎麼做。但他加入我們時，聯賽已經開打了，所以他有點難以融入，幾乎靠著本能在打球。他就像是一支跑出籠子的小狗，在球場上來回奔馳。每個人都看得出來，他終有一天將成為特別的天才球員。你可以從他的昂首闊步中看到外露的霸氣，他是個自信的孩子，從不退縮，也無懼於與職業球員對抗。」

布萊恩展現出絲毫不會遲疑於自告奮勇主導比賽的一面，甚至還會指揮隊友在場上該做什麼、該如何跑位。與他同為菜鳥的隊友都比他年長四、五歲，但就算這是會讓他遲疑於挺身而出的原因，他也沒有表現出來。

「我只想上場比賽並贏得勝利，」他對《洛杉磯時報》（Los Angeles Times）說，「如果教練需要我成為領導者，我就會去帶領大家。而且不論發生了什麼事，只要我發現問題，我就會提出自己的想法，就像『俠客』也會說出自己的想法一樣。不過對我來說，保持團隊精神才是最重要的。」

最重要的是，威斯特與湖人老闆傑瑞・巴斯最迫切想要看到的明星氣質，在球場上很快就在眾人面前展現。他第一場比賽就拿到二十五分，接著又在另一戰攻下三十六分，並在四場比賽期間繳出平均二十四點五分與五籃板左右的成績。

在夏季聯賽快結束前，查爾斯正巧與他的AAU球隊來到西岸，他帶了歐登來看布萊恩的比賽。看見他們在球場看台上層後，布萊恩對他們揮了揮手，示意他們下來。

「最近還好嗎？」查爾斯問。

「老兄，」布萊恩回應，「我正在球場上痛宰對手，你應該多來看看我的，我會給他們好看。」

查爾斯笑了起來，看著驕傲地穿著湖人球衣的他。

「我大概說了，『科比，你真是自始至終都沒有改變』。」查爾斯在二〇一五年回想著這件事，「能成為湖人球員，他真的很開心。」

與威斯特和巴斯一樣，科比也在努力找尋著證明自己能夠成為明星球員的蛛絲馬跡，而這幾場在夏季聯盟的比賽，就給了他想要的證據。「我覺得自己還是可以做到跟高中時一樣的事情，這不難。」他後來這麼分析。

布萊恩進軍職業球壇的重大決定，實際上並沒有諮詢過唐納。這位教練並不擔心布萊恩的球技，卻擔心還是個十幾歲青少年的他，能不能適應繁忙都市的生活。他已經聽說了那年夏天布萊恩在費城聊天時說出的那句「這會是我的球隊」，而這位教練表示，那就是他「領袖般的發言風格」。唐納回憶，「這麼說吧，即使他面對的是『俠客』也不會退讓，會直接打臉回去。」

第四部

加州之星

第十八章 太平洋帕利塞德區

進入科比・布萊恩的新秀賽季前，湖人隊就有著許多趣事軼聞。雖然不是全部，但這些事大多都被加西杜埃納斯（Rudy Garciduenas）看在眼裡。他擔任了什麼事都要做的裝備經理長達十二年，任職前更已經是球隊的志工，因此他與球隊之間的淵源可以追溯至「Showtime」時代。那時，湖人被魔術強森改造成一支像是超級跑車般、在球場兩端全速前進的球隊。他們不停地秀出絕妙的進攻手段，並以此令比賽搖身一變為鼓舞球迷士氣的夜總會，驚醒原本在洛城休眠的籃球社群。魔術強森的微笑，在洛杉磯的熙攘人群中傳遞出能量與激情，這是之前從來沒有過的情形。

「油頭」萊里（Pat Riley）總是在找新的方式來繃緊大家的神經，令魔術強森、賈霸、庫柏、沃錫（James Worthy）與其他球員無論在哪打球都能激昂起所有人的心。這些湖人球員透過分享、給予、愛與無處不在的微笑，展現出籃球的本質。

「他們就像一家人，」提到「Showtime」時代，加西杜埃納斯若有所思地說，「當時的球員與現在不同。魔術強森是那種不會讓隊友偏離目標的球員。他們唯一追求的就是成為最後的勝利者，其餘免談。對他們來說，球季只有奪冠或沒有奪冠這兩種結果，第二名對當時的他們來說根本沒有意義。」

在這一切突然劃下休止符後，「Showtime」時代的終結，令因它而喜歡上籃球的數百萬球迷極其渴望著盛世再臨。好消息是，威斯特與老闆傑瑞・巴斯不但也與球迷有同樣的想法，甚至對此更加飢渴。他們都迫切希望球隊能找回在球場上有如水銀瀉地般的統治力。

加西杜埃納斯平靜的一舉一動下，也暗藏著相同的渴望。他形容自己在湖人就像一隻工蜂，而且可能是最熱愛工作的那種。在這裡沒有人對湖人的付出比得上他　甚至連望其項背的人都沒有。不管主場或客場，都看得到他忙碌的身影，在這些籃球界的大人物身邊進行他每天的例行公事，他們的偉大成就與日常小事，也因此被他盡收眼底。他負責清洗內衣褲、襪子、球衣與毛巾，替球員安排數不清的行程、在客場征戰時租用體育館讓球員練習，也大概是傑瑞．巴斯這艘夢幻之船上，少數可靠的人了。從各方面來看，加西杜埃納斯與球隊的老牌球員訓練師維蒂（Gary Vitti）就像在這艘夢幻之船的甲板上忙碌地替這齣每天上演的好戲做好準備的苦力。他們要做的事有多繁瑣？日後當菲爾．傑克森想要在休息室燒鼠尾草來驅邪時，這些鼠尾草都是加西杜埃納斯去外頭找來的。

一九九六年的秋天，加西杜埃納斯維持著與以往相同的形象：矮小但穩重、撲克臉上蓄有山羊鬍、精明卻踏實。他是個低調的傢伙，但球隊卻十分倚重他，得靠他幫助球隊在長達八個月的球季間搞定至少一百場比賽、三百次練習以及天知道有多少次航班夾雜的行程，這還沒把在洛杉磯塞車時所浪費的時間算進去。也因為他得負責大大小小的每件事，因此他日復一日在做一堆瑣事。他知道小氣的湖人給他的錢，比其他球隊支付給裝備部門的人還要少，但他覺得球隊已經以另一種方式補償他了，那就是他可以與許多不同的大明星共享球隊奪冠與其他重要的時刻。

因此可以理解加西杜埃納斯就與整個洛杉磯一樣，都很好奇地想看看這兩位年輕球星，也期待這些新面孔在球場上會有什麼樣的表現。

歐尼爾沒有讓人失望。口袋將會被尚待球隊支付的一億兩千三百萬美金塞滿的他，在看到加西杜埃納斯用來打包運送球員們旅行途中行囊的貨車已經有些破舊後，便馬上出去給他買了一輛新的。二十年後，加西杜埃納斯因驚訝而張大的嘴巴到現在還沒能合攏。這三十年來與這群百萬富翁工作時，從來沒人送過如此豐厚的大禮，未來看起來也很難再有了。

布萊恩則是個非常內向的人，但是他擁有獨特的魅力。會說西班牙語的他，時常來到加西杜埃納斯的辦公室閒晃，然後就來打電腦。當時上網是新奇的事物，而布萊恩很快就愛上上網了。在結束額外的個人訓練後，他會在湖人辦公室待很久，畢竟他也需要一點自己的空間。

這位在裝備部門工作的人只不過從他們的更衣櫃中，就能看出許多端倪。布萊恩的櫃子被打理得井井有條，他也總是在照看自己的裝備，確保自己在每天頻繁的訓練後有夠多的乾淨衣服可穿。而歐尼爾的櫃子，你則是永遠不知道自己會在那裡發現什麼，因此加西杜埃納斯得伸出援手、幫他把這個一團亂的櫃子整理乾淨。

布萊恩與歐尼爾看起來有個共通點，而這一點就與球團中的每個人都一樣，他們兩個都沒有耐心慢慢等待，這裡的每個人也都想要立刻看到成效。

加西杜埃納斯注意到這個新秀的認真態度、訓練中的跑動與灌籃、對比賽影片不懈的鑽研以及他的一舉一動，帶給其他湖人老將多少壓力。外界與媒體都看不到這一點，但就像一匹孤狼的布萊恩，對其他年長隊友而言是一種威脅。他們看著他，想要理解他的行事作風。然而與此同時，布萊恩只是繼續做自己，除了在場上表現出一股動力以及統治比賽的欲望之外，讓這些人也無從研究。

加西杜埃納斯很熟悉這種人格特質。過去威斯特多年來就是這樣將他的強勢作風注入於球隊之中，令許多人不禁搖頭，直呼威斯特是個瘋子。而就連威斯特本人，也會這麼形容自己。

他對自己與球隊都要求完美。加西杜埃納斯記得，有時就連偉大的「Showtime」湖人都沒辦法滿足他。有時湖人領先多達二十分，令加西杜埃納斯能夠安心地在第四節提前溜回休息室清洗衣物。但很快他就會看到威斯特出現在休息室，憤怒地批評為什麼球隊沒有打得更好，打出這個該死的比數。

這位新來的青少年，態度就與當年的威斯特相似。「科比對自己的期待很高，」加西杜埃納斯回憶，

「我的意思是，他不但會挑戰自己，也會挑戰周遭的所有人。他展現出許多稀有的天賦。」

他的天賦與在練習時展現的運動能力以及對進攻籃框的執著，是球隊教練團與高層喜聞樂見的，但加西杜埃納斯分析，他的年輕氣盛，也令許多人看不下去。

「能看到有人擁有如此驚人的才能，是件很棒的事，但我想，你必須有某種心性，才能將這些天賦發揮得適才適所。你必須知道什麼時候該展現自己的才華、什麼時候適合發揮自己的天賦。」

對此，科比．布萊恩一點頭緒也沒有，事實上這樣的道理，在順風順水的時候，是個根本沒人會注意到的盲點。因此布萊恩日後回顧這段時光時，也覺得自己是個蠢蛋。

此事成了這位年輕人的負擔，他也背負著這個包袱很長一段時間。

山丘之王

儘管囤積了許多天賦球員，威斯特與他的團隊得開始為新的球隊架構煩惱了：球隊中多了一位十八歲的球員，該怎麼處理呢？根據新版的新秀合約，他與球隊簽下一份符合勞資協議的合約，總值三年三百五十萬美金。而在看過好萊塢生活給當時年輕的魔術強森帶來了什麼樣的改變後，湖人努力地想以各種方式減輕這方面的外在影響。

科比加入湖人後不久，喬與潘．布萊恩與從拉塞爾大學退學的次女夏亞搬來洛杉磯，搬進了科比在太平洋帕利塞德區買下的，擁有六間臥房的房子。那裡的地勢很高，讓他可以居高臨下地看著整個世界。

儘管瓦卡羅還在替公司尋找下一個天才，然而這位球鞋商人為了協助這位愛迪達有著光明前景的未來之星，也橫跨美國搬回了洛杉磯。看到布萊恩想在山丘頂端買下一棟又大又豪華的房子，瓦卡羅認為這象徵著自己替愛迪達挖掘的這位年輕球員，想要稱霸全國的企圖心。

這位鞋界大老和他的妻子從他們海邊社區的公寓家中往上看，就可以看到布萊恩的家。他家也離湖人總教練戴爾・哈里斯的家不遠，這樣的安排確實相當舒適。

布萊恩的大姊夏莉亞留在天普大學，她很快就可以畢業，取得國際企管的學位。布萊恩說，日後有機會的話他也想鑽研這方面的學業。

一段時間後，夏莉亞第一次在電視上看到弟弟打球。「他賺到更多錢，也住在加州了。」她對《今日美國》說，「但對我而言，他還是那個科比。」

科比在湖人隊的休息室裡算是老幾還有待商榷，但這個問題的答案在他山頂上的家中已經很明顯了。不久後布萊恩上了《傑・雷諾今夜秀》（The Tonight Show with Jay Leno），就打趣說現在爸媽要靠他來養。

儘管科比現在是家裡的老大了，但他的老媽花了一段時間才習慣。喬・布萊恩曾分享過一個故事，有次科比回家，想跟母親分享他在球場上幹了哪些大事，卻只聽到她說，「很棒哦，親愛的。現在該倒垃圾囉。」

潘將房子打造成一個義大利風格的別墅，屋內充滿了藝術品與昂貴的裝飾品。一切都看起來很夢幻，就像她在歐洲學到的生活方式一樣。一個朋友解釋，「他們總是在討論義大利的事情以及她在那裡怎麼喜歡上烹飪、如何做出新鮮的料理。她什麼菜都會做，我的意思是，她想做什麼料理就能做出什麼料理。她們家什麼都是自製的，真的全部都是。她在這些事情上，投入了好幾個小時的時間。她愛她的兒子，他們夫婦也非常寵他。因此顯而易見的是，科比在家幾乎是想做什麼就做什麼，潘也放任他這麼做。在他需要為了投入職業籃球的生活而做出調整時，他們就在他身邊，給予他最需要的支持。」

這位朋友說，布萊恩在別墅樓頂上有個自己的小小世界，在那裡他可以同時欣賞到城市與大海的壯麗景觀。「科比在樓上的房間真的有夠大，簡直就像是一棟專屬於自己的公寓。房間裡有真皮沙發與大電視，說真的，他真的可以不用出門、什麼事都不用做，待在家裡就好了。」

他的寓所裡擺滿了立體音響、遊戲機、電腦與監視器，他可以盡情地鑽研籃球甚至寫詩。如果他厭倦了這種不切實際的夜生活，可以起身凝望太平洋的銀色海面，或者將自己的思緒投向燈火通明的洛杉磯。不過即使生活看似如此愜意，也很快就要因為他的少年得志給他上一課了。

倒退

八月時查爾斯回到了洛杉磯，和布萊恩與幾位NBA老將相約在威尼斯海灘附近的球場打發時間。有些人發現了他們，便想邀他們來打街頭比賽。布萊恩原本打算參一腳，卻被一名同行的老將阻止，並告訴他瘋了才做這種事。布萊恩當天雖然作罷，但這個念頭卻根深柢固。

幾星期之後，查爾斯聽到了個新聞，布萊恩九月初在威尼斯海灘打室外籃球時受傷了。「我第一次聽說跟科比有關的事，就是他在威尼斯海灘弄傷了手腕，」同為一九九六年湖人首輪新秀的費雪（Derek Fisher）回憶，「我簡直不敢相信NBA有人會像他一樣去威尼斯海灘打球。這是我第一次了解到他對籃球這項運動的狂熱與激情。他真的就是愛打籃球，不管在什麼時間、什麼場合，只要他想打，他就會上場。」

「我跳起來想補扣，」布萊恩說，「球在籃框上彈了一下後掉了進去，但我犯了個錯，我沒有緊抓住籃框邊緣。我應該抓著籃框，然後慢慢落地。我在空中往後翻了一下。」

然後他就跌落在人行道上，撞到他的手腕，著地處馬上腫了三塊，令他意識到自己骨折了。這次受傷雖然不需要動手術，但這意味著他趕不上十月開始的訓練營」。對一名新秀來說，錯過訓練營是個重大的打擊，尤其當時湖人隊還得因應新中鋒的到來而進行戰術調整。「這會減緩他進步的步伐，」湖人總經理庫普恰克（Mitch Kupchak）對記者說，「對像他這樣的十八歲球員來說，第一個訓練營非常重要。」

然而威斯特看起來並不擔心。「就算是小聯盟的錦標賽，都澆熄不了他比賽的熱情，」他說，「我不操心這種事。他熱愛打球，也是我所見過最敬業的球員之一。」

球季開始前，還有一件事使得形勢變得更加複雜，那就是布萊恩在球場上沒有一個特定的位置，他被視為控球後衛、得分後衛與小前鋒的綜合體。在接下來的幾個球季，這三個位置他也都打過。他的身形與速度，令他成為一位非常全能的球員。然而錯過訓練營，便意味著他得花更多時間，才能在湖人的陣容調度中找到自己的一席之地。

由於球隊中出現了許多新面孔，因此不論是新秀還是老將，都得在訓練營中調整並融入彼此。「每個人都要學習怎麼和『俠客』配合，學習什麼時候該面框還是切入。」另一位那年秋天來到球隊的菜鳥崔維斯．奈特（Travis Knight）回憶。

「訓練營的第一天，科比就受傷了，什麼事都不能做，」費雪回憶，「但他還是想上場，想進行一些兩人一組上籃的訓練，盡其所能地參與訓練並融入團隊。」

確立自己在團隊中的地位，無庸置疑是布萊恩當下最重要的事，但他在球場外仍然與隊友們保持著距離，如果是回應與籃球無關的問題，他都只用一個或兩個單字回答。在費雪的印象中，他很少主動開啟關乎彼此私事的對話。

與更年長、在聯盟中也立下更多成就的隊友們打交道，成為他比在勞爾梅里恩高中所面對的難題都來得困難的挑戰。這樣的情形將在接下來的三個球季嚴重影響到球隊的化學效應，也使球員、教練與管理層都為此煩惱不已。

「在與他人互動這方面，科比還有得學呢，」加西杜埃納斯說，「在人性方面，他學到的知識遠不及他從籃球中學到的事。所以你知道的，他有時會以錯誤的方式與隊友相處。他有著固執與年少輕狂的氣息，不會顧及他人，只會做他自認的最佳方案與該做的事。」

這位新秀確實不擅長與人相處，但他卻在面對媒體時展現出絕佳的公關技巧。有些記者因此與他建立起了牢固的情誼，而他也像威斯特一樣，從不怯於在媒體面前打開心胸。因此像當時在《Slam》雜誌工作的史庫普・傑克森（Scoop Jackson），便成為當時與他交好的記者之一。

新秀見面會開始前，在奧蘭多進行雜誌封面照的拍攝事宜時，兩人第一次相遇了。「我們找來了科比、坎比、安東尼・沃克、雷・艾倫。我們要把他們放上雜誌封面。你瞧瞧，科比出現在封面的前排，他把手塞到背後，這樣就不會讓手臂上的石膏露出來了。」

這批進入聯盟的年輕球員，被認為能夠在喬丹退出江湖後成為推動前浪的後浪。

「他是這批球員中最年輕的，而且他也未必會成為球星，」史庫普・傑克森記得，「艾佛森才是，而且他已經上過我們的封面了。」

史庫普・傑克森回憶，當時人們私下在言談間都流露出對布萊恩的質疑。「但我記得他站在這些理論上比他強的球員們身邊，卻顯得悠然自得。老兄，他的態度不是傲慢，而是自在。他就像是在這群人中負責搞笑的人，總是拿著一顆球玩耍，心境非常、非常放鬆。他很清楚自己的處境，也樂於表現得像個孩子。他不會害臊，也不會顯得與其他人格格不入，當我們在那裡時，他手裡一直拿著一顆球。」

後來史庫普・傑克森才透過布萊恩的隊友對他有了更全面的了解。「他們都跟我說他有多麼地與眾不同，像是會說的語言、去過哪些地方以及出身來自何方。」史庫普・傑克森說，「在眾星雲集的湖人陣中，一個高中生的光芒本應黯然失色，『俠客』才應該是這個宇宙的中心。但你總是會聽到人們討論科比，『這傢伙會說七種語言、和我們過著不同的生活、去中華料理餐廳也知道該點什麼菜，他是真的知道，不是不懂裝懂』。因為他們不一定經歷得比他還多，所以他比一般球員見多識廣。他們不會找他麻煩或是做什麼有的沒的，只會心裡想，『這傢伙是個狠角色』。」

儘管如此，布萊恩的隊友們還是有著許多得來不易的經驗，這給了他們一些優勢，布萊恩自己也清楚這一點。湖人在這年把資歷豐富的老將拜倫・史考特（Byron Scott）帶回陣中，想讓他扮演精神導師的角色。

拜倫．史考特很快就喜歡上了布萊恩，因為他與聯盟中來來去去的新人們不同。熟稔籃球歷史的布萊恩，也很想知道拜倫．史考特當年與魔術強森當隊友以及「Showtime」湖人的一切。他也常常拜託他給自己一些訓練方法和追求成功的資訊與建議。

拜倫．史考特看過很多年輕球員在進入聯盟後就戴上了一副沉著從容的面具，他們從不展現出自己如孩子般對一切事物感到新奇、看到什麼就問什麼的一面。然而，布萊恩從來就沒有掩蓋過自己的求知欲。

另一段重要的人際關係是他與艾迪．瓊斯的友誼，後者當時年近二十五歲，正要展開替湖人效力的第三個球季。就加西杜埃納斯來看，他的職業生涯有個好的開始，但管理層還在試著搞清楚他的風格適不適合這支球隊。

加上艾迪．瓊斯也很快被衡量著新隊友有多少斤兩的歐尼爾發現，他與自己之間的差異。

布萊恩自己也不例外，他也很快收到當年二十四歲的歐尼爾的晚餐邀約。「感覺很棒，」提起第一次與他的隊友共進晚餐時，布萊恩這麼說，「挺酷的。」

「這支隊伍裡有著一種必須要照顧他的氛圍，」當時湖人的助教藍比斯（Kurt Rambis）說明，「不是因為他就像個不會照顧自己的小寶貝，而是因為每個人都能對他正在經歷的一切將心比心。我們都有過第一次離家生活的經驗，而他還得和身邊那些比他年長許多的人們相處。」

然而一位湖人的元老級工作人員對這位新秀表達了嚴厲的看法：「我們不確定科比是真的安靜內向，還是他覺得自己比大家都厲害，認為自己是獨一無二的人，而其他人只要做好自己分內的事，並幫助他成為更好的球員就可以了。」

由於沒有證據可以反駁，他的隊友們開始懷疑，比起團隊目標，他更在意自己的個人成就。費雪說，「這就是為什麼許多人總是有所誤解，覺得他是個只想到自己的人。」

訓練營雖然成為布萊恩在職業生涯中第一個難題，但它也帶給他在職業生涯中第一次能樂在其中的放鬆機會，至少對他的隊友來說是如此。老將們會在每個球季剛開始時惡搞新秀，他們通常都挑在訓練營的開幕晚宴下手。根據傳統，威斯特會在用餐後發表一些關於未來的展望、提醒球員有關賭博與鬥毆的規章並要他們展現一名湖人球員應有的態度。他幾乎不會提到任何有關湖人的歷史，畢竟球員也不需要他對此多加著墨，畢竟每當他們走進論壇球場，就能抬頭看見球場頂端掛滿的冠軍錦旗了。

一九九六年球季開幕式晚宴中，大多數的新秀活動都留給了布萊恩來表演，老將們起哄要他唱一首布蘭蒂的深情歌曲。「他們沒有讓每個人都唱，」崔維斯．奈特回憶，「因為他有那段與布蘭蒂的故事，所以他們只讓科比唱。他表現得不錯，挺投入的，也記得大部分的歌詞，場面十分有趣。」

「他們自以為有趣，」他事後坦承，「但我可不覺得哪裡好玩。他們要我唱《I Wanna Be Down》，我常常聽這首歌，所以大部分的歌詞我都記得。因為這件事，他們讓我有些難堪。」

許多年前，常常遭到貝勒（Elgin Baylor）取笑的威斯特，也只能沉默以對。貝勒時常拿他西維吉尼亞州的出身背景以及獨特口音為題材，並以此取綽號為樂。而這在NBA一直以來都十分常見。

漸漸地，布萊恩在某種程度上也可以參與訓練營的訓練了。

「他在訓練營沒有打到太多球，」崔維斯．奈特回想，「但他有跑步，做了許多衝刺之類的訓練。你看得出來他保持著良好的體態，他在這樣的大場面，完全沒有展現出一點生澀之情。」

十月十六日於佛雷斯諾市（Fresno）舉行的季前賽，布萊恩終於首次踏上了NBA的球場，全場攻下十分與五籃板。兩天後，湖人在論壇球場出戰季前賽的第一場主場比賽，對手正好是布萊恩的家鄉球隊七六人。比賽快結束時，他硬是想完成一記灌籃，結果和對手的替補中鋒肯普頓（Tim Kempton）相撞，這使得他被撞得跌倒在地，髖屈肌不但因此嚴重拉傷，也讓他又得脫離戰線了。

比賽過後，艾迪．瓊斯建議他不要再灌這麼多籃了。

康復之後，布萊恩致力於改進他的扣籃技術。在這之後，他會藉由與防守者接觸來保護自己，避免直接落地或是其他的衝撞。而這樣的接觸也常常引來裁判吹判對手犯規的哨音，這是額外的紅利。雖然有時候因為這樣，他也會被吹進攻犯規，這雖然有些困擾，但還是比受更多傷好多了。

因為髕屈肌受傷的關係，他在湖人戰勝太陽的例行賽開幕戰中沒有上場。第二場迎戰灰狼的比賽，他不但沒打多久，還被蓋了一次火鍋，外加一次失誤。「我很確定他想在自己的處女秀繳出更好的表現，」總教練戴爾．哈里斯告訴記者，「但這沒關係，我們都知道他是有能耐的。」

日落

布萊恩把曾在聖約瑟夫大學擔任訓練師的卡爾朋（Joe Carbone）一起帶來洛杉磯，在沒有跟球隊共同行動時，他會和他進行日常訓練。雖然瓦卡羅給「布萊恩團隊」的構想澆了盆冷水，但這個概念並未因此消失，也在後來布萊恩聘用了姊姊、舅媽甚至姊夫和其他遠親的個人娛樂公司中死灰復燃。他也與崔特曼談了一筆私下交易，要出一本標題暫訂為《我在NBA的新秀球季》（My Freshman Year in the NBA）的書。

為了寫這本書，崔特曼來洛杉磯看了布萊恩的第一場比賽。隔天晚上，他和卡爾朋去逛了日落大道（Sunset Strip）。

「一輛BMW在我們身邊停了下來，」崔特曼回憶，「我聽到一聲『卡爾朋！崔特曼！』時，還在想，『我在洛杉磯應該沒有認識別人了吧？』一抬頭，就看到科比。我們觀望了一下，雖然我從他十二歲時就認識這小子，但我還是看呆了。我心想，『老天爺，他真的是科比．布萊恩！』接著他說，『我先閃了，還得去和泰拉．班克斯碰面』。我聽到後又吃了一驚，『真的假的，泰拉．班克斯！』」

儘管他曾和離他家只有二十分鐘路程的布蘭蒂出遊，現在又和泰拉．班克斯相約，布萊恩的私人生活卻沒有多少亮點。他剛來到洛杉磯的那幾年，他的生日派對都是由母親替他計畫並主辦的，他就好像被束縛在繭裡，令他即使沒有隨隊，感受到的挫敗與孤獨卻與日俱增。但現在更大的問題是，他的籃球生涯與昔日的美好期待還相差甚遠。

直到他在湖人的第三場比賽來到麥迪遜廣場花園迎戰尼克時，他才靠著命中一顆罰球得到在ＮＢＡ的第一分。從華盛頓（Washington）趕來看比賽的記者阿丹德（J. A. Adande），驚訝地發現現場居然還替布萊恩舉行了賽前記者會。「當時在ＮＢＡ打球的高中球員稱得上是稀有動物，」阿丹德回憶，「大家都對他很有興趣。我記得他說過要進修大學的線上課程，他們還問他這要怎麼上課？然後他一邊說，『用網路啊』，一邊面帶微笑。進修線上課程在當年是個新穎的概念，而不論是什麼事，都令他興奮不已。他是個對一切事物都興奮又期待、為自己終於投身聯盟感到開心並渾身是勁的青少年，媒體也很想報導他。我不認為他們是出於過往對任何事都要冷嘲熱諷的心態才要採訪他的，他們是真的對他很有興趣。再次強調，光憑他們替他舉辦一場獨立的記者會，我想便足以證明他們對他有多少興趣。因此當時在記者會上，還有許多人在問，『欸，這孩子是誰啊？』因為他當時對媒體來說還有些陌生，看過他打球的人真的只是少數。」

新來的球迷想看到他的機會也不多。這是他人生第一次在比賽時一直坐在板凳上。他在勞爾梅里恩高中的老隊友們每場比賽都在電視機前充滿期待地收看，卻發現布萊恩只能坐在場邊，這對他們來說是相當陌生的畫面。「我將這個坐在場下看隊友們打球的過程，當作學習的經驗。」他說，「在板凳上你能看到很多東西……就算坐立難安的你心裡想著，『老兄，我想上場』，你還是得有耐心，先學著點就對了。」

他的下一個出賽機會，是在夏洛特進行的客場比賽。對夏洛特當地球迷來說，選秀當天的情形仍有如骨鯁在喉，也因此當他在第二節上場時，迎來了滿場球迷的噓聲。他在場上的回擊看起來有些生澀，前五次投籃有四次失手，但至少他能夠輕鬆並快速地得到出手機會。他在ＮＢＡ場上不是靠著罰球得分的第一顆進球是個遠距離投射。「我感覺很棒，」他說，「當我出手這顆三分球時，我就相信它一定會進。我一開始覺得這顆球投得很棒，但後來又覺得力道是不是有點輕了，所以我的身體就微微後傾，目送著它在空中的飛翔。當它終於進到籃框後，我當時大概想著，『咻！這是我的第一顆三分球』。」

他也發生了三次失誤，其中包括一次他急著想突破灌籃而踩出邊線的失誤。

「當我在底角接到球時，」他承認，「一開始我心想，『好，我要出手，看我怎麼投進這一球』。但接著我看到了一條直通籃下的路徑，因此我舔了舔嘴唇並對自己說，『噢，老天，我要把握這個機會』。不過我興奮過頭，切入時往後踩的那一步踩得有點太遠了。我太過急於求成，想要殺到籃下。我當時心想，『如果我能殺進這個區域，就可以灌籃了，回到我熟悉的領域，然後自由地展翅翱翔吧』。所以我那時真的只是有點急功躁進而已。」

布萊恩一直以來難以壓抑的灌籃欲望，令他從歐尼爾那裡得到了第一個綽號。他開始叫布萊恩「愛現鬼」，儘管這個綽號包含著有些輕視的暗示，令布萊恩有些不快，但這看起來也只是芝麻綠豆般的小事。歐尼爾本來就是個愛開玩笑的人，只是這個綽號，也很快在兩人關係間埋下了一根刺。

由於球隊在球季開始的第一個月陷入得分荒，這讓科比開始覺得自己能夠做點事幫助球隊，而不是只能坐在板凳上。「我覺得我站上球場後能夠展現自己的青春活力，並在上場後給予球隊更多能量，我可以當這支球隊的火星塞。」他說。

他告訴戴爾・哈里斯，自己的急停跳投可以在一對一時戰勝聯盟所有對手。他建議教練可以考慮讓歐尼爾有時離開禁區幾步，讓他有更多空間可以進攻籃下。聽聞此言後，教練對他說，他說的或許有道理。「但我們不可能為了你而讓『俠客』離開禁區。」戴爾・哈里斯記得自己對布萊恩這麼說。如果想要更多上場時間，那麼科比得先藉由降低失誤、提高投籃命中率來增加自己的效率。

這位教練當時沒告訴科比、直到二〇一五年受訪時才公諸於世的是，當年陣中的老將就有如老鷹般虎視眈眈地「想確認布萊恩有沒有得到特殊待遇」。

老將們似乎從氣氛中察覺到，布萊恩就像是球隊未來的救世主。他總是穿著愛迪達的球鞋，這些球鞋在球場上被他穿在腳下時，就像在傳遞著某些訊息。愛迪達正在等待著替他推出簽名鞋的機會，然而他們也不想趕鴨子上架、在新秀球季給他太多壓力。因此他們最後只發行了湖人配色的球鞋，而這雙鞋的銷量也隨著球季進行步步高昇。

戴爾・哈里斯在二〇一五年回首過往時也疑惑的表示，當年湖人球團怎麼會有人在七月告訴布萊恩，球隊會為了替他製造出賽空間而送走艾迪・瓊斯與范艾克索。可能是少年愛作夢的布萊恩想太多了，畢竟威斯特保密到家的功夫可是人盡皆知的。然而科比和他身邊的人，都能感受到威斯特對於自己挖掘的璞玉有多大的關愛，這也顯著地影響了球隊對布萊恩的態度。

與許多職業球隊的教練相仿，戴爾・哈里斯也對新秀採取著觀望的態度，布萊恩不但也不例外，還被他更加謹慎地對待。除了年紀是個原因之外，教練還有別的事要煩惱。為了將歐尼爾引進湖人，球隊大肆出清陣中球員，使球隊創下隊史最大幅度的換血紀錄。訓練營中的十六名球員，其中只有五位上季待在湖人陣中，分別是艾迪・瓊斯、范艾克索、中鋒坎貝爾（Elden Campbell）、前鋒塞巴洛斯（Cedric Ceballos）與另一名前鋒布朗特（Corie Blount）。

因此在那個球季，戴爾・哈里斯大多數時間都在找出以歐尼爾為核心的正確組合。隨著球季進行，球隊送走塞巴洛斯換來了歐瑞（Robert Horry），威斯特也透過交易引進前鋒麥克勞（George McCloud）。拼拼圖的時候都難免有拼錯的時候，當戴爾・哈里斯想試著用這些球員拼湊出完美團隊時也是如此，並因此惹到球員。在湖人陣中，很少有人能夠忍受他的訓練方式。

兩年前威斯特大費周章地將戴爾・哈里斯請來湖人，他是一位資歷豐富並以精彩戰術聞名的教練，過去也曾打造出許多實力堅強的球隊。白髮的他不但誠懇、有禮且和善，更對比賽十分了解。

在加西杜埃納斯眼中，他是個講究基礎的教練，但他卻有個習慣，就是會在訓練時一直唸、一直唸，囉嗦個不停。

大多球員都為此感到不滿，不過只有范艾克索與他發生過衝突。加西杜埃納斯回憶，「年輕人就是年輕人，范艾克索當時太衝動了。我覺得他不適合戴爾．哈里斯的執教風格，後者就像個老師一樣，喜歡讓大家聽著他的諄諄教誨，然而范艾克索是個沒什麼耐心的傢伙，他只想上場然後看看實戰中能有什麼效果。」

當戴爾．哈里斯在主持訓練時，一切都顯得枯燥乏味。就連訓練魔人布萊恩都嚇了一跳。「在勞爾梅里恩高中時，訓練過程井井有條、強度也很高。」他說，「但在戴爾．哈里斯執教下，每個人都我行我素，甚至根本沒在訓練。」

另一方面，NBA也從來不是個講求把球員的潛力栽培得開花結果的聯盟。在每個星期要打三到四場比賽的賽程下，根本沒有時間進行高強度訓練。

即使他們需要為了成長付出一些代價，這支年輕的湖人依然在一九九六—九七年球季中不斷進步。十二月六日戰勝魔術後，球隊戰績來到了十四勝七敗。「我們沒問題的，」提起湖人球季開跑時的近況，歐尼爾這麼說，「就算我們這個月二十一戰全勝，也不代表我們會在球季第一個月贏得或者失去什麼。只要我們繼續打出能讓自己滿意的表現就行了。我們的勝利方程式是贏得五十到六十場比賽，拿下主場優勢然後接著一路贏下去。」

不過就連年紀輕輕的布萊恩，都知道事情不會這麼簡單。

全新出發

這支全新組合的湖人，開始替自己冠上「Lake Show」的名號，用意是指他們將會填補「Showtime」時代過後留下的空白。雖然他們並肩作戰的經驗不多，但還是在一九九六年十二月抓到了勝利的節奏，前八場贏得其中七勝。歐尼爾成為對手在禁區的麻煩。當時，左撇子范艾克索輕鬆地在球場上以膽識與速度的組合取得優勢，艾迪・瓊斯是側翼的防守大鎖，坎貝爾則是能夠勝任先發大前鋒與替補中鋒的職責。在接連戰勝活塞、金塊、超音速、魔術、灰狼、國王、溜馬與拓荒者後，越來越受到外界期待的他們，將在月中與喬丹和公牛隊短兵相接。湖人已經逐漸建立起高速、開放式攻守轉換的球風，透過激烈地緊逼與壓迫，令對手失去戰意。布萊恩的打法很適合在這個戰術中擔任進攻終結者的角色，也讓他在NBA踏出儘管出賽時間受到限制，卻依然多采多姿的第一步。

初次造訪芝加哥，明眼人都看得出來他非常期待。對手是霸氣外露的喬丹，他光是站在球場上雙手叉腰，就能用掃過的目光令與他四目相接的對手打起冷顫。

湖人在上半場很快地取得了二十二分的領先，到了第三節他們還握有十八分的優勢，卻在最後關頭拿喬丹毫無辦法，看著他與公牛絕地反擊，並在延長賽贏得勝利。

布萊恩在與偶像對決的比賽中上場不到十分鐘，也只有五分進帳。為了寫書，崔特曼在現場看了這場比賽，也見證了「俠客」與科比之間日漸升溫的關係。「他一開始是喜歡『俠客』的。」崔特曼回憶。比賽後在球隊住宿的飯店，布萊恩把崔特曼叫來自己的房間，不過這位布萊恩的前助理教練只不過才剛到幾分鐘，布萊恩就說，「好，我們走吧。」

「我當時想，『啥？我們要去哪？』」崔特曼回想著當時的情景。

無論是自己的新定位與布萊恩的新身分，崔特曼都還不太習慣。他們一起走到大廳，然後歐尼爾很快地加入了他們。

「這是我在高中的教練之一。」布萊恩邊說邊向兩人介紹彼此。

崔特曼不敢相信，自己居然有機會跟科比和「俠客」同行。他和他們一同走向前方的一輛豪車時，他的腦海裡也在編織著美夢。但沒想到當他們走近車邊，布萊恩卻突然轉身對他說，「先這樣，掰囉！」

「他們應該是去看爵士樂隊的表演吧，」崔特曼說，「有一瞬間，我還以為我也要一起去了。」

來到ＮＢＡ的第一個球季，當崔特曼與布萊恩對話時，並沒有從中聽出他與歐尼爾之間的矛盾。崔特曼說，「當人們說他們一開始就憎恨彼此時，我就想，根本沒這回事。喬．布萊恩和科比知道『俠客』會與湖人簽約，他們也期待和他攜手合作。他們之間的紛爭是之後的事，是由於權力鬥爭而產生的。第一個球季，至少就我所見的情形，他們的關係頗為密切，還會一起出去玩。」

而當歐尼爾正在洛杉磯夜間俱樂部夜夜笙歌時，這裡的夜生活卻對他年輕的訓練狂隊友沒什麼吸引力。「我只是沒那麼喜歡出去玩。」事後被問及為什麼沒有與歐尼爾發展更多場下情誼時，布萊恩這麼說明。

除此之外，他們也搞清楚了另一件事。「科比不想要透過坐下來接受採訪的模式來完成一本書，」崔特曼回憶，「他討厭這樣的模式。他也知道自己不能對我抱怨戴爾．哈里斯和其他球員的事。這是重點，我也能理解這一點。喬．布萊恩告訴我，『他還要在聯盟裡生存十五年，得和這些傢伙朝夕相處，可不能在十七、十八歲時就把他們得罪光了』。」

在芝加哥吞下敗仗後，他和球隊在接下來的比賽強勢回應，不但七場比賽贏了六場，其中還寫下一次五連勝。進入一九九七年的第一場比賽，湖人在沙加緬度（Sacramento）戰勝國王，接著又在一月三日周五晚上回到論壇球場後擊敗了相同的對手。之後他們又快速地在周六凌晨趕到加拿大，不到八小時後，他們就已經在灰熊主場通用汽車體育館（General Motors Place）整裝待發、準備好迎接訓練。由於行程緊湊，他們幾乎沒有多少時間可以進行訓練。因此戴爾．哈里斯在星期六早上簡短的練習中要求球隊注意對手的高位擋拆，雖然這對老將們來說只能算是個賽前提醒，卻讓當時打二號位置，還在適應ＮＢＡ防守的布萊恩學到了關鍵一課。

那個晚上歐尼爾統治了灰熊的禁區，給他餵球的范艾克索也送出了二十三次助攻，僅比魔術強森的隊史紀錄少一次。這場比賽完美體現了戴爾．哈里斯所要求的打球方式。

范艾克索承認球隊適應歐尼爾時，在進攻端打得畏首畏尾，「我覺得我們當時就像一灘死水，」這名控球後衛表示，「每個人都站著不動、呆呆看著我們把球塞到禁區，我們完全沒有移動，每個人都只是旁觀這個大個子打球。因此我們常常因為心不在焉而發生失誤。」

從湖人陣中潛力十足的球員中去蕪存菁，將令戴爾．哈里斯在接下來的幾個月頭痛不已。「任誰都看得出來身為教練的我承擔了多少壓力，」戴爾．哈里斯分析，「我們有打得十分驚豔的科比．布萊恩，但在他之前，跟他相同位置的球員還有艾迪．瓊斯與拜倫．史考特。所以我也不知道怎麼把時間完美的分配給他們，我們在二、三號位上真的有許多出色的人選。」

與許多缺乏發揮機會的球員相同，布萊恩喜歡利用賽前投籃練習時間彌補實際操刀機會的不足。他時常和助理教練祖魯合作，專注於他在半場進攻的胯下運球過人與控球方面的訓練。教練團想出一個方案，要讓他擔任替補控衛，藉此給他更多磨練機會與上場時間。渴望機會的布萊恩，一口答應了這項安排。

當他上場後，也發生了越來越多好事。湖人資深專欄作家喬爾卡夫（Mitch Chortkoff）記得在連勝期間擊敗國王時，布萊恩曾在場上貢獻一記關鍵好球。「科比從歐文斯（Billy Owens）手裡抄到球，張望了一下，發現他身邊沒有人後，就使出一記三百六十度灌籃。」喬爾卡夫說著說著，臉上還浮現了一抹微笑，「這讓球迷們看得從座位上站了起來，也難怪『俠客』要給他『愛現鬼』這個綽號了。前一天晚上，科比還在一場膠著比賽快結束時，賞了里奇蒙一個火鍋，然後攻防轉換後，雖然湖人沒有在第一波進攻就取得分數，但背對著籃框抓下進攻籃板的科比把球高舉過頭，完成了一記補扣。」

但喬爾卡夫也指出布萊恩曾在對陣拓荒者的比賽中犯下嚴重失誤，害湖人輸掉了比賽，這令戴爾．哈里斯對於是否要繼續讓他上場焦慮了起來。喬爾卡夫便建議他，這是布萊恩成長時必經的過程，寬心以待就好。

關於他上場時間的議題，布萊恩說，「我只要坐在板凳上試著保持放鬆就好了，如果有人要我上場，我就會全力以赴。能在重要比賽站上球場融入隊友的感覺真的很棒，我也開始更了解比賽的節奏、上場比賽也更加自在了。當我們得到更多練習的機會後，我就能更深入地將這些事融會貫通。」

他還有另一個不讓自己喪氣的策略，那就是關注境遇比他更慘的人。「我看了大聯盟第一位黑人球員羅賓森（Jackie Robinson）的自傳，」布萊恩說，「每當我想到自己在這一年間經歷的難關時，就會想到這些事跟他的遭遇相比根本小巫見大巫，這幫助我更透徹地面對自己的處境。」

飛躍

歐尼爾的膝蓋在本季受傷了兩次，這也令他總共缺席了三十場比賽。二月，他的膝蓋第一次受傷，這次他扭傷了自己的右膝，讓他錯過本季與公牛的第二次交手與明星賽。雖然歐尼爾因傷休養，他的隊友卻在論壇球場以一百零六比九十痛擊了來訪的公牛。這場比賽布萊恩僅打了十三分鐘，也又只得到五分，而他的隊友坎貝爾則替球隊在內線攻下三十四分。吃下這場敗仗後，公牛的八連勝也隨之告終，這場輸了十六分的比賽，也是他們本季輸最慘的一役。目前四十二勝六敗的公牛，在這場比賽之前的十八場比賽贏得了十七場勝利。

然而對自我期許甚高的布萊恩來說，要壓抑自己的負面想法並不是件簡單的事。「我不知道自己的新秀球季怎麼會搞成這樣，」他事後表示，「我本來以為我會在新秀球季踏上邁向成功的坦途並實現我的夢想，但我不知道該怎麼走上這條路。我一直在想，一直在思考這件事，『要怎麼做？要怎麼做才能讓我的美夢成真？要怎麼做才能把構成我夢想的拼圖碎片，放到正確的位置上？』」

在白雪皚皚的克里夫蘭，他找到了走向鎂光燈的第一個重要手段。他和崔維斯．奈特與費雪都受邀參加ＮＢＡ一年一度的冬季盛會，也就是明星周末的新秀挑戰賽。過去明星周末曾舉辦過退休球員的對抗賽，但因為他們受到的一系列嚴重傷勢，迫使聯盟不得不中止這項賽事。有鑑於他們需要推廣聯盟的未來球星，因此NBA便以新秀挑戰賽取代了退休球員的對抗賽，由東區與西區推派出最優秀的年輕球員彼此對抗。

布萊恩將這場賽事視為一個機會，證明雖然自己例行賽出賽時間不多，但他還是比其他新秀都來得強。在這場三十分鐘的表演賽中，效力於七六人的艾佛森靠著他的速度攻下十九分，也帶領東區新秀隊勝出。不過攻下三十一分的布萊恩在西區代表隊領先群雄，而這些分數大部分是靠著他的突破得到的，那也是他的註冊商標。

新秀挑戰賽結束大約一個小時後，他接著參加了灌籃大賽。該賽事最初是為了吸引關注，才首次在一九七六年ABA最後一次明星賽中出現，並經過NBA改良後於一九八四年重生，也成為包含喬丹、威金斯和許多球員展現他們空中漫步特技的舞台。不過到了一九九七年，這項賽事只能吸引到渴求表現機會的年輕球員參加，讓人永生難忘的表現也越來越稀有了。

著眼於此，聯盟決定在一九九七年後逐步淘汰這項賽事。由於這可能是最後一次灌籃大賽，聯盟這次選的評審：厄文、佛雷塞與葛文，也都是明星級的。布萊恩感受到了這次大賽的歷史意義、也給他了更多動力，讓他與包含達拉斯小牛的芬利（Michael Finley）、明尼蘇達灰狼的克里斯・卡爾（Chris Carr）、克里夫蘭騎士的蘇拉（Bob Sura）與丹佛金塊的漢姆（Darvin Ham）在內的對手在灌籃大賽的舞台上同台競技。

他的緊張不言可喻，科比・布萊恩闖進決賽的過程十分驚險，不過他在賽事尾聲完成了一記驚天動地的灌籃，讓他得以捧回灌籃大賽冠軍的獎盃。他從球場左側朝籃框起跑，躍起後在空中胯下換手，接著把球塞進籃框。這記灌籃不但引爆了全場觀眾的情緒，連離場邊只有幾排距離的布蘭蒂都忍不住為他揮拳慶祝，也讓「J博士」與其他評審看得起身喝采。精神受到鼓舞的布萊恩，衝到了球場中央，搖擺著身體秀出了自己的肌肉。

「這些觀眾真的讓我興奮了起來，因此我就是想秀一下，」他後來這麼解釋，「雖然我沒什麼好秀的，但我就想賣弄一下。」

瓦卡羅和喬・布萊恩坐的位置視野很差，但這重要的一刻依然看得瓦卡羅興高采烈，因為這意味著球鞋銷售業績將會扶搖直上。「我們坐在球場的最上層，」他回憶，「喬・布萊恩沒有和我們坐在一起太久，但每當科比有好表現，他都會過來和我們 起慶祝。」

成為眾人焦點的布萊恩，意味著他像高中畢業就挑戰NBA的前輩賈奈特一樣，也成功通過了高中畢業後直升職業球壇的生存考驗。不過對於拓荒者的傑曼・歐尼爾來說，這條路顯然更困難了一點。這位來自南加州的七呎長人與布萊恩一同參加了一九九六年的選秀會，卻沒從瓦卡羅與經紀人泰倫身上得到多少支援。傑曼・歐尼爾這些日子在波特蘭經歷的風雨，讓他對於自己當初放棄上大學的決定產生了疑惑。因此比布萊恩還年輕五十一天的傑曼・歐尼爾，表示自己每個月都會打兩通電話給在湖人展開新秀球季的他。「我們從以前開始就是朋友了，」傑曼・歐尼爾談及布萊恩時表示，「但我們進入NBA後，變得更親密了。我們能夠設身處地為彼此的境遇著想，會彼此交流，把自己生活周遭的事跟對方分享。」

這些年輕球員逐漸意識到自己就是這場巨額金錢實驗中的一部分。每當NBA的球隊老闆們同意一支新球隊加入聯盟時，他們就能得到一億兩千五百萬美金的加盟金。這些嗜錢如命的老闆們也理所當然地會覺得，聯盟擴張得越大越好，但NBA總裁史騰與其他真心替比賽著想的人警告他們切勿殺雞取卵，畢竟球隊越多，人才庫就會越稀薄，這也代表聯盟賽事的品質可能會急遽下滑。

聽到這樣的說法，球隊老闆們不但沒有選擇放慢增加球隊的腳步，反而想進一步擴充人才庫。其中一種作法就是挖角歐洲球員，另一種則是簽下更年輕的球員。有些老闆認為，聯盟引進越多十八歲的年輕球員，他們能賺的錢就越多。

吹起這股風氣之前，史騰就已經設法阻止這股風潮。他知道如果這些引進聯盟的年輕球員全軍覆沒，必然會招致外界的抨擊。雖然布萊恩與其他幾位球員調整得還算不錯，但這樣的情形也足以令《CBS》大學籃球轉播員派克宣稱NBA已經成為籃球的敵人，而這番言論也激怒了聯盟官方。

然而派克依然堅持認為，NBA這種竭澤而漁的行徑，將會使大學與職業聯盟的比賽品質兩敗俱傷。猶他爵士的總裁雷登（Frank Layden）對於職業聯賽的老闆們與他們的貪婪表達過自己的觀點。「他們短視近利，」雷登說，「他們才不在乎什麼比賽品質，他們只在乎能不能賺更多錢而已。」

燃料

歐尼爾在全明星周後的一場客場比賽回歸戰線，但他的左膝韌帶卻受傷了，這讓他又缺席了二十八場比賽，對這支年輕球隊的發展而言，是個沉重的打擊。

布萊恩在全明星周的表現，堅定了他想以自身力量對戰局造成更多影響的決心。但要做到這一點，就需要更多的上場時間，也需要戴爾．哈里斯對布萊恩有信心，就跟後者對自己有自信一樣。但戴爾．哈里斯認為這小子要先對自身角色和球隊態勢有更實際的了解。「他是先知，」一位與戴爾．哈里斯合作密切的同事事後解釋，「他早就知道會有這樣的情形了，所以他從很久以前就試著將科比控制在他的手掌心。」

戴爾．哈里斯後來向一些湖人的工作人員說明過，球隊管理層曾經指示他，要給布萊恩上場時間讓他學習。這些工作人員能夠清楚感受到，戴爾．哈里斯還是比較想把這個十八歲的小子留在板凳上。

威斯特很能理解布萊恩渴望上場的心情，因為這會讓他想起自己的職業生涯。他在一九六〇年來到洛杉磯與曲奧斯（Fred Schaus）聚首，後者是他在西維吉尼亞大學的教練，卻在執教湖人時一開始的幾個禮拜讓他從板凳出發。這段時間威斯特氣得七竅生煙，即使他的上場時間其實滿長的，他也永遠不會原諒曲奧斯不讓他先發的調度。

威斯特作為球隊總經理的信念是，年輕球員就該上場打球，優秀的年輕球員更應如此。畢竟除此之外，沒有其他方法能幫助他們進步。

「科比・布萊恩最需要的就是經驗，」這位湖人總經理在這個球季期間這麼說過，「他現在只需要上場打球，而不是做些其他有的沒的事。」

布萊恩的自私也被歐尼爾看在眼裡，但在記者面前他的說法與威斯特如出一轍。「他會沒問題的。」這位中鋒說，「只要他得到上場打球、發光發熱與盡展長才的機會，他就沒問題了。」

「他會成為一名優秀職業選手的，」湖人助教祖魯當時提到科比時這麼說，「但關於ＮＢＡ的比賽，他要學的還多著。他熱愛打球，不論什麼情形，他都想上場比賽。但他也知道，這會是一段進展緩慢的學習之旅。」

不過，布萊恩認為教練團試圖改變他的希望與夢想，「我不會讓他們打擊到我的，」他再三地說，「我會為了夢想堅持到底，我想要繼續學習。」

這種焦慮氛圍是會傳染的。布萊恩一家的朋友們記得，喬・布萊恩那陣子有如行屍走肉，就好像昔日在七六人那段不堪回首的回憶重新找上了他。這位父親在他們一家人位於太平洋帕利塞德區的家有個小辦公室，他每天早上都會早起，回撥電話到美國東岸，替兒子尋求新的交易機會。「他總是在講籃球的事，」其中一位朋友說，「科比現在的處境真的讓他相當煩惱。」

這個賽季大多時間，喬・布萊恩都因為這件事十分多愁善感，瓦卡羅也因此前來開導這位新秀，想讓他聽一點理性分析。畢竟這位球鞋代表也在背後推了一把，才令布萊恩陷入現在的難關。瓦卡羅會定期拜訪布萊恩家吃飯並為他指點迷津，不過布萊恩從不下樓迎接他，事實上他誰都不想看到，但瓦卡羅會上樓找他，傾聽他的抒發，並鼓勵他保持積極向上的態度。瓦卡羅要他以正確的心態看待現狀，待在一支弱隊，他或許能夠更輕鬆地適應從高中來到ＮＢＡ的轉變，但把眼光放遠，他會慶幸自己是一名湖人球員的。瓦卡羅一直灌輸這些觀念給他。

「他太投入在籃球上了，因此沒有結交多少好友，」瓦卡羅回憶，「我可說是他在籃球這項運動中，與現實情況最緊密的連結。我是他能信任的對象，而我能做的就是傾聽，然後提出我的看法。我做的這些事，在他心中加深了我相信他的能力的印象。一路走來，我都讓他有到我對他的信心，我想這也是我們的關係如此密不可分的原因。我總是在比賽結束後與科比聊天，雖然不是每場比賽，但確實聊了很多場。我是他的知心好友，我打電話給他，他就會跟我聊天。」

喬·布萊恩在明星周末後有樣學樣地像瓦卡羅一樣，傳遞了許多正面的訊息給兒子，並指點他要對上場時間有點耐心。

「父親告訴我，『你的時代會來臨的』。」布萊恩當時說。

從小就信天主教的他，也尋求過天主教的幫助。

「我很信任我的父親，」他日後說明過，「我也一樣相信天主，上天將我安排於此，必有其原因。」

不過在板凳上待太久，會讓他的信心萎縮，布萊恩說，因為上場時間不穩定，讓他信心受挫。他從來不知道教練心裡在想什麼，有時會突然讓他打很久，但在他表現突出、看似將會獲得更多上場時間後，卻又會被戴爾·哈里斯押回板凳。「我感覺自己打球時就像是有一隻手綁在背後一樣。」提起當年的經歷時，他如此表示。

「這一年來最困難的事之一，就是不知道自己下一場比賽會不會上場，或者會有多少上場時間，」他在球季結束時說明，「但這樣的經歷也會幫助到你，因為每個晚上你都得做好準備。」

崔特曼回憶，當時喬·布萊恩和科比都對戴爾·哈里斯越來越不爽，但他們沒有在外人面前顯露出這樣的情緒。這位教練說，喬·布萊恩從來沒有提過這個情形或表達過任何不滿。事實上，戴爾·哈里斯還記得多年後某個晚上科比·布萊恩曾經在達拉斯（Dallas）感謝過自己在新秀球季對他的提攜。然而加西杜埃納斯與其他工作人員，看到的卻是喬·布萊恩的苦難。

劣藥

踏上這塊埋藏著大把支票的土地，對一位十八歲的少年來說，洛杉磯這座城市本身，就是他最大的挑戰之一。

被問及是否在場外遇過球迷糾纏時，他說，「當然，想和你發生性關係的追星族會緊跟著你，住在洛杉磯，怎麼可能會沒遇過這樣的女人？這樣的人通常年紀都滿大的，但也有年輕的。你必須以職業素養來處理這種事……而這也是我在成長過程中學到的事。」

幸好布萊恩在這方面有這樣的成長，因為從最早可追溯到威斯特、貝勒與張伯倫統治聯盟的一九六〇年代初期，這幾十年以來，讓情慾自然流動的氛圍就是湖人的一大特點。前湖人球員哈德森就曾坦承，聯盟在這段期間出了不少性成癮者，對他們來說工作只是為了滿足需求而已。

「就算是在一九六八、六九年，」一位洛杉磯資深體育專欄作家基利克里安（Doug Krikorian）回憶，「我們走下球隊巴士來到酒店大廳時，連篤信天主教、從不背著老婆偷吃且正直的伊根（Johnny Egan），都成了這群飢渴女子眼中的獵物。即使是這樣的球員，也難逃被女球迷團團圍住的命運。」

多年來，湖人前鋒A. C.葛林（A. C. Green）為了避免這種麻煩，會隨身攜帶聖經，藉此當作擋箭牌，在湖人造訪每一座城市時阻擋這群色慾薰心的女子。「這些女人好積極，實在太積極了，」前湖人球員榮恩・卡特回憶起球隊在一九七〇年代末期的情形，「我們當時非常放蕩不羈，那是還沒有愛滋病的時代，頂多就是得到皰疹……而且當時在沒有保護措施下進行性行為是件非常普遍的事，我們生活在一個想做就做的時代。」

「這些女人會來酒店，」榮恩・卡特補充，「首先讓我驚訝的是，她們都知道我們住哪裡，會在我們抵達之前就守株待兔，而且手裡還有球隊名單。『我能跟魔術強森聊聊嗎？』、『女士，抱歉，他很忙』、『那我能跟賈霸說說話嗎？』、『不好意思，他也很忙』、『那威克斯（Jamaal Wilkes）呢？』她們會看著名單，一個名字一個名字念下去。她們就是為了釣到一個湖人球員而來的。我總是非常失望，因為我是球員名單上的第十一人，也代表她們打電話到房間找球員時，我是第十一順位的選擇。其他人回到房間後都會把電話筒拿起來，這樣就打不通了，我的話則是得在電話旁苦苦守候，等到供過於求才會有機會。在紐約或費城時，我的機會特別多。」

對這幾十年來的一眾球星來說，開房間得分看起來跟球場上得分一樣重要。畢竟他們是在好萊塢的球隊，連結著有陪睡潛規則的世界。電影明星？色情產業？還是籃球選手？這幾十年來，這幾個名詞成了耐人尋味的組合，而它們的結合也因此催生了許多風格迥異的花邊新聞，其中不乏令人心碎的結局。

張伯倫曾承認自己和兩萬個女人有過性關係，而魔術強森在驚人地宣布自己ＨＩＶ病毒檢測為陽性後，也坦承自己每年睡了三百到五百人。就連球隊老闆傑瑞．巴斯，也理所當然地長期以偏愛與年輕女性約會聞名，還傳出過他最喜歡十八歲女生的風聲，他也以收藏這些被他征服的女性照片為傲。

眾所周知，其他球隊的教練認為，湖人多年來能成為ＮＢＡ的王者之師，其中一個原因就是性方面的風流韻事。「這就是為什麼最優秀的球員都想在那裡打球，就是因為這些女人。」一名教練表示。

不過這種事引誘不了布萊恩，至少在職業生涯初期是如此。被問及是否會常常在客場之旅時打電話給父母時，他說，「我不時會和父母通電話，我們常常聊天，我的母親也總是打電話給我。」

就算有這些難題，布萊恩還是在新秀球季找到了一些純粹的快樂與新奇的體驗。「有趣的是，」他試著告訴自己，「我現在已經是ＮＢＡ的一份子了。」

他在ＮＢＡ過著步調匆忙的生活，這讓他有時連用餐都只得隨便抓幾樣菜果腹，也讓他每周都得搭上噴射機從北美大陸各地區來回奔波。星期二在明尼亞波里斯的他們，星期四就來到了沙加緬度，星期五回到洛杉磯吃了一頓母親親手做的料理後，又得等到五天後的客場之旅結束後才能回來。他覺得越來越孤單。這支球隊並不像勞爾梅里恩高中一樣，能輕易地培養出友誼。因此他唯一的安慰，就是最令他期待、客房服務送來的冰淇淋蘋果派，以及旅館房間電視中TNT電視台轉播的比賽。在球隊巴士或飛機上時，他通常都在讀書，或藉由掛上耳機，走進只有自己的世界。

「坐在場邊看比賽，能學到的終究有其極限，」布萊恩對一位記者說，「你必須上場比賽並從錯誤中學習，才能掌握你在球場上想做到的事。」

「例行賽時我們提攜他成長的速度有點慢，事實上是非常慢，畢竟我們是一支贏得五十勝以上的球隊，而且他沒參加季前訓練營，還受傷了兩次。」戴爾・哈里斯後來這麼說明，「但他明顯有在循序進步，這點是無庸置疑的。」

二月和三月剩餘的時間裡，他零星地得到了出賽機會。看起來戴爾・哈里斯放棄了讓他擔任替補控衛的計畫。當范克艾索在四月受傷時，頂替他的任務落到了新秀費雪的肩上。不論是布萊恩持球時的判斷力還是防守能力，顯然都沒有贏得戴爾・哈里斯的信任。

幾年後，NBA進入了大數據時代，球隊們開始研究比傳統數據更能精確衡量球員效率的方法。雖然一九九七年時布萊恩還沒有這種好康的事可以替他的表現背書，但布萊恩還是明顯在他有限的上場時間中做出了優異的貢獻。在他以新秀之姿出任先發得分後衛的六場比賽，湖人拿下五勝一負的成績，而他的得分能力也明顯帶給對手不少麻煩。雖然他在隊內的出賽時間只排第十一，他每分鐘在進攻端的貢獻卻是全隊第二高，僅次於歐尼爾。在戴爾・哈里斯讓他出賽二十分鐘以上的比賽，他平均攻下十三分，如果只看他出賽二十五分鐘以上的比賽，平均得分就會躍升到十六分以上，投籃命中率也有五成水準。而威斯特早在幾個月前看過他試訓後，就已經預見到他能繳出這樣的表現了。

不論什麼時候被派上場，他的控球技術和得分能力都代表著他會吸引許多防守者的注意力。他只需要在分享球權的概念上多下點功夫就好了。「當你身邊有著像艾迪・瓊斯、拜倫・史考特、坎貝爾與『俠客』

時，打起球來會輕鬆許多。」布萊恩承認，「這讓我的工作變得簡單多了。我只需要殺到內線並製造機會就好了，不論這些機會是我的，還是隊友的。」

「我看著這小子，在很短的時間裡就進步了許多，」拜倫・史考特說，「他更了解許多球場上的動向了，這是他在球季剛開始時還不能參透的領域。」

例行賽最後幾個星期，戴爾・哈里斯增加了他的上場時間，布萊恩則以平均十一分的表現做出回應。不過在他的家人與朋友眼中，上場時間還是太少，這樣的改變也來得太晚了。整個球季下來，他獲得七十一場出賽機會，每場比賽平均上場時間約略超過十五分鐘。

然而，有報導指出他花了一些時間去了位於附近的UCLA。在校園裡的他會坐在車裡，看著這些熙來攘往的學生們，似乎在想像著如果他當時選擇上大學，會過著什麼樣的生活。

有了歐尼爾的回歸，讓湖人贏得了四連勝，也讓他們最後一場與波特蘭拓荒者的交手成為例行賽排名的關鍵。如果湖人贏了，他們就能拿下太平洋組（Pacific Division）的龍頭。不過歐尼爾在這場比賽最後一點二秒時，原本有機會幫助球隊扳平比數，卻接連錯失兩記罰球。輸掉這場球後，湖人整季贏得五十六勝二十六敗，是這七年來球隊例行賽最佳戰績。

為了備戰季後賽首輪對決拓荒者，湖人在沙漠社區學院（College of the Desert）展開了一次迷你訓練營。被問及布萊恩是否有可能成為影響系列賽的因子時，戴爾・哈里斯告訴記者，要在這麼激烈的對戰發揮影響力，對菜鳥來說太困難了。而且拓荒者陣中有著強壯且狡猾的萊德（Isaiah Rider）坐鎮二號位，小前鋒的位置也有克里夫・羅賓森（Cliff Robinson）可以一肩扛起。

「讓我們繼續看下去。」這位教練說完後，還補充說布萊恩在他的新秀球季「表現得不錯」。

首戰歐尼爾攻下四十六分，也讓湖人很快地在與波特蘭的系列賽中佔得先機，接著也拿下了第二戰的勝利。布萊恩在這兩場比賽總共只打了六分鐘，但他的球隊還是順利地以二比零取得系列賽領先。第三戰，拓荒者在波特蘭球迷的鼓舞下找回了競爭狀態，湖人被打得毫無還手之力，直到戴爾・哈里斯派上布萊恩後才有所轉變。他立刻展現了侵略性，頻頻切入籃下並製造對手犯規。他最終拿下二十二分，然而這不足以提振隊友的狀態，也讓拓荒者以九十八比九十帶走勝利，並將系列賽勝場差距縮小為二比一。

然而布萊恩在此戰付出的努力，得到的回報卻是在第四戰獲得寥寥無幾的出賽時間。然而即使如此，拓荒者還是拿不出辦法來防守歐尼爾，系列賽最終也以三比一遭到淘汰。

下一輪湖人與季後賽常客爵士對決，對年輕的湖人而言，他們一直是個有些棘手的對手，但在季後賽尾聲的一場比賽中，湖人曾靠著攻下三十九分的歐尼爾以一百比九十八擊敗爵士。這場比賽的結果也足以令戴爾・哈里斯與教練團成員充滿期待，認為他們能延續這股氣勢，在季後賽走得更遠。然而系列賽開打後，爵士卻很快地在主場取得系列賽二比零領先。第一場比賽出賽十三分鐘的布萊恩，七次出手僅命中一顆三分球。第二戰，他只打了四分鐘、也是投進一球。這場比賽湖人打得有裡有外，歐尼爾得到二十五分，歐瑞也找到外線手感、連續投進七記三分球。他們的努力替湖人贏得一個能靠著投進壓哨球取勝的機會，但范艾克索的出手卻慘遭卡爾・馬龍封蓋，這也讓湖人以一百零一比一百零三吞下敗仗與系列賽零比二的落後。

第三戰回到論壇球場舉行，靠著布萊恩在第四節獨得十七分的火力挹注，湖人以一百零四比八十四大勝對手。全場比賽他拿下十九分，是隊內最高分。他在罰球線上十四罰十三中，就一名十八歲的球員而言，他在關鍵時刻表現得實在沉著地令人吃驚。

不幸的是，好景不常，卡爾・馬龍在第四戰有如怒濤般地反擊，攻下四十二分，讓球隊能帶著系列賽三比一的優勢回到猶他。第五戰，爵士很快地領先了十一分，看起來就要輕鬆獲勝了。湖人在第三節失去了被驅逐出場的歐瑞，這也弱化了他們的防線。然而他們還是設法追回落後，甚至一度在比賽還剩九分鐘時超前一分。接下來，雙方殺得難分難捨，直到比賽最後兩分鐘歐尼爾犯滿離場。然後，在第四節最後一分鐘，爵士隊的史塔克頓（John Stockton）閃過布萊恩的防守，上籃追平比數。

隨著比賽進入八十七平手的僵局，雙方在最後關頭的幾波進攻都毫無斬獲，艾迪．瓊斯被蓋了一鍋，卡爾．馬龍則失手了一記跳投。接著在最後十一秒鐘，范艾克索抄到球後，讓湖人得到最後一擊的機會。在隨後的暫停中，戴爾．哈里斯決定把球和最後一擊的機會，交到他平時冷落的菜鳥手裡。要怎麼打？大家拉開，給布萊恩打就對了。

這個決定在日後不斷地受到他人的質疑，這位教練解釋，布萊恩的單打技術使他成為在執行最後一擊時最好的人選。「我這半年來因為沒讓科比上場一直被罵，」戴爾．哈里斯事後表示，「現在我讓他上場了，卻依然飽受批評。」

如同暫停時的計畫一樣，布萊恩得到了出手機會與一個在離籃框十四英呎處、不錯的投籃視野，但迎面而來的，除了防守壓力，還有達美航空中心（Delta Center）觀眾震天價響的鼓譟。隨著橘色皮球劃出拋物線落下後，體育館的球迷爆出了熱烈的歡呼，因為他投出的是一記籃外空心。而他的惡夢還要在延長賽繼續下去。由於歐尼爾犯滿離場，湖人發現他們不得不把他們在延長賽的命運交到這位新秀手中。他在外線出手三次卻都以麵包球收場，這讓主場球迷高興地慶祝了起來。布萊恩揚起眉毛，舔了舔嘴唇，有那麼一瞬間，他看起來像在極力克制自己的淚滴從眼角滑落。

這場敗仗讓贏球的爵士晉級西區冠軍賽，也以有些殘酷的方式終結了布萊恩在ＮＢＡ學習的第一哩路。從崩潰後調整情緒，他靜靜地坐了一段時間，在讓自己冷靜下來後，便開始回答記者的問題。當然，這樣的結果讓他很受傷，但他會記取教訓，並拿這件事激勵自己。他說，「你必須把它拋諸腦後，但是你也必須在適當的時機想起它。在夏日時光，當你有些疲倦、低落或是想把受傷當藉口而不想訓練時，你就得喚醒這段記憶、想起當時那段痛徹心扉的情形。」

「希望這能給我一點動力。」

「他還只是個年輕人，這些對他來說是全新的經歷，」史塔克頓對記者說，「他在整個系列賽都打得很有信心，然而在最後關頭，他被要求出手了幾記高難度的投籃，只不過沒有投進罷了。」

被問及他在休賽季有何打算時，布萊恩說，他會繼續訓練。

「我的體力還十分充沛呢，老兄。」他說。

布萊恩回到洛杉磯不久後，他就打了通電話給瓦卡羅。

「科比投出了我這一生所見過最神扯的三、四顆三分球。」這位球鞋教父回憶。

「你感覺怎麼樣？」瓦卡羅開門見山地問。

「我很好啊，為什麼這麼問？」布萊恩疑惑地反問。

「這麼說吧，」瓦卡羅支支吾吾地說，「你失手了那幾球，我只是隨便說說，不要太在意，你因為這幾球成為人們的箭靶了。」

「他媽的，」布萊恩很快地回應，「又沒有人要出手。」

二十年後，想起他的回答，瓦卡羅還是會忍不住笑出來。

「只要我一息尚存，就不會忘記這句話。」他說。

第十九章　寓言的起點

一九九七年球季結束後，科比．布萊恩有了生存危機。長久以來，籃球對他們家族來說就像個寓言故事。從看著他父親打球，他了解到球場就是個魔幻舞台，只要你打得夠好，便能夠到達任何美妙的應許之地，不管是義大利、瑞士阿爾卑斯山還是拉斯維加斯，都只要像《綠野仙蹤》的桃樂絲（Dorothy）一樣敲敲鞋跟，就能移動自如。

二十年後，瓦卡羅、萊恩斯和查爾斯以及許多早就認識科比的固定班底，都對布萊恩有些不高興，因為他在媒體面前回憶自己的職業生涯時，過於誇大了事實真相。但在許多方面而言，他都像是個坐在營火旁，睜大著雙眼看著火光飛舞的男孩。每當這些故事被他一次又一次重複提起時，就會被他加油添醋，變得更加深奧幽玄。他一直是個喜歡迪士尼、《星際大戰》（Star Wars）與絕地武士之類的大男孩，因此當溫特教練加入湖人教練團時，布萊恩立刻說，他就像是自己的「尤達大師」（Yoda）。

「他會以非常象徵性、隱喻性的方式來看待事物。」專精競技體育方面的心理學家、日後成為布萊恩良師益友的蒙福德（George Mumford）說，布萊恩也有著作家與詩人的一面，所以他會透過神話般的敘事視角來看待這個世界。

高四時他最喜歡的書是科幻小說《戰爭遊戲》（Ender's Game），描述書中主角為了拯救世界，從小就接受訓練以面對越來越艱困的挑戰。

布萊恩家族就像是《海角一樂園》（The Swiss Family Robinson）的主角一家，因為一場意外，而離開他們成長的義大利。他還記得那一天，還是個孩子的自己與姊姊、甚至大人們都在一同哭泣，只因他們接到一通深夜電話，被告知魔術強森走下神壇的消息。據說在他們開車去機場要返回美國的途中，眼淚也還掉個不停。因為對他們來說，神一般的魔術強森，性命正受到了病魔的威脅。

年輕的布萊恩在接下來的六年活得就像是在探索一段屬於自己的神話，而唯一能讓他延續夢想的方法，就是永無止境地努力，讓幻想成為現實。而具象化的能力，在他實現夢想的過程中特別重要，也驅使他花了好幾個小時為此獨自練習。在美國，就像在義大利一樣，真槍實彈地立於觀眾面前進行比賽前，他都會透過腦內模擬，自己先預想過一遍比賽的情形。

「或許沒有球員比他更會發揮想像力了。」《運動畫刊》曾如此評論布萊恩。

接著就在一九九七年發生了那個令人絕望的系列賽，比賽的結束方式，差點令一切瓦解、令神話就此崩塌。

喬丹很早就在屬於自己的關鍵時刻證明過自己，大一球季的最終戰役，他在比賽結束前投進一顆跳投，帶領北卡大學柏油腳跟隊（Tar Heels）贏得NCAA冠軍。如果上大學的話，現在的布萊恩正好也是大一，但他卻在關鍵時刻投出了四記籃外空心。

崔特曼回憶，這個新秀球季，布萊恩與父親都在尋求一個重大的機會。「跟我說話時，父子倆的口徑一致。他會說，『沒有人能在單挑時阻止我』，我會回應，『老兄，你才十八歲，我同意你的說法，但你該做的是等待屬於你的時機來臨』。但他們現在就想要這樣的機會，立刻就要。」

突然之間，在這個他們不抱任何期待的時刻，他們渴望已久的機會在他們的眼前降臨。

因為那次調度，戴爾．哈里斯後來遭到許多批評，但是除了把球交到這位菜鳥手裡由他進行最後一擊之外，這位教練實在也沒有多少選擇了。人稱「大心臟鮑伯」（Big Shot Bob）的歐瑞在第三節就遭到驅逐出場*，老將後衛拜倫．史考特則是因傷缺陣。范艾克索的腳一拐一拐的，罰球命中率不佳的「俠客」，不但不是比賽最後關頭的好選擇，更也犯滿離場了。而艾迪．瓊斯此前就出手過兩次，但也都沒有投進。

「我們在暫停期間圍在一起時，科比看著我然後說，『教練，如果你把球交給我，我會幫你投進的』。」戴爾．哈里斯賽後很快地想起了這句，「我相信他，如果我們可以把比賽倒回那個時刻，我還是會把球給他。他是我們陣中最好的一對一球員，這也是全隊球員的共識。」

「信任」，對這位朝著自己夢想前進的年輕朝聖者而言，是他字典裡最甜美的詞語。他一直在尋找和他一樣、相信他的夢想的人，就像最相信他的瓦卡羅一樣。

但他的隊友沒有這麼做的打算。史庫普．傑克森還記得當時與那些湖人球員的對話。「他們也知道他有多優秀，」史庫普．傑克森說，「但他們覺得他還太年輕，還不是告訴他這一點的時候。」

戴爾．哈里斯也一直沒有選擇相信他，直到那個危急存亡的時刻。

「大家幾乎想殺了我們的教練戴爾．哈里斯，因為他在這種絕境下派他上場，」許久之後威斯特曾這麼說，「但我還是為他在這一天見到其他球員都失去鬥志時做出信任他的決定表示讚賞。我不確定我們隊中還有沒有其他人有勇氣出手他投的那幾球。」

在賓州，科比的老夥伴們在這一刻也看呆了。

「這就是我認識的科比，」唐尼．卡爾在看著電視上的比賽時心裡想著，「他已經連續失手十球了，但他還是迫不及待地等待下一次出手機會。他從不退縮，更無懼於挑戰。」

舒瓦茲和他的父親一起看這場比賽，與許多其他出身於勞爾梅里恩高中的人相仿，他們都關注著布萊恩的職業生涯，就像是他們自己的一樣。「他出手了四次，投出四記籃外空心，」舒瓦茲回憶，「有兩件事讓我們難以置信，第一，他一直在投籃，第二，他一直在投籃，但球什麼都沒碰到。」

「當時比賽戰成平手，」談起布萊恩這四次出手的第一球是自己的決定時，戴爾．哈里斯這麼說，「我認為在比賽還剩六秒鐘時，最重要的是要製造出一次出手的機會。不管這球有沒有進，他都能感受到我對一名十八歲孩子的信任，就算沒進，我們也可以在延長賽且戰且走。至少他成功出手了，在這種情況下，我看過數百次有球隊甚至沒辦法把球發進場內，更別說製造出好的出手機會了。他在右側肘區離籃框十七呎處找到了一個空檔，我至今依然記得那個畫面，只是球沒進而已。」

戴爾・哈里斯錯了，布萊恩或至少他的「布萊恩團隊」認為這代表教練沒有與他站在同一邊。從很久以前開始，布萊恩一家人就覺得這位教練處處與他們作對。與布萊恩親近的人，也覺得戴爾・哈里斯選擇在這場球季命懸一線的季後賽，將一名新秀推進如此充滿壓力的局面，是個很奇怪的調度。喬・布萊恩甚至問過他的朋友們，戴爾・哈里斯是不是想毀掉科比的職業生涯。

看著這一切發展的崔特曼，同樣感到震驚。「這簡直就像戴爾・哈里斯挖洞給他跳一樣，」這位作家說，「這一年中他都沒怎麼讓他上場，然後在球季千鈞一髮的時刻卻把球交到他的手裡。」

「如果有再一次機會，我還是會讓他出手，當時如此，現在依然，甚至永遠不會改變。」戴爾・哈里斯在十年後被問起這件事時這麼回答。

對科比身邊的其他人來說，定義了這一刻的，並不是他的投籃失手，而是他針對自己的失敗所做出的反應。

「從高中直升NBA，就像是在室男想睡一個四十如虎、還生過三個孩子的女人一樣，」暴龍隊前鋒沃特・威廉斯（Walt Williams），「你最好大幅提升你的技術，不然就會被狠狠羞辱。」

球隊敗北後的夜晚，布萊恩回到洛杉磯的家後，馬上就去了附近學校的體育館。

---

* 譯按：歐瑞曾經在二〇〇五年總冠軍賽時說自己的名字是羅伯（Robert），所以大家應該要叫他「大心臟羅伯」（Big Shot Rob），因此後來這兩種說法都有人用。

「他那天晚上去了體育館投籃，一直投到凌晨三、四點，」史庫普．傑克森說，「他沒有哭，也沒有去夜店搞一夜情，沒有搞這些狗屁倒灶的事，他直接去了該死的體育館。」

「這個世界上不會有另一位青少年在失手這些投籃、讓湖人全隊失望後，還能夠走出陰霾了。」回顧過去時的瓦卡羅說。

記者布謝目睹了這一刻，然而他欽佩著這位年輕球員「我覺得他得具備難以置信的勇氣，才能做到這樣的事情。」他回憶，「然後我這麼想，『你知道嗎？將來在某個時間點，他會投進這些球的，因為就算他失手了那幾球後，還是帶種地繼續出手』。我們在一次私下的對話中討論過這件事，而我想他當時是心懷感激的，因為我不像其他人，只想為了那幾球而責備他，我對這件事有截然不同的看法。」

喬丹以少年英雄之姿度過他的大二球季，在柏油腳跟隊瘋狂球迷對籃球的熱烈支持下，享受著讓球迷久候多時才再次拿下的全國冠軍帶來的信心。同樣要展開第二年球季的布萊恩，卻不得不面對潮水般湧入的質疑。這些質疑不只關乎他個人，更關乎他周遭的一切。布萊恩也會反覆捫心自問：如果他最後一擊選擇切入，直接灌籃或迫使爵士犯規的話，會發生什麼事呢？會不會有其他更好的方式？他一次又一次地拿這個問題問自己。

「這對我而言是個生涯早期的轉捩點，讓我能夠應對逆境、應對大眾拿著放大鏡的檢視以及面對自我懷疑，」他事後如此回憶著，「對十八歲的我而言，這是一次考驗我意志力的時刻。」

「如果他沒有打過這場比賽會怎麼樣？」舒瓦茲在二〇一五年有過這個疑問，「如果他沒有經歷過那個時刻會如何？假如他投進了其中一球呢？要是因為他投進了一球，幫助球隊贏得比賽，又會發生什麼事呢？他還會跟現在一樣好，或成為更好的球員嗎？我覺得這場比賽對他能夠成為一位多麼優秀的球員有著舉足輕重的影響。這種這麼難堪的事居然會發生在他這樣的人身上？第二個球季，他打得就像猛虎出閘。」

KB8

在十九歲生日到來前，布萊恩好像覺得自己永遠不夠忙似的，不斷地訓練、訓練、再訓練。那年的夏日尾聲，愛迪達也著手推動了他的簽名鞋款計畫，也就是KB8系列。

摩爾是愛迪達的設計師兼執行高層，在費城，他初次見到了布萊恩家族，也驚訝於他們家人對自家兒子的信心。「我們離開那裡時想著，『這小子會讓球鞋很好賣』。」摩爾回憶起第一次會面的情形，「雖然他是他們的兒子，但父母和家族其他人對待他的方式，就像他準備要當上國王了一樣。在那次會面，我得到了科比是個模範兒童的印象，至少在我眼中，他不常犯錯，也是個聰明的孩子。他能說出自己想要什麼，表達出自己的好惡。」

摩爾驚訝地發現，與他的形象相反，布萊恩並不想成為喬丹。「我認為科比雖然覺得喬丹是個非常厲害的籃球員，但他想要走出自己的路。所有這樣的人，某種程度都存有想做自己的想法，而科比想做的就是自己，也想要當上孩子們夢想成為的偶像。」

憑藉著Air Jordan的經歷，摩爾相信在運動鞋市場中，設計理念比球員的表現更重要。因此愛迪達將設計理念著眼於科比在義大利的背景。這位設計師最終將這位年輕球星的簽名鞋以奧迪TT Roadster小跑車為設計基礎，只是以第一雙簽名鞋款來看，這雙鞋有些欠缺深刻的意涵。

喬丹一直以來呈現的就是能夠翱翔天空的飛人形象，這個神奇的設計理念也讓球鞋能夠年復一年地賣出去，直至接下來的二十一世紀。布萊恩的球鞋，則並未傳遞出這樣的概念。

「對我來說，科比將會是下一位偉大球員，我也會讓他成為成為籃球界下一個偉大的代名詞，以我的角度來看，他要留下的就是他的『風格』。他的球鞋要傳遞的訊息是，『我很有型，我的打球方式也很有型』，這是與喬丹完全不同的風格，這兩種風格也將會吸引兩種完全不同的孩子。這個風格將會成為他的核心，而在穩固核心之後，它的光環才會漸漸散發開來，然後你也會跟著成長。他喜歡這個主意，因為他覺得這很酷，畢竟他想成為一位能夠被街頭文化接納的人。」

從一開始，布萊恩就想成為一位能被「街頭的孩子們」敞開雙臂接納的人，摩爾說。「我看到他時就覺得他是個有著漂亮笑容、口齒清晰的酷小子，然而當他談到想要打造出跟城市裡其他黑人青少年相仿的風格時，我心想，『他們不會買帳的，你跟他們沒有共通語言，他們不會吃你這一套的，你跟他們不是同一類人』。」

儘管如此，愛迪達還是在拍攝的第一批廣告中，融入了一些布萊恩想要的風格，舉例來說，其中一個以威尼斯海灘為背景的版本中，就是以一場看似尋常、從分隊挑隊友後開始進行街頭籃球賽的場景展開。然後他們還向飛越了芝加哥天際線的喬丹經典飛人照「致敬」，設計師想以相同的構圖方式替布萊恩在加州拍一張風格相似的照片，只不過唯一的問題是，洛杉磯沒有像芝加哥一樣，有著那麼獨特的天際線作為背景。

布萊恩有個更迫切的問題，那就是和他自己的隊友相處愉快，這也是球鞋廠商在大展鴻圖的同時給這位青少年帶來的難題。當他身旁更資深的老隊友們看到他穿著他的第一雙簽名鞋時，很可能會心懷不滿，或者覺得他還遠遠不配享有這些待遇，這也成為他不得不冒的風險。

前鋒法克斯（Rick Fox）是湖人隊新簽的自由球員，他曾經清楚說明過這些老將面對布萊恩推出新鞋時，內心產生的掙扎情緒。「只要有人快速地往上爬時，位居頂端的人就會心生警惕，」六個月後法克斯回顧自己當時觀察到的情形，「他們手中牢牢掌握著權力與外界的注目，不想輕易放手，因此會盡其所能地打倒你，就算你是隊友也一樣。」

戴爾．哈里斯回憶，他那年夏天意外撞見了ＫＢ8掛在巴塞隆納（Barcelona）的巨幅海報，就離一九九二年舉辦奧運的地點不遠。「當他與愛迪達簽下數百萬美金的合約時，我就知道他們肯定會盡可能地利用他的商業價值，也知道愛迪達在歐洲的影響力比在美國還來得大。但是，一張三十英呎長的海報和廣告看板，真的有些出乎我的意料。它們就掛在巴塞隆納奧運體育館外面，沿著噴泉下的樓梯一步一步走下來，你就能在兩側看到科比的兩隻腳。這個雙腳穿著愛迪達球鞋的科比，足足有三十呎高。」

對戴爾．哈里斯這位白髮蒼蒼的老學究來說，這太超過了。「我覺得這樣的做法有些不恰當，」這位教練在這件事過去後幾個月說，「這種事在NBA很常見，不過科比還需要學會自己該如何因事制宜，畢竟他已經是全球知名的人物了，可說世界上沒有人不認識他。」

「他是個好傢伙，」戴爾．哈里斯承認，「他有著光明的前途，但大家都急著讓他成長為從來沒有人能夠在十九歲蛻變而成的一號人物，包括喬丹在內。喬丹十九歲時只不過是個來自北卡州的少年罷了，他是到了二十七歲、三十歲，才成為現在的他。做人做事不是這樣搞的，喬丹不是靠著媒體吹捧催生的產物，也沒有在十九歲就成為人人心嚮往之的偶像，這傢伙在十五歲時甚至還被高中校隊踢出名單。他的成功不是只靠天賦而已，靠的是長期累積的努力，這也是科比想要成功該走的正途。」

越來越多人認為，布萊恩的進步是由比賽之外的壓力逼迫而來的。以過去公牛總教練菲爾．傑克森為例，當年他為了保護喬丹、避免他被壓力壓垮而走向錯誤的方向，付出了許多時間與精力。因此戴爾．哈里斯也被問到，他有沒有辦法保護布萊恩。

「這有些超出我力所能及的範圍。」他回答。

教練團指示布萊恩再次替湖人出征夏季聯賽，球隊要求他成長為一名團隊型球員，被包夾時不要每次都想著自己解決，而是願意把球傳出去。這支出戰夏季聯賽的球隊依然由祖魯教練執教，但布萊恩在球場上打球時，再度遵循了自己的本能，運用他超凡的能耐統治了比賽。在比賽中看到這樣的發展，祖魯和威斯特都不太滿意。某次這名青少年與祖魯發生爭吵時，後者也指責他「打得跟過去的自己沒有兩樣」。這位助理教練說，他還是以自己為中心在打球，沒有把籃球當成團隊的比賽。

威斯特強調，為了迎接即將到來的賽季，球隊對布萊恩的要求會越來越高。

除了和球隊一起訓練，布萊恩還去了歐洲進行一次快閃的宣傳行程，並在UCLA完成了義大利語的夏季學程。不過在這之外，布萊恩投入最多的，還是日夜不絕地開發他在球場上的新技能。

「我督促著自己，」布萊恩說，他覺得訓練比玩樂更重要，「我喜歡出去玩，走出家門度過一段美好時光，但我覺得這樣不對，我這些用來放鬆的時間，也可以用來打球或做別的事情，像是重量訓練之類的。我這些時間，得用在能讓我進步的事情上。」

儘管對他在夏季聯賽的表現感到失望，湖人團隊依然努力讓他在正確的道路上前進。「身為新秀的他，還有著成長的空間，」祖魯說，「去年對他來說是個困難的球季，但他處理得不錯，盡可能吸收了這一年的經驗，也變成熟了一點。他已經能夠全盤理解在NBA打球是什麼樣的生活，也做出了很好的調整，再也不會對很多事情大驚小怪了。而我會盡可能地在他身邊對他耳提面命，告訴他球場上發生的變化。他將這些知識吸收至腦海裡，學習的意願也很高。總是好學不倦，就是這小子特別的原因。」

那年夏天布萊恩還面臨著其他壓力，他在一九九六年邁出的一大步，替接下來十年才華洋溢的高中球員們打開了直通NBA的大門。「科比所做的一切，替麥葛雷迪（Tracy McGrady）甚至是幾年後的詹姆斯創造了可能性，」瓦卡羅在回顧這段過程時說。這時他再度扮演伯樂、識出了另一位高中球員千里馬，也就是六呎八吋的後衛麥葛雷迪，並給了他一份合約，總額幾乎是一年前布萊恩所簽的兩倍。而麥葛雷迪能獲得這份合約，得歸功於布萊恩對愛迪達球鞋銷量帶來的影響力。

耐吉的菲爾．奈特在愛迪達簽下布萊恩後大為光火，不久後他就在芝加哥一次公司聚會中表示，耐吉不會再把任何一位超級巨星讓給這間德國公司。然而簽下麥葛雷迪，代表瓦卡羅又給了對手一記重拳。雖然耐吉還是在市場上佔有主導地位，但這也足以幫助愛迪達再從耐吉手裡爭取到更多市佔率了。

瓦卡羅對這樣的發展感到非常高興。那年夏天，這位球鞋教父把麥葛雷迪帶來洛杉磯，甚至安排了這位新簽約球星造訪布萊恩家的行程。這兩位年輕球員一見如故。「科比很喜歡麥葛雷迪，」瓦卡羅說，「後者也很喜歡他。不過雖然麥葛雷迪尊敬科比，但他還是相信自己是更出色的球員。」

拜訪布萊恩家那個晚上，當麥葛雷迪正準備離開返回自己的飯店時，潘同意了兒子的請求，讓麥葛雷迪留下來過夜。他待了大概兩個星期，這段期間，這兩名年輕球星每天都一起訓練，也日復一日地進行單挑對決。

這對小心翼翼的布萊恩家族來說，堪稱是最大而化之的舉動了，因為他們一直以來堅守著與朋友保持距離的立場。布萊恩新秀球季快結束時的一場比賽，唐納與崔特曼來拜訪布萊恩。「那剛好是他不開心到極點的時候，」崔特曼回憶，「然後他說，『你們晚點會想來找我嗎？我整天都在家』。」

他們順道過來後，很快就泡在家庭式熱水浴缸裡聊天，並開始熱烈地討論起籃球。這時潘走近窗戶，對兒子說了幾句義大利語，很明顯地傳遞出她覺得他們該回家了的訊息。「我們是時候回家了，」崔特曼回憶，「這基本上就代表著對我們下達逐客令。」

至少這兩位教練比萊恩斯更親近布萊恩家一點。當時和一支AAU球隊在洛杉磯的他，曾經慷慨捐助過布萊恩，讓他能夠體驗許多上流階層的生活，這其中還包含了他在周末與布蘭蒂約會的開銷。然而當萊恩斯打來電話問說能不能帶自己這支球隊來拜訪他們家時，科比的某位姊姊果斷地回絕，告訴他，「我們家不是神社，不需要進香團。」

儘管布萊恩喜歡麥葛雷迪，後者的存在還是讓這位年輕的湖人球星了解到，自己不但得面對聯盟其他對手與來自隊內休息室的競爭，還得顧及參加選秀的後起之秀帶來的威脅。

球鞋銷售席捲市場的態勢，或許有助於放鬆一下布萊恩的心情，愛迪達也已經在著手更新他的合約。瓦卡羅估計，他們簽下的第一份合約，要在第二年支付給喬．布萊恩額外的十五萬美金。這代表他們父母不需要完全依靠他們才十幾歲的兒子的收入，才能過著有些人認為太過奢侈的生活。潘持續將它們的大房子改造為義大利別墅的風格，並在屋裡塞滿了讓人印象深刻的非洲藝術品。「那些玩意真的是很不錯的收藏品。」

摩爾回憶。

儘管這項新合約是靜悄悄地完成的，但還是很快就被一些媒體報導出來，稱布萊恩的球鞋合約現值大約四千八百萬美金。不過這間球鞋廠商在簽合約時有所疏忽了，瓦卡羅在二十年後回顧時承認，這份更新後的合約，刪除了付錢給喬．布萊恩的內容。

完成合約的更新後，由於失去資金來源，喬．布萊恩便開始找尋其他的賺錢門路。隨著事態的發展，最終使他們分道揚鑣。

決定命運的球季

訓練營開始時，湖人吹噓自己是聯盟最有未來性的球隊：布萊恩只有十九歲、范艾克索與艾迪．瓊斯與歐尼爾都才二十五歲，費雪也只年僅二十三歲。然而事實證明，這只不過是許多自我中心的想法、迥異的球風與不均的大賽經驗粗糙組合而成的陣容。歐尼爾日益增長的不滿，持續推動著這一切的發生。

布萊恩留著一撮山羊鬍、頂著迷你黑人頭，以一身七〇年代的復古造型來到了訓練營。訓練營第一周剛開始時，他必須重新審視自己那時投出的籃外空心，如今他已經能笑看當初。他後來告訴記者，如果當時自己退縮了把球傳出去，沒有扛起自己肩負的壓力，才更令他身心受創。

「我想要那些出手機會，」布萊恩當時堅持著這樣的說法，「我只是沒投進而已，如果再給我一次機會，讓我重回當時的情境，我還是會投的。不管別人怎麼說，這對我而言不是問題。」

他在那年秋天的表現與競爭天性展露出更加逼人的銳氣，讓湖人團隊與隊友們看得目瞪口呆。「這小子真的非常有動力，這一點是我很久沒在任何球員身上看過的特質，沒有人有動力到像他這樣的程度。」助理教練祖魯說。

「科比是我們陣中最好勝的球員之一，」湖人資深訓練員維蒂同意這一點，「如果他分到的隊伍在我們進行訓練或者練習賽時輸了，他會很不悅。就連最基本的分組對抗訓練，他都會氣到抓狂，講也講不聽。他會走到場邊坐下，然後整個人散發出一股怒氣，你可以感受到他真的很火大。這就是他的好勝天性，他總是只想著贏。訓練時，你需要有這樣的人在，來提升訓練的強度。」

「我從四或五歲的時候開始就是這樣的人了，」布萊恩說，「我也沒辦法解釋，我就是不喜歡輸的感覺。」

慢慢地，關於他這種毫無保留的態度引起的紛紛議論，開始在球隊中出現。

「沒有人比得上他，」戴爾・哈里斯如此評價著布萊恩的職業素養，「他一分鐘都不會浪費。不管是訓練前後，還是在這個夏天，或者任何你想得到的時候，科比都沒有浪費過任何一次訓練。」

和布萊恩位置重疊的艾迪・瓊斯，球季開始時以強勢表現回應了前者的挑戰。他的好表現也讓他在十一月拿下單月最佳球員。只是再多的榮譽、再多的獎項，也比不上那兩個在場邊觀戰的人，他們能夠左右這支球隊的看法。這兩個人就是老闆傑瑞・巴斯和威斯特，儘管當時布萊恩還沒有完全理解團隊籃球該有的打法，但兩人對他在球場上展現出的巨大天份依然非常滿意。因此圈內人和一些投資客很快就注意到，艾迪・瓊斯一流表現的唯一作用，不過就是提升他的交易價值罷了。

例行賽首戰由湖人迎戰爵士揭開序幕，而布萊恩也的表現也沒有讓觀眾失望。他在這場讓人士氣大振的比賽中攻下了二十三分，不過他在接下來的兩場比賽，並沒有達到戴爾・哈里斯希望他打團隊籃球的標準。直到贏得另一場勝利的第四場比賽，他才又在遇上勇士時爆發，拿下了二十五分。只是比賽尾聲時扭傷了腳踝，讓他不得不在造訪德州的客場三連戰中高掛免戰牌。不過湖人這三場比賽還是都收下了勝利，這也讓他們在球季開始後取得了七連勝。布萊恩在擊敗灰熊的比賽中復出，接著在這個月份球隊在本賽季首次造訪上個季後賽最後對手猶他的比賽中，打出了一場石破天驚的表現。這場比賽他先是在讀秒時刻蓋掉了爵士後衛拜倫・羅素（Byron Russell）的灌籃，接著又灌進了致勝的兩分。

「他再也不是個小屁孩了。」球隊在猶他贏得這場勝利後，戴爾・哈里斯激動地說著。

贏得這場勝利後，湖人隊的戰績達到九勝零敗，布萊恩也成為聯盟球員與高層間的話題。十一月到十二月時，不論湖人造訪哪一座城市，他都會引起當地媒體的轟動。

「我不想讓人聽到我說的話，覺得我是在褻瀆籃球之神，」國王隊球員部門人事經理雷諾茲（Jerry Reynolds）告訴記者，「但他真的有可能成為像喬丹一樣的人。」

這些炒作提高了那些想看戴爾・哈里斯多派布萊恩上場的湖人球迷看球興致，NBA攝影師伯恩斯坦（Andrew Bernstein）也是其中之一，這二十年來的泰半時間，他都在試著更完美地捕捉魔術強森與喬丹的魅力。

「我就是那些想看到他得到更多上場機會的人之一，」伯恩斯坦回憶，「看到他在球場上的一舉一動，簡直就像看到了喬丹。喬丹和魔術強森都有一股魔力，你只要把照相機對準他們，他們的魅力、吸引力就會自然而然地散發出來。科比也有這種特質，他有著跟喬丹和魔術強森一樣的風采和眼神，你從他的精華影片可以看出這一點。很明顯的是，科比非常想成為像喬丹一樣的球員。他學到了很多喬丹的打法和舉止，並將它們納為己用。當他殺進籃下、在空中漫步或做出一些拉竿挺腰閃過防守者的動作時，你都可以看到喬丹的影子。有時候完成一記精彩的灌籃或是連續投進三分球後，他都會做出很像喬丹會有的反應，就連表情都一模一樣。」

憑藉著得分火力的暴衝，湖人隊以平均得分一百一十一點九分領先全聯盟，遙遙領先平均得到一百零三點六分、暫居聯盟第二的鳳凰城太陽。記者們開始稱湖人為NBA中最有深度的球隊，陣中有六名平均得分達到雙位數的球員，這讓他們能在歐尼爾、布萊恩、中鋒與前鋒雙挑的坎貝爾以及前鋒歐瑞因為不同傷勢缺席時，還能繼續贏得勝利。布萊恩似乎已經接受了自己在這個球季得從替補出發、在球隊需要他的時候擔任搶分手的角色。而他的出賽時間，主要是來自於在二、三號位作為艾迪・瓊斯與法克斯的替補。

就在球隊看起來狀態絕佳時，歐尼爾在對上快艇時拉傷了腹肌，這番傷勢痛得讓他缺席了數星期的比賽。突然之間，球隊更加需要布萊恩得分了，他也樂於承擔這項重任，並將他的平均得分提高到了十九分以上，這對板凳球員來說是非常高的得分進帳。然而湖人卻在歐尼爾因傷只能作壁上觀而被迫做出因應後，運勢也跟著有所下滑。他們十一勝零敗的開季戰績，很快地滑落到十五勝五敗。很顯然的是，布萊恩太過積極地在替自己製造出手機會了，甚至不惜犧牲團隊的表現。「我覺得他沒有把大三元當作自己的目標，」談及布萊恩沒怎麼在送助攻時，法克斯對記者這麼說，「他完全把自己當成一位純粹的得分手。在他眼裡，二十分鐘內得到三十分並帶領我們贏得勝利，就是他在場上的任務。」

歐尼爾的不克出賽，替球季日後發展埋下了一顆種子。十二月十二日，布萊恩在擊敗火箭時得到二十七分，接著又在兩天後迎戰小牛時攻下了生涯新高的三十分。

而在即將展開的東區客場之旅中，其中一站來到芝加哥，也代表著他們要與喬丹對決了。這使人們對布萊恩的討論升級為一次小規模的媒體聚焦時刻。突然間，幾乎所有雜誌和新聞節目的記者都了解這場比賽他們非報導不可。記者們都在冥冥之中察覺到，這或許會是一次火炬傳承的加冕儀式。

然而范艾克索在喬丹雙眼流露出的堅定神情中，看出他會讓這場比賽很快分出勝負的決心。貫徹他們的招牌打法，公牛掌控比賽節奏、限制對手轉換進攻，在第一節結束前，他們凍結了湖人的得分火力。而真正造成勝負的天秤提早失衡的原因，是布萊恩與艾迪・瓊斯在上半場就吞下了三次犯規，以及後者整個晚上都慘得無以復加的投籃。

布萊恩在第二節被吹了第三次犯規，這時正在板凳區伸展筋骨的喬丹，也準備要回到場上了。這位青少年沮喪地坐在地上，看著喬丹再度得分，在空中飄移、降落地面後，秀出經典的慶祝動作與他的肌肉。

雖然球隊被打爆了，但在比賽的第三節，由喬丹親自防守自己，這個令布萊恩等候多時的時刻終於來臨了。他從左側切入到右側前場深處，在那裡接獲傳球後，布萊恩旋即在喬丹面前，施展了籃球之神的招牌動作。在背身單打喬丹後，他先是往左虛晃一招、假裝要切底線，接著硬是往右轉身後翻身躍起，在飛人面前完成一記二十呎跳投。

這是個既激發了布萊恩的信心，也讓籃球界了解到下一個偉大球員已經降臨的時刻。喬丹短暫回到板凳後，又在垃圾時間回到場上，與布萊恩進行了像在街頭球場般互別苗頭的對決。

「喬丹就喜歡這種事，」公牛後衛榮恩．哈波（Ron Harper）事後觀察，「年少有為的科比，有朝一日會奪走他的神壇，但我不認為喬丹已經打算要讓出王座了。他走上球場向世人證明，自己還是那個飛人喬丹。」

這場比賽替大家留下了一個充滿精彩片段的夜晚，兩人都在低位展現出夢幻步、也在外圍投進跳投，甚至越過重重防守後完成瀟灑灌籃。喬丹得到了三十六分，穿著愛迪達新款簽名鞋的布萊恩則斬獲職業生涯新高的三十三分。

「我年輕時也一樣那麼有活力，」賽後喬丹告訴記者，「能智取這種身體素質勁爆的球員，讓我感到非常振奮。我知道自己已經在這項競技中投入太多青春年華了，不過如果我還有能耐可以守住像科比．布萊恩這樣的年輕球員，我就還能繼續坐在我的寶座上。」

快要三十五歲的喬丹，承認自己對這小子展現的運動能力有些吃驚。「我們以前也能跳這麼高嗎？我都不記得了。」在一次暫停期間，他對隊友皮朋這麼說。

「我覺得可以，」因傷缺席那場比賽的皮朋回應，「不過那是很久以前的事了，我也沒什麼印象。」

「我覺得自己能夠了解當時面對過我的其他球員們當時的感受了，」談起防守布萊恩時，喬丹說，「他確實傳遞出了自己不論何時上場都能成為一股力量的訊息。他有著各種不同的進攻型態，作為一名進攻型球員，你會希望自己有更多進攻手段好打出各式各樣的風貌，這樣一來，防守者就猜不透你接下來打算怎麼進攻了。」

喬丹指出，就像自己一樣，布萊恩作為一名年輕又有天賦的球員，必須學會確保自己「接管比賽」的行為不會影響到團隊的發揮。

「兄弟，這是比賽最困難的部分。」布萊恩同意，也承認自己太想要一對一挑戰喬丹了。他說這種想要得分的欲望，是自己必須學著控制的一環。「有時你必須忍住，」他說，「這很惱人。我才剛理解到對手的防守是如何對付我的。現在他們防守我時，大多採取放投不放切的策略。」

第四節的某次暫停，喬丹震驚地發現，布萊恩居然肆無忌憚地拜託自己給他一些背框單打的建議。「比賽的第四節，他問了我關於低位單打時的技巧，大概像這樣問，『你會把雙腿站得很開，還是會緊緊併攏呢？』這真的令我有點吃驚。」後來喬丹這麼說，「他來問我這些問題，讓我覺得他大概把自己當成我的老朋友了吧。我告訴他在進攻端，你必須時刻去感受對手的位置。在低位單打然後翻身跳投時，我總是用雙腳去感受對手在防守端的意圖，這樣我就能夠針對他們的防守做出反應。他最大的挑戰，將是駕馭他所獲得的知識、運用自己所會的招數，並將它們實踐在球場上。這很困難，也是經驗的可貴之處，也是『大鳥』柏德與魔術強森傳授給我的。無庸置疑的是，他具備了主宰比賽所需的技能。」

這場與喬丹的對決引起了許多關注，也攻占了各大版面的頭條、掀起了廣播節目的評論，使人們對科比．布萊恩的興趣開始沸騰，也轉化為明星賽投票的票數上。

小牛球員丹尼斯．史考特（Dennis Scott）很快地告訴記者，在短短的幾年之內，布萊恩就「可能成為稱霸聯盟的那個男人」。

皮朋同意他的看法，並說，「你越看他打球，就越能看出他所能做到的驚人之舉，也因此能理解到他是一名多麼偉大的球員。你必須以旁觀者清的角度看待，就能發現，『他現在其實也不過就是大學二年級的球員而已』。事實將證明，他會成為一位偉大的職業球員。」

那年十二月，所有的讚揚與關注，與成千上萬的球迷在明星賽的投票同時到來。他們一點都不在意布萊恩只是個十九歲的替補球員，把他灌票灌到了全明星賽的先發，超越了一眾名聲與資歷都頗為顯赫的球員。這些人包括了國王的里奇蒙、爵士的何納塞克（Jeff Hornacek）、拓荒者的萊德、超音速的霍金斯（Hersey Hawkins）、火箭的崔斯勒（Clyde Drexler）、小牛的芬利以及湖人陣中在布萊恩之前佔據著先發地位的艾迪·瓊斯。在布萊恩被選為明星賽先發球員之前，明星賽史上最年輕的先發球員，是二十歲的魔術強森。

不過這並不影響湖人在比賽中的絕佳狀態，就連歐尼爾不在時也一樣。在芝加哥輸球後，湖人以一波四連勝強勢回應，布萊恩則在其中兩場拿下了全隊最高的十九分。接著在敗給塞爾提克後，湖人又打出了一波六戰五勝的高潮。此時歐尼爾在新年及時回歸，這也使布萊恩在球隊中的進攻順位降低了。然而儘管如此，他們還是在一月打出了九勝四敗的佳績，平均得到二十九分的歐尼爾也拿下了單月最佳球員獎。他們就帶著這股氣勢，準備在二月迎接即將與公牛造訪論壇球場的喬丹。

這一次雖然喬丹得到三十一分，比布萊恩的二十分還高，但湖人成為了勝利的一方。布萊恩可能太期待這場比賽了，這也讓他在比賽中精彩片段的光鮮亮麗之下，暗藏著許多糟糕的出手選擇。

「上半場我被自己的情緒支配了比賽的節奏。」他承認。

獨得二十五分的法克斯，幫助湖人在第三節掀起一陣猛攻，也拿下了勝利。

明星賽的替補球員是由教練選出來的，湖人有四名球員入選，除了布萊恩之外，范艾克索、艾迪·瓊斯與歐尼爾也成為了西區明星隊的一員。

要展現布萊恩嶄新的明星氣質，這個地點再完美不過了。「明星賽本來可能在夏洛特舉辦，」瓦卡羅笑著回憶，「但最終定案的地點是紐約，還有比這裡更值得期待的地方嗎？」

愛迪達拚命地替科比在所有報紙上刊載了全版的廣告。這場簽名鞋款的賭博，差不多到了有所回報的時刻。這雙輕巧、僅十二盎司重的KB8在幾年過後，依然是經典鞋款，也使這家公司的市佔率得到了立即性的提升。同一時間，NBA與它的賽事播放夥伴也跟上了這波瘋狂行銷的浪潮，將球場上的巨星喬丹與年輕的新星科比並列為賽事的看板人物，這樣的事態發展也激怒了上個賽季的MVP卡爾·馬龍。

在這場聯盟第一人的加冕儀式，由布萊恩的肖像照以鋪天蓋地之勢席捲各處展開：除了在推廣明星周末活動的報刊中可以看到他的滿版廣告，在廣播節目、雜誌封面甚至國際新聞提要甚至有線體育節目，都能看到或聽到他的大名。

每年NBA明星周末都會舉辦一次媒體發布會，球員和教練會被帶到一個巨大的酒店宴會廳，坐在一張桌子旁，迎接成百上千的記者與媒體工作者蜂擁而來，向他們提問與採訪。第四十八屆的明星周末也以類似的大眾宣傳攻勢展開，而不出大家所料，布萊恩的桌旁立刻吸引了大批記者，所有人都擠到他的身邊，以錄影或錄音的方式，紀錄喬丹接班人的一言一語。

「科比在聯盟中掀起了一陣狂風暴雨，」效力魔術的「一分錢」哈德威看著記者們圍在布萊恩桌邊時如此表示。

「所有發生的一切都太不可思議了，」對著面前堆滿的麥克風，布萊恩說著，「這讓我身體發麻、心臟忐忑不安地跳動著，也讓我無法思考，實在太酷了。」

最常重複出現的主要提問，是要求布萊恩將自己與喬丹比較。「我跟他之間沒有可比之處，」這位青少年回應，「除了我們都是六呎六吋，也都有著運動天賦之外，沒有什麼可以相提並論的地方。我的意思是，他可是喬丹啊。」

明星賽開始前的星期日早上，布萊恩與NBA總裁史騰和其他球員上了《與媒體見面》（Meet the Press）的節目，當播出這一期新聞訪談節目的美國國家廣播公司（NBC）播放了即將舉行的湖人與火箭賽前宣傳預告時，兩隊焦點球員的照片，放的居然是布萊恩，而不是歐尼爾。

這樣的情形看得活塞的葛蘭特・希爾（Grant Hill）頻頻搖頭。「這可以讓你以更快的速度變得更加成熟，」他說，「這是個好事，但它也可能會是個詛咒。」

「我希望自己終有一天能成為聯盟頂尖的球員之一，」兩年後，布萊恩回首當初時說，「我只是沒想到其他人會如此推波助瀾地讓這件事立刻成真。每個人都希望我可以成為下一個喬丹，我感覺就像是走了後門一樣。」

星期日晚上，在紐約舉行、世界各地播出的明星賽，可沒有後門留給他。先發球員走上舞台時，與纖瘦的布萊恩對位的球員，不是別人，就是喬丹。感受到一場秀將要上演的布萊恩，展現出一連串令人眼花撩亂的美技，其中包括在兩波進攻中連續完成三百六十度與空中接力灌籃。喬丹則是客氣地投進了兩球後仰跳投，其中一球還用假動作騙起布萊恩，賺到一次加罰。

「我一上場就打得很積極，」布萊恩隨後對集結而來的記者們表示，「他便以同樣侵略性的打法回應我，事情就是這樣。我想要做的就是使出我的拿手好戲，盡可能地與他對抗，用各種技巧攻擊他，看他會怎麼反擊。這些會變成我能在未來運用的知識。他投進了兩個翻身跳投後，我心裡想著，『酷哦，我們繼續吧』。」

執教西區明星隊的超音速總教練卡爾（George Karl），並不怎麼滿意這場比賽變成了科比・布萊恩個人秀，然而在下半場比賽，同樣情形不減反增。在第三節還剩四分鐘左右時，布萊恩發起一波快攻，並決定由自己來終結對手。他先是用左手把球藏在背後，接著持球一邊跑動，一邊使出一記勾射。在他踉蹌落地的同時，球也應聲入網。不過雖然觀眾隨之興奮地嘶吼了起來，同一時間，在板凳上看著這一切的卡爾，卻看得皺起了眉頭。

引起最多關注的是卡爾・馬龍主動替布萊恩掩護，但後者卻揮手要他閃開。

「我可以搞定。」布萊恩說。

為此而憤怒的這位爵士球星，馬上要求教練把自己換下場。

馬龍與媒體隨後紛至沓來的評論，都在事後出其不意地打擊了布萊恩。「我或許有揮手要他走開，但我不記得那次進攻的詳細情形了。」布萊恩承認。

當球隊在第三節落後十五分時，布萊恩投進了一顆三分球，幫助西區明星隊把落後的分數縮小到十二分。第三節結束，喬丹出賽二十四分鐘得到十七分、三籃板與四助攻，布萊恩則是在二十二分鐘的上場時間內拿下十八分、六籃板與一助攻。

卡爾教練在第四節都讓這位年輕球星坐板凳，這也替喬丹與布萊恩的對決劃下了句點。喬丹打完全場，以攻下二十三分、六籃板、八助攻與二失誤贏得明星賽MVP，也帶領東區明星隊以一百三十五比一百一十四贏得勝利。

「其實我來這裡的主要目的不是為了贏得MVP，」當時正在與流感和鼻塞病魔對抗的喬丹對媒體這麼說，「我只是想確定自己不會被科比壓制而已，畢竟大家都炒作我和他的對決。我知道自己並沒有達到百分之百的狀態，因為我已經臥病在床足足三天了。他摩拳擦掌地想要與我對決，我很高興自己能夠擊敗他。」

比賽結束後，有些西區明星隊老將對卡爾教練不讓布萊恩在比賽最後階段上場的舉動感到驚訝，但卡爾藉由明星賽教訓年輕球員的名聲早已廣為人知，就像他在一九九四年時，也曾在防守端制定了針對歐尼爾群起而攻之的策略。

被問到有關布萊恩的問題時，卡爾表示，「一場明星賽在具有刺激與娛樂的要素之外，也不能失去一場球賽應有的本質，然而我認為現在的我們在打明星賽時，追求太多娛樂效果了。」

談及布萊恩與喬丹的對決，卡爾說，「我很難想像籃球被視為一場個人之間的較量，籃球是團隊與團隊之間的比賽。科比打出了幾記好球，但喬丹和東區明星隊在場上的決策卻更出色。科比將來或許有機會在重返明星賽時，讓他的比賽增添一些『簡潔有力』的風格。」

「這是傳統，」布萊恩告訴媒體，「你得讓老將上場搞定比賽，我其實滿開心的，我只想坐下來欣賞整場比賽，並將這些所見所聞全數吸收。我在紐約打的生涯第一場明星賽居然能與喬丹同台，這是最有趣的部分了。這可能是他最後一次打明星賽了，使這場比賽變得更加意義非凡。」

明星賽結束後，回到洛杉磯的布萊恩面前等待著的，是一段艱辛的道路。在這條路上，他的教練與隊友們都全力想把嘗過明星賽滋味後的他「拉回現實」。

他筋疲力盡地回到球隊，但是湖人在結束明星周末後的第一場比賽就是客場遠征波特蘭的比賽。艾迪．瓊斯因流感缺陣，這代表布萊恩得到了本季第一次也是唯一的先發機會，不過這場比賽湖人以輸球收場。布萊恩雖然得到十七分，但戴爾．哈里斯卻對前者在場上自私與防守不力的表現感到非常憤怒，他負責防守的拓荒者後衛萊德，攻下了二十四分。

艾迪．瓊斯在球隊兩天之後重返洛杉磯進行的比賽依然無法出賽，但戴爾．哈里斯選擇了由鮮少出賽的貝瑞（Jon Barry）出任先發而非布萊恩。老闆傑瑞．巴斯似乎被此舉激怒了，賽後他在記者面前與戴爾．哈里斯有過一段激烈的言詞交鋒，然而這樣的調度代表著什麼樣的訊息，已經清楚地傳達給布萊恩了。

布萊恩在大眾面前，輕描淡寫地隱藏了自己的感受，但眼下的情形只會加深他的疏離感。「我不讓他先發，」戴爾．哈里斯談起自己的調度，「更不會讓他上場，只要他沒有打團隊籃球，我就會這麼做。世界各地的每一個人都想看到他得到更多上場時間。當他在獲得完整出賽時間還能打得更有效率時，他會得到這些機會的。你必須打團隊籃球，這個標準對每個人都通用。」

科比很快注意到對手的防守再也不會小看他了。他們現在會在他的移動路徑上，安排額外的防守球員。「球季剛開始時，如果只有一個人在防守我，我就能打得自由自在、根本沒受到任何限制。」他後來說明，「但這樣的情形已經有所改變了。」

明星周末後，球隊失去了先發控衛。范艾克索因為膝蓋受傷脫離戰線，使湖人陷入重重困境之中。他們在明星賽後的前十二場比賽就輸了七場球。

這一切都導致了「喬丹接班人」的信心危機，布萊恩甚至暗示，自己可能遭遇了「撞牆期」，這是NBA的術語，用來描述年輕球員在生理、心理與情感上遭遇到某種程度的倦怠感。在接下來的一段期間內，他的一百次出手僅命中了三十球，這也讓《運動畫刊》後來寫了一篇報導，描述「反科比勢力的第一次反撲」。

那年二月底，湖人進行了一次客場之旅，布萊恩在這幾場比賽中的投籃表現十分慘澹，四場比賽中，上場出手四十七次僅投進十二球。

「這是我經歷過最艱困的一段歷程，」他當時表示，「我憎恨，但也愛著這段體驗。這是挑戰的一部分，也是它充滿樂趣的部分。我有因此著急嗎？或許有。這是我必須去思考的事情。我想要通過這段掙扎時光的考驗，因為這是個學習的機會，你學到越多，就會變得越好。」

不過甚至就連他的樂觀態度也會激怒對友，布萊恩後來解釋並補充說明，在獲得大量的媒體關注後，隊友們覺得他變得自大了起來。當撰稿人湯姆森（Ian Thomsen）在替自家雜誌撰寫第一篇布萊恩的封面故事時，他來到洛杉磯透過訪問取材，然而艾迪．瓊斯卻拒絕受訪。前兩個球季大多時間中，布萊恩看起來並沒有注意隊友是怎麼看待自己的。但休息室中出現的雜音聲量，已經越來越難以忽略了。

日後回首當年時，他說，自己曾試圖平息眾怒。在成為大家的焦點前，他是個愛開玩笑、想做什麼就做什麼的人，只要有隊友跟他說垃圾話，他一定會反擊。但在一九九八年明星賽後，越來越明顯的是，他們把他的愛開玩笑，解讀為自尊心的失控。

「他們似乎有什麼事想讓我明白。」他說。

明星賽過去僅僅數星期後，《時人》雜誌就將他列入了世界最美時人（World's Most Beautiful People）的名單，這也讓隊友們又搖起了頭。

這樣的結果讓他與隊友更加疏離了。「我把自己份內的事做好就好。」被問到與隊友間的場外情誼時，他如此解釋。

「他說他只不過是在做自己，」法克斯分享自己的看法，「但你知道嗎？他正迅速地成為ＮＢＡ用來行銷聯盟的主要球員之一，這代表有些人沒辦法享有這樣的地位。」

他在幾個月後回顧了關於明星賽的宣傳活動，並表示，「就算沒有這些活動，我也可以自力朝自己的目標前進。這些是ＮＢＡ想要做的，是聯盟覺得他們需要做的事。這對我來說是個成長的過程。在被顯微鏡放大檢視的過程，讓我更快地變得更成熟了。不過如果能讓我用實力替自己背書，我會很高興的。」

但，他補充說明，「聯盟總是在尋找引人注目卻令人驚嘆的事物。這是個他們不斷在尋找的套路，為此，他們需要尋找能替人們注入活力與激情的方法。」

他的隊友之中，特別要提到的就是歐尼爾，他不斷指出自己想要立刻得到總冠軍，因而沒有時間等待布萊恩長大。湖人的球季馬上就因此陷入了彼此指責的風暴。然後當地媒體也手腳很快地寫出了球員們私下開會並達成十二票全票一致要求戴爾．哈里斯下台的新聞。對於這些報導，球隊採取了冷處理的態度，但是在踏上征戰客場的旅程時，他們看起來卻像是一支即將四分五裂的球隊。

在這一波大眾吹捧之前，布萊恩的投籃命中率本來有百分之四十五的水準，但現在已經下滑到百分之三十四了。隨著他在場上的效率降低，出賽時間也跟著減少，這也讓他的平均得分下降到十四分。即使如此，喬丹的一席話依然被他記在心中，而他決心在追求自己理想的進攻模式時，找到同樣能滿足教練要求的方法。「重點是收斂一點自己在進攻端的企圖心，並遵守團隊至上的概念。」他說，「但我就是個積極的人，所以不要失去我在場上的侵略性，也一樣很重要。」

布萊恩在客場之旅最終戰、球隊客征華盛頓吞敗的比賽打得爛透了，他在場上的頹勢似乎也到達了最低點。

「當我剛進ＮＢＡ時，」他對一名記者表示，「我是從高中畢業後直接進入ＮＢＡ的先行者之一，十七歲的我來到ＮＢＡ，那時聯盟中身邊的大多都是成年人，跟現在不一樣。我當時以為一旦來到了ＮＢＡ，整天要做的就是打籃球。來到ＮＢＡ最讓我興奮的事，你懂的，就是不用寫論文或寫作業。整天打籃球就好了，有夠讚的啦。」

事實上，自己親身來到ＮＢＡ打球，並用自己的方式處理過許多麻煩事後，才知道這裡遠比他想像中的複雜。他宣稱自己甚至沒有發現他的行為表現得很特立獨行。他說，「這些說我很孤僻的事，老實說，我都是之後才聽說的。大部分的原因是我太天真無知了，因為我都沒在看報紙，沒有在看新聞之類的東西。我完全不知道發生了什麼事，也根本不知道別人說了我什麼。這聽起來很蠢，但這是真的。而我認為也因為如此，很多人會覺得，『哇，這傢伙真是自大』。但其實我根本不知道到底發生了什麼該死的事。某天有個記者找上了我，大概問了你知道的那類問題，『大家都覺得你很傲慢，你覺得呢？』會有這樣的問題，簡直是完全出乎我的意料。我當時大概回應說，『你在說什麼？』然後他接著問，『你沒在看報紙嗎？』從那天開始，我就開始看報了。」

基石的裂痕

艾迪．瓊斯在那個球季努力訓練也頻頻打出表現，但他所獲得的回報，卻是不斷被謠傳即將被交易到沙加緬度國王換回里奇蒙的風聲。「我不想去沙加緬度。」艾迪．瓊斯對記者說。

確實，威斯特在明星賽前，一直努力地想在交易截止日前達成交易，想要引進里奇蒙提供這支年輕球隊所需要的堅毅領導能力和得分火力。但傑瑞．巴斯否決了這筆交易，他點出里奇蒙很快就要三十四歲了，而且得送上一份要價不斐的新合約，才有辦法留下他。

戴爾．哈里斯回顧時說，這件事讓威斯特吞不下這口氣，這也替他與傑瑞．巴斯之間的關係劃下了第一道大裂痕。威斯特所做的計畫想要獲得老闆批准，難度又上升到了一個新的層級。

隨著球季的進行，球隊卻面臨了土崩瓦解的威脅，威斯特熬過了許多漫漫長夜，仔細研究著每一個細節。他甚至宣布自己將在下個球季結束後辭去執行副總的職務。隨著季後賽的日子一天一天接近，記者們也在猜測他未來的動向，而威斯特的態度稍微保守了起來，表示自己不會在八月之前做出決定。「我想要冷靜一下，」他告訴他們，「去一個我不用操心勝負、不用擔心傷兵的地方，讓其他人來煩惱這些事吧。」

籃球這項運動本身是很簡單的，但是他打造出的年輕又有天賦的球隊，卻讓比賽複雜無比。他和老闆都已經開始對球員與戴爾・哈里斯失去信心了。

「在這個聯盟中，天賦與人格特質才是勝利的關鍵，努力則不是必需品。」他曾在接受《洛杉磯》雜誌（Los Angeles）採訪時承認，「有時候我們會贏得比賽，只不過是因為我們更有天賦而已。我想看到的是我們在面對比賽時，能展現出更加成熟、更具有職業素養的一面。如果你可以給他們吃到一種能讓球員立刻增加征戰聯盟六、七年經驗的藥就好了……」

為了告訴他們這些事情，他寫了一封信給他麾下的年輕湖人球員們，並在他們從遠征東區的旅程中歸來的三月初交到他們手裡。

「你們每個人都站在讓這個球季的機會從指縫中溜走的懸崖邊緣。」他在信中寫著。

對此，他們以在例行賽最後幾星期贏得二十二勝與僅吞三敗的表現回應。布萊恩在例行賽最後一戰的尾聲投進一顆三分球，幫助球隊戰勝爵士。後來戴爾・哈里斯宣稱，這是球隊陣中這位年輕主攻手本年度的最佳表現。比賽結束後，爵士陣中高大魁梧的安東尼・卡爾（Antoine Carr）來湖人的休息室找布萊恩。雖然得到了魔術強森以前使用的衣櫃，但這位年輕後衛卻會在與隊友有段距離的地方換衣服，也通常穿著一身漂亮義大利西裝出席賽後記者會。找到布萊恩後，安東尼・卡爾拿出了一雙鞋。「可以幫我兒子簽名嗎？」他問。

湖人的前程看似一片光明，畢竟他們的表現超出了威斯特預期的六十勝，以六十一勝二十一敗的成績結束例行賽。他們的戰績排行聯盟前三，僅次於六十二勝的爵士與公牛。整個ＮＢＡ中，討論湖人準備好要爭奪總冠軍的聲浪越來越高了。他們是聯盟於一九五四年引進二十四秒進攻時限的規則後，第三支平均得分領先全聯盟之餘，還能將對手得分壓制在一百分以下的球隊。

這波球季末的強攻，戴爾・哈里斯一直用繩子綁著布萊恩，把他用來與艾迪・瓊斯搭配，成為在防守端壓迫對手的一點。然而如果他在進攻端露出了一絲想像喬丹一般打球的跡象，就絕對會被教練送回板凳。即使如此，他還是在球季結束時繳出令人驚豔、平均得到十五點二分的成績單。

然而他的公眾形象持續受到了打擊。季後賽期間，一家洛杉磯的電視台發起了一個投票活動，想看球迷們覺得當布萊恩在場上還是場下時，湖人會是一支更好的球隊。百分之五十五的投票者覺得他沒有在場上時，球隊打得更好。因此這次民調也成了有關布萊恩的熱門議題。很快地，談話性廣播節目與報紙的專欄作家都開始高談闊論起這個話題，就連季後賽對手都會拿這件事出來熱議一番。

布萊恩看起來準備好了自己的回應方式，季後賽首輪對決拓荒者的第一場比賽，他在第四節獨得十一分，幫助球隊以一百零四比一百零二取勝。接下來兩場比賽，他並沒有上場太久，然後又在湖人以一場大勝終結系列賽的比賽中攻下了二十二分。

第二輪的對手是卡爾教練與在他執教下同樣贏得六十一勝的超音速。在慘敗的系列賽首戰中，布萊恩的上場機會很少，然後在第二戰，又因為流感而缺席比賽，然而湖人反倒贏球了，這激發出戴爾・哈里斯在第三戰也讓他坐板凳的想法。然後湖人又贏了，也因此令超音速的山姆・帕金斯（Sam Perkins）說出了湖人不需要布萊恩的發言，還補充說，「看起來他們在沒有他的時候打得更輕鬆。」

「人們不了解的是，」布萊恩後來說，「我本來可以上場比賽的，只是戴爾・哈里斯不讓我打而已。你永遠都不知道他想要怎麼做。」

第四戰，戴爾・哈里斯只讓布萊恩打了三分鐘，然後在湖人結束系列賽的第五戰則讓他打了十一分鐘。

「這比任何事都讓我感到焦躁，讓我渴望上場，只求能在各種層面影響比賽。」布萊恩後來表示，「我坐在板凳上聽到教練們說，『各位，我們必須多抓點籃板了』，我對戰局毫無貢獻的事實真是快把我逼瘋了，而且看到大家打出好球，讓我更渴望能夠上場，以任何我能做到的方式幫助球隊。」

「我知道他覺得如果我在那些年給他更多發揮空間，他就能有更多貢獻，」戴爾．哈里斯回憶，「而他確實可以。只是，我們當時不需要他的貢獻。」

湖人晉級分區決賽，再度與爵士狹路相逢。系列賽開始前，這位教練就先提醒了布萊恩，告訴他現在球隊表現得不錯，所以他可能不會有太多的出賽時間。

戴爾．哈里斯在事後回顧時表示，前幾輪季後賽中沒有太常派上布萊恩的調度，是經過威斯特批准的。「在這麼重要的決策上，我從來沒有獨斷獨行過。就連先發組合該如何安排，我都未曾在尚未告知威斯特、問過他『我是這麼想的，你怎麼看？』之前自作主張。我總是得先經過他的同意。真相是這樣的，我這麼說好了，如果威斯特曾說，『你知道嗎？你的做法真的不對，他必須上場』，那我就會照辦。我們有著這樣的默契。」

爵士在系列賽第一場比賽很快就打出一波四十比十五的攻勢，也讓湖人季後賽的希望再度浮現危機。進攻端，爵士完美地執行他們的擋拆戰術。防守上，他們沒有對歐尼爾採取包夾，而是將防守壓力更集中在湖人的外線射手上。整個系列賽，湖人球員的投籃命中率依序為范艾克索的百分之二十三點八、費雪的百分之三十四點八、布萊恩的百分之三十六點七、坎貝爾的百分之二十一點四、歐瑞的百分之三十六與法克斯的百分之四十。

「戴爾．哈里斯一直期待後衛的手感回溫，但這樣的情形並沒有發生。」湖人資深專欄作家喬爾卡夫回憶。

第三戰可能是最令人沉痛的敗仗，湖人隊顯然在他們布滿著前人神話的大西部論壇球場上，像無頭蒼蠅一般對反擊的方法毫無頭緒，這也令自家球迷喝起了倒彩。隨後，布萊恩還語帶挑釁地對記者說，湖人還是可以贏得系列賽的。「你真的這麼有信心？」一位媒體工作者懷疑地問，「我保證除了你之外，這個房間裡沒有任何人覺得你們辦得到。」

「對啊，我相信我們可以。」布萊恩回答。

結果湖人被直落四淘汰。

第二十章　混沌理論

儘管在邁向職業生涯第三個球季的路途中經歷了這些悲情與挫折，科比·布萊恩依然覺得自己的生活中有許多令自己喜愛的事物。事實上，他就像蘭迪·紐曼（Randy Newman）那首會在湖人比賽時播放的歌曲一樣，愛著洛杉磯，沒有弦外之音。他熱愛這裡的氛圍、熱愛這裡的大海與海面上映照出的銀色弧線，每一次看向窗外，他都能將這番美景盡收眼底。他喜歡當他開著車奔馳在太平洋海岸公路上時，總會經過的那些色彩鮮明的黃色山丘。來到了城市，他也愛著那些高大的棕櫚樹，映襯著城市間閃耀的橘色光芒。他喜愛著這些來到現場觀戰坐在前排、緊盯著他在球場上一舉一動的名流人士，也喜歡在觀眾昏昏欲睡時，用灌籃提振他們的活力。他喜愛充滿了慵懶氣氛、到處都是衝浪客的馬里布海灘（Malibu beaches），也喜歡在自己的泳池裡打發時間，什麼事也不做，讓水流載著他的身體自然晃動。他喜歡開著他的ＢＭＷ或凱迪拉克Escalade上路，他就是喜愛這裡的每一件大小事。

他也愛自己的銀行帳戶，喜愛著裡頭的金錢代表著的權力象徵，以及存款成長時帶給內心的衝擊。他第一次有這種財源廣進的體驗，是在一九九八年休賽季時先得到了湖人為了獎勵他而與他簽下總值七千一百萬美金的合約，接著根據報導，他與愛迪達的球鞋合約也被升級為四千八百萬美金。除此之外，他又與包含雪碧（Sprite）、斯伯丁（Spalding）在內的許多廠商簽下了代言合約，甚至任天堂（Nintendo）還推出了以他為封面人物的遊戲。*他的姊姊夏莉亞當時正在懷孕，對於這則任天堂的電視廣告是驚喜卻又惱怒不已，因為當時她和自己的弟弟固定收看的節目，只要進入廣告時段，就會一直播放這則廣告。「你也太糾纏不清了吧，」她對他說，「我已經看膩你的臉了，滾開喔！」

獲得學位後，夏莉亞就和她的老公搬來洛杉磯，並開始在布萊恩的行銷公司工作。不過她很快就不再和科比一起逛商場了，因為要簽名的人越來越多。「當然沒問題。」他總是這麼說，讓她得苦苦守候。而且當你為了給一個人簽名而停留，就代表你會突然多出五十個簽名要簽。

NBA攝影師伯恩斯坦在隨隊移動時常會看到許多相同的情形。每當湖人的球隊巴士在旅館面前停下時，總會有大批想要簽名的人在那裡等著。兩年來，布萊恩依然是洛杉磯娛樂產業中最珍貴的商品：他是下一個大人物，在變得毫不信任人性之前，他的身上還留存著許多無邪的純真。從某些方面來說，他身上洋溢著青春的光輝，與初生之犢不畏虎的勇氣，也是最令他身邊年紀較大的隊友們憎惡的一點。比起布萊恩，他們或許在大學中有更多歷練，但他擁有的那股魔力，卻是他們永遠無法擁有的。

其他隊友直接回房的同時，伯恩斯坦看著他總是會盡心盡力地為球迷簽名。不過球迷也不怎麼想要他們的簽名，至少不是真心想要。如果布萊恩真的很急，要趕去訓練，他總是會告訴這些想要簽名的人，自己會回來找他們。他確實會遵守承諾，因此球迷也總是在那裡等待著。

他的經紀人泰倫對這些不斷簽下的合約感到欣喜若狂，布萊恩現在每年場外的收入估計達到每年五百萬美金之譜。「這些機會實在太不可思議了。」泰倫邊說邊笑，也因此微微地擠出了雙下巴，「太多球員都會有球鞋合約，和一、兩個其他的代言合約，但比起除了喬丹之外的其他團隊型運動選手，科比得到的機會實在好太多了，而且他的機會也成長得很快。」

儘管NBA封館危機迫在眉睫，愛迪達還是準備發布他的第二雙簽名鞋，KB 8 II，這也代表他在一

* 譯按：遊戲名為「Kobe Bryant in NBA Courtside」。

九九八年休賽季的行程又要被塞得滿滿的了。他的行程包括了要替愛迪達進行一個月的亞洲巡迴之旅，在韓國、菲律賓、澳洲、日本舉辦訓練營。在這些地方，他學會了如何應對這些來自世界另一側、以排山倒海之勢朝他衝來的粉絲。選好一個定點，用雙眼的目光鎖定它再接著繼續前進。這已經成為一種既定模式了。

終於從亞洲回來，他只稍微休息了一下。不過這段時間已經足以讓他參加一場快閃保齡球商業活動並拜訪泰倫的辦公室了。在那裡，他和經紀人的孩子們坐在一起，想著喬丹是不是真的要退休了。然後他就前往歐洲，參加更多愛迪達訓練營。那裡有更多的球迷，各地對他的到來，也產生了更多由純粹的驚嘆之情引發的迴響。在訓練營中，他在孩子們面前充滿了魅力與熱情，這是他的湖人隊友們不曾見過的一面。

「當我去歐洲和亞洲進行巡迴之旅時，我受到的待遇就像是流行音樂的天王巨星一樣。」當時他一邊說著，一邊從語氣中流露出對活動中數以千計的小朋友在活動中對自己尖叫而感到的一絲驚訝。這很有趣，但對他來說也是件需要適應的事。從小開始，他就一直知道該如何替自己找到一些保留隱私的空間，現在事實證明，他很需要這項能力，幫助他在被人群淹沒時還能保留一些自我。

這筆天降之財給布萊恩在太平洋帕利塞德區山頂上豪宅的生活帶來了一絲變化。

「他還是個孩子，」戴爾・哈里斯回憶，「還和爸媽一起住。」

就和他小時候一樣，在家裡，他每天都過得像生日一樣，但他其實已經長大了。他的母親每天早上都替他準備早餐、打理好發生在他生活圈中的每一件大小事。就連他的生日派對或其他活動，都是由他母親安排的。這也讓他們之間有一種造作與空虛的感覺，只剩下痛苦，才是他最真實的感受。

「他沒有朋友，」瓦卡羅說明，「他沒有可以分享心事的對象，沒有這種真正的好朋友。」

他的母親會幫他準備行李，還總是把《查理與巧克力工廠》（Willy Wonka and the Chocolate Factory）這部他最愛的影片之一塞到他的包包裡，讓他在旅館裡能打發時間。當時的他還被禁止觀賞教父（Godfather）系列電影，但現在他不但會看，還愛上了它們。他表示，不是因為劇情中的暴力片段，而是因為家庭堅強的羈絆，也因為他愛與義大利有關的任何事物。不久後，他們家多了一個新成員，也就是他剛出生的姪女。後來他很寵這個姪女，在球隊遠征客場時，他只要有空都會去迪士尼商店買一大堆禮物給她。因此當夏莉亞和她的丈夫在不久後開始討論搬出這個家的事情後，讓布萊恩相當無法理解，為什麼夏莉亞要離開自己的家人呢？

但是不久之後布萊恩自己也有了相同的感受。考量到他進入ＮＢＡ時的年紀，他的母親自然而然會在處理這些事情時扮演著這樣的角色，而她的作用也是非常重要的。然而在他長大成人的過程中，這注定會為他帶來一段痛苦的過渡期。

畢竟除了身為一名職業籃球選手之外，布萊恩還是個饒舌歌手，簽了一份大型的音樂合約，也背負著推出作品給這家娛樂公司的壓力。班尼斯特與音樂團隊中的其他成員當時就住在洛杉磯，試著在巨大的挑戰下繼續邁進。同一時間，布萊恩則還要釐清自己在湖人陣中身處的複雜世界。「我的歌裡不會有槍械與毒品之類的事物，」談起他的饒舌創作時，他表示，「這些東西一點都不合常理。」

他唱的歌曲有些是探討競爭，也有些與自己有關的事。但很明顯的是，他得利用商業活動中的空隙挖掘靈感，而這點時間，想要用來打造出自己的風格，實在是太少了。

這樣的情形也引出了酒精與藥物濫用這個日益令人不安的問題，尤其是大麻。許多音樂家在吞雲吐霧、吐出這些大麻煙霧的同時，從他們的音樂世界中尋找靈感。大家也知道有許多體育選手，也對這樣的箇中樂趣了然於心，只有那些一絲不苟、追求巔峰的競爭者例外。但對布萊恩來說，他絕對不會用這種方式找樂子，這樣的態度與他高中時沒有兩樣。因此要同時尋找靈感和尋找提升球技的方法，看起來是不可能的任務。

會遇到這樣的衝突，意味著他正逐漸成為一個大人．接下來的幾年，他常常會提到「成年男子」一詞。而在將滿二十歲的那年八月，他正努力試著成為與他口中相仿的那種男人。

「有一次他把那個音樂團體的傢伙們都帶出去玩，」他們家的一個朋友回憶，「我記得那次是個臨時起意的活動，他帶他們出去玩，還帶他們住在與他家就在同一條街上的一間房子裡。」

這位朋友說，潘肯定不會對這種事坐視不管的。「這大概是他第一次未經母親許可就自作主張的行動。不過接下來，事情就難搞了，也產生了一個問題。那就是什麼事情是她該管的，又該怎麼管？所以她開始精挑細選自己該在哪些領域打響這場主導權爭奪戰。」

潘十分關注她兒子的收入，而且她這麼做有充分的理由。不論是樂透中獎者、娛樂人物還是體育明星，都會走上一樣的路。不管是什麼人，只要突然得到大量金錢，他們的生活往往都會發生劇烈的改變，而且這種改變，並不一定會讓人們的生活變得更好。

有時候，布萊恩太太真的太斤斤計較了。「有一件事情我真的沒辦法接受，」這位朋友說明，「我當時在他們家裡，有個孩子來外送披薩，是個年紀真的很小的孩子。結果她居然沒給他小費。我嚇了一跳，她真的分文不給，想要讓這孩子確切地找錢給她。我要說的是，我的人生大多都在當服務生，因此或多或少會聽過球員不給小費的事，但她可是住在一萬平方英呎的豪宅裡，這樣的人做出這樣的事，實在太令人驚訝了。」

她會這麼做的其中一個原因，可能是受到他們家在歐洲生活的經歷影響。在歐洲，給小費的風氣並不如在美國般興盛。不過金錢開始改變了布萊恩一家人，這樣的情形依然令這位朋友與其他人感到驚訝。

潘的父母都是好相處的人，也常常來拜訪他們家。然而這位朋友回憶，「大喬」卻留在費城、留在柳樹大道。只要看著孫子在電視上的精采新生活以及聽著喬．布萊恩隨時告訴他的最新消息，就讓他心滿意足了。他會把這些消息透露給《費城論壇報》，吸引關注著他們一家人的讀者們。大喬維繫著與費城之間的關係，也成為這座城市最偉大的傳奇故事之一。

不久之後，一些來拜訪他們家的人就會發現科比對自己生活上的安排越來越不滿。雖然他在大多數時間依然是那個可愛的兒子和弟弟，是個會戴著《驚聲尖叫》（Scream）電影的面具、穿著黑色大衣躲在灌木叢裡，等他的姊姊們路過時嚇她們的小屁孩。但另一方面，尷尬的是，不再是個孩子的他和班尼斯特若要把妹子們帶回家，就得帶到這間與父母同住的房子裡。

因此為了與家人保持更多一點距離，布萊恩在這座位於太平洋帕利塞德區的豪宅後方山坡下直接買了一棟房子，讓家人們搬進去。這代表他的母親又得進行一樁裝潢新家的大工程，也代表他得為添購更多的藝術品和裝飾品，收到一筆為數可觀的帳單。

「他們搬進了山下的房子，」這個朋友回憶，「他們打算在山坡上建一條精心設計的樓梯，連到他們在山下住的房子。這會花上一筆多到誇張的錢，只為了讓他們可以沿著樓梯上上下下。」

當時顯然沒有人看得出來，這樣的安排有著巨大的象徵意義，暗示這對父母正在逐漸失去他們在這個家的主權。有趣的是，這個樓梯完工後，他們似乎還以為這個樓梯可以隨時想用就用。顯而易見的是，布萊恩想要自己的空間，追尋屬於自己成年的獨立人生，但他也承認自己在籃球這項運動上投入太多了，讓他很難再去尋求與他人建立朋友或是愛人的關係。

儘管有著這些問題存在，如果不考慮他在職業生涯中所遭遇的挫折以及逐漸意識到自己需要某人陪伴的話，年輕的布萊恩其實過得還滿好的。考量到他一直以來都專注在自己的職業生涯上，殘酷的事實是，他要談戀愛的話，只能談一場速成的戀愛，就像是不必大費周章就能談成的一筆交易。他曾說，自己想過要和年輕的妻子回到義大利，一起經營一個家庭，這樣他們就能夠讓孩子遠離美國校園暴力帶來的恐懼。

衝吧，「小魚」費雪

進入他的第三個職業球季，布萊恩依然繼續瘋狂地在冠軍旗幟飄揚、偉大球員退休背號懸掛於屋頂上的大西部論壇球場裡，磨練他一對一時的招牌動作。在這樣的環境下，能激發出他對榮耀的渴望。事實上，雖然洛杉磯以當地高強度、甚至有職業球員參賽的街頭賽事聞名，但他在夏天進行的訓練，幾乎都是和他的個人訓練師卡爾朋一起完成的。布萊恩專注於提升自己的球技，迴避了這些可能會讓他分心的事物。在每天的訓練中，他都至少投了一千球。

他會如此堅決地提升自己的球技，並不是因為過去兩個球季讓他降低了對自己只要能一球在手就可以擊敗任何人的信心。他覺得只要歐尼爾能把大屁股從自己的進攻路線中移走，給他更多進攻空間，他就可以做到這一點。

確實，運球後的進攻手段成為他在職業生涯中許多方面的代表性圖騰。布萊恩會訓練自己的持球進攻手段，將自己的身體與專注延伸並發揮到極致，球會有韻律地被他運用著雙手的指尖，一來一回地運過自己的雙腿之間。他將雙臂像翅膀一樣地向兩側展開，並挺直了脖子、目光如炬地緊盯著目標。同一時間，他的雙眼看似無視球場上的風馳電掣，卻又看似眼觀四面、不放過任何風吹草動。接下來，他會換成從左側進攻，演練相同的威脅動作。天曉得他會獨自投入多少個鐘頭，只求將自己在運球過人時的變向準備動作臻至完美境界？右邊、左邊、右邊、左邊，一次又一次地，反覆執行。

比賽中，這個動作不但極具威脅性也十分刁鑽，就像一隻眼鏡蛇在襲擊目標前的行動，總是讓人捉摸不定。許多年後，布萊恩替自己取了「黑曼巴」的綽號，與自己的進攻手段互相輝映。在他準備做假動作並鎖定他視野中的目標時，他會以奇怪的角度彎曲自己的脖子。不過在這麼做的同時，他還是能夠觀察到場上的每一個動向。「球場上的每一件事都還是逃不過我的法眼，」他說明，「就算有時候我低著頭，還是看得到場上發生了什麼事。」

這種瞬間的反應給對手帶來了恐懼。布萊恩或許還很年輕，但他已經有能力在球場上羞辱防守者，突破他們的防守，直搗籃下。

「最重要的是節奏，」他自豪地說，「防守者對此束手無策。他只能從後退一步、防範你的切入和縮小距離、壓迫你的空間中二選一。至於眼睛該注意哪裡，則取決於防守者是誰。有些防守球員喜歡看著你腰帶扣的動向，有些人則喜歡看著你的眼睛，看看他們能不能跟上你在球場上的思考模式。」

在自己想像的世界裡，布萊恩在空無一人的論壇球場中，每一步都踩出了韻律感十足的節奏。他會先向右試探、再向左前傾，接著爆發力十足地啟動，快速地做出一個假動作後，朝籃框進發。在現實世界的比賽中，他會展示出刺探對手的能力與速度和彈跳能力，像一把利刃般撕裂防線，一路衝向籃框。他常常製造對手的犯規，又因為他每天都練了數以百計的罰球，讓他成為一名罰球命中率很高的球員。他的切入總是能給對手帶來麻煩，然而對布萊恩自己與湖人來說，這也造成了困擾。

「他想自幹的時候，任誰都看得出來，」一位多年來替湖人工作的工作人員說，「他大概會胯下運球個十五次左右，然後會企圖在擊潰三名防守者後攻擊籃框。當他這麼做時，只會發生兩種結果。陷入困境的他，被迫以糟糕的方式出手，或分出一記糟糕的傳球。」

由於他通常都一個人自己訓練，他的隊友們很難看見他的進步。具備了不言而喻的天賦、尚待增長的經驗值以及與世隔絕的性格等面向的布萊恩，就像個謎。和布萊恩一起展開新秀球季的費雪，如今已經和他一起打了兩個球季，但還是完全不了解這傢伙是個怎麼樣的人。

不過直到費雪在一九九九年開誠布公地討論了布萊恩與球隊的化學效應前，在球迷與負責報導他們的媒體眼中，湖人也是個充滿謎團的球隊。一九九八年的夏日，費雪終於決定要突破布萊恩獨來獨往的僵局。「我從來沒有私下與科比對話過，或有過類似的接觸，能讓我更了解他的為人、更了解他的行為背後有著什麼樣的原因。」這位年紀較大的控球後衛說明。

布萊恩的沉默寡言，給隊友們留下了一種這小子覺得自己比他們還強的印象。「他把每件事都藏在心裡，」費雪在當時這麼形容，「所以你無從得知他的真實感受。你不知道什麼事能讓他開心或難過，因此對我們來說，一開始的時候要了解他經歷了些什麼、了解他想做什麼、甚至明白他是真的想要成為團隊中的一份子，是件極為困難的事。而他會這麼打球，是因為他只知道這麼打。」

身為控衛，費雪認為自己有責任要試著與每名隊友打成一片、促進球隊的化學效應。

「我只是開始想說，我們很可能成為這支球隊未來的後場主力。」費雪說明，「屆時我們之間若能有著某種程度的默契，將會非常重要。我們或許不會照顧彼此的孩子、當上對方兒女的教父或在彼此的家庭中扮演著如此重要的類似角色，但我們必須建立起工作上的默契，這也是我最初的想法。儘管與人交流對他來說並不是件必要的事情，但我還是開始與他互動，試著講更多話，試著引出一段他感興趣的任何話題，只為了更了解他一點。」

過了一段時間後，費雪懷疑布萊恩的沉默可能是一種防禦機制。正如布萊恩在上個球季對媒體所說的，他甚至不知道自己的行為舉止在隊友與自己之間築起了一道高牆。布萊恩似乎擔心，與其他湖人球員有更多個人交流，可能會讓他偏離自己的夢想與目標。「從一開始，他就知道自己在職業生涯中想要達到什麼樣的高度。」費雪說，「他想要達成的目標，都被他記在心裡。也因為他有著如此高的天賦，這些目標對他來說就像是能夠靠自己實現的預言一樣。如果他想到了一個目標，他就會向前邁進並實現它。」

費雪說明，作為一名年輕、野心勃勃的明星球員，布萊恩似乎擁有其他球員所不具備的信心與力量。「當他進入聯盟時，心裡就已經想著自己要成為明星球員、要當上先發、要平均攻下二十分之類的事情了。這些最終都成為了現實，對他來說，這是早已預見的事。他想要『起而行』，而不是走來與我們『坐而言』。他擁有其他人都沒有也難以承擔的信心。」

「當你和他相處得越久、見過他在各種情況下的反應，就越能理解，他的信心，就是引起了各種大小事的原因。」費雪解釋，「這不是傲慢，他不是這種人，他不是個自私鬼，也不是只想到自己的人。他只是個對自己的球技充滿了無比自信的傢伙。」

費雪花了比一九九八年夏日尾聲時所預期更多的時間，在休賽季進行對科比・布萊恩的研究，因為球隊老闆們和球員之間的財務糾紛陷入僵局，ＮＢＡ開始封館了。大家都不知道封館會持續多久，而新的一年在不斷的衝突中很快就到來了。當從中斡旋的人們努力在一月敲定新版勞資協議的最終細項時，每支球隊的球員們也開始聚集在一起，舉行非正式的自主訓練，幫助他們做好準備，面對之後球隊的正式訓練。

歐尼爾、費雪、布朗特與布萊恩便因此在一月中旬時一起打二對二。由於布萊恩很少和隊友們一起在外訓練，令這次的集訓顯得非常特別。布萊恩和隊友在上個球季的不合，讓他與他們之間的關係還是明顯產生了鴻溝。因此他與其他湖人球員打交道的基本方針，就是盡可能地惜字如金。

「你問他問題的時候，他大概都只會說是或不是而已，然後，就沒有然後了。」費雪分享他當時觀察到的情形，「有時候他會說的比較多一點，但是他不讓別人知道自己身上發生了什麼事，也不讓別人了解他的感受與想法，他在這方面真是保密到家了。」

在去年夏天的努力下，費雪慢慢開始與布萊恩拉近距離了。「我試著找到我們可以開的話題，」他回憶，「甚至會講一些和籃球無關的事情，像是他的家人最近過得怎樣之類的。我知道他有個姊姊結婚和懷孕了，我就會問他關於他姊姊的近況，這個時候的他就滿多話的。」

可以理解布萊恩會懷疑為什麼費雪要做這樣的事情。這個年輕後衛已經見過太多次當球隊快速地轉守為攻，而自己在側翼這個他攻擊籃框的絕佳位置得到空檔時，卻只能眼睜睜地看著費雪沒能把球傳給他而失望不已的情形。不過在那個休賽季期間，這兩名後衛有時候會在同一時間、同一地點巧遇正在訓練的彼此。費雪在投籃與體能方面投入的努力，布萊恩都看在眼裡。而職業素養，正是布萊恩衡量另一名球員的標準之一。

這也讓他們已經熟到布萊恩會在一九九九年一月同意和費雪以及歐尼爾、布朗特一起進行二對二的訓練。不過布萊恩打每一場比賽時總是全力以赴，所以這樣的情形可能有好有壞。這是他一直以來的處事作風，從他小時候和父親單挑開始就沒有變過。他們在一對一時總是有著激烈的肢體碰撞，他們會出肘、會用屁股頂對方、會激烈地卡位，用盡各種可用的優勢。畢竟他和父親在場上的較量就算再怎麼激烈，過後都能雲淡風輕地一笑置之。

布萊恩長期以來的這種練習態度，一直讓他的湖人隊友們看不順眼。只有艾迪・瓊斯看起來比較喜歡這樣的交流，這代表他和布萊恩會在訓練時產生許多激烈對抗，幸好雙方都覺得對抗留在場上就好了，沒有無限上綱的必要。「看我怎麼踢爆你的屁股。」在他們的小比賽裡，布萊恩會對艾迪・瓊斯說一些類似的垃圾話，也讓比賽的強度再提升一個檔次。

不過對其他人來說，這只是另一個讓他們不喜歡這小子的原因。

「這才是我們所有人都該有的競爭意識，」費雪事後回顧時說，「我們都該有科比的精神。」

那年一月的對抗賽，將成為「俠客」與科比之間關係的分水嶺。超過五個星期後，歐尼爾在練習時揍了布萊恩的消息，洩漏給了洛杉磯的報章媒體。這篇報導並沒有詳細說明事件的時間與詳情，卻被視為他們之間越來越不和的跡象。費雪記得自己當時很驚訝會在報紙上看到這些報導，不但因為這已經是很久以前的事了，也因為當時只有四個人在體育館裡。而包含布萊恩在內的其他人，後來都澄清那一天根本沒人挨打。

「整個訓練過程都充滿了肢體接觸，」費雪回憶，「他們兩個傢伙都累了，都沒有力氣去找對方麻煩。會有爭執發生，只不過是因為大家都打得很拚而已。」

根據報導，布萊恩被打趴在地。「我覺得他是真的自以為自己對付得了『俠客』。」一名湖人球員告訴記者，「我必須這麼說：他真的什麼都沒在怕的。」

「大家只是有些真情流露，」費雪說，「他們並沒有對此表達太多意見，卻以最不對的方式做了這樣的事情。可以這麼說，他們確實對彼此產生了一點負面的看法。」

這次的爭執將會對日後帶來影響，費雪表示，「大家會一直記得這件事。」

一位湖人隊職員解釋說，歐尼爾一直想對布萊恩表達自己的立場。「這件事傳遞出了一則訊息，然而科比並沒有接收到。」

然而這件事的整個過程，還是讓費雪更加欣賞這位隊友對比賽的熱情與渴望。他有著優異的滯空能力與無比的信心，說真的，費雪很羨慕。他不確定自己到底喜不喜歡布萊恩，但這傢伙的一切已經贏得他的尊重了。

首都

本來一九九九年的NBA球季看起來可能無望進行了，但是在資方進行了為期數月的封館後，就在布萊恩與歐尼爾打了那次命中注定的二對二對決之後不久，球員工會與球隊老闆達成共識。不過這給布萊恩帶來了巨大的損失，因為新版勞資協議限制了他的合約總額，使得原本可以簽下超過一億美金合約的他，最終只能得到七千一百萬美金的合約。一口氣，他就損失了超過三千萬美金。因此他的經紀人與父親雙雙指出，失去這筆錢可不是小事。也難怪布萊恩會成為對新版協議投下反對票的五名球員之一。

「我覺得自己做得很棒，」談起他的投票時，布萊恩說，「我能夠接受自己的決定，希望其他人也可以。」

儘管一九九八年的季後賽，他幾乎從輪替陣容中神隱了，但現在湖人似乎比以往更確信他會成為球隊未來的基石球員。

「他是個勁量十足、比整支球隊的活力加起來都還多的二十歲少年，」威斯特告訴一名記者，「當他審視自己的比賽時，其實唯一要做的只是把節奏慢下來、理解比賽局勢，然後不要什麼都想著自己搞定。他是個極具吸引力、是那種你會想坐下來欣賞他打球的球員，你會忍不住說，『嗯，我真想看看他在二十五歲的時候會達到什麼樣的境界』。」

貝克（Howard Beck）是在那段時間開始替《洛杉磯每日新聞》（L.A. Daily News）追蹤湖人消息的記

者，他發現布萊恩出乎意料地和藹可親，與隊友眼中的他太不相同。

「他沒有把自己當成一個未來巨星，」貝克回憶，「附帶一提，和我幾年後在詹姆斯身上看到的差遠了。你知道的，當『勒布朗』踏進聯盟殿堂時，散發的氣場與一舉一動就像是個國王。科比沒有這樣，他在許多方面都和一名NBA球星不同，身上沒有我們對NBA球星的刻板印象。他沒有呼朋引伴，也不穿金戴銀。他當時還沒有紋身，也沒有在耳朵、肚臍或其他身體的角落上有任何穿孔。」

「科比有著乾淨清爽的形象，與和他在同梯選秀、充滿著桀敖不馴與嘻哈風格的艾佛森形成鮮明對比。」貝克分享自己的觀察，「當時每個人都很講究能讓青少年認同的文化，也就是街頭信譽。這正好是科比缺乏的，因為他是個在郊區生活的有錢人孩子，在義大利長大後，又來到了勞爾梅里恩打球，一路以來都與街頭文化無緣。他其實滿能接受自己的形象，但他有時候還是會感到困擾，因為人們總是會說『艾佛森是個真誠的傢伙，看看他的形象就知道了。而除了形象之外，他說話的方式與成長的環境，也讓科比看起來就沒那麼真誠』。」

布萊恩和其他人一樣，對與這位費城明星後衛無從避免的比較感到很有興趣。私下與一名他信任的記者朋友碰面時，他問過人們是不是覺得艾佛森比自己還強的問題。「艾佛森很酷，」布萊恩說，「我們有聊過天。」

在面對一連串由媒體提出的問題時，布萊恩總是表現出放鬆與坦率的態度。貝克回憶，「我覺得他真的是個好人。跟他對話，令我非常享受。他不會盛氣凌人，也不會與他人保持距離。他生涯初期，很少聽過他口出穢言，不會在我們面前講出一些F開頭的單字，他不是那種愛說髒話的人，就只是個隨和的孩子。」

某種程度而言，布萊恩就像個童星，與身邊世俗的演員有著不同的格調。他沒有聘請保鑣，拉開自己與世界的距離。他也不像歐尼爾一樣，會在面對記者時做一些自我行銷的手段或像在政客競選時一樣，說得天花亂墜。

訓練營展開之際，他新簽的六年合約也就此起算。一開始的年薪是九百萬美金，每年以不超過百分之十二點五的幅度增加。「這真是一種解脫，」布萊恩談起了合約時這麼表示，「如此一來我們就不會整個球季都被別人一直問『什麼時候要簽約？發生什麼事？』的問題了。」

這次簽約令他身價大幅上漲。簽下這份合約之前，按照此前的新秀合約，他只能在一九九九年領到一百三十萬美金的年薪。雖然他宣稱自己並沒有那麼在意金錢，但生活在NBA這種獨特的氛圍中，很難讓你出淤泥而不染。像喬丹就把能賺到多少錢，當作是他愛好競爭、什麼都能比的戰場上，繼續在對手面前得分的一項競技。

事實上，喬丹使整個聯盟變得更有錢了。不過也因為有了更多的錢，令威斯特與傑瑞．巴斯陷入了財務上的糾紛。據說這位老闆曾承諾這位球隊的執行副總，會給付一筆兩百萬美金的獎金，卻遲遲沒有兌現。由於傑瑞．巴斯的背信忘義，威斯特便開始暗示記者，他正在考慮離開湖人另覓東家，而這樣的發展令歐尼爾感到相當不悅。

「如果威斯特是因為健康因素離開，那可以理解。」歐尼爾對記者說，「不過如果他是因為其他原因而離開，那我會非常、非常不滿。因為我正是因為有威斯特在，才加入湖人的。」

事實上，威斯特更掌握著布萊恩與歐尼爾之間關係的命脈。他們倆人都非常尊敬他，而前者也盡全力使兩人能更加合作無間。

最終那筆獎金還是發給了威斯特，他也獲得了一份從一九九九—二〇〇〇年球季起生效的大合約。而巴斯會這麼不想要有額外的花費，有一部分的原因是他想重組球隊所有權人的結構，想讓魯柏．梅鐸（Rupert Murdoch）的福斯娛樂集團（Fox entertainment conglomerate）入股成為小股東，並計畫將湖人主場在一九九九—二〇〇〇年球季時搬到史戴波中心（Staples Center）這個價值三億美金、尚在興建、位於洛杉磯市區的新球場。

最能看出傑瑞・巴斯財務方針的跡象，是球隊決定在一九九九年的球季前決定不與戴爾・哈里斯續約。雖然他有著領軍贏得六十一勝並打進分區決賽的實績，而且從執教湖人以來每個球季都帶領球隊贏得更多場勝利。但這位教練還是成了一隻下台日期已經在倒數計時的跛腳鴨，每個局內人都知道他留在這裡的時間已經不多了。

Ol' 99

雖然被迫縮水，但球迷與媒體還是對布萊恩的第三個球季有所期待，他們覺得是時候讓他在球隊中扮演更重要的角色了。「我們希望今年會是科比在各方面都表現到位的一年。」戴爾・哈里斯對記者們說。唯一的問題是，他會成為幾號位的先發球員？二號位上，有艾迪・瓊斯這位明星球員，並在一九九八年一直將成績維持在高檔，因此他們兩個在球隊調度上會造成出賽時間分配不均的麻煩。然而法克斯的腳傷與歐瑞的心臟問題暫時解決了這個問題，他們兩人在這個球季都將有段時間不克出賽，這也讓布萊恩得到了先發小前鋒的位置。靠著他在球季初期的表現，他在這個位置上越坐越穩。不過威斯特還是覺得，他更適合擔任一名後衛。

球隊的其他問題中，最麻煩的就是球隊很缺大前鋒，也急需一名能幫歐尼爾分擔搶籃板與防守等藍領任務的球員。

威斯特曾經試著透過交易引進古格利奧塔（Tom Gugliotta）或歐克利（Charles Oakley），但都沒有成功，使歐尼爾和傑瑞巴斯都希望球隊能簽下自由球員「小蟲」羅德曼。歐尼爾告訴記者，他需要一個禁區悍將和自己共組湖人前場。然而羅德曼的年齡問題與他盡情使壞的天性，卻令威斯特有些擔心。

賽程縮短就代表沒有時間給球隊的決策團隊深思熟慮了。由於封館的關係，一九九八—九九年球季少了三個月以上的時間安排賽程，所以每項行程都被壓縮了。通常在十月時會安排球隊展開訓練營並進行八到九場的季前賽，但一九九九年的球季直到二月才開始，意味著球隊只有兩個星期準備新球季。而在球季重啟之後，聯盟被迫得將縮水的五十場例行賽硬塞在八十九天內打完，因此有時候可能會出現連續三天都有比賽要打的情形。

封館結束後，看起來球迷們支持NBA的意願也不像以前那麼高了。喬丹，這位籃球史上最受歡迎的球員，已經退休了。而在發生了財務方面的爭議後，聯盟試圖讓一切事務回歸正軌，但球季開始後，球迷進場的比率與收視率都在直直落，就連比賽的得分與雙方的投籃命中率也是如此。整個聯盟的球迷、球員與教練，都發現自己得試著面對這個詭異的球季。「我們的上座率持平，也許收視率下滑了一個百分點，但我覺得也可以說是持平。」NBA總裁史騰對記者說，「就我而言，這不是什麼大事。尤其是在那些看衰我們的人早已將我們蓋棺論定的情況下，如果我們能在球季剩下的時間都維持平均水準，就稱得上很成功了。」

傷病使得許多重要的球員缺席比賽，這讓球隊明顯感受到太過匆忙的賽程帶來的負面影響。「兄弟，這會是累得像條狗的一年，」尼克球員賴瑞·強森（Larry Johnson）說，「很多人或多或少都帶著傷勢上陣，但你得自己搞定它。」

每支球隊的表現都不怎麼樣，投籃失準，得分很低，只有失誤很多。不過布萊恩在休賽季密集地進行調整狀態的訓練、研究皮朋的防守技巧與專注在進攻腳步的鑽研上，讓他從球季開始就有如活力十足的猛虎出閘，也讓人們明白為什麼湖人願意將這麼多錢砸在一名年僅二十歲的球員上。「聯盟裡沒有一個小前鋒守得住科比，」球季開始時來到湖人的資深後衛迪瑞克·哈波（Derek Harper）指出，唯一能擋下布萊恩的人，只有布萊恩自己。「這是科比最大的挑戰，」迪瑞克·哈波說，「要知道什麼時候該全速前進，以及什麼時候該放慢腳步。」

在湖人戰勝火箭的球季開幕戰，他抓下了生涯新高的十顆籃板球，不但用防守打敗了火箭，也展現出自己全新的進攻手段，攻下了二十五分。

籃板方面的表現很快被看作他變得更成熟的訊息。這可是苦工，但也是他的球隊正好需要的一環。為了證明他有著以更成熟的方式幫助球隊的決心，在湖人例行賽第二戰於主場敗給爵士的比賽，他又抓下了十二個籃板球。

隔天晚上，他們在遠征聖安東尼奧的比賽拿下一場關鍵的客場勝利，而布萊恩在對陣馬刺高大的前場陣容時又抓下了十記籃板。然後在接下來的兩場比賽，他繼續保持了這樣的狀態，連續兩場都有單場十籃板的貢獻。與他在一九九八年平均抓下三點一個籃板的成績相比，稱得上有了三級跳的進步。

「我替我的打法增添了許多不同面向，」他說，「進入這個賽季，我心裡做好了準備，要努力成為更會搶籃板的球員，要在防守方面表現得更好、能在防守端給對手造成打擊……我真的不知道我會成為先發球員，不過這也給我了更多機會可以搶籃板。」

若能看到戴爾．哈里斯和艾迪．瓊斯、坎貝爾、范艾克索與其他湖人充滿天賦的球員能打出什麼樣的表現，或許會很有趣。但是傑瑞．巴斯已經磨刀霍霍地準備交易了。打完季前賽並進行了十二場例行賽後，戴爾．哈里斯被開除了，總教練一職由助理教練藍比斯接任。然後在同一天，球隊簽下了自由球員羅德曼。而在進行了僅僅十一場比賽後，球隊決定做出一筆大交易，將艾迪．瓊斯與坎貝爾送到夏洛特黃蜂，換回葛倫．萊斯（Glen Rice）與利德（J. R. Reid）等球員。為了適應這筆交易，球隊足足有一個月的時間都在動盪不安中度過，然後他們又突然釋出了羅德曼，令這支球隊又將面對新一輪且與此前不同的內部衝突。

這個球季每一次發生的重大變化，都會給球隊帶來一股挫折感，但是在這些變化中唯一沒有改變的，是歐尼爾、球隊其他人與布萊恩之間的問題。球隊安排了一連串的內部會議，想試著解決團隊默契的問題，但這些手段都沒辦法直接處理問題的核心。

「這全都只解決到皮毛而已，」一位資深的湖人工作人員說明，「其實全部都是科比的問題，球隊犯的每一個錯都是因為他。」

被問到還有沒有人有著這樣的看法時，費雪說，「我也是這麼看的，事情就是這樣，很多人也都有一樣的感覺。雖然沒有人會真的跳出來說他們覺得我們的問題就是科比打得太自私，但這是大家的心聲。」

布萊恩的朋友與家人都把這種反應看作是在嫉妒他的地位、簽下的新合約與代言機會。這樣的情況變得越來越糟，糟到有時候布萊恩一方的某些人會懷疑，當對手在他沒注意到的地方設立人牆掩護時，他的隊友是不是故意不提醒他。

某種程度上，他在處理這類情形時的自我防禦機制，反而讓自己與隊友更加疏遠。

艾迪．瓊斯遭到交易，代表布萊恩失去了他在球隊中原本就很少的盟友之一。不過在被問到如今的處境時，布萊恩說自己和每個隊友都沒有到真的很熟的程度。「我們在球場上的表現比較重要。」他說。

另一方面，那個中鋒，不但八面玲瓏，在休息室裡也被大家喜愛。

「對一個光是身材就能留給人們不怒而威形象的人來說，他在其他各方面都不可思議地友善。」貝克表達出自己對歐尼爾的觀察，「他很好聊。不管是聊他犯下的過錯、跟科比有關或別的事情，他都能聊，因為他的本質就是個好相處的傢伙，他就是喜歡與人相處。『俠客』甚至藏不住自己的不滿情緒，這也是他與科比之間最大的不同之處，只要有任何不滿，科比都會懷恨在心。他每件事都會記在心裡，不管是什麼芝麻綠豆般的小事，還是任何批評指教，他都不會輕易放過。我總是這麼說：要讓他信任你難如上青天，但要失去他的信任卻很簡單。一旦失去了他的信任，若想要重建他對你的信心，我除了祝你好運也幫不上什麼忙了。」

貝克回憶起有一次布萊恩與歐尼爾之間又爆發另一個事件後，不得不寫一篇有關兩人關係的文章。「我問他最近那次和科比之間的衝突是怎麼搞的，想透過一點回應來了解他們現在對彼此有什麼感覺，然而『俠客』卻回答，『基本上都沒問題』。我就想，『怎麼會沒問題？你們每天都在用垃圾話攻擊彼此，還搞出一堆鳥事』。而他想表達自己的心態是這樣的，『聽好了，兄弟，我並不會因為在星期一生你的氣，星期二就不找你吃午餐。就算我們在星期三吵架，星期四還是可以一起出去玩』。這就是『俠客』的想法：『就算我在星期一把你打得屁滾尿流，星期二就是讓過去都過去的全新一天。我們言歸於好，沒事了』。」

他也是用一樣的態度與媒體相處。這個中鋒或許會對記者寫的某些報導生氣，但他很快就把這件事放下了。

「他也是不由自主、情不自禁的，」貝克表示，「他就是沒辦法一直怨恨對方和生對方的氣，因為他太忙著和大家開心度過每一天了。他更希望自己被他人喜愛，再希望人們聽了他的笑話後放聲大笑，他是真的喜歡和大家在一起的感覺，而我認為這是『俠客』最大的優點之一。他生氣的時間不會太久，尤其無關緊要的小事更是如此，而對他來說，其實大多事情都是小事。」

布萊恩這三個賽季以來一直都不願意當個有話直說的人，而且正如貝克所說，布萊恩什麼事都不會忘記。他們在洛杉磯的第一個球季，歐尼爾想試著以幽默的方式來敦促布萊恩成為一個更在乎團隊合作的球員。這個中鋒用《The Greatest Love of All》這首歌的旋律，編出了一首歌。

在休息室，他會低下頭輕聲吟唱：

「我相信那個愛現的傢伙就是未來的台柱／下達戰術讓那個混球把球投出……」

他唱完一遍後，又會用更大一點的聲音再唱一遍：「我相信那個愛現的傢伙就是未來的台柱……」

儘管這時已經激起了他的怒火，布萊恩還是努力裝出自己也被逗得很開心的樣子。

「他是個年輕的小夥子，比其他人都年輕許多，所以他會保護自己，」攝影師伯恩斯坦指出，「他踏進聯盟的第一年，湖人陣中的球員都是像拜倫．史考特和柯四（Jerome Kersey）這樣的老屁股，他們的年紀都可以當他爸了。科比似乎覺得必須為自己塑造出一個比真實的自己更年長、更成熟也更有大人樣的超齡形象。」

他常常表現出一本正經的模樣。

當然，布萊恩與歐尼爾並不是唯一如此南轅北轍的搭檔，在籃球史上充滿了許多個性不合的隊友們在場上努力攜手合作的案例。帶領明尼亞波里斯湖人贏得六次冠軍的麥肯和波拉德雙雙入選名人堂，但是在他們最後一次一起打球後已經過了四十年，他們仍舊對當時還是隊友時發生的衝突記憶猶新。

柏德和麥克海爾（Kevin McHale）在塞爾提克贏得三座總冠軍的那幾年間經歷過一段磨合期，而攜手奪得五座NBA冠軍的魔術強森與賈霸也一樣。賈霸始終認為魔術強森現在會有如此高的成就，是他們共同打拚的結果。「但因為魔術強森獨特的個人魅力，故事總是寫得與事實有些不同。」賈霸曾在一九九三年如此說明。

就像當年魔術強森服膺於賈霸帶領之下一樣，戴爾．哈里斯曾拜託布萊恩比照辦理，聽從歐尼爾的指揮。戴爾．哈里斯離開後，藍比斯接下了這個任務。而威斯特也致力於增進球隊的化學反應，只是他們最終發現布萊恩拒絕以任何形式屈服在歐尼爾之下。

「就算是全知全能的上帝也沒辦法讓他屈服，」瓦卡羅多年後笑說，「我只是要告訴你，這就是事實。他就是有辦法在瞬間拒人於千里之外，像是在打電話時，他可能就會突然說，『好，對話結束，以上』。他就是和別人不一樣。」

「俠客」看起來是更願意主動與布萊恩往來的一方。當布萊恩在一九九七年季後賽投出那幾顆籃外空心時，歐尼爾是第一個站出來力挺他的人，還告訴他不要擔心，不久之後他就會得到完成自我救贖的機會。但是好景不常，一九九九年春天，這樣的畫面似乎一天天地逐漸在他們的腦海中被淡忘了。

由於有流言指稱歐尼爾是因為嫉妒哈德威才離開奧蘭多，在一些人眼中，他們也懷疑是不是因為在洛杉磯，布萊恩在行銷方面也有著同樣的成功，所以帶給了歐尼爾類似的威脅。在南加州的體育用品店裡，他的八號湖人球衣銷售量遠超過歐尼爾，而他們在商業上的競爭中，這並不是布萊恩唯一佔上風的銷售項目。不過他的隊友們很快出面駁斥了這樣的說法。

「大家都說『俠客』在忌妒，但這不是事實。」費雪說，「他想要的只有贏球而已。」

「這些廣告接案他拿得到就儘管拿，儘管做就對了，」在受訪時被問及與布萊恩有關的問題時，歐尼爾主動說出這些話，「因為以行銷的角度來看，他們有注意到科比，就會注意到我。他們有注意到我，也會注意到科比。」

「『俠客』真的想和這孩子搞好關係，也希望他們兩個能一起帶領球隊奪冠。」一名湖人資深員工表示，「他之前沒有嫉妒科比或產生類似的想法，現在也沒有過。他一直想要的，是讓他聽話。這小子一直覺得，『你是歐尼爾又怎樣，我可是科比．布萊恩。我跟你一樣強，甚至還比你強一點』。」

有時候歐尼爾心中的挫折感也會顯露出來。一九九九年球季期間，歐尼爾曾經在湖人休息室裡指著另一邊的布萊恩然後說，「他就是問題。」在那之後，他們兩個都盡可能地避免發生直接衝突，而這很大部分得歸功於藍比斯與湖人教練團的努力，他們試圖阻止這種衝突升級到無法挽回的困境。「『俠客』和我甚至從未討論過彼此之間的衝突，」被問及兩人相處上的困難時，布萊恩說，「大多時間，我們都是透過媒體與彼此對話的。」

當他被問到有沒有試過幫助布萊恩度過成長的難關時，歐尼爾回答，「我盡可能地不要過度插手這件事，畢竟經驗才是最好的老師。科比沒有上大學的經驗，他只上過高中，這一點跟大家截然不同。他是個很棒的球員，也因此背負著許多壓力。他是個宛如一張白紙般極具未來性的小子，有些人能懂這一點，也有人不懂，而我是能體會這一點的人。所以我試著不要成為他成長道路上的障礙，並為他加油打氣。」

有些人與布萊恩之間的關係則有些劍拔弩張，來自辛辛那提大學（University of Cincinnati）、二十三歲的湖人新秀派特森（Ruben Patterson），是名對比賽與生活有著極大激情、並以此激發出強大防守能力的六呎五吋前鋒。在封館期間短暫打過海外聯賽後，他回到美國加入了湖人。

他的脾氣也馬上就和科比的個性產生了不對盤的現象，也讓他們整個球季在訓練中交手時都打得很火熱。再次強調，這和布萊恩與父親交手不同，激烈拚戰的雙方不會馬上就把彼此鬥爭的情緒拋諸腦後的。「派特森和科比一直在場上針鋒相對，激烈程度也不斷升級，」費雪說，「派特森不是會摸摸鼻子退讓的人，其實他有幾次都激動得太超過了，畢竟這是派特森天生的性格。科比可能會在場上跟對手槓上，但他不會失控。他會在卡位時與對手再三推擠，但他不會反應出自己的情緒。另一方面，派特森是個新秀，處於必須得持續努力建立自己在球隊中地位的立場，所以他不會忍氣吞聲。」

湖人的一位工作人員宣稱，布萊恩受到了球隊雙重標準的保護。「他們在訓練時會打得火花四溢，科比會在忍無可忍時做出反擊的舉動，但派特森卻只能把想怎麼反擊科比的念頭往肚裡吞，因為若是他真的有所動作，就會被管理層關切一番了。科比是碰不得的，他可以想怎麼做就怎麼做。」

他越是努力想要支配球權，他的隊友們就越覺得他自私。戴爾．哈里斯總是在威斯特堅持布萊恩有著獨到天賦，因此需要更常上場才能成長時持反對意見，現在戴爾．哈里斯下台，布萊恩便開始成為這支球隊調度的核心。而藍比斯很快就讓外界產生了他令這支球隊太過遷就布萊恩的感覺。

「身為球員，對於科比取得的成功與球隊看待他的方式，我們必須自己想辦法調適，」費雪說明，「很明顯，球隊和教練團都很滿意科比的表現。他們也明顯不會在他追逐目標的路上阻止他或讓他慢下腳步。」

費雪補充，這種所謂的優惠待遇就代表球隊的其他人得犧牲自己的空間來讓布萊恩獲得更好的發展。「『俠客』也曾經享有這種球星體系的待遇，NBA就是個這樣的聯盟。但這可能會打擊到球隊的士氣，打擊到有所犧牲的球員。」

迪瑞克．哈波想成為那個能治癒球隊內部球員之間裂痕的因子。他說，媒體的宣傳與期望對布萊恩的發展帶來了劇烈的影響。「在他成為那個男人的路上，你我都推了一把，尤其是現在喬丹已經退休了，那股推動力更是明顯。每個人都在說，他就是會接過火炬的那個男人。而這對一個年輕小夥子來說，可是極大的壓力。」

不過，迪瑞克．哈波說自己也沒有提醒布萊恩要放輕鬆一點。「因為他不會鬆懈的，」迪瑞克．哈波說，「他真的擁有那股想要成為最優秀球員的意志。根本沒讓他放輕鬆的辦法，他只會照自己的方式追逐自己的目標。」

迪瑞克．哈波整個球季確實花了很多時間在灌輸年輕球員團結合作的觀念。他的做法確實在某種程度上有助於平息球隊內部的火氣，但隨著時間一久，大家發現，他們不是不願意消除彼此的歧見，只是不知道該怎麼做。

這些沉重的低氣壓讓布萊恩的心情也跟著沉重了起來。二月，曾與他當過隊友的漢米爾頓與他就讀的康乃狄克大學打進最後四強，並且拿下了NCAA冠軍。又嫉妒又孤單的布萊恩，打了幾通電話給漢米爾頓。「我看了他們的比賽，也想過我會怎麼打，然後我把我的想法分享給漢米爾頓，」布萊恩當時這麼說，「我們講了一大堆垃圾話。我告訴他如果我也在NCAA打球，一定會狠狠修理他，他永遠也打不進最後四強。」

這番透過觀察漢米爾頓奪冠歷程而產生學習成果的替代經驗，幫助他解決了自己的挫折感。受到了與漢米爾頓打嘴砲的激勵，他在奧蘭多與哈德威和魔術交手時攻下三十八分、三籃板、四助攻、二抄截與一火鍋，其中有三十三分是集中在下半場得到的。繳出這張成績單的他，穿著這家公司天足（Feet Your Wear）廣告中酷炫的愛迪達KB8II。雖然球季縮水，愛迪達還是大膽推出了當時還沒被市場完全接受的高筒鞋款。在奧蘭多，也是愛迪達代言人的美式足球選手培頓．曼寧（Peyton Manning）賽後也跟著布萊恩來到了湖人的休息室。當時媒體幾乎沒有認出他來，比賽結束後記者團團包圍布萊恩時，他就靜靜地坐在一旁。

「我們是因為愛迪達才認識對方的，」曼寧平靜地解釋，「我來這裡打發時間，順便支持一下科比。」

會有相約奧蘭多的行程，可以理解為愛迪達精銳盡出、拿出所有壓箱寶，試圖挽救這雙球鞋的命運。不過一九九九年春天的湖人，卻已經是想救也救不起來了。

「這是個有許多變動的球季，實在有太多事變得不一樣了。」布萊恩在四月時疲憊地說。

「如果看我的帳面成績，其實還不錯，然而沒有人想過我是如何融入比賽中的，我還在學習，我也會犯錯。」他說，「人們不了解我的比賽風格，也不知道我需要做什麼才能變得更好。有時候他們說的或許是對的，但你要拿捏好哪些建議該聽不該聽的分界。」

當你的隊友在休息室吼你，用「如果再犯我就踢爆你該死的屁股」這類狠話威脅你的時候，你最好就不要聽進去。

「這一年對我兒子來說，真的是很艱困的一年，」喬．布萊恩對一名記者說，「除了在他回家時給他擁抱、親吻，以及全心全意的支持之外，我們對此無計可施。」

球季即將結束時，布萊恩向一名籃球撰稿人表示，他夢寐以求著替那位在公牛擔任助教的長者、也是三角戰術的先驅溫特打球的機會。布萊恩十分迷戀於這個幫助喬丹贏得六座冠軍的體系。這名撰稿人安排了一次布萊恩與當時還在公牛執教的溫特透過電話對談的機會。雖然此離遙遠，但他們還是很快地連絡到了彼此。這是布萊恩與他的第一次接觸，而這個男人，日後也成為他的良師與擁護者。

布萊恩也對與喬丹親自對話很有興趣，他想從他身上尋求更多的建議，因此這位撰稿人也給他喬丹的電話號碼。

「你要問他什麼問題？」這位撰稿人問。

布萊恩想了很久，然後回答，「我會問他如何兼顧數據與球賽勝利。」

「這我可以告訴他。」後來知道這個問題時，喬丹笑著說。於是兩人的對話就從治理開始，而布萊恩告訴一名記者，向喬丹尋求建議「就像是問坐在山頂上的佛祖問題一樣，早已看透一切的他，會把自己知道的一些事傳授給下一個正在試圖爬上山頂的人」。

與喬丹的比較，是另一個持續困擾著隊友和球團的問題。「當時沒有人說他是喬丹接班人，」資深體育記者阿丹德說，「在當時的人們眼中，只覺得他總是在模仿喬丹，這在當時很明顯，然而沒有人會覺得他有一天會學到能真的和喬丹相提並論。」

「他甚至連跑步的姿勢都像喬丹，」一位顯然很失望的湖人工作人員說，「這對他不是好事。偉大的籃球員總是在打球時化繁為簡。科比的換手運球與假動作，卻把原本能簡單打好的球都搞得太複雜了。」

然而就連這種批評，都能把他和那位偉大的公牛球員連結在一起。超過十二年的時間以前，溫特就曾對喬丹做出了同樣的抱怨。「他就是喜歡那些如同在空中走鋼索的動作，你懂的。」溫特在一九九八年分享自己觀察到的現象，當時喬丹正帶領公牛走在豪取第六座總冠軍的征途上。「有時候比起以簡潔有力地以基本功完成任務，他喜歡追求更高的難度。」

布萊恩曾私下透露，他還需要三個球季才能達到像喬丹那樣在聯盟中的霸主地位。「我想要接下他的棒子，」他說，「我想要成為那個男人。」

湖人在該季季後賽第一輪擊敗火箭，然後在第二輪遭到馬刺橫掃。隨著戰局每況愈下，有人聽到迪瑞克・哈波對他身邊這些愚蠢的年輕球星輕聲嘀咕，「你們這些該死的傢伙真是被高估了」。

馬刺的優秀教練波帕維奇（Gregg Popovich）是聯盟中最早發現把歐尼爾送上罰球線展現他糟糕的罰球技術，遠比被他一次接著一次灌籃還好得多的教練之一。這也在日後成為了人們熟知的「駭客戰術」（Hack-a-Shaq）。

這個戰術也打中了這位中鋒的阿基里斯腱。只要他沒辦法把球罰進，就沒辦法成為湖人在比賽最後階段留在場上的優先人選。而這樣的情形早在一九九八年球季之前，喬丹就曾大膽預測過了。

湖人需要一個像布萊恩這樣的終結者來與他攜手作戰。顯然這兩位球星都需要對方，他們同時在場上，就能夠阻止防守者蜂擁而上地對任何一人採取包夾。他們身邊的人都不斷在說明這樣的情形，已經講到都煩了。

有些媒體人發現，與布萊恩聯手前，歐尼爾帶領的球隊就有一個既定模式。每個球季，這名中鋒帶領的球隊最終都會兵敗如山倒，遭到對手橫掃淘汰。

「記住，」阿丹德回憶，「歐尼爾當時一直嘗到被橫掃的滋味。他在第一次季後賽之旅的首輪就被橫掃，然後隔年他打進了NBA冠軍賽，又遭到橫掃，接著再過一年，他們在東區準決賽被公牛掃地出門。一九九七年被淘汰的系列賽，他有贏一場球，但接著在一九九八年又被橫掃了，然後時間來到一九九九年，他再度遭到橫掃，這次是馬刺的毒手。」

這樣的壓力讓本來喜歡和人交際的歐尼爾，深深陷入了自怨自艾中而無法自拔。

「他對失敗越是感到挫折，想要贏的壓力就越大。」法克斯說。

「我很驚訝歐尼爾來到洛杉磯最初那段日子裡會變得那麼灰心喪志，」威斯特後來說，「跟人們相處不再讓他感到有趣了。球隊的缺陷、隊友的短處，都令他感到憤怒。因為他知道外界是依據一個人能帶領球隊贏得多少勝利來評判一名球員的。」

湖人在季後賽遭到橫掃淘汰，加上在這個縮水賽季中有如雲霄飛車般大起大落的表現，也給了媒體圍剿他們的理由。傑瑞．巴斯知道，他需要找來一位高人一等的教練來將他這些年持續引進的年輕球員們發揮出加乘效果。菲爾．傑克森，帶領公牛拿下六次NBA總冠軍的男人，在球季結束後就成了不斷被提起的名字。而把這位傳奇教頭帶來洛城，也是科比與「俠客」少數達成的共識。

湖人遭到馬刺橫掃時，一位撰稿人在一個寧靜的下午，來到論壇球場與威斯特聊起了這件事。

「去你的菲爾．傑克森。」威斯特回應。想起了他在球季中對湖人的批評，他的怒火湧上心頭。

然而一個月後，傑瑞．巴斯、「俠客」和科比的願望都達成了。且正是由威斯特在記者會上，親自宣布這位新教練加入球隊的消息。

第二十一章　眾星雲集的加利福尼亞州

他說自己就像是「失魂落魄」一樣，比賽結束後，毫無表情的他走出休息室，直直地走向他的黑色賓士車，然後消失在眾人眼前。當他在令人極度沮喪的一九九九年球季結束時走出論壇球場後，有人問他這個夏天要做些什麼。「打籃球，」他言簡意賅地回答，「沒有別的了。」

好的，其實他行程裡的事情可多著呢。在接下來的幾個月裡，他都會像火車快飛般地全速前進。

從表面上看，布萊恩家族在一九九九年的秋天過得還算順利。他們的兒子要替菲爾．傑克森打球了，他的名聲與聲譽就足以樹立他能夠解決湖人團隊默契問題的信心。畢竟，連帶領公牛奪得六座總冠軍的教練、偉大的菲爾．傑克森本人都曾公開表示，他把他們的兒子視為一個「有如喬丹」的球員。這怎能不叫人滿意呢？

這三個球季以來，喬．布萊恩一直不停地擔心湖人內部的情形會有崩壞的一天。現在，他們家寶貝兒子的未來看起來至少在往正確的方向前進了。這段期間看著這家人的一位朋友說，喬．布萊恩對於他兒子職業生涯的心情起伏，一直影響著這個家庭。「只要事情跟科比有關，不管是他身邊的事態發展、教練人選，或是教練該怎麼指導他，他就會變得非常盲目。他應該退一步給他們一點空間，但就算你提醒他，他也聽不下去，只會掉頭就走。球員的家長不是這麼當的，你只會把這些壓抑的不滿轉嫁到球員身上而已。」

這位朋友說，就連喬．布萊恩這個世界上最和善的傢伙，在處理這個問題時也聽不進別人的建議。

科比過去與許多人不歡而散，但喬・布萊恩還是會找上他們。他會和萊恩斯、查爾斯與桑尼・希爾這些他可以信賴的人聊天。在美西的他會起個大早，這樣剛好可以在美東時間的早上九點跟他們對話。

在一些老朋友眼裡，喬・布萊恩是真的很煩惱他的兒子沒辦法和「俠客」和平共處。這是個很讓人頭大的問題，甚至比喬・布萊恩在七六人時期的問題還大，因為當時年輕的喬・布萊恩好歹還是很尊敬厄文與球隊中其他前輩的，然而他教給兒子的，卻是不同的態度。

「你知道嗎？」當喬・布萊恩提起科比和「俠客」的恩怨時，查爾斯會告訴他，「正是這樣的性格讓科比之所以成為科比，也讓他達到現在的境界。我覺得這叫有自信。」

和唐納一樣，查爾斯說自己早在布萊恩來到洛杉磯前，就已經預見他的好勝心會給他惹來麻煩。「但也正是因為他的好勝，才有了現在的他。」

萊恩斯也認為布萊恩沒有以歐尼爾馬首是瞻的必要。聽了喬・布萊恩的話後，不論於公於私，這位年輕球星生活中每件事的發展，都令這位AAU的教練很驚訝。由於得替自己的AAU球隊籌錢，那段期間萊恩斯很常和喬・布萊恩聊天。愛迪達和布萊恩家都曾答應過會支援這支球隊，只是這些諾言都沒有實現。

事實上那年秋天還有個很大的煩惱在緊咬著喬・布萊恩的內心不放。對，他的兒子很有錢沒錯，但他很缺。

這樣的情形凸顯了自從他的兒子在新秀球季開始前在《傑・雷諾今夜秀》說自己還要拿錢給爸媽後，就一直從未被明白點出的一個問題。

這也是許多人們一直存有的看法，那就是布萊恩的爸媽不但掌控著兒子的人生，也把他賺來的錢掌控在手裡。

「他們靠他才能過活，」萊恩斯回憶當年時說，「他們大概覺得，『這是我們一家人的錢』。」

科比的新版愛迪達合約中已經不再附帶付錢給他父親的條件了。瓦卡羅估計這家球鞋廠商在這兩年來大概給了喬．布萊恩三十萬美金，但這樣的好康之後不會有了。

當時才四十五歲的喬．布萊恩，需要錢，也想要一個安穩的晚年，因此據說他想出了兩個很遠大的構想。首先，他想說服兒子買下一支義大利的籃球隊，這樣喬．布萊恩就可以在自己退休的這幾年經營這支球隊，然後在科比要準備退休時再由他接手。他可以在義大利打球，也可以選擇經營這支球隊，或者他也可以同時進行這兩件事。

其次，喬．布萊恩意識到替兒子搞定一份球鞋合約，能讓他從旁賺到一筆大錢。自從愛迪達不再給他錢後，雖然他的兒子正與這間來自歐洲的公司攀向市場的高峰，但他還是考慮暗中透過讓科比跳槽到另一家球鞋品牌旗下，藉此簽下一份新合約。這一招修補了接下來幾年喬．布萊恩的財務漏洞，而當時沒什麼人想到，他的這些點子會影響運動鞋產業的發展。

要簽下球鞋合約，需要時間，也需要談判技巧，但是要在一九九九年秋天買下一支義大利球隊，卻是彈指間就可能談成的生意。

「喬．布萊恩真的很想這麼做，」他們家的一個朋友說，「可想而知，科比也覺得這太瘋狂了。大家都覺得這不是個好主意，而喬．布萊恩只不過因為自己住過義大利，就覺得他有辦法實現自己的願景。他覺得自己絕對辦得到，但是沒有人，沒有一個人，覺得這是個好主意。」

事實上，喬．布萊恩的計畫中有一部分確實對他的兒子頗具吸引力。那段童年時期在義大利長大成人的歲月，如今已經成為了一段富有浪漫色彩的回憶，他也認為這裡是他會想落地生根並養育自己家庭的理想國度，且能遠離美國槍枝文化帶來的危險。

「我的孩子們不必擔心學校發生槍擊案或類似的瘋狂事件，可以平平安安地長大，」他曾對一名記者透露，「我喜歡那種和樂的感覺。」

所以他同意了他父親的主意。在宣布買下相當於義大利籃球聯賽紐約洋基隊（New York Yankees）的當地強權米蘭奧林匹亞隊（Olimpia Milano）時，喬・布萊恩、科比與泰倫還為此拍了一張宣傳照。布萊恩與來自義大利、威斯康辛州（Wisconsin）的起司製造商卡普托（Pasquale Caputo）合資買下了這支球隊，雙方各出了約兩百萬美金，完成這筆買賣。

這支球隊將交給喬・布萊恩負責，然而不幸的是，他並沒有任何業務管理方面的實際經驗。

「他想把這支球隊當成ＮＢＡ球隊來經營，」一名參與這筆交易的律師說，「但這是不對的。」

科比的父親很快就遇到了資金緊縮的問題。他在給付球員薪資時出手太過闊綽，再加上其他問題，球團很快就有了嚴重的資金問題。科比發現自己投入這個有如無底洞的錢坑中的錢越來越多，球隊的收入連想要與支出打平都極為困難。瓦卡羅說，很難說在布萊恩決定認賠殺出之前，他究竟投入了幾百萬美金到這支球隊。這位湖人球星的財務能力雖然達到了一個新的高度，但在這短短幾個月內，顯而易見的，就算是他也沒有足夠的財力去拯救世界另一端的另一支球隊。

「這就是全部事情的經過，因為科比並沒有這麼有錢。」萊恩斯回憶，「當我和喬・布萊恩聊到這件事時，我覺得他知道自己搞砸了。不過他覺得自己可以撇清責任，他只大概說科比並沒有全盤瞭解整件事的來龍去脈。」

「可能科比想說把一支義大利的球隊交給喬・布萊恩，就可以讓他到離自己有一段距離的地方去做點別的事情，但這最後成了一場災難，」他們家的一個朋友說，「他根本不知道自己在做什麼，也沒有人在旁給予建議。從一開始就不該淌這灘渾水，大家都對此無能為力。」

「我認為本應有更好的溝通管道，」萊恩斯提出自己的看法，「而我覺得人們在對待科比時，都在以某種形式揠苗助長，因為他得盡可能地快速成長為一個大人。所以我覺得事情是這樣的，他正在努力長大，而這個成長過程中涉及了金錢，因此就會有人跳出來指引你該怎麼做。」

隔年，也就是西元二〇〇〇年的初秋，布萊恩與卡普托讓一個義大利商人的團隊接手了這支球隊，使這支球隊得以繼續運作。一位與這筆交易相關的律師表示，不到一年間，這支義大利最好的球隊，就面臨了破產邊緣。雖然這個災難在美國只不過是件小事，但在對布萊恩很重要的義大利，卻是個人盡皆知的大新聞。

「他們賠了好幾百萬美金，」瓦卡羅回憶，「這實在太羞愧了。」

這成了一個糟糕的時刻，瓦卡羅說明，因為布萊恩曾經深愛著從小視為偶像的父親，現在卻失望不已。

「他對父親失去信心了，」瓦卡羅回想當年時這麼說，萊恩斯也同意他的推測。

除了將這場災難歸咎於誤解與缺乏溝通，布萊恩日後對此幾乎隻字不提了。

在義大利球隊上的巨大損失，也稱得上是布萊恩曾效力的AAU球隊的損失。「科比和其他幾個單位曾經答應過我們，會給予我們金錢方面的支持，」萊恩斯在二〇一五年說，「但這些承諾都沒有實現過。後來喬．布萊恩和科比還發生了一點小爭執，我們也都知道這就是原因所在。我已經有大概四、五年沒跟喬．布萊恩講過話了，在這之前我有段時間與他密集交流過，他當時大概是這麼想的，『請對我有點耐心，我必須重新建立起我和兒子之間的關係』。」

這其實本來是有可能的，前提是在一九九九年秋天，沒有另一股強大力量席捲科比．布萊恩的人生。他當時正在和班尼斯特與來自費城的嘻哈音樂家完成並準備推出他們的專輯。同一時間，報導指出索尼音樂公司的高層鼓勵他單飛，製作自己的單曲。這間音樂公司很明顯是因為有科比在，才會對這個作品投資的。這是個賣點，也是索尼音樂公司願意把五十萬美金賭下去的原因。

另外，布萊恩的風格與班尼斯特的強項越來越不一樣了。很明顯，布萊恩從來沒有體驗過班尼斯特歌詞中的那些困苦經歷，甚至就連在影片中也不曾看過。他的父母在他的成長過程中，確保了他們家中的影音多媒體都經過精挑細選，讓孩子不會接觸到各種限制級的情節。「他們讓他遠離暴力、色情以及任何負面影響，」布萊恩剛到洛杉磯前幾年交到的朋友多納希爾（Rebecca Tonahill）說，「他們覺得這是為了他好，但事實並非如此。就算只是為了讓他在和同儕出門玩耍時有聊天的話題也好，這些都是他必須知道的事。」

或者說，為了錄製他的饒舌歌曲，他也必須知道這些事。

布萊恩的自負與自信，以及那家音樂公司的影響力，推動他做出將獨自推出專輯的決定。那位布萊恩家的朋友回憶，那群來自費城的音樂家們很快就打包行李打道回府，而看到他們離開的潘，也終於可以安心了。

這時，布萊恩與這間音樂公司還準備了一項專案，打算透過布萊恩與泰拉・班克斯在二〇〇〇年二月的明星周末上同台演出，藉此盛大地推出新專輯。後者和布蘭芾、《天命真女》（Destiny's Child）的成員凱莉・羅蘭（Kelly Rowland）與碧昂絲（Beyoncé Knowles）在當時都與布萊恩有一段時間走得很近。後來大威廉絲（Venus Williams）也成了當時和布萊恩有些親近的人之一，在她首次奪得溫布頓網球錦標賽冠軍後，布萊恩還為她送上了玫瑰花束。

當時，在明星周末表演看起來是個好主意，畢竟這裡有著難以計算的明星魅力，然而他的歌曲和表演最終成了一場災難，布萊恩用饒舌唱了一首尋找真愛的歌，暗示他會和女演員約會，是因為她們不需要他的名聲與財富，這一點讓他感到安心。

伴唱的泰拉・班克斯唱出的副歌如下：

「科比，我愛你
我相信你是個很好的人
如果你給我一個機會，我保證會愛上你
而且會和你永遠再一起。」

在酸民眼中這次的表演實在太可笑了，他在三月出席了在洛杉磯舉辦的靈魂列車音樂獎（Soul Train

Music Awards）頒獎典禮，去宣傳自己的專輯。在被記者問到這件事時，他只好用義大利語自嘲幾句。

儘管這段經歷成為他的黑歷史，卻引領他開啟了一段人生中最重要的淵源。一九九九年秋天，當他正在為自己的一首歌拍影片時，與一名美麗的年輕舞者相遇了，她就是凡妮莎（Vanessa Urbieta Cornejo Laine），當年十七歲的她，據說是被一名音樂製作人在一場嘻哈演唱會的觀眾中挖掘的。她那時是和母親一起來到工作室，要在史努比狗狗（Snoop Dogg）的音樂錄影帶中演出，當時布萊恩正好在拍攝自己的影片。

就如同布萊恩後來解釋的那樣，這就是一見鍾情。幾天之內，他就展開了如洪水般的鮮花攻勢，送到她就讀的橘郡高中（Orange County high school），表達自己的瘋狂愛意。當他來學校接她下課時，他的出現總是會引起騷動，因此不久後凡妮莎就得被迫在家上家教，好完成這個學年的課程。

儘管她會在嘻哈音樂的影片中跳著狂野的舞蹈，但其實她是個虔誠的天主教少女，就像科比一樣，受到家人的良好照顧。她的母親離婚後再婚，因此她也跟著改姓為繼父的姓氏。只是《洛杉磯時報》後來指出，她們家其實有著財務方面的問題。

與許多年輕的戀人相仿，他們都有著想要盡可能地待在一起越久越好的打算。曾經也因為年輕時與「豆豆糖」的戀情使得父親頭痛的潘，如今也得面對一樣的大麻煩了。因此從這段時間開始，布萊恩家發現他們陷入了內部的衝突，且由於科比投入了幾百萬美金在那支問題越來越大的義大利球隊，加上凡妮莎跟潘一樣是個性倔強的人，使得他們一家人的矛盾日漸加深。

「而且潘的脾氣倔起來可不是開玩笑的。」查爾斯說。

確實如她所言，經歷接下來十八個月發生在他們身上的一切，真的沒有人笑得出來。

「這就是重重束縛著科比的事情之一，等到他終於自由時，也會重重地跌一跤。」查爾斯提出自己的意見。

對父親大失所望，以及突然深深地愛上了一位有著一頭烏黑亮麗秀髮的美少女，這兩個大事件，給他的生活帶來了戲劇性的轉變。許多從青少年時期就看著布萊恩長大的人都知道，改變的時刻到了。

「隨著時光流轉，孩子們會漸漸發展出自己的思想，」查爾斯闡述著自己的想法，「他們還小的時候，會聽從父母以及周遭親朋好友的話，但當有其他更多人將不同的想法分享給他們之後，他們就會開始對想做的事情有自己的想法。」

敞篷跑車

菲爾・傑克森在一九九九年的秋天準備接管湖人時，愛迪達的主席摩爾也正準備開創一番新局，想要實現他對布萊恩簽名鞋款 **Kobe** 系列的願景，也就是在新球季推出這雙鞋。

這雙鞋的設計理念是以奧迪 **TT Roadster** 跑車為基礎，並以時尚的新千禧年設計與之搭配。「我看到了運動、籃球、風格與時尚的融合，」摩爾回憶，「我甚至請來了設計奧迪車架構的設計師與模型師，來設計這雙球鞋。」

摩爾認為敞篷跑車的概念是設計上的突破，他也希望布萊恩對此有相同的感覺。

「我第一次給他看這雙鞋，並跟他說明我們希望這些設計理念和架構發揮哪些效果時，我可以看得出來他很興奮，眼前為之一亮，」摩爾說，「這很有趣，他懂我們在想什麼，也看得出來這雙球鞋有多麼特別。他覺得這雙鞋很酷，尤其是黃色配色，更是酷斃了。」

甚至就連布萊恩的雙親也喜歡這雙鞋，摩爾說，這讓他心裡放下不少重擔，因為「他們一家人滿投入的但又沒有很懂，幸好他們喜歡這個跑車的概念。他們沒有完全了解它的理念，我也沒有很詳細地說明就是了」。

接下來的關鍵就是要拍廣告來推廣這個概念了。「一開始你會看到有個穿著全黑皮衣戴著安全帽的人，」

摩爾說明，「他會騎著一輛杜卡迪（Ducati）摩托車出現，發動引擎後騎過洛杉磯的大街小巷，最後騎到球場裡。」

到達球場後，鏡頭將會拍到布萊恩在脫下安全帽的同時把腳放下，秀出他的新鞋，然後走進嶄新且別出心裁的史戴波中心。「他在場上風馳電掣，也時常改變切入方向與其他要求速度的打法，」摩爾說，「因此這雙鞋恰好符合他的球風，我們覺得，『這將是這孩子的起點』。」

摩托車的形象完美地呈現出布萊恩的無所畏懼。當然，騎這台摩托車的是替身演員，畢竟不論是行規以及湖人合約中的保險要求以及相關規定，都不允許他騎摩托車。雖然他後來還是買了兩輛，偶爾還是會騎到南加州轉一轉就是了。

「這一切都是為了打造風格，並不是為了籃球，」摩爾說。這雙鞋的廣告，目標是讓市場中的年輕消費者受到啟發並找出自己的風格。「我賭的是孩子們已經變得跟以前不一樣了。」摩爾說明，「他們會開始為了追求風格與有型而買帳，而不是出於籃球的考量。」

不只是為了籃球考量而設計，也是摩爾在經營喬丹牌與設計飛人圖騰的部分理念，後來不論是旗下的球鞋還是那個圖案，也都很快地都超越了籃球的範疇。這與布萊恩最初想要將客群瞄準在城市街頭的球迷、引起街頭文化共鳴的概念不同，但愛迪達希望打造出這種與他更搭的新形象。這也讓布萊恩還是有點不甘願就是了。

「他感覺像是能夠接受我在做的事情，但不是真的對這個概念有信心，」摩爾回憶，「他並不覺得這有那麼大的市場，不但跟他想要的概念不太一樣，對人們來說也沒那麼重要。」

直到後來摩爾才了解，無論設計得多麼出色，布萊恩會猶豫再三都是很合理的，畢竟他得穿著這雙酷炫的新鞋去休息室、訓練和打比賽。而在休息室與隊友相處、進行訓練與上場比賽這些事，這名年輕球星都已經做了整整三個球季，現在他已經準備好將這些經驗化為動力，引發籃球場上最熱門的新潮流。

道上法則

簽下唱片合約、推出新球鞋以及與凡妮莎相遇展開戀情這幾件事，接連在一九九九—二〇〇〇年球季開始時走進他的人生。同一時間，布萊恩也認識了兩名新教練，他們兩人都是毫不馬虎的現實主義者，沒有任何的羅曼蒂克。

溫特，湖人的新助理教練，也是常駐聯盟多年的進攻大師。他有如祖父般的執教方式，是科比一直以來想要的互動方式。溫特可能會對球員嚴詞批評，但他很早就向布萊恩強調，當他批評球員、而且他會經常這麼做時，都是對事不對人。事實上，有鑑於布萊恩如此認真鑽研比賽、刻苦訓練、企圖將自己的天分提升到超越喬丹的程度，溫特早已喜歡上麾下這位年輕的進攻新王牌。聯盟中沒有一位教練執教喬丹的時間比溫特還久，他也留下了強力的實績，只是未能在私人方面與喬丹建立起情誼。

在布萊恩身上，溫特看到了偉大的特質，雖然也有盲目的企圖心以及嚴重缺乏團隊籃球經驗的缺點，但瑕不掩瑜。這是個起點，開啟了一段長時間研究、思辨與探討籃球的美妙關係，而布萊恩很快就尊稱溫特為尤達大師。他們之中，一位是團隊籃球方面的大師，也是在渾沌的NBA中出淤泥而不染的高潔之人；另一位則是企圖實現心中有如神話故事般的目標，在追逐夢想的動力驅策之下，持續加快腳步、向前邁進的年輕天才。

菲爾．傑克森剛被湖人聘請為總教練時，布萊恩就買下了一本他的著作《公牛王朝傳奇》（Sacred Hoops），還到他在洛杉磯入住的旅館房間跟他打招呼。菲爾．傑克森從一開始就對布萊恩很感興趣，但這位新官上任的總教練喜歡用對話間的沉默故弄玄虛，來讓球員努力搞懂自己到底在想什麼。這位教練是為了奪冠而來的，而這個背號八號的後起之秀，顯然對自己的明星之路另有安排，因此布萊恩很快就理解到，他們之間的關係並不會相處得如想像中愉快。

菲爾・傑克森與溫特也把曾參與過部分喬丹與公牛六度奪冠夢幻旅程的教練團成員帶來了湖人。曾在公牛隊擔任訓練員的薛佛（Chip Schaefer），現在以競賽協調員的身分來到湖人。就跟當時公牛其他教練團成員相仿，他與喬丹統治籃壇的每個關鍵時刻都有著密不可分的連結。「那些年的公牛成員都有著極大的凝聚力與成熟風範，也像個大人般扛起責任。」他回憶，「能夠擔任他們的教練、和他們一起工作真的很幸運，沒有比這個更好的工作了。」

他們一開始都以為要來到好萊塢的迷人光彩之下與傳奇湖人攜手作戰，但他們很快就發現，一九九九年秋天的湖人，並不像當年菲爾・傑克森的公牛一樣團結。

雖然他們並沒有什麼團隊凝聚力，薛佛還是驚訝地發現「布萊恩的競爭欲望、職業素養以及對於成為最強球員目標的投入，都是我在執教生涯中所見過的球員無人能比的，而且這是他渾然天成的天性，不是裝出來的。」

剛開始在湖人工作時，執教經驗長達半世紀、七十七歲的溫特，會坐下來聽取球員們卸下心防後，說明他們心中認為球隊深層的問題出在哪。而他一開始覺得，在他們開始執教的第一年，要贏得總冠軍簡直是不可能的任務。

就在一個球季之前，湖人還是一支才華洋溢的球隊，但傑瑞・巴斯甩賣拋棄了許多有天賦的球員。新的教練團在觀察情況後，得到一個結論，就是他們需要昔日在芝加哥的明星球員皮朋，他當時與喬丹以及當年公牛的冠軍成員分道揚鑣後，前往了休士頓。

菲爾・傑克森在傑瑞・巴斯與威斯特面前堅定地表達出當年冠軍公牛核心球員，無所不能的皮朋，對他而言是不可或缺的球員。雖然可以透過和火箭交易來得到皮朋，但威斯特斷然反對了他的意見。對於越俎代庖、想從他手裡奪走球隊主導權的菲爾・傑克森，威斯特心理顯而易見地充滿了複雜的情緒。

「給他的時間還有六個星期。」在展開球隊訓練營的那年秋天，當威斯特與羅森（Charley Rosen）坐在一起時，一邊看著圍繞著球隊的媒體們，一邊簡短地把這句話告知這位傑克森的助手。回想起來，說出這句話其實是嚴重的失言，因為它引爆了原本威斯特與菲爾・傑克森之間尚未浮上檯面的緊張氣氛。此外，這也是個不智的發言，雖然這只不過是句氣話，威斯特多年以來常常為了發洩經營這支球隊造成的緊繃情緒，說出這樣的話。然而聽在菲爾・傑克森與他的團隊耳裡，只會讓他們覺得威斯特是想扯他們後腿的人，尤其在處理布萊恩時，更可能與他們有不同的意見。後來羅森與幾名教練團成員都承認他們曾經這麼想過。而這也在菲爾・傑克森心中留下了一個印象，那就是想要主導這支球隊，就必須贏得與布萊恩和威斯特之間的意志力之爭。

不久後傑瑞・巴斯就宣布自己沒有錢去爭奪三十四歲的皮朋，所以湖人退出這場搶人大戰，讓拓荒者有機會得到他的助拳。如此一來，菲爾・傑克森想要帶領湖人在本季畢其功於一役的難度便大大增加。菲爾・傑克森的陣營認為，溫特的三角戰術對皮朋而言是再熟悉不過的戰術，而他不但是個出色的防守球員，他的影響力，更能在調停歐尼爾與布萊恩的糾紛中發揮立竿見影的效果。

「他對我想要運作的球隊體系來說簡直是完美的存在，」菲爾・傑克森談到皮朋時補充說明，「如果我跟拓荒者老闆保羅・艾倫（Paul Allen）一樣有錢，我就能搞定這件事了。」

這些話激怒了傑瑞・巴斯，他聘請前者來執教湖人，一個球季可是付給了他整整八百萬美金。

雖然很失望，菲爾・傑克森還是把重心轉移到他的首要任務上，區分出球隊中球員的階級。

從訓練營開始的第一天起，歐尼爾就在菲爾・傑克森的計畫中成為最高級的球員。這位教練開始把重心完全放在這位七呎一吋、三百三十磅中鋒的身軀上。「這支球隊應該要有贏得六十勝的展望，」訓練營開始時，菲爾・傑克森對洛杉磯的媒體這麼說，「這是個很實際的目標。」

他在思考時停頓了一下，並看了看坐在附近的歐尼爾。「球會送到『俠客』手裡，」菲爾・傑克森說，「然後他得負起責任來把球供輸給隊友，這麼做不只是為了球隊好，對他來說也會有所助益。」

上個球季，藍比斯曾試過想要植入一些戰術到球隊中，讓他們新加入的進攻武器葛倫・萊斯，能夠在掩護後得到出手空檔。歐尼爾試著打了這些戰術幾個星期後，就在一次球員會議結束後告訴藍比斯，該換掉這些戰術了。

「如果我加入的是一支每次都要靠戰術才知道怎麼打球的球隊，那我想我就要閃人了，」歐尼爾後來坦白說，「這麼打球，身為長人的我也沒辦法在場上有什麼作用。照這麼打，我不過像個專門來掩護的工具人而已，我可不想要打這種球。我想要在場上奔馳、不想被人掌控，偶爾還想對球迷做幾個鬼臉。如果要我妥協，去做掩護或類似的工作，那就是我該離開的時候了。我不想再做這種事了。」

擁有六座冠軍盃的菲爾・傑克森馬上改變了歐尼爾的心意，薛佛回憶，「我還記得一九九九年秋天，當我們在加州大學聖塔芭芭拉分校（UC — Santa Barbara）進行首次訓練的前幾分鐘，菲爾・傑克森發言的情景。這讓我想起了以前赫頓公司（E. F. Hutton）拍的廣告，當他開始說話，所有人都屏氣凝神、用心聆聽。*對於能接受這位教練的指導與指引，大家都感到很興奮，當他講話時，現場安靜得甚至連一根針掉在地上的聲音都聽得到。現場的氣氛就像，『老兄，撒點帶來好運的神仙粉末給我，給我你那些充滿智慧的金玉良言，我全都要』。因此一開始球隊在他的帶領下，簡直不可思議地受教，他們對任何事都求知若渴，想要將一切都理解透徹。」

即使如此，一想到要在溫特的三角戰術下打球，還是讓他們有些擔心。它要求他們閱讀對手的防守後選擇進攻方式，而不是在教練團下達簡單的戰術後才有所反應。基本上，三角戰術需要兩側的側翼球員打得像美式足球的四分衛，閱讀對手的防守站位後，執行一連串的傳球與切入反制對手的防守策略。

在芝加哥向溫特學習了這套體系許多年後，菲爾・傑克森清楚知道自己必須做什麼，才能讓事情朝正確的方向發展。在芝加哥，溫特就曾驚嘆地看著菲爾・傑克森與喬丹建立起一段堅定的情誼。「當你和明星球員之間的羈絆如此牢固時，球隊的其他球員就會跟上腳步、服從指揮了，」這位年長的助理教練說明，「菲爾・傑克森很努力地在耕耘自己與喬丹之間的關係。」

菲爾・傑克森在洛杉磯要做的第一件事，就是和歐尼爾建立起類似的情誼。菲爾・傑克森知道大量的得分機會能夠讓歐尼爾更有動力，而三角戰術正好就是為了讓低位球員得分而打造的體系。因此這位教練和大中鋒之間做了筆交易，溫特說明，如果歐尼爾能展現出菲爾・傑克森要求的領導能力，那麼這套體系將會給他得到大量分數的機會。

如果歐尼爾還沒有準備好，或者沒在訓練營裡理解三角戰術，那麼布萊恩已經準備好主動請纓成為主力得分點了。薛佛記得那年秋天訓練的前幾個階段中，許多球員都沒辦法理解這套戰術。

「科比表現得很棒，」薛佛說，「他大概會覺得說，『你們是不是沒看《TNT》電視台啊？』因為你知道的，那幾年公牛的比賽常常會在電視上轉播。所以他好像早就知道三角戰術要怎麼打，也早就完全掌握這套進攻系統了。第一次練球開始前，他就知道自己要幹嘛，知道自己在球場上得移動到哪些正確的位置，知道自己該採取哪些正確的行動，知道要做什麼才能得到他想要的結果，這實在太令人驚艷了。」

「你們看過幾場公牛的比賽？」他問隊友們，「你們都沒在關注的哦？你們怎麼可以不看他們的比賽？」

「他是個聰明絕頂的球員，」薛佛說，「顯然要是他去上大學，想主修什麼科系都沒問題，而且我很確定他不管他想學什麼，都能夠成為一名學業成績四點零分†的好學生。」

不過溫特說歐尼爾也是個聰明人，也很快就學會了這套戰術，而他隨後指出，低位球員通常能夠更快學會這套體系，因為他們不像側翼球員，得面對閱讀對方防守的難題。

雖然某種程度上，布萊恩已經準備好打三角戰術了，但在其他層面，他卻沒有準備好。三角戰術要求球

---

* 譯按：此處指的是一九七〇年代，赫頓公司拍的廣告「When E.F. Hutton talks, people listen」。

† 譯按：相當於百分制九十一到一百分。

權在球員之間不斷轉移，任何球員如果持球過久、想把球賽訴諸於一對一發揮，而不是傳給有空檔的隊友，就會被當作是個「停球員」（ball stopper）。

未來幾年，布萊恩將被視為在進攻端最頂尖的專家，溫特也常常稱讚他在球場上展現的智慧，但布萊恩卻常常出現成為「停球員」的現象，要不是這樣的事態發展並未出乎溫特與菲爾・傑克森的意料，恐怕會讓人非常失望。還好溫特早就習慣處理這樣的問題了，因為喬丹也一直是個會讓球權停滯的「停球員」。因此溫特一天二十四小時、夜復一夜地努力說服喬丹要與隊友分享球權。有些晚上的比賽，他在這方面的表現會比較好，球隊這幾場比賽的進攻也比較順暢。

溫特發現布萊恩在這方面簡直就跟喬丹一樣，甚至表現得更糟，因為喬丹在汀恩・史密斯麾下打過三年球，而這位總教練的首席助理教練古茲利奇（Bill Guthridge），曾經在溫特執教的堪薩斯州大（Kansas State）當球員時打過三角戰術，後來也擔任過溫特的助教好幾年。

古茲利奇把許多三角戰術的原則引進了北卡大學紀律嚴明的體系中，而喬丹在整個大學時代，都依循著這套體系打球。

另一方面，現在的教練團與以前執教過布萊恩的教練們一樣，不喜歡他在防守端的「追球者」（ball chaser）傾向。意指他在進行賭博性抄截的時候，想透過快速反擊在無人防守的另一端完成氣勢萬鈞的灌籃，但這會背負著抄截失敗的時候，讓他原本防守的球員得到空檔的風險。喬丹有時候也會有一點「追球者」的傾向，但布萊恩很喜歡採取這種賭博式防守，這也讓他的教練與隊友們十分惱怒，因為儘管這可能會獲得一些精彩灌籃的機會，卻會弱化球隊的團隊防守。

費雪回憶，球隊裡的老將們一直很期待菲爾・傑克森能開始管管布萊恩，但這樣的情形並沒有發生。「在他開始做任何事之前，會先等一下，而不是立即行動。他不會這麼做。」費雪說，「他還是讓科比繼續這麼打。我覺得他是想親自看看情況，看看科比上場比賽和訓練的情形，觀察我們對他的想法，也思索自己要如何看待這支球隊。菲爾．傑克森會先全盤了解狀況，才三思而後行，做出球隊是否需要調整的判斷。他不會馬上對科比說，他需要控制自己的球風或在球場上的創意。他會讓事態自然而然地發展，直到緊要關頭或適當的時機，他才會說些什麼。在他執教時，從來不覺得只有科比是球隊之中唯一需要調整或改進的球員，也沒有以這樣的態度對科比說過話。」

這種耐心就是這位教練的註冊商標，菲爾．傑克森曾說明，自己的大部分決策都以卡羅斯．卡斯塔尼達（Carlos Castaneda）的著作《巫士唐望的教誨》（The Teachings of Don Juan）作為出發點。書中有句話是這麼說的：「仔細、謹慎地觀察每一條道路。你認為應該試多少次，就試多少次。然後問自己一個問題……這條路有心嗎？如果有的話，這就是一條好路；如果沒有，這條路就沒什麼用處。」

菲爾．傑克森很早就開始做的另一件事，是任命蒙福德為冥想指導師，教導球隊成員進行冥想練習，並學習如何呼吸。這些年來，歐尼爾的球隊一直在季後賽踢到鐵板，傑克森希望球隊在這種典型的「俠客」式恐慌發生時，知道要怎麼呼吸。

一開始，事情看起來進行得很順利，直到布萊恩在十月十三日來到堪薩斯進行季前賽首戰時第一節右手骨折為止。他一開始覺得傷勢沒有很嚴重，就又回到場上打完比賽，在三十分鐘的出賽時間攻下十八分、五助攻、四抄截與零失誤的成績。但經過賽後的X光檢測後，他後來缺席了球季開始的前六個星期、共十五場的比賽。這段期間，湖人輸了其中四場球。

「我們在那一年贏得了六十七勝，」薛佛說，「不難想像如果有科比，誰知道呢，我們可能在那個球季贏得接近七十場勝利。我們確定至少能多贏兩場，說不定，我們可以贏得六十八、六十九，甚至七十勝。」

然而布萊恩的右手腕骨折傷勢，最終以事後諸葛的角度來看是因禍得福，因為這給了教練團足夠的時間去塑造出球隊的特性。

菲爾．傑克森針對沒有得到皮朋的備案，是簽下昔日效力公牛的自由球員榮恩．哈波，他能在一整季給球隊帶來穩定性與領導能力，這一點在後來布萊恩回歸戰線後尤其重要。每當這位年輕後衛的競爭欲望暴走的時候，榮恩·哈波都能發揮穩定軍心的影響力。

在卡特與暴龍隊如狂風暴雨般強勢來襲的比賽，對枯坐板凳的布萊恩而言，是個極大的考驗。這場失利讓板凳上的布萊恩心煩意亂，渴望著能夠回歸球場的機會。

然而他的復出之日，直到十二月一日才到來。這場比賽他在戰勝勇士的比賽中從板凳出發，有十九分進帳。

「有科比的活力真好，」菲爾·傑克森說，「他現在還只是個狂野衝動的小子，他還在摸索最適合自己的打球方式。」

「老天，我興奮得頭都有點痛了，」布萊恩告訴記者，「我的頭是真的有抽痛的感覺。上半場，我感覺自己不斷在全速前進，一點都沒辦法冷靜下來。」

那年十二月，布萊恩的狂熱能量對湖人而言，就像是超強力的辛烷燃料。突然間，媒體開始問起了布萊恩以他的充沛活力改變湖人的進攻模式時，布萊恩與歐尼爾的相處模式會不會受到影響。

「我不覺得有什麼問題，」菲爾·傑克森說，「就算有問題，我們也控制得了他。」

就在下一場比賽，布萊恩封阻了皮朋最後關頭的出手，在球隊戰勝拓荒者的比賽中貢獻良多。

化學效應

在將布萊恩重新融入到球隊的調度中，菲爾·傑克森再度專注於解決湖人的默契問題。這是個從訓練營就已經開始的任務。「我將扮演謠言終結者，並阻止一些與個人有關的流言蜚語。」他在第一天就向大家這麼保證過。

他的主要策略是藉由有系統的進攻戰術，使歐尼爾和布萊恩在球場上的關係保持和睦。然而在談話之中，教練團發現歐尼爾與其他老將心中早已壓抑了許多對布萊恩的怒火。

起初，菲爾．傑克森與他的教練團成員並沒有意識到他們要面對的是多麼深的鴻溝。這個球季過後，溫特透露，當教練團第一次出面處理時，他對於歐尼爾對布萊恩展現出的敵意之高大感震驚。

「他的心裡充滿了仇恨。」溫特說。

歐尼爾在球隊會議時，也沒有隱瞞這樣的情緒。「他一直說著激起彼此心中憎恨之情的話語，」溫特說明，「科比則只是忍了下來，讓他繼續說他想說的話。」

這名中鋒主要想傳達什麼訊息？只要有布萊恩在，湖人就無法贏得總冠軍，這是他不斷在管理層面前表達的論點。休賽季期間，歐尼爾的前隊友哈德威曾經接觸過歐尼爾，釋出想要加入湖人的意願。這位中鋒便把握住這個機會，透過電話把這件事告知管理層。歐尼爾想藉由這則訊息暗示球隊應該交易布萊恩，但管理層拒絕這麼做。

溫特透露，這個球季期間當教練們致力於使球員間的傷痕癒合時，也明白表示，如果教練團的努力終究徒勞無功，這樣一來，「他們要是不能攜手並進，一場人事大地震將勢在必行」。

看起來球隊並不想交易巨人歐尼爾，這代表離開的可能會是布萊恩。

二〇一五年時，羅森透露當時球隊確實可能談成一筆交易：用布萊恩交換活塞陣中很有天賦的葛蘭特．希爾。

「他們提出了這個提案，」羅森說，「葛蘭特．希爾看起來就是個超級好隊友，既聰明，又能馬上融入三角戰術，也更願意接受教練團的調度。他不但是個好隊友，更處於生涯巔峰。雖然他有，你也知道的，傷病隱憂，但在菲爾．傑克森執教科比的第一年，後者對前者而言真的是個大麻煩。所以我總說，『交易吧，把這該死的小子送走吧，你快被他搞到發瘋了。他沒有執行戰術，也沒有和任何球隊成員建立情感交流。把他換走，你就能把這個場上和場下都像個聖人君子的傢伙帶回球隊』。」

「『扣下交易板機吧，扣板機』。」羅森回憶自己不斷對菲爾・傑克森這麼說，並補充，「他不願意進行這筆交易，其中一個原因是年齡的差距，葛蘭特・希爾比較老，大了五歲。」

但菲爾・傑克森沒有促成這筆交易的重要原因還有一個。「科比，」這位教練對羅森說，「他有著強烈的好勝心，這跟我很像，也是我很欣賞的特質。」

羅森說，在芝加哥，菲爾・傑克森與喬丹是公牛團隊中最好勝的人。在洛杉磯，菲爾・傑克森發現了一顆與他們相同的好勝心，雖然這顆心還有待磨練，有時也讓人惱火就是了。就像在他之前執教布萊恩的唐納教練一樣，菲爾・傑克森也面臨了「駕馭他人個性」的挑戰。

一開始，很明顯菲爾・傑克森特別朝著歐尼爾的方向靠攏，而與布萊恩有關的事則由溫特處理。

「科比很沮喪，」布謝回憶，「因為他覺得菲爾・傑克森偏袒『俠客』，而菲爾・傑克森會這麼做是因為他知道『俠客』掌握著休息室的話語權。不過『俠客』雖然確實有著更好的人際關係，但誰更令菲爾・傑克森感到欽佩呢？我覺得這個答案是科比，菲爾・傑克森更佩服科比，但他得在休息室中搞一些權謀操弄的手段，為此他需要『俠客』。比起科比，他更需要『俠客』，因為科比簡直像是孤島上的孤鳥。對於這樣的情形，科比對此憤恨難平，因為他每次看著歐尼爾時，感覺心裡都在想著，『這傢伙訓練沒我積極，甚至連體態都沒有好好保持。他根本是個蠢蛋，是個小丑，然後我這麼努力，卻得因為他退居二線？』你知道的，當他到了更成熟的年紀時，雖然可能依然故我，但或許在面對類似的事情時，也可能會用不同的方式處理。我覺得我們心中都有著自己對於公平正義的尺度，我們都希望能獲得回報，因而當我們看到有些人沒那麼努力卻得到更高的成就與地位時，我覺得這會讓人走上歪路。因此我們如何處理這樣的情形，是件很重要的事。」

溫特是這種局面下的布萊恩擁護者，他在一九四〇年代曾是南加州大學（University of Southern

California）的明星球員，與後來成為名人堂球員的夏曼並肩作戰。這位年邁的教練很快地便以他運用藥球的能力給湖人球員留下了深刻印象。他就跟布萊恩一樣一無所懼，在芝加哥時也在菲爾・傑克森身邊扮黑臉的他，是教練團中唯一敢直接挑戰喬丹的教練，溫特很常這麼做，會頻頻指出他在做胸前傳球或其他動作時犯的小錯誤。

來到湖人第一個賽季的某一天，羅森正坐著觀看湖人的練習，此時溫特突然跳出來，擋在全速奔跑、體重有三百三十磅重的歐尼爾面前，想製造進攻犯規。

「老天，這傢伙想找死。」羅森一邊想，一邊驚訝地抬起了眉頭。

「他是真的想要承受他的撞擊，」羅森回憶，「但『俠客』還是在最後一秒緊急煞車了，幾乎是在溫特的面前才停下的。」

溫特對於基礎腳步的要求執著到了瘋狂的地步，喬丹、皮朋、布萊恩以及其他被他執教過的球員都很欣賞這一點，或許唯一的例外就是歐尼爾與海斯（Elvin Hayes），溫特早期在擔任火箭總教練時，後者就是他麾下的球員。

海斯曾說溫特是個「魔鬼」。

「這些腳步訓練包羅萬象，」薛佛一邊笑著一邊回憶，「向內翻轉、向外翻轉、往前轉、往後轉，各種腳步，科比也醉心於這些步法。有些具有優異運動能力的人不需要這些技巧，因為他們只靠純粹的運動能力就能甩開防守者，但我覺得科比知道，『好，如果我不但比對手更快，腳步也比對手更好，那我真的能做一番大事』。」

薛佛回憶起溫特與布萊恩攜手的第一個賽季，某一天在訓練結束後仍鑽研著細節的情形：「你知道的，其他人大多在閒晃、練練罰球、進行離開前的收尾動作，而他們在這時卻在一個半場訓練。當時大概八十歲左右的溫特，不是只在球場上動一張嘴而已，而是親自把球拿在手裡示範他的腳步。他把一些技術演示給科比看後，科比就會開始模仿。溫特在教的對象，或許稱得上是世界上最優秀的球員，而他教的內容，卻是大多數人眼中的基礎動作，但科比卻將它們全盤接受，也熱愛著這樣的訓練。科比是個不知疲倦為何物的球員，也對訓練充滿著熱情。談起喬丹與科比的共通點，就不能不提到他們都熱愛訓練、熱愛這些付出的努力、喜愛每一個練習的環節。」

不過在比賽期間，溫特也可能是板凳上的麻煩人物。在大學執教多年的他，曾經在比賽中憤怒到跑起來追趕一名球員。在芝加哥，據說如果來自澳大利亞的紳士中鋒隆利（Luc Longley）表現得太不積極，大家就得把生氣的溫特強壓在板凳上不讓他衝動行事。在那些年，有時候與布萊恩相處時，他也是如此的咄咄逼人。

「溫特總是有辦法在每個暫停時間找到機會在他耳邊叮嚀幾句，」薛佛回憶，「有一次，科比可能有點無法忍耐了，因為溫特實際上並不是那種像個管家婆一樣的人。要知道，溫特可能會是你所見過的人之中心胸最開闊的一個，因此他想到什麼，就會跟你說什麼。但你也知道的，要批評球員也需要看時間和地點，而當球員走下球場正準備喝點開特力的時候，絕對不是批評他的最佳時機。不過我覺得這也是科比喜歡溫特的原因。就像那句希臘諺語，是怎麼說的來著？那個說在找一個誠實的人的哲學家是第歐根尼（Diogenes）嗎？我覺得對很多人來說，溫特就是那句話裡的誠實的人。如果他以此為生，他就不會在這方面說謊。因此我覺得這是喬丹和科比會喜歡溫特的原因，他們都歡迎他人的指教，也歡迎逆耳的忠言。」

布萊恩終於找到一位他願意順從的對象了，雖然只願意順從一點點而已。

「我覺得他很感謝溫特曾經對他說過的一切。」薛佛說。

喬丹的影響力

隨著布萊恩回歸戰線，他們豪取了十六連勝，讓他們以高昂的氣勢展開一月的挑戰。最終他們在一月十四日作客印地安納（Indiana）的康塞科球場（Conseco Fieldhouse）時吞了敗仗，然後突然像自由落體般在接下來的九場比賽只取得四勝五敗，這陣低潮後，昔日的恐慌似乎又找上了他們。

輸球的低迷氣氛在一場坐鎮主場戰勝金塊的比賽後稍稍緩和了過來，這場比賽喬丹坐在觀眾席中看著比賽，而布萊恩在喬丹的注視之下，前八次出手全數命中，並在上半場就攻下了二十七分。「每次他來看比賽的時候我都打得很好，」布萊恩賽後表示，「他應該常來的。」

湖人教練團成員在他們剛來洛杉磯沒多久的時候，就開始比較這兩位球員了。溫特回憶說，比較明顯的是，喬丹的手更大一點，而且喬丹在低位要位的時候更有力。但兩人都展現出強大意志，都讓教練團情不自禁地同聲讚嘆。布萊恩在那一晚有多麼渴望挑戰喬丹，就足以說明他的好勝心有多麼旺盛。身為男子漢的他們，有如獨孤求敗般孤單地站在山頂上。

幾年後菲爾．傑克森接受《FOX體育台》（Fox Sports）採訪時回憶，他在那場比賽結束後，安排喬丹與布萊恩在史戴波中心會議室碰面。這位教練希望這位前公牛球星能夠告訴布萊恩如何保持耐心、如何「讓比賽主導權自然而然地靠向自己」。

菲爾．傑克森回憶，當他把喬丹帶進來時，布萊恩已經在房間裡恭候大駕了。「科比說的第一句話是，『我可以在單挑中打爆你』。」

隔天的新聞頭條都指責布萊恩在喬丹面前「班門弄斧」，然後湖人成員也很快地再度把問題指向布萊恩，把球隊遭遇低潮的起因都歸咎於布萊恩太過渴望於閃耀全場。

不過，溫特則認為問題的癥結點是球隊糟糕的防守。「我們的防線正在潰堤，」這位七十七歲的助理教練坦承，「我們在這一整年面對高位擋拆時太容易被切入了。科比在這方面的防守表現十分掙扎，費雪也是如此。我們在側翼擋拆時也有一樣的問題，現在這是大家在進攻端最常運用的戰術了，尤其在對上我們時使用頻率會更加頻繁。」

教練團在處理化學反應的問題時，大多都以輕描淡寫的方式帶過，這樣的情形讓溫特非常不滿。「包含菲爾・傑克森在內的許多教練，都有個找人來背黑鍋的習慣，」溫特解釋，「而我覺得他很小心地不要讓科比成為那個背黑鍋的人，因為他知道自己陣中有著一位如此優秀的年輕球員，而他不太想過多地抑制他的成長，但他也想要控制他。」

沒過多久，溫特就得到了結論，菲爾・傑克森確實還是把布萊恩當成代罪羔羊。在接下來的幾個球季，溫特會一直抱怨這件事。

一開始球員們對於菲爾・傑克森坐看布萊恩犯錯、並從他的錯誤中吸取教訓的行為感到滿意，但不久後其他球員們就越來越堅決地要求教練對這位年輕後衛實施更嚴格的管理方式。溫特認為會有這樣的現象，是因為歐尼爾影響了其他球員，但其實這支球隊會對布萊恩有這種看法，早已流傳廣泛且根深柢固了。

「教練團跟我們說，看比賽影片時，他們跟我們看事情的角度不一樣，」費雪說明，「他們跟我們不一樣，不覺得他有這麼自私、這麼執著在一對一單打上。我只想跟這些看法跟我們不同的某些人說，這已經是我、『俠客』、歐瑞、法克斯和崔維斯・奈特與他共事的第四年了，但我們此前就處理過的問題，現在依舊存在。」

「這跟男女關係有點像，以前就發生過的事情一再重演的時候，就會令人感到煩躁，」費雪說明，「這真的就是很多問題的來源。教練團當下看到這些事可能覺得沒什麼，但我們會這麼不耐煩，是因為這些事我們之前就處理過了。」

溫特認為，不管布萊恩做了什麼，歐尼爾和其他隊友都能從雞蛋裡挑骨頭，這也使得老助教最後決定做一部影片，把布萊恩在場上做出正確決定的情形證明給歐尼爾看。

「我覺得科比在把球傳到『俠客』手裡這方面，有點努力過頭了，」隨著球季進行，溫特曾如此透露，「如果我們球隊有一個就算有，我也覺得我們能解決的問題存在，那就是我覺得『俠客』對於科比試著幫助他打得更好的舉動絲毫沒有感激之情。」

這個問題仍然會一直懸而未決。

法克斯觀察到，菲爾．傑克森從來不懼於質疑布萊恩或其他球員。「他現在是我們的領導者。在他與我們的互動中，就與每個人都有著對他人嚴厲的一面相仿，他對待球員也很嚴格，甚至比那些嚴以律己的傢伙還要嚴格。這對球員來說，會是一種挑戰。當他按下按鈕、打開開關的時候，就總是會確保每個人都在繼續努力，提升自己的球技並變得更好。」

菲爾．傑克森一開始還喜歡在媒體面前批評他麾下的球員。例如，他告訴《運動畫刊》，他懷疑歐尼爾能不能成為一位稱職的領袖，因為他糟糕的罰球，意味著比賽尾端的緊要關頭他可能無法有所貢獻。

「他很敢公開放話，」法克斯說，「與此同時，他也不吝於稱讚別人。如果有人在說話時，會說真話給你聽，那這種人就能夠讓人忍受。真相有時候會很傷人，也會傷害到對方的自尊心。但是他做的這一切，就是在控制球員的自尊心，不讓球員太過自大或自卑，而他拿捏得很好。顯而易見，他很擅長這件事。」

菲爾．傑克森讓歐尼爾想起了他的繼父，後者是一位軍人，從「俠客」還是個孩子的時候就對他十分嚴格。「他就像我白人版本的父親一樣。」歐尼爾談到教練時這麼說。

「無論何時，無論何事，只要跟『俠客』有關，菲爾．傑克森就會插手，」湖人的替補球員薩利（John Salley）說，「但『俠客』吃這一套，這種作法對他很管用。」

加上其他湖人成員也看得出來，歐尼爾尊重並服從於菲爾．傑克森的紀律之下。很快，菲爾．傑克森就成了洛杉磯的領頭羊。至於歐尼爾，溫特說，「我最關心的，是我希望他不要自滿於此。我希望他能夠知道自己哪裡做得不夠好，尤其是罰球這方面……他不是個能輕鬆執教的對象。如果有人告訴他哪裡做錯了，他就會有點不開心。」

「我覺得菲爾・傑克森對『俠客』太溫柔了，」溫特說，「我覺得他還在試著縱觀全局，找出能激勵『俠客』的最佳手段。我覺得他還沒找到方法，而我更是毫無頭緒了。」

很快，舉辦明星周末的日子已經近在眼前了，這也是球隊一年一度的考驗，因為他們得在這時忍受並嫉妒布萊恩吸引到的所有關注。一九九七年後，灌籃大賽在今年首次回歸，這代表布萊恩是以衛冕冠軍的身分在這個周末出席，尤其在目睹年輕扣將卡特掀起觀眾陣陣驚呼後，他也考慮過再度參賽。不過菲爾・傑克森私底下曾建議布萊恩放棄這個念頭。費雪說，湖人知道布萊恩想要和卡特一決勝負，但後者最終沒有這麼做，也讓外界沒有把焦點放在他的個人成就上而忽略了團隊的表現。事後證明，這成為球隊成長的一個重要關鍵，雖然歐尼爾還是在明星賽熱身時模仿了布萊恩的胯下運球，並故意把球丟到觀眾席，諷刺他的運球失誤。魔術強森透露，他認為不能再有這種把敵對意識訴諸於世的舉動了，不過也覺得菲爾・傑克森能夠加緊腳步控制住這個局勢。

明星周末期間另一個很重要的事件，是超音速的裴頓（Gary Payton）在賽事進行的空檔，幫助布萊恩學會該如何防守對手的擋拆戰術。「我覺得裴頓不知道他幫了我多大的忙。」這麼說著的布萊恩，在明星周末過後於防守端展現出長足的進步，也讓他最終入選了聯盟的年度防守第一隊。

他在音樂表演時羞恥的體驗，似乎也讓這位年輕球星有所轉變。費雪甚至指出，布萊恩在明星周末後看起來就像變了個人，更專注在團隊籃球上了。

薛佛回憶，榮恩・哈波在後場的沉穩表現，有著不容忽視的作用。「這對科比來說意義重大。我覺得在他生涯前兩年，榮恩・哈波是他的隊友中少數能讓他覺得一起打球很快樂的隊友，他打從心底尊重榮恩・哈波這個人。當時，科比還沒贏得個人的第一座冠軍，而榮恩・哈波已經與公牛一同奪得三冠了，這讓科比覺得他是可以幫助到自己的人。」

「他不是那種每個人的建議都會聽的人，」薛佛回憶，「你得先有一番成就，讓他覺得你是值得他尊敬、值得他聽取建議的人。不是哪個阿貓阿狗想來給他建議他都會聽的。」

薛佛說，布萊恩似乎也很喜歡隊上的二年級小後衛盧（Tyronn Lue）。「我記得一件事，有一次盧在場上發生了一、兩次失誤後被換了下來，然後坐在板凳後方的球迷就對他說了些刻薄的話，我記得科比馬上就吼了回去，為盧辯護。」

薛佛認為，布萊恩為了隊友挺身而出，雖然是件小事，卻是個重要的一刻。

儘管與隊友之間的關係取得了進展，但布萊恩還是無法在與菲爾．傑克森的鴻溝之間架起溝通的橋樑。布萊恩指出，他還沒坐下來與教練深入地談談。布萊恩一直期待能有這樣的交流，但這好幾年來都不曾發生，也一直讓溫特很苦惱。

「菲爾．傑克森最出眾的才能之一，就是他是人際關係的大師。他知道在與人交流時若要故意激怒對方，要踩到哪些雷。」薛佛在二〇一五年時表示，「他會因材施教。如果他要在指導『俠客』時故意刺激一下他，就會刻意去踩某些雷點，執教科比時，又會踩不同的雷點，然後對上歐瑞、法克斯等人時，又會在不一樣的地方踩雷，以此類推。」

「我總覺得這些年來與他們相處，大概踩了將近一千個雷吧，」薛佛說，「而我知道，他真的惹到科比了。」

史庫普．傑克森回憶，菲爾．傑克森以不同尋常的態度對待布萊恩。「菲爾．傑克森會拿書給每個人看。你知道他給科比什麼書嗎？老兄，科比和我曾經私下談過這件事，我會跟你說，是因為這是千真萬確的事。菲爾．傑克森給他的第一本書，真的把他給激怒了，他給布萊恩一本《像我一樣黑》（Black Like Me）。」

這本書是由記者約翰・霍華・格里芬所撰寫，描述的是一九六〇年代初期有一個白人假裝自己是黑人的情節。

「科比的反應大抵上是，『這他媽什麼鬼？』」史庫普・傑克森記得，「有些小心機你愛怎麼玩就怎麼玩，但只要牽扯到種族歧視問題，就絕對是踩線了。他對於自己的舉動沒有任何解釋，什麼都沒說，就默默地把這本書扔給他。而如果你知道菲爾・傑克森是怎麼樣的人，就知道他是個會做出這種事的狂妄之人。」

菲爾・傑克森的一名教練團成員指出，菲爾有著定期送書給陣中球員的習慣，藉此擴展他們對自己與周遭世界的眼界。

「如果你想玩這種操弄人心的遊戲，科比會用很小心謹慎的態度回應，」史庫普・傑克森闡述自己的看法，「他知道菲爾・傑克森想玩什麼把戲，但這真的是一步壞棋。科比跟我說，『這三小？』而我只能告訴他，『欸，我也不知道』。」

「科比跟其他隊友是完全相反的類型，真的是完全相反，實話實說好了，應該說他跟NBA中的大多數人都完全不同。」布赫在二〇一五年分享自己的觀點，「這也是我欣賞他的一點。在社交的某些方面，他確實不夠得體，當然，我說的是跟喬丹相比。他不像喬丹，在進入NBA之前有讓自己在與人相處時顯得更圓滑的機會。不過，你知道的，在義大利與海外生活過的他，其實在處事方面也有不少歷練。」

那個球季布萊恩談到菲爾・傑克森時說，不管他做什麼，最終都與他特別的計畫有關。「我覺得是他的為人，也就是有他嚴格的人格特質，才能打造出這支球隊。他是個吹毛求疵的人，非常在意細節，我覺得這正是我們這支球隊以前缺少的特質。我們有個傾向，就是會以大而化之的態度看待事物，只看得到表面。」

二月下旬戰勝拓荒者後，讓湖人又開啟了一波連勝，這次他們連續贏得了十九場比賽的勝利，在這波高潮中有個亮點，是歐尼爾在他生日那天攻下了六十一分。他們的連勝紀錄直到三月中在客場出征華盛頓的比賽落敗才告終。賽後，成為巫師新任籃球事務總裁的喬丹，點燃了一根雪茄享受著令前教練成為敗北苦主的勝利。

敗給巫師後，湖人很快的又拉出了一波十一連勝，朝著最終在例行賽贏得六十七勝十五敗的球季尾聲前進。不過在四月時，他們在迎戰馬刺時吞下了兩場美中不足的敗仗，其中一場是球季的最後一場例行賽，這場比賽馬刺的大前鋒鄧肯（Tim Duncan）高掛免戰牌，菲爾．傑克森則是讓新秀與替補球員出賽更多時間。「我們沒有以最能增添信心的方式結束這個六十七勝的球技，包含一場客場比賽在內，我們輸了兩場比賽。」法克斯承認。

不過這還是足以讓他們在這個球隊悠久又滿富傳奇性的歷史中，締造隊史第二佳的例行賽戰績，僅次於威斯特與張伯倫在一九七二年領軍贏得的六十九勝十三敗。

在菲爾．傑克森的帶領下，湖人拿下了季後賽的主場優勢，但儘管如此，這位教練還是把眼光放在更遙遠的彼方。

戰鼓響起

儘管他們的戰績斐然，但此前在季後賽累積的陰霾，那年秋天仍然在湖人球員的心中徘徊，甚至已經令季後賽恐懼症成了這支球隊的特性。為此，菲爾．傑克森已經準備了許多瘋狂的補救措施，像是在休息室裡燒鼠尾草驅邪和在賽前打爵士鼓以繃緊球員的神經。這些方法大多只會讓球員們不解地挑起眉毛，不過還是有少數球員承認，教練打爵士鼓確實有讓他們心跳得更快、情緒也隨之激昂了起來。

如同過往與喬丹和公牛在芝加哥共事時相仿，被帶來湖人的蒙福德，也帶領著球隊進行冥想與正念訓練，這也成為布萊恩與歐尼爾少數都認可的事項之一。布萊恩很喜歡正念訓練，因為這些課程能夠以大多源自於禪學的獨到方式鍛鍊他的心靈，也能在季後賽的壓力達到高點時幫他減輕一些負擔。「他是我們的秘密武器。」歐尼爾如此評價蒙福德。

菲爾．傑克森在剪輯情蒐影片時也有著獨到的作法，他會把比賽影片和熱門電影的片段混在一起，菲爾．傑克森這種新穎作風，事後看來，在湖人陣中廣受好評。

就與昔日在芝加哥的作法如出一轍，這位教練會帶著他的球員們看幾部劇情片為季後賽作準備，然後他會把劇情的片段與湖人和對手的比賽剪輯影片拼湊在一起，透過特定的橋段指責球員在場上做出的錯誤判斷與動作。他們一開始看的是《美國X檔案》（American History X），接著看的是《綠色奇蹟》（The Green Mile）。他總是在最地獄、最褻瀆的片段暫停，來強調一、兩個要點，這常引起球員們哄堂大笑。

費雪指出，這些觀看剪輯影片的訓練，有許多片段都刻意突顯了布萊恩一次又一次的錯誤，然而即使如此，布萊恩說自己並不介意被挑出來當負面教材。「這很有趣，」他說，「當他給我們看這些影片的時候，我喜歡一邊看，一邊試著弄清楚他在想什麼。我想弄清楚所有他想傳遞的訊息，這對我有好處，我也很享受這個過程。球隊成員都覺得這很有趣，這些影片中有些片段的確很好笑，也有些片段需要大家嚴肅以待。」

菲爾．傑克森想藉由《美國X檔案》來強調影片中關於放下仇恨的訊息。

儘管如此，歐尼爾還是常常抱怨這支球隊有布萊恩就沒辦法贏得冠軍，總教練也總是毫不掩飾地指出他的錯誤。如果是由意志力不夠堅定的人背負這一切，那麼他很可能在季後賽的壓力下崩潰。

「有壓力，的確有壓力，」布萊恩承認，「但重要的是你如何面對它。當你感受到壓力時，重要的就是你如何解決這些重擔。你只能拿出你最好的表現，盡可能地做好準備，上場全力執行你的任務。然後晚上回家睡覺，就是這樣。接著隔天起床，做一樣的事情，讓你一天的流程單純一點就好。」

這番話聽起來很令人欽佩，但在他的私生活中，卻因為不同的原因而火花四射。他在那年五月送給凡妮莎一枚十萬美金的訂婚戒指，成為了事件的引爆點。加上當時潘還得知自己的兒子把錢拿給他們家解決債務問題，所以這兩件事引發了家庭內部激烈的衝突。

即使處於這些風暴的中心，布萊恩還是沒有對任何人吐露自己的心情，以至於就連那些與他最親密的人，也是很久之後才驚訝地發現，在沒人發現的地方居然有這麼多的風起雲湧。

就連包含菲爾·傑克森與其他的球隊成員在內，他們都只對布萊恩家發生的事一知半解，更別說布萊恩的經紀人了。不過即使是對事件僅略知一二的他們，都提醒他在結婚這件人生大事上要考慮清楚再決定。在外界眼中，這位總教練覺得這是一段門不當、戶不對的情緣。

不過溫特完全支持布萊恩的決定。

「噢，這是好事啊，」這位年長的助理教練告訴他，「現在你終於可以從籃球上轉移一點注意力到別的地方，可以放輕鬆一點了。」

「對啊，老溫，」布萊恩回應，「你說的或許有道理。」

「呼吸就對了。」蒙福德傳遞給球隊的訊息，在場下對布萊恩也一樣受用。不過雖然這位顧問對這位年輕球星越來越重要，卻也對他的家庭狀況一無所知

儘管不會討論家庭問題，但布萊恩也跟隊友一樣，很喜歡跟蒙福德討論比賽時的心理因素。「這很棒，因為它讓人們有機會去討論這些縈繞他們心頭的事情，像是外界的炒作，與他們背負的壓力，」布萊恩說明，「我覺得能夠討論這些事，對這些吐露心聲的人們來說是件好事。這讓我們在場上的表現變得更好了，真的有效，我很驚訝其他球隊沒有做這樣的準備。與蒙福德合作，甚至可以幫助我們在問題還沒發生時就能夠有所因應。」

布萊恩解釋，個人發揮與季後賽帶來的壓力，可能會危害整支球隊的表現。「一旦這樣的壓力在你的球隊和隊友間蔓延，就可能摧毀這支球隊。有些人知道該怎麼控制壓力，但有些人不知道。壓力找上門會讓你很難受，你必須知道怎麼咬緊牙關撐下去。」

雖然有著蒙福德的協助，教練團還是擔心球隊要如何在季後賽的壓力下團結一致。「我們有時打得有氣

無力、整支球隊分崩離析，這也使我們在比賽中自取其辱。」法克斯表示。

事情也的確是這麼發展的，他們經歷了一番苦戰，才在季後賽前兩輪戰勝了國王與太陽，迎戰太陽的系列賽第二戰中，布萊恩在最後關頭投進一顆跳投，替球隊贏得一場重大的勝利。接下來，湖人發現皮朋與拓荒者，將成為他們西區決賽的對手。

菲爾·傑克森領軍的湖人在這個球季間執行三角戰術時，有執行得越來越好的趨勢，只有在面對拓荒者時例外，因為皮朋打三角戰術的經驗實在太豐富了，讓他可以指導隊友該如何應戰。還在公牛時，溫特與菲爾·傑克森常常在進攻端拿出更高明的戰術，讓季後賽對手在關鍵時刻大吃一驚。然而現在有皮朋在對手陣中，就不會讓太多這樣的驚奇在這個大場面中發生了。

西區冠軍賽首戰，拓荒者總教練鄧里維（Mike Dunleavy）大量使用「駭客戰術」，不斷地推擠、拉扯甚至緊抱歐尼爾，讓他在第四節就罰了二十五球，但湖人還是跨過了難關。這麼做的拓荒者，已經不只是在拖延比賽，更讓人有點煩躁得看不下去了。不過這也讓湖人可以趁著每次對手犯規讓比賽停錶的時候制定每個回合的防守策略，並輕而易舉地奪得開門紅。

拓荒者靠著第二戰在史戴波中心拿下一場一百零六比七十七的大勝利，改變了系列賽的基調。奇怪的是，湖人絲毫沒有打出一點激情與動力，令教練團只能傻眼地離開球場。

「我們沒想到會輸得這麼慘。」菲爾·傑克森承認。

拓荒者在波特蘭舉行的第三戰下半場以各種防守限制布萊恩的發揮，但他還是在緊張時刻送出了一記助攻給榮恩·哈波，讓他投進致勝一擊。布萊恩更在防守時封阻了拓荒者中鋒沙波尼斯（Arvydas Sabonis）的最後一博，替球隊保住勝利。就連前一波拓荒者的攻勢，也是被他的抄截化解。

「我必須賭一把。我們整個球季都在為了這一刻而戰。」下半場大多時間都背負著犯規麻煩的布萊恩說，「我不能只因為被吹了五次犯規，就讓對手在毫無干擾的情況下出手投籃。」

沙波尼斯控訴這是一次犯規，但重播顯示這球蓋得很乾淨。

「這讓我們士氣大振，」布萊恩說，「這就像在對拓荒者宣告我們不會放棄，是來這裡戰鬥的。」

湖人贏得這場九十三比九十一的勝利後，取得了系列賽二比一的領先，這也是湖人十年來首度於分區冠軍賽在客場贏球。

面對燃燒著怒火的拓荒者，湖人緊接著又成為第四戰的贏家，這也是另一場拓荒者先盛後衰，被湖人拉尾盤搶下勝利的比賽。

陷入一比三落後的拓荒者又來到了洛杉磯，而他們也拿下了這場反映出皮朋強烈求勝欲望的戰役。在這次兩軍交鋒中，他超越了喬丹保持的季後賽史上最多抄截紀錄。

在本應成為系列賽關門戰的比賽中打得像在夢遊的湖人，第六戰又犯了同樣的錯誤。當湖人再度打得異常消極的時候，拓荒者靠著皮朋更加強勢的發揮把系列賽扳成平手。此前的NBA歷史中，只有六支球隊能完成系列賽一比三落後的逆襲，但拓荒者看起來有機會能達成這項挑戰。

第七戰拓荒者再次造訪史戴波中心，也再一次在開場時以壓倒性的表現將湖人踩在腳下，並在比賽進入第四節時取得了十六分的領先。他們似乎已經準備好粉碎湖人球迷對冠軍所抱有的任何期待。但不可思議的是，這支由菲爾·傑克森領軍的球隊創造了奇蹟，締造NBA史上第七戰第四節落後最多分的逆轉勝。

拓荒者在比賽還剩十分二十八秒時，還以七十五比六十領先，但湖人在接下來連續十個進攻回合都擋下了拓荒者的攻勢。而在布萊恩蓋掉威爾斯（Bonzi Wells）的出手後，讓蕭（Brian Shaw）投進一顆三分球，幫助球隊在比賽還剩九分三十八秒時將對手的領先優勢縮小為十分。

「你會全神貫注地投入比賽，」談起這一波二十五比四的反擊時，效力湖人的葛倫·萊斯說，「我們當時都在想，『繼續前進、繼續施加壓力，繼續在進攻端保持侵略性、繼續製造出好的出手機會，並希望對手會在最後支撐不住』。而他們最後也的確扛不住了。」

蕭記得這場比賽的關鍵時刻：「主場作戰的我們在第七戰進入第四節時落後了大概十六分吧。然後菲爾·傑克森說我們太過集中於把球塞到內線給『俠客』了，他說我們應該要在他被包夾後分球到外圍投籃。這句話解開了我們這些外線射手的束縛，讓放開手腳的我們投進了幾顆三分球，也讓比賽回到相同的起跑點。我覺得我在第四節投進了三或四顆三分球*，接著法克斯、歐瑞也開始在外線出手了。」

拓荒者被迫中止縮小防守圈封鎖歐尼爾的策略，讓防守者移動到外圍對付射手，而這回過頭來又讓湖人可以把球送到內線給歐尼爾了。

「我們當時看起來真的很低落，畢竟我們落後了十六分，還是在主場舉行的第七戰，」蕭說，「我想起以前在奧蘭多和『俠客』打球的日子，以及我們在總冠軍賽遭到橫掃的時刻。於是我想，『天啊，難道我們又要被打趴了嗎？』所以拒絕重蹈覆轍的我們，把比賽拉回到了還有機會改變戰局的局面，接著科比與『俠客』就幾乎接管了戰局。我覺得在這個大場面中，科比真的成長與蛻變了，並真的開始展現出他偉大的一面。在這個一翻兩瞪眼的時刻，他做出了貢獻。事過境遷後驀然回首，你會覺得這場讓我們這批成員首次踏進總決賽舞台的比賽必定名留青史，成為湖人史上最偉大的季後賽之一。而科比在這場比賽中，有許多出色的發揮。我們迎戰的拓荒者隊也是一支很有天賦的球隊，在與他們交手的比賽中，科比成長了許多。」

在布萊恩與歐尼爾完成空中接力的配合，並由後者灌進一球勢如雷霆的灌籃，替湖人建立八十五比七十九的領先後，比賽的激情再度喚醒了史戴波中心的球迷。歐尼爾終於認可了布萊恩的表現，並在賽後稱讚：「科比是個偉大的球員。」

「當他朝籃框切入，我們接觸到彼此的目光後，他就把球拋到空中了，」歐尼爾說，「我就跟著跳了起來……這是個能讓我輕鬆把球塞進籃框的機會。」

「我本來以為我把球丟得太高了，」布萊恩說，「但『俠客』也跳得夠高，接到球後完成這個灌籃。我當時想，『哇，太狂了吧！』」

一切都塵埃落定後，拓荒者全員只能悶悶不樂、震驚地默默看著洛杉磯慶祝他們近十年來首次NBA總冠軍賽之旅。

「我們無可避免將會面對的，就是這種必須跨越的艱苦戰鬥，」菲爾・傑克森在他的球隊克服了第四節的十五分落後，並以八十九比八十四得勝後說，「總冠軍賽，我們回來了。」

在球隊最需要的時刻，得到二十五分、十一籃板、七助攻的布萊恩在這三項數據都領先全隊，歐尼爾也在這場比賽有十八分與九籃板的貢獻。

看著這場比賽的人幾乎不敢相信自己的眼睛，這名中鋒與那個後衛居然建立起了羈絆，但這場勝利證明了他們的連線確實存在。這一刻，就好像是總是拒絕對自己遭遇的困難低頭的布萊恩，最終在這個球季的尾聲得到回報了一樣。「我覺得他們開始尊重彼此了，」溫特雖然這麼說，然而教練們其實不確定他們是不是只是在公開場合裝個樣子，也不知道他們的真實感受。舉例來說，史庫普・傑克森就注意到比賽結束時歐尼爾在場上跑來跑去，跟每一個人慶祝，卻沒找那個送助攻給他的人。

被問及歐尼爾的舉動時，布萊恩聳了聳肩。「我們有不同的作法，」他說，「我們整個球季都是這麼做的。我們會做什麼舉動，取決於當下情景的需求，因此就算我們的作風不同，也是基於相同的想法而做的。」

印地安納

隨著總冠軍賽展開，布謝便特別留意布萊恩。「我永遠不會忘記看著他第一次踏上NBA總冠軍賽球場上的情形，」這位記者回憶，「你可以看到他凝視著印在地板上的圖騰以及在觀眾席頂端懸掛著的冠軍

---

* 譯按：實際上是兩顆。

錦旗，我看得出來站在那裡的他，沉浸在所處的氛圍以及所見的情景，他會看著這些ＮＢＡ總冠軍賽的裝飾，並感受到自己也是總冠軍賽舞台上的一分子。」

「有時候他會顯現出那種令人難以置信的殺手氣息，這股堅定的意志力，讓他能夠用眼神威嚇或是與比自己年長五或十歲的對手對抗。但同一時間，他有時候也會流露出讓人們想起他還只是個大男孩的面貌。」

溜馬在「大嘴」瑞吉．米勒（Reggie Miller）領軍、「大鳥」柏德執教之下，陣中充滿了許多能在外線開火球員。湖人教練團現在擔心的，是要如何限制這支外線投射如此優異的球隊。

不過在第一場比賽，他們看起來並不像是如預期般優異的射手組合。瑞吉．米勒出手十六次只投進一球，因此主要靠著把球傳給歐尼爾，坐看他摧毀溜馬反常地沒有包夾他的防線後，湖人輕鬆拿下了系列賽首勝。歐尼爾攻下四十三分與十九籃板，令球隊以一百零四比八十七贏球。

「我們的進攻策略就是盡可能擺脫對方的防守壓力，」費雪述說著他的觀點，「與拓荒者交手時，我們就一直試著瓦解對方製造的防守壓力。沒想到在總冠軍賽，溜馬居然只憑一名防守者就想守住『俠客』。因此如果他們在下一場比賽沒有改變防守策略，我會很驚訝。」

第二場比賽，溜馬確實採取了包夾戰術，但他們還是沒能阻止湖人在第一節取得三十三比十八的領先。這場比賽開打沒多久布萊恩就弄傷了腳踝，這使他只打了九分鐘就被迫離場。湖人在比賽中的領先優勢一度在第三節被縮小到只剩兩分，但靠著布萊恩的得分，以及歐尼爾摧枯拉朽的表現，還是足以讓湖人以一百一十一比一百零四取得系列賽二比零領先。

由於腳踝腫得像氣球一樣，布萊恩只能拿著拐杖在第三戰作壁上觀，這也是他漫長的職業生涯中唯一缺席的ＮＢＡ總冠軍賽。溜馬最終取得了一勝，也在系列賽追近為一比二落後。不過這些累積的種種要素，反而都替布萊恩第四戰的偉大時刻鋪好了路。

他的腳踝依然緊繃且痠痛，但他還是和歐尼爾攜手在比賽生死交關的時刻與溜馬你來我往，將比賽逼進延長，但在延長賽中，歐尼爾吃下了個人第六次犯規。突然間，湖人成了要由布萊恩率領的球隊。他走向這位大個子，並告訴他不要擔心，他會引領這支球隊邁向勝利。

這一幕與接下來的比賽，讓坐在媒體區附近的布赫看得如癡如醉。「雖然科比帶著嚴重的踝傷上陣，但他絕對不會錯過這個『俠客』坐在場邊、自己能與瑞吉・米勒大戰一場的機會。」他回憶，「他很興奮能有這個機會，完全沒有想過湖人現在身處千鈞一髮的境地。科比的思維與全世界南轅北轍，媒體席上的每個人都覺得，『噢，他們有麻煩了』，之類的。但科比的想法卻是，『現在輪到我接管戰局了』。他完全沒有想過自己會不會無法完成這項重任。」

過去在芝加哥，菲爾・傑克森和溫特在這樣的時刻會讓喬丹與隊友進行開對手後門或其他奇招來拉開對手的防守圈。但在湖人，這種擴大對手防守圈的策略從來沒有產生效果，溫特解釋，這是因為對手絕對不會讓防守重心離開歐尼爾，因此防守圈就會一直保持內縮狀態。如果歐尼爾願意開發離籃框十到十五呎範圍的投籃技術，讓他在遠離籃框時也有取分手段，擴大對手防守圈的策略就能產生效果，但他從來沒有磨練出投籃技術。

現在，既然湖人的巨神兵已經被迫退場，菲爾・傑克森便讓湖人球員盡可能地站開以迷惑防守者，並給布萊恩發揮的空間。疼痛的腳踝，讓他難以嘗試攻擊籃框，只能在中距離急停跳投。

但即使如此，布萊恩還是在延長賽屢屢為湖人建功，也拿出了鐵一般的證據，證明歐尼爾宣稱有自己在，球隊就無法奪冠的說法是錯誤的。

「這套體系對我們來說效果很好，」布萊恩說，「第四節時，三角戰術有時候打不出來。這個體系就是為了要讓我們能夠在比賽結束時拉開空間然後切入，因而這套戰術若要發揮效益，得靠整場比賽每個人在三角戰術中都能在進攻端製造威脅。如此一來，對手的防守就不敢放空其他人來針對我。他們不敢在防守我時放空歐瑞，也不敢放空法克斯，因為他們知道這些傢伙都能投籃。」

「第四戰三角戰術發揮出很大的效果，」布萊恩補充，「我們能夠拉開對手的防守圈，我也投進了幾個跳投，並在懸崖邊緣拯救了球隊。這個球季，我一直很希望球隊能拉開對手的防守圈。我總是對菲爾・傑克森說，『老兄，為什麼不打全場開放式的戰術呢？』他都會回答，『我們還沒準備好這麼打，會有打這個戰術的一天的』。我得說，拉開來打，我才能好好發揮。我也很高興我們在季後賽終於等到這麼打的時候了。」

湖人取得了系列賽三比一領先，不過輸掉了第五戰，也讓比賽再度重返洛杉磯的史戴波中心。自從魔術強森與賈霸率領湖人在一九八八年冠軍賽戰勝活塞後，這支球隊就再也沒有在自家主場抛下過冠軍彩帶了。

第六戰比賽的早晨，大家發現菲爾・傑克森在休息室裡敲他的爵士鼓，這或許是美國職業籃球史上冠軍賽最詭異的早晨了。「球隊裡的每個人，似乎都為之振奮了起來。」蕭說。

不知何故，這位教練搞出來的怪招、帶來的小道具以及燒鼠尾草的行徑，把這支原本各自為政的球隊磨合在一起，也迎來即將在這個夜晚謝幕的輝煌球季。

布萊恩雖然得到二十六分，但命中率有些慘澹，二十七投僅八中。他額外繳出十籃板與四助攻的貢獻，其中有兩次是第四節湖人追分時妙傳給歐尼爾的傳球，這也讓他們在第一節後首度取得領先。

「第四節時，我們在場上找到了一個他們無法阻止我們的區塊。」菲爾・傑克森在賽後表示。

在湖人取得一百零一比九十四的領先時，投進關鍵球的任務落到了法克斯與歐瑞的肩上，因為歐尼爾在這段期間失手了幾記罰球。隨後溜馬開始製造犯規並靠著罰球追近比數，這也讓傑倫・羅斯（Jalen Rose）投進一顆三分球後，在比賽還剩下五分八秒時，拉回到戰成一百零三比一百零三的平手局面。

隨後在這個兩隊誰投進一球，就會被對手回敬一球的緊張時刻，延續到比賽最後一分三十二秒，溜馬迎頭趕上，把比分差距追近到一百零九比一百一十，僅以一分落後。這時湖人教練團決定在進攻時採取擋拆戰術，這令人大吃一驚，因為湖人很少打擋拆。

一直以來歐尼爾都不喜歡幫隊友掩護，但他現在成了一堵替布萊恩開路的高聳城牆，讓布萊恩能在掩護後以迅雷之姿殺進籃下。這招奏效了，布萊恩在比賽末段投進了幾顆罰球，讓湖人以一百一十六比一百一十一的勝利，拿下球隊十二個球季以來的第一座冠軍。

「我們這次又用了在第四戰用過且有效的戰術，也就是拉開空間然後切入攻擊他們。」布萊恩說，「這讓我可以站上罰球線投進幾顆罰球。」

「我想我們需要的就是菲爾・傑克森的運籌帷幄，」歐尼爾說，「菲爾・傑克森和他的教練團是一個能夠帶領這支球隊跨越難關的團隊。我們一直能贏下五、六十場例行賽，但當我們在季後賽遇到某些困難時，我們總是沒辦法克服那些障礙。我們有主場優勢，但我們在季後賽犯了太多錯了。而菲爾・傑克森就是有辦法保持冷靜，帶我們看比賽影片。如果你是球隊領袖，然後看到球隊裡有個像他一樣的人，總是老神在在，那你有什麼好擔心的？他什麼都幫我們準備好了。」

「我還是認為如果他們沒有在二〇〇〇年迎戰拓荒者的第七戰完成大逆轉，他們就連一個冠軍都拿不到，」阿丹德在二〇一五年提出這樣的看法，「因為他們之間的關係會變得很緊繃，而且沒有冠軍作為他們情感的基礎，最終他們將不得不分開。我真的覺得，三連霸與一冠難求之間的距離，就是那場迎戰拓荒者的第四節比賽。」

歐尼爾與布萊恩之間的脆弱羈絆，加上他們身邊才華洋溢的配角球員們，似乎已經足以讓他們站上紫禁之巔，在濃霧滾滾而來之前，驚鴻一瞥各種邁向偉大的可能性。

第二十二章　婚禮鐘聲與憂傷藍調

對於愛迪達訓練營來說，科比．布萊恩一直都是個很出色的代言人，儘管他是個很注重隱私的人，但他有著自然散發出魅力的天賦，對比賽的熱情也與充滿年輕人的訓練營相得益彰。如果這些參與營隊的球員年紀夠大而且確實有兩把刷子，他就會衡量他們的實力，看看他們有沒有準備好來迎接他的挑戰。如果這些球員年紀還小，他就會跟他們一起玩，逗他們開心，也隨時準備好和他們在投籃遊戲中共度一段快樂時光。

從簽約後到西元二〇〇〇之間，總部在德國的愛迪達美國分公司，在這四年來把他送往了世界各地，也對他在和耐吉競爭球鞋市場市佔率的幫助感到很滿意。而替湖人贏得一座嶄新的冠軍獎盃，意味著他在市場上將會越來越有份量，可說是已經升格為頂級的產品代言人」。因此可以理解，愛迪達會預期他們將到達摩爾主席口中，那片世界各地的收銀機將以一發不可收拾的態勢隨著收進現金而鈴聲大作的應許之地。愛迪達已經準備闖出一番偉大事業了。

對於自己替公司付出的努力，瓦卡羅個人覺得做得很棒，畢竟他挖掘出來的布萊恩與麥葛雷迪都在他們的職業生涯中高歌猛進，逐步成為籃球賽中最具魅力的兩大年輕球員。他們不是喬丹，也沒有任何人是。但他們成了「接班人」，這也代表瓦卡羅的賭博大獲全勝，讓他獲得了一份愛迪達的終身合約。

未來，看起來正在大放光明。

至少直到二〇〇〇年當瓦卡羅在紐澤西的費爾里．狄金生大學舉辦ＡＢＣＤ訓練營之前，看起來是很光明的。這個訓練營對布萊恩來說，是在籃球賽場上一飛衝天的平台，但也就在這個舞台，雙方之間在那時第一次搞出了嚴重的麻煩。

「他預訂會來訓練營演講，」也是布萊恩家朋友的一位愛迪達相關人士回憶，「我們都很興奮。愛迪達是我們的贊助商，所以為了他的到來，孩子們都興奮得簡直要瘋了。」

但是一直很守時的布萊恩，卻沒有在預定的出場時間現身。愛迪達的工作人員知道他就在附近，因為他的新科未婚妻來到當地時，還因為拒絕了愛迪達安排的住處，在飯店引起了一陣騷動。

「我們通常都住在哈斯布魯克高地（Hasbrouck Heights）的希爾頓酒店（Hilton），那裡很方便，」這位朋友說明，「但她不想待在那裡，他們想待在曼哈頓，我想是要住四季酒店（Four Seasons）。她不要住在哈斯布魯克高地。」

這位朋友回憶，參加訓練營的人們都熱切地等待偉大的科比．布萊恩，工作人員們則瘋狂地在找他。「我們等了又等，等了又等。他們遲到的時間也從二十分鐘、三十分鐘、一小時、一個半小時到了兩個小時，然後還是沒有出現。所以我們想搞清楚到底發生了什麼該死的事。好吧，事情是這樣的，他和這個女孩，兩人大吵了一架。她不想來參加活動，還不想讓他來。既然有一間大公司給你這麼多錢，你就該出席活動，結果他們直到很晚才終於到達。」

遲到這件事，本來可以用釋出一點善意或給個道歉挽回的。但這位朋友說，當這對情侶到場時，凡妮莎在場的無禮行徑讓人們大開眼界。「她和他一起來的。我的一生中迄今為止，都還沒遇過比她更無禮的年輕女士，無禮得我簡直不敢相信。她不跟任何人握手，也不看任何人。這也是我唯一和她有所交集的經驗。」

包括瓦卡羅與那位朋友在內，代表愛迪達出席活動的人此前都不認識布萊恩的未婚妻，就算到了活動當天，他們也沒辦法認識她。「我的意思是，她根本不和任何人說話，」這位朋友說，「她不發一語，連個哈囉都不說。我的意思是，她根本不跟別人打招呼。瓦卡羅和我走進房間的時候，她連句『很高興認識你』的招呼都不打，一聲不吭。那天發生的事很不真實，讓我覺得不可思議。雖然瓦卡羅是個友善親切的人，但不論任何場合，人們總是期望年輕人和長輩相處時能多點禮數，就算是一點點也好。結果她直接無視了所有走進來的人，她就是這樣，超沒教養的人。」

這位朋友還記得自己當時是怎麼想的。「這樣的情形不會長久的。科比．布萊恩肯定不會忍受這種離譜行為。」

布萊恩的雙親沒有出席活動。這位朋友表示，如果他們有來，肯定會覺得很抱歉。回想起來，這位朋友才注意到，當時愛迪達在打交道的，是一個手指上戴著一枚價值十萬美金的七克拉鑽戒、被寵成公主的青少女。

「她太不成熟了。」這位朋友說。

這位朋友很早的時候就告訴過瓦卡羅，他應該要預料到布萊恩會有所改變。「科比還很年輕，」她回憶自己當時這麼跟瓦卡羅說，「因此當他開始和自己認定的另一半相處後，就可能變成另一個人。」

這就是那位朋友這一周在紐澤西親眼所見的情形。受到這段新戀情的影響，科比．布萊恩已經變了個人。

南加州的商店店員和餐廳服務生、布萊恩隊友們的妻子以及記者和一些獨立報導者，很快就都針對凡妮莎發表了類似的看法。科比．布萊恩的未婚妻在外界面前擺出了一副無禮、不友善且控制欲強的態度。這樣的情形在之後人們對她更加了解後有比較改善，但是在一開始那幾年，不論是新聞報導還是個人的看法上，她的形象都頗為糟糕。

對這位朋友來說，二〇〇〇年七月在紐澤西的所見所聞，也讓他得以稍微理解布萊恩的父母對於在幕後進行的事件為何會做出那樣的應對，而潘對於兒子的擇偶結果又為何會有如此激烈的反應了。隨著他們在五月宣布訂婚後，凡妮莎便搬進了太平洋帕利塞得區山頂上的家中。她從一個收入不多且陷入財務困境的家庭成員，搖身一變成為有個愛人有能力也願意滿足她一切要求的上流權貴。

而這一切幾乎都是在一夜之間發生的。

突然之間，布萊恩的雙親發現他們不但被屏除在兒子的生活之外，更被迫改住到山下的房子裡。當初潘堅持要蓋的昂貴棧道，現在看起來也幾乎用不到了。

「說實在的，我可以理解她的難過，因為這一切讓人措手不及，」這位朋友說，「這女孩一來到這裡便接管了一切，還對科比頤指氣使。」

從喬．布萊恩開始把兒子推向職業籃球的舞台並拿到一筆可用資金，到潘越來越沉迷於插手控管兒子的財產上，這齣布萊恩家的家庭肥皂劇，越來越接近曲終人散的時刻了。

這一連串瘋狂事件的過程中，科比．布萊恩一直是個「非常、非常令人喜愛、非常外放而且十分友善的人。我的意思是，這一點從來沒有變過。」這位朋友說。

但是經歷這些事情後，要他完全不受影響也是不可能的。他的人生就像是控制狂的集合點，包含他的新科未婚妻、他越來越聰明且狡猾的教練以及他的母親，和許多族繁不及備載的人。要不是因為布萊恩自己也是個世界級的控制狂，他能在邁向成功的道路上與這些人抗爭並生存下來簡直就是奇蹟。

他的控制始於他對籃球的大量投入，他對自己的天賦充滿信心之餘，還想比NBA的每個人都更努力。他想比熱愛訓練的自己更努力，也想在訓練方面超越喬丹。而他堅強的意志力，也是他的控制欲中另一個重要成分。

這位朋友說，他成為職業球員的決定以及外界對此的反應，對大多數人與大多數的家庭來說，足以把人淹沒，讓人喘不過氣。「他們的反應大部分都是負面的，他們都說他應該待在學校，也抨擊瓦卡羅與他簽約的決定。你懂的，很多這種負面的事情不斷發生。」

大眾對他的負面看法，似乎成了使得潘開啟過度保護模式的第一個原因。「他們經歷過的一切，以及當時發生的一切，都讓人不知所措，」這位朋友說，「他們對此沒有任何準備。」

隨著布萊恩與湖人簽下第二份合約，讓一大筆錢如潮水般湧入他們的家庭，也為他們的生活帶來了巨大的改變。他們家的資產又攀上了另一個高峰，在他們家的朋友與熟人眼中，這也讓他們生活中的各個層面都帶來了更大的風險。

遺憾的是，金錢改變且分裂了布萊恩一家，而這樣的情況「是很常見的故事，是許多職業運動員與名流家庭，背後悲傷的真實寫照」，曾經在布萊恩籃球生涯初期擔任他市場行銷顧問的「大麥克」麥克・哈里斯這麼說著。

這樣的情況顯然也已經改變了潘與喬・布萊恩。看著曾經與他們如此親密的兒子開始將自己拒於門外，真的很令他們難受，尤其是因為他們與他新科未婚妻的關係充滿各種衝突，而讓布萊恩關上內心的大門，更是令這對老夫妻難熬。

他們家的這位朋友說，潘很愛兒子，因此她感覺到與兒子之間的關係正在逐漸疏遠，讓她覺得很難過。每個家庭中往往會有一些負面因素會隨著財務增加而更加困擾著他們的家庭成員，布萊恩一家現在就面對著這樣的危機；他們越有錢，不安全感與內心的恐懼就越多。他們的其他家人與友人看著這樣的感受如湧泉般灌進了潘的心，也有許多人舉證歷歷，指出她在那年夏天怒斥了兒子與他的未婚妻一番。

「或許就是這個原因，讓她把這些不滿都宣洩出來，」這位朋友提出自己的觀點，「一直以來都是由她決定要做什麼、就做什麼。我看過很多這樣的家庭，父母太過保護他們的兒子，而且什麼都要管。在這種環境下長大的孩子，一旦沒人看好門，就會有人找上門來灌輸一些想法或佔便宜，會發生很多不好的事情。」

這位朋友說，他們寶貝兒子人生中突然發生的劇變，讓布萊恩一家猝不及防。「他們或許永遠也無法從這一切中恢復如昔了。」

布萊恩因為他的愛人而做出的改變，最終將幾乎影響到他所有的人際關係，而顯然他與雙親和姊姊們之間的連結，是傷得最重的。

「這實在是個謎，」瓦卡羅在二〇一五年表示，「這是這個事件中最不合理的部分。這小丫頭是怎麼控制了他的心靈的？她怎麼有辦法突然改變一個意志力這麼堅定的人？他幾乎斷開了所有的人際關係，只因為這個女孩。」

負責追蹤報導湖人賽事的兩年間，貝克認識了布萊恩的姊姊們和他的高中教練，接下來的許多年，他都一直在NBA的媒體界中工作。而在二〇一五年，當他回顧這幾十年來在NBA中工作的點點滴滴時，想不出還有誰會跟布萊恩一樣，把家庭成員介紹給他認識，而且不只一位。但布萊恩就是會做這種事的善良孩子，而當球隊沉浸在慶祝奪冠的喧鬧中時，他也在球隊訓練室把未婚妻介紹給了貝克。「拿著冠軍獎盃的科比，一臉陶醉在歡樂中的憨樣，凡妮莎就坐在他身邊，然後他就把她介紹給我認識。」

「他們在那個晚上還只是男女朋友，剛訂婚不久，」貝克回憶，「她還只是個來自橘郡的年輕女孩。」一位在當晚見到她的媒體工作者，對她的外貌在接下來幾個月的劇烈變化感到震撼。「一年後我再見到她的時候，她看起來就像安潔莉娜・裘莉（Angelina Jolie）。」這位媒體工作者說。

訂婚後，按照凡妮莎的要求，布萊恩突然以打了耳洞的姿態出現在眾人眼前。

「至少他沒有紋身。」談起原本乾淨清爽的弟弟展現的全新風貌時，姊姊夏莉亞如此表示。當然，這樣的改變也會到來的。當時的耳洞可說已經敲響了改變的警鐘。

「我們這些媒體界的人問他這些事的時候，就會惹惱他，」貝克回憶，「讓他困擾的是，在他生活中發生任何枝微末節的小事，像是生活上的變化或小小的風格轉變，最終都會成為新聞。其實我們只是出於好奇才問的，他會對我們的問題感到很敏感，或許是因為他長久以來都營造出一副乾淨俐落的形象。而他會做出改變，或許是因為他覺得這種清新形象已經不適合他了，也可能是因為他覺得自己長大了，覺得這種形象跟他不搭，也可能是因為他覺得自己沒有得到足夠的尊重。附帶一提，在最後一點上他是對的。當時艾佛森的形象迷倒眾生，大家都想變得像艾佛森一樣。所以在這一點上，無論是刻意為之還是他的個人成長與進化，科比不論在球場上還是在某些時候面對媒體時，都展現出更強硬的姿態。」

他對其球鞋廠商的態度更強硬。他開始會帶凡妮莎去參加與摩爾見面的設計會議，後者繼續為布萊恩的下一雙新球鞋引進了奧迪跑車的設計概念，以至於這雙鞋面包覆住鞋帶的球鞋，不只看起來像跑車，簡直就是一台跑車了。「她一點都不喜歡愛迪達，」摩爾回憶，「她不覺得愛迪達很酷，她不覺得愛迪達能夠吸引城市街頭中的孩子們，情況就是這樣。」

凡妮莎看起來很專注在嘻哈上，把它視為一種文化與設計的理念，這一點跟布萊恩一樣，後者當時滿腦子想的都是艾佛森的高人氣，也依然樂於吸引城市街頭的孩子們。

更慘的是，愛迪達從一開始嘗試製作新鞋時就遭遇了生產上的困難。「當時我們遇到了一些聽都沒聽過的難題，」摩爾回憶，「我們找不到接縫，這些球鞋的鞋面就像被焊接在一起，而且硬得像塊木板。」

最後愛迪達還是找到了製作這些球鞋的方法，然而這些球鞋不但沒趕上銷售旺季，也沒有留給他們的年輕代言人足夠時間來適應這雙鞋。布萊恩很努力地在試了，整個球季中，他花了大半的時間在嘗試要怎麼穿這雙球鞋才會覺得舒適，就跟他也試著找出一種令他的家庭生活重新圓滿的方法一樣。

湖人組織內部的人員或與湖人相關的人士，幾乎都不知道他所遭遇的情形。甚至連最親密的好友，都從來沒聽過被母親和凡妮莎這兩個難搞的人夾在中間的他，有過丁點抱怨。

權力鬥爭

多年來，威斯特一直威脅要離開湖人，但他實在太愛他們了，所以他從來沒有實際執行過。在領低薪幾年後，他終於從傑瑞·巴斯手裡獲得了一筆大合約。但是在湖人征戰二〇〇〇年季後賽的征途中，又有傳聞指出，偉大的威斯特要離開球隊了。會出現這樣的傳聞，很可能是因為他雖然新簽下了一份大合約，但跟傑瑞・巴斯付給菲爾・傑克森的好幾百萬相比簡直是小巫見大巫，讓威斯特覺得自己被過度壓榨。而且成立一支球隊的目的，可不是為了付給非球員的工作人員這麼多錢。

可以確定的是，一定有人得離開，而當時的情況都再再指出離開的人會是威斯特。菲爾・傑克森擔任總教練後，威斯特就很少把時間花在與球隊成員相處上了。菲爾・傑克森透過悄悄確立他曾在芝加哥建立過的相同法則，讓球隊管理層和球員劃清界線。舉例來說，他規定只有球隊成員才能搭球隊巴士，管理層不行。這不只讓球隊與威斯特保持距離，也讓總經理庫普恰克與開始接觸球隊管理事務的老闆之子吉姆・巴斯（Jim Buss）無法過度干預球隊。加西杜埃納斯就指出曾是湖人球員的庫普恰克總是無視這個規則，只要他想，就會上車。

菲爾・傑克森與球員間針對管理層的約法三章，在芝加哥時就被認為有分裂球隊的可能性，來到了洛杉磯，也給球隊造成了巨大的鴻溝。那年春天，威斯特幾乎完全沒有參與湖人球季中的征途，他確實有出席幾場季後賽，但大部分的比賽他都沒有參與，只有讓幾位朋友打電話給他，轉告實況比數，讓他能跟上比賽的進度。

不過，威斯特有時候還是會和布萊恩與歐尼爾聯絡，而根據教練團成員指出，威斯特這樣的舉動也被菲爾・傑克森視為在試圖破壞他的努力。

「菲爾・傑克森一直覺得，威斯特希望湖人在他在的時候輸球，」這麼說明的羅森，是菲爾・傑克森多年的朋友與至交，曾一起出過書，前者還加入過後者的教練團擔任助理教練。羅森說威斯特早就積怨已久，因為傑瑞・巴斯把球隊一小部分的經營權給了魔術強森，卻從未將這樣的獎勵，給予數十年來為球隊犧牲奉獻的威斯特。

目前還不清楚菲爾・傑克森與威斯特之間哪來的仇，但羅森說，一部分的原因是菲爾・傑克森堅信威斯特想要透過和公牛總經理克勞斯結盟，來削弱他在球隊中的權威。而後者不但是菲爾．傑克森的死敵，也剛好是威斯特的朋友。

「你還記得那些關於科比要退休或是他想被交易的謠言嗎？」羅森問，「這些謠言的起點就是威斯特，他傳話給克勞斯，然後克勞斯再把風聲給放出來。」

NBA就是一個這樣的謠言磨造廠，想要循線還原謠言的來龍去脈幾乎是不可能的事，但大家都知道在這個聯盟中打拚的人就是喜歡等到事情都過去很久後還繼續緊追不捨。

但他們的宿怨可能有更加深遠的根源。菲爾．傑克森在尼克時期的隊友佛雷塞曾在二〇〇〇年透露，一九七〇年代初一場尼克與湖人之戰結束後，菲爾．傑克森曾在兩隊離場時不小心撞斷了威斯特的鼻子。佛雷塞笑著回憶，這記鐵拐就是罪魁禍首，也是菲爾．傑克森惡名昭彰的原因之一。

這樁意外成為外人眼中兩人互看彼此不順眼的象徵，它發生在一九七〇年代初期，當時尼克與湖人三度與彼此在冠軍賽的舞台上爭奪冠軍的榮光。

「人稱威斯特為『關鍵先生』，」羅森說明，「但菲爾．傑克森不覺得他是名在關鍵時刻有所表現的球員，他會這麼想，主要是因為每當尼克與他們交手時，佛雷塞都有辦法守住他。因此菲爾．傑克森對威斯特的『關鍵先生』之稱嗤之以鼻。」

嫉妒當然也是一個原因，而他們可能都嫉妒著彼此。威斯特的照片被做成了NBA的標誌，也受到NBA球員、教練與球隊管理層的尊敬。布萊恩與歐尼爾對他的想法與感受，都能顯示出威斯特贏得了多少尊重。

儘管手上戴滿了冠軍戒，菲爾．傑克森卻從來沒有享受過這一切。「菲爾．傑克森想從他手裡把這些尊敬與禮遇給奪走。」溫特當時曾這麼說，也解釋了當時的菲爾．傑克森是多麼沒有人望。

「我不想說菲爾．傑克森是個傲慢的人，」在二〇一五年回首當年時，羅森這麼說，「雖然當時很多人都覺得他很傲慢，不過我覺得他只是有信心而已。」

然後，羅森說，很難不承認菲爾·傑克森在NBA中營造出了另一個形象，那就是對不得不與他合作的球隊管理層而言，他是個特別難搞的人。

「鑒於菲爾·傑克森的人格特質、他看事情的方式以及當他直視問題時能夠看到多麼深層的核心，」羅森說，「什麼樣的總經理或總裁，才有辦法跟他經營一段真正和諧的關係呢？」

對於菲爾·傑克森和威斯特之所以無法繼續在湖人攜手的現象，羅森覺得，不但是因為他們之間的衝突不斷，也因為傑瑞·巴斯不會同時付他們一大筆錢。

菲爾·傑克森在他與湖人的第一份合約中，每年可以從這支出了名的小氣球隊手中領到史無前例的八百萬美金。這支球隊除了對待球員十分大方之外，給其他人的薪水都錙銖必較。

「這就是一切的起源，」羅森說完這句話，還聲稱威斯特心中也有許多不滿「因為手裡戴滿戒指的菲爾·傑克森以拯救球隊的姿態降臨了，而球隊救世主本來應該是威斯特才對。從他們以前在球場上的針鋒相對，到現在的明爭暗鬥，可說是新仇舊恨都加到了一起。對於菲爾·傑克森的成功，他充滿了怨恨。試想，威斯特在終於贏得一次總冠軍之前，他打過了多少次總冠軍賽？」

球隊中的許多資深員工都覺得羅森對威斯特的指控相當荒謬。儘管如此，他們之間的衝突依然激起了激烈的火花，因為兩人都充滿了競爭意識，也都是難以折服的完美主義者。

二〇〇〇年的整個夏天，威斯特都不在辦公室，也沒有在球隊的人事決定上投入多少影響力。事實上，就連威斯特的離去，都是由在七月接受廣播員柏奈特（Larry Burnett）採訪的菲爾·傑克森宣布的。

八月初，在威斯特發表的一份簡短書面聲明中，他感謝了許多人，唯獨沒有提到菲爾·傑克森，儘管這位教練才剛帶領威斯特心愛的湖人隊奪得總冠軍。

當時，洛杉磯的新聞報導指出，威斯特相當不滿菲爾·傑克森在六月結束與前妻的婚姻後，居然對在球隊管理層任職多年的老闆之女珍妮．巴斯（Jeanie Buss）頻送秋波。

然後很快就傳出了菲爾．傑克森曾在季後賽迎戰拓荒者的一場比賽結束後，要求威斯特離開湖人休息室的風波。有時候喜歡和球員私下交流，不想被別人打斷的菲爾．傑克森告訴威斯特，他們還在進行球員會議。菲爾．傑克森用詞很謹慎地暗示威斯特，要他知道自己不再是球隊的一員了。在說出去的話就像潑出去的水收不回來後，溫特還跟菲爾．傑克森確定過，後者知道威斯特會因遭到要求離開休息室而自尊心受創。

「這種事只有拿下六枚冠軍戒指的人才做得出來。」談到菲爾．傑克森如此對待威斯特時，前湖人總教練戴爾．哈里斯這麼說。

毫不讓人意外的是，威斯特沒有出席新聞發表會親自宣佈自己的離開。「顯然，威斯特是無法取代的。」也沒有出席記者會的傑瑞．巴斯在一份事前準備好的聲明中表示，「過去四十年來，他對湖人有著難以衡量的意義。」

事後證明，菲爾．傑克森在把威斯特從這支球隊中驅離的舉動，替球隊造成了深遠的影響。舉例來說，這件事發生後，令傑瑞．巴斯與新任球隊副總庫普恰克都對菲爾．傑克森有所提防了。

「我覺得菲爾．傑克森有點嚇到庫普恰克了，」溫特私下觀察到這樣的現象，「以他的個性與風格來看，我覺得菲爾．傑克森是故意這麼做的。他有著堅強的意志力，非常堅強，也非常聰明。你該看看菲爾．傑克森過去做過的一切，也該看看他鬥倒了那些人，更該看看他是如何用意志力讓他人屈服的。」

菲爾．傑克森曾經用他的意志力帶來的力量，試圖掌握包括同樣自我意識旺盛的喬丹與球隊總經理克勞斯在內、公牛組織名單上的每個人。在洛杉磯，這位教練正試圖重施故技。他的擁護者後來會解釋，在這兩支球隊，這是他不得不做的手段，只有這樣，才能將這些各自為政的雜牌軍融合成一支奪冠的球隊。

威斯特的離開也意味著菲爾．傑克森能更大幅度地影響球隊的人事決定權。湖人需要一位大前鋒與替補中鋒來給歐尼爾一些支援。果然，在休賽季末段，庫普恰克也運作了一筆交易，將心懷不滿的葛倫．萊斯送到紐約，換回霍雷斯・葛蘭特（Horace Grant）這位昔日在菲爾・傑克森麾下作戰的球員，以滿足球隊在大前鋒位置上的需求。沒有了一年前如同威斯特不讓他獲得皮朋的阻撓，菲爾・傑克森就能把另一位曾替他打球的舊將引進陣中了。

起伏跌宕

充滿天賦的湖人，準備追尋他們的第二座冠軍。但與期望相反的現實是，他們很快在二〇〇〇—〇一年球季初期就遇到了麻煩。歐尼爾來參加訓練營時的身材完全走樣，這樣的發展不但讓菲爾・傑克森與助理教練們深感失望，更別說訓練魔人布萊恩了。而且，歐尼爾不是唯一沒有保持好狀態的人。菲爾・傑克森發現，除了布萊恩，只有前鋒法克斯在進入訓練營時維持住良好狀態並且做好隨時上場的準備，對剛贏得總冠軍的球隊來說，這是個很普遍的現象。

接著，控衛費雪的腳受了傷，得進行手術與接下來的復健療程，這讓他得把四分之三的球季花在這上面。正如助理教練波特卡（Bill Bertka）所說明的，費雪是湖人唯一能壓迫對手持球者的後衛。榮恩・哈波曾經也能扮演給敵隊持球者壓力的角色，但這已經是他最後的球季，簡單來說，就是他太老，膝蓋也快撐不住了。布萊恩可以壓迫持球者，但這會使他輕易地陷入犯規麻煩。而沒有足夠的防守強度，只會讓球隊的化學效應變得更糟。沒有調整好狀態的歐尼爾，讓他不但變得很容易受傷，上場時也打得很爛。這個球季開始時，他通常能投進的球，現在都投不進了，關鍵時刻的命中率常常未滿五成。而他的罰球命中率更崩盤到只有百分之二十的水準，這也讓他成了聯盟的笑柄。

在歐尼爾萬分掙扎而出現的戰力真空期，布萊恩讓大家知道自己已經準備好扛起進攻的大旗了，這樣的事態發展也無疑會引起歐尼爾因布萊恩的自私而產生的抱怨。

「『俠客』鬧起了脾氣，」焦慮地說，「實際上他對我們說過這種話，『如果我不是球隊在進攻端的優先選擇，就別指望我努力防守了。』

而儘管布萊恩打得不錯，但他卻很難找到保持穩定的方式。在一場主場敗給公鹿的比賽，他三十一次出手僅投進八球，接著卻能在客場出征休士頓時以二十六投二十中的表現拿下四十五分與勝利。這場在休士頓贏球的比賽結束後，菲爾・傑克森將他與喬丹相提並論，然而這卻讓歐尼爾怒氣沖沖地指出布萊恩只是想獨攬榮耀而已。

「我只是隨著比賽的節奏順水推舟罷了，」布萊恩說，「欲加之罪，何患無辭。」

隨著新的一年越來越近，布萊恩不但暫居聯盟得分王，也贏得了一些讚譽，稱他是籃球比賽中最優秀的全方位球員。包含菲爾・傑克森在內，許多看過他打球的人，都承認他真的成長了。

「他對比賽的投入以及成為最優秀球員的意志是很少人能夠達到的等級。」當時在鳳凰城當教練的史凱爾斯（Scott Skiles）說。

隨著時間來到二〇〇一年，湖人拿下了二十二勝十敗，但在表面的和平下卻有著許多動盪。布萊恩對溫特坦白承認，雖然他在個人表現方面取得了成功，卻還是不覺得快樂，甚至對於自己對籃球的愛產生了懷疑。「科比說他在休賽季花了大把時間精進自己的實戰力，努力練投籃、努力練他的新招並提升自己的整體表現，這樣才有機會成為最優秀的球員，這是他心目中認為自己有可能達到的境界。」溫特說，「然而回到這裡，為了成為心目中最好的自己，他整個夏天的努力反而招致了眾人的批評，這讓他十分灰心。」

「我的妻子南西（Nancy）告訴我，她覺得科比的心在那一刻都碎了。」溫特補充。

這名後衛的心情被他眼中的差別待遇搞得很沮喪。一開始他發現菲爾・傑克森看起來願意對歐尼爾的懶散睜一隻眼、閉一隻眼。因為歐尼爾對於批評是很敏感的，所以你只能溫和地點醒他的缺失。然而一直以來，菲爾・傑克森在批評布萊恩時的炮火都十分猛烈。

「某天早上醒來後，我決定不再讓這些紛紛擾擾影響我了。」布萊恩解釋。

然而，鬥爭並沒有停止的跡象。布萊恩已經在全國性的媒體上披露了自己的挫敗感，這篇文章將成為《ESPN雜誌》（ESPN: The Magazine）一月號的封面故事。文章公諸於世前，布萊恩就曾跟隊友預警過自己做了這件事，也曾試過撤回那些有點強硬的發言，但雜誌已經送印了。在這篇文章中，他揭露菲爾．傑克森在十一月時來找過他，要他在球場上不要這麼好戰。但布萊恩回應，他不但不會減緩他在球場上的侵略性，反而會更加挺身而出。

這些評論激怒了歐尼爾，他告訴記者說，布萊恩的自私才是球隊沒有打出好成績的主因。布萊恩馬上重返戰局繼續出言追殺，反駁說歐尼爾的身材還是沒有調整好，而且也還是沒有在防守。菲爾．傑克森將互轟對方的兩人，比喻為在沙坑裡吵架的小屁孩。接下來的七場比賽，湖人輸了四場，讓他們累積了十五場敗仗，已經跟去年整個球季的敗場數一樣多了。

到了二月，有傳言指出那個中鋒又在推動布萊恩的交易了。雖然布萊恩和受傷的歐尼爾，在華盛頓舉行的明星賽上互動時看起來還是像哥們，但那只不過是在作秀而已。

三月帶來了更多麻煩，首先布萊恩的肩膀與腳踝產生了一連串的傷病麻煩，然後菲爾．傑克森與布萊恩之間的裂痕也日漸加深。接著在這個月底，菲爾．傑克森在接受《芝加哥太陽報》（Chicago Sun-Times）的泰蘭德（Rick Telander）訪問時，對布萊恩提出了言詞激烈的煽動性指控。這位教練披露了與這位明星後衛私下談話的內容，還提起了一個年代久遠的傳聞，內容是布萊恩在高中打球時會刻意「搞砸比賽」，讓他能夠成為拯救球隊的救星。

這些言論激怒了溫特和布萊恩，也引起了唐納的痛斥，他告訴記者說，菲爾．傑克森必須為散播不實情節的行為道歉。根據報導，泰倫當時還向威斯特請教要如何和菲爾．傑克森打交道，甚至還打算對教練提起誹謗之訴。記者們想知道菲爾．傑克森會不會因為球隊分崩離析而驚慌失措。後來這位教練還被指控，對他的好友、在《芝加哥論壇報》（Chicago Tribune）任職的山姆・史密斯（Sam Smith）洩露了一個湖人正在考慮於休賽季交易布萊恩的情報。對長期把菲爾・傑克森的行徑看在眼裡的人來說，這種透過媒體訊息來影響事件走向的手段，是菲爾・傑克森的經典招數。

這位教練顯然很享受登高一呼就能影響他人的感覺。他很快就被安排上了美國國家廣播公司的《傑・雷諾今夜秀》，然後在節目中，主持人傑・雷諾還問他想不想在廣播上宣布交易布萊恩的消息。如果是在另一支球隊，握有如菲爾・傑克森般權力的教練，可能已經逼球隊完成交易了。但布萊恩和傑瑞・巴斯有著相當密切的關係，而同一時間歐尼爾則公開承認他和老闆沒有這麼親密。雖然女兒珍妮・巴斯毫不掩飾自己對菲爾・傑克森的愛，但這位球隊所有人也和這位教練保持了距離。

這樣的劇本正好對了好萊塢粉絲的胃口。

「傑瑞・巴斯避開了這些紛擾，至少在公開場合是如此，」溫特觀察，「教練團很少看到他的行跡與身影，這很不尋常，但他傾向於聽取幾個被他聘用的人的意見。」

球隊小股東魔術強森就是他的親信之一，對於球隊目前的心態，他也很快提出了幾個觀點。「他不會被交易的。」被問及布萊恩的事時，魔術強森對記者這麼說，「讓我們攤開來講，這些七嘴八舌的人可以閉嘴了。我真的認為這給球隊帶來了壓力。你不會希望任何一支組織或球隊看起來支離破碎，或出現大家得選邊站的情形。」

然而，正當菲爾・傑克森的焦慮情緒高漲之際，布萊恩在那年春天突然改變了球風，這簡直是奇蹟。他開始試著不在球場上事必躬親，結果發現自己反而能做出更多貢獻。

隨著費雪在三月十三日回歸，一切的衝突開始平靜了下來。他能夠在場上命中跳投，能夠帶領球隊，也能組織進攻。更重要的是，他的回歸意味著湖人可以在對方持球者身上施加更大的壓力了，這是能使球隊在其他的防守方面也能保持積極的關鍵。

正是在這個球隊最焦慮的時段，布萊恩因為許多傷勢缺席了十場比賽。而他缺陣時，球隊取得了七勝三敗的戰績，包括在四月初的客場之旅中橫掃群雄斬獲的四連勝。

他在缺陣時，悄悄地快速安排好自己最後一刻才敲定的婚禮，然後才回歸戰線，幫助球隊以八連勝替例行賽收尾。

結婚典禮

在幕後，這個球季布萊恩的家庭一直蔓延著焦慮的氛圍。「他被這樣的情況深深地折磨著，對被他人不斷朝不同方向拉扯的自己感到心力交瘁。」他們家的一個朋友說。

在這段衝突中的某個時間點，戴爾·哈里斯和他的妻子得知了布萊恩的麻煩，於是哈里斯的妻子便打了通電話給史庫普·傑克森，看看後者有沒有辦法連絡布萊恩並跟他談談。接到這通電話，史庫普·傑克森都驚呆了。可以肯定的是，他和布萊恩確實有在連絡，但他們偶爾才會聊天，因此兩人的關係並不是特別親密。史庫普·傑克森為了問到一些細節，先打了電話給布萊恩其中一個姊姊，然後才致電布萊恩，告訴他如果有需要找人談談，史庫普·傑克森隨時歡迎。這次通話讓這名記者十分震驚，它透露出科比·布萊恩有多麼孤獨，也透露出沒有朋友的他有多麼悲傷。

其他人也開始插話了。菲爾·傑克森曾說他應該要把婚禮延後幾年，就連喬丹和其他體育選手都提醒他三思，還建議他考慮簽一份婚前財產協議書。

「他只說，『錢我再賺就有』。」一位球員對記者說，「他大概是覺得，『她想要錢就給她吧，畢竟我還年輕，我也不覺得事態會朝需要用到這份協議的結局發展』。」

他的經紀人泰倫強烈希望他能簽一份婚前協議。身為財務顧問，這是他的職責，只是最終的結果事與願違。「他有的是錢，」講到布萊恩時，查爾斯說，「他完全沒有打算要聽別人想給他的建議。」

婚前派對是由潘與布萊恩的兩個姊姊們在他們家舉辦的。

「我有收到婚前派對的邀請，」這位朋友說，「但我沒去，而我知道那一整天最終成了一場災難。」兩個曾與布萊恩一家一起工作的人，在活動結束後打電話給這位朋友，並表達出他們的憂心。「他們說，在那個有著潘和她兩個女兒以及布萊恩的未婚妻和準岳母在的房間，氣氛實在是降到冰點，」這位朋友說，「而他們的敵意卻不斷加溫，這我是從當時在場的幾個女孩們那裡聽說的。她們說因為潘在科比的面前『激怒了那個女孩』好幾次，而當她發現自己實在是沒辦法阻止兒子和未婚妻共結連理後，只好一直試著緩和與另一家人之間的氣氛。畢竟，他就要結婚了。」

然而在婚禮前不久，布萊恩對他的家人採取了一些激烈的行動，身邊的人都不明白他為什麼會這麼做。他把他的娛樂公司給關了，使他的姊姊們、舅媽和夏莉亞的丈夫等家庭成員以及其他員工也隨即失業。他也把他父母位於山下的房子賣掉了，這使他們得盡快搬家。幸好，潘與喬．布萊恩在費城郊區還有他們那棟後者用他第一份NBA大合約買下的舊家。「科比做的這些事真令人震驚，」他們家的這位朋友說，「我永遠想不透他為什麼要這麼做。」

瓦卡羅記得喬．布萊恩在這之後馬上就打了電話給他，拚命地想找一份工作。瓦卡羅說，也被掃地出門的經紀人泰倫，後來會幫這位父親找到一些擔任教練的差事。

就在二〇〇一年季後賽開始幾天前，布萊恩一口氣把他的家人從他的人生中切割出去。幾位朋友們聽他們家的人說，布萊恩不但換了電話號碼還拒接他們的來電。當喬．布萊恩後來打電話告知他們這些近況時，所有多年來把他們家庭內部的緊張氛圍看在眼裡的朋友們都吃了一驚。

「包含潘、喬．布萊恩、科比、他的祖父母與姊姊們在內，他們布萊恩一家充滿了愛恨情仇。」瓦卡羅分享他觀察到的情形，「就像近代最曲折離奇的羅曼諾夫家族（Romanovs）的俄羅斯人一樣，他擺脫了所有的家人。」

「當喬・布萊恩打電話給我並告訴我這些事時，我從椅子上摔了下來，」查爾斯回憶，「我當時心想，『見鬼了，發生了什麼事？』我真是不敢相信我聽到的話。」

「潘從沒想過事情會變成這樣，」他們家的這位朋友說，「很多家庭都會在他們家的兒子結婚時經歷一段難關。看著兒子結婚，母親們心裡都會有些不好受，尤其像這種超有錢的孩子，你更會期望他們能跟對的人白髮偕老。然而發生在他們家的這件事，顯然不能當作普通案例。」

不只如此，潘在那星期回到費城，得知了她的父親被診斷出罹患了第四期癌症，不久之後將離開人世，這使她的生活又承受了另一件痛苦萬分的事帶來的沉重打擊。

在潘與喬・布萊恩被兒子疏遠之後，他們經歷了一段艱難的時期。「他們什麼都沒了，」瓦卡羅說，「可說是失去了一切。」即使如此，喬・布萊恩仍在設法尋求在經濟上不至於入不敷出的方法。喬・布萊恩打電話給查爾斯，跟他討論妻子當下的心境，也提出了一個商業上的構想。一位朋友說，她明顯感受到在家庭破碎之後，潘的心也跟著碎了。

「喬・布萊恩想試著當一名經紀人，」查爾斯回憶，「他打電話給我然後說，『嘿，老兄，讓我們再次施展魔法吧』。」

與此同時，在南加州，二十二歲的布萊恩和十八歲的新娘選擇在僻靜的宣信者愛德華天主教堂（St. Edward the Confessor Catholic Church）舉行婚禮。這是個位處於達納角（Dana Point）、洛杉磯南方約一小時路程的地方。受邀賓客只有十二名，他的隊友或直系親屬都並未名列其中。他穿了一件黑色西裝，她則穿了一件王薇薇（Vera Wang）設計的長禮服，還配戴著價值估計有五十萬美金的珠寶。他們踩過玫瑰花瓣，穿過心形拱門，彼此交換了白金鑽戒後，完成了結婚的誓言。凡妮莎的鑽戒據說有五克拉，布萊恩的則有十五克拉。

「他們在一起很甜蜜，也深愛著彼此，」製作戒指、位於聖塔莫尼卡（Santa Monica）的珠寶商說，「凡妮莎有幫忙設計科比的結婚戒指。他也深愛著她替自己所做的一切。結婚是沒有一個真正的完美時機的，他們想要的，是共享一段既私密又親密的時刻，而他們也做到了。」

隔天訓練時，布萊恩告訴他的隊友們自己現在名草有主了。

關於他結婚的消息很快就散播出去了，但布萊恩把家庭醜事隱藏得很好。很多在工作上與布萊恩合作密切的人，到了很多年後才知道這些事。

不過一些有關他們家發生了什麼事的風聲，還是走漏給了幾位朋友，這些朋友之中有人覺得這麼殘忍地對待自己的母親是很不公平的。如果說在職業生涯中追求理想替布萊恩營造出了英雄般的形象，那麼現在他就在許多人的心中烙印了忘恩負義之人的名號。「我覺得這是他犯下的一宗罪孽。」曾經執教過他的某位教練在回憶當年時這麼說。其他人對於這件事的嚴重程度雖然見解不一，卻一致同意這位教練的看法。

「想想看這樣的情形，」布謝提出自己的觀點，「有個像忍者和終極武士般剛毅且堅強的人，居然會因為愛上影片中的辣妹而大受影響？我並不是要貶低凡妮莎，但這就是事實。我當然知道他們之間絕對不是這麼膚淺的關係，但他真的被影片裡這個有著一對烏黑雙瞳的女孩迷倒了。當然，全天下的男人又有誰沒有過這樣的經歷呢？但差別是，為了確保得到女孩的芳心，科比可以移山填海。他也為此疏遠了家人，以及任何想阻止他的傢伙。『不不不不，你不懂啦，我就是要她，我愛上她了，閉上你該死的嘴，你一點都不了解我』。當泰倫試圖說服他簽婚前協議時，被他這麼回應。老兄，他得了相思病，別人說什麼他根本聽不進去。」

瓦卡羅回憶過去，提及為什麼布萊恩會做這種事時，給了一個簡單明瞭的解釋。「他瘋了。」

火熱朝天的新戀情與對家人情感依戀的正面衝突，確實會讓人陷入暫時性的精神錯亂，或至少會陷入絕望。

回過頭來看，蒙福德是有辦法讓這些極端想法從他腦海中煙消雲散的人。布萊恩是個需要有自己的情感空間，讓他得以承受這段不凡人生的年輕人。在因母親而起的怒火中，他對待她的方式可能太過殘忍也非常不圓滑。但是對局外人來說，他們都很難看到他在這段家庭關係中所累積的壓力、期望與失望。並不是因為布萊恩是個明星，就意味著他不會輕易地爆發，以這種方式撕裂他的家庭。

不論布萊恩為了什麼而起心動念斬斷與家人間的牽連，顯然，即使得面對像母親與妻子這般頑固的人，他最在乎的還是他的職業生涯。

畢竟，季後賽在對他招手了。

第二十三章 腳斷心碎

不知道他怎麼辦到的，布萊恩設法將因家庭在檯面下已然破碎造成的壓抑情緒，轉化成他在二〇〇一年季後賽中的非凡表現。更重要的是，他在一天內就做到了。

基於那個球季，他的球隊與家庭出現的巨大衝突與動盪，這幾乎是不可能的任務。但是布萊恩在與蒙福德的正念訓練與太極拳課程中，靜靜地獲得了力量。在布萊恩悲慘的職業生涯第三個球季，有位撰稿人在前者出征休士頓的比賽後將蒙福德介紹給他。布萊恩很快就有所懷疑，而且用不以為然的語氣問道，「菲爾．傑克森真的把寶貴的訓練時間用來讓他的球員們冥想嗎？」後來，當菲爾．傑克森把蒙福德帶來加州和他一起訓練湖人球員時，布萊恩一開始也非常抗拒任何形式的「心靈控制」訓練。

菲爾．傑克森把這種訓練方式稱做「加強心靈肌肉的訓練」，並希望他的球員能向蒙福德學習冥想，這樣子他們就可以在面對重要比賽時好好呼吸，並能對他們的集體恐慌有所因應。由於許多球員心中存在著大男人主義的心態，令他們拒絕承認自己在這種高張力的情況下會感到恐慌，甚至也不承認自己有壓力。

然而喬丹曾說自己能夠達成第二次三連霸的一個關鍵因素，就是這位芝加哥巨星向蒙福德學習過如何在比賽中「專注當下」。這番話使布萊恩開始認真看待蒙福德這個人了。

與菲爾．傑克森共事的第二個球季結束時，和這支球隊的其他球員一樣，布萊恩已經跟著蒙福德練習冥想與正念訓練超過一年的時間了。那年春天，在他震怒之下把自己的私人生活搞得一團糟的時候，一直試著想在籃球這項運動站上頂峰的他，也開始把專注力放在「專注當下」的挑戰上。

他後來透露這成為他在球場上生存下來並成長茁壯的本領之一。他以令人難以置信的方式，封鎖了一切來自外界可能對他情緒造成波動的訊息。包括他的外祖父考克斯二世即將離世的痛苦消息，後者是他人生中默默重視著的人物。在那個黑人處處遭到美國文化排擠的年代，考克斯二世這位長輩達成了出類拔萃的成就。他的祖父和外祖父都有著敏銳的洞察力，不過後者還多了一個昔日曾是體育選手的才能。他也很疼愛自己的外孫，因此早在布萊恩尚未功成名就前，兩人就有著良好的關係。而考克斯二世身上聰慧與自我的個性，也傳承給了布萊恩與他的母親。

正念訓練帶來的約束力，讓他能夠駕馭自己的心靈。

「你會被搞得精疲力盡，」布萊恩後來解釋，「是因為你感受到太多這種傷心與痛苦集合而成的感受，這也是我一直在盡力排除、不讓自己感受到的情緒，因為我必須在當下保持專注。」

能幫助他保持專注的，還有其他的要素。布萊恩的新婚妻子就像他的母親一樣，對宗教信仰十分虔誠，這讓他能使自己的信心更加堅定。甚至在與她相遇之前，他就曾偶爾提及自己的信仰。他表示，自己也能明確地從凡妮莎那裡找到安慰與力量。

即使他能夠忘卻那些私人生活中還無法解決的難題，但球隊內部始終存在的根本性分裂還是給他帶來了巨大的壓力。不過儘管如此，從踝傷康復歸隊後，布萊恩在場上做出的改變以及湖人在季末的連勝，也確實帶來了一些希望。

多年來，包含威斯特、戴爾・哈里斯、藍比斯以及新招百出的菲爾・傑克森在內的各路人馬，都在尋找一種能令湖人陣中勢同水火的兩大巨星團結一心的方法。就連記者阿丹德都曾想試著插手，他先找上了歐尼爾，想讓他跟自己一起去見布萊恩，把一切的恩怨攤開來講。這位中鋒說如果布萊恩會去，那他也同意。因此阿丹德接著聯絡了布萊恩，但後者馬上就回絕了。

「看到沒？」歐尼爾對阿丹德說。

那年春天，菲爾．傑克森教練團的一員甚至採取了有些冒險和不符行規的手段，接觸了一位負責報導這支球隊的記者並提醒他，「你最好和你負責的那個孩子聊聊，讓他不要失控。」

這個記者回應，他甚至連試都不用試就知道結果。布萊恩很年輕，但他是個極為獨立自主的個體，不會聽別人的意見。然而正當菲爾．傑克森的不安達到最高點時，布萊恩卻在那年春天突然改變了打法，真的很神奇。在球場上他開始不再包山包海，但反而事半功倍。

當然，他不可外揚的家醜有影響到這樣的改變。但前芝加哥公牛訓練師、現在的湖人競賽協調員且開始和布萊恩變得親近的薛佛，對於他為什麼改變，有個簡單的答案。

「他的傷病問題困擾他很久了，」薛佛回憶，「那年春天，他在不同的比賽中接連扭傷了雙腳的腳踝，直到他的傷勢逐漸好轉並恢復健康前，他的心情一直都大受打擊。」

他不再是三角戰術中的「停球員」了，而是更專注地執行以「俠客」為中心的戰術，打得更有耐心，也不再執著於邁向偉大的個人規畫了。

薛佛首先是在密爾瓦基舉行的例行賽最終戰注意到了這樣的變化。由於腳踝有傷，布萊恩的投籃手感很差，卻送出了八次助攻。湖人最終輸掉了比賽，但有些事情卻正在改變了。「有時候對於一位如此依賴運動能力的球員來說，在情非得已的情況下，踩一下煞車放慢腳步，反而是件好事。」回顧當時情形的薛佛說，「他確實開始打出好表現了。因此我覺得他的打球風格出現變化，是因為受過傷的關係。」

布萊恩的腳踝問題，加上如合唱團一般由眾人七嘴八舌發出的規勸與懇求，在那年五月拉近了「俠客」與科比之間的距離。據報導，那年多事之春的某一時刻，威斯特對歐尼爾說，「我和張伯倫與貝勒這兩名聯盟歷史上最偉大的球員打過球。你不會以為我們那時候都沒有私人恩怨吧？別再這麼幼稚了，拋下這些個人恩怨，去做真正重要的事。球隊的成功，才是最重要的。」

布萊恩自嘲的能力也有所提升。例如，他曾在把一位高中教練介紹給貝克時說，「這傢伙就是教我不要傳球的人。」

「然後他笑了出來，」貝克回憶，「科比那時候已經會自我解嘲。他可以開玩笑了，而我一直都很欣賞他的自嘲與自省能力。他知道自己在大眾眼中是什麼樣的形象，特別是『俠客』早期對他的一些看法和其他類似的批評。」

歐尼爾也在這次改變中開始扮演好自己的角色，並在那年春天開始慢慢放鬆自己的強硬態度。「在例行賽的最後兩、三天，我聽到『俠客』說，『我必須再度有所貢獻』，對我來說這是件大事。」魔術強森在那年的紛亂開始平靜下來時，將這些話告訴記者，「當然我還聽過他放過其他的話，但現在『俠客』告訴大家，『要負責任的是我。我是那個該保持好身材的人，是那個該替下半場比賽做好準備的人，是那個該像上季一樣死守禁區的人，是必須做好這些事的人』。你看，他現在說的是自己該做什麼，而不是責怪其他人。」

首先，蒙福德指出布萊恩和歐尼爾之間的情況並沒有想像中那麼糟糕。除了與布萊恩建立起交集之外，蒙福德和歐尼爾的關係也不錯，他這幾個月以來也在檯面下悄悄努力，有耐心地處理這些團隊化學效應的問題。雖然他們有時候還是控制不住脾氣，但整支球隊心理層面的傷口已經漸漸在癒合了。

「透過這些真正的難關，」菲爾．傑克森說，「我們學到了一些教訓。」

另外一個因素是這位教練強調的視覺學習效果，菲爾．傑克森來到洛杉磯後，便要求球隊擴建休息室，配備了螢幕更大的影像播放器材，並建了一個專門讓球隊用來看影片的的大房間。這個房間不但讓球隊可以在每天練習前的早上觀看技術指導影片，也鼓勵球員可以自由地單獨使用房間來研究籃球，而在布萊恩進入NBA以後，他就十分熱衷於影片的鑽研。

為了讓球隊能在季後賽和球隊中配置了許多強力大前鋒的西區群雄對抗，菲爾．傑克森把《神鬼戰士》（Gladiator）電影的片段併入他給球隊看的情蒐影片，藉此暗示在每個攻守回合，球隊都要像電影裡的神鬼戰士一樣彼此快速磨合，走向競技場的大門，並面對接下來任何可能出現在眼前的挑戰。

「事實上，職籃球員的生活就跟古羅馬劍鬥士的生活方式很像，今天可能還在這裡，但明天就要離開了，」這位教練說明，「因此你必須開發出團隊合作的能力，並融入團隊的打法，而這就是教練團與球隊現在要面對的挑戰。」

「我們知道自己有多少斤兩，也知道我們球隊是以什麼為根基，我們的成功就構築在科比與『俠客』是籃球賽中最佳的二人組，以及圍繞著他們打造球隊的配角球員也願意成為讓團隊運作的齒輪、並為此作好準備的事實之上。」

歐尼爾在例行賽最後十一場比賽平均攻下三十三點七分。他現在狀態絕佳，攻守兩端都表現優異，這也足以建立起布萊恩對他的信心

「這讓事情變得簡單多了，」布萊恩告訴記者，「這樣他和我就可以打擋拆戰術，讓對手得在防守端的兩難中二選一。」

拓荒者、國王與馬刺都得面臨這個苦澀的選擇。結果這三支球隊都被橫掃出局，讓他們以十一勝零敗的表現晉級總冠軍賽。

對湖人的裝備經理加西杜埃納斯來說，他一直是以當年那支偉大的「Showtime」湖人作為衡量偉大球隊的標準，而對包含薛佛在內的許多湖人新員工來說，當年在芝加哥工作的他們，這個標準就是喬丹率領的公牛。然而即使是把一輩子都投入職業籃球世界的薛佛和加西杜埃納斯，在早已見過大風大浪的兩人眼中，「ＯＫ連線」率領的湖人以如此戲劇性的方式一氣呵成，還是足以讓他們感到吃驚的歷程。

「我們到了那年的後半段才開始手感發燙，」薛佛回憶起從四月到季後賽結束幾乎沒有對手的最後二十五場比賽。「甚至就算把公牛算進去，我也沒看過有任何一支球隊能在這麼長一段時間內打得這麼好的，這段期間我們不想贏也難。」

湖人引進了角色球員，在這段連勝過程中大放異彩。由於歐尼爾的巨額薪水，傑瑞．巴斯一直不願意再花錢納入第三名球星，這代表他們需要角色球員能在大空檔拿到球時投進關鍵球，而他們也的確做到了。「我想說，這些傢伙真的表現得太好了，」薛佛說，「蕭、歐瑞、法克斯，都能投進三分球，他們在比賽中的打球節奏實在是好得誇張，讓人想把這些狀態保存起來，我們就是打得這麼好。」

回過頭來，他們的成功發揮也激起布萊恩擔任組織者、幫隊友打出好球的意願，然後選擇在正確的場合發揮出他巨大的得分火力。他第一場爆發的比賽，出現在第二輪迎戰國王的第三戰，他在這場湖人以一百零一比八十三獲勝的比賽中攻下個人季後賽新高的單場三十六分。國王都把焦點放在歐尼爾身上，後者在前兩場比賽合計攻下了八十七分。

「『俠客』走來我們面前說，『別擔心我，想怎麼打就怎麼打』。」布萊恩賽後對記者說。事後證明，這就是他想要的全盤信任。

他在第四戰再創職業生涯高峰，出賽四十八分鐘以二十九投十五中的表現得到四十八分，還抓下驚人的十六籃板並送出三次助攻。「他簡直有如天神下凡，」國王總教練艾德曼（Rick Adelman）說，「就算球沒投進，還是會被他搶回來。」

布萊恩與隊友之間仍然有著若即若離的距離感，但這一天他已經極盡所能地以最好的方式向隊友傳遞訊息了。「他的熱情為這支球隊注入了活力。」菲爾．傑克森說，「真正要留意的重要關鍵是，這場比賽真正展現出的是他不僅活力充沛也勇往直前，還能感受到球賽的流動，那是一種不可思議的本能直覺。」

教練團知道像他這麼有天賦的球員絕對有辦法打出這樣的比賽。而雖然菲爾．傑克森和溫特已經習慣喬丹在芝加哥打出這樣的表現了，但能看到布萊恩有如此火熱的演出，對這兩位教練團成員來說依然是一種報酬。

布萊恩在西區決賽的第一場比賽再度點燃了他的火熱手感，這場比賽湖人在聖安東尼奧以一百零四比九十血洗馬刺。三十五投十九中的布萊恩，又攻下了四十五分，歐尼爾也提供了二十八分的火力挹注。

「你是我的偶像，」歐尼爾在比賽結束後說。當媒體問他是不是真心這麼想的時候，歐尼爾堅稱自己是認真的。

儘管他們付出了許多努力，但湖人的教練團知道，兩人之間的真正羈絆，建立於他們每一次在重大比賽中獲得的成功之上。這種感覺通常來得快、去得快，但隨著時間的累積，這些跟著累積起來的羈絆會激發出一些更美好的事物，也就是互信的基礎。這也是人們對球隊中產生化學效應後最期待的結果。

布萊恩和歐尼爾都打得十分出色，這也讓湖人在系列賽以摧枯拉朽之姿拿下一百一十一比八十二的大勝後，橫掃了鄧肯領軍的馬刺，重返總冠軍賽。

湖人前鋒法克斯說，「很明顯我們現在都學會了互相尊重彼此在球場上的表現、享受彼此的合作並了解到我們能讓彼此變得有多好。」

菲爾·傑克森教練團中的一名成員以更深入的態度探討此事，將這幾場季後賽的勝利歸功於那幾位資深的角色球員，而不是閃耀的明星。「球隊能贏得冠軍的主要原因之一，是支持明星的配角陣容。我們球隊中最有天賦的兩位球員都太過沉浸於自戀中了，因此在關鍵時刻發揮作用的，是這些球員以經驗換來的領導能力。榮恩·哈波能在球場上帶領我們前進，歐瑞則是能在出謀劃策的方面引領球隊，法克斯則是能在幫助球隊控制情緒時挺身而出，蕭則是一名精神領袖。這些傢伙需要獲得更多讚譽。」

薛佛說，如果湖人沒有在橫行西區後日復一日地等待七六人與公鹿打完漫長的七場系列賽，他們很可能延續這股氣勢，完成季後賽史上首次以不敗之姿封王的紀錄。不過他們等了幾乎兩個星期，才終於盼到總冠軍賽開打。

他們在總冠軍賽的對手不是別人，就是艾佛森與七六人，他們締造了一九八三年由摩斯·馬龍與厄文率領球隊所向披靡地拿到總冠軍後，首次打進總冠軍賽的紀錄。

布萊恩對於競爭的渴求隨著第一戰的到來而失控飆升，在賽前記者會，他就表示雖然費城是自己的家鄉，但也指出，現在七六人是他的敵人。

在洛杉磯開打的第一戰，他一站上球場就火力全開，什麼事情都想由自己一手包辦，但最終獨得四十八分的艾佛森帶領七六人在延長賽拿下了第一場勝利，這讓他對自己很生氣。就這樣，偉大的連勝紀錄迎來了終結之時，而大多人都將矛頭指向布萊恩在球場上為了爭勝而太過衝動。

他也意識到了這一點並稍微克制，因此湖人拿下了第二戰的勝利。比賽開始後他很快就有所表現，包辦了湖人前十四分鐘的八分，並在第一節拿下十二分、上半場拿下十六分，最終全場攻下該場比賽最高分的三十一分，還抓下八個籃板並送出六次助攻。

「我不想在比賽開始就衝太快，做太多超出自己責任範圍的事，這樣才不至於打亂我們的進攻節奏。」他在比賽結束這麼說，看起來在第一戰犯下的錯誤，還是如骨鯁在喉一般令他難以忘懷。

這個系列賽接下來要移師東區進行三連戰，在第三戰開始前，第一聯合中心（First Union Center）的球場響起了陣陣呼喚「科—比—！科—比—！」的呼聲。

但隨著湖人控制了比賽局面，任何類似的情感都會隨之消失。「我們的球員手都伸到他面前了，科比還是能把球投進，」艾佛森說，「當對手的跳投遍地開花時，基本上我們是毫無招架之力的。」

比賽中的某個時刻，他和艾佛森發生了一段激烈的言語衝突，得靠費雪和裁判趕來才能把他們分開。「他是在想盡辦法做出一些能激勵球隊的行為，」談到艾佛森時，布萊恩如此說道，「但我才不在乎，我們可是堂堂籃球世界的王者，不管你怎麼激勵球隊，冠軍最終都是屬於洛杉磯的。」

布萊恩還邀請了他的老對手唐尼．卡爾來看系列賽在費城的第一場比賽，很高興受邀的唐尼．卡爾驚訝地看著布萊恩的表現時，思緒也回到了第一次與他相遇的情景。在桑尼希爾未來之星聯盟（Future Stars League）看見他時，他看起來就是個從義大利歸來、很奇特的孩子，一雙細瘦的腿上，還戴著一對大大的護膝。

「我記得他給了我幾張票，並給我一張後台通行證，」唐尼．卡爾回憶，「我和他來到後台，是他邀我去的。他看起來就像是在說，『兄弟，為一支這樣的球隊效力並創造歷史，感覺實在是太不可思議了』。他感覺就是跟我們身處不同世界的人，你知道的，有這麼多的事情因他而發生，也難怪他只能以一聲『哇』代表他的驚嘆。」

唐尼．卡爾還注意到，布萊恩一直是孤獨一人，顯然這是他為了站上頂峰、一覽眾山小而付出的代價。「不過話說回來，科比就是這樣的人。」唐尼．卡爾說。「他總是看得很遠，因此我不認為他沒有想過事態會變得這麼糟糕，變成如今眾叛親離的局面。但為了達到最完美的境界，他已經下定決心。而我總是對人們這麼說，對我而言，從第一次遇見他，看著他的膝蓋上戴著兩塊護膝，到現在看著他成為世界上最棒的籃球員，我只有一種感覺，『哇，這真是讓人不敢相信啊，兄弟』。」

儘管這段時間有著唐尼．卡爾的陪伴，布萊恩這一個星期還是幾乎都一個人待在飯店房間，只有跟他最喜歡的表弟考克斯四世打過幾通電話。「他基本上就是待在自己的房間裡，」考克斯四世對《費城論壇報》的亨特（Donald Hunt）說，「我想大家都知道費城是個民風剽悍的城鎮，尤其他現在又是湖人的球員，所以我就問他說準備好面對這些球迷了沒，他回應說他有預料到場面會很緊張了。」

「對他來說，這是個漫長的球季。」考克斯四世說。

「我知道他很享受當明星的感覺，」歐瑞告訴記者們，「但有時候，我絕對不想成為科比．布萊恩這樣的人。」

第四戰，歐尼爾攻下三十四分，布萊恩則完成準大三元，拿下十九分、十籃板、九助攻，幫助湖人再下一城，以一百比八十六獲勝。

「我們抓到節奏，也開始掌握了比賽的流勢，不論七六人向我們發起怎麼樣的衝擊，我們都有辦法反擊。」布萊恩說。

第五戰的前一天，在媒體發布會上，一位記者問他怎麼還有辦法在與菲爾．傑克森有這麼多矛盾的前提下繼續為後者效力。「好吧，我們只是把這些恩怨拋諸腦後……現在我們甚至還可以把這些事拿來開玩笑了。」他說。

他舉出最近一次球隊內部對抗賽的故事做為案例，當他的球隊大幅領先時，菲爾．傑克森把他換了下來，這激起了布萊恩開玩笑的念頭，於是他就要求菲爾．傑克森讓自己上場，並說這樣他就可以「搞砸比賽」、讓比分再度拉鋸，如此一來自己就可以當英雄了。據說他的自嘲玩笑讓隊友笑聲連連，但考量到菲爾．傑克森曾對科比高中時期類似行為的批評還言猶在耳，他看起來比較像是不得不開自己玩笑。

同一天，他在體育館裡對一名球迷放話，說湖人將會在第五戰「挖出七六人的心臟」。這句話被一名資深費城體育撰稿人聽到了，他便將這件事報導出來，也點燃了這座城市運動迷的怒火。

系列賽的最後一場比賽，球迷們把最具挑釁意味的嘲諷留給了布萊恩，不管他做什麼動作，都能聽到排山倒海而來的噓聲。歐尼爾依舊強勢地獨得二十九分與十三籃板，帶領湖人以一百零八比九十六在第五戰終結了系列賽。布萊恩則以二十六分、十二籃板與六助攻的表現回應陣陣噓聲，並讓積壓已久的情緒在哨音響起時爆發出來。他跳上跳下，用一隻手臂夾住了球，並將另一隻手高高指向了天空，傳遞出自己主宰球場的訊息。這個立即性的情緒釋放，回應了家鄉這些曾經看扁過他的人。

但負責監管比賽的ＮＢＡ官方看起來很替在怒火沖天的費城球迷面前慶祝的湖人擔心，因此他們很快將球員們趕回擁擠且充滿霉味的休息室，這也讓布萊恩從歡天喜地的氣氛中迅速地冷靜下來。隊友們大肆慶祝時，他一個人退到了殘疾人士專用的休息室隔間。

「他們都在瘋狂地慶功，與彼此勾肩搭臂、圍成一圈，然後一起跳上跳下，」貝克回憶，「然後他們開始噴香檳，戴著冠軍帽的『俠客』把頭往後仰並閉上眼睛，享受著噴灑在他臉上的香檳，全隊幾乎都沉浸在這樣的喜悅中。」

「而科比一個人坐在那裡，」貝克回憶，「我是第一個走到他那邊的人，他就靜靜地坐在那裡，低頭看著地面。」

他期待已久的那一刻，現在成為了歷史，接連來發生在他身上的大事帶給他的情緒，一下子都湧上了他的心頭，就像一股大浪席捲而來：這些情緒包括因外祖父而感到的悲傷、在婚姻中感受到的喜悅、對家人的複雜情感、為了球隊的表現而高興，以及對於從一開始就不看好他的同鄉的敵意。

貝克注意到，幾乎所有媒體都在看著其他湖人球員的慶祝場面，只有布萊恩一個人坐在那裡。

「我戰戰兢兢地朝他走去，邊走邊想，『我可不想打擾到別人進行自我反思的重要時刻』。」這位撰稿人回憶，「因此我想和他談談並祝賀他。我想看看他在想什麼，並看看能不能給我要寫的文章帶來一點靈感。我試著不要打擾到他，走到他的身邊、他的右側站好，拿出我的筆記本，花了一段時間等待著他抬頭告訴我說，現在可以講話了的時刻。」

「我累斃了，累得實在講不出什麼結論，」布萊恩日後回首當天情景時說，「有很多事情困擾著我，老兄。這真的是個漫長的球季，我真的精疲力盡了，不論是情感、生理還是心理上都是。」

過沒多久，布萊恩的隊友們試著把他從緊張性抑鬱障礙的狀態中喚醒。「開始有些球員過來拿香檳噴他。」貝克回憶。

一名NBA攝影師把獎盃帶了過來，把他放進布萊恩的臂彎裡，想要讓他擺個姿勢來拍照。布萊恩一開始看起來沒有注意到。胸部和肩膀顫抖著的他，正試著把自己從認真專注的狀態中解放開來，而這樣的狀態正是他能夠背負著個人創傷在球場上奔馳下去的原因。「噢，老天，」他對著又開始陷入那樣專注狀態的自己說，「我不必再做這樣的事了。」

後來，當他的舅舅「小胖」考克斯與舅媽悄悄地來到休息室與他見面後，他完全釋放出自己的情緒，並靜靜地抽泣了起來。

「這個球季的傷痛依然存在。」幾個月後的他回首此情此景時說，「我接受了要專注於當下、心無旁騖的訓練。我總是得專注於一個接著一個的眼前時刻，專注到沒空享受成功喜悅的程度。因此，我也沒辦法回想起過去我所經歷過的那些痛苦。」

布萊恩回到洛杉磯幾天後，他在家鄉受到的對待，反覆在他腦海裡播放著，直到一個星期後，他打了通電話給一位《費城日報》的撰稿人，想要為自己的行為做出補救並解釋他當時會有這番舉動的原因。他知道自己絕對不想激起更多的憤怒與怨恨。他說他把所有來自球迷的噓聲當作是一種費城式的稱讚，因為這座城市的風格就是如此。

「你可以告訴這些七六人球迷，他們可以盡情對我喝倒采，」布萊恩對《費城日報》說，「你知道嗎？追根究柢，我沒辦法影響人們對我的看法，也不想這麼做。他們想怎麼說我就怎麼說，最重要的，是我來自費城，也在這裡磨練了我的籃球技術。你想怎麼想就怎麼想。如果你還是覺得我是個背骨仔，就繼續這麼想沒關係。但我永遠會尊敬這個磨練了我的籃球技術的地方，而這個地方就是費城。」

他說他甚至在體育館裡遇到了桑尼・希爾，這不但讓他想起了昔日光陰，也讓他做出承諾，會捐贈八千美金給桑尼・希爾的聯盟，會捐八千美金，是因為他的背號是八號的關係。

「他辦的未來之星聯盟是我的起始之地，我在那裡和許多費城的菁英球員交手，」他說，「這個聯盟裡有許多前途無量的費城球員在場上與對方較量。我們每天都有比賽可打，我代表費城西部與費城北部和費城南部的球隊較量。我的籃球生涯在未來之星聯賽中獲益匪淺，我只想要有所回饋。」

做出這些補救措施後，他希望這足以讓他與自己的故鄉一笑泯恩仇。

這時的洛杉磯沉浸在拿下另一座冠軍的喜悅中，每件事看起來都在朝好的方向進行。與這座城市的順遂相仿，湖人看起來也風平浪靜，內部的動盪與鬥爭似乎都已經平息了。

然而在總冠軍賽前夕，《洛杉磯時報》的提姆・布朗（Tim Brown）寫了一篇威斯特的報導，指出那年春天是他在檯面下幫助布萊恩處理了那些棘手的事情。

據說這篇報導激怒了菲爾・傑克森與他部分教練團成員，因為這篇文章看起來是寫說，湖人的狀態能夠由黑翻紅，得歸功於威斯特。菲爾・傑克森還猜想過是不是威斯特自己把這篇報導洩漏給媒體的。

而在球隊的奪冠慶祝遊行中穿著威斯特的四十四號球衣現身的布萊恩，則進一步地刺激到了菲爾・傑克森。這雖然看起來只是一件小事，卻掀起了極大的波瀾。他對那位湖人的偉大球員有多少尊敬，看在菲爾・傑克森眼裡就有多少挑釁意味。「噢，兄弟，」他對媒體說，「威斯特是我的精神導師，他對我在這個球季中發生的一切有著極大的意義。」

威斯特在接受《洛杉磯時報》記者塞莫斯（T.J. Simers）採訪時，鄭重地評論說，「能看到優秀的球員們以正確的打球方式進行比賽，是件很棒的事。這看起來很簡單，其實不然。你不僅得向球員致敬，也得向能讓球員買帳的菲爾・傑克森與他的教練團致意。讓每個球員都碰得到球，看著球隊中的每個人都能在球場上有所貢獻，這就是菲爾・傑克森的計畫，也是籃球比賽該有的風貌。」

威斯特之所以這麼說，是因為這就是籃球的真諦。

人們雖然不抱太多希望，但還是期待這樣的氛圍能夠延續下去。而對於球隊的內部氣氛，布萊恩比誰都看得更清楚。「我們會愉快相處的。」布萊恩說，「直到明年一月又有人開始討論我們之中有誰該被交易前，都會很愉快。」

現在要開始的是……

經歷這些勝利與悲劇的悲喜交加後，還有很多殘局尚待收拾。在每個事件中，布萊恩都得面對重大的調適，其中最重要的就是已疏遠多時卻又曾經如此親近的家人們。不過首先，他和凡妮莎要先去一家南加州的主題樂園慶祝他們結為夫妻與奪冠的喜悅。總是沒有時間度蜜月的他們，只能從搭乘每個遊樂設施中獲得廉價的刺激，就像兩個玩得頭髮隨風飛舞的孩子一樣。

起初，他父母的熱切請求只換來了沉默與冷處理。「他很擅長無視別人，」他們家的一位朋友說，「有時候被這麼對待比任何事都來得傷人，有人對你視而不見的時候，傷人程度與對你大吼大叫不相上下。」

布萊恩開始計畫出售太平洋帕利塞德區山頂上的房子，也捨棄所有的悲傷回憶，並預計將會搬到洛杉磯南部的另一棟豪宅，並替岳母在附近再買一棟房子。

他生活中的許多變化很快就引起《洛杉磯時報》的注意，這最終也使人對他的年輕妻子產生了不討人喜歡的印象。這份報紙採訪了她原生家庭的某些成員，記錄了關於她性格有多惡劣的言論。這對夫妻在未來還會與許多布萊恩籃球人生中形形色色的人發生衝突，這些衝突導致了長期做為布萊恩私人訓練師的卡爾朋遭到解雇，以及前管家因為凡妮莎給她的待遇而提起的訴訟。

「在湖人體育館裡工作的人，從來沒有給過我任何有關她的正面評價，」他們家的那位朋友在二〇一五年說，「真的一點都沒有，這實在太糟了。每個人都會這麼跟我說，『噢，布萊恩他不知道自己在做什麼』，不可能，他絕對清楚。他可不是個對發生在自己家的事一無所知的傻子，他絕對知道，他只是不在乎而已。」

先不提這些沒有停歇之時的大眾公審，時間將證明凡妮莎是在布萊恩動盪不安的世界中，最忠誠也最穩定的因素。她本可以在許多人生的十字路口中帶著幾千萬美金遠走高飛，但她沒有這麼做，儘管她不成熟而且脾氣暴躁，她還是做好了妻子的職責，接著也成為了一名好母親。

在因布萊恩的家庭破碎而指責凡妮莎前，人們往往沒有注意到早在她進入他的人生前，後者就與家人們有些不愉快、且這樣的負面情緒越積越多的事實。萊恩斯指出，科比會對父親感到失望，可不是因為凡妮莎的關係。而且朋友們也都看得出來，早在凡妮莎出現之前，布萊恩心中對母親的不滿也持續在累積著。最終當布萊恩終於以傾瀉而出的怒火反應出自己的不滿時，一位很親近他的顧問便點出了一個事實，令人窒息的母愛，會導致母子關係的崩壞。

至於他停止娛樂公司的營運，是因為在達成既定目標後，它已經成為一個累贅了。夏莉亞的丈夫，也就是科比的姊夫華盛頓在公司的表現是公認的出色，當布萊恩在一九九九年不眠不休地錄製那張超出預算的專輯時，就是由他管理並經營各種音樂產業有關的事務與關係，而這也是他擅長的領域。

那位很嘻哈的籃球撰稿人史庫普．傑克森曾警告過他，這個產業裡會充斥這麼多爛作品，就是因為許多人錯估情勢，覺得做音樂很簡單。「我們簡短地聊過這件事，」史庫普．傑克森回憶，「我記得我跟他說，『聽好，老兄，要做就要做出好料』。」

全明星周末表演時引起的糟糕迴響，是個意想不到的沉重打擊。「他要以正確的態度來看這件事，」史庫普．傑克森說，「你得尊重各行各業的專業領域，這是個不同的產業，你可以很有信心，但你不能一腳踏進來後妄想以比投入在籃球中還少的心力達到更高的層次。」

布萊恩後來終止了發表新專輯的計畫，這反過來導致他和索尼與許多工作夥伴之間產生了一系列所費不貲的法律糾紛。

儘管取消發行專輯是這家娛樂公司的主要任務，但在公司關門大吉前，他們手邊還是有其他任務在進行的。值得稱讚的是，喬．布萊恩有替公司談成幾筆交易，而布萊恩的姊姊們也拿出了遠優於來這裡混口飯吃的表現，不但要管理布萊恩的粉絲俱樂部，還要替他協調代言廠商並滿足他們的需求。他的舅媽也在這裡展現了強大的工作能力。瓦卡羅與萊恩斯解釋，他們現在進行的業務，就是在組成布萊恩團隊初期時提出的構想。

是的，布萊恩的確把這間公司收掉了，而且是在盛怒之下終結了這間公司，但他會做出這個決定，絕對不只是一時興起。在他的生活中慢慢累積的困惑、挫折與憤怒，最終累積成一個炸彈。這些事都引導著他引爆那顆炸彈，將他的家人轟出自己的人生。

那年秋天的早些日子，他的外公考克斯二世離開了人世，布萊恩因此帶著妻子來到了費城參加葬禮。凡妮莎想看看布萊恩在郊區的老家，這讓他與他的家人們尷尬地見到了彼此。雖然因為他苛刻無情地斬斷牽連的作法，令布萊恩的姊姊們還在生他的氣，但這次見面也稍稍治癒了他與家人們之間的裂痕。不過布萊恩夫妻來到葬禮時，帶了一批緊跟在後的保鏢，還與布萊恩在費城的前女友不期而遇，讓他們與其他人之間發生了一些摩擦。

但至少參加葬禮給了他一個以最低限度彌補家人的機會，他不斷地與一直都很親近的外祖母交流，給予她愛與毫不間斷的支持。

他也付了一筆錢給他的姊姊們，藉此彌補她們因戛然而止的雇傭關係而受到的傷痛，此舉也算是清算了他們之間商業上的合作關係，從此以後她們就不再是他的商業夥伴了。潘也和兒子協商出一個可以接受的解決方案，說服他同意在拉斯維加斯置產，讓喬・布萊恩和她搬進去住。

他們之間的關係雖然永遠不會再變得跟以前一樣，但至少在當時有變好了。在他的協助下，他的家人得以安頓在拉斯維加斯，獲得一棟看起來還不錯的房子並過著挺舒服的生活。喬・布萊恩開始接起教鞭、四處擔任教練，他的執教足跡始於WNBA的洛杉磯火花隊（Los Angeles Sparks），接著來到了亞洲，遍及菲律賓與日本，靠著這些高低不等的薪水以及一些泰倫介紹的教職，他的日子還能湊合著過。而布萊恩的姊姊們，也開始在拉斯維加斯工作了。

大約在同一時間，喬・布萊恩顯然還沒有放棄替他的兒子制定一個最後的宏大計畫。查覺到他對愛迪達日益增長的不滿，喬・布萊恩開始尋找其他可供選擇的球鞋廠商，令他驚訝的是，當他把這個計畫告訴科比時，後者也對此心動不已。據說喬・布萊恩聯絡了一些有辦法幫他簽一份球鞋新合約的人，因為這有些複雜，所以花了一點時間。

在布萊恩做出開除泰倫這個使後者覺得自己遭到背叛且十分憤怒的決定後，他聘了曾被瓦卡羅形容為泰倫辦公室中重要性最低的佩林卡（Rob Pelinka）。布萊恩對一家經紀公司來說是不可失去的重要財富，他就像是一家公司在商業方面的定海神針一樣。因為爭取到愛迪達、雪碧與麥當勞代言合約的關係，他在那年夏天竟然被《運動商業日報》（SportsBusiness Daily）列為最頂級的代言人。因此他開除泰倫的決定對後者來說是個沉痛的打擊，這位經紀人的好友瓦卡羅也說，一直到好幾年後，他都還因為這件事對布萊恩忿忿不平。

佩林卡是名年輕的律師，過去是輔佐當年著名「密西根五虎」（Michigan's Fab Five）組合的專職射手，據說他對球賽相關的議題有著自己的見解。布萊恩發現這位更年輕的經紀人也更好溝通，因為他願意全力執行布萊恩想要做的事情，而不是回過頭教他應該要怎麼做。最重要的是，佩林卡與生俱來的精明特質對布萊恩很有吸引力，這位明星球員也一樣有著這項特質，而這個精明幹練的天賦，也讓他的外祖父在局勢詭譎多變的費城消防隊中功成名就。

由於布萊恩剛與年輕的妻子結婚，他們也很注重自己的隱私，因此佩林卡幫他把許多閒雜人等踢出了他的生活。萊恩斯說，自從這些變化發生後，就連自己在帶AAU球隊到美國西岸時想要跟他要兩張票都很困難。「佩林卡出現後，他把每個人都拒於門外。」萊恩斯說，「我只是想要幾張門票而已。用不著跟他講話，也不需要讓他來跟我見面，給我兩張票就好了。但你知道嗎？他想靠威嚇的方式把我嚇退，好像上帝不允許萊恩斯跟科比講話一樣。佩林卡把你踢出布萊恩的生活圈，讓你沒辦法跟他說上話，當然也不可能一起出遊了。」

根據他們家的朋友安東尼．吉爾伯特表示，這些變故發生後，事後證明大姊夏莉亞才是真正能維繫一家人情感的黏著劑。後來對布萊恩而言有如姊代母職的她，除非事關自己的家庭，不然都過著船到橋頭自然直的生活，也很滿足於此，因此她一直替弟弟留下了暢通的溝通管道。

「夏莉亞不喜歡討論木已成舟的事情，」安東尼．吉爾伯特回想，「你懂的，她只說那是段真的很痛苦的日子，讓她很難過。她感覺像在想辦法收拾殘局，想讓一切恢復原狀。」

變遷的世界

二○○一年秋天的湖人訓練營開幕時，展現出與過去截然不同的心態。那年九月世貿中心遭到恐怖攻擊後，也激起了全國人民的團結。顯然現在不是這支世界上最優秀的球隊搞些氣量狹小的小動作或內鬥的時候，他們也的確沒有在不合時宜的當下做出這些行為。那兩面懸掛在史戴波中心上空、證明團結有用的嶄新冠軍錦旗，也對他們的凝聚力產生了很大的效果。然而這段期間，湖人陣中發生了許多變故，先是對於旅行中的飛行安全有所顧慮的關係，本來安排要去日本打季前賽的湖人因此改變了計畫。然後費雪又傷到了腳，也得再度接受手術並需要漫長的時間來恢復狀態。接著歐尼爾的腳趾也受傷了，腳趾得動手術的他，也將會因此錯過季前訓練營。就連菲爾．傑克森也沒怎麼在訓練營中現身，因為他九十四歲的母親過世了。同樣要處理親人喪事的還有布萊恩，他得回到費城參加外祖父的葬禮。

歐尼爾告訴記者，這樣的情況只會拉近球隊成員之間的距離。即使如此，菲爾．傑克森還是提醒他的球員、球迷與媒體，如果這支球隊想成為完成三連霸的頂尖強隊之一，那麼二○○二年他們就得再一次證明他們有辦法催化球隊的化學效應。

如果說在二○○二年有什麼事情曾給湖人造成麻煩的話，那就是全新開放的區域聯防了，這也是聯盟史上首次修改相關規則，在比賽中開放區域聯防。儘管歐尼爾這時還因腳趾傷勢不能上場，但看著其他球隊開始嘗試新的防守策略，讓他越看越火大。因為他知道自己復出後，對手將會用區域聯防來對付他。

事實上，這個歷史性的一刻，也成為長人在美國職業籃球中的地位就此日益低落的轉捩點之一，因為籃球比賽開始朝向追求比賽節奏與空間的策略靠攏。

在球員調度方面，後衛榮恩．哈波退休了，他的存在一直以來都有助於消除布萊恩與歐尼爾之間的歧見，因此大家都會很想念他的。球隊在大前鋒的位置上，則以此前效力馬刺的自由球員薩馬基．沃克（Samaki Walker）取代了於自由市場加入魔術的霍雷斯．葛蘭特。辛普金斯（Dickey Simpkins）則是另一名被湖人簽來參加訓練營的自由球員，他曾經在公牛替菲爾．傑克森效力。教練團對他讚譽有加，但這名前鋒簽的合約是非保證約，傑瑞．巴斯不想為了留下一名替補前鋒而釋出一名簽有保證約的球員，因此他沒能成為開季正式名單的一員。

後場方面，湖人引進了前公鹿球員杭特（Lindsey Hun er），以此補強球隊在費雪養傷時的得分與控球後衛戰力。德文．喬治（Devean George）則是一名一直以來被湖人教練團覺得很有天賦的側翼球員，他的成長也是另一個關鍵。同樣也被如此看重的，還有大前鋒梅德維登科（Slava Medvedenko），他是一名在進攻端的表現讓人眼前為之一亮，但因為語言隔閡而無法放開手腳的球員。

在大多情況下，得分重擔還是再度要由歐尼爾和布萊恩來扛，這一次他們都更了解自己該怎麼打了。「我不會說他有了一百八十度的轉變，」菲爾．傑克森在十一月談及布萊恩時這麼說，「但他的受教程度和他與隊友以及球團其他同事溝通的環節上，他的態度有了至少九十度的改變。」

由於歐尼爾在一月十四日被禁賽一場，這讓火力全開的布萊恩在史戴波中心只打了三節比賽就以三十四投二十一中的表現攻下五十六分。「這是我所見過最令人難以置信的表現之一了。」歐瑞在賽後表示，「他在今晚的表現無法用言語形容，實在太不真實了。」

這個球季最感性的一刻出現在費城舉辦的明星賽中，讓人意外的是，布萊恩當天獨得三十一分，並榮獲最有價值球員獎，但球迷卻沒有為他喝采，而是給了他滿滿的噓聲。這樣的反應讓電視機前許許多多的觀眾們覺得很突兀。很多人會解釋，費城球迷會這麼做，是因為對布萊恩幾個月前和七六人在總冠軍賽交手時的作為餘恨猶存，但其實背後還有另一個原因。在這座城市以桑尼．希爾為首的籃球社群，是個緊密且團結的團體。而布萊恩對他的家人所做的一切，在喬・布萊恩說給朋友們聽後，已經傳遍了費城的大街小巷。球迷們不知道他與家人們決裂的完整細節，但獲得的這些片面資訊對他們來說，足以進一步地證明布萊恩是個被寵壞的混蛋。

當他離開球場、噓聲也跟著減弱後，他遇見了史庫普・傑克森。「我是他在被噓下球場後回到球員通道時遇到的第一個人，」史庫普・傑克森回憶，「他的情緒也在這時潰堤，開始哭了起來。他不懂事情為什麼會變成這樣，並在走到角落後停了下來。」

「一切都會沒事的。」這名記者告訴他。

「我真的不懂為什麼會搞成這樣。」流著淚的布萊恩說。

「這時站在那裡的他，手裡還捧著獎盃。」史庫普・傑克森回憶。

這位記者安慰著他，並告訴他，大眾要了解一名運動員，需要很長的時間。史庫普・傑克森也指出，看看拳王阿里（Muhammad Ali）花了多久的時間，才得到大眾的接納。

「我試著安慰他，」史庫普・傑克森說明，「這是我第一次看到有事情影響到他，這真的打擊到他了。我們在那裡站了五分鐘，他才終於抬起頭來。我就敲了下他的胸膛，對他說，『他媽的，兄弟，他們不懂你，他們之後會更了解你的』。」

很明顯布萊恩完全不懂自己的家鄉為何會對自己如此反感，這位年輕球星看起來本來很期待被像家人一樣對待，因此史庫普・傑克森補了一句，「我們是一家人。」

話又說回來，費城球迷或許的確在把布萊恩當成家人對待，只是憤怒的球迷們對待他的方式，就像在對家人生氣罷了。

三連霸

雖然湖人在例行賽有些掙扎，但從化學效應的角度來看，這卻是團隊關係最和諧的球季。他們最終以五十八勝的例行賽戰績揮軍季後賽，並再度於首輪橫掃拓荒者，接著連續兩季在分區準決賽與馬刺對決。在馬刺再度被迫要決定將防守重心擺在歐尼爾還是布萊恩上時，布萊恩也在關鍵時刻給予對手沉重的打擊。湖人當時雖然在系列賽取得二比一領先，但在馬刺主場阿拉莫體育館（Alamodome）舉行的第四戰，黑衫軍在下半場控制了局面，並在時間只剩不到五分鐘時取得了十分領先。

布萊恩在比賽最後十分鐘獨得十分強勢反擊，而他在比賽結束前五點一秒抓下進攻籃板後的補籃，幫助湖人以八十七比八十五取勝並獲得系列賽三比一的領先優勢。

這支球隊也在贏得這場比賽後，締造了從二〇〇一年偉大的奪冠之旅以來的季後賽客場十一連勝。那天的比賽，布萊恩的前二十三次投籃失手了十六球，然後他就爆發了，還在比賽最後四十三秒投進了兩顆三分球。

迎戰馬刺的系列賽中，雖然菲爾·傑克森有時會讓布萊恩擔任後衛，而不是喬丹在芝加哥取得巨大成就時主打的側翼搖擺人，但他後來還是被挪回了側翼，這讓他有辦法支援防守端，也能在進攻時找到空檔。由於三角戰術有著能夠拉開空間的特性，因此當布萊恩或喬丹從側翼發起進攻時，對手很難包夾他們。

「他最需要優先注意的一點就是他的驚人天賦，」馬刺總教練波帕維奇提出他的看法，「第二點是他人高手長的優勢能夠更進一步發揮他的天賦，第三點則是他有著非凡的求勝意志，這一點跟喬丹一模一樣。」

布萊恩如英雄般拯救球隊的表現將他的球隊帶進了下一輪季後賽，而在這輪系列賽中，他們會與火爆的國王經歷一番艱苦且經典的七場大戰。每當菲爾·傑克森與他的球隊來到本來就已經很吵雜的國王主場亞可球館（ARCO Arena），都會刺激沙加緬度的球迷，讓球場的喧擾程度更上一層樓。而系列賽第四戰的結果，更是沙加緬度球迷一輩子的痛。湖人逆轉勝的結局，已經讓他們很難接受了，而在幾年後，黑哨裁判唐納吉（Tim Donaghy）還影射比賽在某種程度上遭到賭客操縱，儘管並沒有丁點決定性證據能替他的指控背書，但在沙加緬度的球迷心中，這場比賽依然要在歷史上加註一顆非官方的星號。歐瑞奪走了國王在西區冠軍賽取得系列賽三比一領先機會的畫面，也會一直折磨著他們。

第四戰，當湖人在第一節打完以二十比四十落後時，他們不得不承受史戴波中心球迷的噓聲。而在比賽走勢開始轉向前，國王一度把領先擴大為四十六比二十二。然而薩馬基・沃克在上半場打完的哨音響起後投進了一顆孤注一擲的三分球，卻被誤判為得分進算，也成為了降臨於國王全隊頭上的不祥徵兆。在薩馬基・沃克的職業生涯中，這也只不過是他第二次投進三分球而已。

湖人在下半場加強了防守也主宰了籃板球，這讓國王開始失去他們的領先優勢，這段時間湖人步步進逼。在比賽還剩一分三十九秒時，歐瑞投進一顆三分球，將國王的領先縮小為九十六比九十三。然後歐尼爾又在最後二十六點九秒命中兩記罰球，將差距縮小為一分。接著在比賽僅剩十一點八秒的時刻，國王中鋒狄瓦茲在罰球線上二罰中一還以顏色。這時握有兩分領先的國王，只要努力守住最後一波進攻就好了。

布萊恩突破失手後，歐尼爾抓下進攻籃板後的補籃也沒投進。迪瓦茲用力一拍、把球撥出去，希望藉此讓湖人沒有時間進攻。沒想到，這一球正好直接送到了埋伏在三分線外的歐瑞手中。

「當球滾出來時，我心想，『噢，看看我拿到了什麼』。」他在賽後表示。

他在比賽結束前投進了致勝三分。這場曲折離奇的比賽以湖人拿下了急需的勝利告終，原本有可能以一比三落後的他們，現在把系列賽追成了二比二平手。而國王因為沒能掌握籃板與在罰球線上失常，只能眼睜睜地看著自己在自家主場輸掉搶七大戰。

有驚無險地跨越國王這關後，湖人重返總決賽，要與重建過後的紐澤西籃網交手。這支現在由基德（Jason Kidd）率領並由布萊恩在菜鳥時期的隊友兼朋友拜倫・史考特執教的球隊，曾差點在選秀中選了布萊恩。

然而籃網根本無力與布萊恩和歐尼爾匹敵。事實上，在關鍵的第三戰中，全隊得到一百零六分的湖人，就有七十一分是由這兩位明星球員包辦的。在這個關鍵時刻，又是布萊恩在驚險萬分的場面中替球隊的勝利做出貢獻。籃網的基德與基透斯對布萊恩壓迫防守，逼得運球的他掉了球。但他卻把球搶回來後，在罰球線附近翻身跳投投進，把比分差距在最後十九秒時擴大為一百零四比一百。這個決定勝負的一球，防守布萊恩的人，是緊逼著他的基德。

「大人物就是有辦法投進大心臟的球。」比賽結束後基德對記者這麼說。

這句話，可說是能夠概括整個球隊歷史的好萊塢式縮影。就像是為了強調這一點一樣，賽後布萊恩穿上了一件喬丹的球衣，慶祝著球隊在大陸航空體育館（Continental Airline Arena）贏得的第四戰勝利。

這支登堂入室的湖人，與當年的明尼亞波里斯湖人、比爾．羅素（Bill Russell）領軍的塞爾提克與菲爾．傑克森執教的公牛比肩，聯盟中只有他們締造過三連霸的偉業。不過魔術強森告訴美聯社（Associated Press），菲爾．傑克森執教的這支球隊不但還跟他率領的「Showtime」湖人沒得比，也比不上喬丹的公牛或「大鳥」柏德的塞爾提克。魔術強森說明，他提到的這幾支球隊，都有著更強也更有深度的陣容，然而菲爾．傑克森的湖人則只有兩個球星和一群配角球員。

這是菲爾．傑克森的第九座冠軍，追上塞爾提克的傳奇教練「紅頭」奧拜克（Red Auerbach），並列為史上最多冠總教練。而前者的季後賽勝場數也達到了一百五十六勝，追平了死敵「油頭」萊里。這三座湖人贏得的冠軍，不但成就了菲爾．傑克森個人執教生涯的第三次三連霸，也讓湖人在搬到洛杉磯後終於完成了值得慶祝的首度三連霸。「贏得第一座冠軍的感覺很新鮮，也真的很棒，」布萊恩在回憶這段連霸之旅時表示，「第一次永遠是最棒的。第二座，則是因為我們在這一年經歷的逆境，使得這座總冠軍顯得更為特別。我們證明了我們是貨真價實的王者之師。而今年拿到的這座冠軍，讓我們得以躋身偉大球隊之林，感覺太棒了。」

歐尼爾也讚美菲爾・傑克森是「最能激發出他們最強能力的人」，並補充說這位教練曾在兩人第一次見面時就給了他一個計畫，菲爾・傑克森還保證，如果他們能讓一切完全符合計畫，他們將會取得成功。

「我很感謝威斯特能夠把他帶來球隊並簽下他，因為他就是我生命中需要的貴人，」歐尼爾說，「我雖然算是個好球員，卻沒有贏過總冠軍。自從我遇見菲爾・傑克森後，一連拿了三座。」

連續兩個球季，菲爾・傑克森麾下的兩大球星在這兩次奪冠遊行中，都分別有其中一位將奪冠的功勞隱隱約約地歸功給威斯特。

這些年來，菲爾・傑克森總是在他的助理教練團與球員間製造一些不安，藉此治理球隊。直到場面失控之前，對這位教練而言，製造出適度的紛爭，在管理球隊方面一直都有不錯的成效。在芝加哥時，這些手段幫助他取得成功，卻也在他執教公牛的尾聲，造成了球隊的混亂。

這三個在洛杉磯成功的球季，發生了許多戲劇性的事件與混亂，因此許多觀察菲爾・傑克森已久的人們，便懷疑他在這次執教時營造出人與人之間距離感的手法是不是不夠成功。他和老闆女兒的戀愛關係不但對這樣的情形沒有幫助，反而讓事態往更糟的方向發展。很快就有跡象表明，菲爾・傑克森要被傑瑞・巴斯和他即將接管球隊籃球營運事務的兒子吉姆・巴斯疏遠了。

總經理庫普恰克也和他的前上司威斯特十分親密。「菲爾・傑克森與庫普恰克，他們之間也從來沒有真正地打好關係過，」羅森說，「畢竟菲爾・傑克森在球隊人員安排上的否決權比他還大。不過話又說回來，誰又有辦法跟菲爾・傑克森好好相處呢？總之，在這個骯髒的商業體制中，你必須想辦法控制這些以自我為中心的瘋子們，辦法就是你也得成為一個這樣的人。」

菲爾・傑克森規定球隊巴士是球員、教練團與球隊相關工作人員專區的作法，也讓他沒辦法交到球隊管理層的朋友。

而且他的教練團成員也暗自開始懷疑，三連霸是否將會是他們的極限。「當菲爾・傑克森帶領球隊贏得他在洛杉磯拿到的第一座冠軍時，我跟他的幾位助理教練談過，」羅森說明，「他們覺得，跟任何一支只要是你想得出來的NBA冠軍隊比較，這支球隊的整體天賦都是最差的。」

這也進一步表明，他們的輝煌時代已經進入倒數計時了。

菲爾．傑克森與他的助理教練們在芝加哥的那幾年就有了一個結論，那就是不論你怎麼想方設法，在任何情況下，三連霸就是一支球隊的上限了。成功有其極限，球隊的人員配置在現代籃球追求冠軍的方程式中能發揮的影響力也有它的最大值。接下來的兩個球季，湖人將發現不論他們有多想超越極限，最終都只能失望而歸。而在這段過程中，他們會超乎預期地認清自己。

溫特與菲爾．傑克森

奇妙的是，就像被好萊塢的劇本安排好了一樣，菲爾．傑克森與溫特之間多年來的情誼也在這時出現了重大的轉折。而對少數將這樣的情形看在眼裡的人來說，很容易就看得出來這兩位教練兼好友之間的矛盾加劇的原因。

「菲爾．傑克森喜歡『俠客』的打法，」羅森說明，「然而溫特是科比的擁護者。菲爾．傑克森會責怪科比，溫特則會責怪『俠客』，他們總會對這樣的現象進行討論，因此兩人之間的摩擦也越來越多。」

他們之間的分歧不是第一天出現的，就算這兩位球員都有在進步，兩位教練還是堅持己見。羅森指出，這種不同的觀點源自於他們不同的出發點。「溫特在球員時期是個後衛，而菲爾．傑克森還在打球時則是個長人，所以長人更喜歡長人，後衛也比較偏愛後衛。」

溫特比較熱情，是個總會把自己的想法說出來、毫無保留的人。另一方面，菲爾．傑克森則是個慢熱的人，和他相處就像看著一片大海，他的千頭萬緒都藏在海平面之下。

昔日在芝加哥曾替菲爾．傑克森效力的溫寧頓（Bill Wennington），曾經說過這位教練總是比別人超前部署、多走了三、四步，這代表你必須停下來三思他在做什麼，並看清事態會朝什麼方向發展。

「人們不了解執教一支才華洋溢到令人吃驚的球隊有多麼困難。」羅森說明。

為了讓這樣的球隊獲勝，顯然菲爾．傑克森覺得他必須操縱並控制圍繞著球隊的環境與氣氛。幾乎所有的偉大教練都是世界級的控制狂，也有相同特質的菲爾．傑克森在芝加哥開除了另一位在芝加哥受人敬重的心靈導師巴赫（Johnny Bach），部分原因就是他覺得巴赫給喬丹帶來了不當的影響。

由於菲爾．傑克森採取了對布萊恩極為冷淡卻對歐尼爾很友善的態度，這使得溫特與菲爾．傑克森之間因意見不合而在私底下發生衝突。

然而像往常一樣，菲爾．傑克森會利用媒體來加速達成他的目的。「我當時在替《ESPN》寫文章，會在第二頁，或者任何可能的版面上刊登。」羅森回憶，「我當時要報導湖人的相關新聞，而溫特則在某場比賽後要開車送我回旅館。溫特這個人，你知道的，是個很坦白的人，想到什麼就講什麼，不分對象也不分地點，而他那天真的對科比很不滿，所以回酒店的途中，他在車子裡跟我說，他在那天比賽結束後去找了科比並對他說，『我不喜歡你今晚打球的風格』。然後科比回應他，『我也不喜歡你今晚執教的方式』。你懂的，基本上這是我被《ESPN》指派的第一項任務，我想努力給他們留下印象，所以我不斷把這段私人的對話透露出來，還讓它被印刷成冊了。在我幹出這件事後，菲爾．傑克森對我說，『別去招惹科比，科比不會理你的，他對你很不爽，我可不敢想像他會對你做出什麼事』。」

羅森會這麼做，肯定是想討《ESPN》歡心，但他也是想讓菲爾．傑克森高興。對把菲爾．傑克森的行事作風看在眼裡多年的人來說，他們知道這篇文章是為了製造出溫特與布萊恩之間的隔閡而刊登的。

有一些長期在菲爾．傑克森麾下的助理教練團任職的人開始相信，當湖人在他的率領下贏得多次總冠軍後，原本就很自我的菲爾．傑克森，也跟著膨脹了起來。溫特在賽前準備、安排並進行訓練與在三角戰術的體系中出謀劃策的角色，在菲爾・傑克森的球隊中一直都是個很關鍵的存在。效力馬刺的鄧肯曾在二〇〇〇年的明星賽中看過這兩位教練拍檔，也看得出來溫特的角色有多重要、並在執教方面也有著很大的影響力，於是他曾如此評價，「明眼人都看得出來誰才是讓這套戰術運作的大腦。」

然而在二〇〇二年奪冠後，菲爾・傑克森雖然還是希望溫特繼續做一些關鍵的幕後工作，卻不想讓他繼續坐在自己身旁擔任助理教練了。於是，他讓他坐到自己身後、第二排的位置。

菲爾・傑克森解釋說他會這麼做是因為考量到溫特的年紀。但溫特懷疑傑克森是不是太想確保大家會在討論這支球隊的成果時將成功歸因於他。溫特與布萊恩的親密關係，顯然也是一個原因。菲爾・傑克森越是無法與布萊恩好好相處，作為布萊恩擁護者的溫特在教練團中就越是顯得突兀。

就與他此前算計威斯特、要求他離開休息室的手段也促使這位傳奇人物離開湖人的手段相仿，菲爾・傑克森很可能也希望透過這次的安排給溫特一個下馬威。而溫特也確實因為這件事變得無心戀棧，並認真思考了許久，是否要就此結束教練生涯。

「你不能離開，」布萊恩對溫特說，「如果你離開，我會瘋掉的。」

有些人已經開始想像，如果溫特離開湖人，事情會變成什麼樣子。

第五部

曼巴

第二十四章 落磯山脈

可以說，一件無可避免的事終於在此時發生了。科比・布萊恩與愛迪達分道揚鑣的事宜已經來到了最後階段。即使這家公司願意賭在他身上並實現他高中畢業後直接挑戰職業球壇的夢想，他還是在早前對這間公司表達出不滿與反感。在二〇〇二年的總冠軍賽中，布萊恩換掉了讓他覺得很難穿的新款球鞋，穿回了前一代的愛迪達鞋款，也就是Kobe系列的第一代The Kobe。

而在布萊恩決定離開愛迪達時，他從來沒給瓦卡羅打過一通電話，感謝瓦卡羅曾經金援他的父母，並在他踏上NBA的球場前就保障了他數百萬美金的收入以及替他所做的一切。超過十二年的時間以來，布萊恩對瓦卡羅不聞不問，這也讓瓦卡羅覺得他的離開是一種背信忘義的行為。根據《華爾街日報》的報導，布萊恩為了買斷合約，支付了大約一千萬美金。

他會為了離開而付這麼一大筆錢，看起來實在是件匪夷所思的事。

「這是個毀滅性的打擊，」瓦卡羅回憶，「他就這麼離開，對愛迪達實在太殘忍了，他們不應該受到這樣的對待。就算科比掏了一千萬美金出來，但錢根本就不是重點。我很受傷，而且我覺得這是有人在背後計畫好的。我覺得耐吉就是他的同謀，我個人認為他們早在他離開前就已經簽好合約了。這一切實在都發生得太巧妙了，這筆錢一定是耐吉以某種方式、手段或形式來替科比付的，這不是科比出的錢，對此我們心照不宣。」

在德國，這位超級巨星與球鞋母公司的官方代表兩造之間進行了一場氣氛降到冰點的會議。會議結束時，場面搞得很僵。「這場會議是在他試穿球鞋之後舉行的，」愛迪達美國分公司主席兼球鞋設計師摩爾回憶，「然後他在那年夏天去了德國。我們能做的，就是盡可能地為他描繪未來的願景，展示給他看，在我們的引領下可以讓他在球鞋市場中看到什麼樣的風景。」

愛迪達在闡述摩爾替布萊恩品牌產品線設想出日後能與喬丹的飛人牌一較高下的願景時，發表了一次令人印象深刻的簡報。「到時候生產的產品不會只有球鞋而已，日常生活的休閒鞋或衣服，也會是產品的一環，」摩爾說明，「不過要達成這個目標還需要一段時間，這不會是一朝一夕就能實現的。」

愛迪達提出的合約十分優渥，而且這間公司也透過行銷將他推廣成為一位全球性的球星，就和當年耐吉替喬丹在公眾心目中塑造出來的地位如出一轍。布萊恩此前曾經連續兩年贏得過青少年票選獎（Teen Choice Award）最受歡迎運動員，這顯示出愛迪達確實在短短幾個球季就替他建立起了不小的吸引力。但布萊恩看起來沒有耐心和時間去等待他們的長遠目標成真了，他對於最新一雙簽名鞋款的失敗感到憤怒。事後回想起來，愛迪達這才明白，他已經暗中在運作另一筆交易了。也有傳言說私底下想找別家廠商簽約的始作俑者是喬・布萊恩，因為他看著兒子越來越不滿，才放膽私下搞小動作。

「我一直都不認為問題出在錢上，」摩爾說，「問題是，他還相信我們有辦法說到做到、而不是畫大餅給他嗎？而且我覺得他在那次會面時表現得非常無禮，在那些德國人眼中更是如此。這些德國人在會面時即使想表現出放輕鬆的態度，行為舉止卻依然十分正式。他們出於禮貌對布萊恩提出了晚餐的邀約，但布萊恩說不去，就不去。對德國人來說，這是一種侮辱。」

「嘿，你知不知道你這樣很討人厭。」摩爾告訴他。

「我是來公事公辦的，」布萊恩不耐煩地回應，「我只想切入正題，不想進行額外的交際。」

「我只能說，『好喔』。」摩爾回憶，「而且那時候他還帶了保鑣，感覺很怪，他們一直在交頭接耳、低聲密談。我想是因為他變得有名氣的關係，也讓他整個人都變了。喬丹可從來都沒有帶保鑣參加會議過，只有一個我想應該有佩槍的隨行司機。他從來沒有把這種看起來像特務的人帶來會場，但科比卻這麼做了。」

「他就是故意在惹他們生氣。」提起布萊恩的行徑時，瓦卡羅這麼說。那天半夜，布萊恩還刻意搬出愛迪達替他安排的豪華酒店，到別的地方過夜，這也讓他們覺得又一次遭到了羞辱。

「他真的是竭盡所能地激怒他們，」瓦卡羅聲稱，「有夠失禮。」

摩爾已經預見到這樣的情形會發生了，因為在一系列的會議中，布萊恩與他的妻子都表現得興致缺缺、越來越提不起勁。他們最後一次會議，是在克里夫蘭舉行的。「我大概跟他和她開過三或四次會，」摩爾記得，「你看得出來當你在演講或報告時，人們對你的內容有沒有興趣。那個女的一點興趣都沒有，她根本不想管我在彙報什麼，一直在跟她老公說話。這都沒關係，畢竟這也是心理戰的一環，是可以採用的策略，但現在情況不同，我們真的需要布萊恩參與討論，而我不認為他有這個打算。我覺得他那時已經滿腦子都在想，『我要跟耐吉合作，做出一番事業了』。」

摩爾暗示，愛迪達很晚才發現，耐吉還會透過代言人製造布萊恩心中的疑慮。「休息室裡發生了許多狗屁倒灶的事。總是會有耐吉的代言人對他的球鞋大肆批評說，『你為什麼要穿這麼可笑的鞋子？』這些人該死的下三濫招數實在太有效了。」

摩爾也見過喬丹在一九八七年對耐吉越來越失望因而試圖出走的大風大浪。布萊恩現在的想法就跟當時的他一樣，但兩者的情形有個很大的不同。那就是從最初耐吉開始與喬丹建立合作關係時，後者就得到了一份前所未有的大合約，讓他可以每年獲得約一億美金的權利金，而這筆權利金他可以一直領到他早已退休多年的二〇一五年。因此摩爾與史特拉瑟在一九八七年告訴喬丹，要捨棄掉一份這麼好康的合約實在太可惜了。日後喬丹能成為全球史上第一位賺進十億美金的體育選手，很大的原因就是這幾年他賺進口袋的權利金。

二〇〇二年，布萊恩也與愛迪達簽了一份不錯的合約，但合約中並沒有類似的權利金條款。除了喬丹之外，還沒有籃球選手能像他一樣，幫球鞋代言還能抽成的。布萊恩的陣營沒有跟愛迪達談這個條件，可以說是犯了大錯，因為對方很可能為了留下這位王牌代言人而滿足他的需求。

「科比對愛迪達的重要性遠高過耐吉，」瓦卡羅說，「耐吉會想得到科比，只是想讓愛迪達失去他而已。」

布萊恩原本很有可能從愛迪達手裡獲得權利金，「如果他更積極強硬地談判的話，的確有機會，」摩爾在二〇一五年時說，「如果當時他說，『我每雙鞋想要抽百分之二到百分之三的權利金』，這或許是可以討論的。」

但他在處理事情時太易怒也太任性了。他想要趕走經紀人泰倫，這樣他就可以在談合約時當家做主。許多年後，他與佩林卡或許做過許多精明的決定，但事後看來，與愛迪達解約，看起來的確沒有經過太多思考，也太過感情用事了。

布萊恩是不是真的因為更換球鞋品牌而錯過了一個大好機會呢？如果他有跟愛迪達討論權利金的事宜，事態又會如何發展呢？這些問題從現在回過頭來看，都跟當初他做出跳過大學的決定而受到的質疑一樣，永遠沒有正確答案。

布萊恩拒絕與愛迪達再續前緣後，將會在整個球鞋產業中引發令人玩味的連鎖反應。布萊恩想要離開愛迪達的同時，勒布朗・詹姆斯的顧問兼財務經理人克里斯・丹尼斯表示，瓦卡羅正在試著簽下這位俄亥俄州的青少年。

克里斯・丹尼斯說明，外界預估想要獲得詹姆斯的芳心，得出價一億美金，但或許即使愛迪達的出價稍微少一點，詹姆斯還是有可能投入他們旗下，因為他與瓦卡羅的關係頗為親密。

瓦卡羅回憶，失去科比・布萊恩對愛迪達是個沉重的打擊，使這間德國公司在籃球方面的規劃不再這麼積極了。不過，在各家球鞋公司競標詹姆斯的日子即將到來時，愛迪達允許瓦卡羅以合理的價碼爭取他的加入。

但在最後一刻，愛迪達縮手了，讓菲爾·奈特與耐吉以九千萬美金的合約簽下詹姆斯作為他們的代言人。對一名高中球員來說，這是前所未見的大合約。

「這得歸功於瓦卡羅，」克里斯·丹尼斯在二〇一五年提及瓦卡羅時表示，「是他幫助詹姆斯拿到這筆錢的。」

他會這麼說，是因為科比·布萊恩在一九九六年做出轉戰職業的大膽決定，替許多年輕球員打開了市場。

「科比的確打開了寶庫的大門，」瓦卡羅回首當年時承認，「因為他進軍職籃的成功，讓麥葛雷迪拿得到合約，也讓勒布朗拿到這一大筆錢。」

「這些人都該好好擁抱一下科比，以茲感謝。」查爾斯笑著說，「也別忘了抱我和瓦卡羅。我是說真的，我們是替高中球員打開商機的先驅。」

瓦卡羅說，愛迪達在最後時刻縮手的決定讓他大受打擊，因此他隔天就辭職，放棄了他與這家公司簽的終身合約。

「被科比拋棄，接著又放棄了勒布朗，愛迪達的前景真的是死路一條。」瓦卡羅說，「不過布萊恩的事也怪不了愛迪達，畢竟科比就是那樣的人。他就是有辦法只靠一通電話告訴你，『好，我們沒得談了，就這樣』，接著就完全切斷人與人之間的聯繫。而他在那個時期真的沒在怕的，跟誰都是說翻臉就翻臉，那時的我在他眼中顯然也已經是個無關緊要的人了。他當時不管做什麼，都傳達出『我跟你們玩完了』的訊息。他真的是一個特立獨行的人。」

不過就算沒有布萊恩、詹姆斯抑或是瓦卡羅，愛迪達還是能繼續前進。不過曾想過要再造另一個飛人牌盛世、留在愛迪達的摩爾，還是忍不住會想像，透過他們的努力，布萊恩的球鞋有沒有辦法被他們打造為能與Air Jordan系列相提並論的品牌。

「我們從來沒有同心協力地投入在這番事業上，」摩爾回想當年，布萊恩太年輕，也有許多外務要忙，這讓他看得不夠長遠。「我們可能有一或兩年表現得還不錯，只是起落有點大，」這位設計總監說，「但他離開得太快了，我們還沒能來得及好好地幫他的球鞋開發品牌故事與設計球鞋，也沒能來得及用一些好方法替他在背後宣傳。直到現在我都相信，我們本來有機會讓他成為球鞋界的大人物。我不知道他能在這塊市場取得多大的成就，但我確定我們有辦法讓他成為一方之霸。」

布萊恩靠著支付了一千萬美金與愛迪達達成了買斷協議。對布萊恩來說，一千萬不是一筆小錢，但瓦卡羅曾指出，這筆錢根本就不是布萊恩出的。對耐吉來說，即使要花上一大筆錢跟布萊恩簽約並支付他的買斷費，能重創到主要競爭對手的實力也是挺划算的。

吉爾伯特．安東尼回憶，根據買斷協議，愛迪達有一年的時間可以銷售布萊恩的球鞋庫存。儘管這間球鞋公司懷疑布萊恩會買斷合約是因為耐吉在背後搞鬼，但布萊恩並沒有馬上與他們簽約，反而在球鞋市場當了一年的自由球員。布萊恩家族的好友安東尼．吉爾伯特不但是個滿腦子都是球鞋的球鞋收藏家，也就是「鞋頭」（sneakerhead），當時還在耐吉負責行銷工作。

「科比對愛迪達不滿的原因有二，」安東尼．吉爾伯特說，「第一個原因是他覺得愛迪達太重視麥葛雷迪了，明明先與愛迪達簽約的人是他才對。科比總是想，『等等，怎麼到處都有麥葛雷迪的廣告看板，然後我翻開《Slam》雜誌，裡面也是滿滿的T-Mac？那我呢？』這就是他受到的第一個打擊。他第二個不爽的點，是他覺得，『你們都沒有好好幫我行銷到全美各地，這對我來說是個大問題』。」

「結果就是科比決定，『好，我要當一整年的球鞋市場自由球員』，這一年真是精彩極了。」安東尼．吉爾伯特回憶，「這一年很經典，他穿過魔術強森常穿的Converse Weapon系列，也穿了艾佛森和喬丹代言的球鞋。他想穿什麼就穿什麼，這真的很棒。他感覺像是在透過行動宣告，『嘿，我沒有在代言球鞋，所以我什麼鞋都會穿』，耐吉對此喜聞樂見，這也是為什麼他們會替他準備好各種知名的喬丹牌球鞋，而且還是湖人配色的。

安東尼．吉爾伯特記得當時他和其他「鞋頭」們都為此而沸騰了起來。「我們一直在網路上討論他的球鞋，進行一些像是這樣的對話，『噢，這真是太瘋狂了，你有看到他穿的喬丹鞋嗎？沒在跟我開玩笑吧，他穿的那些鞋都是特製的湖人配色耶。連他穿的密西根五虎球鞋都是湖人配色的』。」

隨著愛迪達與他的人生再無瓜葛，布萊恩也徹底斷絕了往日生活的牽掛。包含家人、經紀人、球鞋公司在內，他抹去了所有與他以「愛現鬼」之姿呈現在世人面前的證據，留給他人的，只剩下回憶。日後回過頭來看，會發現這是他為了重塑形象踏出的第一步。他將化為一條致命毒蛇，這也是他從未在眾人面前展示過的面貌。

全新出發的人生中，布萊恩最珍貴的新事物，就是在二〇〇二年的休賽季，獲知自己即將要成為一位新手父親的消息。「這真是太神奇了。」說著這番話的布萊恩，流露出真心的喜悅。

偉大基石

布萊恩曾經希望喬丹指點自己如何兼顧比賽與數據，而他親身實踐的機會，突然在二〇〇二—〇三年球季來臨了。雖然在他硬是出手了二十九次才勉強投進九球的開幕戰中，沒有人看得出來他即將迎來進化的契機。打完這場比賽後，他很氣自己，但也因此學到，籃球之神從不允許球員在場上逞強逞能。

就像菲爾．傑克森工作團隊中的許多同仁一樣，蒙福德也參透了不少籃球的神妙之處。他是個走出毒癮陰霾的天才，不但讀過萬卷書，還將他吸收到的知識，融入自己對這個世界的有趣見解之中，並用來拭去沾染在人們靈魂上的雜質。許多年後，布萊恩會發現蒙福德對自己說過的每一個字都如此難忘。有鑑於布萊恩具備的強大記憶力，蒙福德相信他是真的記得。

蒙福德的知識令布萊恩心馳神往，因為在心理學者探索的領域中，有一個神奇的現象與運動選手有關，那就是進入無我境界、「the zone」的時刻。

讓蒙福德吃驚的是，在他與喬丹共事期間，他發現這位芝加哥的明星球員看起來具有能夠自由進出「the zone」的能力。蒙福德曾與「J博士」厄文在麻州大學當過室友，也遇見過各式各樣的運動選手，但他們之中沒有人能像喬丹一樣，一窺「the zone」的堂奧。進入「the zone」是個很特別的經驗，很多人進入這個境界後，事後都不明白自己是怎麼辦到的。然而他們忍不住渴望著重溫那番既神秘又神奇的體驗，就像昔日的鴉片也對蒙福德有著極大的吸引力一樣。

在溫特眼裡，布萊恩就像個年輕且尚未臻至完美的喬丹，但他也和喬丹一樣，願意張開雙臂，將溫特所能提供的一切資源都收入囊中。

即使菲爾．傑克森有時會放手讓喬丹做自己想做的事，但新的球季當布萊恩有一些天馬行空的想法時，菲爾．傑克森卻把他壓得死死的。布萊恩與喬丹之間最大的差異，或許是當菲爾．傑克森開始執教喬丹時，後者已經沒那麼年輕而且更加實事求是，因此從來不會講出一些讓人覺得只是過度自信的妄想。而在布萊恩變得比較成熟後，他不但比較少提出不切實際的想法，更不再那麼明顯顯露出以喬丹為模範的心思。當然，這個愛迪達曾經強烈灌輸在他腦海中的野心，依然是他想要實現的目標。

身為兩個原教旨主義傳教士的兒子，菲爾．傑克森在與布萊恩對抗時，簡直把他當成魔王別西卜（Beelzebub）了。隨著這樣的情形越來越多，也靜靜地在溫特心中堆積起了許多不滿。

布萊恩現在雖然年僅二十四歲，卻即將展開他在NBA的第七個球季了。諷刺的是，菲爾．傑克森從不願意認真地與他進行意見上的交流。菲爾．傑克森是個以擅於與球員建立牢固關係而聞名的人，但他居然刻意拒絕與布萊恩建立更深厚的情誼，因為他覺得後者太過自以為是。連跟喬丹這麼堅持己見的人相處，這位教練和他之間的衝突都比和布萊恩之間發生得還少，更會時常與他碰面交換意見，竭盡全力獲得彼此的共識。

但他對待布萊恩的方式，卻是持續不斷地與他在心理層面上角力。籃球史上最成功的教練與這位年輕固執的球員之間，每一天對他們而言，都像是不停的戰鬥。於是在某個時間點，就連蒙福德都看不下去了，為此跟菲爾．傑克森討論一番。然而菲爾．傑克森針對這個問題對蒙福德的回應，卻是把這個心理學者邊緣化。儘管在他加入時，湖人取得了三連霸，但他與球隊相關的工作還是被大幅削減了。

被有著基督教神祕主義信仰雙親養大的菲爾．傑克森，很欽佩蒙福德有個天賦，能幫助球員藉由人際互動的真實涵義，在這個處處是競爭的世界中看清事物的本質。蒙福德解釋，在職業體育界，重要的不是人們說了什麼，而是他們的實際行為。因此球員不僅要檢視與他們相處的人有什麼樣的行為，也該約束自己的言行舉止。但即使蒙福德如此了解人性，與布萊恩鬥爭著的菲爾．傑克森不但還是找人取代了他的位置，找來的人還是一個在洛杉磯學區專門研究自戀者行為的心理學者。

隨著蒙福德的離開已經不可挽回，布萊恩又少了一個盟友，但在二〇〇二—〇三年球季即將展開時，事情有了轉機。歐尼爾把早該進行的腳趾手術拖到了休賽季快結束的時候才動刀，這意味著他將會錯過所有的季前訓練營，以及開季前兩個月幾乎所有的例行賽。

爭取機會的大門為科比．布萊恩敞開了，在菲爾．傑克森放下對歐尼爾缺陣的擔憂卻又不情願信任布萊恩的複雜情緒下，他把握住了這個機會。

新球季開始時，菲爾．傑克森與布萊恩之間不和的問題能否妥善處理，成了最需要解決的嚴重問題。後來溫特曾在私下指出，這位教練對待布萊恩的錯誤方式，成為這支球隊最終解體的主要原因之一。

「早在我們剛到洛杉磯沒多久，菲爾．傑克森就決定要和『俠客』站在同一陣線了，」溫特說明，「他也對科比、媒體和每個人表明，這支球隊是『俠客』的球隊。他更清楚表示出比起遷就科比，自己更情願遷就『俠客』的立場。而科比看起來對這樣的差別待遇沒有意見。」

日後回顧往事時，布萊恩試著以淡然的態度面對這件過往：「菲爾．傑克森想更了解我一點。我便告訴他一件事，『我這個人沒那麼複雜，我只是想打好比賽，並盡可能在比賽中學習而已』。在我們建立起這樣的共識後，彼此的關係就開始改善一點了。我一直都有注意到他想跟我打心理戰，但我真的沒空理他，因為我滿腦子都在想著關於籃球的事。這種勾心鬥角的行為真的很荒謬，我是覺得很滑稽啦。」

「科比職業生涯早期，我對他太嚴苛了，用很嚴格的方針與他共事並企圖駕馭他。等到他覺得我們的關係出現好轉的跡象，也覺得我不再是他的枷鎖之後，我才跟著放鬆了對他的態度。」接受《洛杉磯時報》採訪時，菲爾．傑克森承認了這樣的情形，「他覺得我總是在針對他，一直在和他作對。我會這麼做，是因為他實在太想什麼事都靠自己來、在球場上插手太多事了。後來我發現，我給他越多空間，他就表現得就越好，我越是想限制他，他越是一意孤行地要與我的想法背道而馳。」

「科比不喜歡被控制，也不喜歡別人告訴他應該要怎麼做，」球隊裝備經理加西杜埃納斯觀察到這樣的現象，「他喜歡做自己並按照自己的方式做事。」

即使菲爾．傑克森承認自己一直以來都以更嚴格的態度對待布萊恩，但當對象換成歐尼爾時，兩人相處的模式卻和樂許多。因此尤其是菲爾．傑克森在媒體面前公開批評他的時候，這樣的差別待遇有時也會影響布萊恩的心情。

「這不是什麼秘密，」薛佛說，「科比在籃球上表現出的職業素養與投入的熱情，與歐尼爾截然不同。後者雖然也十分努力地訓練，但他也不會忘記享受自己的人生。對那個大個子來說，布萊恩的生活方式太辛苦了。他是不會在七月的早上七點起床訓練的，他以前就不是這樣的人，現在也不會是。」

「這兩個菲爾．傑克森在打交道的球員，都是極為自負的人，」溫特說，「但就我個人而言，我覺得『俠客』的問題比較大。科比有願意犧牲並取悅『俠客』的舉動，因為他知道想要讓球隊打得有效率，就要先讓『俠客』滿意。但你看看報紙上『俠客』都說了什麼，他提到的都是自己，講得永遠都是我、我、我。把球給我，這是我的球隊、我的城市。『俠客』在許多方面都是個很棒的人，他很有同情心、十分慷慨也很有幽默感。但他太過情緒化了，也很難預料到他會做出什麼事，而且還很自我中心。」

由於歐尼爾的缺陣，球隊在前兩個月經歷了一段掙扎的時期。菲爾．傑克森別無選擇，只能依靠著在場上大鳴大放的布萊恩。而這位年輕球員也盡情地在場上瘋狂出手，宛如年輕時的喬丹、這位他曾努力研究過的榜樣。

然而即使他在場上的火力再怎麼旺盛，也沒辦法以一己之力在每晚的比賽中扛起球隊。球季剛開始時，湖人來到波士頓客場作戰，塞爾提克的教練團便決定將防守重心放在他的隊友們身上，讓布萊恩想怎麼投、就怎麼投，因為他們覺得，僅憑一個人的力量，是無法打倒一支球隊的。而他在上半場的手感也很差，出手了十五次只投進五球，湖人也落後。不過布萊恩在下半場依然故我，還是企圖依靠自己的得分帶領球隊反擊。湖人雖然在正規時間追平比數，卻還是在延長賽敗給了對手。賽後的數據表顯示，布萊恩繳出了驚人的四十七次出手，卻只命中了十七球，雖然獨得四十一分，但湖人也以些微的差距落敗。「在這之前我還沒看過有誰在一場比賽中投四十七球的，真的完全沒有過。只要是人，都有他的極限。」菲爾．傑克森對記者這麼說。

球季的第一個月，他又替自己增添了三次單場攻下四十五分以上的表現，然後十二月來到費城時也攻下了四十四分。而隨著球季的進行，種種跡象都顯示出他雖然還是出手很多次，但已經打得越來越有效率了。

隔年一月，他的女兒娜塔莉亞．迪亞曼特．布萊恩（**Natalia Diamante Bryant**）出生了。「她真美，對吧？」早前曾宣布過妻子懷孕的他這麼說。

他在場上以更兇猛的得分，慶祝女兒的降生。他在那段期間有三場比賽得到四十分以上，其中一場，他在苦主超音速面前投進了十二顆三分球，締造了當時的聯盟紀錄。緊接著在二月，他又寫下連續九場比賽得到四十分以上的個人成就，追平了喬丹的紀錄，僅次於張伯倫的連續十四場。前幾個球季，如果他表現得如此獨霸，鐵定會鬧得球隊雞犬不寧，但在二〇〇三年剛開始的這幾個星期，在菲爾．傑克森的默許下，他手下的後場大將會打得越來越有侵略性。

包含這連續九場獨得四十分以上的比賽，布萊恩在那段時間連續十三戰攻下了三十五分以上。而這九場比賽始於二月六日在麥迪遜廣場花園迎戰尼克攻下的四十六分，直到他二月二十三日在史戴波中心迎戰超音速攻下四十一分後才結束。這九場比賽，湖人拿下七勝二敗。

「他現在狀況真的很好，」當時為巫師效力的喬丹被問及布萊恩這段時間的表現時如此說道，「他找到了把自己的進攻融入球隊進攻架構的方法。我不覺得他有為了追求個人進攻而打亂球隊的體系，一球都沒有讓我產生這樣的感覺。當一名球員一旦有了像他現在這樣如此高昂的信心，對手幾乎很難找到對策來阻止他。」

對於這位導師的讚美，布萊恩隨後就有了親自感謝他的機會。喬丹與巫師於三月二十八日造訪洛杉磯，布萊恩在這場比賽獨得五十五分，其中有四十三分集中在上半場。

「連續得分紀錄只不過就是個紀錄而已，」布萊恩在這場得分秀後表示，「這些紀錄可沒辦法幫我們贏得總冠軍。」

事實上，那年春天沒有任何事能幫他們贏得總冠軍。

菲爾．傑克森因為腎結石錯過了他執教生涯的第一場比賽。不僅如此，球隊中也在其他方面疲態盡露，先是例行賽只贏得五十場比賽，接著來到季後賽，輪到歐瑞失去三分球的準星。分區準決賽迎戰馬刺的比賽中，湖人在其他方面的表現也被打亂了節奏。系列賽中，醫生診斷出菲爾．傑克森需要立刻進行心臟血管成形手術，不但讓他又有一個周末得高掛免戰牌，也使他在接下來幾個月還會因為不明原因感到疲倦。

儘管他還是回到板凳區指揮大局，湖人依然在六場比賽中遭到馬刺淘汰，於史戴波中心終結了他們的球季。隨著吞下這場敗仗，菲爾．傑克森執教球隊連續在二十五個系列賽勝出的紀錄也就此終止，沒能超越「紅頭」奧拜克，成為史上最多冠的總教練。

湖人方面，他們也在二〇〇〇年首輪迎戰國王後到二〇〇三年首輪出戰灰狼的這段期間，連續十三個系列賽勝出。現在，這個紀錄也被中斷了

「沒能奪冠並進一步獲得四連霸，我們感到非常失望，」菲爾．傑克森對記者們說，「這告訴我們要完成一項霸業有多麼困難，要連續四年奪冠，需要付出多少心力與約束力。」

「感覺很怪，」季後賽平均得到三十二點一分的布萊恩對記者們說，「我不喜歡這種感覺，我也不覺得有誰會喜歡，我再也不想有這樣的感受了。」

「有些事情就像是一顆石頭丟到池塘裡濺起的漣漪一般，一環接著一環發生，」薛佛說，「『俠客』拖了一年才動手術，這讓歐瑞在這季剛開始時上場太多時間，造成他在球季尾聲氣力放盡，使我們最終沒能贏得總冠軍。我們要爭取的是四連霸，這是個瘋狂的目標，此前只有一支球隊足夠幸運達成這個里程碑。或許有些人會覺得沒有奪冠就是失敗的結局，但如果考量到我們在三連霸後的隔年還能在季後賽奮戰至此，最終輸給當年奪冠的球隊，那我就不覺得這是個失敗的結果。」

在湖人連霸期間負責報導球隊相關新聞的布謝，對布萊恩的評價越來越高。他很驚訝這位年輕球星在任何方面都從不自滿，總是對自己的表現有著更高的期望。

「看看他在如此年少的時候就取得的這些成就，」布謝說，「看看那些有如陳腔濫調般的讚美、看看那些他賺到的巨款，說真的，這些都沒有影響到他的工作態度。他總是認為自己絕對是最強的球員，這些外在因素也從未削減他向任何人、任何球隊或任何球迷證明自己配得上這個稱號的欲望。在取得某些成就後，很多人就不會再那麼飢渴了，這是人性。但這些成就，只會讓科比變得更飢渴而已。職業體育圈中有太多球

員贏得一次冠軍後，再也沒辦法重回巔峰的案例了。然而儘管賺進了數百萬的美金，並存在著許多足以讓一個人放鬆繃緊神經的外在因素，布萊恩卻從來不會因此滿意，而是會繼續訂下一個高標，並日復一日地追尋它。」

接下來，將會有件大事發生。而布萊恩若想在籃球界生存下去，這種堅強的意志對他來說至關重要。

在鷹郡

二〇〇三年七月四日，科羅拉多州鷹郡（Eagle County, Colorado）的治安官室發布了一張逮捕令，指控布萊恩涉嫌性侵。聽到這則消息時，瓦卡羅正在舉辦他的訓練營，也就是八年前讓布萊恩在高三聲名大噪的ABCD訓練營。於是瓦卡羅打了電話給麥葛雷迪，然後問他，「這種荒唐事你信嗎？」

沒有人敢相信。科比．布萊恩當時可是個「金童」，是個沉浸在豪情壯志之中的年輕巨星，根本沒時間與他人社交。

「他甚至沒空約會。」威斯特說。

《ESPN》駐洛杉磯資深記者雪莉．史密斯（Shelley Smith）的老家就在科羅拉多州韋爾市（Vail）附近。七月初的某天，雪莉．史密斯接到了一通他姊姊從丹佛打來的電話，對她說，「我知道妳明天的行程是哪了。」

「是哪？」雪莉．史密斯問。

「妳要去鷹郡，因為科比要被逮了。」她的姊姊說。

「我以為她在跟我開玩笑，」雪莉．史密斯回憶，「接著我想，『怎麼可能會有這種事，根本是齣鬧劇』。」

在布萊恩打過他在NBA的第一場比賽前，她就因為與NFL接球員基蕭．強森（Keyshawn Johnson）合著一本書的關係認識這名年輕的籃球員了。他們是在康乃狄克州布里斯托市（Bristol）的《ESPN》工作室見到面的，當時布萊恩要和這位接球員合拍一則趣味橫生的廣告。

「我記得當時是史都華．史考特（Stuart Scott）在教他們垃圾話，他們講了一堆『我是老大』、『不對，我才是老大』之類的狂言，」雪莉．史密斯回憶，「有趣的是，這兩個傢伙日後在他們各自的領域中都成了說垃圾話的佼佼者，真的學到不少。我記得看到科比時，他還好年輕，給人留下強烈的印象，是個覺得自己無所不知的人。」

基蕭．強森和布萊恩後來又在紐約碰面。「我們把當時這件事寫進了那本書裡，」她說，「某個晚上科比打電話給基蕭．強森，要他帶自己去夜店玩。基蕭．強森回應，『你可是大名鼎鼎的科比．布萊恩，每個人都知道你只有十八歲，我才不要帶你去夜店』。我永遠記得當時他們的對話有多麼好笑。」

當她在《ESPN》工作時，常常要負責報導湖人的新聞。這支球隊走過了高低起伏，但她和布萊恩的關係一直十分平穩融洽。

「當時在一段影片中還有個搞笑片段，」她說，「我正在採訪別的球員，結果他經過時，故意弄亂了我的頭髮。我和他能像朋友一樣愉快相處，也能在工作時展現彼此的專業態度，如果我需要的話，他有時也會給我一些休息室裡的獨家新聞，真的是段很有趣的回憶。」

「他是個友善好親近的好孩子，」她說，「我在湖人休息室採訪時，每天都有由『俠客』和他主演的好戲可看，他們都很幽默。」

當然，他也有不搞笑的時候。

「他是個忽冷忽熱的人，」雪莉．史密斯回憶，「他可能前一天看起來還很喜歡你，隔天卻不跟你說話了。在接受黑人記者採訪時，這種愛恨交織的態度尤其明顯，他只會搭理他喜歡的記者。有一段時間，布謝是他的最愛。但他和黑人記者們的關係一直都是這樣，前一天他和他們可能相談甚歡，隔一天可能又會對他們避之唯恐不及。我不確定他是不是因為與他們相處時，會有自我認同方面的困擾才會這樣，但至少他在和我相處時的態度大多都沒什麼變化。」

那天跟姊姊說完話後，雪莉．史密斯想到她最好趕快聯絡節目製作人，說明自己的家人就住在那附近，所以看看他們需不需要派她飛一趟當地。

「他們一開始說，『不用，先等等』。」雪莉．史密斯回憶，「然而到了第二天早上，他們早早就打了通電話給我說，『你最快能什麼時候趕到那裡？』感覺每個人起初都不敢相信會有這種事，心裡都覺得，『這不可能吧』。」

「很多人都覺得自己能夠在與體育選手相處的有限時間內了解他們，」她分析，「就好像他們也覺得了解我們這些記者在想什麼一樣，但其實彼此之間，誰都不瞭解誰。」

當年六月底，在球隊不知情的情況下，布萊恩搭上了一架私人噴射機飛往科羅拉多州，準備進行預定要動的膝蓋手術，解決這個困擾他許久的病症。那天晚上，他帶著三名保鑣與私人訓練師來到鷹郡愛德華茲鎮（Edwards）的科迪勒拉渡假村辦理入住手續不久後，這名湖人後衛在前台遇見了一名十九歲的女性接待人員，這名接待人員與他一起到了他的房間。

這名接待人員事後告訴警方，當天上班後，沒過多久她就知道有個名人要以哈維爾．羅德里奎茲（Javier Rodriguez）的名義入住。她說自己拚命地拜託了負責訂位的同事，便得知這位羅德里奎茲就是布萊恩。雖然她換班的時間是七點，但六月三十日那天，她決定待到十點半，在櫃台親自見到這位明星球員的廬山真面目。

辦理入住手續時，布萊恩邀請她回到自己的房間，讓她帶自己遊覽這個度假勝地。雖然他的保鑣在走廊上看守著，他們就連幫忙搬運行李的服務人員都不放過，禁止任何人通過那個區域到達布萊恩的房間，但這位接待人員告訴警方，她知道一條通往布萊恩房間的密道，這也讓她躲開了保鑣。到達房間後，布萊恩就和她展開了簡單的渡假村導覽之旅。

逛完渡假村，兩人事後都告訴警方，他們回到房間便開始閒聊，接著就開始挑逗彼此，然後他就褪去了女孩的黑裙與內褲，隨後就開始了她在偵辦中所說的既粗暴又令她感到恐懼的性行為。不過她一開始沒有對偵辦人員坦白說自己有在事後幫他口交，而她後來承認了自己有所隱瞞，不過也解釋說她會幫布萊恩口交是出於恐懼。根據警方調查，布萊恩想和對方擁抱，這一行為開啟了兩人的情慾流動。

她說布萊恩強姦了自己，但後者後來對警方表示這是雙方的合意性交。布萊恩承認自己喜歡比較粗暴的性行為，所以有抓她的脖子，這也是她在醫院驗傷時檢查出脖子上有紅色傷痕的由來。

許多性侵案件中的男女主角都各有各的說法，這一樁的原告與被告也不例外。一開始接受警方調查時，兩人都有所隱瞞或刻意遺漏了細節，直到無法隱藏後才修正原本的口供。

儘管這個案子引起的糾紛持續了好幾個月，各大報章雜誌也都以頭條報導案件的最新進度，但最終經過調查釐清後發現，其實最重要的幾個關鍵，都是警方在調查初期就已經掌握到的線索。

原告當天還和另外兩名男性發生性行為，其中有一位還是幫她做證的飯店服務生。儘管根據法律規定，就算這名年輕女子跟其他三十名男性發生過性行為，如果她有拒絕布萊恩，而後者透過暴力要脅無視了女方意願，那麼他的強姦罪還是成立的。在法理上，原告與其他人有過性行為的事實並不會引起什麼爭議。但在實際開庭審判、將這一事實攤開在陪審團面前時，卻引起了預想之外的軒然大波。雖然鷹郡地方檢察官赫爾伯特（Mark Hurlbert）還是很有信心能把這樁案件查個水落石出，也很積極地想要推動調查進度。但原告女方在這段期間，不但得面對來勢洶洶的布萊恩律師團，還得忍受大眾在茶餘飯後對她的冷嘲熱諷。

雪莉．史密斯與其他記者聽說早在他被正式按鈴控告前，布萊恩就曾提出過庭外和解的提議，他將會拿出一筆高達五百萬美金的和解費。

警方隔天就在渡假村對布萊恩進行了監視，並在七月二日凌晨將他傳喚來偵訊。

接受警方詢問時，他提出了自己的說法，也就是這名年輕女性很明顯地想要和他發生性關係，也是她主動找上門來的，當然也沒有拒絕他。這樣的說法被調查人員用錄音機紀錄了下來。而在他們的審訊即將結束、調查人員關掉錄音機時，他突然有如置身事外般地評論說，他應該要照著歐尼爾告訴他的方法，用錢來打發這些女人。布萊恩透露，歐尼爾曾對自己說，他曾經付給一個女的一百萬美金。正如布萊恩事後所解釋的那樣，當他在這個場合高談闊論的時候，完全沒想到這些會被昭告天下。這的確出乎他的意料，因為的確很難料想到，自己的發言雖然沒有被錄音機紀錄下來，但還記得他說了什麼的警方，卻憑記憶把他的這些言論寫進了報告中。這份報告也在案件偵查完畢的幾個月後被公諸於世，也對布萊恩與歐尼爾之間的關係造成了重傷害。

這起事件實在太不符合布萊恩的形象了，因此記者、球迷、隊友與球隊工作人員都對這名二十四歲的控衛可能被起訴的新聞感到非常震驚。而這個令人震驚的消息，不但攻佔了各個小報頭條、成為有線新聞台二十四小時關注著的熱門新聞，也成為可能讓球隊滅頂的威脅。

二〇〇三年球季結束後，湖人在深度與天賦方面需要提升的需求一覽無遺。而這起科羅拉多州的事件爆發時，球隊正準備要宣布他們簽下了未來名人堂球星卡爾．馬龍和裴頓這兩位接受了數百萬美金的降薪，以自由球員身分帶槍投靠的消息。正當球隊管理層準備沉浸在媒體對他們的關注、看看外界會預測他們有多強時，卻在同一時間發現有個更嚴重的麻煩事把他們搞得焦頭爛額。

「當事件真相大白時，一切都會沒問題的，我們等著看好了。」布萊恩在接受《洛杉磯時報》電訪時說，「我現在的立場不適合發言，但你們都知道我是個怎樣的人，我絕對幹不出這種事。」

七月十八日，地方檢察官赫爾伯特正式以性侵重犯的罪名將布萊恩起訴。由於原告拒絕和解，因此根據科羅拉多州的法律，被提起訴訟的布萊恩，將面臨著可能被判入獄服刑數十年的危機。

「那時我才意識到他遇到了大麻煩，」雪莉．史密斯回憶，「科羅拉多州針對性侵犯的法規是非常、非常嚴格的。我們曾和律師談過，他們說，如果他被定罪，將會終身被貼上性侵犯的標籤，也不能出現在距離學校幾英哩遠的範圍。他們會給他看一些動物和幼童的照片，測試這些照片是否會刺激他的性慾。這些法律真的很嚴格，但站在受害者的角度來看，就可以理解為什麼會這麼嚴格了。因此我想不論是他還是原告，在等待判決結果出爐時，內心一定都七上八下。」

「所有有關鋃鐺入獄的擔憂看起來幾乎就要成為現實，」雪莉．史密斯回憶，「因為一切進展都朝著那個方向前進。」

除了記者們十分關心這個案子外，許多球迷們也都前來圍觀，他們穿著湖人球衣、舉起標語並大聲來為剛被起訴立案、案號**03CR204**，並為此支付了兩萬五千美金保釋金的布萊恩加油打氣。

後來有消息揭露，布萊恩顯然有在七月三日接近半夜時告知凡妮莎有人控告自己的消息。公開資料顯示，在那之後不久，有人從這對夫妻的家撥打了九一一電話，而記者們進一步獲得了新港灘（**Newport Beach**）消防局的證實，確認有在凌晨一點時到過住所治療一位女性。

但後來凡妮莎還是與他的丈夫一起出席了與案件有關的臨時記者會以及公開場合。

「我是無辜的，」布萊恩在記者會上對媒體表示，「你們明白的，我沒有強迫她違背自己的意願做出任何行為。我是無罪的。但你們知道嗎，在你們面前的我，依然對自己的行為感到深惡痛絕，並對自己犯下了通姦的錯而深深反省。」

不久就有新聞報導指出，布萊恩買了一枚價值四百萬美金的鑽戒給他的老婆。

從那時起，布萊恩將會頻繁地來到科羅拉多的法庭，也會有數百名媒體從業人員與他一同進駐這個科羅拉多州的社區。「所有參與其中的人都對這次的經歷留下了深刻的印象，」雪莉．史密斯回想著，「一整年來大家都來來回回去了韋爾市好幾次，我自己是去了十七次，每一場聽證會我都會出席。」

雪莉·史密斯說明，這個事件是有線電視新聞進入革新階段後，第一次有頂尖體育選手成為主犯的性侵案，體育電視網路也因此面對了用字遣詞方面的棘手問題。「對我們《ESPN》電視台來說，這是個難題，因為我們想保持沒有特別偏向誰的公正性。我們討論過很多次，究竟要在案件中稱這位女士為『自稱是受害者』還是『原告』，後來我們選了『原告』，因為如果我們說她『自稱是受害者』，就算有加上『自稱』，還是會釋出她是被害人的意涵。我們覺得『原告』是最中立的用詞，對雙方而言都毫不偏頗，後來這個詞也成為了其他媒體參考的標準。然後我們也討論過法庭紀錄裡的術語，像是要講『內褲』還是『內搭衣物』，後來我們決定採用後者，因為前者聽起來太有挑逗意味了。我們就有收到家長來信寫說，『我的孩子在《世界體育中心》（SportsCenter）看到這樣的新聞，我該怎麼教小孩』。我不想報導一些粉飾太平的新聞，但我也不希望有誰因為新聞受到冒犯。但如果是你，會怎麼解釋他要她彎腰趴在椅子上，接著從後面插進她的陰道?因為沒講清楚的話，大家就會覺得布萊恩捅了她的菊花，但事實上並不是這樣。我們討論該怎麼描述這件事，不只一天討論到了深夜。要怎麼陳述事實，卻又既不會粉飾到失真也不會冒犯到別人呢？這麼說很怪，但我們有時都想得入迷了，因為這是我們從未接觸過的全新領域。我報導過O. J.辛普森（O. J. Simpson）殺妻案，但它的渲染力跟科比的案子根本沒得比。」

而有鑑於科羅拉多州有制定性侵害被害人保護法以保護原告的身分，看著布萊恩的律師瑪姬（Pamela Mackey）在替布萊恩辯護時充滿的攻擊性，對雪莉·史密斯來說也是難以置信的新鮮事。

「為了不觸法，我們在報導時都小心翼翼地避免提及原告的姓名，」她回顧著當年的情形，「但這位律師才不在乎，她在法庭上不停直呼其名，講完後說聲『抱歉』就當沒事了。她完全踐踏了性侵害被害人保護法，這讓身為女人的我感到恐懼，但如果今天她是在替我或我的兒子辯護，那我絕對會支持她。她就是你會想花大錢聘請的律師，而且她也沒有因為無視被害人保護法而受到處罰。」

這段時間布萊恩過著一段宛如得奔赴各處戰場的戰士生活。他不但得處理與家人間的緊張關係，還得忙著上法院替自己辯護。除此之外，他發現自己努力經營的代言事業，也面臨了難以抵擋的崩盤危機。包含可口可樂和麥當勞在內，他原本簽下了許多代言合約，這令其他NBA球員羨慕不已。但現在他只能眼睜睜地看著這些廠商在接下來幾個月紛紛與自己解除合約，並讓他損失了好幾百萬美金。

由於布萊恩此時正好是球鞋市場中的自由球員，沒有幫任何球鞋代言的他，讓耐吉並沒有像這些代言廠商一樣急著跟他切割。而且在摩爾和瓦卡羅眼中，耐吉是站在布萊恩這邊的。

在將近整整兩年的時間中，布萊恩性侵案的肥皂劇將會持續吸引媒體界對他的關注、在嗜血的大眾面前反覆播放，並讓人拿著放大鏡檢視他的私生活。由於這樣的現象還會維持很長一段時間，因此即使還有許多問題懸而未決，布萊恩與湖人仍得繼續向前邁進。

儘管發生了這些令人難以置信的事件，球隊還是一如既往地瀰漫著一觸即發的氣氛。儘管歐尼爾與布萊恩的確在二〇〇二與〇三年間有了某種程度的合作默契，但布萊恩與菲爾・傑克森之間的關係依然沒有進展。他們的關係緊張到菲爾・傑克森教練團中的幾位助理教練在二〇〇三年球季結束時催促他要「與科比和平相處」。

但菲爾・傑克森並沒有選擇這麼做，而是採取了更激進的策略來處理他們之間的關係。這位教練與布萊恩之間的關係在那陣子顯然在逐漸惡化著，而歐尼爾沒過多久就發現這樣的現象，並很快地選擇和菲爾・傑克森一個鼻孔出氣。因此不意外的是，這也隨即撕裂了兩位球星之間的停戰協定，雙方的敵對氛圍也來到了即將爆發的邊緣。

就在這段期間的某個時間點，歐尼爾還得知了布萊恩曾經對警方表示自己用錢打發女人的事，而且這段話還被紀錄在他的筆錄上。雖然這份報告在超過一年後才會在大眾面前公布，但這已經足以令這名中鋒在不公開的場合對布萊恩展現他的怒火。

「我認為他們沒有打算再多加掩飾對彼此的不滿了。」加西杜埃納斯回想著。

更麻煩的是，菲爾・傑克森、布萊恩與歐尼爾的合約都快要到期了。在二〇一五年回首當下時，薛佛就指出在理想狀況下，沒有一支球隊會想在同一年煩惱自家兩大頭號球星與大牌教練的續約問題。

「他們兩個都很有個性，看待NBA與籃球的方式也截然不同，」薛佛說，「不過他們如果不是同時在二〇〇四年成為自由球員，自然而然地營造出了一山不容二虎的情況，成為自由身的時間點錯開的話，他們或許不會走到這一步。」

這不只是續約上的競爭，也成了誰才是球隊最大功臣的面子問題。對某些人來說，球隊給出的支票越大張，就代表他們覺得你的功勞越大。

「這樣的情形在芝加哥也有發生過，你知道的，」薛佛指的是當年喬丹率領的公牛突然崩解的事，「成功，是個很複雜的問題。有些球隊因為不夠成功而解體，也有些球隊因為太成功才會分崩離析。當時的公牛與現在的湖人都是非常成功的球隊，我也不確定導致他們分裂的確切原因是什麼。」

但薛佛表示，不管原因是什麼，都可以歸結出一個事實，那就是這些有著強烈好勝心的球員都想在成功中爭名奪利，而且他們都不想讓別人得到的好處比自己還多。

曾經在職業生涯最重要的階段與喬丹、菲爾・傑克森、布萊恩與歐尼爾共事的經歷，讓薛佛對這種熱愛競爭的人格特質頗有研究。雖然喬丹在二〇〇九年情緒激動的發言激怒了不少人，但是薛佛聽了他的演說卻很感動。「我還記得我坐在沙發上，和我太太一起看他發表得獎感言，」他說，「接著我在看到一半時，轉頭對我太太說，『這是我看過在鏡頭下最真實的喬丹了』。他表現得很真誠，那就是真正的他，他展現出了自己的一切，而我個人也很欣賞這一點，我覺得這是個好現象。」

會這麼想是因為他覺得，對這些競爭欲望強烈的球員來說，展現自己的真實面貌，是件很不簡單的事情。他補充，在演講中喬丹不但真情流露，連淚水都潰堤了。「在我心中，他就是史上最佳的籃球選手，而現在他在鏡頭前告訴我們他的真實想法。能聽到他在想什麼，對我們來說何其有幸。」

薛佛說，這些真正偉大、熱愛競爭的球員們，有個求勝開關總是打開的。「這些超級好勝的人們，感覺就像是沒辦法按下開關、收斂他們的好勝心一樣，他們總是想著贏。對勝利的渴望融入了他們的本能與人格特質中，他們不需要任何理由，就總是有追求勝利的動力。」

而在二〇〇三—〇四年球季間，人與人之間的糾紛與他們的合約問題，將成為刺激這幾位關鍵人物的動力。他們的矛盾越演越烈，但對此大家都束手無策，因為最終要跟誰簽約，要由球隊管理層著眼事態發展後才能做出判斷。因此從一開始，人們就感覺到球隊內部會有一場腥風血雨的鬥爭。

歐尼爾想要從傑瑞·巴斯手裡拿到一份大幅加薪的合約。同一時間，菲爾·傑克森則希望球隊交易布萊恩，而布萊恩則想擺脫歐尼爾和菲爾·傑克森。布萊恩將會行使提前終止合約的權利，讓他能夠聽取其他球隊的報價。湖人當然可以藉由提出比其他球隊更高的價碼來吸引他重新和球隊簽約，但在這之前，他們無權阻止他到市場中試水溫、測試自己有多少身價的舉動。

跳出現有合約對NBA球員來說是個相對常見的舉動，而布萊恩有幾次談到這件事時，便表示這是在測試自己的市場價值，謀求在湖人陣中加薪的機會，沒有其他用意。

不過菲爾·傑克森明顯感受在日益加劇的衝突中，布萊恩與他對抗時佔據了前所未有的主動權，因為他們都要跟球隊談合約了。因此這位本來就很會利用媒體挑撥球員的教練，選擇在公開場合以更激進的手段對付他。接近二〇〇三年秋天時，他在季前訓練營暗示布萊恩要在二〇〇四年夏天跳脫合約是個對球隊不忠誠的舉動。但同一時間，菲爾·傑克森也在公開場合中表達了自己對這名年輕後衛的支持。而這種抓不透他真正心思的手段，只不過是與布萊恩之間長達數月之久的公關戰的第一步而已。

而那位大中鋒與球隊之間也有一些紛擾。在連續三年的總冠軍賽都獲選為MVP後，歐尼爾認為球隊當年與他延長合約是理所當然的。即使那份延長合約讓他在接下來的三年時間，每年都可以領到三千萬美金左右的薪水，但他還是對自己的薪水有著更高的期待，希望球隊加碼。然而另一方面，考量到他的年紀、狀態以及導致他近年來頻頻缺賽的傷病，球隊反而本來還希望歐尼爾能夠降薪。因此歐尼爾曾公開表達過自己的不滿，在湖人於夏威夷進行的一場季前賽中，他對傑瑞　巴斯大喊，「給我錢！」

很多人覺得這位老闆就是因此被他激怒的，但阿丹德對於那天晚上的印象卻有些不同。「在那波攻守回合中，『俠客』先是在面對丹皮爾（Erick Dampier）的防守下跳投得手，接著又賞了他一記火鍋，然後他就看向傑瑞．巴斯，說了一些我們聽不太清楚的話，可能是『現在你得給我錢了吧』或是『給我錢』之類的，還用手指做出數錢的動作。滿搞笑的，他只不過是在一場季前賽的其中四十秒打爆了區區丹皮爾，居然就覺得自己應該要成為最高薪的球員了。」

在傑瑞．巴斯準備離開球場時，阿丹德追上了這位老闆。

「『俠客』想對你傳達一些訊息，」阿丹德說，「你有看到嗎？」

「噢，當然，」傑瑞．巴斯說，「我收到他的訊息了。」

「他當時還在笑，」阿丹德回憶，「看不出來他有因此受到打擊或覺得被冒犯。而隔天晚上『俠客』還是繼續在搞這一套把戲。當我們賽前在休息室外跟菲爾．傑克森聊天時，『俠客』剛好經過，然後他又做了一樣的事，搓揉自己的手指、擺出算錢的手勢，走過通道的同時嘴裡不斷碎念著『給我錢』。」

湖人本來可以在訓練營開始前就處理好歐尼爾的延長合約糾紛，但阿丹德說，他們一反常態地放慢了腳步。「傑瑞．巴斯通常很照顧自家球員，在續約時也從不拖泥帶水。因此會有這樣的結果，『俠客』應該要有一點警覺心。」

布萊恩在訓練營開始的前幾個禮拜都不克出席，這也讓人們產生了官司纏身的他，能否在接下來的例行賽上場的想法。面對這個尚待解決的問題，這位後衛錯過了夏威夷訓練營前半段的行程，而許多架起攝影機苦苦守候的工作人員以及記者們，都在那裡期待著見證強姦嫌疑犯上場打球的一幕。

布萊恩抵達夏威夷之前，還有記者刻意去問歐尼爾，對於訓練營沒有全員到齊有什麼樣的感覺。

「我沒辦法回答這個問題，」歐尼爾回答他，「因為對我來說整支球隊都到齊了。」

雖然菲爾．傑克森一直以來都把布萊恩在球隊中是個「邊緣人」的形象當作激勵並控制湖人球員的手段，但身為球隊領袖的歐尼爾說出這樣的話，把他們之間的衝突抬高到了新的層級。隔天這名後衛來到了夏威夷，溫特注意到隊友們很積極地想讓他融入球隊並安心。但歐尼爾的言論，又重新點燃了兩者之間的火花。

布萊恩說若是早知歐尼爾心裡有這樣的想法，他還寧願回到洛杉磯陪家人。「你們沒辦法想像我經歷了什麼，也沒辦法想像我現在得面對哪些難關，」他說，「但我還是為了打球而來到這裡，這是我的工作，我會上場打球，也會拿出我的最佳表現。」

布萊恩承認，面對這些指控，讓自己感到極為惶恐。「我會惶恐不是因為擔心自己，」他說，「而是為我的家人著想，想想看他們在這段期間必須經歷哪些事情。他們跟我的事無關，但他們只不過是與我有著相同姓氏，就被拖下水了。我知道我可以獨自面對這個考驗，也必須面對並處理它，但我的家人們不該成為外界指責的對象。」

布萊恩不只是空口說白話而已：不論是當年因為婚姻而與家人四分五裂，還是現在被訴訟追著跑，薛佛都沒有看到他的競爭欲望有任何一絲削減的徵兆。

「還記得當年彼得．羅斯（Pete Rose）有一年在大聯盟打擊率超過四成的神蹟嗎？*」薛佛回憶，「那年也因為很多私事搞得他分身乏術，但他總是有辦法公私分明。科比就跟他一樣，他遭遇了這麼多麻煩事，卻從來不會讓他個人的私事影響到他。我從來沒看過他把個人情緒帶到球場上。」

---

* 譯按：彼得．羅斯在MLB單一球季打擊率最高僅三成四八。

夢幻組合

卡爾．馬龍與裴頓的加入很快就讓湖人球迷興奮了起來，被歐尼爾招募的兩人，拒絕了其他球隊的大合約加入湖人。會決定來到洛杉磯，是因為這麼一來他們就很有機會能夠奪冠了。二〇〇三年的季後賽，湖人被馬刺用擋拆戰術狠狠地教訓了一頓，他們也預期在防守方面有著卓越才能的裴頓能夠解決防守端的問題。卡爾．馬龍則是球隊在攻守兩端都渴求已久的大前鋒，雖然他已經快四十歲了，但還是聯盟中身材條件維持得最好的球員之一。

不過他們兩個都沒有在溫特麾下打過複雜的三角戰術。根據經驗，一個球員要熟悉三角戰術，具備解讀戰局並在場上做出判斷的能力，需要兩年的時間。裴頓和馬龍都知道他們的強項要在跑動中才能發揮，因此他們異口同聲地表示他們在場上會盡可能地跑動，為此降低球隊需要打半場陣地戰的機會。這幾年來因為歐尼爾對跑轟戰術的輕蔑，湖人在場上的節奏都很慢，不過現在這樣的情形必須有所改變了，卡爾．馬龍還警告這名中鋒，要他「最好有要在球場上跑起來的心理準備」。

球隊如他們所願地採用了這個計畫，並在球季的前兩個月展現出驚人的成效。卡爾．馬龍與裴頓的活力推動著湖人在球場上飛奔，也讓他們拋下了布萊恩在法庭上勝負未卜的陰霾。而在他們將戰績推進到十八勝三敗時，人們也開始討論他們會不會是史上最偉大的球隊之一。

「前幾場比賽，全隊每個人都投入到比賽之中，」歐尼爾回憶，「而我們的狀態看起來好極了。」

然而他們很快就從美夢中醒了過來，卡爾．馬龍的膝蓋受了傷，也是他漫長職業生涯中第一次受到的重傷。雖然他下定決心要盡速返回球場，但他的傷勢一開始卻遭到醫生誤診，這也讓他在復健方面付出的努力反而讓膝蓋傷得更重了。因此他只能在接下來將近三個月的時間高掛免戰牌，而當球隊的表現隨之下滑的時候，歐尼爾、布萊恩與菲爾．傑克森之間的關係卻又緊張了起來。

尤其麻煩的是布萊恩還要頻繁地飛往科羅拉多州參加聽證會，這讓他無法按表操課、準時出席球隊訓練甚至比賽。聖誕節前一周，他在當天早晨搭飛機到科羅拉多州參加了一場聽證會，並設法在比賽第二節前回到史戴波中心。外界批評他在那場比賽中出手太多球，不過他還是靠著比賽尾聲的跳投替球隊贏得勝利，這種場下與場上來回奔波的特殊情形，也將在那段期間日復一日地上演。

本季的全明星賽在二月於史戴波中心舉行，這原本將是一次紀念洛杉磯籃球輝煌歷史的機會。明星賽前一周，史戴波中心外的魔術強森雕像將會舉行揭幕儀式，許多湖人名宿也同意幫助球隊來把這次明星賽做好做大。

但就剛好在那幾天，湖人內部又有了新的糾紛。遺憾的是，這也讓他們球隊化學效應的問題在話題熱度上完全蓋過了明星賽以及他們預計要舉辦的慶祝活動。儘管這支球隊還在贏球，傑瑞．巴斯卻在此時開始對三角戰術以及球隊現在的打法抱怨連連。

明星周末前的最後一戰、湖人來到休士頓客場出賽的那天，爆出了一條大新聞。這位球隊老闆宣布，球隊將會暫停與菲爾．傑克森的續約協商。

「湖人發布了一份新聞稿，聲稱他們基本上已經取消了對菲爾．傑克森的合約報價，」阿丹德回憶，「這真是太瘋狂了。我們在賽前問了科比對這則消息有什麼反應，他就只說了句，『我不在乎』。我們由此得知，科比與菲爾．傑克森之間的關係真的很糟。我們問了『俠客』一樣的問題，而他回答，『菲爾．傑克森是湖人重要的神主牌，如果我還有幸能替這支球隊效力，我希望他也會在我們的身邊』。相較之下，科比那句『我不在乎』的回應實在太冷淡了。我知道我必須把這幾個字寫進報導，但當我在電腦螢幕上打出這幾個字的時候，有一小時左右，我情不自禁地楞在電腦前、望向這行字句，因為我實在不敢相信他會這麼說。」

布萊恩雖然沒有與菲爾．傑克森建立起良好的關係，但他和球隊老闆卻處得很好。他不像年輕時期的魔術強森，是會和傑瑞．巴斯結伴去派對的朋友，但從布萊恩來到洛杉磯的第一個球季起，就曾悄悄地探望了彼此好幾次。身為一位很在意自己的錢是怎麼花出去的老闆，傑瑞．巴斯很欣賞布萊恩在球場上的奉獻、敬業與努力訓練所帶來的價值，這對一名年輕球員來說實屬難得。那個球季剛開始時，這位老闆還告訴記者，自己把布萊恩當作家人看待，因此他也在十一月對布萊恩所經歷的紛擾表達了支持，「我對他的痛苦感同身受，就像是父親看到兒子受苦心裡也會痛一樣。」

湖人在二月發表的聲明也馬上引起了人們對布萊恩的猜疑，人們推測是因為他對教練的諸多批評，導致菲爾．傑克森在球隊中的地位搖搖欲墜。

「球隊內部人士相信老闆傑瑞．巴斯會延後與歐尼爾和菲爾．傑克森的談約進度，就是因為想要留下布萊恩的老闆不願意見到他端出離隊的殺手鐧。而後者不但批評歐尼爾，指責他身材走樣、沒辦法發揮領袖的作用，在場下對菲爾．傑克森更沒有任何尊敬之情。」《洛杉磯時報》如此報導。

然而溫特坦言讓雙方合約談判觸礁的人，就是菲爾．傑克森自己。「在明星周末到來前，菲爾．傑克森和我們開會，並表示他沒辦法再當科比的教練了，如果科比明年還在這支球隊，他就不會與球隊續約，」溫特說，「顯然他也告訴過庫普恰克一樣的事情，而身為總經理的他，則將這些話傳給了傑瑞．巴斯。就是那個時候，讓傑瑞．巴斯下定決心他要續約的是科比，而不是菲爾．傑克森。」

此外，當時菲爾．傑克森還要求加薪，把原本大約每季八百萬美金的薪水提升到一千兩百萬美金，這也使傑瑞．巴斯與他續約的意願降低不少。不然其實在二〇〇三年球季結束時，不僅湖人想與他續約，甚至老闆之女珍妮．巴斯還想與他訂下婚約，只是當時他兩者都沒有答應。

儘管球隊充斥著內鬥以及性侵指控的動盪，球迷們還是在明星賽投票中紛紛把票投給了布萊恩，讓他成為西區明星隊的人氣王。如果菲爾．傑克森曾經想過布萊恩受歡迎的程度是否有因性侵案件而遭受打擊的可能性，那麼許多夜晚在史戴波中心響起陣陣「ＭＶＰ！ＭＶＰ！」的歡呼聲，就是讓他這些妄想不攻自破的最佳明證。

隨著事態變化的風起雲湧，明星賽湧入了大批媒體，但他們的問題卻都聚焦在湖人暫停與菲爾．傑克森談續約以及隊內的各種紛爭上。

「我覺得這支球隊如果沒有惹出一點事端，感覺就怪怪的，」歐尼爾說，「我加入這支球隊八年了，每一年都有爆點。我可不想來到一座無聊的城市，替一支無聊的球隊打球。」

菲爾．傑克森在記者面前公開討論布萊恩與他之間的鬥爭，並把它視為這名後衛對自己的不尊重，但這位教練從來沒有表示過，他與球隊之間的續約談判之所以會觸礁，其中有一大部分的原因是他自己。

與菲爾．傑克森親近的另一位同事表示：「菲爾．傑克森決定自己能不能和某個人共事的行為，已經超過了能讓人容忍的界線。人與人之間的關係，總是會出現這種撈過界的行為。」

明星周末結束後不久，阿丹德與任職於《洛杉磯時報》的透納（Brad Turner）在一間夜店偶遇了傑瑞．巴斯。

「透納和我那天晚上去了『Bliss』這間俱樂部，」阿丹德回憶，「然後傑瑞．巴斯剛好就坐在店裡。那時湖人已經做出了暫緩與菲爾．傑克森續約的決定，傑瑞．巴斯在跟我們聊天時暗示他自己沒那麼喜歡三角戰術，菲爾．傑克森坐在教練大位上的日子也不多了。所以透納和我聽到這些話時，都忍不住心想，『我的天，這也爆太多料了』。」

不過在大眾面前，傑瑞．巴斯依然沒有透露太多自己的計畫。但在球隊內部人士眼中，菲爾．傑克森想透過從布萊恩手中奪取主導權的高風險策略顯然是失敗了。諷刺的是，就在老闆中止續約的協商事宜後，菲爾．傑克森開始以更友善的態度對待布萊恩了。

「菲爾．傑克森開始更加關注布萊恩，」溫特觀察到，「他開始會私下和他碰面，而科比對菲爾．傑克森的態度也有所改變。他們的關係變得更好了，但為時已晚。這個時候，傑瑞．巴斯已經下定決心，也通知菲爾．傑克森不會讓他再繼續執教了。他把這件事也告訴了庫普恰克，後者在得知老闆終於做出決定後，看起來如釋重負。」

「我有一種科比想要讓這支球隊土崩瓦解的感覺，」阿丹德說，「這是個很奇怪的感覺，因為從某方面來說，這是科比打得最好的一個球季。能夠不受性侵案影響然後又在場上打出絕佳表現，是件很不可思議的事。但另一方面，他越來越少與隊友和媒體互動，而且比起球隊目標，他看起來更在乎自己的表現，非常以自我為中心。在我眼中，他的行為就說明了這樣的現象。他總是閃爍其詞，不願意堅定地表態『我絕對會留在湖人很長一段時間』或是『我哪裡都不會去』，讓每個人都在猜他的下一步會怎麼走，讓那一年事事都要以他為中心，所以我就如實把我的見解寫在報導中了。這讓他很不高興，因此直到那個球季結束時，我們都沒有講什麼話。」

這些球隊的內部動盪讓卡爾．馬龍與裴頓都看傻了眼。他們原本以為能夠在洛杉磯見識到冠軍等級的團隊化學效應，才婉拒了許多優渥的合約來到這裡。所以一些早就見怪不怪的湖人隊友們，得試著幫這些新成員們適應這樣的情形。

「我覺得這很重要，」費雪回憶，「尤其是要讓這些初來乍到的新隊友看到我們能穩定軍心、有著堅定不移的信念。我們這些球隊的老屁股必須在拜倫．羅素、路克．華頓（Luke Walton）甚至卡爾．馬龍以及裴頓這些第一年加入湖人的球員面前，展現出能夠認真專注、保持積極態度並展現出專業素養的一面。因為訓練時，他們都在看著我們是怎麼幫助這支球隊運作下去的。我們有處變不驚的能耐，雖然我們有好幾次陷入了懸崖邊緣，但菲爾．傑克森及教練團教過我們如何脫離險境、讓球隊團結一致並重新掌握局勢的方法。」

「大多數的時候，我們還是有辦法找到合作的方法，」歐尼爾事後回憶，「總而言之，我們就是知道該怎麼把事情搞定。」

湖人也的確在明星周末後找到了在球場上同心協力的辦法。有很大部分的原因是卡爾．馬龍在三月從膝傷中康復歸隊，讓他們找回球季初期良好的化學效應。

不過布萊恩的定位還是跟他的投籃選擇一樣很有問題。明星賽後他平均可以攻下二十七分，但投籃命中率卻下降了。三月時，球隊內部浮現出一些對他的批評，結果在這之後一場坐鎮主場迎戰魔術的比賽，他在上半場只出手三次、得到一分，這也讓湖人有著多達十一分的落後。接著他在下半場狂砍三十七分，其中在第四節獨得二十四分、打平當時隊史單一球員第四節最高得分紀錄，也幫助湖人在延長賽贏得勝利。

四月另一場迎戰國王的比賽中，他又在上半場出現了這個詭異的現象，在對手強硬的防守下只出手一次。下半場雖然沒有這麼誇張，但他在這場比賽總共也只得到八分，令人們猜測他是不是在比賽中刻意擺爛，藉此回應人們針對他出手選擇的抨擊。

一位覺得布萊恩刻意搞砸比賽的隊友在接受《洛杉磯時報》採訪時匿名表示，「我不知道我們要怎麼原諒他。」

布萊恩對於他人如此評論感到非常憤怒，因此他有長達一個半星期的時間沒有和任何記者說話，只有上了洛杉磯電台的一個廣播節目為自己被指控性侵的事件辯護。

「很多人說我在比賽中擺爛，這真的讓我很生氣，」他說，「其中一個原因，就是我每一次從法庭全速趕回比賽現場，就是為了盡我所能地出席每一場比賽。我不僅努力，更為了比賽全力以赴，即使得浴血奮戰也在所不辭，結果他們居然質疑我擺爛。」他說。

不過這個問題在菲爾・傑克森要求他在進攻端打得更積極後平息了下來。例行賽最後一場比賽，他在波特蘭獨得三十七分，並在關鍵時刻投進了兩顆三分球，幫助球隊在第四節追平、然後在二度延長賽中贏得比賽。靠著他的挺身而出，也讓湖人在驚滔駭浪中成為太平洋組的分組龍頭。

這支球隊內部持續不斷的鬧劇，也拉抬了他們的收視率。球季剛開始時，小牛隊老闆庫班（Mark Cuban）就曾預測布萊恩被控性侵的事件會成為聯盟中的焦點，這樣的論點也很快地成為了現實。當時不但電視台的高層把湖人視為ＮＢＡ的主流，就連聯盟總裁史騰都曾失言指出總冠軍賽的最佳對戰組合就是

「湖人對決湖人」。

溫特事後分享自己的觀點並遺憾地指出，這支球隊雖然被吹捧為一支偉大的傳奇球隊，但實際上湖人一直沒有在球場上打出偉大的表現。主要原因，是因為他們從來沒有鞏固好球隊的防線。「有時候我們能打出不錯的防守，職業籃球的防守最重要的就是守好籃下，因此大個子的表現至關重要。雖然身處禁區的『俠客』有著很大的壓迫感，但他在封阻方面的表現並沒有特別出色，而且他也不太會守擋拆，這也等於在挖洞給隊友跳。他不喜歡補防，也讓對手在他的防守下很容易跑出空檔。」

這也讓裴頓在那年的季後賽中飽受批評。菲爾．傑克森決定讓費雪上場，令這名三十六歲的後衛在首輪面對火箭的系列賽只能枯坐板凳。湖人在第二輪迎戰馬刺，對手也不斷透過擋拆戰術攻擊裴頓這個點。

進攻方面，卡爾．馬龍與裴頓也從未在三角戰術中找到自己的舒適圈。

「這已經是他們職業生涯的尾聲了，」溫特說，「我原本以為卡爾．馬龍能及時學會三角戰術，但他卻在這套體系中打得很掙扎。我不是在說他沒有想試著融入體系，他是位很受教的球員，只是對這麼多年來都在爵士打同一套進攻的他來說，要在新的系統中找到自己的舒適圈實在有點難。重點是，他還因為受傷錯過大半球季，這對我們來說真的很傷。而又老了一歲的裴頓，雖然還是能組織進攻，但需要有球在手，而且他也不是個好射手，所以他總是覺得自己在別種進攻體系才能發揮得更好。」

湖人在面對馬刺的西區準決賽很快陷入了零比二的落後。東尼．帕克（Tony Parker）與鄧肯的擋拆連線，讓湖人在這個系列賽看起來要兵敗如山倒了。然而在回到洛杉磯後，湖人很快地調整回來，並展開了隊史中難得一見的絕地反擊。

系列賽第四戰，布萊恩再度先是前往科羅拉多州參加聽證會後，搭上噴射機趕回來參加比賽。湖人在比賽中一度落後多達十分，在布萊恩的帶領之下才要回了比賽的勝利。

「我想每個人都會對科比不讓私事影響自己的能力印象深刻，」馬刺總教練波帕維奇在賽後如此表示，「他經歷了一段艱辛的時光，那是段讓人替他、那位女士以及雙方受到波及的家人感到難過的日子。這樣的處境對任何人來說都很難熬，你絕對不會希望有人得經歷這一切，但在現實中，他不但扛了下來，更扛起了球隊。」

波帕維奇表示，湖人突然找回了球季初期打出了十八勝三敗的球風。事實上，卡爾．馬龍雖然在整個系列賽都沒找回投籃手感，但他有活力、表現得也很穩定，更能以防守幫助球隊，在系列賽發揮了很大的作用。

第五戰在聖安東尼奧舉行，湖人帶著領先優勢進入下半場比賽，一度領先對手十六分，但馬刺在此時開始迎頭趕上，甚至一度超前比數。湖人靠著布萊恩在比賽最後十一秒的跳投重拾領先，但隨後鄧肯在弧頂位置當著歐尼爾的面投進一顆死馬當活馬醫的十八呎跳投，讓湖人只剩下零點四秒的反擊時間，也讓馬刺球迷興奮得都要把屋頂給掀翻了。

這場比賽看起來幾乎勝負已定了，但鄧肯這一球卻成為了奇蹟的墊腳石。在界外發球差點發不進場內的裴頓，發現了繞來球場左側的費雪。這一瞬間，足以讓左撇子的費雪接到球後直接把球拋向空中，而就在哨音響起時，橘色皮球從空中落下，劃出一道乾淨俐落的進籃聲。

「這可說是我經歷過最殘酷的一場敗仗了。」波帕維奇說。

在取得系列賽三比二領先後，湖人回到洛杉磯淘汰了馬刺。由於馬刺在外界眼中是湖人奪冠路上最大的難關，再加上他們在西區冠軍賽面對灰狼與聯盟MVP賈奈特的表現，更讓媒體與球迷都對湖人充滿信心，認為他們很快就要贏得菲爾．傑克森執教時期的第四座冠軍了。

灰狼雖然在引進史普瑞威爾（Latrell Sprewell）與卡塞爾（Sam Cassell）後成為一支頑強的球隊，但他們還是無法與歐尼爾與布萊恩抗衡。

湖人晉級總冠軍賽，面對的對手是活塞，這也代表布萊恩要與AAU時期的隊友漢米爾頓碰頭了。不幸的是，卡爾．馬龍又因為膝傷的關係而不克出戰，這讓湖人在大前鋒的戰力捉襟見肘，也失去了克制「大班」華勒斯（Ben Wallace）的解答。

在主場輸掉系列賽首戰後，湖人靠著布萊恩跳出來當英雄、投進一顆關鍵三分球把比賽逼進延長，才好不容易在第二戰勝出。

但他們來到底特律後，卻莫名其妙地打得像一盤散沙，而在鞏固防守籃板方面一直做得不夠好的他們，也因此讓活塞逮到湖人的弱點，頻頻得到二次進攻機會。

「在這個迎戰活塞的系列賽，『俠客』可說是自取其辱，」溫特在賽後私下表示，「他打得太被動了，雖然他有一場打得很好，但除此之外，他在場上沒發揮多少作用。總冠軍賽中，不論是在卡位還是搶籃板時他都表現得很糟。其中一場冠軍賽，他甚至還只送出一次助攻。*他很專注在得分上，但他沒有在防守和籃板方面展現出足夠的專注度。」

不過歐尼爾的好友、記者阿丹德，卻與這位中鋒有著相同的看法：湖人落敗的原因是布萊恩打得太自私，並進行了太多勉強的出手。

沒有拿出全部戰力的湖人，在底特律三戰全敗，並以系列賽一比四的結果輸掉總冠軍。在慘敗的第五場比賽，傑瑞・巴斯下半場就提前離場，接著這位老闆對三角戰術不滿的言論也很快地在媒體間飛快地流傳開來。身為開發三角戰術並以此執教多年的溫特，後來表示自己對於傑瑞・巴斯想要改弦易轍的心態毫無怨言。「畢竟我們現在根本沒有打出三角戰術應有的精髓。」他說。

總決賽慘敗後，這位老闆證實球隊不會再讓菲爾・傑克森回到球隊繼續執教了。就在發表這項聲明的幾天後，很明顯的可以看出這位老闆不但也沒興趣要實現歐尼爾想在延長合約中加薪的意圖，還想把這個中鋒交易到別的球隊。

這樣的結果也讓媒體開始推測成為自由球員的布萊恩是這兩件事的幕後主使者，懷疑是他要球隊交易歐尼爾並開除菲爾・傑克森。

儘管傑瑞・巴斯、布萊恩甚至湖人總經理庫普恰克都否認解雇菲爾・傑克森與交易歐尼爾的事跟布萊恩有關，但本季只跟媒體交流過一次的傑瑞．巴斯，卻在七月去義大利度假時特地跟記者解釋球隊會做出這些改變的原因，反而讓外界更懷疑背後是不是有鬼了。

「這些與菲爾．傑克森和『俠客』有關的決定，都跟科比一點關係也沒有，」傑瑞．巴斯說，「事實上，我甚至因為擔心會不會就連科比也這麼想，所以特地跟他說，『科比，我只希望你明白，我做的這些事跟你或是你投入自由球員市場的決定無關』。」

菲爾．傑克森則在從洛杉磯開車回到他在蒙大拿州（Montana）的避暑山莊時，利用他在記者間的影響力發起了反擊。他撥通了各個專欄作家與電台脫口秀的電話，把自己對這些事的看法提供給他們。

隨後珍妮．巴斯則在接受《洛杉磯時報》採訪時加入戰局，她說菲爾．傑克森不論對她還是對這支球隊，都沒有做出任何承諾。

「一切的原因都歸結於菲爾．傑克森不想做出承諾的事實，」溫特說，「我不怪他，因為他做了心臟血管成形手術，有健康上的顧慮。因此決定權就回到傑瑞．巴斯手上，而在科比與菲爾．傑克森之間，他選擇了前者。傑瑞．巴斯聽說菲爾．傑克森不願意再執教科比了，諷刺的是，最後他們終於找到了合作的方式，而且在那個球季的尾聲合作得還滿愉快的。至少我是這麼覺得啦。」

菲爾．傑克森離開後，球隊迅速地採取行動，將歐尼爾交易到熱火，換回前鋒歐登、布萊恩．葛蘭特（Brian Grant）與巴特勒（Caron Butler）以及一個未來的首輪選秀權。隨後，這支球隊簽下了前湖人球員迪瓦茲，總經理庫普恰克也把裴頓送到塞爾提克，交易回亞特金斯（Chucky Atkins）和替補中鋒米姆（Chris Mihm）。

這個休賽季期間也有許多老屁股與這支球隊別離，費雪離開湖人以自由球員的身分加入勇士，法克斯也

* 譯注：事實上是三場。

被交易到塞爾提克，而霍雷斯．葛蘭特則宣布退休。球隊希望卡爾．馬龍同意回歸球隊再戰一年，但後者不確定自己的膝蓋能否繼續承受高強度的聯賽，因此更傾向於先考慮一下再做決定。

在考慮過快艇與其他球隊提出的合約報價後，布萊恩接受了湖人的合約，總值七年一億三千六百萬美金。這名後衛帶著凡妮莎、抱著女兒娜塔莉亞，在球隊的訓練中心出席了記者會。

布萊恩說，外界對他的猜忌讓他很困擾，「人們覺得菲爾．傑克森與『俠客』會離開，原因或多或少與我有關。然而我不但沒有因此感到高興，反而心煩意亂，也令我為此感到憤怒與受傷。他們做了他們應該做的事，也就是做出對自己和家人最好的決定。我享受和他們一起打球的感覺，甚至在球季結束時，我還跟他們說過就算剩下的職業生涯都要和他們並肩作戰也沒問題，但他們做出了對他們自己和家庭最好的抉擇。我總是不吝於讓外界知道自己喜歡跟『俠客』打球的感覺，即使我們有過分歧與爭吵，我還是表達過自己喜歡跟他打球，也願意在接下來的職業生涯與他在菲爾．傑克森的執教下攜手奮鬥。我特別告訴過菲爾．傑克森這件事。他還問我，如果他回到湖人，會不會影響到我回歸球隊或做出其他決定的意願。我告訴他，『不會，我很愛替你打球的感覺』。或許在人與人之間的相處上，我跟他之間的關係並沒有特別好，但我覺得他是一名非常優秀的教練，也從他身上獲益良多。」

然而看起來並沒有人相信他的這番話，隔天報紙上寫滿了批評他操控球隊的報導。

「有件事讓我覺得很沮喪，」阿丹德在二〇一五年回憶，「在二〇〇〇年代初期，我們報導『俠客』與科比之間的爭端，人們看了總是會說，『噢，這都是在炒作啦。你們這些傢伙唯恐天下不亂耶』。但這些都不是小事，最終這些讓兩人無法共存的原因，也把這支球隊引導到解體的結局。這支球隊的休息室再也容不下這兩個自我中心的球員了，而我直到現在還是認為若他們能夠繼續容忍彼此，還能再贏至少一座總冠軍。」

直到很久以後，直到布萊恩終於認知到自己的錯誤，才又將另一枚總冠軍戒指收入囊中，並在回首當年時承認：「我當時真是個白癡。」

第二十五章　代價

種種行為導致的後果，很快就以最沉重的形式壓在了當年二十六歲的科比．布萊恩肩上。幾個月前他的球衣在市場上還是最搶手的球員戰袍，突然之間就跌出了銷售排行榜前五十名。同時在球鞋產業界中，他也失去了原有的地位。至於他在職業生涯中原本穩定增加的MVP選票呢？在困難重重的二〇〇四—〇五年球季，他一張票都沒拿到。再說一次，那年的MVP票選，沒有半個人投給他。讓過往他人與他之間的疏離感，與他現在有如過街老鼠的處境比起來，簡直就像小巫見大巫。

不過這些外界的反應，都比不上布萊恩內心的失落。

湖人裝備經理加西杜埃納斯回憶，雖然這是他因自己的行為而付出的巨大代價，但光是看著他為此苦苦掙扎，都讓前者感到痛苦萬分。

「就好像一切都突然崩塌了一樣。」回想起當年情景的加西杜埃納斯說。

儘管如此，布萊恩身上還是留有一絲好運。二〇〇四年的八月，在審前聽證會上，揭露出原告的內褲驗出了三名性伴侶DNA的證據，這也讓案情戲劇性地急轉直下。隨後在民事訴訟中，他也靠著金錢買到了通往自由的生命線。

雪莉．史密斯是少數試著報導科比在球場與法庭上全貌的記者之一，對不斷往返於在比賽與聽證會之間的她來說，這實在是個奇怪且出乎意料的結局。

「我們克服過各種你想得到的天氣狀況，」提起在法庭外等待的日子時，她這麼說著，「我們比他還早來，也比他還晚離開，我會在法庭上試著觀察他的一舉一動。他平常是個想到什麼就會在臉部表情或其他肢體動作上顯露出來的人，但來到法庭上他卻展現出與平日截然不同的一面。他面無表情，讓律師主導一切，而這些律師也的確在原告的名聲與提告動機中找到了許多疑點，甚至還挖掘出她在當天早些時候還與他人發生性關係、內褲上有第三者精液的實證。」

雪莉・史密斯沒有偏心，她也同樣看著原告與她的家人們如何面對並度過難關。「她們也非常堅強，」她說，「我聯絡了她們。我們知道她們是怎麼樣的人、知道她們住在哪裡，並試過千方百計，只為了有機會能和她們聊聊。但她們想保持低調。或許這是因為鷹郡實在是個太小的城鎮了，每個郡民都認識彼此。那是個以勞動階級人民為主、就在韋爾市外側的城鎮。人們大多過著住在鷹郡，通勤到韋爾市工作的生活。」

「我不認為我在鷹郡期間和科比有過任何眼神交流，」雪莉・史密斯說，「我跟他不但在賽前和賽後都沒什麼交流，甚至就在原告撤回刑事訴訟後，我跟他之間的關係甚至還墜入了谷底。」

刑事審判原本預定於九月進行，但不久後法庭便宣布原告將不會出庭作證，接著改為提起民事訴訟。此時興起了要求布萊恩立即道歉的輿論，而他也從善如流，表示為自己的行為所造成的任何傷害感到抱歉。

於是在那年九月初，刑事指控就被撤銷了。「他真的是逃過一劫、避開大禍，」史庫普・傑克森說，「他閃過的這個飛來橫禍，可說是我所見過的體育界最大醜聞。」

回首當下，史庫普・傑克森認為這整個不幸的事件都是因為布萊恩不愛與人交流造成的。如果有一個真正能夠幫上忙的好朋友，在當下告訴他別跟櫃台工作人員亂搞，這一切都不會發生。史庫普・傑克森說，「但他的身邊沒有這種人，沒有人在旁邊提醒他，『兄弟，你可別亂搞啊』。」

雖然當時史庫普・傑克森並沒有與布萊恩多做交流，但不久之後在他找上布萊恩要做一篇報導時，他曾問他一個問題，如果沒有籃球，他會有什麼改變。

「恐怕籃球就是你的一切了吧。」史庫普・傑克森記得自己當時對他說了這句話。

「我也常常這麼想。」布萊恩承認。

「那時候我注意到他開始把許多人從自己的生活中剔除，從媒體的角度來看尤其明顯，」史庫普・傑克森回憶，「他過著宛如與世隔絕的生活，完完全全地變了個人。」

布謝也注意到了相同的情形。在這位記者的印象中，他本來可以在賽前隨意進出布萊恩的旅館房間，或是一起出去玩、看比賽和閒聊。但科羅拉多州那件事發生後，這些快樂的時光都一去不復返了。布謝發現，現在就連布萊恩的保鑣都用假名，而他得先和他們取得聯繫，才有機會聯絡得上布萊恩。

「需要有專人陪同，我才能去他的房間，」布謝一邊回憶，一邊補充在他們對話時，還有兩名保鑣一直站在房間裡。「我們聊了大概二十分鐘。他坐在沙發上，我坐在他對面，整個氣氛很緊張，你也感覺得到他在警戒些什麼。我知道這不是針對我，是對每個人都是如此。當時的我們很難和他交流，很難跟他說上話，也很難知道他對任何事的意見或想法，他比以往都更有戒心了。」

會有這樣的改變，某種程度上是可以理解的。這個案件讓外界鉅細靡遺地審視他的私生活，這是前所未有的情形。舉例來說，《新聞週刊》（Newsweek）就曾報導過在性侵案件發生前的幾個月，布萊恩曾接觸過離婚律師，也報導了布萊恩在向妻子坦承自己做出了什麼事的當晚，他們家打電話叫了一輛救護車。而這間雜誌社向消防局確認過，醫護人員當時在接到電話後到他們家醫治了一名女性。布萊恩後來否認自己有找過離婚律師，但人們後來發現很多他否認的事情其實都是真有其事，因此人們很難確定到底發生了什麼事。

他原本非常隱密的個人世界現在曝光在眾人眼前，他的私事也成了得訴諸法律和關乎球隊的事。

另外他也明確否認自己曾利用投身自由球員市場的影響力迫使球隊將菲爾・傑克森掃地出門並把歐尼爾交易離隊，多年以後，他才終於向布謝坦承，如果知道自己還要再跟那名中鋒或教練共事，那他絕對不會續穿湖人戰袍。

布謝回憶，當時布萊恩是這麼說的；「我再也不會和『俠客』當隊友了，因為我要證明給你們這些該死的混蛋看，我不需要他也可以贏球。」

「這才是他的真心話，」布謝說，「我一直都感覺到他有這種想法，只是他之前都沒有說出來而已。這是他第一次以如此明確的方式把自己的心聲說出來。」

在讓歐尼爾和菲爾．傑克森捲舖蓋走路的那陣子，傑瑞．巴斯與庫普恰克都堅持布萊恩不是球隊會做出這個決定的原因。但時間會證明，他們根本在唬爛。

「後來我就看得很清楚了，」阿丹德回憶，「就算科比沒有明確表示要球隊在他或『俠客』、他或菲爾．傑克森之間二選一，但他的行動已經透露出這樣的訊息了。因此我認為球隊方面給自己留了一點餘地，讓科比不需要打開天窗說亮話，但傑瑞．巴斯很清楚科比不想再和菲爾．傑克森以及歐尼爾同隊了。當然，他們那一年所做的一切都是為了滿足科比，因為他會在那一年成為自由球員，而球隊可不想失去他。」

不過根據布謝的說法，他會對「俠客」與菲爾．傑克森心懷怨懟，並不只是因為他們處得不好而已。真正的原因更深層也更複雜，與布萊恩長久以來想要站上籃球界頂點的野望緊緊相依。「這是其中一個原因，」布謝在二〇一五年回想當初時表示，「我想當他變得更成熟也更年長時，或許能夠以不同的方式來處理這件事，當然也未必會如此就是了。」

布謝解釋，布萊恩想證明自己不需要與歐尼爾搭檔也可以成為帶領球隊奪冠的偉大球員。「這對他來說比什麼都重要，他的想法大概是，『你們都覺得我需要幫手才能夠拿到冠軍，而我將會證明這是錯誤的，我可以自己搞定』。」

布謝說，就算歐尼爾願意屈居於布萊恩之下，也不會為當時的情況帶來任何改變。因為「科比很擔心人們還是會把成就歸給『俠客』。」

歐尼爾本人似乎也清楚這一點。「當人們攜手達成某項任務後，總是會有其中一些人心裡想說，『嘿，這我自己也能搞定嘛』。」歐尼爾當時表示，「事情就是這樣。拿下第一座總冠軍之前，我們都還相處得不錯。但是在我們拿下一座、兩座和三座總冠軍後，就有人開始以為這些成就自己一個人也辦得到。很多人跟他溝通過，但隨著一年又一年過去，我跟他終究無法達成共識。我從很早以前就知道，奪冠不是只靠自己就夠了，你必須和整支球隊同心協力。然後菲爾・傑克森教會了我一個奪冠方程式，那就是你必須日復一日地以身作則。我這麼說好了，我和那傢伙要穩定地在每場比賽分別貢獻二十五分與二十分，每一場都要做給隊友看。當然有時候你可以在狀況好的時候得到三、四十分，但我們必須要隨時顧好基本盤。就算手感很差，你也要想辦法得到二十五分，這麼一來其他隊友就可以安心做好他們的任務。大事交給我們，小事交給他們。當我們都做好自己的工作時，就可以做出一些成就。你看看我們奪冠時的球隊陣容，其實球員的天賦都沒有特別出眾。在菲爾・傑克森來到洛杉磯執教湖人的時期，正好有許多有天賦的球員離開了。很多重要的任務都得由我或科比來完成，歐瑞、蕭或榮恩・哈波則偶爾會挺身而出，每個球員各司其職、知道自己要做什麼，就是一支球隊所需要的一切。很多人很在乎球隊的天賦，但回想一下，這幾年來哪一支贏得冠軍的隊伍不是一支真正的團隊？如果你沒有和你的後衛與射手建立良好的合作關係，球隊是走不遠的，每個人都要在同一條船上。但有些很膚淺的人不在乎球隊，就只在乎自己。」

二○○四年晚秋，菲爾・傑克森出版的新書《最後一季》（The Last Season）又進一步打擊了布萊恩的形象。「禪師」在書中說這名年輕後衛「難以教化」，並對讀者坦白自己確實曾要求球隊交易布萊恩。這本書也有些章節在批評並貶損傑瑞・巴斯，但菲爾・傑克森認為布萊恩才是真正的罪人。

「球隊管理層只要心態不改，就一直會是他的代罪羔羊。」加西杜埃納斯說，「人們都感覺得到，那個時候他想在球隊中奠定自己的老大地位。他想要做自己想做的事，不想再屈居於他人的陰影之下，想要讓湖人成為他的球隊。他想要成為球隊的關鍵球員、核心人物。」

或者，就像喬・布萊恩教過他的，要成為主導球隊的那個男人。羅森說，從菲爾・傑克森與教練團來到洛杉磯的第一天起，他們就一直在注意著「豆豆糖」給他兒子帶來的影響。

羅森說，人們都知道「豆豆糖」是個比起贏球更重視得分的球員。就像布萊恩加入了天賦平庸的AAU與高中球隊，讓自己得到更多發揮與成長空間一樣，他現在看起來也正在把湖人變成一支平凡的球隊。

這代表他再也不需要因為歐尼爾的笨重身軀佔據了禁區而只能在外線遊走，但也意味著他走上了錯誤的道路並向前飛奔，就跟當年的父親一樣。

信任

投入了數月的調查以及數十萬美金的費用，鷹郡檢方最終卻不能起訴布萊恩。不過雖然他們無法在法庭上審判布萊恩，卻還是可以把一些事實公諸於世。其中有一些對布萊恩有利，當然，也有不利於他的。就在季前訓練營展開時，檢方公布了警方的調查報告，糾正了一些此前媒體報導中的錯誤。舉例來說，就在性侵案上新聞後不久，《新聞週刊》引用了原告一位匿名好友的發言，指出布萊恩在那名年輕女子一進房間後便迫不及待地霸王硬上弓。而警方的報告中很清楚地表明，真相並非如此。

但警方的調查報告中，同樣寫進了布萊恩提及歐尼爾的閒言閒語，也就是說他花了一百萬美金安撫一名女性的言論。

儘管歐尼爾早就知道他有對警方這麼說，然而布萊恩說過的這番言論被公布出來後，還是立刻在那年秋天引起了媒體間的熱烈報導。布萊恩很快就被形容成一個叛徒，是個違反了NBA休息室「潛規則」的傢伙。

雪莉．史密斯出席了湖人媒體日的活動，她問了科比有關他在球隊中處境的問題。「聯盟中有些球員私下對我說，他把歐尼爾的事透露給警方的行為，違反了休息室中的不成文規定。」她回憶。

她不是那天唯一採訪布萊恩的《ESPN》記者，她的同事葛雷（Jim Gray）獲准訪問布萊恩，討論下個球季的目標，但雪莉・史密斯回憶，他並沒有問關於那份警方報告的問題。然而她不想只是因為這件事難以啟齒就忽視這篇報導的重要性。「在我的訪談中，」她說，「許多聯盟中的消息來源告訴我：『沒有人會再相信他了。當他要走上球隊巴士時，大家都會馬上閉上嘴巴。當他走進房間的時候，根本沒有人會開口講話。他失去了所有人的信任』。所以我就找上了他的隊友們問說，『在這份警方報告出爐後，你們還會相信科比・布萊恩嗎？』每個人都說，『當然會啊，他可是老大』。」

身為一名記者讓雪莉・史密斯學到了一件事，那就是絕對不要問是非題，而是要問申論題，讓受訪者自由發揮。然而在那天的情況下，她覺得自己有必要問他一個是非題。於是她問布萊恩，「你覺得你的隊友還會相信你嗎？」

「會啊，」他說，「為什麼我要擔心他們會不相信我？」

「這麼說吧，」雪莉・史密斯說，「因為警方報告在昨天被公布出來了，然後裡面寫了你把『俠客』幹的好事透露給警方。聯盟中有些人覺得你這麼做違反了休息室的潛規則。」

布萊恩的臉，馬上緊繃了起來。

「我是無所謂。」他回答。

雪莉・史密斯承認，她「希望他給出一個有個人風格的答案。」

那天晚上，葛雷的專訪沒有登上《ESPN》，反而雪莉・史密斯的報導上了。

「有人告訴我科比和湖人很不爽。」她說。

她後來還是去報導了湖人在該季的第一場比賽，發現布萊恩被一群記者圍在中間，討論接下來會面對的挑戰。隨著新教練入主球隊，湖人將不再主打三角戰術了，於是雪莉・史密斯問他新的戰術將會如何運作。

布萊恩直接無視她，因而雪莉・史密斯一開始以為或許是因為她問得不夠清楚，所以她又再問了一次：

「對在家看熱鬧的球迷來說，新球季有什麼是值得讓他們期待的事嗎？球權又會如何轉移呢？」

「訪問到此為止。」布萊恩說完後，就直接結束了採訪。

雪莉．史密斯回憶，後來一位湖人的公關人員告訴她的製作人，「科比說他再也不會跟雪莉．史密斯講話了。」

愛恨分明

許多年後，許多的觀察著他的人與媒體回顧這段時期，都會說布萊恩是美國史上最兩極的體育選手。史庫普．傑克森也這麼認為，他記得一位布萊恩的隊友在性侵案爆發前曾如此評論。「你知道的，」這名隊友告訴他，「要不是他這麼混蛋，我們現在早就承認他是現在最強的球員了。」

「邊說邊微笑的他，接著想到當時他們還是隊友後，忍不住笑了出來，」史庫普．傑克森說，「但他們說的是真心話。他們都覺得，『要不是他是個大混蛋，我們願意敬他為最強球員，告訴大家他是地球上最強的籃球選手』。」

只有在NBA這種競爭異常激烈的環境中，他的好勝個性才會被視為頂尖球員在推動球隊爭奪冠軍時的必要特質。在與喬丹和布萊恩這類霸氣外露的人們共事的那幾年，蒙福德花費了許多心血，才讓他們能和其他比較沒那麼有天賦的隊友好好相處。隨著那些歲月的積累，蒙福德會發現自己是在幫助他們多發揮一點同理心，這種人人皆有的人性，往往可能因為太過激烈的競爭而遭到這些好勝的人們忘卻。

就如同薛佛所觀察到的那樣，對喬丹和布萊恩這種有著強大競爭欲望的人來說，他們對於勝利的渴望是沒有辦法隨心所欲地收斂或釋放的。當他們帶領球迷支持的球隊贏得總冠軍時，他們的這種好勝本能自然會贏得那些球迷的推崇。但菲爾．傑克森就曾解釋，喬丹在比賽間的休息日、搭乘球隊巴士或其他時間，也時時展現出他做什麼都不服輸的心態，這讓他成為一名很難相處的球員。

蒙福德的目標就是幫助這些熱愛競爭的球員們找出方法來解決他們因為好勝心惹出來的麻煩，讓這些球員在最高水準的競技舞台與他人較量之餘，也能在日常生活中多一點同理心。蒙福德認為，在他們的職業生涯結束後，這一點顯得尤其重要。雖然好勝心對於追求勝利而言是不可或缺的特質，但如果像喬丹或布萊恩一樣為了勝利太過好勇鬥狠，他們的冷酷無情與自我主義就絕對會摧毀球隊的內部氣氛。

從許多方面來看，若想從自己身處的困境中走出來，不讓太過好勝的天性摧毀球隊的氣氛，就是布萊恩在二〇〇四年的夏天必須達成的任務。當時布萊恩還是覺得贏球才是唯一目標，但身邊的人們都希望他能夠調整心態，並選一個更符合現況的方向。

「我記得他還得處理性侵案的後續影響以及被贊助商切割之後的事宜，」加西杜埃納斯回憶，「他那時候連婚姻也有點狀況，這也是最難修復的人際關係。從以前到現在，科比都不是個擅長社交的人，我的意思是，他不知道要如何與人互動、如何與人經營一段關係。他是個必須在職業生涯中學習如何一對一與他人交流以及帶動團隊氣氛的年輕人。你知道的，一開始他在這方面沒什麼天分。」

那年秋天，麻煩纏身的布萊恩還得跟全新的隊友重新建立人際關係。而在這個也是由他一手造成的局面中，他必須成為這支球隊的領袖。

「他想要登高一呼，告訴大家這是他的球隊。」加西杜埃納斯回憶。

但這從一開始就困難重重，因為在警方公布了他們的調查報告後，引發了球隊的信任危機。

「然後他就開始疏離其他隊友，」這位任職多年的裝備經理說，「你也懂的，這不是個好的開始。」

他補充，如果你是個孤傲且從不說明自己所作所為背後意涵的人，「人們就會對你正在做的事與你為什麼會這麼做的原因多做臆測……尤其他又是個不與人交流的人。每支球隊都會有小圈圈，但他從來不是任何球隊內部派系中的一員，也與其他隊友形同陌路。他在場下與每個人都保持距離，也因此上場後，即使與隊友打交道並非本意，他也需要花一點時間與心力來學習如何和隊友配合。」

加西杜埃納斯覺得科比和另一位偉大的得分好手很像，只是後者懂得反省，而當時的布萊恩看起來就沒有要反省的意思。

「賈霸也是個孤僻的人，」加西杜埃納斯說，「他很特別，他找樂子的方式與眾不同。」

偉大的賈霸是個書呆子，儘管他身為隊長，卻更喜歡獨處。而他之所以還是有辦法帶領「Showtime」湖人贏得五座總冠軍，是因為他有個精力旺盛且熱情洋溢的搭檔，也就是魔術強森。

「他是個非常博學多聞的人，但也是個不擅社交的人。」加西杜埃納斯說明，「有時候他真的不知道要怎麼跟其他人互動，不得不與球迷或諸如此類的人交流時，會讓他覺得很困擾，讓他很不自在，他也不知道要如何與人建立交集。他對每個人都冷冷的，沒人知道他為什麼會這樣。不過我看他沉浸在休息室的氛圍中會覺得很放鬆，這是他很少在外人顯露出來的另一面，」

加西度埃納斯說，隨著時間的流逝，尤其是在他的職業生涯結束之後，賈霸學會了如何和其他人和樂融洽地相處。「在日子一天天地過去後，他在這方面真的學到很多。」

或許布萊恩也一樣有在學，只是他真的學得太慢了。他與外界互動的行為舉止一向得當合宜，在外人眼中，這也掩蓋了他和隊友相處時有多麼冷漠、與隊友之間的隔閡又有多深的事實。

儘管布萊恩的孤僻人盡皆知，但這位裝備經理從這位走進論壇球場的湖人休息室、繼承了魔術強森曾經擁有的更衣櫃的青少年身上，發現了後者流露出的堅毅與決心、對比賽的真誠態度，這些令他喜歡與讚賞的特點。科比．布萊恩對待籃球的方式，就是如此嚴肅認真。

也因此現在加西杜埃納斯看著布萊恩為此付出了許多代價，讓他深深地感到悲傷。

費雪投入自由球員市場後讓一切變得雪上加霜，在布萊恩想要與球隊拉近距離的環節上，他的離開可說是一記重大打擊。

「費雪是他的好搭檔，」加西杜埃納斯說明，「費雪或許稱得上是最努力在與他拉近距離的人了，前者的離開，對他來說是重大的損失。費雪總是他與隊友間溝通的橋樑。」

如果有誰能夠成為布萊恩和新隊友之間建立連結的希望，那就是歐登了。因為瓦卡羅和查爾斯的關係，歐登和布萊恩之間有了相同的話題，而這兩人也說歐登很景仰布萊恩。

「歐登就是那種想跟每個人打好關係的人，」加西杜埃納斯回憶，「而他覺得科比是最需要他去打好關係的人物之一。」

歐登看起來很清楚布萊恩的孤僻個性，他也曾對自己在某些時候表現出這種難以親近的態度。查爾斯回憶，歐登承認自己和布萊恩曾有過意見不合的時候。在他們合作的第一個球季，球隊經歷了一段艱困的時光，這段期間他們會因控制不住情緒而對彼此發怒，這樣的情形在接下來幾年也偶爾會發生。但在大多數的情形下，畢竟他們有著相似的背景，因此布萊恩知道歐登了解自己是什麼樣的人，兩人相處還算愉快。

布萊恩和巴特勒也成為了朋友，後者是球隊把歐尼爾送到邁阿密（Miami）時，熱火送來湖人的球員之一。在威斯康辛州長大的他，度過辛苦的童年後，成為一名十分高效的ＮＢＡ球員。得到新盟友的布萊恩，便踏上了尋找新方向的旅程。

崩潰

為了重新打造球隊的文化與風格，傑瑞．巴斯與魔術強森表示，他們決定以布萊恩的天賦為主，將球隊打造成一支跑轟大隊。他們顯然是希望能夠在當今的湖人重現過往的「Showtime」時代，畢竟誰不懷念當年的榮景呢？對這支球隊來說，那是個輝煌的時期，但他們很快就會再一次了解到，昔日的美好不但再也無法複製，甚至可能畫虎不成反類犬。

為了找人填補菲爾・傑克森的總教練職缺，湖人首先應布萊恩的要求試著挖角杜克大學的總教練薛塞維斯基。雖然認真考慮過湖人的邀約，但他最後還是決定留在德罕市（Durham）繼續執教杜克大學。

在威斯特與菲爾・傑克森接連離開後，傑瑞・巴斯的兒子吉姆・巴斯成為球隊管理層的要角，而他的第一個重要任務就是替球隊找一位新教練。珍妮・巴斯的同事們後來抱怨過，吉姆・巴斯突然插手湖人的選帥事宜，在很可能除了父親之外幾乎沒有徵詢過任何人的意見下，就決定將這份工作給了湯加諾維奇（Rudy Tomjanovich）。

與熱情洋溢且外向開朗、曾在父親旗下許多體育競技隊伍擔任過管理職位的姊姊不同，吉姆・巴斯則是在拉斯維加斯經營父親的房地產，因此對球隊的工作人員來說，後者是個比較難搞懂他在想什麼的人。前湖人球員榮恩・卡特回憶，早期的他看起來很崇拜父親花花公子的形象。「吉姆・巴斯是個很有個性的人。我覺得他在很多方面都想要模仿他的父親，但我想他也因此在女色、賭博與之類的惡習方面惹上了一點小麻煩。基本上，他還不夠成熟。讓他在拉斯維加斯工作，或許不是最適合他的地方。」

曾有一段時間想當馴馬師的吉姆・巴斯，後來在父親傑瑞・巴斯安排下進入湖人管理層，來學習如何經營一支籃球隊。但球隊員工只覺得他就是個空降下來、徒有職稱的虛位主管，因為在球隊的辦公大樓裡，甚至還沒有他的辦公室。「當時對我們來說，他就只是個在電話簿上的名字而已。」加西杜埃納斯說明。

他並不具備真正的籃球背景，因此他的父親只能請託威斯特與庫普恰克給他一點籃球相關知識的指點。但在球隊員工眼裡，他很明顯有想要成為一位成功球隊老闆的野心。

湯加諾維奇在火箭當了長達十二年的總教練，在一九九四與一九九五年帶領球隊完成連霸，但在診斷出膀胱癌的兩個月後，他在二〇〇三年五月離職了。

二〇〇四年夏天，他獲得了醫生的許可得以重新執起教鞭。加西杜埃納斯是他的老朋友，而這位很了解球隊內部的裝備經理也因此很擔心湯加諾維奇。畢竟五十五歲的他要接手的球隊，才剛失去了最有統治力的球員，而布萊恩正在努力上位並力圖宣示主權。加西杜埃納斯可以預見，這樣的情況將會給新教練帶來巨大的壓力。

湖人在二〇〇四—〇五年球季很快便遭遇了一系列令局勢惡化的轉折，也讓球隊失去了控制。湖人總經理助理萊斯特（Ronnie Lester）在球季前便預測要把湖人的陣容重建為一支有競爭力的球隊，得花兩年的時間。獲得歐登這位能在全場跑動且多才多藝的球員，被球隊視為朝這個方向邁出的重要一步。

加西杜埃納斯回憶，每個球季的訓練營，都能看到布萊恩動力滿滿地回歸。「每個球季開始時，你都能在科比身上看到他的企圖心。他總是表現得無比專注。他在休賽季期間花了很大的功夫保持身材，並精進自己還需要加強的球技。他也想試著激勵身邊的隊友照做，但不得不說，他的領導學分還有得學呢。」

二〇〇三年，布萊恩因為自己惹出來的麻煩，加上還動了手術，讓他失去了在休賽季精進自己的時間。因此那一年除了身上多幾個紀念妻子和家人的紋身之外，他的球技沒什麼變化。於是二〇〇四—〇五年球季，他加倍努力，讓自己變得前所未有的強壯，塑造出一副兩百三十磅左右的鋼鐵身軀。因為內線不會再被歐尼爾佔據了，所以他終於有機會主打低位，增重也是他為此所作的準備。

在季前訓練營，布萊恩回顧了過去發生的種種，並承認自己有錯。他說如果可以的話，他很想回到過去並修復他們之間的關係，但這是不可能的，因此他現在唯一能做的就是往前邁進。當時跳槽到《紐約時報》繼續採訪NBA新聞的貝克就說，布萊恩這種接近公開謝罪的聲明，正是大眾想看到的。

很快，從湯加諾維奇在訓練營執掌球隊起，到球季開始的幾個星期後，球隊想要在新球季成為一隻跑轟大隊的計畫就失敗了。湖人不但沒有展現出強勢的攻守轉換，反而只能靠著蹩腳的切入分球製造出一些勉強的三分出手機會。球季前半段，因為他們的賽程相較之下比較輕鬆，所以靠著把握住外線投射的機會，湖人還保持了不錯的成績。

球隊還希望卡爾・馬龍能夠在從膝蓋手術中及時康復後，提升團隊的天賦並加強球隊的防守。然而外界並不知道，檯面下的卡爾．馬龍與布萊恩也彼此敵視。直到卡爾．馬龍曾調戲凡妮莎的消息曝光後，雙方才公開撕破臉。

「我不確定究竟他們說了什麼，」加西杜埃納斯回顧，「據我了解，這件事的真相眾說紛紜。我不確定科比與妻子之間的緊張關係是不是也對他們的衝突有所影響。而這種衝突一旦發生，通常就很難和平落幕了。」

卡爾．馬龍公開對雙方之間的誤會表示出歉意，但很顯然他與布萊恩之間的關係已經遭到無可挽回的傷害了。幾天後，卡爾．馬龍便宣布退休，也終結了教練團對他能在下半季幫助球隊的希望。

「只要有人沒有達到科比對他們的期待，就會被科比以很嚴厲的方式對待，」加西杜埃納斯說，「如果卡爾．馬龍沒有按照科比期望的方式上場打球，那他對科比來說，就是個沒用的廢物。」

這件事的發生也順理成章地給布萊恩的公眾形象帶來更大的傷害，也讓他的人生中充滿了更多的爭議。執教憤怒且一意孤行的布萊恩帶來的壓力，很快就給湯加諾維奇帶來了負面影響。才剛失去了長期與乳腺癌病魔抗戰的妻子，加西杜埃納斯一直在擔心NBA漫長的球季，會不會給才剛復出的他帶來太大的負擔。「我很擔心湯加諾維奇的健康狀況。」他回想。

聖誕節大賽迎戰熱火與歐尼爾之前，湖人取得了十四勝十一敗的戰績，而歐尼爾的新東家則暫居東區龍頭。傑瑞．巴斯告訴記者他獲知歐尼爾為了備戰新球季而減下了六十磅的體重，並暗示要是這位中鋒早一點把這六十磅瘦下來，湖人絕對會留下他的。歐尼爾對這樣的說法嗤之以鼻，並告訴記者，體重只是傑瑞．巴斯和球隊一直拿來攻擊他的藉口而已。

「體重只不過是他們拿來攻擊我的數字，想藉此壓低我的自我期望，並進一步讓我少領一點錢。」歐尼爾說，「但體重根本不是什麼大問題。它完全沒有影響到我帶領這支球隊進軍總決賽、幫助他們贏得總冠軍。威斯特離開湖人後，管理層就沒有任何人值得我相信了。威斯特總會告訴你真話，在他離開後，管理層就沒有口吐真言的人了。而在我離開時，科比本來可以出來說幾句話的，他有機會幫我發聲，卻什麼都沒說。」

他們對彼此的不滿情緒在這支總冠軍球隊解體後還延續了好幾年。而在這場聖誕節大賽中，儘管布萊恩攻下四十二分，但延長賽的勝利卻被歐尼爾與熱火拿下。

一月，布萊恩的腳踝在迎戰詹姆斯與騎士時受到了嚴重的扭傷，讓他錯過了幾個星期的比賽，也讓球隊在向前邁進的征途更加舉步維艱。

而湯加諾維奇的體系，布萊恩發現他與過去的教練戴爾·哈里斯有點像，對待練習的態度都有些漫不經心，進攻也沒有太多戰術上的架構。

「我真的覺得他在想念菲爾·傑克森和他的戰術體系了，」阿丹德回憶，「基本上湯加諾維奇讓科比過半場時就開始持球，這讓對手可以輕鬆包夾他。因此他理解到，自己還是更適合打三角戰術，因為三角戰術讓他可以在球場兩端的側翼拿到球，也有更多單打對手的空間。三角戰術也讓對手比較難去包夾他。對科比來說，三角戰術遠比湯加諾維奇的進攻體系更適合自己。」

由於湯加諾維奇的進攻戰術有越來越呆板僵化的趨勢，布萊恩很快便開始在媒體前公開談論球隊應該要重新啟用部分三角戰術，讓球隊能更好地拉開空間並轉移球權。湯加諾維奇在記者面前肯定並表示願意接納布萊恩的建議，但他只有口頭上贊同而已，實際上並沒有這麼做。

這樣的情況也再次使布萊恩的處境變得有些不利，畢竟這段時間他一直被指控是趕走菲爾·傑克森與歐尼爾的幕後黑手，因而他公開談論戰術的行為，也讓外界覺得他想藉此主導球隊。

接著在二月二日，由於精神和身體上的疲憊，湯加諾維奇突然決定請辭，這震驚了籃球界眾人。「科比對每個人的期待，帶給湯加諾維奇極大的壓力。」加西杜埃納斯回憶。

這個突發事件使得球隊陷入混亂，湯加諾維奇的辭職也馬上讓人產生了菲爾·傑克森是否要重出江湖的猜測，不過這位前教練馬上澄清，他不會在球季中接手任何一支球隊。

在傑瑞・巴斯介入的壓力下，擔任助理教練多年的漢伯倫（Frank Hamblen）接下了總教練的大位，但他執教後球隊的防守反而變得更差了。「當漢伯倫在球季中接下湯加諾維奇的棒子時，他太緊張了，然後給球隊灌輸了一些三角戰術的元素，」阿丹德回顧著當時情形，「他們沒有跑出完整的三角戰術，只是帶入了三角戰術的部分概念而已。」

在換帥風暴的波濤洶湧下，布萊恩的私生活出現了更多的難題。超過十年後，他才透露妻子曾在二〇〇五年初流產過，而他認為這是性侵事件帶給家人的壓力所導致的。

而就在二月他剛從腳踝傷勢下復原時，又得知了七十五歲的祖父大喬在費城因糖尿病併發症而過世的噩耗。而他祖父的死訊直到明星周末才在媒體上曝光，因為布萊恩沒有出席湖人的訓練，一問之下才知道了這個消息。

「很多場我打的比賽他都有看，」當記者問及他的祖父時，布萊恩這麼告訴他們，「他是個很低調的人，所以我們幫他辦的喪禮和相關事宜一切從簡，也低調進行。他是個慈祥且寬宏大量的人，真的是大人有大量。我們都很難過，但該來的事總是會來的。」

「豆豆糖」一直到大喬離世前都一直在打電話給他，不過對布萊恩家的生活來說，潘的家人一直都有著更重要的地位。

兩年前，布萊恩曾經在接受《洛杉磯時報》的普拉什克（Bill Plaschke）採訪時簡短談過家庭之間的裂痕。「我想要一個父親，我想要我的父親回到我的身邊。」他當時曾這麼說，但完全沒有提到母親。這暗示著他們家的問題是出在哪裡，而布萊恩至少偶爾還會聯繫他的父親。

大喬過世後，喬・布萊恩與科比終於說得上話了。「我的父親，他把這些事情與自己的情緒都處理得很好，」布萊恩對記者說，「如果他沒事，我就放心了。」

大喬去世後的第二天早上，布萊恩與凡妮莎醒來後睜開眼睛，接著發現《洛杉磯時報》刊登了一篇以他們為主題的大篇幅文章，記者赫伯爾（Shawn Hubler）鉅細靡遺地寫出了夫妻之間的關係與凡妮莎的苛刻性格、後者對待收銀員的態度以及布萊恩因為有錢的關係在妻子家人中有著越來越重要的地位，最終導致凡妮莎母親的二度婚姻以失敗告終等內情。

她被視為布萊恩人生中的黑暗面與藏鏡人，被《洛杉磯時報》形容為「世間僅有她擁有能對洛杉磯最強大的職業體育選手產生影響的的巨大能量」。

這篇文章也花了許多篇幅在人們都很好奇的那顆紫色鑽石，也就是布萊恩花了四百萬美金用來和好的禮物上，也因此這件事還被《週六夜現場》（Saturday Night Live）脫口秀節目拿來惡搞了一番。

這篇文章還透露，她的賓士車上還掛了一個付錢選用的新車牌，上面寫著「冰之女王」（ICE QN）。所以這篇文章也就在人們的心目中，植入了布萊恩夫妻是寒冰之王與冰之女王的形象。《體育新聞》的專欄作家過去曾指出：「凡妮莎是新一代的小野洋子。」赫伯爾這篇報導引用並強化了這個概念。

報導中把凡妮莎描繪成一個身處劇烈變化生活中的年輕女子，讓身為布萊恩太太的她有著自我身分認知上的困難。而這樣的變化是由於原本生活在父母失業、瀕臨破產的家庭中，突然飛上枝頭變鳳凰、得到一筆巨大財產可供花用所造成的。

這篇報導還透過她朋友的回憶，紀錄了發生在凡妮莎身上的轉變：「她那時候還把科比的照片帶來學校，我們看到都忍不住驚呼連連。我記得有一張是科比在和凡妮莎的小狗玩耍，這張照片她只許我們遠觀不可褻玩。儘管如此，當時還是很多人都不相信她自稱是科比女友的說法。不過後來她秀出了科比給她的超大訂婚戒指，讓每個懷疑她的人都閉上了嘴巴。」

這篇報導還從凡妮莎的前任繼父史蒂芬・雷恩（Stephen Laine）嘴裡套出了一則也許是最擾人的消息，那就是這對夫妻沒有簽訂婚前協議。「關於婚前協議的問題，我們雙方來來回回討論了好幾個月，」史蒂芬・雷恩回憶時宣稱，關於婚前協議的事情，直到他們二〇〇一年結婚前才搞定。「有一天她回家的時候，說自己跟科比講了一些話，讓後者決定不簽婚前協議，因為他太愛她了。」

苦澀的盡頭

流產事件、大喬的辭世與《洛杉磯時報》的報導接連發生後不到一星期的時間，明星賽就要在丹佛展開了。只要布萊恩來到這裡和金塊比賽，每次持球都會迎來球迷的滿場噓聲。鷹郡事件爆發後，好長一段時間丹佛球迷都對布萊恩表現出如此激烈的反應。

對律師團還沒在檯面下與原告達成和解的布萊恩來說，來到丹佛參加明星賽這種盛會實在非常尷尬。不過布萊恩在比賽中表現得還不錯，斬獲十六分、七助攻與六籃板。比賽結束後，他馬上就飛往了費城參加大喬的葬禮，接著飛回洛杉磯，繼續進行這個注定悲慘的球季。

這兩週湖人經歷了一波四連敗後，布萊恩支付了未透露價碼的和解金，也終於得以宣布他在這場民事訴訟中與原告達成和解。而由於布萊恩遭到了鎖喉強姦的指控，加上他在被起訴前就已經傳出想以五百萬美金和解的消息，也讓圍觀的鄉民們很好奇加上雙方的律師費用後，最終布萊恩到底付了多少錢。但不管他花了多少，這一切都是值得的，最終這場訴訟以雙方都不再提出證詞後無法進入審判階段而告終。

對於和解的結局，已經結婚且懷孕的原告沒有多做評論。布萊恩也沒有多做說明，只有為自己給她造成的傷害釋出歉意。

在這之後，湖人的球季很快變得只能以悽慘來形容，例行賽的最後階段，他們只取得二勝十九敗的戰績。一直以來布萊恩都被外界指責為與隊友保持距離的局外人，為了回應這番論調，他在季前宣稱自己將在這個球季扮演一名更會出言提醒隊友的領袖。訓練營開始時，他看起來也很樂於指導隊友並給他們建議，只是他的這些努力並沒有發揮效果。

布萊恩一直以來的偏執，加上他為了成為領袖做出的各種嘗試，反而讓他的形象受到了進一步的損害。他的隊友亞特金斯（Chucky Atkins）曾在三月底時對洛杉磯的媒體表示，布萊恩根本想當球隊總經理，這番挖苦也證實了球迷長久以來的想法，亦即布萊恩在湖人陣中握有太大的權力了。

亞特金斯後來曾抱怨說是記者挖洞給他跳才讓他說出了這番話，不過事情看起來並沒有這麼簡單。「這段時間科比過得很辛苦，」溫特說，「我覺得隊友真的不喜歡他，他在擔任領袖方面努力過頭了。」

「科比想試著努力出言提醒並帶領大家，」加西杜埃納斯回憶，「但他不知道如何以隊友想要的方式來帶領他們。他真的是努力過頭。我的意思是，科比是真的有在試著當一名好領袖，他只是不知道要怎麼做而已。」

這樣的情形又給他上了痛苦的一課。「領袖是受人敬重的，」加西杜埃納斯說出自己觀察到的情形，「然而我不認為科比有贏得多少人的尊重。」

他之所以會在試著當一名說話有份量的領袖上遇到許多困難，是因為包括他一針見血的垃圾話在內，他說的話都太過直白了。「他總是以很高的標準在要求他們，就跟要求自己的標準一樣高。」加西杜埃納斯說明，「但不論是在練習場還是休息室，他都不知道要在何時放鬆一點對隊友的要求，尤其是在是他不高興的時候更是如此。」

「就我個人而言，科比一直是個討人喜歡的傢伙，」這位裝備經理補充，「但或許對他的隊友來說，他是個不討喜的傢伙，因為他總是想當王牌、想當老大，也總是想當球隊的頭號得分手，所以他總是在與隊友們競爭。他想要成為扛起球隊勝敗的男人，但這種做法有時候會讓他沒辦法和隊友好好相處。雖然在社交方面他已經展現出極大的進步，也在休息室中建立起自己的存在感，但與此同時，他也還需要學習，隊友不是每一次都需要他出言掌控的。」

球季尾聲，先是歐登的受傷給球隊帶來了致命打擊，接著中鋒米姆和傷到小腿的布萊恩自己也相繼掛傷號。隨著敗場數不斷累積，氣氛變得越來越糟，進場觀眾也越來越少了，唯一增加的，只有球團內部的壓力。該年球季最後幾個星期，局勢對布萊恩來說越來越難以控制了，這也加劇了他內心的憤怒與沮喪之情。

沒有錯，他成為當時NBA史上最年輕得到一萬四千分的球員，平均得到二十七點六分也僅次於艾佛森的三十點七分，在二〇〇四—〇五年球季的聯盟得分榜上排名第二，但他的投籃命中率僅有百分之四十三點三，也在一九九九年後首度沒有入選年度防守隊。他在MVP票選中一票未得的現象，彰顯出這個球季結束時他宛如被聯盟拋棄的淒涼。他想要帶領湖人重返榮耀的努力，最終成了足以載入隊史史冊的失敗球季。

「我覺得科比進入了撞牆期，」在那個外界對布萊恩的批評聲浪日漸升溫的春天，溫特的發言相比之下顯得安靜多了，「我很擔心他。我不知道要怎麼幫助他恢復活力。畢竟當年歐布分裂的方式如此戲劇性，所以大家原本都對這支球隊有著很高的期待。」

湖人錯過了季後賽，在漫長的球隊歷史中這是很難得的情形，上一次沒有擠進季後賽的前八種子，已經是十一年前的事了。這個球季他們僅拿下三十四勝四十八敗，戰績甚至比一直以來被他們壓著打的同城宿敵快艇還差。

「這一波連敗是遲早會來的，」一個曾跟菲爾·傑克森當過同事的人回憶，「漢伯倫一點都不想藉由執教這支爛透的球隊來展開總教練生涯。你懂的，他只是在幫傑瑞·巴斯一個忙而已。例行賽打完最後一場比賽後，來到休息室裡的他，就發表了一些老套的客套話，你知道的，類似一些『你們都打很努力了』、『感謝大家的付出』之類的話，想要保持積極樂觀。接下來發生的事，你可能也猜到了。科比說，『我有些話不吐不快』，然後他站了起來，指著房間的每一個人說，『你們這些該死的廢物，根本不配跟我站在同一座球場上，簡直都是狗屎』。接著他就走出了休息室。」

「當時的場面鬧得有點僵，」另一名目擊當時情形的隊內人士說，「但在處理失敗的挫折感與事情不如人意的時候，會有這種情緒宣洩的舉動也是人之常情。會有這樣的反應，他的心情應該已經低落到谷底了。」

球隊中也有人不滿地說，「他自以為是哪根蔥？」這位透露消息的人說，「但球隊裡的大家其實都知道他就是這樣的人，也知道他對自己有什麼樣的期待、扮演著什麼樣的角色。每個人都知道他有什麼樣的來歷，也知道他就是給自己最多壓力的人，而這些壓力肯定也會轉移到其他人身上。」

這位提供消息的人也說，除了他之外，NBA本來就有許多人會將自己這種情緒宣洩出來。「這樣的狀況在許多球隊中層出不窮，這只不過是人性而已。」

在加西杜埃納斯眼中，這一刻只不過是背負著巨大壓力的布萊恩對這個球季、自己、湯加諾維奇與隊友們作出的回應而已。「科比有好多次都直接在隊友面前發洩自己的情緒。我想說，這一點都不意外。他只是真的受不了了，便想到什麼就直說。」

菲爾．傑克森的回歸

那年晚冬時分前往紐西蘭旅行之前，菲爾．傑克森告訴溫特，自己現在的狀態很好，想要重返NBA執教。菲爾．傑克森甚至表示，他覺得自己很有機會在金塊執起教鞭。顯然菲爾．傑克森私底下一直有在和金塊聯繫，而且覺得這份工作已經是他的囊中物了。但就在菲爾．傑克森遠渡太平洋展開他的度假之旅時，金塊聘請了前超音速教練卡爾作為他們的總教練。

同一時間，一場突如其來的變動開始將他與洛杉磯拉近距離。這場變動的端睨出現在三月底和四月初，菲爾．傑克森開始在湖人辦公室中露面，甚至還和傑瑞．巴斯看了一場比賽。溫特認為湖人會在許多爭取菲爾．傑克森執教的球隊中得到他的青睞，是因為他與珍妮．巴斯之間的關係，以及他在洛杉磯已經有一個家了。另一方面，湖人是支打過三角戰術的球隊也產生了不小的吸引力，因為這代表球員可以花更少的時間就熟悉三角戰術。事實上，布萊恩可以說是整個聯盟裡最熟悉三角戰術的球員了。

珍妮．巴斯告訴《紐約郵報》（New York Post），就連身為女友的她自己，也不知道菲爾．傑克森會怎麼做。

但珍妮．巴斯承認自己對於菲爾．傑克森重返湖人一事抱有希望。「科比不是菲爾．傑克森無法繼續在湖人執教的原因，」她說，「他本來有機會簽下延長合約，但他自己有所遲疑，這才是主因。在我的父親作出交易歐尼爾的決定後，他必須在成為自由球員的科比和還沒有承諾續約的教練中選一個，而他選了前者。菲爾．傑克森總是說科比是最優秀的球員之一，有他在的球隊就能競爭總冠軍。所以我不覺得他們兩人之間會有問題。」

有些隔岸觀火的人很想知道布萊恩能不能和菲爾．傑克森共存，尤其後者在自己出的書中狠狠地批評了這名後衛一頓後，更讓大家好奇得不得了。但眼下布萊恩若想扭轉湖人的局勢，勢必需要其他人的幫助。對菲爾．傑克森與布萊恩來說都是良師益友的溫特，便笑著表示兩人需要彼此。對比此前菲爾．傑克森執教湖人時期在兩人間上演的內鬥戲碼，如今彼此需要聯手的情形，實在令人哭笑不得。

更諷刺的是，好幾個球季以來菲爾．傑克森都拒絕與麾下這位明星球員有所交流，而就在前者考慮是否與前東家再續前緣、想要與布萊恩碰面談談時，卻被後者拒絕了。布萊恩說，要是菲爾．傑克森最後決定不回來，他可不想背這個黑鍋。

溫特指出，就算菲爾．傑克森回到湖人，二〇〇六年對他們來說依然是個艱難的球季。他們球隊的團隊薪資已經超過薪資上限多達兩千萬美金，這還不包括他們要是執行了替補中鋒狄瓦茲合約中的球隊選擇權，就要再加五百萬美金。

還有另一個情形是菲爾．傑克森必須考慮的，那就是執教一支勝少敗多的球隊，會讓他作何感想？

壓力是否會讓他像湯加諾維奇一樣失控？菲爾・傑克森一直是個輸不起的人，過去在美國大陸籃球協會（Continental Basketball Association）執教時，他曾經在一場於阿伯尼（Albany）舉行的比賽中，氣得把兩張椅子摔在地板上。這一次，他能夠承受失敗帶給他的壓力嗎？

五、六月之交，菲爾・傑克森曾經打消過復出執教的念頭，打電話給經紀人，跟他說自己不想再當教練了。不過他隨後馬上就回心轉意，又有了想當教練的想法。

最後他終於和布萊恩碰上一面，直到很多年以後，菲爾・傑克森才對阿丹德承認，兩人在那次會面中達成了一些共識。二〇一一年，菲爾・傑克森告訴阿丹德，他對布萊恩保證不會再在媒體面前攻擊他了。

「對我來說整件事的亮點在於當菲爾・傑克森回到湖人後，他們要如何展開第二次合作，」阿丹德在二〇一五年表示，「我絕對不會忘記有一天科比居然會跟我說，『我做這一切，都是為了菲爾・傑克森』。我會想把這件事記錄下來，是因為我一直懷疑菲爾・傑克森回歸球隊後和科比達成了某種協議，約定自己不會再公開在媒體面前對他開砲。」

阿丹德回去找了許多當時的報導，想要證實自己的推測。「菲爾・傑克森跟我說，他們已經達成了默契，在他回來湖人執教後，不會公開討論彼此的私人問題，」這名記者說，「很明顯他們談妥了某些互利共生的條件，因為你也知道，菲爾・傑克森從來不是個懼於公開批評某人的人，但如果你有回顧二〇〇五到二〇一一年的報導，就會發現他從來沒有指名道姓地批評過科比。」

菲爾・傑克森的好友羅森也指出，這位教練與布萊恩之間的和樂融融「主要是做給社會大眾看的」，而儘管在這段關係中，他們依然有著火花與衝突，卻也成功替湖人的歷史寫下另一段成功的篇章。

最終，在六月十四日，菲爾・傑克森宣布了自己的決定，簽下一份三年、平均千萬美金年薪的破紀錄合約。

「錢不是重點，吸引我的是當下的情勢，」菲爾・傑克森在史戴波中心的記者會宣稱，「我們有機會寫下波瀾壯闊的史詩，也有一個揚名立萬的大好時機。這會是個和解、救贖與重逢的故事，這些元素也給這支球隊和我帶來了許多機會，讓我們做出一番大事業。」

菲爾傑克森穿著西裝和涼鞋出席了新聞記者會，並對自己在這段時間學到的教訓侃侃而談。「我學到最多的，是有關壓力的教訓。」他說，「尤其是這種大到足以改變一個人的壓力，我學到如何將這種壓力釋放的方法。我的孩子們都很想知道為什麼我會回到這裡接下這份充滿壓力的工作，而這就是原因。」

「我不是這支球隊的萬靈丹，」菲爾．傑克森在這個臨時舉行的記者會中表示，「不可能一夜之間藥到病除，這是需要時間的。但我們確實相信有可以做出一些改變的希望，幫助這支球隊變好並重返季後賽。」

被認為會對菲爾．傑克森重執教鞭這件事有著憂喜參半複雜情緒的傑瑞．巴斯，當時正在歐洲度假，而他也發表了一份聲明指出他「很高興能夠邀請到菲爾．傑克森重返湖人。」並補充，「他的資歷足以替他背書，而他在這項運動中取得的成就是無人能出其右的。基本上，他不但是現在最佳的教練人選，或許也是史上最偉大的教練。我們覺得他就是最適合帶領這支球隊的人，也希望能在他的帶領之下，讓湖人重新成為一支足以爭取冠軍的勁旅。」

五月時曾有記者以菲爾．傑克森成為湖人總教練人選的話題問過年近二十七歲的布萊恩有什麼看法，而當時對這個議題興趣缺缺的他，如今也發布了一份準備好的聲明。這份聲明表示，「在湖人開始找新教練時，我給予了老闆傑瑞．巴斯和庫普恰克完全的信任，相信他們一定會找到最適合湖人的人選。他們選擇的菲爾．傑克森是個能帶領球隊贏球的勝利者，我支持他們的決定。」

菲爾．傑克森告訴記者，自己正式宣布回歸的那天早上，布萊恩便來電祝賀了他。「在我們打過幾場練習賽，並建立起合作的感覺後，我覺得我們真的準備好向前邁進了。」菲爾．傑克森說，「我鼓勵他找到方法恢復自己對比賽的熱情，我不是說他失去了鬥爭心，而是希望他對比賽重新燃起熱情。他也想從谷底反彈，打臉一些不看好他的人。」

一名《ESPN》的記者曾經問過歐尼爾對這個消息的看法，而看到自己的前教練和公開撕破臉的老對手聚首這件事，明顯讓他有些心神不寧。歐尼爾代表的熱火才剛在東區決賽第七戰敗給了活塞，一名菲爾．傑克森的教練團成員就私下透露，雖然這名中鋒不喜歡布萊恩，但他也不得不承認如果有這名後衛在他身邊，就可以幫他贏下關鍵第七戰。

這名人士補充，從另一方面來看，布萊恩也一樣需要歐尼爾，才能帶領球隊爭奪總冠軍。而他也指出，很可惜的是，他們從未充分地理解到彼此對自己有多麼重要。

然而他們的分手已經成為事實，再多的感嘆與臆測也無濟於事，是時候該向前看了。

布萊恩就這麼神奇地與昔日教練再度聚首。而與菲爾．傑克森的重逢也象徵布萊恩重振代言雄風的第一步，當耐吉不顧科羅拉多性侵防治聯盟（Colorado Coalition Against Sexual Assault）的反對，在《運動畫刊》置入了一張布萊恩的照片後，他的商業價值也悄悄地回升了。

「與大多有在看NBA的人意見相同，耐吉也覺得科比．布萊恩是籃球這項運動中最出色的球員之一。」耐吉發言人諾克斯（Rodney Knox）表示。

他的惡名要花上好長一段時間，才會漸漸被人們淡忘，這幾件事將很快地成為他的污名隨之淡去的起點。而在正前方的道路上，往日的陰霾也將會被一場爆發給沖散。

第二十六章　一飛沖天

人們很快就會明白，艾佛森讓布萊恩羨慕的不只是他在街頭中的名聲，或許最讓他垂涎的，是艾佛森在球場上的自由。這些年來，這位七六人的後衛在球場上總是開啟著自由奔放的攻擊模式，只要一有機會就會毫不留情地攻擊對手，這也讓他在一九九九、二〇〇一、二〇〇二與二〇〇五年，都贏得了得分王的頭銜。

「得分是我的個人目標，」艾佛森在二〇〇五—〇六年球季接受《運動畫刊》採訪時說。而他也一直感覺到，他的朋友布萊恩有著成為頂尖得分好手的渴望。「說真的，」艾佛森說，「如果能看到布萊恩拿下一次得分王，也是美事一樁。」

八年以來身處於一支從優秀蛻變為偉大的球隊體系下，布萊恩宛如一匹被掛上韁繩的野馬。直到二〇〇五年的秋天，他才解除了這個封印。儘管這違背了菲爾．傑克森對於團隊籃球的信念，但這位教練卻努力地忍了下來，對此閉口不言，竭盡全力地遵守著不在公開場合批評布萊恩的承諾。

布萊恩就像一位終於得以飽餐一頓的餓漢一般，在球季的前三個月瘋狂地吞下了球隊的出手權。這段期間他平均出手二十七次，足足比生涯平均多出了整整十球。而這對他來說只不過是熱身而已，接下來，他的得分火力將在本季得到進一步的釋放。

在這之後，他會以他的進攻手段締造兩場神蹟，這不但將讓他躋入史上最殘暴的得分手之林，也會成為他傳承給後世的核心精神。布萊恩日後曾說，他覺得自己是籃球這項運動中最優秀的單打好手，而那兩場大爆發的比賽，使他這番論點更加站得住腳。

而也就是在這段追逐高得分的過程中，填滿了他過去想要憑一己之力主宰全場的巨大欲望，也讓他開始瞭解到，除了無窮無盡的得分之外，贏得冠軍，才是他真正能留給後人的資產，也是一直以來菲爾．傑克森想要灌輸他的觀念。

他的內心開始有了帶領球隊站上巔峰的宏圖，也開始更願意聆聽教練的指導，令他拉近了與教練之間的距離。而在這段二〇〇五年秋天到二〇〇七年春天的奪冠過渡期，布萊恩用一場又一場的得分煙火秀，追逐著自己的極限。

在二〇〇五年秋天展開的新球季，年輕的湖人在布萊恩每個夜晚瘋狂飆分的推動下，打出一波不錯的開頭。當然，儘管沉浸在恣意得分的喜悅中，他偶爾還是會遇到一些踢到鐵板的時候。十一月回到費城老家迎戰艾佛森時，球季前兩星期平均得到三十四點八分的布萊恩，在鄉親父老面前留下二十七次出手僅命中七球、得到十七分的慘澹成績。而在這場比賽中，只要布萊恩拿到球，也還是會聽到費城球迷的滿場噓聲。

「我喜歡這個感覺。」他打起精神、強顏歡笑，讓他的字字句句間流露出更多的泰然自若，「我喜歡，是真的喜歡。我的意思是，我真的很享受這種感覺，我最初接觸籃球時，也是從噓聲中開始的。」

畢竟除了這麼說，他也沒什麼好說了。而他會喜歡這種感覺，或許是因為一直以來，這些噓聲就是驅使他的動力，讓他燃起更多與他人競爭的氣焰與決心。

而得分暴漲的球員不只布萊恩。有許多得分好手在二〇〇五—〇六年球季破繭而出，主要原因是ＮＢＡ修改了規則，降低了防守者對側翼與後場球員的干擾。這讓聯盟各隊不再能夠像過去派出許多肌肉棒子對付喬丹一樣，用激烈的肢體碰撞來阻止這些得分機器一飛沖天。

改變規則後的成效在這個球季顯而易見，包含布萊恩在內，另有艾佛森、詹姆斯與亞瑞納斯（Gilbert Arenas）等共四名球員平均得到三十分以上，是近五十年來首次出現的現象。上一次有這般榮景，得追溯至一九六二年，聯盟還沒有區域聯防、甚至包夾防守也不多見的年代。那個球季，共有張伯倫、威斯特、羅伯森（Oscar Robertson）、鮑伯・派提特（Bob Pettit）與貝拉米（Walt Bellamy）等球員在平均得分方面跨越了三十大關。

籃網的球隊高層索恩（Rod Thorn）是一名鑽研NBA規則多年的專家，他在二〇〇六年宣稱，這個規則的改變帶來了戲劇性的影響。外圍防守球員將禁止用手掌、手臂或任何的肢體接觸妨礙或阻擋空手切入的球員或持球者的移動。

索恩說明，NBA為了讓進攻球員有更多的優勢才會改變規則。「現在越來越難防守這些既能運球又靈活的側翼球員了。」講起這些規則的改變時，索恩如此說道，「我認為這幫助許多技巧派的球員，在面對空有力量的強硬派球員時得到更多優勢。而這也是NBA想要推廣的方向，減少球員在運球或切入時的阻礙，把比賽打得更流暢。」

「我是覺得過去的比賽太偏袒強壯的球員了，讓技巧派打法的選手很吃虧，」索恩當時表示，「NBA也覺得防守者運用太多肢體或手部的干擾了，這樣會對比賽帶來負面的影響。大家覺得當時的比賽風格太偏向防守球員，讓他們光憑蠻力就足以制服進攻球員。」

索恩說，新規則就是為了解決上述現象而生的。「現在只要裁判看到防守者刻意碰撞空切或持球的球員，就會立刻吹哨。」

少了更多防守者的肢體對抗後，進攻球員們有了更多攻擊籃框的機會，並進一步博得對手的犯規。「那些優秀的側翼球員，像是詹姆斯、科比、亞瑞納斯、韋德（Dwyane Wade）和卡特，在現在的規則下獲得了許多罰球的機會。」索恩說。

聯盟對修改規則後出立竿見影的效果感到很滿意。

進攻球員得到了前所未有的自由，高得分比賽也一場接一場地刺激著球迷，令收視率隨著觀眾的高昂情緒衝上雲霄，讓記者有更多動力寫出更多精彩的報導。這象徵著ＮＢＡ的復興，也是喬丹效力公牛之後的時期從未有過的榮景。

ＮＢＡ賽事的平均得分在一九八〇年代後期開始日漸降低，聯盟為了改變這樣的趨勢，勢必得有所作為。而他們的策略看起來成效頗豐。

只是並不是每個人都對這樣的改變感到樂觀，現在八十三歲、擁有超過半世紀執教經驗的資深教練溫特，就對聯盟這些作為深有疑慮。

溫特認為規則修訂後，促成了這批超級得分機器的崛起。而這些球員又以布萊恩的表現最為驚人，他攻下了許多場四十分、五十分甚至六十分的比賽。

「修改規則後聯盟裡多了許多可以攻下四十分的球員，」溫特表示，「但要不是他們獲得了十五到二十次的罰球，可沒辦法拿到四十分。」

「進攻球員是該被保護沒錯，但這樣的保護有點過頭了，」溫特說，「我不覺得只是稍微碰到進攻球員，有什麼好被吹犯規的。」

諷刺的是，這項為了提高球隊得分而做出的改變，反而讓比賽的節奏慢了下來，因為這項規則實施的第一個球季，犯規的哨音簡直就像免費大放送一樣，使得比賽打打停停。溫特說，「球迷可不想看一場裁判一直在響哨的比賽，這把比賽的節奏拖得很慢。」

溫特還有另一個不滿的地方，那就是雖然規則修訂後，外線區域成為了進攻球員碰不得的地帶，但在內線，裁判卻用往日的標準執法，使禁區的肢體碰撞跟以前一樣激烈。

「我覺得這很沒道理，」溫特說，「如果球員可以在內線打得這麼硬，那為什麼同樣的標準在外線就行不通？」

「只有內線的防守標準還是跟以前一樣。但走出內線的防守標準，毫無疑問地受到了規則修訂的影響。」

索恩同意。

在遙遠的未來，這個改變會被視為中鋒越來越不重要的原因。但對那些才華洋溢的側翼得分手來說，修改後的規則可說是美夢成真，也促成了新世代得分好手的崛起，像是詹姆斯、亞瑞納斯、韋德以及許許多多的明日之星。

當然，早在NBA修改規則之前，布萊恩就已經證明了自己的能力。不論在任何形式的規則下，他都是隨時做好準備挺身而出並抓住機會的球員，他也把握住這個機會，在二〇〇五—〇六年球季好好地表現了一番。

不羈夜

布萊恩擺脫了在費城的低迷表現後，接著在十一月回歸主場的三場比賽中火力四射。戰勝尼克以及敗給公牛和籃網的三場戰役，他分別攻下了四十二分、四十三分與四十六分。考量到他在上個球季尾聲對隊友發怒的事，可以理解為什麼外界會好奇布萊恩瘋狂得分的背後，是不是潛藏著信任危機。

事實上，球季剛開始時布萊恩的隊友們也覺得他們沒有贏得他的信任，湖人前鋒庫克（Brian Cook）就曾在這個球季進行一段時間後承認了這一點。然而這樣的想法在他們十二月七日作客多倫多的比賽後有所改變，布萊恩只出手了十二球，卻送出十一次助攻，雖然只得到十一分，卻幫助湖人贏得了勝利。

「沒記錯的話，他在上半場大概只出手了兩、三球*，」兩個月後庫克回憶起這場比賽時說，「他一直在分享球權，送出了大概十一次助攻。那時起我們都感覺到，他知道我們能成為他的助力。我們都知道科比無所不能，我們只需要在正確的位置出手投籃並維持戰術運作，就幫得上他的忙了，我想一切都會沒問題的。」

湖人前鋒德文・喬治已經和布萊恩當了六個球季的隊友了，而這個球季，他開始在依然奮力飆分的布萊恩身上，看到了細微的變化。雖然這番變革遠非戲劇性的劇烈改變，甚至也不是每個晚上都會有的現象，但這些小小的變化，卻足以成為他們打出團隊籃球的基礎。

布萊恩的領導能力也在逐步提升。「我覺得他真的、真的很專注在提升領袖魅力這點上，」喬治表示，「他不但更努力地在直接點出問題的核心，也更願意把自己的想法講出來跟大家溝通。他過去習慣於身教勝於言教的領導方式，現在則是在出聲帶領隊友方面下了更多功夫。他會一直提醒隊友要移動到哪個位置、要怎麼轉移球權等細節，並試著特別關照年輕球員，讓他們更了解自己該做什麼。我想這是他最大的改變。他用不同的方式在試著與大家拉近距離、提升大家在球場上的表現、和大家達成共識，並幫助整支球隊順利運作。我覺得這是他在該年球季的作為中，與過往相比最大的不同之處。」

當然，他還是會扛起得分重任，球隊在其他隊友手感冰冷的夜晚，不但需要他憑藉著天賦與對他變得更加有利的規則把握住進攻機會，更得靠他盡情得分，才能留下一線勝機。

十二月，他接連在遠征達拉斯與回到史戴波中心迎戰巫師的比賽攻下四十二與四十一分，並幫助球隊贏得這兩場勝利。只是隨後在敗給火箭的比賽中，只出手了十三次的他試圖讓隊友更加融入比賽，然而隊友們並沒有回應他的期待，使得他不禁怒火中燒。

兩天後，小牛來到史戴波中心挑戰湖人，而在比賽前的晨練，據說布萊恩就已經在喃喃自語地說，這次他要自己出馬來搞定這場比賽。

只花了三節比賽的時間，他就靠著三十一投十八中與二十五罰二十二中的高水準表現攻下了六十二分，也幫助球隊建立起足以讓他在第四節坐看勝利到手的領先。事實上，他一個人在前三節的得分，就已經比小

＊譯按：其實布萊恩在上半場出手了十次，是下半場才只出手兩次。

牛全隊還要多了。

第四節，菲爾．傑克森請助理教練蕭去問問板凳席上的布萊恩，看他還想不想繼續上場。這是布萊恩人生的轉捩點之一，如果說有誰能察覺到這一點，那就是蕭了。

「一九八九年，我在義大利第一次遇見了科比，」蕭在二〇一五年回想著過往。在塞爾提克打完新秀球季後，他出人意料地與一支義大利球隊簽下合約，展開職業生涯的第二個球季。「我遠渡重洋來到義大利打球，和他的父親交手過，那個時候科比大概才九、十歲吧。他就是標準籃球家庭的小孩，有個在當球員或教練的家長。他總是來到球場，挑戰那些準備熱身的職業球員。他有著開朗、好親近的個性，當時便對他和他的家人有了許多了解。」

布萊恩一向是個把自己的豐功偉業加油添醋的人，他後來告訴大家，自己曾經在孩童時代擊敗過許多職業球員，蕭就是其中之一。「如果你願意相信他天花亂墜的故事，那他確實有打敗過我啦。」蕭回憶起當年，一邊說，一邊笑了起來，「但沒有人會把他這番話當真的。他當時只是個在球場上跑來跑去的小孩子，偶爾上個籃什麼的，現在他居然能信口開河地說自己成長階段那些年，有在球場上向我挑戰。這個故事一開始的版本，是當年十歲的他在『**H-O-R-S-E**』花式投籃賽中擊敗了二十二或二十三歲的我。然後到了我們初次攜手進軍總冠軍賽的西元二〇〇〇年，故事的內容已經演變成他在單挑時打敗過我。只能說隨著歲月的流逝，傳奇會變得越來越傳奇，故事也不再是原本的真人真事了。」

蕭指出，多年前的真相究竟為何，早已無法考究。「他在自己的記憶中擊敗過我，但我實在很難相信，二十三歲的我會輸給一個十歲的小屁孩。但……如果真有這麼回事，我只能說在他成為偉大球員的路上我也推了一把，因為我在他還小的時候就幫他建立起自信心。」

不過蕭也笑著補充，他們成為湖人隊友後，布萊恩曾在許多次訓練後的單挑中擊敗過自己。

事實上，菲爾．傑克森二度執教湖人期間，蕭的存在讓教練團對布萊恩的看法，產生了重要但難以形容的影響。

就如羅森所解釋的那樣，菲爾．傑克森與他的助理教練們在一九九九年剛入主湖人時，對年輕的科比心存疑慮，因為他們也同樣對喬．布萊恩的打球態度沒有信心。羅森說，喬．布萊恩在ＮＢＡ被視為一名利己主義者，曾說過自己把得分看得比贏球更重要。

現在，蕭以助理教練之姿加入了一支科比瘋狂得分但卻難以取勝的球隊。而在許多觀察菲爾．傑克森已久的人眼中，他們覺得傑克森會選擇由蕭去傳話、問布萊恩要不要繼續上場絕非巧合。溫特指出，蕭從來不懼於挑戰菲爾．傑克森玩弄人心、恫嚇他人的手段，而且他也從來不怯於表達出自己對布萊恩在籃球方面展現出的職業素養有多麼欽佩，因此當時的蕭在教練團中有著獨具意義的存在價值，

「我朝科比走了過去，」蕭回憶，「然後問他，『總教練想知道你會不會想回到場上再得個八分湊滿七十分，然後再下來休息』。科比看了看計分板，看到我們領先三十分左右之後接著說，『免了，我下次再拿七十分就好了』。」

聽到這句話，蕭記得自己當時不但震驚，還有些生氣。

「ＮＢＡ能單場攻下七十分的球員屈指可數，」他告訴布萊恩，「你最好趕快上場。」

「不，不用了。」布萊恩回答，「別擔心這個，球隊現在不需要我得到這七十分。」

「聽他這麼講，我只能搖頭。」蕭回想著。

後來，當被問及如果自己第四節繼續上場能得幾分時，布萊恩很快地估算了一下後回答，「可能八十分吧。」

十二月二十八日他獨得四十五分但在延長賽敗給灰熊的比賽，他因為在場上和麥克．米勒（Mike Miller）發生糾纏，接著揮了一拐打上他的喉嚨，所以遭到禁賽兩場的處分，也讓他因此錯過二〇〇六年的前兩場比賽。布萊恩在一月六日回歸戰線，並在史戴波中心迎戰七六人時攻下四十八分，其中更有三分球七

投全中的表現。接著他在隔夜出戰快艇的比賽拿下五十分，有四十分集中在下半場。

隨後在出戰溜馬時攻下四十五分、十籃板後，他締造了連續四場攻下四十五分以上的紀錄。在張伯倫於一九六四年十一月有過相同的火熱表現後，至今還沒有人達成過。在布萊恩之前，也僅有張伯倫、貝勒完成過這番偉業。

而在一月十一日至一月二十二日的七場比賽，布萊恩還創下了連續命中六十二次罰球的隊史新猷。

一月十六日星期一是馬丁・路德・金恩紀念日（Martin Luther King Jr. Day），歐尼爾也在這一天與熱火來到湖人主場作客。就在幾天前，前塞爾提克傳奇球星比爾・羅素跟歐尼爾分享了自己是怎麼在跟張伯倫在爭執後言歸於好的故事。比爾・羅素鼓勵歐尼爾跟布萊恩握手言和，而馬丁・路德・金恩紀念日就是最適合的時機。布萊恩進行賽前熱身時，歐尼爾走到了他的身邊，對他伸出了友誼之手，讓布萊恩驚訝不已。這位中鋒向布萊恩送上祝福，對布萊恩長女的降生與凡妮莎又懷上次女的喜事致意。

跳球前，兩人又抱在了一起，讓球迷們興奮地歡呼了起來。

「我覺得很開心，」布萊恩說，「這幾年我們真的一起經歷過太多太多了。」

能夠揮別過去的陰霾並向前邁進，不但對他來說是件很棒的事，對洛杉磯與下一個世代的年輕人而言，也一樣有著正面的影響。

「是偉大的比爾・羅素要我這麼做的。」歐尼爾解釋。布萊恩隨後則以獨得三十七分慶祝兩人的停戰紀念日，並在比賽最後八分鐘攻下十二分，替湖人取得勝利。

幾個晚上過後，他在沙加緬度攻下五十一分，這也讓原本就自視甚高的他，自信心又更加高昂了。

致敬

如果這一連串的高得分有傳達出什麼意義，那就是它顯示出布萊恩正在尋找自己的極限。而他之所以能夠在球場上繳出如此高水準的表現，是建築在多年以來追求極致的訓練之上。

首先，他的足下功夫堪稱完美，他有一系列以軸心腳為中心踩出往前方或反向轉身的步伐，加上刺探步和假動作，讓他常常能夠在邊線或底線的狹小空間中，找到出手投籃的機會，在防守者頭上命中各種不可思議的投籃。而他能夠施展出這些獨門武功，是因為他花費了難以計算的時間在鑽研每個偉大得分手的影片、與溫特討論腳步以及和威斯特討論過不下百萬次的重要細節上。像是手肘與額頭在出手時要保持幾度角才能投出完美的一球，他也想討論出個答案。

儘管那些年他麻煩纏身，與歐尼爾的衝突也從未間斷，但布萊恩依然在許多強敵心中建立起強大的形象。因此他為了重建球隊與自己的名聲而付出的努力，才會在每個夜晚成為ＮＢＡ的焦點；也因此即使他也有過在眾目睽睽之下陷入掙扎的時刻，卻依然能贏得其他ＮＢＡ從業人員的尊重。「每當我們跟他們交手，比賽又十分膠著的時刻，我們就會對他嚴加看管，」馬刺總教練波帕維奇一邊憶當年一邊說著，「但他還是有辦法靠著急停或後仰跳投，在右側四十五度角或底線越過所有人並把球投進。回過頭來，他還會對我們微微一笑。」

而在他的爆量得分之下，人們往往會忽略他每個晚上在防守端付出的大量心力。

「比賽中，有時候他會決定親自防守某個正在他們球隊防守下持續得分的人。」波帕維奇說明，「然後他總能把那傢伙完全封鎖。很少人會稱讚他的防守，但他確實在防守端投入了許多。」

許多像波帕維奇一般欽佩布萊恩的人，都知道是什麼特質讓布萊恩在球員中鶴立雞群，這些特質就是「他強韌的心靈、意志力以及在一場接著一場的比賽中承擔責任的能力。」

「這些特質成為科比這樣的偉大球員與普通球員之間的分水嶺，」波帕維奇闡述自己的觀點，「NBA有許多好球員，但他們的表現很不穩定，他們大概要每三場才能打出一場好表現。只有意志特別堅強，並有著日復一日為球隊挺身而出的責任感，才能在每場比賽做出穩定的貢獻。這也是科比與其他球員的區別。」

與波帕維奇經歷過許多和布萊恩交手的偉大戰役，鄧肯也認為布萊恩有著上述的特質。「是他不服輸的競爭天性，讓他每場比賽都全力以赴，」他解釋，「每個夜晚他都想要成為比賽中的最佳球員。」

加西杜埃納斯在湖人工作的這麼多年以來，見過的湖人球員多如過江之鯽，然而特別在乎比賽的卻寥寥無幾。威斯特是其中之一，魔術強森亦同，而布萊恩，當然也名列其中。

薛佛也看到了布萊恩的這項特質。這些年來，他是最受菲爾·傑克森信任的心腹，也以助理教練的身分替菲爾·傑克森在執教公牛與湖人期間完成了許多重要的任務。很有想法、深思熟慮的薛佛，很尊敬溫特，也對菲爾·傑克森忠心耿耿。經過在教練團耕耘的這段漫長時光後，如今他成了布萊恩訓練時的貼身助教，這意味著他得二十四小時隨時待命。從許多方面來說，他在這兩支效力過的球隊就像加西杜埃納斯一樣，是團隊中的黏著劑，發揮出接合球隊人際關係的重要功能。

更棒的是，當訓練中的布萊恩要休息片刻時，薛佛還有源源不絕的喬丹故事可以分享給他。

「我們的確常常聊到喬丹的事，」薛佛回憶，「他會問我一些他在特殊情境下會如何處理事情的問題。科比不只好奇籃球相關的事，也好奇當球隊正經歷著某些難關時，他會對隊友作何反應？他對於喬丹領導與管理球隊的方式很有興趣。」

薛佛也看得出來，布萊恩對於菲爾·傑克森教練團與三角戰術的回歸是感到高興的。「他喜歡在這個體系打球。」薛佛說。

布萊恩喜歡從一大清早就開始訓練，甚至休賽季期間也依然如此。

「所以我大概早上五點就要開車出門了，我們都是從橘郡出發的，要這個時間點出門，才能夠在夏天的黎明到來前就展開訓練。」薛佛回憶，「在這個年頭還想找到一個這麼刻苦訓練的球員，真的要非常好運才有機會。」

薛佛總是試圖打造出最完美的訓練計劃，其中包括飲食、重量訓練、身體狀況的調整與恢復。在他調教之下的球員，只要能夠完成計畫中百分之五十的進度，就已經達成他的期待了。沒有球員能夠百分之百地完成這項訓練計畫中的所有進度，但薛佛指出，布萊恩是最接近百分之百的人，而且不論是球季間還是休賽季都是如此。

「他是個了不起的傢伙，」薛佛更詳細地說，「比賽打完後，我們有時候要馬上飛到下一個城市，抵達目的地時可能都凌晨三點了，但他還是會找我去幫他做伸展動作或一些其他的訓練。他不會直接上床睡覺或休息，他就是閒不下來。」

同一時間，蕭也指出他們搭飛機時，布萊恩會在其他隊友睡覺的時候，研究他剛剛打完的比賽，重溫自己與球隊的表現。接著他會繼續看下一場比賽對手的球探報告，只有完成這些例行公事，他才允許自己休息。

蕭說，沒有任何一位NBA球員會像他如此投入。

布萊恩總是力求完美。「就算是像我這樣的人也會有對自己說『夠了，我要睡了』的時候，」薛佛說明，「但他對於籃球的付出，從來就沒有休止的時刻。」

即使他的年紀日漸增長，但他對自己的要求不但沒有放慢腳步，反而更加嚴以律己。

「他絕對是我至今合作過對籃球付出最多的球員了，」薛佛補充，就算是喬丹對於自我要求方面的態度與布萊恩十分接近，但在日常生活中的努力，卻沒有人比得上布萊恩。

如果喬丹出現連續幾場比賽手感不佳的情形，那麼隔天早上，準備上班的薛佛就會在來到公牛的訓練體育館時，聽到這位明星球員練投的聲音。

薛佛說，如果有需要的話，喬丹就會進行額外的訓練。「但科比一直都有在做這樣的訓練。他為了成為最優秀的籃球選手而奉獻的心力，對我來說是沒有人能望其項背的。」

因為與布萊恩朝夕相處的關係，薛佛不覺得布萊恩是個孤僻的人，也不是件讓人驚訝的事。有時候薛佛與家人吃飯時，會恰巧遇見在同一家餐廳用餐的布萊恩，而這位明星球員總是會走過來花點時間跟薛佛一家人寒暄。

不過布萊恩也會和聯盟中一些其他球隊的球員互動，就像過去的他與唐尼・卡爾一樣。文・貝克（Vin Baker）記得自己就曾碰巧和布萊恩搭上了同一班飛機，然後抵達目的地後發現布萊恩留下來等他，看看他需不需要一起搭車離開機場。

紐奧良黃蜂的年輕前鋒大衛・威斯特（David West），也記得自己與布萊恩有過類似的交集。

「有一次在洛杉磯打完比賽後，我正準備離開史戴波中心，」大衛・威斯特在二〇一五年回想著當時的情景，「然後他走過來拍拍我的肩膀後說，『兄弟，你有在進步哦』。老天，這句話對我意義重大，這對我來說是件大事。」

「我那時年約二十四歲，還在試著尋找聯盟中最適合我的路。這是他第一次跟我說話，說真的，我嚇了一跳，他居然認識我，接著不但認可還讚美了我……幾年後，我們一起入選了明星賽，也終於有了近距離接觸的機會，並聽他討論自己對籃球的想法，這種感覺真的很棒。」

當今聯盟中的年輕球員幾乎都是過去十年在電視上看著布萊恩長大的。他在球場上的強悍與進取心，激勵了許多年輕球員，像是近年來在聯盟中發光發熱的拓荒者球星里拉德（Damian Lillard）以及職業生涯從溜馬出發的保羅・喬治（Paul George）。毫無疑問，布萊恩依然是個爭議人物，但他與他人互動的方式，讓他儘管在人生中經歷過這麼多的磨難與負面事件，卻依然讓其他球員的心中產生了欽慕之情。

而最能贏得這些年輕球員欽佩的互動方式，就是在球場上展現出旺盛的競爭意識。「一場在洛杉磯進行的比賽，我接下了防守他的任務，」對自己防守有信心的資深浪人球員巴阿穆鐵（Luc Mbah a Moute）回憶，「在第三節剩沒幾秒鐘的時候，通常不會和對手多費唇舌的我，卻在那時跟他講了些垃圾話。我跟他說，『我知道你的下一步會做什麼，這一球你投不進的』。然後他回我，『噢，我會得分的』。」

「我接著告訴他，『我完全摸透你會做什麼了，你等一下會急停跳投』。兩秒鐘過後，他假裝自己要突破上籃，但他運了一次球，便在我以為他會在多運一下的時候緊急煞車，而就在他急停但還沒跳投的剎那間，我聽到他對我說，『逮到你了』。」

「接著他出手，皮球也隨即應聲入網，接著他轉過身來看著我，開始笑了起來。他整場比賽暫停時間都在笑，就連我們回到場上時，他也笑個不停。我真的很生氣，都快氣炸了，為什麼我都知道他要做什麼，他卻還是有辦法在我的防守下得分呢？」

飆分盛宴

一月二十二日，暴龍在星期日作客史戴波中心。很久以後布萊恩才會透露，這一天是他離開人世近五年的外祖父考克斯二世的冥誕，而他的外祖母也來到了洛杉磯看他打球。報導指出，此前他的外祖母還沒有在現場看過他披上湖人戰袍上場比賽。三天前，他的女兒娜塔莉亞剛度過了她的三歲生日，因此這種溫馨的家庭氛圍，也成為他的動力。

除了上述情形之外，並沒有太多預兆，預示出一個偉大時刻即將降臨。他在前一天晚上還盡情享用了義式臘腸披薩與葡萄汽水，隔天也在賽前繼續吃了像是漢堡和薯條之類的速食。這一天，他的膝蓋一直在痛，真的是痛到足以在他的腦海中留下印象。

因此他第一節的目標，是想看看能不能在比賽中放鬆一下膝蓋，不過暴龍在開賽之初的區域聯防也滿鬆懈的，這給了他不少輕鬆切入得分的機會。

這樣的情形正對他的口味，也讓布萊恩找回了他往日的充沛精力。不過他的隊友們卻宛如夢遊般在球場上拖著蹣跚的步伐，就好像他們早上才喝了幾杯龍舌蘭、現在酒還沒醒一樣。他們得到許多跳投機會，卻像是打擊樂隊一般，用彈框而出的球敲出了各種聲響，但沒辦法把球投進籃框，使湖人陷入大幅落後。

再度察覺到自己需要積極進攻後，布萊恩開始以連番的投射穩定地替球隊灌進分數，其中有好幾球是靠著被隊友德文・喬治戲稱為「金雞獨立跳投」（flat- footed jumper）這種在空中踢出一條腿保持平衡的投籃姿勢得分的。這是布萊恩最近一直在練習的奇招，為了將它練到完美境界，德文・喬治回憶，布萊恩總是在訓練結束後抓著一名隊友來防守自己，練個大概一百球，直到他滿意才會罷休。

靠著在第二節開始後投進的一顆三分球，布萊恩很快地進入了狀況，僅打了十三分鐘就得到十七分。顯然他在暴龍的防守下得以予取予求，只要他想，隨時可以在球場上的任何地方把球投進。但他的球隊卻依然落後，當麥克・詹姆斯（Mike James）在第二節尾聲投進一顆擦板拋投後，暴龍取得了五十二比三十七的領先。而在上半場還剩一分二十七秒時，布萊恩抄到球，並被傑倫・羅斯犯了一規。得到兩罰機會卻在第二罰失手的他，也使他連續罰進六十二球的紀錄就此告終。

上半場比賽打完，他以十八投十中的命中率得到二十六分。此時他的隊友們只得到二十三分，合計三十二次出手更僅僅命中十球而已。

下半場開始後，暴龍又打出了火熱的開局，麥克・詹姆斯很快地投進了一顆三分球，幫助球隊把領先擴大為六十六比四十九。這使得布萊恩在下半場開始不顧一切地砍分，也讓他的外祖母看得興奮不已。比分的差距讓菲爾・傑克森看得氣血上衝，因此他按捺不住地從板凳上站了起來、推了推鼻子上的眼鏡、雙手交叉環於胸前，接著，在露出一個既痛苦又焦慮的表情後，他對布萊恩點了點頭，並將手指指向他。這個球季，他私底下一直希望這位明星後衛盡量把球交到內線給球都接不穩的夸米・布朗（Kwame Brown）或發揮很不穩定的米姆，藉此讓他們慢慢找到得分手感。

布萊恩盡責認份地把球交到內線、傳給布朗，但布朗還是沒接好，讓看得很崩潰的菲爾．傑克森叫了個暫停。「我的老天爺，」德文．喬治記得教練如此失控地喊著，「我祈禱你老婆不會把小孩交到你手裡！」

終於在第三節還剩六分鐘左右時，歐登靠著二罰中一拿下了他在本場比賽的第一分，也總算中斷了湖人連續十九分都得靠布萊恩貢獻的尷尬場面。

然而不但就連布萊恩自己都沒有考慮就此煞車，在這段誰都擋不住他的攻勢中，就連剛剛罰進的歐登都在他的耳邊告訴他繼續衝。幾秒後，布萊恩又投進一顆三分球，把他本場比賽的得分提升到四十一分，逼得暴龍教練米歇爾（Sam Mitchell）喊出暫停，討論如何澆熄他在進攻端火力四射的表現。與此同時，布萊恩逕直地走向板凳坐下，就像老僧入定一般，遁入了自己的思考領域之中。他在第三節的前六分鐘已經得到了十五分，暫停回來後，他馬上又移動到右側底角，虛晃一招騙起彼得森（Morris Peterson）後製造了他的犯規，獲得進算加罰的機會。

片刻之後，彎下腰的他做出一個試探步，接著高高躍起投進一顆深遠的三分球，讓暴龍的領先縮小至七十八比七十三。

這一節接下來的時間，布萊恩不斷摧著油門在拚命得分，也終於幫助球隊超前了暴龍，替湖人取得九十一比八十五的領先。

他在第三節的十五次出手命中了十一球，並帶領湖人打出一波十二比零的攻勢結束第三節，這也讓所有關注NBA的人身邊的手機因此鈴聲大作、熱烈地討論比賽，就跟他在十二月與小牛交手只花了三節時間就得到六十二分的情形一樣。在費城的艾佛森跟打電話給他的人說，自己要好好地坐下來，吃點爆米花並欣賞這場秀。

而在電視上看著這場比賽的教練們，則不明白為什麼暴龍沒有更頻繁地包夾布萊恩。塞爾提克在一九八六年季後賽也沒有包夾喬丹，結果就讓他在他們頭上得到了六十三分。當時也正在看電視的金塊總教練卡爾教練說，讓老大得分、封鎖他的隊友，這是NBA流傳已久的老派執教哲學。卡爾也一直在看暴龍什麼時候才會多採取一點包夾策略，最終他們逼不得已地包夾了幾次，但次數並不多。

第三節結束時，布萊恩走向板凳，雙手緊緊地壓著球，心不在焉地沉浸在籃球的觸感中，就好像這顆球是這場比賽的魔力泉源，而他想從中汲取出更多力量。他又獨自坐到了板凳末端，不想被任何人或任何事動搖他益發昂揚的精神。這兩節他的得分煙火秀讓隊友們看得目眩神迷，而他們此刻正試著盡可能地不要打斷他的思緒。他已經得到五十三分，也讓整座體育館為之沸騰。而球場另一端的暴龍陣營，則試圖揮散他們的恐慌情緒。

第四節剛開始，布萊恩在以一記轉身殺進內線時被戳到了眼睛，由於他在切入時雙手和膝蓋都被撞了，不滿裁判對此毫無反應的他開始對他們大吼大叫，結果反倒被吹了一次技術犯規。

第四節還剩九分鐘時，暴龍全隊在下半場只得到二十五分，相比之下，布萊恩一個人就拿下三十五分，而且他得到的分數還在繼續增加。

三分鐘後，布萊恩的總得分在完成從右側的突破上籃後來到了六十一分，也幫助球隊將領先優勢擴大到九分。接著他又罰進三個罰球，超越了此前在迎戰小牛時攻下六十二分的個人單場最高得分紀錄。

板凳席的蕭此時滿腦子的畫面都是布萊恩在六十二分之夜的第四節拒絕上場的情景，也記得他當時說過的那句「七十分我下次再拿」。現在看來，他的下次，就是這一次了。

最後四分二十八秒，歐登把球傳給了左側邊線的他，接到球後，他擺出了三重威脅姿勢，先是把球放在臀部的右方，接著很快地把球擺盪到身體的另一側後，從左側開始啟動，往前運球，接著急停跳投命中了一記兩分球。這是他的第七十二分，也超越了此前湖人隊史由貝勒締造的單場最高得分。

布萊恩轉身慢慢跑回球場的另一端，當他緊皺著眉頭看向計時器的同時，記分板上正閃爍著「MVP」

這三個大字。湖人現在領先多達十七分，因此媒體區的記者們也紛紛猜測在他破紀錄後，菲爾．傑克森會在何時把他叫回板凳區。然而「禪師」看起來也想讓他繼續留在球場上，看看布萊恩究竟能創下多大的驚奇。

暴龍現在已經開始針對布萊恩進行了怒濤般的雙人包夾，但他很冷靜地破解了對手的聯防並不斷地製造犯規、站上罰球線得到分數。最後六秒鐘，全場觀眾陷入了瘋狂，菲爾．傑克森召來了板凳上的新秀戴文．葛林（Devin Green），讓本場比賽沒上過場的他在今晚首度站上球場。戴文．葛林走上前抱了一下布萊恩，也在代替他上場後讓後者回到板凳區，與早已迫不及待的隊友們擊掌與擁抱。他攻下了八十一分，是ＮＢＡ史上第二高分，僅次於張伯倫在賓州赫爾希鎮得到的單場一百分。

布萊恩進入飆分模式前，湖人最多曾落後十八分，最終他們也以十八分之差贏得比賽，最終比數為一百二十二比一百零四。科比四十六次出手投進二十八球，其中有七球是三分球，在罰球線上則有二十罰十八中的表現。這場比賽湖人得到第二高分的球員是史穆許．帕克（Smush Parker），他得到十三分。

德文．喬治記得，每當菲爾．傑克森走進休息室時，休息室都會安靜下來。他通常會講一些關於球隊和比賽內容的話，然後用熾熱的眼神盯著大家。但這一次，他讓大家盡情地狂歡。

「嘿，科比，」這位教練最終開口說道，「我覺得你的肩膀需要冰敷一下了吧。」

蕭在一旁靜靜微笑。「這場比賽還是打得很平均、沒有特別偏重誰，」他在二〇一五年強調，「我們在比賽中大多時間都處於落後，所以這八十一分都是為了追分而不可或缺的。他也為了球隊使出渾身解數：三分球、罰球、背框單打、切入，他使出了各種你想得到的進攻手段。」

蕭在這個聯盟中當過「大鳥」柏德和麥克海爾的隊友，身為一名高後衛的他，和喬丹、魔術強森、崔斯勒這些老牌偉大球星對抗過，甚至剛進入聯盟的布萊恩也曾是他交手的對象。「但這場比賽，是我有生以來看過最精彩的演出。」見過許多大風大浪的蕭如此評價。

在芝加哥，昔日效力公牛的偉大球星皮朋的電話在凌晨三點時響了起來，接起電話的他，得知布萊恩打出一場驚人表現的消息。這個夜晚他再也睡不下去了，輾轉反側的他，不斷思索著這件事。許多防守大師也跟他一樣，煩惱著如果是自己的話會怎麼防守。同一時間，喬丹卻對這件大事沒有表示任何意見。

不過，其他人意見卻很多，而這些意見中很多都不是正面的。《聖地牙哥聯合論壇報》（San Diego Union-Tribune）的報導便宣稱布萊恩是在一場「無關緊要的比賽」中才得到這麼多分。《芝加哥太陽報》的庫奇（Greg Couch）也說布萊恩「根本不是個英雄」。

曾跟布萊恩在一支AAU球隊當過一陣子隊友的卡特，也認為這樣的表現會傳遞給孩子們一種錯誤的訊息，他們很容易受到影響。在邁阿密，當隊友們告訴他這件事時，歐尼爾便回應他們，「給我出手五十球，看看我能拿多少分。」

「如果有人在我的防守下得了八十一分，我一定會把他給揍倒。」同樣效力於熱火的安東尼．沃克對記者說。

當然也有許多人駁斥了這番負面評價，並認為布萊恩的八十一分比張伯倫的一百分還要強。賈霸就是這麼想的人之一，並指出至少在技術層面上，布萊恩比張伯倫展現出更多的風貌。「是的，這是事實，」當時擔任湖人特別助理教練的賈霸對洛杉磯的記者們說，「因為他能以各式各樣的投籃方式把球送進籃框，像是切入、急停跳投、三分球等等，他在比賽中無所不能得令人難以置信。」

就連在洛杉磯花了許多時間要找出方法來抑制布萊恩過度得分的菲爾．傑克森，似乎都對於這場得分巨作引起的這些負面看法感到驚訝。這位教練替布萊恩出言辯護，指出會對這場飆分秀有意見的人，只不過是因為感嘆團隊籃球的式微而發些牢騷的守舊派而已。

「我覺得很多人根本沒看比賽，所以他們根本沒有看懂比賽的內容。」菲爾．傑克森一邊說，一邊嗆聲他們頂多只看了《ESPN》剪輯的精華影片而已。

所以布萊恩獨得八十一分的比賽到底有什麼意義呢？可以確定的是，人們會有好長一段時間都在討論這件事，這是值得載入史冊的表現。不過在這之後，湖人教練團得找出更多方法，才能把有著超凡球技與天賦的布萊恩和球場上表現大起大落的年輕球員們磨合在一起。為了這件事，教練團都頭疼不已。

「其實我也不知道自己怎麼得到這麼多分的，」布萊恩事後坦承，「我就跟其他比賽一樣，照常在球場上出現，盡我所能地幫助球隊贏球。我必須承認，在我累積到一定的得分後，的確有人跟我提到了分數和紀錄之類的事情，但我從來就沒有汲汲營營於超越張伯倫的百分紀錄。事實上，我待在聯盟中的這些年，已經足以讓我了解到個人成就根本毫無意義。你的球隊的表現如何，才會影響到別人對你的看法。」

這場比賽過後，溫特也提出了自己的看法。「真正的問題不是他得了八十一分，而是其他球員必須學習如何挺身而出。」

當時正在擔任球評的喬丹前隊友柯爾（Steve Kerr）指出，圍繞著喬丹打造的團隊，比布萊恩現在的隊友們強太多了。

有人告訴過布萊恩，喬丹就是學會了相信隊友，才能夠在傳球給柯爾和派克森（John Paxson）後，靠著他們投進關鍵球而贏得總冠軍。「這是一個過程，」布萊恩說，「而在我們球隊中，現在還沒有建立起彼此間的信心。有時候我們會相信隊友，但有時候我們又沒有信任彼此。學習信任，是一個過程。在一年來的奮戰中，只有在透過關鍵時刻承擔巨大壓力的考驗後，彼此間的信任才會變得牢不可破。我很確定就是因為派克森當年證明了自己能在危急時刻挺身而出，才讓他們的信賴關係如此堅不可摧。我們也需要經歷過相同的過程，才能夠學會互信。」

執教了喬丹十幾年的溫特，表示自己從未見過那位芝加哥的明星球員有過如此瘋狂的得分表現。「科比擁有特別的直覺，他知道什麼時候該出面靠著替自己製造得分機會而推球隊一把。」這位教練說。

許多酸民會反覆提出布萊恩只顧個人表現的論點，並以此抨擊他。「他跟我說過，他想要成為史上最優秀的籃球選手，」那場比賽過去一星期後，溫特如此說道，「我希望這是他有朝一日能夠達成的目標，而不是一輩子望塵莫及的妄想。」

因此多年來，溫特都在把團隊籃球的觀念灌輸給布萊恩。「他知道自己要做什麼才能夠讓球隊打出團隊籃球的風格，」這位教練強調，「他也希望湖人更像一支真正的團隊。但現在的關鍵是其他球員必須學會如何奮勇向前、幫他分擔壓力。」

溫特說布萊恩的偉大之夜對不斷宣揚著團隊合作精神的菲爾・傑克森而言一則以喜、一則以憂。布萊恩的隊友們也是如此，他們開心地慶祝這一刻，但溫特說，他們也承擔著外界批評「簡直就像觀眾」的煩惱。

溫特很早就注意到，不是每個隊友們都喜歡有著過人能力但有些無情和競爭欲望太過強烈的喬丹與布萊恩。「喬丹對待隊友的方式甚至比科比更嚴格，」溫特說著自己的想法，「有時候他對他們真的太嚴厲了。」

籃球界一直以來都很欽佩喬丹的競爭心，但當他們發現到布萊恩也有著相似的特質時，卻覺得這些年來他只不過是在挑戰喬丹在人們心中的地位。布萊恩對於人們的這種看法只有一個再簡單不過的回應，那就是他不在乎。「我會讓我的表現替我發聲。」在外祖父的冥誕豪取八十一分的夜晚過去好幾個星期後，他才靜靜地說出這句話。

這個球季後段，由於梅德維登科受傷，湖人簽下了吉姆・傑克森（Jim Jackson）來救火。布萊恩還是新人時就認識他了，還和他一起在洛杉磯吃過晚餐。「你可以感覺得到，他那好勝性格帶來的動力，讓他不會畏懼在關鍵時刻勇往直前。」吉姆・傑克森回憶起當年還是新秀的他，「就算他所作所為與外界的期待不符，他也從不擔心自己做的事會得罪他人。」

在差不多十年後的現在，成為布萊恩新隊友的吉姆・傑克森，對於他身上發生的改變感到十分的震撼。布萊恩依然對籃球無比的專注，但他學會專注在更需要他專注的地方。「這樣的改變發生在他的訓練、飲食習慣以及對待比賽的各方面上，」吉姆・傑克森回憶，「他不只是在體能方面變得更出色了。我和他當隊友的那段時間，他說過，『我在身心方面都成為了一名更好的籃球選手』。不論是發生在球場上的大小事、還是隊友們應該完成的任務，他都有了更全面的了解，這也是他的成長之處。」

不過吉姆．傑克森注意到，布萊恩還是保持著他獨來獨往的性格，也還是以一樣的獨特方式在和隊友溝通。「唯一能讓他與隊友共處的方式就是打球，」吉姆．傑克森說明，「其他時候他總是和隊友沒有太多交集，像個局外人。」

吉姆．傑克森覺得布萊恩會如此謹言慎行還有一個因素，就是即使在球場上他已經幾乎沒有漏洞，也還是擔心洩露出自己的弱點。吉姆．傑克森在球場上與布萊恩交手了好幾年，事實上，他在比賽中的一舉一動對聯盟所有人來說已經再熟悉不過了。「你只要研究過他，就會知道比起讓他往右走，更應該要逼他往左側移動，但就算這麼做，也不代表你就守得住他。」

吉姆．傑克森補充，尤其當他在打三角戰術時，要防守他就更難了。「在三角戰術中，他能藉由在球場上製造出空間以及球權的流轉打得更輕鬆。藉由三角戰術，他能夠在離籃框十五至十八英呎遠的距離展開進攻，而這是他最常得分的區域。」

不過吉姆．傑克森也注意到了一個很明顯的現象，就是菲爾．傑克森並沒有設計太多機會讓布萊恩在三角戰術弱邊的最佳進攻點持球，而那曾是喬丹得分產量最高的地帶，因此溫特也常常對此有所怨言。

「菲爾．傑克森沒有很信任他，」吉姆．傑克森說，「我覺得他不信任布萊恩替隊友製造機會、而不是只顧自己得分這方面的能力，至少他沒有像相信喬丹一樣相信著布萊恩。」

不過吉姆．傑克森在回首著那段湖人時光的同時補充，這也是菲爾．傑克森因材施教的執教方式中自然流露出的不經意之美。「他知道如何和形形色色的球員相處，知道如何讓這些球員了解真正重要的目標是什麼。菲爾．傑克森對待科比的方式和對待喬丹的方式有著很大的不同，而這也是他執教風格的魅力。」

在吉姆．傑克森的觀察中，布萊恩對隊友抱持太過強烈的期待，菲爾．傑克森正在修正這一點。「科比對待隊友的方式，是他總是期待隊友們的表現能一直達到某個水準。他必須找出如何影響隊友、讓他們變得更好的方式，這樣你在場上就能夠相信他們，他們也會回過頭來相信你。這兩者是不同的。」

吉姆．傑克森說，相較於生涯初期時身邊的隊友都是老將，他現在身邊的隊友大多很年輕，也因此他有更大的威信可以帶領他們。「他身邊的隊友都是路克．華頓、夸米．布朗、歐登和史穆許．帕克等年輕球員，要和一堆年輕球員相處，對科比來說的確需要適應，但我覺得他也是時候該適應這樣的情形了。」

布萊恩顯然已經厭倦在一群老屁股中當個小屁孩的感覺，也試著要更上一層樓、在球隊中獲得更崇高的地位。擁有一群年輕的隊友，是他能華麗轉身、從小屁孩蛻變為老大的一個重要因素。

吉姆．傑克森認為，只有在球隊的信任關係得到進一步的昇華後，這支球隊才能夠重新開始成為一支常勝軍。加西杜埃納斯也說，吉姆．傑克森有注意到布萊恩還沒完全從上個球季的紛紛擾擾走出來，但他還是完成了這些心態與心靈方面的成長。

吉姆．傑克森也解釋，事實上，光是能夠不受這些紛亂影響而東山再起，就已經看得出來布萊恩擁有多麼不平凡的人格特質了。「我不認為人們了解能夠經歷這一切後還能在場上保持專注是件多麼偉大的成就。人們真的理解，在這些騷亂之下還能夠站上球場並打出如此高水準的表現有多麼困難嗎？」

得到這些感悟的吉姆．傑克森，正巧在布萊恩這段悲慘日子的最後幾個月來到湖人與他重逢。「籃球場就是他的避風港，在這裡，他能夠揮別所有讓他煩心的事。」吉姆．傑克森表示。

隨著球隊取得在季後賽的一席之地，那年春天溫特更頻繁地以顧問的身分與球隊共進退。吉姆．傑克森注意到，這位老教練在指導布萊恩時，有時候真的過於直言不諱，然而布萊恩看起來不但沒有因此感到不滿，事實上，他還滿能接受這種執教風格的。

「他就是習慣被這麼對待，」吉姆．傑克森，「對他嚴格一點就對了。」

總之，布萊恩在二〇〇五—〇六年球季贏回了許多他曾經失去的榮耀。他重返年度第一隊與年度防守第一隊的名單，也以平均三十五點四分贏得生涯首次的得分王頭銜，這不但創下當時NBA史上第八高的單季平均得分*，也是喬丹在一九八六—八七年球季平均得到三十七點一分後的十九個球季以來最高的平均得分。布萊恩在本季八十場出賽另外還有平均五點三籃板、四點五助攻與一點八四次抄截的貢獻，而他在其中七十五場比賽中是全隊得分最高的球員。他也在本季創下了一節就得到三十分的隊史單節得分新猷，並以單場命中二十三記罰球的表現追平另一項當時的隊史紀錄†。

球季剛開始時，人們認為湖人晉級季後賽的機會渺茫，但布萊恩與菲爾．傑克森聯手帶領湖人搭上了季後賽列車。季後賽首輪他們與太陽交手，布萊恩的平均得分降為二十七點九分，然而他不僅在投籃命中率方面有所提升，每場比賽也比例行賽抓下更多籃板、送出更多助攻。

湖人跌破眾人眼鏡地取得了系列賽三比一領先，看起來也很有機會對太陽下剋上，結果卻尷尬地連輸三場。尤其在第七戰，他們更吞下一場大敗。在努力幫助隊友有所發揮後，布萊恩曾試圖在第六戰以一己之力終結系列賽，雖然他獨得五十分，但湖人最終還是在延長賽敗給太陽，也讓對手在氣勢上又取得了上風。而讓菲爾．傑克森與布萊恩更加痛心疾首的是，歐尼爾與熱火在二〇〇六年六月贏得了總冠軍。這樣的結果讓湖人對奪冠有了更多的緊迫感，也讓布萊恩對現況的挫折感日益增加。

美國夢幻隊

二〇〇六年一月，隨著他在獨得八十一分後技驚四座，也讓他接到了肩負著幫助美國隊在奧運重振雄威

---

* 譯按：詹姆斯．哈登（James Harden）於二〇一八—一九年球季平均攻下三十六點一分，已將他擠到第九。

† 譯按：此紀錄已被打破，現在湖人單場最多罰球命中數紀錄保持者為安東尼．戴維斯（Anthony Davis），他在二〇一九年十月二十九日單場罰進二十六球。

的新任球隊總監柯蘭傑羅（Jerry Colangelo）來電。

布萊恩同意了柯蘭傑羅的請求，立刻應邀來到後者在鳳凰城的辦公室，討論他替美國隊效力的展望。

「他之前就想替美國隊出征，而且還不只一次，」柯蘭傑羅回想，「只是此前因為各種原因，都還沒有實現過。」

過去因為手術或是私人因素的關係，阻撓了布萊恩穿上美國戰袍的心願，但現在是時候讓他「美」夢成真了。

「科比，」剛坐下沒多久，柯蘭傑羅就說，「如果我跟你說，我希望你在這支球隊扮演助攻手的角色，而不是得分手，你覺得如何？」

「我當時有點刻意觸碰他的痛處。」柯蘭傑羅承認。

「能成為美國隊的一員，要我做什麼都赴湯蹈火，在所不辭。」布萊恩立刻回答。

「他只想要成為球隊的一分子，」柯蘭傑羅說，「對我來說，這句話從他嘴裡說出來，真的是令人吃驚。」

柯蘭傑羅選了杜克大學的薛塞維斯基教練作為球隊的總教練，布萊恩欣賞他很久了。有鑑於布萊恩對待比賽的態度以及對籃球的付出，讓這位大學名帥也一樣很欣賞這名球員。

英雄間的惺惺相惜，也成為布萊恩在經歷過人生中這麼多困頓後得以重整旗鼓、重新樹立名聲的契機。「科比與『K教練』之間建立起非常良好的關係，」柯蘭傑羅在二〇一五年回想著當年時表示，「只要你相處的人們都是值得你尊敬的對象，球隊的羈絆很快就能締結，這也是我選他當總教練的原因。」

他們從二〇〇六年的夏天起，就已經在替二〇〇八年奧運做準備了。布萊恩很快就會跟歐尼爾一樣，發現與韋德成為隊友的樂趣。當然，他也很快會和詹姆斯一起打球了。

同樣身為得分後衛，韋德很珍惜這次與科比並肩作戰的機會。韋德只比布萊恩年輕將近四歲，不過他在馬奎特大學（Marquette）經歷了四年大學籃球的洗禮，因此儘管他們年紀相近，但比起剛進聯盟不久的韋德，布萊恩已經有十年職籃資歷了。

「我剛進NBA時，他二十四歲，我二十一歲。」韋德回想，「不過他已經是籃球界最強的得分後衛了。因此對我來說，他就是我的標竿，也是我有一天想要達到的境界。我想跟他一樣，不只有出色的個人能力，也是球場上的勝利者。」

進NBA不久之後，韋德就得到了與布萊恩對決的機會。「沒記錯的話那是我新秀球季的第十場比賽吧，」韋德回憶，「我們在洛杉磯與湖人交手，他們球隊中眾星雲集，有著裴頓、卡爾．馬龍、『俠客』和科比這些明星球員，看得我目瞪口呆，這可是四位名人堂級的球星啊。我們也沒有意外地被他們修理了一頓。」

回想起那一天，韋德主要想到的，都是被他們支配的恐懼。「我嚇得屁滾尿流。」除了恐懼之外，韋德記得雖然球隊沒有指派自己接下主防布萊恩的任務，但他還是覺得很緊張。「但我永遠會記得有這麼一球：我抄了科比一球，從大名鼎鼎的科比．布萊恩手裡抄到球。能在場上辦到這件事，真的讓我很興奮，這可說是我在球場上的精華片段。所以從此以後只要我有機會和他對壘，都會全力以赴。有時候，他打得比我好，當然也有時候，是我在比賽中佔上風。不論結果如何，跟他在比賽中較量，都是一段美好的時光。我們對決了好幾個年頭，也留下了一些經典的比賽。」

由布萊恩、韋德、詹姆斯領銜，組成了重新出發且戰力升級的美國隊，也就是所謂的夢幻隊。這曾經是讓世界籃壇恐懼的名詞，但幾年前他們在二〇〇四年的奧運中痛失金牌後，夢幻隊已經沒那麼夢幻了。

雖然歐尼爾謝絕了美國隊的邀約，但上述三人都對柯蘭傑羅承諾，至少會替美國隊效力三年，並以在二〇〇八年北京奧運奪得金牌為目標。

不過在這之前，詹姆斯、韋德和布萊恩得先在二〇〇六年於日本舉行的世界籃球錦標賽中震撼登場才行。*

「我們還有很多任務要完成，」六月在家裡看著歐尼爾與韋德帶領熱火贏得總冠軍的布萊恩說，「我們背負著許多任務，但這段過程也會帶給我們許多樂趣。我很期待跟我的新隊友們彼此競爭，也期待代表美國隊奔赴賽場。」

對過往的美國隊來說，長期備戰是未曾涉足過的全新領域。「以前的美國隊只要在奧運前幾個星期臨時抱佛腳就好了，」溫特承認，「現在柯蘭傑羅為了贏得金牌制定計畫，希冀讓美國夢幻隊再度偉大。」

「科比、勒布朗和韋德都同意一起在美國隊當至少三年的隊友，」溫特說，「過去從未有過這種事。」

「我會成為這個團隊中一個忙碌的小小齒輪，但這是件很令人興奮的事，」正準備在七月展開夢幻隊測試訓練營的薛塞維斯基於六月時如此表示，「這會是我人生至今最忙碌的一年。」

薛塞維斯基必須要從邀請來內華達州拉斯維加斯參加訓練營的二十三名球員中挑選十二到十五名球員。而受邀名單中也不乏其他ＮＢＡ球星，包含太陽的馬里安（Shawn Marion）、塞爾提克的皮爾斯（Paul Pierce）、快艇的布蘭德（Elton Brand）與金塊的安東尼（Carmelo Anthony）都有來參加。

除了上述明星球員外，受邀參加的還有一些擁有特殊功能的專才或配角球員，像是馬刺的防守大鎖包溫（Bruce Bowen）以及國王陣中很會傳球的長人布拉德．米勒（Brad Miller）。

也因為這份名單中有著這些配角球員，卻沒有邀請想參加的艾佛森，所以激怒了許多美國的球迷。其他像是歐尼爾與鄧肯之類的明星球員，則是不願意向柯蘭傑羅作出長期參加集訓並出征國際賽的承諾，因此選擇婉拒邀請。

另外，要在七月參加集訓的二十三人最終名單中，也包含了許多即將綻放的明日之星，像是當時效力魔術的中鋒德懷特．霍華德（Dwight Howard）以及暴龍的大前鋒波許（Chris Bosh）。

「我才不羨慕薛塞維斯基呢。」溫特說，「在將這批球員縮減為十二人時，他一定得做出一些困難的抉擇，有一些大明星一定會成為他的遺珠之憾。」

「我覺得加入一些能讓團隊更加平衡的實力派配角球員是個睿智的決定，」參加過原始版本的夢幻隊，並在一九九二年贏得巴塞隆納奧運金牌的皮朋說出自己的看法，「他們想要會防守又能夠打團隊籃球的明星，也需要一些能夠犧牲小我、幹一些苦差事的球員。不過，這份名單割捨了艾佛森，還是讓人覺得可惜就是了。」

溫特說，以德懷特·霍華德與波許組成的前場，主打速度與敏捷的特色。「這也顯示出美國籃球界中有多少人才。我的天，柯蘭傑羅能讓這些人都願意加入這支團隊長達三年的時間，實在是太不可思議了。過去長期集訓這種事，總是大賽結束後才會有人提出的想法，這種不重視的態度也一直在傷害著美國籃球。現在它不再只是事後檢討的空話，而是成了縝密的計畫。而我認為，這樣的作法將能帶給我們符合期待的結果。」

「這是我們第一次組成美國成人男籃國家隊的常備部隊，這精挑細選的二十三名球員將提供我們所需要的任何元素，讓我們集結出一支偉大的美國代表隊。」柯蘭傑羅說，「我們覺得這是一支多才多藝的球隊，陣中有射手、有身材優勢、有敏捷性、也有配角球員和防守專家。挑選球員時，把教練團可能會使用的各種作戰方針都考慮了進去。」

太過自大，成了美國籃球的弱點。最近在大賽中踢到的鐵板，也終於讓人意識到，過往美國在籃壇獨大的美好年代，已經一去不復返了。

「就算柯蘭傑羅集結了這樣的團隊，我也不覺得奪金之路能走得輕輕鬆鬆，」溫特說，「雖然美國籃球界

＊ 譯按：不過最終布萊恩因傷沒有參加該屆世錦賽，美國也在準決賽敗給希臘。直到二〇〇七年的美錦賽，布萊恩才首度披上美國隊戰袍。

人才濟濟，但現在世界籃球的水準也很高了。看看這些來自世界各地的天才球員，真的讓人驚嘆不已。很多國家都出了許多很棒的球員，過去的籃壇從來沒有過這樣的現象。這會讓你情不自禁地四處張望，只為了想把他們的一舉一動盡收眼底。」

皮朋同意溫特的論點。「全世界的籃球水準絕對有所成長了。」這位前公牛球員表示，「但這不是藉口。美國隊真正需要的是改正過去的惡習，為了與其他球隊競爭拿出更好的表現，而我們現在朝正確方向邁出了一步。現在要交給這批新生代的球星，由他們站出來和全世界一較高下，並帶著金牌榮歸美國故里。」

「能夠在生命中的這個時間點替這支球隊效力，讓我感到十分榮幸，」布萊恩說，「這是個莫大的光榮，也是我一直以來夢寐以求的時刻。我很重視這件事，也為了替美國效力做出了重大的承諾。很多NBA球員都有家庭，每個球季也都要打很多比賽，但我們還是覺得為國出征是非常重要的任務，也是我們自願承擔的責任。」

屆時球迷將有機會看到布萊恩、詹姆斯與韋德在場上聯手時會打出多精彩的比賽。光是三人聯手的畫面，就足以對球迷與籃球相關從業人員構成巨大的吸引力。

從球隊在拉斯維加斯展開首次訓練的第一秒鐘，人們就可以感受到布萊恩對這支球隊帶來的影響力。當詹姆斯離開飯店的房間要去搭球隊巴士參加訓練時，就看到布萊恩已經在重訓室裡揮汗如雨。開始練球前，他就已經進行了好幾個小時的訓練。

在詹姆斯職業生涯初期擔任顧問的克里斯・丹尼斯說，當時詹姆斯是這麼想的，「這就是他之所以是科比的原因。」

「第一次練球時科比就為了爭搶球權撲到地板上，」柯蘭傑羅回憶，「這替我們此後在場上奠定了良好的拚戰態度。」

柯蘭傑羅說，布萊恩征戰奧運的歷程，將讓他對一整個世代的球員帶來巨大的影響。「在重訓室，他在許多球員面前以身作則，當他們看到他毫不懈怠時，也開始跟進，進行額外的訓練。毫無疑問，他對美國籃球有著無與倫比的貢獻。」

「這對他來說是件好事，」柯蘭傑羅說，「也有益於他的心靈。」

更多的飆分

二〇〇六年夏天，溫特開始仔細研究湖人隊在夏季聯賽的錄影帶。菲爾・傑克森把錄影帶寄給他，讓溫特得以評估陣中年輕球員的進步。因為在這批年輕人中，或許有幾位球員的成長，能對湖人的新球季產生至關重要的影響。

但這些球員中並沒有能夠讓溫特眼前為之一亮的人才，這意味著菲爾・傑克森與湖人將在下個球季面臨殘酷的現實，也就是在失去歐尼爾後，他們得花很長一段時間才能把戰力調整回來。

溫特透露，菲爾・傑克森很擔心這樣的情況。「菲爾・傑克森秉持著以手邊球員打出最佳表現的心態。他知道自己帶領的球隊不是一支冠軍等級的隊伍，但即使巧婦難為無米之炊，他還是想盡可能地以手邊的材料炒出一盤好菜。」

「我覺得菲爾・傑克森是個很實事求是的人，他不是做白日夢的夢想家。」溫特說，但湖人的傳統與光環，讓這樣的現實讓人難以接受。「大家都對湖人有著很高的期待，不論現實情況如何都是如此，這也是這支球隊的一部分。」

而球隊戰力平庸的現象，也將引發一場衝突，讓布萊恩在洛杉磯的生涯一度有了就此中斷的危機。沒有足夠的支援，讓這位後衛感覺到正在看著自己最美好的年華逐漸流逝。

「他會因此變得越來越沒有耐心，」溫特談及布萊恩時說，「不過從另一個角度來看，他看起來對現況沒什麼不滿，我想他也喜歡當球隊老大的現況，這是他想要的，球隊也讓他如願以償。他就跟菲爾・傑克森一樣，是個現實主義者。」

「我認為這對我們來說是一段必經之路，」布萊恩公開表示，「在達到我們的終極目標之前，還有很長一段路要走。不過讓我滿意的是，至少我們正在向前走，而不是不進反退。我們在朝正確的方向前進。」

在他們共事的上個完整球季中，曾經彼此敵對的這對師徒建立起良好的工作情誼。他們都有著激烈的競爭天性，這也將會是他們前方漫漫長路上最珍貴的資產。

只是如果沒有引進更多的天賦，那麼他們就只能一直在這個不上不下的尷尬地帶徘徊。

「儘管我認為有這個可能性，但我不會說我們準備好成為一支在今年爭奪總冠軍的球隊了。」總經理庫普恰克表示。

「我們不認為必須要引進一名超級球星才有辦法更進一步，」菲爾・傑克森說，「我們相信這支球隊在體型方面的天賦和高度，有辦法在西區與各隊競爭。」

由於右膝動手術的關係，布萊恩無法繼續參加美國隊的集訓，而這也意味著他有八到十二個星期的時間沒有辦法進行他過去養成習慣的夏季訓練。

為了揮別過去的「愛現鬼」時代，也因為昆汀・塔倫提諾拍的一部電影*，布萊恩開始自稱「黑曼巴」。而為了進一步完成他的改頭換面，他也把自己的背號從八號換成二十四號，並表示會這麼做是為了展開自己職業生涯的全新篇章。

菲爾・傑克森，則成了布萊恩的新好友。「我覺得我們的關係因為團隊激發出的動力也變得有些不同了。他和我建立了一段開放式的關係，有這段情誼的感覺真的很棒。」

以布萊恩為中心，這支球隊又引進了老將雷德曼諾維奇（Vladimir Radmanović）與伊凡斯（Maurice Evans）以加強球隊深度並增加外線得分手。這些新面孔的到來，也讓路克・華頓被移出先發，扮演了更多第六人的角色。

湖人迫切需要降低布萊恩下個球季的出賽時間，上個球季他平均上陣四十一分鐘，是聯盟出賽第四久的球員。

但他們的計畫並未實現。布萊恩在新球季平均還是打了四十點八分鐘，繳出平均三十一點六分、五點七籃板與五點四助攻的成績單。

在身邊有了稍微多一點支援後，他今年的表現也更穩定了一點。夸米．布朗有所成長，歐登學會了主導三角戰術，也知道球場上哪些區域是自己的投籃熱區，布萊恩則又一次拿下了得分王的寶座。只是，湖人還遠遠沒有做好爭奪冠軍獎盃的準備。

三月初布萊恩陷入掙扎、湖人也遭遇了一波七連敗的亂流後，他點燃了他的飆分煙火秀。三月十六日，包含三分球十二投八中在內，布萊恩全場三十九次出手投進二十三球，外加十二罰十一中，讓他在史戴波中心迎戰拓荒者時攻下了六十五分。

兩天後，他以單場五十分的火力重擊了灰狼，這一次他出手三十五次命中十七球，替球隊取得二連勝。緊接著他們來到客場出戰灰熊，靠著布萊恩以三十七投二十中的高命中率獨得六十分，湖人連勝了三場。緊接著湖人趕上一班飛機，在清晨飛抵紐奧良，要在不到二十四小時的時間內連續出賽。布萊恩也在連續四場比賽中，都繳出了單場五十分以上的傑作。靠著他的五十分貢獻，湖人又在對決黃蜂的這場比賽中取得了勝利。「我一直都知道他是個不好惹的競爭對手，」當時是黃蜂球員的大衛．威斯特回憶起這場比賽時說，「但這一次，我從特別近的距離下觀察到火力正旺的他到底有多不好惹。他帶著連續好幾場攻下五十分的火熱手感來到紐奧良，也在我們頭上攻下了五十分。我親眼見證了想要守住他有多麼困難。我們幾乎是傾全隊

＊　譯按：《追殺比爾》（Kill Bill）。

之力在防守，你不能讓你的隊友自己一個人去對付他。」

「真正使他與眾不同的是，他總是相信自己接下來投的球會進，而結果也通常就是如此。」

布萊恩在創下僅次於張伯倫的連續四場比賽得到五十分以上的紀錄後，兩天後回到史戴波中心迎戰勇士時只得到四十三分，不過還是足以幫助湖人贏得五連勝。

後來在他短暫低潮後，又在史戴波中心攻下了五十三分，不過湖人在這場他出手四十四次投進十九球的比賽中吞下一場敗仗。這年春天，他接下來又得到了一次四十六分、兩次五十分，而越來越明顯的是，有一股新的怒火在他的心中熊熊燃燒，成為驅使他不斷得分的動力。他開始藉此向傑瑞．巴斯示威。這位老闆一直以來都是個笑面虎，他從來不會容忍麾下任何球員對他做出任何類似的挑釁行為。

而傑瑞．巴斯很快就會發現，他差不多受夠科比．布萊恩了。

第二十七章 精神永存

在布萊恩積極進攻的本能驅動下，幾乎沒有替球隊帶來太多收穫。二〇〇七年春天，在他攻下六十分幫助球隊於客場戰勝灰熊後，菲爾．傑克森如此評論，「比賽中我們搶到了一記進攻籃板，又得到了整整二十四秒的進攻時間，不過歐登把球傳回到他的手裡後，科比毫不猶豫，馬上就採取了進攻。他就像在水中聞到了血腥味的鯊魚一樣，會緊咬著你不放。」

除了進攻之外，他一切不顧。過去公牛助理教練巴赫就像海軍上將海爾賽（William Frederick Halsey Jr.）一樣，不斷在喬丹耳邊要他「進攻、進攻、再進攻」，這也讓當時的喬丹與這一年的布萊恩不僅年紀相仿，就連打法也如出一轍。菲爾．傑克森一直沒辦法習慣這件事，也因此他對這兩名球員在場上只顧得分的行為，總是又愛又恨。

那年春天，布萊恩已經二十八歲了，二十九歲與而立之年，都已經近在眼前。這也讓倒數著他選手生命的時鐘，在他的腦海裡大聲地滴答作響。

唐尼．卡爾在那段時間曾經在紐奧良看過他的比賽，也看到比賽結束後布萊恩步履蹣跚的模樣。即使走路一拐一拐的，布萊恩看到唐尼．卡爾還是非常開心，也親切地以卡爾的姓名縮寫「D.C.」叫喚著他，真的把他當作一位熟知自己輝煌過去的老朋友。

「你怎麼走路有點重心不穩？」唐尼．卡爾微笑著問。

原本有些笑得不自然的布萊恩，也咯咯地笑了出來。「D.C.，我已經不年輕了。」他回應，「我必須保持自己的節奏，你懂我的意思嗎？我的步伐會如此踉蹌，都是在NBA征戰的這幾個球季日積月累的損耗造成的，兄弟。」唐尼．卡爾和布萊恩一起走到湖人的球隊巴士，他們分別之前，還一起拍了張照。唐尼．卡爾回想著那一天時，表示布萊恩明顯散發出一種孤獨感。「這是他為了追求偉大而付出的代價。」與其他的膝傷、踝傷或肩傷一樣，布萊恩會默默吞下這些傷病與疏離感，繼續以猛烈的速度向前邁進。

布萊恩開始注意到自己雖然能夠隨心所欲地得分，他帶領的球隊卻裹足不前。如果是其他球員和他有著一樣的處境與境遇，那光是湖人在他搞出這麼多麻煩事後還對他不離不棄，讓他能夠從這些陰霾中走出來，就足以讓他心滿意足了。但在那年春天他開啟的一段得分狂潮中，布萊恩對球隊中都是泛泛之輩的現況充滿了憤怒，也不停在接受媒體訪問時談論這件事。

二〇〇七年季後賽，湖人又敗給了太陽，在提前到來的休賽季，布萊恩在購物中心的停車場遇到了一群手機有著照相功能的球迷，問他對於球隊現況有什麼看法。就像多年前在費城南街巧遇唐尼．卡爾並侃侃而談球隊會為了他送走艾迪．瓊斯與范艾克索、因此自己在球隊的前途大好一樣，布萊恩也很快地在與這批球迷聊天時打開了話匣子，肆無忌憚地批評了球隊高層與空有天賦但態度存疑的年輕中鋒拜能（Andrew Bynum）。布萊恩還揚言如果事態沒有好轉，不排除以交易來威脅球隊。這些球迷們用手機拍下的影片很快就傳開了，雖然這不是他第一次抱怨球隊，但這次他太過口無遮攔，讓傑瑞．巴斯非常憤怒。他們一起經歷了這麼多事，他也都站在布萊恩這邊，結果他竟然用這樣的方式來回報自己？

這位老闆從來就不是個容易生氣的人，但毫無疑問的是，他是個要別人都順從他的人。隨著年齡增長，傑瑞．巴斯在洛杉磯成了既孤高卻又受人愛戴的球隊老闆。他總是把能替湖人奪冠的球員帶來湖人，而他替球隊帶來的榮耀越多，球團中的每個人對他的景仰也就越深。

傑瑞．巴斯的許多特質，像是他在經營球隊時展現出的才智和遠見，都是年輕時培養出來的。他童年時過了一段苦日子，但靠著強韌的精神力，他走出泥淖，在南加州大學獲得了博士學位，讓他得以建立起自己的人脈與財富，並掌握了統治湖人王國的權杖。身為王國的經營者，他對麾下的球員表現出非比尋常的關愛，也展現出他在挖掘球員與管理人員時的識人之明，這些都幫助湖人成為一支偉大的球隊。

前湖人球員榮恩．卡特指出，在他替傑瑞．巴斯效力期間，發現他的老闆總是能以聰明且合法的方式賺到許多錢。而這支球隊與之前的主場論壇體育館，就像是一塊蜜糖，被傑瑞．巴斯拿來吸引聞香而來的政商名流，並進一步誘使這些有錢的人和球員跟他一起投資房地產的聯合買賣。

榮恩．卡特解釋，基本上，傑瑞．巴斯在投資房地產聯合買賣時，會先成立企業法人藉此減免他要支付的稅金，以及旗下有限合夥企業需要償還的貸款。

榮恩．卡特說，在扣除額超過信託的最大值後，傑瑞．巴斯就會再成立一個有限合夥企業，把他旗下的房地產在自己的企業法人之間賣來賣去，藉此盡可能合法核銷所有支出款項，並將其他獲益最大化。

這位前球員從傑瑞．巴斯身上學到了許多相關知識，而這位老闆甚至還出資讓他在附近的佩柏戴恩大學（Pepperdine University）修碩士學位。傑瑞．巴斯買下湖人後，這支「Showtime」球隊也開始奪冠了，因此這位老闆在湖人主場的包廂，很快就吸引了許多潛在房地產投資者的拜訪。

「我們做了許多筆房地產聯合交易，」榮恩．卡特詳細描述，「傑瑞．巴斯會在論壇球場和許多人碰面，他會把所有有限合夥企業的重要合作夥伴都邀來共進晚餐。我們會在論壇球場裡的會議室舉辦投資會議，接著向他們解釋我們會如何將房地產透過轉賣或交易的形式移轉到新的合夥企業。包含魔術強森、賈霸和任何他信得過的人在內，都是這間新創公司的合夥人。當時魔術強森、馬奎爾（Mark McGwire）、勞倫斯．泰勒（Lawrence Taylor）和卡爾．班克斯（Carl Banks）都有掏錢投資，因此我們能拿這些資金和房地產買賣賺來的錢去買新房子，在布倫特伍德（Brentwood）與比佛利山莊（Beverly Hills）買了一些美輪美奐的房產和複合式公寓大樓。」

榮恩・卡特回憶說，由於傑瑞・巴斯擁有化學博士學位，因此他總是以化學化合物的名字替這些有限合夥企業命名。「他靠這些房地產聯合買賣賺了一大筆錢，就連他的律師團都忍不住跟他說，『拜託讓我們加入，我們也可以分一杯羹嗎？』」

傑瑞・巴斯的馬利亞尼與巴斯聯合公司（Mariani, Buss and Associates）起步於南加州的一間小型購物中心，經過一段時間，它擴張到了足以營運湖人和溜馬這兩支NBA球隊的程度。而溜馬的老闆、工程師馬利亞尼（Frank Mariani），不但是和傑瑞・巴斯合作很久的公司合夥人，也是他的朋友。

傑瑞・巴斯後來把湖人的當地地區轉播權賣給了按次付費有線電視，讓他又賺了一筆。因此這支球隊不但把房地產投資客吸引了過來，它強大的娛樂性質，也足以迅速吸引電視台前來簽下超過十億美金的轉播合約。

這些資金讓傑瑞・巴斯能夠興建並在二〇〇〇年啟用史戴波中心，當時的傑瑞・巴斯完全沒有料到，這座球場會在日後帶給他巨大的效益。「它就像台印鈔機一樣。」在二〇〇八年接受採訪的威斯特說。

傑瑞・巴斯曾在一九八〇年代遇到了金流方面的問題。在這段期間，他曾因為未能支付在亞利桑納州（Arizona）買房而產生的鉅額稅款而在當地被控詐欺。不過榮恩・卡特回憶，在他補繳稅後，這個指控就自然被撤銷了。

很少有人會像布萊恩那樣在公開場合對傑瑞・巴斯示威，這位明星球員跨過了紅線，也讓許多球隊的內部人士覺得布萊恩的湖人生涯差不多要結束了。身為老闆的傑瑞・巴斯在出清失去用處的大牌球星這件事上從來沒有一絲猶豫，像在二〇〇三—〇四年球季一直吵著要錢的歐尼爾，就突然被傑瑞・巴斯給交易到其他城市。菲爾・傑克森也是因為跟球隊管理層和主力球星布萊恩不合，所以在同一年被掃地出門。

他們的蜜月期剛開始時，傑瑞・巴斯曾向布萊恩許諾過，會讓他永遠都是湖人的一員。這位老闆比任何人都清楚，好萊塢是屬於明星的地盤。為了讓湖人能夠成為好萊塢的焦點，他們必須將籃球界最閃亮的明星球員呈現在觀眾面前。布萊恩就是這顆星，他也想變得更加耀眼。「我覺得科比的風采與才華讓他深深地著迷，」在談及傑瑞．巴斯時，也是南加州當地人的記者阿丹德如此說道，「即使這支傑瑞．巴斯的球隊此前打造過輝煌的盛世，也有過許多耀眼的明星，他還是被科比吸引了，我認為科比確實有某些特質吸引到他。傑瑞．巴斯知道什麼樣的球員在洛杉磯才有賣點，而科比就是這種在洛杉磯有賣點的球員，因為他的風采與這座城市一拍即合。在洛杉磯，球員要有辦法刺激球迷的情緒，並讓他們看得目眩神迷，這也是為什麼他的人氣比『俠客』還高的原因之一。另一個原因，則是他的工作態度。雖然因為這裡沒有煙囪、工廠和傳送帶，所以外界可能不會覺得洛杉磯是一座市民們勤奮工作的城市。但看似光鮮亮麗的電影事業，也需要在幕後投入大量的努力和心力。想要有所突破，這些投入絕對是不可或缺的。再加上為了拍攝電影，工作人員在早上三點半、四點半就要就定位，準備好像是布景、燈光、飲食、音效等幕後相關工作。負責這些事前準備的工作人員，每天都要工作很長的時間，甚至光是為了到達拍攝現場就得經歷一番舟車勞頓。這座城市因這項產業而繁榮，雖然娛樂業聽起來很輕鬆，但它其實是個需要人們投入許多血汗的產業。湖人的球迷，就來自於在這個產業工作的人群。這些努力工作的人們，當然也尊敬努力工作的球員。」

布萊恩對籃球不分日夜的努力不僅啟發了其他球員，管理層也一樣看在眼裡。

「他之所以如此備受傑瑞．巴斯的喜愛，就是因為這個緣故。」阿丹德說，「而我很確定，某種程度上因為他也很受球迷歡迎，讓傑瑞．巴斯更喜歡他。畢竟他讓這支球隊的資產又變得更有價值了。」

但現在布萊恩看起來是真的想要離開，他也絲毫不留情面地在讓老闆難堪。因此在二〇〇七年休賽季，隨著傑瑞．巴斯指示球隊管理層開始尋找科比．布萊恩的交易下家，局勢很快就變得緊張了起來。經過了夏天與秋天，談判持續陷入僵局，場面也一直很複雜。布萊恩的挫折感與因對球隊陣容不滿而發洩的怒火，也再次損害了他與隊友和球迷之間的關係。那年夏天，光是提到布萊恩的名字，就會引起人們滔滔不絕地討論布萊恩是個被寵壞的孩子、自幹王、怪東怪西的愛哭鬼的長篇大論。

在布萊恩陷入四面楚歌的處境時，溫特依然默默地支持著他。溫特同意布萊恩在這件事上的情緒反應可能太激烈了，但這位資深教練指出布萊恩把自己的身心投入在這支球隊中長達了整整十一個球季，每一天他都努力訓練，幾乎從未中斷。也因為這樣，溫特說，布萊恩爭取到了一些其他球員沒有的權利。

溫特認為，這支球隊需要有人督促才能變得更好，且因為布萊恩是球隊領袖，負責推動球隊的任務就落在了他的身上。「畢竟他是球隊中唯一講話有份量的人，」溫特說，「除了他之外還有誰講話能讓人信服？」

對於許多關於布萊恩就是個愛抱怨自幹王、讓自己職業生涯走下坡的批評，溫特也有話要說。

「事實上，我們研究過比賽的影片，」溫特說，「大多數的時候，他都沒有進行太過勉強的投射。他在手感發燙時確實出手了不少有些爭議的球，不過大多時候這些球都會進。他就是有辦法投進那些對其他大多數球員來說難度很高的球。」

讓溫特不滿的，反而是布萊恩多次獲得年度防守球隊肯定的防守表現。「我想看他在防守端有更好的發揮，」溫特說，「他有一些習慣的打球方式，但他很多基礎防守的習慣沒有很好，他常常透過換防和在區域聯防時上前防守，試圖干擾對方並藉機抄截。他的防守基本上都是獨立於區域聯防之外的個人行動。」

溫特說，他希望看到布萊恩在防守上更加專注，並更依賴自己的隊友。

布萊恩將在那年八月滿二十九歲，並緊接著進入他生涯第十二個ＮＢＡ球季，也因此他有著當下就要贏的壓力。而活了八十五載寒暑的溫特，對於與時間有關的議題再了解不過。「科比開始為自己的職業生涯感到緊張了，」這位年長的教練表示，「他想贏，但他會有這種想法，不也是理所當然的嗎？」

那年夏天，布萊恩在參加美國隊的集訓時，以他的表現回應了眾人的許多質疑。很多酸民都在酸他會因為自私而毀了美國隊，但與他們的猜測相反，布萊恩將對籃球的全心熱愛，全數灌注在國際賽場勁道十足的防守之中。

他在國際賽的表現，讓溫特很想看看如果湖人以他為中心打造出一支更強的球隊，那他會在球場上有什麼樣的回應。一支更有天賦的球隊，將會卸下布萊恩肩上巨大的得分重擔。隨著秋天的腳步越來越近，因為他對自己有著極高期望的關係，他肩上的這股壓力依然十分沉重。得分對十七歲的他來說，曾經是為了邁向成功而必須不顧一切執行的迷人手段。來到二〇〇七年，他卻將得分當作一種引起老闆注意、讓他知道自己有多麼受挫的方式。而這種公開喊話的作為，也只是在他一直以來為了達成目標的旅途上學到的新手段而已。

在外界大眾心中，布萊恩一直被視為一個為自己的成功而不惜冒險的人。這也可以解釋為什麼即使惹出這麼多的麻煩，他卻依然是美國體育界中最吸引人的傳奇，因為沒有人像他一樣這麼敢冒險。布萊恩總是以他的青春年華與球星魅力作為賭注，只要稍有不慎，屬於他的故事，很可能就會朝錯誤的方向前進、走上悲慘的結局，成為一則警世寓言。

二〇〇七年秋天，他已經不再年輕，但許多問題依然存在。球團已經安排了和公牛與活塞的交易方案任他挑選，所以解決問題的責任又落到了布萊恩的身上。你會得出什麼答案呢，布萊恩先生？是什麼緣故，讓他如此強硬且瘋狂地把大家逼到極限？他會選擇留下，還是離開？如果他繼續留在傑瑞・巴斯的湖人，接下來他的情況會更好，或是更糟？

破冰

面對這樣的僵局，阿丹德認為，解鈴還須繫鈴人。「你知道的，」阿丹德回憶，「我覺得傑瑞・巴斯送走菲爾・傑克森與『俠客』是錯誤的決定，所以我認為這導致他們在二〇〇〇年代中期一蹶不振。我覺得他給科比這麼大的權力、讓他扛起球隊的勝敗是錯誤的決策。不過他後來修正了這些錯誤，把菲爾・傑克森請回湖人，挫了挫科比的銳氣。」

阿丹德回憶，直到二〇一三年在傑瑞・巴斯的葬禮上，湖人球迷才有機會聽到布萊恩親口回顧當時的情形。「在傑瑞・巴斯過世後，聽到布萊恩回憶當年的感覺還滿奇妙的。他說了傑瑞・巴斯費了多大功夫說服自己沒有比湖人更適合他的地方。科比當時想離開，於是他與傑瑞・巴斯面談，而巴斯跟他說，『聽著，首先，我不能交易你，我是不會讓我的球隊貶值的。第二，你離開這裡，自己的處境也會變得越來越糟』。這番話點醒了科比，於是他想，『好，我就留下好了。反正我也不能強迫球隊把我交易到我想去的球隊，這種事不會發生的』。」

「科比就是那種會試圖讓一切按照自己的想法行事的人」加西杜埃納斯說明，「但你也知道，有時候並不一定每次都能讓事情如你所願的進行。他理解到傑瑞・巴斯不是那種能讓他輕易挑釁的對象。如果你敢對他下交易的最後通牒，他一定會讓你滾蛋。傑瑞・巴斯可不是那種會讓你一直挑戰他的權威，然後又什麼都不做的人。」

從這次的交流中，他們倆都重新找到了使命。

除了他們終於達成共識之外，新球季還有其他的好消息，像是費雪效力爵士時，在二〇〇七年季後賽有過搶眼表現、證明自己在聯盟征戰十二個球季後依然能有所貢獻後，回到了老東家湖人。他不但能為球隊帶來敬業精神，身為布萊恩好友的他，也能給予前者許多支持。這不但能提升團隊的化學效應，也能讓球隊中越來越少的信任止跌回升。更棒的是，他不但還能分擔持球壓力，也能在球隊需要的時候把握住空檔把球投進。

費雪以前就一直不擅長防守對手的擋拆戰術，現在這對他來說更頭大了，因為要切過他的防守對年輕敏捷的後衛來說，簡直就像切豆腐一樣。但他的到來，卻能夠減輕布萊恩的負擔。

「原本科比獨自承擔的壓力，現在可以分一點給費雪了。」加西杜埃納斯訴說著自己的看法，「費雪當過隊長，所以他們可以一起帶領球隊，而且布萊恩也能靠著費雪的幫助，與其他隊友有更多互動。」

費雪有辦法消除布萊恩與隊友之間的隔閡。「他知道這件事不能讓科比自己來做，這只會造成更多問題而已。」加西杜埃納斯說明。

這位裝備經理知道，即使這兩個球季不在湖人，但費雪一直都在遠方守望著這支球隊。有了費雪幫他打點場外事宜、溫特幫助他調整打法，讓布萊恩不必過度依賴他日漸消退的體能。而他能繼續在場上保持高效的其中一個重要關鍵，就是他精進了自己的低位打法。

進入NBA時，布萊恩的背框技巧就已經很不錯了，但因為過去幾年歐尼爾在湖人一直霸佔了內線的空間，讓他英雄無用武之地。

不過在與喬丹共事時，溫特注意到喬丹雖然不是內線球員，當時卻是聯盟頂尖的低位殺手。從許多方面來說，布萊恩在低位方面的進攻技巧足以與喬丹媲美，但溫特指出，兩人有一個重大的差別。「雖然科比是個優秀的低位進攻球員、但他在背框要球時有個問題，那就是雖然離內線不遠，但他接到球時都是在禁區外側，這讓防守者可以把他逼出禁區、讓他從側翼的位置發起進攻。」

「這讓他很難在禁區要位時要到更深入的位置，」溫特解釋，「喬丹比科比懂更多在要位方面的訣竅。因此科比如果被強壯的防守者逼出禁區，我們就只能找別的方式進攻，而不是讓他硬打。你不會想看到他明明在低位單打，結果卻在側翼投籃的情形發生。」

這也令某些人不禁猜想，是不是因為布萊恩在禁區打得如此艱辛，才讓他有時會過度依賴三分球的投射。「如果他能得到機會，那麼他就儘管在三分線外出手沒關係，我對此喜聞樂見。」溫特還是說了一些支持科比的論點，「他是名出色的三分射手，如果球隊製造出空間，對手也沒有及時跟上，那我也希望他出手。如果球權轉移得夠快，那麼他就有機會得到很好的出手空檔。而且要是防守者為了追上他而在他投球時犯規，那他就有機會完成四分打。其實他很多三分線外的出手都被犯規了，若是裁判多吹一點哨，他會有更多次四分打的。」

認真研究比賽影片後，溫特注意到布萊恩在轉換進攻時也能在對手反應慢半拍時發揮優勢。「如果他們退防退得太深，他就可以直接在右側三分線出手，然後投進一顆三分球。」溫特說。

溫特承認布萊恩這樣的打法又開始出現不再依靠三角戰術而自行展開進攻的跡象，「但他的進攻雖然跳脫了三角戰術的模式，卻還是會利用空間和傳球製造的機會來得分。」溫特說。

而當球隊主打三角戰術時，布萊恩發現自己主打小前鋒時表現得更好，就如溫特所說，可以讓他在對手防線之外找出漏洞。「他可以在一個更孤立防守者的位置拿球，這讓他可以更輕鬆地攻擊籃框。三角戰術幫他製造出更多單打的機會，而他很清楚這點。」

即使這些年布萊恩在進攻端表現如此出色，他還是有在戰術中會使球權流動陷入停滯的跡象，由於他常常在比賽中展現出強大主宰力與旺盛的競爭欲望，讓隊友們會把球交到他手裡來進攻。

在他們攜手作戰的第八個球季，這位教練認為布萊恩雖然是個願意接收新知的好學生，但也僅限於一小部分而已。「你也知道科比是個怎麼樣的人，」溫特笑著說，「他總是有他的作戰計畫。我想他有在聽我的話，但他在場上總是自己打自己的，有些基礎的防守，他就沒有做得很到位。」

「科比在場上防守的方式，會影響到整支球隊。」溫特補充，「不管是誰，只要在場上沒有穩定的在防守端做出貢獻，就會傷害到球隊。這不只是針對科比，我們球隊裡其他的後衛也喜歡賭博式防守，結果就是沒抄到球然後被得分。而我們球隊中還有另一個問題，就是擋拆戰術執行得不夠確實。」

儘管和傑瑞・巴斯有些衝突，布萊恩還是保持著積極的心態來參加訓練營，也發現自己與拜能之間在低位產生了一些化學效應。加西杜埃納斯回憶，布萊恩與隊友間的關係也變得更好了，這有部分是因為菲爾・傑克森發現「現在已經沒有必要排擠科比了」。在他們相處的這兩個球季以來，菲爾・傑克森和布萊恩變得越來越親近，加西杜埃納斯說，這讓他們可以開誠布公地討論彼此意見有所分歧之處，而不是上演一齣又一齣的肥皂劇。「在菲爾・傑克森的帶領下，科比變得更知道自己該做什麼，也學會要怎麼激勵隊友。跟著菲爾．傑克森學習，布萊恩學到了許多細節，也在這段期間變得越來越成熟了。」

加西杜埃納斯也感覺到菲爾．傑克森現在更想參與布萊恩的生活，想要對他的生活產生更大的影響力。而這麼做顯然對他們兩人都產生了正向的作用。

「我覺得菲爾．傑克森很欣賞科比在這支球隊的存在價值與他為球隊所做的一切，」溫特說明，「他給了他比以前多很多的『開綠燈』機會，給了他更多的自由。」

被問及布萊恩現在享有的待遇是否可以和喬丹昔日有過的無限開火權相提並論時，溫特回應：「差不多了。」

布萊恩去年春天連續四場攻下五十分以上的比賽，依然縈繞在這位老教練的心頭。他說布萊恩這幾場的表現，甚至比張伯倫在一九六一—六二年締造的連續七場紀錄還令人印象深刻。

「張伯倫那個球季的紀錄比較像是在炫技，」溫特回憶，「科比得到的分數都是在真刀真槍的較量中拿下的，當年張伯倫面對的比賽強度沒有這麼高，至少不是每場都是。」

溫特回憶，在張伯倫的年代，ＮＢＡ球隊並沒有那麼積極在防守。他覺得不得不提自己在一九五八年執教的堪薩斯州大曾經在對手主場擊敗張伯倫與堪薩斯大學傑鷹隊（Jayhawks），並間接造成張伯倫的大學籃球生涯提前結束的故事。

「當堪薩斯大學招募到張伯倫的時候，大家都覺得他們會贏得三連霸呢。」他回憶。

一九五七年，大二的他在ＮＣＡＡ錦標賽冠軍賽與北卡大學鏖戰至三度延長而飲恨後，張伯倫的球隊接著在他大三時在季後賽敗給了溫特的堪薩斯州大。沮喪的張伯倫因而離開大學籃壇，在本應是他大四球季的那年加入了哈林籃球隊，接著才在一年後的一九六〇年進入ＮＢＡ。

溫特指出，當年的ＮＢＡ球隊數量不但還未滿十二隊，除了比爾．羅素之外更沒有多少厲害的大個子。「那個時候他比聯盟中大多數的長人都強太多了。相較之下，科比可不像他是個七呎一吋的巨人，只是個身材與其他NBA球員相仿、主打二、三號位的選手。對他來說，要連續這麼多場在進攻時火力全開是件很驚人的事，而且他得到的每一分對贏球都很重要，也幫助球隊贏得五連勝。如果他沒得這麼多分，我真的很懷疑我們能不能贏下這幾場比賽。」

改變

湖人在這個球季的一月看起來找到了節奏，但拜能的膝蓋卻在此時受傷了，這也讓球隊的前景突然疑雲滿布。但就在不久後，湖人在二月初引進了中鋒保羅・蓋索（Pau Gasol），送出了夸米・布朗以及保羅・蓋索親弟弟、當時仍在西班牙打球的馬克・蓋索（Marc Gasol）簽約權。由於代表灰熊與湖人達成交易的，就是曾任湖人總經理的威斯特，這也讓灰熊球迷抱怨威斯特幾乎把一位明星中鋒白白送給湖人的怒吼此起彼落。但在幾年之後，馬克・蓋索會證明自己在曼菲斯的價值，也讓灰熊做出的這筆交易變得合情合理了。他們用正處巔峰的核心球員，替球隊換回了更長遠的未來。

不過這筆交易對湖人而言依然是一筆夢幻交易。保羅・蓋索的到來幾乎立刻改變了布萊恩的人生。他有一雙大手，能在低位輕鬆地接到每一顆傳球。布萊恩回憶，看到這樣的情形後，他告訴菲爾・傑克森，「我們可以打冠軍賽了。」

二〇〇〇年代初期在菲爾・傑克森執教下嘗過冠軍滋味且還在陣中的湖人球員，現在只剩布萊恩與費雪了。這兩名後衛都有著堅若磐石的求勝意志，也因此和蓋索成為了完美的組合。後者加入球隊後，也連帶刺激到歐登、路克・華頓與其他隊友，讓他們在球場上繳出更好的表現。這位七呎身高的西班牙人，有著名震聯盟的全能球風，這也大大地促進了球隊的化學反應。「他真的是個很好的人。」加西杜埃納斯回憶，並補充說休息室裡多一位能流利地說西班牙語的球員，也是一件好事。

蓋索在這一場場比賽中表現越來越精彩，其中許多球都能節錄為精華影片，一開始，蓋索在面框進攻時破解對手防線的表現就已經讓人覺得好得誇張，到後來在一場季後賽大勝的比賽尾聲，蓋索在中場秀了一手背後運球，接著完成一球華麗助攻的美技更是令人眼花撩亂。這位中鋒的技術無庸置疑地成為溫特在三角戰術中的至寶，無論他在低位、側翼還是弱邊高位的肘區，都能發揮出極大的威力。

蓋索在面框時有著令人信賴的投籃手感，背框時不論是往左往右轉身都難不倒他的身姿，不但讓人想起塞爾提克傳奇球星麥克海爾，更還有著後者夢寐以求卻不可得的機動性。另外，他在場上的大局觀也在比賽中發揮了很大的作用，不論是不看人傳球還是過肩傳球，都在驚呼之中增添了這位西班牙人的球星價值。

最重要的是，蓋索來到湖人的時機恰到好處，現在正好是布萊恩與湖人最需要長人的時間點。而在三年多的時間過去後，他將會登堂入室、來到湖人偉大中鋒的聖殿，與賈霸、麥肯、張伯倫與歐尼爾一同接受萬人景仰。

與此同時，蓋索也挽救了歐洲籃球的聲譽。NBA圈內人時常聽到關於歐洲球員太軟弱的抱怨，蓋索本身也常被貼上這個標籤，但他在湖人的表現太過強勢，也因此消除了所有的質疑。

蓋索在低位的優勢很快地幫助球隊一飛沖天，拿下了十連勝。蓋索加入球隊前，湖人在該季只有三十一勝十七敗的成績，在這之後，他們拿下了二十六勝八敗，使更多人把年度MVP的票投給了布萊恩。

諷刺的是，布萊恩拿下這座年度MVP獎盃的球季，平均得分卻因為更優異的團隊表現而有所下滑。本季全勤出賽的他平均攻下二十八點三分、六點三籃板、五點四助攻與一點八四次抄截，只有七場比賽得到四十分以上。讓溫特感到意外的是，他又再一次入選年度防守第一隊。這個球季，他也達成了生涯累積得到兩萬一千分與送出四千次助攻的生涯里程碑。

布萊恩在該季第二場季後賽、戰勝金塊的比賽中獨得四十九分，但在連番戰勝金塊、爵士與馬刺、邁向總冠軍賽的旅程中，他大多時間都融入在球隊的體系中。也因此隨著他們高歌猛進，布萊恩與湖人也成為總冠軍的大熱門。

這些認為湖人將會奪冠的人，還包括了喬丹。那年五月底在奧蘭多舉辦聯盟選秀前測試訓練營中，喬丹在受訪時討論布萊恩為了成為一位偉大球員付出了多少努力。顯而易見，他和布萊恩十分親密，因此面對許多酸民，喬丹也出言捍衛布萊恩，指稱他絕對不像外界批評的一樣，只是在模仿自己而已。

喬丹說他不懂這有什麼好大驚小怪的，畢竟人的一舉一動都是在模仿中學習的，每個人都在複製並模仿他人的行為。在那個每個人都夢想成為喬丹接班人的年代，喬丹認可布萊恩是與自己最為相似的球員。「你知道有多少前人走在我的前頭，舉起火把指引我前進嗎？」喬丹問，「這就是籃球的進化過程。如果我沒看大衛．湯普森（David Thompson）或其他籃球界的前輩怎麼打球的，我絕對沒辦法打得像現在一樣。科比也一樣，如果他沒看過我打球，也不會成為現在的他。所以你明白的，這就是籃球的演進歷程，你無法改變這點。」

喬丹說，布萊恩還曾經在自己面前展示過他從自己身上學到的一招半式。

喬丹承認，自己已經不只是名冷眼旁觀布萊恩的生涯會如何發展的看客，事實上，他的表現已經令自己深深著迷，甚至更能透過欣賞他的球技，重溫自己當年在球場上奔馳的回憶。畢竟他們都曾替菲爾．傑克森效力，也都主打溫特的三角戰術體系，甚至就連位置都一樣是得分後衛、以相似的方式在攻擊對手的防線，而且在扛起球隊進攻大旗的同時，也不會因此在防守上鬆懈。

不久之後，喬丹就能夠欣賞到布萊恩與湖人和宿敵塞爾提克在總冠軍賽對決的好戲，這是兩隊二十一年以來在冠軍賽首次交手。儘管多年未碰頭，他們之間的恩怨卻可以追溯到半個世紀之前。

在那個年代，聯盟的頭牌球星是飛天遁地的湖人前鋒貝勒，一九五八年以新秀之姿威震聯盟，並在許多比賽頻頻得分的他，也是以滯空能力聞名的飛人先驅。雖然曾經在麥肯與波拉德的帶領下統治聯盟，但當時還在明尼亞波里斯的湖人是一支非常弱的球隊。而即使他們在一九五九年的例行賽勝少敗多，但靠著貝勒技高一籌的表現，仍然把他們帶進了總冠軍賽，這也是球隊歷史上第一次在總冠軍賽與塞爾提克相遇。

塞爾提克很快就橫掃了他們，完成總冠軍賽史上第一次橫掃，也開啟兩隊接下來的恩怨。湖人在一九六〇年搬到洛杉磯，隨後威斯特與貝勒聯手，成為爆發力十足的雙人組。好萊塢最需要的就是明星，而這兩位年輕球員滿足了這個需求，都在場上展現出能夠平均得到三十分以上的得分火力。

但是每當湖人殺進總冠軍賽，都會遇到塞爾提克的超級中鋒比爾・羅素擋在他們面前。湖人在一九六〇年代的總冠軍賽挑戰了塞爾提克六次，但這六次都是由威斯特、貝勒與湖人吞下敗果，看著塞爾提克總教練「紅頭」奧拜克點起他的勝利雪茄大聲慶祝。

「有好幾次我都想直接把那根雪茄塞進他的喉嚨。」湖人教練曲奧斯曾說。

隨著敗給綠衫軍的經驗年復一年地積累，讓威斯特的精神狀態已經到了無法忍受視線中出現綠色、沒辦法穿上綠色衣服、不想要生活中與綠色有任何關連的程度。

「這已經影響到我的人生。」威斯特解釋。

在前五次湖人輸掉的黃綠對決中，塞爾提克都是比較被看好的一方。但在一九六九年，湖人不但握有主場優勢，更有巨人張伯倫坐鎮禁區，因此他們有充分的理由相信這次終於輪到他們贏得勝利了。但系列賽進行到第七戰，他們卻又在主場輸給了比爾・羅素與他的夥伴們。然而威斯特在這輪系列賽的驚人表現，卻讓他成為史上唯一輸掉總冠軍卻榮獲總冠軍賽MVP的球員。

當時《Sport》雜誌會頒發一輛豪車給總冠軍賽MVP的獲獎者。但爭冠失敗、心情本來就已經盪到谷底的威斯特，一看到那輛車，馬上就把它給退了回去。

因為那輛車是綠的。

一九八四年，當「Showtime」湖人在總冠軍賽再次敗給柏德領軍的塞爾提克後，他們內心的陰影又更深重了。不過下個球季，魔術強森與他的隊友們終於衝破了這道障礙，在波士頓花園球場（Boston Garden）擊敗塞爾提克奪冠，也讓傑瑞・巴斯欣喜若狂地慶祝。他們在一九八七年又擊敗了塞爾提克拿下另一座總冠軍，但在二〇〇八年六月，長久以來佔據湖人球迷腦海中的心魔，又再一次浮現在他們的眼前。

儘管人們更看好湖人一點，溫特卻很擔心由賈奈特和肯崔克・帕金斯（Kendrick Perkins）領銜的塞爾提克前場悍將。溫特預測，他們的強硬球風，將會成為湖人的大麻煩。除了這些內線硬漢之外，塞爾提克還有一批包含皮爾斯、雷・艾倫與朗多（Rajon Rondo）在內的實力派資深戰將，讓他們在波士頓打造出一支超級球隊。

第一戰在二〇〇八年六月五日於TD花園球場（TD Banknorth Garden）舉行，靠著皮爾斯屢屢投進關鍵球，塞爾提克以九十八比八十八贏得勝利。如同溫特所擔心的，塞爾提克在籃板上取得了巨大優勢，這一場他們抓下四十六顆籃板球，遠多於湖人的三十三顆，而且布萊恩在這場比賽出手二十六次，僅僅命中九球。第二戰，塞爾提克再下一城，也將他們在主場作戰的季後賽戰績改寫為十二勝一敗。這場比賽，湖人發揮得更出色，不論是籃板與投籃方面都表現得更好，但塞爾提克板凳球員的強勢出擊，卻還是讓湖人踢到了鐵板。靠著布萊恩獨得三十六分、湖人在史戴波中心舉行的第三戰以八十七比八十一拿下勝利後，終於在系列賽扳回一城、追近到一比二落後。但第四戰卻成了洛杉磯的一場惡夢，因為第三節還剩五分鐘時，當時塞爾提克還落後二十分，但他們卻完成了大逆轉，以九十七比九十一獲勝，取得系列賽三比一的壓倒性領先。

吞下這場慘敗後，菲爾・傑克森說湖人每個球員被打得「魂都飛了」。

面臨淘汰邊緣，第五戰在主場作戰的湖人，上半場就建立起大幅領先，但他們又在下半場崩盤，幸好這次有站穩腳跟，才以一百零三比九十八驚險地守住勝利，也將系列賽戰線延長到波士頓。「要是我們沒有加把勁，臉就真的丟大了。」賽後溫特如此表示。

這場雖然躲過恥辱，但第六戰回到波士頓時還是嘗到了。塞爾提克以一百三十一比九十二血洗湖人，創下總冠軍賽史上最大分差紀錄，以四勝二敗拿下塞爾提克的第十七座總冠軍。這也毫無懸念地成為史上分數差距最懸殊的封王戰，超越了一九六五年塞爾提克以一百二十九比九十六淘汰湖人的比賽。那場比賽由於貝勒膝蓋受傷的關係，威斯特幾乎是隻手與塞爾提克對抗。

二〇〇八年慘敗的恥辱是如此椎心刺骨，讓從過去到現在累積的沉重壓力一口氣壓在他們的肩上。突然間，布萊恩與蓋索也體會到了這些長年折磨著威斯特、因塞爾提克與湖人宿敵對決而生的心魔與詛咒。而這場遭到塞爾提克痛宰的慘敗讓布萊恩與湖人極其屈辱，也讓布萊恩贏得生涯第一座例行賽MVP的喜悅消逝無蹤。

總冠軍賽結束不久後，二〇〇八年的夏天，歐尼爾在紐約的夜總會為了慶祝布萊恩的敗北，上台表演了一首即興的饒舌創作：「你們知道我的實力，上星期科比沒了我算個屁。」歐尼爾在歡樂的人群慫恿下，還把布萊恩當時對科羅拉多警方說的話當成創作的素材。

「因為科比背信忘義，害我簽下離婚協議，」歐尼爾一邊唱，一邊扭腰擺臀，「他說『俠客』給了婊子一百萬，但我可是『俠客』，才不會這麼幹。我愛孩子，不會把他們當棄子，而且我現在做了絕育手術根本生不出女兒或兒子。嘿，科比，我的屁股是什麼滋味？」

這段饒舌結尾的挑釁問句，深受夜總會聽眾與網路鄉民的喜愛。伴隨著這一刻與總冠軍賽中受到的羞辱，布萊恩表現最完美的球季之一就此尷尬落幕。

獻出手指作為祭品

總冠軍賽的災難結束後不久，也到了布萊恩實現他為美國隊效力三年的義務、領軍出征二〇〇八年奧運的時候。參加奧運的體驗與替薛塞維斯基教練效力的機會，原本對布萊恩來說就已經很重要了，但在湖人在總決賽慘遭羞辱之後，奧運的意義對他來說又變得更加重大。

因為參加了奧運的關係，布萊恩犧牲了他原本在休賽季期間要進行的手術。上個球季的一月，布萊恩在一場湖人戰勝騎士的比賽中，為了抄到詹姆斯的球而撕裂了小指韌帶。在場邊接受了治療後，布萊恩雖然回到場上攻下二十分，但賽後他告訴《洛杉磯時報》，這或許是「他帶傷上陣最痛的一次」。

有些酸民一直質疑布萊恩是不是想藉由傷勢替自己打出好表現增添一絲戲劇性，表現不佳時則可以拿來當藉口。不過對薛佛和維蒂這些和他密切共事的人來說，這種論點十分荒謬。就連總是和布萊恩在各種不同場合發生衝突的菲爾．傑克森，也對他忍痛上陣的精神力頗感欽佩。

「你如果手變成那個樣子，根本什麼事都不想做，更別說打籃球或甚至拍球、運球或投籃了。」菲爾．傑克森在記者面前談到布萊恩的手指時說，「他真的跨越了許多難關，而科比也確實是這種人。」

人們建議他動手術，布萊恩後來說明，但因為這個球季球隊運作得太順利了，讓他婉拒了這個機會。且由於那年八月他要去北京打奧運，手術又再一次被迫延後。

也替布萊恩準備著他在美國隊所需事物的裝備經理加西杜埃納斯回憶，儘管小指受傷，但布萊恩還是對接下來將要到來的賽事充滿熱情。他對籃球的熱愛，不但已經可說是他的招牌，不久之後，也將再一次令隊友們為之驚豔。

「我跟他有關的最美好回憶，或許就是出征奧運的點點滴滴了。」韋德在二〇一五年一邊說，一邊回憶了一段往事。而這段記憶，與詹姆斯在這支美國隊集訓的第一個夏天看到布萊恩在重訓室苦練的故事有些相似。「我記得有一天我們在凌晨才抵達了某個城市，因為隔天還要練習，所以每個人都想早早就寢。我記得隔天我到了體育館時，卻發現科比已經坐下來在冰敷了，而且滿身都是汗。」

「你在這做什麼？」韋德問。

「我在進行今天的第二次訓練。」布萊恩說。

「大家都還沒出現，他就已經練兩遍了。」韋德回憶，「就在那時，我才理解到他有多麼獨樹一幟，他的行為也讓我了解到，他在追求偉大的道路上，有多麼堅持不懈並有著多堅強的意志力。」

韋德說，他成了啟發自己與其他球隊成員的榜樣。「我已經是個勤於訓練的人了，從來沒有在訓練時偷懶，但看到他的勤奮程度後，你就能體會到他為何能如此偉大。」

布萊恩在隊友面前展現的這些努力，是他想給隊友的挑戰，也是他想要灌輸給球隊的思維。因為這些揮汗如雨的訓練違反了體育界的「灑脫」概念，即使是在這個最高層級的籃球殿堂，人們還是有著「別讓任何人看到你在辛苦流汗」的想法。

布萊恩展現出與這個概念完全相反的姿態，儘管在餐廳用餐時，他依然維持著獨來獨往的作風，但他卻毫無保留地在出征奧運的戰友面前揮灑自己的汗水。球場之外，在許多隊友眼中他就像一座冰冷的人面獅身像，這樣的風格與喬丹不同，後者曾經徹夜與奧運隊友打牌，讓他們日後驚訝地搖頭告訴親友們，「這傢伙都不睡覺的。」

一位奧運教練團成員後來曾經私下抱怨過布萊恩的孤狼作風讓他在訓練期間沒辦法和隊友建立起情誼。他說的或許有道理，畢竟這一直都是布萊恩的行事風格，若真造成這樣的現象的確難辭其咎。但儘管布萊恩如此特立獨行，美國隊的成員間還是建立了強烈的羈絆，雖然他們的默契大多都是體現在球場上，但這足以讓他們贏得冠軍了。

布萊恩從不「灑脫」的態度，也呈現在球場上。當他在為薛塞維斯基效力時，就像個杜克大學的大一新生一樣拚命，壓低身體、拍著地板、展現出自己強大的防守企圖心。兩年下來，他的動力推動著美國隊前進。就如同柯蘭傑羅所希望的，布萊恩專注在成為進攻發動機的任務上，也如同薛塞維斯基要求的，擔任球隊中的防守悍將。

溫特很久以前就指出過，在激烈的競爭下，對偉大球星來說要忍著內心主宰球賽的欲望而遵守團隊紀律是件困難的事，但科比做到了。就如薛佛所言，他的膝傷曾經讓他在二〇〇一年時理解了團隊的重要，也幫助湖人在二〇〇一年團結一致並強勢奪冠，相似的情形也發生在二〇〇八年，很可能是因為手指有傷的關係，讓布萊恩在二〇〇八年八月在中國出征奧運時打得更加客氣，也因此展現出完美的團隊精神。

天賦十足的美國在八場比賽中以極大的差距主宰了奧運賽場，布萊恩在這項賽事中，繳出平均十五分、二點八籃板、二點一助攻與一點一抄截的成績。

迎戰澳洲的八強賽中，他攻下二十五分替球隊打破僵局，接著又在出戰阿根廷的準決賽中攻下十二分。這幾場比賽中，布萊恩利用運球突破、撕裂對手防線，再把球傳給有空檔的隊友出手。他的組織能力成為推動著美國連戰皆捷的力量。由於在前一階段賽事對決西班牙時，布萊恩就已經藉由和他現在為西班牙出征的湖人隊友蓋索之間的肢體碰撞點燃了狼煙，因此當兩隊再度於金牌戰碰頭時，蓋索更是與他的西班牙隊友們火力全開，為了拿下美國而奮戰。這場比賽成為布萊恩與美國隊友們在這屆奧運中最大的難關，不過他們還是以一百一十八比一百零七拿下勝利，完成重返榮耀的任務。

回到場邊準備迎接勝利到來的時刻，薛塞維斯基迎上前來，準備給他一個擁抱。而就在他們抱著彼此時，布萊恩把一瓶水倒在了這位教練頭上。薛塞維斯基驚訝地眨著眼，似乎不敢相信眼前發生的事，接著回過神來，才笑著彎腰去找毛巾，而他這個舉動，也讓布萊恩逮到機會，用力地拍了一下他的屁股。

歐尼爾在同年夏天稍早之前，才以一首粗魯的饒舌羞辱了布萊恩。而這個瞬間，堪稱是布萊恩的完美回應。他現在知道了奧運金牌的滋味，而這對他來說比ＮＢＡ冠軍還重要，因為這是為國出征贏得的勝利。

奧運結束後，看起來是時候好好處理他受傷的手指了，但布萊恩很不想因此耽誤到即將展開的新球季。他的小指韌帶完全裂開，有撕裂性骨折的症狀，意味著他的韌帶撕裂時還撕下了幾片手指的骨頭。不過他決定要繼續包著繃帶帶傷上陣。他把敗給塞爾提克的責任歸咎於身為領袖的自己頭上，因為他覺得蓋索的到來讓球隊變得更加完整，使他放鬆了對隊友的要求。他錯估了局勢，沒有算準自己該付出多少心力在鞭策隊友身上，才能幫助球隊登上巔峰。

就史庫普・傑克森的觀察，賈奈特與他率領的塞爾提克在冠軍賽中打得「超級機車」，也因此成功激怒了湖人。「科比知道自己在總冠軍賽交手的球隊中，擁有兩個籃球史上最混蛋的球員。」史庫普・傑克森說，「那就是皮爾斯和賈奈特。要打敗這兩個混蛋的方法，就是跟他們一樣當個混蛋。雖然塞爾提克是皮爾斯的球隊，但賈奈特才是球隊的核心，你必須把自己的混蛋水平提升到和他平起平坐，畢竟賈奈特就是他們隊中最機車的人。」

史庫普・傑克森回憶，除了在球場上提供滿滿的激情，賈奈特還有個特色，就是對每個人都一樣機車、不分敵我。「賈奈特也會好好修理他們的隊友，甚至到了會讓隊友都因此討厭他的程度。他們對他又愛又恨，而他們恨他的原因，就是因為他實在太機車了。」

布萊恩知道是時候激發出一點自己從母親身上繼承的人格特質黑暗面了，也就是為了消滅敵人，他必須成為一名惡人。

「他是刻意這麼做的。」史庫普・傑克森回憶，「他心裡這麼想，『好喔，現在我必須變得更機車，因為現在已經不只我一個人是混蛋了。我要成為世界級的混蛋，才有辦法帶領球隊到達更高的境界』。科比覺得自己必須這麼做，『我得成為一個大混蛋』。」

布萊恩不動手指手術的決定讓人有些擔憂。仔細看了奧運比賽的威斯特後來在巧遇溫特時就告訴過他，湖人最好開始仔細控管布萊恩的上場時間，因為他持續帶傷上陣會讓他的傷勢更嚴重。威斯特警告，如果做出不明智的決策，他的職業生涯可能會提前結束。溫特和其他人其實都有隱約感覺到這一點。而布萊恩總是進行激烈的訓練，也被認為是造成如斯境地的原因之一。

顯而易見的是，他的身體會亮警報當然是他日積月累的大小傷勢造成的。這些年來他受過太多傷了，嚴重到他用個吸塵器就可能扭到背或做一點小事就可能受傷的程度。但布萊恩卻宣稱自己可沒時間受傷，他還得為了冠軍、為了自己能否流芳百世的關鍵時刻而戰。

布萊恩的老友溫特，將為湖人的復仇大業獻上一臂之力。三年來，飽受帶狀皰疹折磨的溫特，讓他這幾個球季都沒辦法花太多時間與球隊相處。最終他決定讓自己的心思遠離煩惱的方式，就是回到球隊，繼續把心思放在科比．布萊恩的神秘與矛盾上。

溫特很早就看出二〇〇八—〇九年球季的湖人防守會繼續強。經過了奧運的洗禮，布萊恩進步的防守表現展現出許多讓溫特欣慰的亮點，他在防守端的進步也很快地感染了湖人全隊。

更重要的是，全體球員與教練看起來終於有了相同的信念。敗給塞爾提克的痛苦團結了整支球隊，讓他們有了新的目標，也讓菲爾．傑克森跳脫了禪學般飄逸脫俗的處事方針。「這激勵了他要與時俱進，」溫特觀察到，「而他確實有所改變了，他比過去插手並主導了更多事。」

溫特解釋，這一次球隊終於滿足了菲爾．傑克森的期待，隨著亞瑞查（Trevor Ariza）傷癒復出，球隊有了能讓他滿意的陣容深度。雖然因為拜能在決定要不要動手術時的猶豫不決，讓他錯過了球季的部分賽事，但這支球隊變得更加成熟，對比賽的理解程度也越來越高了。

溫特還指出，參加奧運的這段歷程讓布萊恩更能接受團隊球員的角色了，而這樣的好現象在布萊恩從中國回來後也延續了下去。

他也鼓勵布萊恩對自己的外線投射更有信心，藉此減低他攻擊籃框的比例，畢竟在內線殺進殺出，很可能會增加他受傷的可能性。

「科比要多投籃，」溫特分析，「他要多從外線出手。這對球隊而言很重要，他沒辦法再一直直搗黃龍了。」

溫特感嘆道，找到投籃與切入的平衡點，一直是布萊恩的一大課題。這位教練常常在提醒他，要穩定地綜合投籃和攻擊籃框的進攻模式。這聽起來簡單，但想要抓準平衡做起來卻很難。「科比不能太過依賴其中一種進攻手段，」溫特說，「他想用切入製造機會，讓每個人都參與進攻，這是好事，但有時候不能太過頭。對科比和喬丹這樣的球員來說，尋求進攻手段的平衡點一直都是個難題。」

不過布萊恩最大的問題還是出賽時間的控管。球季開始時，菲爾・傑克森便宣布這位麾下明星球員的出賽時間將會調降。顯然，這四年來的重建過程，成為拖慢他腳步的沉重負擔。

布萊恩自己也常說，問題不在年紀，而是他在職業籃壇已經打滾很長一段時間了。雖然年僅三十一歲，但布萊恩身上已經累積太多各式各樣的傷病。

欣慰的是，十一月湖人發現他們能夠排出軍容壯盛的先發以及實力深厚且活力充沛的替補，令菲爾・傑克森可以讓布萊恩在板凳上休息得更久一點。如果替補球員就能擊敗對手，那球隊根本不需要他來扛起所有的得分重任。

雖然歐登在敗給塞爾提克後，被貼上了缺乏穩定性以及精神力的標籤，但他卻賦予了湖人隊靈活調度的空間。拜能傷癒歸隊後使蓋索從中鋒轉打大前鋒，這也代表歐登得從大前鋒轉打小前鋒，儘管歐登就像皮朋在公牛擔任控球前鋒一樣，在三角戰術中大多做著後衛的工作，讓布萊恩在側翼發揮，但他也可以在對手對蓋索與拜能的雙塔有備而來時，輕鬆地轉移到大前鋒的位置改變球隊戰略。

不過隨著布萊恩的隊友們心理狀態突然開始在比賽中遇到撞牆期後，這些板凳球員的魔力也在十二月消失了。「我覺得某些球員並不是真的對自己有信心，而我認為這一點在這時顯現出來了。」聲音中明顯地透露出不滿的溫特說完後，接著補充布萊恩與蓋索面對這樣的情形就不得不扛起球隊。「面對這樣的危機，讓布萊恩覺得自己必須主宰大局。這也讓他很灰心，因為隊友們沒有達到他的期待。」

當隊友們陷入掙扎，使得布萊恩肩上又得扛起更多責任時，只會讓球隊陷入與過往相仿的惡性循環。「當時根本沒有任何人支援他，」溫特說，「當他接管比賽時，其他球員都沒有參與到進攻中。」

過去菲爾・傑克森曾聘請過心理學家來強化球員的競爭意識。但這次溫特不覺得能用相同的方式解決問題。

「他們必須自己解決，」他說，「身為一名職業球員，就應該要有夠強的競爭天性來做到這一點。」

毫無意外的是，要解決這個問題，那個男人可能又會成為大家再熟悉不過的答案。「球隊能不能繼續朝正確的方向前進，取決於科比能不能繼續保持正確的態度並以正確的方式打球，」溫特說，「如果他又跟過去一樣對隊友失望，接著開始獨挑大樑，絕對不是好現象。而對一名像他能力如此超卓的球員來說，這會是個他得不停面對的考驗。」

或許布萊恩是與喬丹最為相似的球員了。溫特說完後，想了想，又補充說，他跟威斯特和羅伯森這些偉大球員也有許多相像之處。

「像科比、喬丹、威斯特和羅伯森這些稀世英才都有個共通點，」溫特說，「那就是他們都想成為最頂尖的球員，從來不會妥協。這一點造就了現在的他們，也讓他們成為不簡單的人物。」

儘管有著這些憂慮，溫特依然保持樂觀，主要是因為菲爾・傑克森還在這支球隊主持大局。「菲爾・傑克森把球隊帶得很好，」溫特說，「他的情緒不會有太大的起伏，這對一名教練來說是很棒的特質。」

正是因為面對任何難關都能沉穩以對的特質，讓菲爾・傑克森能夠在歷經這麼多年的驚滔駭浪後，還能夠穩坐湖人教練的位置。但就在二〇〇八—〇九年球季展開後，菲爾・傑克森開始訴說出想要在隔年球季結束後辭職的想法。

對觀察菲爾・傑克森多年的人來說，宣告歸隱只是他慣常的伎倆，用來拉緊球隊的發條，讓這批在六個月前敗給塞爾提克、年輕又有天賦的球員能夠收拾好玻璃心，繼續為了共同的目標奮戰。

聖誕節迎戰塞爾提克的比賽，給了湖人一個驅趕心魔的機會。加上這場勝利後，他們拉出一波六連勝，以二十五勝五敗的成績進入新的一年。

一月底，他們把戰績提升到三十七勝九敗，看在蕭的眼裡，戰績的進步也象徵著布萊恩在領導方面的成長。蕭說，許多人不了解，在慘敗給塞爾提克後布萊恩面臨了多麼巨大的挑戰。這位助理教練說明，忍辱負重的布萊恩一直想讓自己成為一個更好的球員，也一直專注在球場上呈現最高水準的一面。「他總是嚴以律己，也注意著每一個細節。」

而在過去一年中，蕭說明，他也想讓隊友跟自己有一樣的想法，並藉此打造出更強的球隊，也因此跟自我要求一樣，在經營團隊方面付出極大的努力。「他現在成長最多的就是領導能力，也更加信任隊友了。他完全相信自己的隊友，這也是他這幾年來對隊友的態度最開放的一年。」

「他變得更像個男人了。」談起布萊恩時，溫特這麼說，「他在去年敗給塞爾提克後，承認對方是更好的球隊。他們打得更加堅決，也更樂於肢體碰撞。」

布萊恩告訴隊友，包含自己在內，每個人的身心都要變得更加堅強。

「科比說，『要讓心態上軟弱的人強硬起來或許很難，但他們可以先從強化肢體著手，這樣我們就能掩護彼此的弱點』。他特別強調這件事，而我們也專注地在做到這一點。」蕭說明。

「我們有在比賽中打得很好的時候、打得不太順暢的時候，而他這一整年在拿捏自己該如何帶領球隊的方面表現得很好。」蕭說，「如果球隊發揮不佳，他就會在比賽中打得更積極。如果隊友們從比賽一開始就能為贏球做出貢獻，那他就會打得客氣一點。他盡量扮演協調者的角色，讓大家都能按照戰術得到進攻的機會。我們也知道，第四節可以把球交給他，他也會用進球回應我們的期待。」

布萊恩持續展現出的領導力，也和蓋索上場後的影響力發揮加乘效果，後者鞏固籃板的能力與他的堅韌心靈與籃球智商，都有了長足的進步。因此在他們合作的第一個完整球季，這名西班牙人和布萊恩又有了更驚人的表現、朝目標一同前進。

湖人此時氣勢正旺，也以強勢的表現結束了例行賽，但這時卻傳出溫特在堪薩斯州參加一支他曾執教過的球隊活動時中風的噩耗。導師臨時因病缺席讓菲爾・傑克森大感震驚，不過布萊恩倒是大膽預測，溫特一定能擊敗病魔後回歸戰線。

但他沒能回來。他的溝通能力與其他生理機能，因為生病的關係受到了永久性的損傷。溫特只能在緩慢的復健過程中，在電視上看著湖人的比賽，但他再也不能當教練了。

布萊恩過了很久以後，才能接受溫特再也不會在他身邊叨叨絮絮的事實。他的思緒一直把他引領到往日一個與不合當下時宜、但早已被他人一笑置之的一幕。那是湖人要準備遊行，慶祝他們贏得二〇〇〇年總冠軍的時刻，但這位老教練卻完全不顧奪冠的歡樂氣氛，開始叨念他們根本不懂怎麼傳好胸前傳球。布萊恩每次想到這件事，都會忍不住笑出來。湖人熱烈地慶祝著他們取得的巨大成就，而溫特卻不合時宜地在他們耳邊碎碎念。布萊恩口中的「尤達大師」總是追求完美，就跟布萊恩自己一樣。這段回憶就與他們共同度過的各種經歷一樣，沉澱在兩人師徒情誼間的中心。

曾經在長島州大（Long Beach State）與公牛替溫特效力過的湖人助理教練哈吉斯（Craig Hodges），在溫特中風後跟他們家的人保持密切聯繫。他很確信溫特在奧勒岡州（Oregon）的老家時，也會看電視密切關注著湖人的比賽。

感受到溫特仍然注視著自己，布萊恩為了向教練致敬，在那年春天接連帶領湖人一腳踹開爵士並在七場血戰後淘汰火箭和當時還沒改名為慈世平的亞泰斯特（Ron Artest）。接著在六戰內擊敗金塊後，湖人晉級總冠軍賽，與德懷特．霍華德和魔術對決。

和金塊交手的系列賽中，湖人在多年努力後終於找到了某種特別的感覺。他們在場上執行三角戰術時，已經達到了溫特口中的「全自動」狀態，意味著他們不需要教練下達戰術，就已經能夠靠著對戰術的全盤理解而輕鬆地閱讀對手的防守，並透過跑位和傳球破解對手的防線。溫特在湖人的另一位門徒路克．華頓說明，球隊成員在西區決賽第六戰領悟了三角戰術的全自動狀態，讓他們達到了另一個境界，也摧毀了金塊。

不過儘管球隊在對決金塊的西區決賽中打得非常出色，湖人球員還是心知肚明溫特不會因此滿意的。「他總是有辦法雞蛋裡挑骨頭，然後對我們大吼大叫。」路克．華頓微笑著說。

就在他們為了贏得菲爾・傑克森的第十座冠軍而努力時，湖人球員依然心繫著溫特，這份決心也成為他們達到全自動境界的關鍵之一。就如路克・華頓所說明的，他們在打球時不需要言語溝通，而達到這種只可意會、不可言傳的領域，讓他們有更好的表現。

根據親信所言，溫特的身體狀態也帶給菲爾・傑克森極大的打擊。這位教練對外界和球隊內部，都沒有公開顯露出這樣的情緒，但人們還是感受得到他隱約受到了影響。「他一直把那位老師教給他的東西教給我們、把他講過的話說給我們聽，」談到菲爾・傑克森時，路克・華頓表示，「我們的腦海裡都在想著溫特，也都很思念他。」

在迎戰魔術的總冠軍賽首戰，湖人與前一戰相仿，打出怒濤般的攻勢，也讓他們再度進入三角戰術的全自動狀態。布萊恩攻下了四十分，他也習以為常地成為湖人獲勝的大功臣。但這四十分不是他靠著自己火力全開才辛苦得到的分數，大多是靠著他與全隊在三角戰術的配合中拿分，也替湖人贏得一場大勝。進入全自動狀態的湖人簡單地順應著對手的防守策略，做出因應的攻勢，這正是溫特一直在灌輸他們的理念。這場差距二十五分的大勝，可以輕易得出魔術打得太溫和的結論。而魔術球員與教練在賽後抬不起頭的表情，簡直與一九九〇年代後期公牛對手們臉上的神色如出一轍。

魔術資深助理教練布蘭登・馬龍（Brendan Malone）在第一戰前就曾建議，魔術應該要減緩湖人切入到籃下的攻勢才能對抗三角戰術。「我們必須擋在他們每個走位的人面前阻止他們。」他說明。這樣的作法或許對於曾經年輕、前幾年還沒有進入全自動領域的湖人會有效，但就如路克・華頓所分析的，湖人在進攻端建立起的連結已經成長了，而他們能夠閱讀魔術的防守陣式後再作出對策。

「三角戰術就是不停的見招拆招，」路克・華頓說明，「但直到對金塊的系列賽快結束時，我們才真正地將三角戰術提升到另一個層次。」

路克・華頓說，球員們也了解到「只要我們在每一次進攻都能正確閱讀出對手的防守布陣，我們就有辦法得到一次很好的出手機會」。

這是獻給溫特的華麗致敬。

除了看到自己打造的進攻體系被如此高水準地實踐在球場上，另一個絕對會讓這位老教練滿意的，是看到科比終於證明自己是一位全方位的領袖。就像以前的喬丹一樣，並不是每個隊友都喜歡他，但他贏得了他們極大的敬意。

魔術在第三戰以火熱的手感展開比賽，而因為布萊恩決心要盡早結束系列賽，他也在上半場以進攻端的爆發回應對手，讓湖人沒有被對手甩開。

然而接下來他開始顯露出疲態，這也使他後來打得無比掙扎，還在第四節發生一次關鍵失誤，導致湖人輸掉比賽。湖人在西區決賽對決金塊時，布萊恩也曾顯露出這種筋疲力竭的徵兆。

布萊恩在第三戰沒力的現象，應證了威斯特此前對於是否需要控管布萊恩出賽時間的擔憂。蕭說，這個球季教練團一直密切注意這個問題，但他補充，由於布萊恩熱愛競爭的天性，要控制他的出賽時間很難。第三戰，菲爾·傑克森讓他在第四節坐了一段時間的板凳，希望他能恢復一下體力。「他一直想上場，」蕭說，「身為一名教練，讓他休息是必要的。你必須保護他，不能讓他恣意妄為。有好幾次他真的是在場邊懇求我們讓他上場，我們有時候會依他所願，但大多時候你得違背他的意願，並讓他好好休息。」

控管布萊恩的出賽時間並試著調適他的競爭意識，事後證明，將成為足以左右他日後生涯的重要因子。但短期來看，布萊恩和湖人很輕鬆就調整回來了。輸掉第三戰後，他們連續兩場讓魔術束手無策，並以四勝一敗贏得總冠軍，布萊恩也獲得了生涯首次的總冠軍賽MVP。

阿丹德回憶，歐尼爾在湖人奪冠後很快就發了一則推特說，「我很確定科比一定會說，『俠客，我的屁股是什麼滋味？』恭喜了，科比。」

阿丹德回到奧蘭多的體育館，把這則推特秀給還在慶祝的布萊恩看。

「我拿起我的手機，」阿丹德回憶，「接著我說，『科比，看看俠客說了啥』。接著科比露出了我所見過最高興的表情，他的心情很好，不管俠客說什麼應該都不會擾亂他的心思。他只用觸動人心的口吻說了一句，『俠客在耍什麼白癡』。」

既視感

威斯特的一席話在季後賽期間引起人們的側目，他說詹姆斯已經超越了布萊恩，成為NBA的最佳球員。從一方面來看，威斯特只不過是在做過去三十年來的工作，也就是對聯盟球員的天賦發表自己毫不偏頗的看法。詹姆斯的身材更好、更強壯，也比布萊恩更有力量，因此在球場上他也比布萊恩更全能。

這也是威斯特再熟悉不過的處境，他自己就在整個生涯中都被拿來跟身材更大隻也更強壯的羅伯森做比較。事實上，對於這樣的比較威斯特也十分在意，也把它當作鞭策與激勵自己的動力。但威斯特也從很早以前就知道，這樣的爭論永無真正的休止之日，也對一名球員的職業生涯極為重要，因為這些爭論不但可以引起球迷的興趣，也能刺激球員的表現。柏德與魔術強森就是一個好例子，他們兩個人的職業生涯都在與彼此競爭，這也提升了他們的比賽水準。

所以詹姆斯有比布萊恩還優秀嗎？

威斯特也提出過這樣的看法：你可以看得出來球員在場上能做什麼以及他的身體能力，但想要解讀出一名球員內心所具備的資質，卻幾乎是不可能的。

那年的總冠軍賽後，可以明顯在布萊恩身上看到這一點：三十一歲的他，下定決心不留餘力，絕不留下任何遺憾。心態，從來就不是問題。

對布萊恩來說，與任何球員的比較基準其實很明顯，就是比冠軍的數量。這就是球員在日後被評判的依據。

布萊恩的右手食指在二〇〇九年一月骨折了，這又是一次足以影響他投籃的嚴重指傷。在二〇〇九—一〇年球季前夕，他還是沒有找出時間動手術，把時間都花在為新球季做準備，因為球隊的陣容有了翻天覆地的改變。亞瑞查被火箭簽走了，湖人則簽下了原先效力於火箭的前鋒亞泰斯特。失去了亞瑞查的投射能力，湖人若想在二〇一〇年奪冠，便無法依賴二〇〇九年他們曾經更上一層樓的三角戰術，而是得靠亞泰斯特帶給球隊的毅力與拚戰精神。

就像許多靠直覺打球的老球員一樣，亞泰斯特也在試圖理解三角戰術時遇到了瓶頸，這代表球隊在戰術執行上的流暢度會有開倒車的危機。

不過個性很強的亞泰斯特，對於NBA總冠軍十分飢渴，而他能在比賽中帶來的動力與威嚇力，也能成為湖人衛冕的助力。

球季即將展開時，傑瑞・巴斯宣布自己將會退居幕後，把球隊交給兒子吉姆・巴斯來經營，這也造成吉姆・巴斯與他姐姐珍妮・巴斯及其多年來的男友菲爾・傑克森之間的權力鬥爭越演越烈。

而菲爾・傑克森對於自己是否會繼續執教的說法也很含糊。他告訴記者，湖人有沒有衛冕，將會是決定他會不會繼續在下個球季回來執教的一大因素，但這不會是唯一的變因。

《洛杉磯時報》報導，湖人與二〇一〇、一一年的年薪分別為一千六百五十萬與一千七百八十萬美金的蓋索簽下了三年延長合約，這也代表蓋索將會留隊到二〇一三—一四年球季。

他們也報導，有權在二〇一〇年球季結束後跳脫合約成為非受限自由球員的布萊恩，很快就會簽下一份新合約。

據報導，這支球隊為了保持球隊的完整，曾要求菲爾・傑克森這位領著NBA最高年薪一千兩百萬、拿下十座總冠軍的常勝教練減薪。當時就有記者問菲爾・傑克森是否願意減薪，而他只用了一句話堵他的嘴，「是你的話，你願意？」

儘管這支球隊在傷病困擾下還是以強勢的表現展開新球季，歐登卻還是在一月的一場客場比賽中，表示球隊中的每個人都很想念溫特的獨到觀點。不過他補充，他知道這位教練絕對會用哪些話告誡球隊。

「他會叫科比傳球，」歐登笑著說，「就算科比已經在傳球了，他還是會叫他傳球。他會叫我們快速地轉移球權，也會跟我們說我們應該要傳出更好的傳球，傳出更多助攻。」

歐登說，就算球隊在防守端出問題，溫特還是會把問題歸咎於進攻執行得不到位。

這是因為三角戰術在進攻時也會保持防守端的平衡，球員能藉由站位阻擋對手的行進路線，讓他們在回防時阻止對手輕鬆地打出快攻。

雖然三角戰術是個屢遭批評的體系，但過去二十年來的ＮＢＡ冠軍隊，有其中十年的球隊是靠這個體系奪冠的。直到溫特主打團隊籃球的觀念統治籃壇之前，過去職業籃球一直被視為一個靠球員自由發揮的聯盟，而現在主打這個戰術的湖人，能夠再添一冠嗎？

「人們不了解三角戰術其實就像是區域進攻的概念，」歐登說明，「在打這個戰術時，強弱邊會很明確，總是有球員在卡位搶籃板。這是個傳球第一的進攻體系，球員要做的就是把球傳給有空檔的人，看看他能不能把球投進而已。」

歐登說，他感覺得到溫特的叮嚀依然在自己的耳邊迴盪，依然在告訴他要怎麼在比賽中調整。「經驗就是世界上最好的老師，」歐登說明的同時，語調中也流露出一絲柔情，「他是個非常有經驗的人，也跟我分享過很多案例。我很懷念他，我們全隊也都很想念他。」

雖然溫特離開後，湖人需要作出一些調整，但有件事是不會變的，那就是布萊恩的球風。

「我們都知道他想做什麼，」歐登笑稱，「他在進攻端總是打得很積極，但球場上的無限開火權是他爭取到的，這是他替自己掙得的權利。」

這是蓋索與布萊恩聯手的第二個完整球季，前者也在一月指出他得多努力搶進攻籃板才行，因為他一場比賽只得到五次左右的出手機會。

有些人會覺得他們這些發言是在批評布萊恩，但其實蓋索和歐登都不覺得布萊恩在球場上隨心所欲地進攻有什麼問題。

這反而更加證明了蓋索的效率有多高，也證明對手的防守花費多少力氣在他身上。「蓋索隨時都做好準備，你可以看到他接到球後馬上就投出一記華麗的左手勾射。他有很多進攻腳步與投籃技巧，因此我們也盡可能地把球傳給他。」談起蓋索在球隊中的角色時，歐登這麼說，「當科比開始熱血沸騰的時候，你得明白他會在進攻端打得很積極，會保持在進攻模式。蓋索是個很全能的球員，除了他在鞏固籃板的能力被低估之外，他還能以許多方式打擊對手，尤其是他還能傳球。他在低位總是能傳出好球，大概每個晚上都能送出四、五或六次助攻。」

而蓋索和隊友們透過補籃的得分，也被對手和球迷戲稱為「科比式助攻」（Kobe assists），因為他們覺得隊友們搶到他投籃沒進後的進攻籃板，比等到他傳球的機會還更高。

儘管從結果來看，蓋索沒有直接從布萊恩手上獲得多少助攻，但陣容的不穩定加上傷病因素，只會讓這支球隊更感激蓋索的存在。

這位七呎中鋒因為腿後腱傷勢錯過了二〇一〇年球季的開季，而在他回歸戰線、力量與彈性都有所回復後，平均可攻下十八點三分、十一點三籃板的他，可說與平均得到二十七分、五點四籃板、五助攻的布萊恩形成完美的互補。

本季布萊恩能繳出好表現，也以另一種方式呈現了蓋索的影響力，因為他在低位拿球時幾乎都會遭到對手的包夾伺候。「對手真的一直在包夾蓋索，」歐登說，「屢試不爽。」

對手包夾蓋索，給了布萊恩移動與進攻的空間。「老實說，我最喜歡的球員就是蓋索了。」在他舉辦的籃球訓練營中，布萊恩曾這麼對學員說，「他的全能是無人能比的，對許多孩子們來說，他是個好榜樣。他能左右開弓，可以運球、打低位、投籃、搶籃板，基本上，他無所不能。」

蓋索與布萊恩的搭配，成為足以令對手致命的擋拆組合，他們的連線甚至能讓要求嚴苛的布萊恩露出難得的微笑。進入二〇一〇年的季後賽，他會對他們的配合更加滿意。

這個球季，布萊恩投進六記致勝球，比過去十年任何球員都還要多。他也在該季成為ＮＢＡ史上最年輕得到兩萬五千分的球員。在一月迎戰暴龍的比賽中，他抓下了生涯最多的單場十六顆籃板球。

本季他有八場比賽單場攻下四十分以上，也讓他生涯獨得四十分以上的比賽突破了一百次。而在二月一日來到曼菲斯的比賽，他得到了與威斯特背號相同的四十四分，超越威斯特躍居為湖人隊史總得分榜榜首。

雖然他在進攻方面一直打出高水準的表現，但布萊恩在這個球季其實一直飽受著傷病的困擾。一個接近布萊恩左腳踝的肌腱扭傷，終止了他三個半球季以來未曾缺席的紀錄，讓他在二月高掛免戰牌兩星期。不過他的受傷對球隊來說卻未必是件壞事。本賽季在二月輸給小牛的一場比賽中，他因為背部痙攣加上手指有傷，僅得二十分之餘，也只能透過組織幫助球隊，讓其他球員挺身而出，負責得到整場比賽的另外七十六分。*

也因為亞泰斯特還不適應三角戰術，使得菲爾·傑克森逐漸降低了球隊對這套體系的依賴程度。由於有球員不夠適應體系加上傷病的關係，湖人在這個球季僅拿下五十七勝，不過這仍足以讓他們贏得太平洋組的龍頭。

雖然湖人本季還是交出了不錯的成績，但不久前和湖人簽下年薪近三千萬的三年延長合約的布萊恩，顯

---

* 譯按：原文是寫布萊恩得到十分、隊友得八十六分，但數據有誤故更正。

然也面臨了所有偉大球員都會遇到的挑戰，也就是歲月不饒人的難關。連續兩季打進總冠軍賽加上在二〇〇八年代表美國出征奧運贏得金牌，讓布萊恩疲憊不堪。而且食指的傷勢也讓他需要花費很大的心力在調整上，使得他雖然可以繼續打球，投籃命中率卻降低了。

他發現自己跟許多偉大球星一樣，身陷在難以掙脫的殘酷現實中。柏德在職業生涯的後期得與腳跟的骨刺和背傷對抗，這是他一直以來總是在比賽中全力以赴所付出的代價。魔術強森的生涯尾聲則是在一九九一年的總冠軍賽中被喬丹與公牛狠狠羞辱，幾個月後，他就宣布了自己HIV病毒確診為陽性的消息，引發了軒然大波。雖然日後曾經試圖復出球場，但他在球場上的表現實在是難堪得不堪入目。

威斯特也與一系列的傷病對抗過，並終於在經歷七度於總冠軍賽敗北的苦難後，幫助湖人在一九七二年奪冠。兩個球季後，威斯特與當時的湖人老闆柯克（Jack Kent Cooke）有了合約糾紛，因此在他憤怒地替球隊打完最後一場比賽後，便在苦悶中宣布引退。他後來還因此對這支投注了整個職業生涯的球隊提起訴訟。

喬丹是少數不是迫於傷病、而是自己決定什麼時候該離開球場的球員。他在一九九八年總冠軍賽以一記致勝球擊敗爵士，替公牛贏得第六座總冠軍。這道最後之舞堪稱完美，但他卻在三年後試圖在巫師復出，這也讓他的生涯留下了兩個悲慘的球季。他的努力換來失敗的結局，而且原本在球隊高層任職的他，也被巫師老闆波林（Abe Pollin）給解雇了。

這些少數被選中的籃球武林奇才，都靠著籃球達到了名聲與財富的巔峰，但也因此看見現實的殘酷：他們的青春在不停輪迴的比賽與訓練中逝去，跟這幾個充滿著肢體碰撞的球季比起來，中間休息的夏季太過短暫，甚至也有太多事要忙了。以至於他們在最後幾個球季都在盡最大的努力試著爭分奪秒、延長自己的職業生涯，直到能在球場上拚戰的時間走到盡頭為止。而現在背負著二連霸艱鉅挑戰的布萊恩，也要面對到相同的難關。洛杉磯球迷之中開始有越來越多人表達出共同的擔憂，於推特上發布布萊恩球場上的表現開始下滑的推文。

將在這年八月滿三十二歲的布萊恩也心知肚明。菲爾．傑克森也同樣不諱言地指出布萊恩已經沒辦法像以前一樣，投進一些曾讓人習以為常的神奇進球了。

就如威斯特警告的那樣，布萊恩需要更多「恢復元氣」的時間。

不幸的是，湖人的現狀並沒有給他喘息的空間，超級球星的宿命就是站在球場上。在首輪迎戰雷霆之前，合計例行賽與季後賽，布萊恩在球場上征戰的時間已經超過四萬四千分鐘了。而本季季後賽結束時，他的總出賽時間將累積到接近四萬五千分鐘。

身為一名在三十五歲帶領公牛奪冠的後衛，長年來被視為標竿的喬丹，在征戰ＮＢＡ的十五個球季總共打了四萬八千四百八十五分鐘，不過其中最後的五千分鐘是在華盛頓的挫敗感中度過的。

菲爾．傑克森一直覺得喬丹能在三十五歲還維持著高水準的表現並贏得第六冠堪稱奇蹟，不過他其實早前有將近兩個球季的時間暫別籃球，投身於棒球之中。

前人走過的歷程與自己的狀態，布萊恩再清楚不過了，而提到自己在職業生涯的終局之戰有什麼目標時，布萊恩這麼說：「我會一直打下去，直到打不動為止。」

二〇一〇年季後賽，他還是處於打得動的狀態，只是開始慢慢浮現出了一些徵兆。

年齡的差異在湖人和雷霆於二〇一〇年季後賽首輪交手時明顯顯現了出來。布萊恩與蓋索在第二戰分別攻下三十九與二十五分，帶領湖人取得二比零領先。然而第三戰與第四戰的結果，使得探討布萊恩年紀問題的雜音又冒了出來。雷霆的年輕新星杜蘭特（Kevin Durant）在這個球季建立起頂尖得分手的名號，儘管在防守端的表現還讓人有些疑慮，但在第三戰的下半場，他挺身而出要求防守布萊恩、強勢回應他人的質疑。很明顯這個出乎意料的換防以及杜蘭特的人高手長帶給了布萊恩不小的麻煩，後者在第四節的投籃頻頻失手，也給了雷霆贏下比賽與培養信心的機會。

第四戰，布萊恩明顯為了配合菲爾．傑克森利用湖人身材優勢的策略而打得更加保守，收起了投籃欲望的他大多都在傳球，只出手了十次、得十二分，卻被雷霆贏得一場大勝。

系列賽打成二比二平手後，雙方回到洛杉磯進行第五戰。如果是年輕的布萊恩，絕對會跳出來接管戰局，但他卻堅持相信隊友並打出團隊籃球，只出手了九次。而這一場輪到他與湖人大勝雷霆，並在下一場拿下了晉級門票。

淘汰雷霆後，湖人在第二輪只用四場比賽就擊潰了爵士，接著又在西區決賽花了六場比賽打敗主打跑轟戰術的太陽，而在第五戰的經典之役中，布萊恩繳出了三十分、十一籃板與九助攻的成績。

在決賽等待他們的，是他們最期待的對手塞爾提克。這一場對決，也給了湖人向宿敵一雪前恥的機會。當知名數據分析師霍林格（John Hollinger）預測湖人會戰勝塞爾提克後，世界各地的湖人球迷連環發布了許多宣洩緊張情緒的推特貼文，他們都覺得這個預測是個好兆頭。

這種不以常識作為依據的心態，可說是這兩支最成功的球隊在NBA悠久歷史中留下的產物。而二〇〇八年的大勝，又讓塞爾提克再佔到一次上風。

也因為長年來湖人與塞爾提克交手結果勝少敗多的刻板印象，讓波士頓球迷在季後賽期間從早上就開始飲酒作樂，湖人球迷則得事先撥通心理治療師的電話安排預約。

好萊塢與豆城的再度對決，象徵著明星球員光環與塞爾提克傳奇氛圍碰撞的火花。兩隊已經在總冠軍賽交手十一次，而歷史總是證明，在一切塵埃落定後，成為戰敗者的幾乎都是好萊塢。

總冠軍賽首戰，布萊恩不但送出六助攻，得分也在近十一場季後賽中第十度跨越了單場三十分，加上蓋索抓下十四個籃板球，幫助湖人在史戴波中心以一百零二比八十九戰勝塞爾提克。然而在第二戰，塞爾提克反撲得很快，雷．艾倫在三分線外十一投中八的表現不但刷新總冠軍賽紀錄*，也幫助塞爾提克以一百零三比九十四的勝利粉碎了湖人的主場優勢。

系列賽戰成一比一平手後，在六月八日移師到波士頓舉行第三戰。雖然布萊恩攻下二十九分，拜能與蓋索也各抓下了十記籃板，但這場球的致勝功臣是費雪。全場得到十六分的他，在第四節七投五中得到十一分，扮演了半路殺出的程咬金，讓塞爾提克吞下意外的一敗。不過隨後塞爾提克回過神來以九十六比八十九拿下第四戰，令分別拿下三十三與二十一分的布萊恩與蓋索做了白工。下一場比賽布萊恩雖然又得到了三十八分，但打鐵趁熱的綠衫軍還是在第五戰以九十二比八十六取勝，也在系列賽在自家主場的最後一戰取得三比二領先。

湖人有辦法在主場連贏兩場奪冠嗎？六月十五日在史戴波中心舉行的第六戰，他們以八十九比六十七的大勝響亮地做出回應，布萊恩得到二十六分，蓋索則利用自身強大的內線威脅牽動對手的防線送出了九次助攻，另外抓下十三個籃板球。而塞爾提克主戰中鋒肯崔克．帕金斯在第一節就因為膝蓋受傷而離場，也成為球隊潰敗的原因之一。

接著到來的是塞爾提克與湖人的第七戰，這是總冠軍賽歷史上罕見的一刻，布萊恩則需要在這場比賽準備成為一個真正的惡人。在批評他的人眼中，這個曾經被史庫普．傑克森深情滿滿地稱為「籃球史上最偉大的混蛋」的男人，一直以來就是個反派角色。

有些聚焦於這一刻的人們，驚訝於這場最終戰役帶給布萊恩多大的壓力。史庫普．傑克森則想知道，這份壓力究竟是來自比賽本身，還是來自於「圍繞在比賽之外的輿論」。意思是，布萊恩的歷史地位有很大部分將取決於這場比賽的勝敗。一直以來，布萊恩就是個創造歷史的男人，甚至從他還是個孩子時就是如此。如今他有機會成為最偉大的球員，而這場比賽，將會是他實現雄心壯志的道路上，最高潮迭起的一段旅程。

＊　譯按：原文此處寫投進十一顆三分球，但其實是出手十一次。而該紀錄也已經在二〇一八年總冠軍賽被史提芬．柯瑞的單場九顆三分球超越。

「這是他人生中一直在等待的時刻。」史庫普・傑克森說，「這不僅代表如果他能再得到一枚冠軍戒，就讓他與喬丹的六枚戒指更近一步，他這場比賽的表現，更將決定他有沒有資格與喬丹相提並論。」

布萊恩也將這場比賽定位為自己能否「邁向偉大之林」、與喬丹和其他偉大球員並肩而行的關鍵戰役。他將為了自己能不能在偉大球員的行列中取得一席之地奮戰。如果湖人輸掉這場比賽，敗北的結果將成為一顆壓著他的巨大石頭，帶他沉進十八層深淵。「這樣的結果會要他的命。」史庫普・傑克森說，「隊上其他球員也都知道這場比賽對科比有多重要。他們不只是為了自己與球隊而戰，也是為了科比而戰。」

這樣的情況使得比賽中的一舉一動隨之升溫。「我覺得球員們都有意識到這點，」史庫普・傑克森說，「他們能感受到在自己身邊的球員有多麼偉大。湖人的每一個球員都知道科比是個多麼偉大的球員。他們也知道，如果他們輸掉了這場比賽，將使他承受遠比現在更多的負面評價。要是湖人輸掉第七戰，不但將影響到球員的職業生涯，更將大大影響到科比的歷史定位，而他們都知道這一點，每一天也都感受到這樣的氛圍。他們都明白，『這傢伙的處境與房間裡的每個人都截然不同。這場戰役將會左右科比在ＮＢＡ歷史上留給後世的影響力』。」

這場比賽並沒有順利展開，這是場沒有太多精采進球的低比分大戰，布萊恩陷入了掙扎，塞爾提克也因此在上半場取得四十比三十四的領先。最終抓下十八顆籃板球的蓋索的鞏固籃板、費雪令人振奮的好球以及亞泰斯特的防守和關鍵一擊，都幫助湖人在第四節起死回生，也將比數在第四節最後六分鐘時追成六十四平。

這是為了偉大而戰的布萊恩，最終不得不全盤信任隊友的最佳時機。而特別值得他信任的，還是被許多球迷批評老得打不動的老搭檔費雪。

布萊恩整場比賽出手二十四次只進六球，加上罰進十一球，得到二十三分、十五籃板與二助攻。不久後即將改名的亞泰斯特得到了二十分，蓋索則有十九分進帳，而費雪也挹注了十分的火力。

疲憊且絕望的塞爾提克開始採取犯規戰術，但湖人最終還是以八十三比七十九取得勝利，在球迷的歡呼聲中確立了二〇一〇年的湖人隊是史上最偉大的球隊之一，也鞏固了布萊恩在偉大球員之林的一席之地。在龐大的壓力下，他第四節九罰八中，為勝利貢獻良多。

他再一次榮膺了總冠軍賽MVP的頭銜，包含這個大獎在內，他的豐功偉業還包含了被票選為明星球員十二次、贏得二〇〇二、〇七與〇九年三屆明星賽MVP，以及入選十二次NBA年度球隊、十次年度最佳防守球隊。二〇〇九年，《體育新聞》評選他為NBA十年最佳運動員，在挑選十年最佳球員時，《TNT》電視台也選擇了他。

這些琳瑯滿目的榮銜雖然讓人印象深刻，卻比不上湖人在二〇一〇年經歷七場驚心動魄的大戰後擊敗塞爾提克奪冠，而替他贏得的讚譽。

在故鄉費城，他的高中教練與隊友們都目瞪口呆地看著他完成自我救贖之戰。為了攀登到這個夢想中的高度，他一路走來身體受到了許多傷害、也承受了許多公眾的抨擊，卻總是能在奮戰中堅定地走在自己的道路上，並終於在徹底氣力放盡的現在，迎來了慶祝的時刻。

阿丹德回憶，在系列賽前夕，布萊恩的心情一直都很差，也不願承認迎戰塞爾提克的系列賽有任何特殊意義。阿丹德說，很明顯，他口是心非。「這個二〇一〇年的系列賽對兩支球隊來說都極具歷史意義，尤其對科比、蓋索、費雪、歐登與賈奈特、皮爾斯、雷・艾倫、瑞佛斯（Doc Rivers）這兩組人馬來說，更有著特別的恩怨情仇。你知道這兩隊之間的宿敵情節，而不只是科比在第七戰中打得很糟，雙方也都打得雜亂無章。這麼多年來我看過兩隊打過好幾次第七戰，而這場比賽雖然可說是這幾次第七戰中最接近焦土戰的一場球，但也是球場內部緊湊氛圍最高的一場。這場短兵相接的總冠軍賽第七戰，或許是我採訪過最激烈的一場比賽了。兩支球隊都是傾盡全力地想要擊敗對方。這股緊張氣氛影響到了科比，他也在賽後承認了這一點。他在這場比賽開始時接連失手，我簡直不敢相信他居然打得這麼糟糕。人們都在議論紛紛，『這場比賽會把他拉下神壇，也會打擊到他的傳奇地位』。」

如果他輸掉這場球，他在總冠軍賽的成績將會下跌為四次奪冠、三次戰敗。但湖人最終贏得勝利，也讓他的歷史地位屹立不搖。

「就在奪冠後的瞬間，」阿丹德回憶，「第一件浮現在他心頭的問題是：『好，五座冠軍，代表了什麼意義？』而他想到的答案則是，『這代表我比俠客多拿一座冠軍了』。這是他早已迫不及待想要達成的成就。」

第二十八章　獨一無二

終其一生，從他有記憶以來，科比．布萊恩就一直渴望成為站上頂點的那個男人，主宰球場，讓他得以沉浸在隨之而來的榮光與認同中，讓整個籃球界不得不向他致敬，承認他的王者地位。

現在，他在這一刻達到了這個領域。這支球隊在他的帶領下，連續三年闖進總冠軍賽並贏得二連霸，不是靠其他人，更不是靠歐尼爾的帶領。在這段期間，早已習慣站在媒體面前的他，如今更是能在溫和的聚光燈下如魚得水，侃侃而談，展露他對籃球的熱情。

記者麥克蒙納敏（David McMenamin）是從這段期間開始負責湖人相關新聞採訪的，他正試著融入其他早已隨隊並採訪布萊恩多年的記者之中。這是個挑戰，但麥克蒙納敏有個優勢，就是他看過高中時期的布萊恩打球。麥克蒙納敏在費城的郊區讀了一所和勞爾梅里恩高中是宿敵的學校，這兩所學校之間的競爭激烈到，當麥克蒙納敏告訴這位明星球員自己是從那間學校畢業的後，布萊恩皺著眉頭問他，「那我們之間有什麼好講的？」

這是麥克蒙納敏第一次採訪菲爾．傑克森，而他看過《最後一季》，也很佩服在這本書出版之後，這位教練還能和布萊恩合作愉快。「你知道的，菲爾．傑克森要在他們之間的鴻溝搭一座橋。」麥克蒙納敏說，「這本書的內容真的是把他罵得狗血淋頭。所以我很佩服現在菲爾．傑克森總是可以在要批評科比時把話忍住。」

因此菲爾・傑克森把批評的目標換成了其他球員，藉此維持球隊紀律。「蓋索和歐登成為代替他受罪的人。」麥克蒙納敏回憶，「只要是明眼人都看得出來，不管科比做什麼，甚至是剛繳出一場投籃太多、傳球太少的標準『科比式打鐵』表現，這兩個傢伙仍然最常在記者會中被他點評的球員。對待科比時，他會用比較圓滑的方式，盡量不直接批評他。雖然當科比表現不好時，我們還是會繼續問一些關於他為什麼表現不佳的問題，但後來我們也都知道，繼續問下去也問不出什麼。

當然，布萊恩有表現不佳的夜晚，也會有表現拔群的比賽。麥克蒙納敏是這麼描述那幾場出神入化的比賽的，「他在球場上的動作一氣呵成，也總是讓我吃驚。他有時會把刺探步與假動作結合成一個連貫動作，接著把球打向籃板後彈回到自己手裡，最後使出一記反手上籃。即使對手的防線完全在針對他，但他還是能在做出這些動作時讓人覺得一切都在他的預料之中，並執行得天衣無縫。」

不論防守端如何針對他，布萊恩的求勝欲望通常還是會指引他想出一些神乎其技的組合技來破解，也讓他這三年來擊倒了許多強敵。麥克蒙納敏認為，也因為他在球場上的表現太過神奇，布萊恩似乎希望媒體與他們背後的大眾能夠接受他現在呈現出的形象，而不是過於深究他的內心想法。「回首我採訪他的六個球季，我還是不知道自己甚至是我們其他媒體私底下到底有多了解他。和他對話時，你可以感受得到他的聰明才智、感受得到他有多麼了解自己身處的聯盟以及NBA的古往今來、感受得到他有多麼了解這個圍繞著他的世界。當一個媒體工作者走進房間時，他甚至可以稍事打量後，就想像得到對方大概會問什麼問題。」

看起來，布萊恩為了杜天下悠悠之口、確保他的傳奇事蹟會如何被眾人記載，不僅控管了菲爾・傑克森的發言，也同樣限制著媒體。電影導演史派克・李同樣也被他限制過，他經過許多協調後，在二〇〇八年四月十三日湖人出戰馬刺的比賽，安排了三十架攝影機要拍攝布萊恩的紀錄片。這部名為《科比上場》（Kobe Doin’ Work）的影片，記錄了布萊恩的一天，著重於描述他為了籃球而投入的非凡付出與努力。在這場湖人想要替這年競爭激烈的例行賽強勢收尾的比賽，布萊恩與菲爾・傑克森整場比賽都在身上別著麥克風。布萊恩將在稍晚的二〇〇九年二月、湖人在麥迪遜廣場花園打完尼克的比賽後進行旁白配音。這段期間，有報導指出布萊恩與史派克・李這位知名導演兼尼克球迷在最終畫面呈現效果上出現了歧見。從以前錄製那張下場悲慘的饒舌唱片時到後來和《Showtime》電視網拍攝另一部《布萊恩的繆斯》（Kobe Bryant's Muse）紀錄片，布萊恩進行他的文創事業時常常發生類似的糾紛。據報導，史派克・李為了從布萊恩手中爭奪主導權，曾一度威脅要把影片的主角換成馬刺前鋒鄧肯，但史派克・李出面否認了這些報導。

某種程度上，布萊恩顯然還是滿足了自己的控制欲。隨著拍攝影片的日程繼續前進，就在排定他要替影片錄製旁排白的二〇〇九年二月，為了彰顯他在球場上的統治力，在錄旁白的前一天、迎戰尼克的比賽中，他以極高效率攻下了兇殘的六十一分，打破了麥迪遜廣場花園單場個人得分最高紀錄，超越了喬丹留下的客隊球員最高紀錄五十五分和金恩（Bernard King）的主隊球員最高紀錄六十分。雖然二〇一四年安東尼在這座球場攻下六十二分，又替尼克奪回了麥迪遜廣場花園的最高得分紀錄，但布萊恩還是以客隊球員之姿在這座體育館中得到最高分的球員。*這是一場相當精彩的得分秀，沒有一球是他沒把握的出手，因為布萊恩在接近三十七分鐘的出賽時間中根本沒想過抓籃板這件事。整場比賽他三十一投十九中，三分球有著六投三中的貢獻之餘，二十次的罰球機會也全被他把握住。加上蓋索也攻下三十一分，湖人便以一百二十六比一百一十七獲勝。

布萊恩賽後表示，他飆分的動力是不想在隔天錄音時聽史派克・李大放厥詞。而這部八十八分鐘、中間無廣告的影片，在二〇〇九年五月十六日播出。日後回首，這部影片也成為了布萊恩亟欲控制自我風格呈現方式的經典案例。他在操控傳播媒體方面的投入，與NBA本身別無二致。NBA過去在一九八〇與一九九〇年代本來對媒體而言是個輕鬆友善的環境，但在進入二十一世紀後，聯盟的媒體公關部門卻嚴格地控管

---

* 譯按：詹姆斯・哈登在二〇一九年一月二十三日作客尼克時攻下了六十一分，追平了這項紀錄。

著媒體。

布萊恩將媒體操弄於股掌之間的天賦，也與喬丹如出一轍。他們在籃球界與媒體界都是大師級人物，除了籃球之外，布萊恩也把喬丹對待媒體的這一套給學得淋漓盡致。他們都是特別的存在，君臨記者會的態勢，都有如王子降臨他的宮廷一般。在他領軍贏得冠軍的那幾年，布萊恩已經十分適應身處在這樣的氣氛中了。

「這樣的情形有時對寫報導很有幫助，」麥克蒙納敏說「而我想他也覺得我們一連串的提問有助於推廣他的地位，所以他通常會給出一個正面積極的回答，通常這些回應都是發人深省的話語，偶爾也會引述一些鏗鏘有力的名言佳句。不過有時候你也會在提問時受到挫折，因為他有辦法預料到你接下來會問什麼問題，如果那是他不願多談的方面，那他就會在你提問前讓你閉嘴。因此與他交流對我來說是個挑戰，但我也樂在其中。」

在他終於獲得了渴望已久的成功後，媒體開始圍繞著他時，「他的態度也變得更開放了，」麥克蒙納敏回憶，「我認為這是因為他覺得說什麼都已經無關痛癢。不管再說什麼都沒辦法動搖他的歷史地位，一切都已經成為定局。他就像是心裡在想，『我的良好名聲現在已經刀槍不入了，我可是有五枚冠軍戒，歷史定位已經無懈可擊，所以接下來的十分鐘就當餘興節目，你們想知道什麼我都會知無不言，放輕鬆就好』。」

不過還是有特定幾位記者沒辦法和他以這種方式相處愉快。儘管這麼多年過去，布萊恩還是拒絕接受《ESPN》記者雪莉．史密斯的採訪，就好像她是昔日科羅拉多麻煩事的象徵，會讓他想起過去的種種。或許這跟她是位女性有關，也或許不是。因為現場也有其他女性記者在採訪他。但如果她加入了圍繞在布萊恩身邊的記者群，他就會馬上結束採訪閃人。

在了解到自己的存在會影響到其他媒體的採訪後，她開始讓別人代替自己去採訪這位明星球員，透過麥克風紀錄他的言論。

那幾年總冠軍賽，每場記者會都辦得既盛大又正式，還會在電視上轉播。因此當布萊恩在這幾場記者會中不得不回答雪莉．史密斯的提問時，後者承認自己和某些同事看到這樣的情形時會忍不住笑出來。

「我問問題後，每個人都在期待他會有什麼反應，」她回憶，「他會繃緊一張臉，回出一些敷衍的答案，通常我提問的時候都是這樣。」

老虎伍茲（Tiger Woods）那陣子因為性醜聞惹出麻煩時，雪莉．史密斯認為從那刻起這位高爾夫名將會因此身敗名裂，生活也會變得一團糟。《ESPN》的老闆也派出許多記者到各大體育界，想要進一步探討這個話題。而雪莉．史密斯的任務，就是請布萊恩對這件事發表意見。於是她選擇在一個沒有攝影記者陪同的夜晚，混進了圍繞在布萊恩身邊的媒體中。當下布萊恩與她之間的冷戰似乎有稍微解凍的跡象，因為「他居然沒有在我出現時馬上離開。」雪莉．史密斯回憶。

接著她就提到老虎伍茲惹出來的麻煩，然後問他，「對於老虎伍茲的聲明，你怎麼看？」

「然後他馬上就拒絕受訪了。」她回憶。

布萊恩立刻憤怒地轉身就走，而他經過雪莉．史密斯時，還回過頭來對著她的後腦勺做出了扣板機開槍的手勢。

當時雪莉．史密斯背對著他，所以沒有看到他做出這個手勢，但其他人看到了。不過，這件事並沒有被媒體披露出來。

「他又多了一個看我不爽的理由。」雪莉．史密斯回憶。

她的頂頭上司後來還因為忘記她跟科比鬧僵的事跟她道歉。

「我跟科比之間沒有任何私交，」她回應，「在原告撤回指控、事件結束後，我就跟他沒有任何交集了。所以我問這個問題也不會有什麼損失，更何況這也是個很公正客觀的問題。」

布萊恩的私人生活也因為他在職業籃壇上取得的成功而越來越受媒體關注，除了許多好萊塢式、跟名人有關的八卦之外，網站上也有許多報導和推測，討論布萊恩與多位女性之間的關係。這些女性中，還包括了《花花公子》（Playboy）的模特兒與湖人隊的啦啦隊成員。

不過要替布萊恩說句公道話，會被扯進這種緋聞的名人，不只有布萊恩。這幾十年來，球星的花邊新聞一直是北美職業運動的重要元素，從棒球、曲棍球到美式足球和籃球都是如此，這些球星就跟搖滾或饒舌歌手和或其他音樂界、娛樂產業的名人一樣，都身處一個崇拜明星的文化之中。喬丹也曾成為這些八卦報導的標靶，但幸運的是，他大部分的職業生涯在以謠言、性醜聞與八卦為食的網路興起前就結束了。

湖人長久以來將性事氾濫的洛杉磯作為根據地，雖然這不是他能拈花惹草的藉口，但這也解釋了這支現在由他統治的球隊，為什麼會有著這樣的文化與傳統。遭到性侵指控後，布萊恩開始遠離這座城市的是非之地，但圍繞著這支球隊的氛圍，卻依然誘惑著來到這支球隊的每一個球員。

布萊恩加入湖人之前的年代，論壇球場就已是魔術強森和一位甚至多位女性翻雲覆雨的愛巢。比賽結束後，訓練室或三溫暖室會隨即成為他的砲房，接著才會圍上浴袍出來迎接久候多時的記者，接受依照慣例進行的賽後採訪。「這實在令人難以想像，」加西杜埃納斯曾經承認，「但魔術強森就是如此恣意妄為，而且因為人們都喜歡他，所以不管他做什麼事，千錯萬錯都不會是他的錯。不過魔術強森也從來沒有隱瞞過這件事，他總是坦率承認。這就是他的一部份，你只能學著去接受它。」

「你如果走到球員通道的盡頭，」隨隊多年的記者、已故的麥克唐奈爾（Joe McDonnell）回憶，「就會看到許多女人把他們的電話號碼塞給球僮，或是魔術強森會親自欽點他看上的女性。『把她，還有她，帶進來。』接著大家都知道重訓室或體育館的某處會發生什麼事。這些女人真的太瘋狂了。她們有的和傑瑞・巴斯有染，有的是來湊熱鬧、見世面的。我們都知道，某種程度上魔術強森這些作為也有幫到我，因為我總是能預測到他會是最後一個從淋浴間出來的人，或總能猜到他會從哪裡現身。他百分之九十九是最慢出來，然後慢慢整理衣衫的人，而這段期間，重訓室和三溫暖室都已經被他用過一輪了。這幾個房間的戒備都很森嚴，要有認識的朋友或熟人，才有可能去到這些地方。我一直都覺得這是他們的私事，所以他們做什麼我都不在乎，有時候我甚至還希望男主角是我哩。」

「剛來到這支球隊工作時，我真的被嚇到了，」加西杜埃納斯回憶，「但這是他的人生，也是他的生活方式。我後來才慢慢開始了解魔術強森，了解他的行事風格與他的風流人生。當你有著和他一樣高的社會地位時，就可以預料到身邊會有這些風流韻事，電影明星也一樣。而這就是這個產業的一部分。」

榮恩・卡特回憶自己在一九七八年加入這支球隊時，也被球隊前輩們的生活態度與性癖嚇了一跳。「這些老前輩們人概都有性成癮症，他們簡直是為性愛而瘋狂，到哪都可以想做就做。事實上，老將們也會把一些掌控女人的心得跟你分享，科比應該就用過幾招。」

身為一位十幾歲就與家人定居在洛杉磯的青少年，布萊恩一直都對這裡的性氾濫風氣心懷戒備，但就像他開始習慣自己要扛起球隊領袖的重任一樣，他也慢慢地習慣這些當地民風了。而有些布萊恩的桃色風暴，則是被他湖人隊友的妻子或女朋友捅出來的。部分球員的女性友人並不喜歡與人有距離且待人冷淡的凡妮莎，因此其中一位曾經對記者塞謬爾斯（Allison Samuels）坦誠以告，承認自己會把一些布萊恩的花邊新聞告訴這位布萊恩太太並藉此取樂。

最後一禪

慶祝二〇一〇年奪冠的布萊恩，在那年夏天親臨南非世界盃足球賽的現場。在他度過法庭危機的六個球季後，從球衣銷售的層面上足以看出他重新奪回了全球體壇銷售市場的地位。此時ＮＢＡ也對他們的全球影響力引以為傲，強調他們有百分之三十的商品銷售額是由世界各地的消費者所貢獻的。布萊恩的球衣連續三個球季在歐洲都是暢銷第一名，也藉此證明自己能夠奪回這塊愛迪達曾經替他開拓的市場。而在巨大的中國市場，他的球衣也是最搶手的，詹姆斯與韋德都只能屈居其後。

那年夏天點燃了足球迷的熱情後，布萊恩回到洛杉磯，想找出方法來處理他那四分五裂的右手食指，並為下個球季做準備。新球季還沒有展開就已經問題重重，首先，傑瑞與吉姆．巴斯父子在球隊完成二連霸後希望菲爾．傑克森在與球隊簽新合約時能降薪。這聽起來是個很奇怪的要求，但當時的ＮＢＡ正下定決心要在二〇一一年夏天迎接再一次的封館，湖人也因此得降低支出，為此提前準備。

事情逐漸明朗化後，巴斯家族與布萊恩都漸漸相信聯盟其他球隊的老闆會推動封館，有部分原因是為了反制大市場球隊的成功，而湖人正是大市場球隊之一。聯盟其他球隊的老闆們想訂定一份新版勞資協議，讓小市場球隊更有機會能跟五光十色、對自由球員有魅力且行銷效果強大的湖人競爭。幾年後，布萊恩在接受《ＧＱ》記者克洛斯特曼（Chuck Klosterman）採訪時，承認球隊有著這樣的想法。「當時沒有任何球隊能夠跟湖人比擬。」布萊恩說，「封館期間所制訂的一切，都是為了限制湖人招募自由球員的能力，才能讓聖安東尼奧與沙加緬度這種小市場的球隊有辦法跟湖人抗衡。」

不過在這個球隊要求年薪一千兩百萬的菲爾．傑克森降價簽新合約、甚至為了應對封館而預計大裁員的當下，湖人卻即將與時代華納有線電視公司（Time Warner Cable）簽訂一份二十年的轉播合約。這份每年平均可以替他們賺進兩億美金的合約總額達到五十億美金，被《富比世》（Frobes）稱作「ＮＢＡ史上最豪華的地方電視台轉播權合約」。這份合約還註明會啟用兩個新的區域性體育電視網，一個是英語頻道，另一個則是西班牙語頻道。

球隊獲得冠軍的幾天後，菲爾．傑克森徵詢了醫生的意見，並仔細研究這份新合約。隨著從傑瑞．巴斯手中繼承大權的吉姆．巴斯，在與姊姊珍妮．巴斯的家庭內鬥中取得上風，看起來唯一讓菲爾．傑克森想要繼續承受著健康風險與ＮＢＡ賽事間長途跋涉累積的身心疲乏，而在這支球隊執教的可能因素，就是再次奪冠。他最終同意了一份新的一年合約，並宣布即將到來的新球季將會是他的「執教終點站」。

「就是這一年，沒有別的可能。」他說。

為三連霸而衝刺的挑戰，對生理與心理都是極大的考驗。三連霸一直是菲爾・傑克森領軍球隊的標竿，他率領的公牛在喬丹首次退休前和復出後都拿過三連霸，與歐尼爾攜手的湖人時期在分崩離析前也連續贏過三次冠軍。這是他第四次帶領冠軍級球隊，由布萊恩領軍的湖人連續闖進了三次總冠軍賽。而他們能夠再創佳績，贏得第三座冠軍嗎？菲爾・傑克森的身體已經快撐不住了，心臟、臀部、膝蓋和背部的病症與手術都在折磨著他。「不管是看到誰飽受病痛折磨，都會讓人看得很難過。」提起菲爾・傑克森時，加西杜埃納斯如此表示，「不過你還是每天早上都會看到菲爾・傑克森來上班……他的身體受到這麼多的磨難，你卻還是會看到他每天來做好自己的事。」

為了舒緩菲爾・傑克森的痛苦，工作人員為他安排了特製的高腳椅。而這張椅子不僅成為他身體日漸衰弱的象徵，也代表著他在聯盟對手心中莊嚴而孤高的形象。

雖然菲爾・傑克森同意歸隊，但他和傑瑞與吉姆・巴斯之間的關係依然很緊張。溫特中風前的夏天，他透露吉姆・巴斯曾建議拜能這位透過選秀引進的愛將去尋找球隊外部的教練，因為他覺得菲爾・傑克森和他的教練團不擅長激發出長人的潛能。溫特認為這種發言不但荒謬也很無禮，而且這使得拜能與球隊之間有了嫌隙，也認為拜能在某些時候會因此輕視教練團成員。

「我們一直都有感覺到這股緊張的氣氛。」加西杜埃納斯說明。

除了球隊內部的問題之外，布萊恩也因為膝蓋的狀況越來越差，而開始默默尋求醫療資源的幫助。慈世平在來到洛杉磯的第二個球季也依然掙扎，這令湖人的前景更加迷茫。幾乎一整年下來，他都沒辦法在場上做出穩定的貢獻。儘管持續受到膝蓋、肩膀與手指的傷勢困擾，布萊恩還是做好自己份內的任務，八十二場全勤出賽，再度入選年度第一隊與年度最佳防守球隊，繳出一張平均二十五點三分、五點一籃板、四點七助攻與一點二一抄截的成績單。

隨著菲爾・傑克森將他的出賽時間限制到平均三十三點九分鐘，布萊恩的效率不降反增，也依然能在場上進行他最愛的飆分秀。本季他有二十三場個人得分達到三十分，其中有三場得到四十分以上。而另一個能顯示出過往籠罩在他心頭的陰影已經逐漸消散的徵兆，則是在湖人奪冠後，全世界的球迷用選票將他拱上全明星賽的人氣王。這是他生涯第二次成為明星賽投票得票數最高的球員，也是科羅拉多事件後的第一次。因此他在這場於洛杉磯全場觀眾面前舉行的季中盛宴，以三十七分、十四籃板、三助攻與三抄截的表現和生涯第四座明星賽MVP獎盃回應球迷的支持。

這個球季，他締造了生涯第十七次的大三元。十一月，他成為當時聯盟最年輕得到兩萬六千分的球員。一月，他將總得分增加到兩萬七千分，一樣是達到此一標竿最年輕的選手，也在NBA史上總得分排行榜上，繼續追逐著在他前方、已經為數不多的領先者。

四月的時候，發生了一件場面被弄得很難堪的事。他在一場迎戰馬刺的比賽被裁判貝尼・亞當斯（Bennie Adams）吹了進攻犯規，氣不過的他出言羞辱裁判是個「死玻璃」，因為他的用詞涉及了反同性戀用語，使他馬上收到了一張NBA開給他的十萬美金罰單。布萊恩對自己的失言感到抱歉，但儘管他負擔得起罰款，還是提出了上訴。那年六月，《富比世》雜誌將他列為收入第六高的運動員，靠著廣告收益一千萬美金，加上湖人給他的年薪兩千四百八十萬美金，讓他的年收入達到三千四百八十萬美金之譜。詹姆斯則是另一位名列其中的NBA球員，他比布萊恩多賺了近千萬美金，在這份名單中高居第三，僅次於高爾夫名將米克森（Phil Mickelson）與老虎伍茲。

儘管湖人已經連續奪得兩次NBA冠軍，並且在防守端有著相當不錯的表現，但助理教練波森（Chuck Person）得到了權限，讓他能夠以拜能為中心，重塑湖人的防守。畢竟在二〇一〇年總冠軍賽的下半場，以拜能為核心的防守策略封鎖了塞爾提克的攻勢。

而新防守系統的概念，則是讓拜能更靠近籃框，這讓他不需要太頻繁的移動，或許也能幫助他避免困擾他已久的膝蓋受到更多的傷。

「我們現在做的一切都圍繞著他在進行。」波森在那年春天談到球隊防守策略時說。「他是老大。」這套防守體系在例行賽尾聲看起來發揮了強大的功效，湖人也因此以五十七勝二十五敗的戰績再度拿下太平洋組的龍頭。但是進入季後賽後，這個防守戰術的弱點卻在關鍵時刻暴露了出來。

首輪對決頂級控衛保羅（Chris Paul）與他率領的紐奧良黃蜂，湖人在例行賽與黃蜂交手四場沒有讓他們贏得一勝，卻在系列賽首戰就吞下敗仗，寫下十五年來第一次在首輪於主場舉行的第一戰輸球的紀錄。雖然布萊恩以二十六投十三中攻下三十四分，但蓋索卻打得十分掙扎，讓布萊恩忍不住斥責他，「他天生侵略性就不足。」

第二戰布萊恩強烈要求要由自己來盯防保羅，湖人也靠著布萊恩得到十一分和全隊均衡的得分貢獻，贏得第二場比賽的勝利。來到紐奧良進行的第三戰，布萊恩攻下三十分，加上蓋索也擺脫了低迷，帶領湖人贏得勝利。不過上一戰火燙的布萊恩在第四戰上半場一分未得，保羅卻火力全開攻下大三元扳平系列賽。雪上加霜的是，布萊恩還在第四節尾聲扭傷了腳踝，並得撐著枴杖才能離開球場。根據報導，他在賽前拒絕接受X光或MRI檢測，依然在第五戰披掛上陣，並帶領湖人在主場拿下勝利。最後靠著團隊的全面發揮，第六戰他們再度贏球，在紐奧良終結了系列賽，並在第二輪迎戰來勢洶洶的小牛。在史戴波中心舉行的前兩戰，小牛打得他們措手不及、連吞兩敗。第一戰，布萊恩與他的隊友們搞砸了十六分的領先。第二戰，他們開始連心理層面都被打垮。首先，慈世平在比賽最後一分鐘，一拐打在小個子後衛巴瑞亞（J. J. Barea）臉上，讓他遭到了禁賽一場的處罰。

後來，拜能告訴記者湖人內部出現了「信任危機」，這也成為他們接下來兵敗如山倒的前奏曲。

第三戰來到達拉斯，失去慈世平，湖人雖然整場與對手拉鋸，但還是輸掉了比賽。第三戰與第四戰之間，管理層內部人事異動的陰霾，更籠罩著這支在球場上苦苦掙扎的球隊。包含加西杜埃納斯與薛佛在內，許多任職多年的資深員工遭到球隊草草遣散。

加西度埃納斯說，球隊只用一封提到保險問題的信，輕描淡寫地順帶提及了他遭到球隊辭退的消息，甚至沒有隻字片語提到他長達二十七年來為球隊的付出。

「從那時起，一切都被這件事打亂了，」薛佛回憶，「這樣的做法很過分。我這麼說絕對不是妄自揣測，他們做這些決定，都有留下書面紀錄。他們告訴我們，他們不想在封館期間花錢付工資。所以在季後賽第二輪的第三、四戰之間，包含教練團和醫療團隊在內，所有工作人員都接到了球隊通知，指出在我們的合約到期後，將不會獲得新合約，意即在封館期間，球隊不需要付錢給無約在身的我們。這很不合常理，聯盟其他球隊都會在封館期間照常支付薪資給員工，或至少會給一半。所以他這麼做，等同於直接解雇我們。」

其中一些工作人員後來又被球隊請了回去，但加西杜埃納斯、薛佛和大部分的球探，都再也沒有回到這支球隊。

「直到現在，都沒有人告訴我們為什麼會發生這種事。」薛佛在二〇一五年說，「但大家對於吉姆・巴斯想把任何與菲爾・傑克森有關的人事物掃地出門這件事應該都心裡有數，而沒有人比我和菲爾・傑克森走得更近，所以我會落得如此下場也不意外。」

擔任湖人總經理助理多年的萊斯特，也是在這一波裁員中離開湖人的員工之一，長年在威斯特身邊學習的他，一直在球探部門默默耕耘，才爬到現在的位置。不論這些重要的員工們職位是高是低，他們的離開都被視為球隊自廢武功的行為，也斬斷了現在與過去的連結。而這也或多或少能夠說明，為什麼湖人王朝會從此日漸步向毀滅。

儘管球隊出了這麼件翻天覆地的大事，他們還有一場比賽在等著他們。贏得二〇〇九年的冠軍後，菲爾・傑克森超越了偉大的「紅頭」奧拜克以教練之姿帶隊奪冠的次數。那場比賽，他的子女們都有來到現場慶祝這特別的一刻。而在二〇一一年的現在，他的孩子們在第三戰打完後也出現了，但這次他們會來的原因卻與上次天差地別。

「他們知道很快就要結束了，」麥克蒙納敏回憶，「一切都會就此結束。」

湖人在第四場潰不成軍，科比．布萊恩僅以十八投七中、三分球五投盡墨的表現攻下十七分，最終湖人也以一百二十二比八十六吞下慘敗。

「菲爾．傑克森甚至沒辦法自己走出達拉斯的體育館，」麥克蒙納敏回想，「我的意思是，他是被抬出去的，而這就是他當時的狀態。他的身體狀況真的很差。」

直到這場比賽開始前，布萊恩還覺得他們有可能贏得這個系列賽，並宣稱自己是真的相信這個可能性，令麥克蒙納敏不禁問自己說，「我真的有聽懂他在說什麼嗎？」

「或許他是真的相信吧，」麥克蒙納敏回首當時的系列賽時說，「或許他真的相信他們可以晉級。」

血液分離術

慘遭小牛淘汰後，布萊恩這個訓練狂魔悄悄地因為膝蓋重傷而在菲爾．傑克森的最後一季暫停練習的消息被揭露了出來。幾個月後，布萊恩承認他當時的處境有多麼艱難。「科比確實說過，他很遺憾自己在菲爾．傑克森的最後一個球季沒辦法以最佳的身體狀態全力以赴。」麥克蒙納敏回顧。

多年來，布萊恩一直是湖人的一股安定力量，而由於他的缺席，球隊訓練時也失去了原有的節奏。

季後賽，他們在面對低種子球隊黃蜂時就已經明顯陷入了掙扎。因此負責報導這一輪賽事的記者們都流露出了對這支球隊能否連霸的疑惑。不過麥克梅納敏還是抱持著希望，覺得如果他們能夠找回球季初的打法，湖人還是有辦法度過小牛這一關，並在重整信心後，有機會重返總冠軍賽。屆時球迷就能看到布萊恩的湖人與詹姆斯的熱火在爭奪冠軍的舞台上交手。

事與願違，湖人這個球季成了一樁悲劇，與前兩個球季相比有如天壤之別。

二〇一一年吞下這場慘痛的敗仗後，湖人很快交易掉費雪。麥克蒙納敏回憶，費雪一直都像是湖人的救生圈。「只要比賽的進展不順，他就是那個會把手搭在科比肩上，並把大家聚集在罰球線的人。他在場上說的話很有份量，就連科比都會聽他的話。」

費雪的離開也切斷了另一條湖人與菲爾・傑克森時代的牽連，同時也斬斷了布萊恩帶領球隊的另一個重要要素。儘管他們倆人在場下並不是特別親密的朋友，費雪後來揭露他們在當隊友的那幾年，自己並不常去拜訪他們家，但他們在場上卻都有著相似的競爭意識。二〇〇九年球季尾聲，在奧蘭多老舊體育館的狹小休息室裡，費雪和布萊恩並肩靠牆而坐，在這個遠離其他隊友的位子上，共同沐浴著冠軍的榮光。

布萊恩同時面對了熟悉的教練與隊友離去，由於他們也都是湖人的定海神針，他的職業生涯也即將面臨一系列撲朔迷離且沒有答案的難題。和這位離開的前教練不同，布萊恩挽救了他與傑瑞・巴斯之間的關係。幾年前挑戰老闆權威後，布萊恩靠著再奪兩冠，奪回了這位年長老闆的信任。布萊恩看得出來，若終有一天球隊會交棒到那個疑神疑鬼的兒子吉姆・巴斯和總經理庫普恰克手裡，這麼做才是最能在這支球隊中保障自己的作法。「他之前提出交易時，兩人曾經有過爭執。」麥克蒙納敏回憶，「但是現在，布萊恩展現出十分尊敬傑瑞・巴斯的態度。當科比提到他時，總是尊稱他為『巴斯博士』，不是直呼其名『傑瑞・巴斯』或叫他『老闆』，絕對是叫『巴斯博士』。」

不過有一件事顯然不能再拖下去了：如果他想繼續打出高水準的表現，就必須動手處理他日漸退化的膝蓋。隨著聯盟在二〇一一年球季結束後隨即封館，布萊恩便動身前往德國接受手術，在漢斯—威廉・穆勒—沃爾法特醫生（Hans- Wilhelm Müller-Wohlfahrt）的治療下，他將接受歐凱療法（Orthokine），這也成為他日後每年必去的行程。

當時美國尚未批准歐凱療法這種治療手段，這個手術與瑞尖療法（Regenokine）有些相似，都要取出富含血小板的血漿。歐凱療法會從人的手臂抽血加熱後，透過高速旋轉，以離心力分離出血小板。這些有療效的血小板，將會注入布萊恩的膝蓋。美國一家健康診所會事前先做好抽血的準備工作，將布萊恩的血運到國外。這是段長達數星期的事前作業，布萊恩也可以在這段時間來到德國進行一段秋天的小旅行並接受治療。

歐凱療法並沒有違法，它的療程也不會使用類固醇、人類生長激素或其他禁用藥物。據報導，包含教宗聖若望保祿二世（Pope John Paul II）與美國知名鄉村歌手威利・尼爾森（Willie Nelson）在內的名人，都曾接受過歐凱療法。

這套療程帶給布萊恩三個影響。最重要的是，它對布萊恩的身體狀態發揮了立竿見影的成效。其次，一旦開始接受治療，就意味著布萊恩將會面臨更多狀態是否將隨年紀增長而下滑的質疑。第三，布萊恩在人們心中鞏固了他會為了繼續在球場上奮戰而不計任何代價的形象。布萊恩拚命想贏得第六座冠軍以追平喬丹，如果可能的話，最好是比他多贏一座，甚至越多越好。

回到美國後，他開始為了適應湖人新教練麥克・布朗（Mike Brown）而做準備，報導指出吉姆・巴斯會聘用他，是因為他在聖安東尼奧擔任助理教練時執教過鄧肯，在克里夫蘭擔任總教練時，雖然最後遭到對手橫掃，但也留下了帶領詹姆斯和他的隊友們在二〇〇七年殺進總冠軍賽的實績。

就在長達五個月的封館即將結束的前夕，突然出現了一道曙光，那就是庫普恰克與吉姆・巴斯談成了一樁驚天的三隊交易，把通知黃蜂自己將在明年夏天投入自由市場的控球後衛保羅引進了洛杉磯。

完成這樁交易後，保羅會成為湖人的一員，蓋索則會被送到火箭。那時正陷入財務困難、由ＮＢＡ代管的黃蜂，則會獲得許多有天賦的球員。這些人包括湖人的歐登與火箭的兩名出色老將馬丁（Kevin Martin）、史柯拉（Luis Scola）及年輕有勁的後衛德拉基奇（Goran Dragic），外加火箭從尼克得到的二〇一二年首輪選秀權。得到這些人才的加入，黃蜂也有望獲得足夠的資產得以放眼未來。

保羅來到湖人後，布萊恩在最後幾個球季爭冠的前途也看似一片光明。保羅不但能得分還能助攻，他的到來有可能成為中鋒拜能與新教練麥克・布朗的生涯轉捩點，也能使湖人成為一支更吸引自由球員的球隊。這不但有辦法讓更年長的布萊恩打得更輕鬆，也能開啟再奪一冠的機會之窗，並扭轉身為高層的吉姆・巴斯在人們心中的形象。

但以上這兩段敘述最終都沒有發生，因為交易最終沒有成真。由於當時黃蜂託管給聯盟，NBA總裁史騰在三隊同意交易的幾個小時後，以前所未見的介入行為否決了這筆交易，有報導指出他會這麼做，是因為其他球隊老闆對長年以來從許多不平等交易中得利的湖人又做了一筆趁火打劫的交易而怒火中燒。不過當時球隊老闆都在紐約召開聯盟理事會會議，準備要批准新版的勞資協議。一位NBA的發言人也很快就出面否認，老闆們在會議中根本沒討論到這筆保羅交易案。

然而幾家媒體還是找出辦法取得了一封騎士老闆丹・吉爾伯特（Dan Gilbert）寄給史騰的電子郵件，這位老闆在信中直呼保羅的交易是「一齣鬧劇」，並要求史騰將這筆交易交由「黃蜂的二十九位老闆」表決，意思是，既然黃蜂是交給聯盟託管，那麼其他球隊的老闆照理說也應該擁有黃蜂的控管權。

與其搞得這麼麻煩，史騰乾脆直接抹殺這筆三支球隊的高層們花了好久才談妥的交易。

要是權大勢大的傑瑞・巴斯這幾年的健康狀況沒有每況愈下，史騰還會做出這樣的舉動嗎？這個問題，最終也成為一道無解的謎題。

接下來幾年，湖人球迷會對這位總裁的空前行為感到憤怒，尤其在保羅後來被交易到同城宿敵快艇後，更是火上加油。在知道湖人有捨棄他的打算後大受打擊的歐登，後來被交易到達拉斯。多年來三番兩次成為交易流言的中心人物，雖然其中有部分交易是痴人說夢，但也足以令蓋索在這番波折中深受影響，整支球隊也因為這筆交易沒有實現和後續的動盪而受害。

對於史騰的作為，或許沒有人的心痛程度比得上布萊恩，這股怨氣也維持了好幾年。「湖人做出了一筆交易，讓我們立刻成為一支有望爭冠的球隊，幾年之內都有望成為奪冠熱門。而且做了這筆交易後，還能省下一筆錢。」布萊恩在二〇一五年對記者克洛斯特曼說，「結果ＮＢＡ否決了這筆交易。但你得知道，湖人可是搞定了一堆麻煩事，才談妥這筆原本不可能成功的交易。結果就這樣被否決了，只因為他們想限制湖人，畢竟他們可是為此不惜上演了封館的戲碼。」

與此同時，旨在促進競爭公平性、不讓小市場球隊的明星球員被像湖人這種大市場球隊挖走的新版勞資協議已經通過了，因此ＮＢＡ也很快重啟了球季。

人們希望麥克·布朗能夠和一直想要在進攻端承擔更多重任的拜能好好溝通。雖然一般認為麥克·布朗是一名好防守教練、在處理進攻端上並不是那麼有頭緒，但他在聖安東尼奧擔任助理教練時，也曾以鄧肯為進攻核心，調教出一支進攻火力旺盛的球隊。

麥克·布朗被湖人聘請為總教練後，布萊恩幾乎沒有對此公開表示意見，但他確實明確表示過，他和蓋索仍然會是球隊在進攻時的前二選擇。

拜能「必須遵守這個規矩」，布萊恩當時是這麼說的。

新球季就在一波未平、一波又起的風浪中展開了，此時布萊恩的家務事又鬧得沸沸揚揚。首先，凡妮莎在十二月提出離婚，原因是雙方有著不可協調的矛盾。新聞報導指出這幾年來，凡妮莎都在忍受著指控布萊恩四處勾搭女性的八卦帶給她的屈辱感。由於兩人結婚前她堅持不簽婚前協議，若是他們決定分開並透過法律途徑協商離婚，她將握有大量的籌碼。

一對夫妻在結婚數年後，根據加州法律，配偶將會在法庭中得到最大的保障，因此布萊恩很快就理解到，身為這段夫妻關係唯一的經濟來源，最終若是搞到離婚，他將付出一筆為數不小的撫慰金。

一位律師表示，根據加州的法律，凡妮莎將會獲得兩人自結婚以來所賺進的半數財產，此外，由於他們有兩個女兒，布萊恩每個月還必須支付三十六萬五千美金的扶養金，並給凡妮莎每個月一百萬的贍養費。而為了達成和解，布萊恩可能就要花好幾千萬甚至破億的錢。畢竟二〇〇六年前後，包含廣告公司和拍攝紀錄片的影音部門在內，他做了許多成功的投資，因此若真的離婚，凡妮莎也可以從中分一杯羹。

對一些了解他們之間關係的人來說，提出離婚絕對是個非常悲傷的決定。「就凡妮莎而言，」麥克蒙納敏說，「我覺得她是位非常忠誠的妻子，布萊恩這麼多年的職業生涯，她都會到現場觀戰，坐在休息室外面等他打理好自己後一起回家。」

好萊塢生活的誘惑、各種高潮迭起以及戲劇性的變化，不斷在他們的婚姻中發生，但從許多方面來看，他們的結縭都稱得上是一段具備了許多傳統美德的婚姻。儘管她有著火爆的脾氣，卻積極參與丈夫的生活，給予他許多支援，忠實地扮演了妻子的角色。

布萊恩了解到自己可能人財兩失之餘，本季除了婚姻陷入危機之外，他的許多爭議行為也引發了流言蜚語，因此該季對他而言，也是個必須有所警覺的球季。

布萊恩處理婚姻問題的同時，湖人也在苦苦掙扎，意圖在新教練麾下走出一條新路。而在球場上遇到的各種難題，麥克·布朗的答案都只有：交給布萊恩就對了，也因此布萊恩的平均上場時間增加了五分鐘。這也讓注意到此番現象的人們警覺到，這樣下去布萊恩還能在球場上奮戰的歲月勢必會因此縮短。

從球季一開始，就有許多災難橫亙在布萊恩的道路前方，讓他更加難以前行。由於新球季因封館而縮水，各隊在例行賽正式展開前只打了兩場季前賽。而在其中一場比賽，布萊恩為了爭搶一顆籃板時，不幸的事故發生了。

「他以非常不自然的方式落地，」負責替《洛杉磯每日新聞》報導湖人消息的梅迪納（Mark Medina）回憶，「他摔得很重，而且還是右手腕先落地，這種落地方式基本上也注定了他會落得骨折的下場。他的手腕因為這一摔撕裂了韌帶，但他還是沒有接受手術的打算。」

梅迪納回憶，布萊恩在接下來幾場比賽都會穿上護具或貼上肌能系牌（Kinesio）的貼布，這成了他為了應對緊湊而密集的賽事所做的補救措施之一。其他措施還包括為了不讓膝蓋和腳踝受傷而準備的小腿伸展器、每場賽後裝滿冰水的冰桶、敷在膝蓋和賽後敷在右手腕的冰袋，以及希望能減緩目前還為關節炎所苦的右手食指的疼痛等各種努力。為了上場比賽，布萊恩把自己搞得像在開陸軍野戰醫院一樣，每場比賽前都要替自己的手腕打一針止痛劑。且由於醫生診斷出他的骨頭沒有錯位，他才能夠帶著手腕骨折的傷勢繼續出賽。

「會讓大家不禁好奇，這些林林總總的傷勢給布萊恩帶來了什麼影響，也是很正常的。」任職於《橘郡紀事報》（Orange County Register）的丁恩（Kevin Ding）如此寫著。

這個球季於聖誕節正式開打，匆忙地打了五場比賽後，接著到新年元旦當天，布萊恩在敗給金塊的這場比賽，只繳出了二十八投六中的命中率，不過還是讓他榮登了當時NBA史上最年輕得到兩萬八千分球員的寶座。

梅迪納回憶，帶著骨折的手腕上場打球，對他的得分能力造成了影響。「有些比賽他的投籃手感真的很差，麥克·布朗也時常出言替科比辯護，『他在場上還是打得很有侵略性，按照他往日的水準，這通常都是可以投進的好球，只是他現在手腕有傷罷了』。」

接下來，布萊恩以一連串的強勢表現擺脫了這些投籃問題，接著在一月十日，他以三十一投十八中的表現攻下四十八分，帶領球隊擊敗太陽，然後又連續三場攻下四十分以上，幫助湖人打出一波七戰六勝的高潮。

「對上太陽的比賽，他基本上是帶著手腕骨折的傷勢攻下這四十八分的。」梅迪納回憶著，「我覺得疼痛對他的影響顯然已經越來越小了。但我還是要再次強調，他受的傷是手腕骨折和韌帶撕裂，結果他所做的治療只有打針。」

一開始，布萊恩表達了對麥克·布朗的支持，但各種問題很快就浮上了檯面。

「每個人都說他很棒，準備得很充分，」回想起麥克·布朗執教的這段時期，麥克蒙納敏說，「但我覺得他有點搞不清楚狀況。」

菲爾・傑克森竭盡全力在替布萊恩保留體力，但麥克・布朗卻越來越倚重他。「這是他們之間最明顯的差異。」麥克蒙納敏回憶，「菲爾・傑克森的策略是『休到就是賺到』、對許多繁瑣事務斷捨離的極簡風。他們的賽前投籃練習時間不會太長，事實上，他們甚至從來沒有在連兩天比賽的情況下練球過。你知道的，隨著球季越到後段兵疲馬困的時期，菲爾・傑克森不會讓他們在場上練習超過四十五分鐘。但麥克・布朗反其道而行，他的練習時間大概會有兩個半小時。我覺得從他這麼做開始，就已經早早失去球隊的信任了。」

球員們看起來更信任助理教練，球季快結束時，布萊恩甚至重新練起了三角戰術。

「麥克・布朗不想打這套系統，」麥克蒙納敏回憶，「或許是因為他想證明自己能走出一條和菲爾・傑克森不同的路，但執教這支球隊可說是一項艱鉅的任務，因為他取代的可是『禪師』。」

球隊的老將們，尤其是蓋索，都習慣打三角戰術。他們在季後賽前的最後十二場比賽打出八勝四敗的成績。在這個緊湊的賽程中，布萊恩收穫頗豐。他再度入選了年度第一隊，並在明星賽以先發球員之姿入選西區明星隊。本季他在令人吃驚、平均高達三十八・五分鐘的出賽時間中，每場攻下聯盟第二高的二十七點九分、五點四籃板、四點六助攻、一點一九抄截與零點三一阻攻。他有二十四場比賽攻下三十分以上，其中有五場越過四十分大關。布萊恩在本季成為隊史投進最多球和命中最多罰球的紀錄保持者，也在三月跨越了總得分兩萬九千分的里程碑。該年二月回到家鄉費城的比賽中，他在NBA歷史總得分榜躍居為史上第五。

直到四月，他才因為左腿脛骨的肌腱滑膜炎缺席了七場比賽。進入季後賽，他的出賽時間又提高到了三十九點七分鐘，平均攻下三十分。首輪與金塊的七場血戰中，他在第五戰攻下四十三分，但球隊卻輸掉了這場比賽。而他好不容易帶領球隊在搶七大戰中勝出後，湖人卻在第二輪與雷霆交手時嘗到了連續兩年在季後賽第二輪遭到淘汰的苦果。儘管他在背水一戰的第五戰以三十三投十八中的表現攻下四十三分，也難阻球隊被對手送回家放暑假。

「如果你是想問這個的話，我現在就可以告訴你，我沒有要退隱山林。」賽後有記者問及球隊的未來時，布萊恩如此回答，「我哪裡都不會去，球隊也會再回到這裡來的。」

終局之戰

經歷又一個令人失望的球季後，布萊恩再次將自己的身心投入了美國隊，這次他們要出戰二〇一二年的倫敦奧運。他在這支球隊中的角色也有些不同，要把得分重任交給詹姆斯、安東尼和杜蘭特等隊友分擔。前五場比賽，布萊恩平均只攻下九點四分，命中率也僅是百分之三十八點九。

但他以突然的爆發終結了這段低迷，在戰勝澳洲隊的比賽，他在下半場攻下二十分，其中有四顆三分球是在六十六秒內投進的。準決賽美國對決阿根廷，他攻下了十三分，接著在擊敗西班牙的金牌戰，他也有十七分的火力挹注。

「他雖然還是這支球隊的重要成員，」阿丹德回憶，「但你慢慢可以從一些跡象中發現他不再是球隊的最佳球員了。二〇〇八年，他依然能夠繳出強勢表現替自己背書，證明自己比勒布朗還優秀。還記得在金牌戰時，他們把球交給誰嗎？二〇〇八年，這個人選是布萊恩。但在二〇一二年，勒布朗、杜蘭特、安東尼都打得比他好。你看得出來，他不再是那個天上天下唯我獨尊的男人了。」

雖然他在球場上可能有些力不從心，但他的嘴上功夫依舊犀利，也引發了二〇一二年與一九九二年哪支美國隊更強的爭論。後者由喬丹、魔術強森、巴克利領銜，是史上第一支冠上夢幻隊之名的美國隊。

「他就是炒熱了最強夢幻隊爭霸戰話題的人，」阿丹德回憶，「我甚至不記得這個話題為什麼會被炒起來，因為這根本蠢到沒什麼好爭的，而當這個話題越爭越兇後，科比就站出來替球隊講話。這支球隊在拉斯維加斯替奧運備戰的一個活動中，我也問了他這個誰強誰弱的問題，他毫不畏懼地反嗆喬丹。當時喬丹有針對他發表了一些言論，於是他就直接嗆回去。我心想，『老兄，你這傢伙真的是沒在怕的』。」

「他說，『麥可知道我是個天不怕地不怕的混蛋』。」

布萊恩基本上把他的第二次奧運之旅當成他的告別秀了。比賽結束後，他給了再度代表西班牙出征的蓋索，和美國隊總教練薛塞維斯基教練一個大大的擁抱，接著他對美國國家廣播公司體育台的記者塞格（Craig Sager）證實，這是他最後一次打奧運了。

儘管前兩個球季湖人都在季後賽早早淘汰出局，回到洛杉磯時他還是對新球季感到非常樂觀。會讓他對前景如此看好，是因為球隊在休賽季挖來了中鋒德懷特．霍華德以及曾贏得MVP的史蒂夫．奈許。雖然兩人都有嚴重的背傷，而且後者更已經三十八歲了，但球迷們還是為他們的到來興奮不已。

球隊戰力升級後，布萊恩開始想像，自己有機會能夠再拿下一、兩座冠軍。不過即使如此，他也承認自己在獨處沉思時，考慮過要不要在二〇一三—一四年球季結束，兩年五千八百萬美金的合約到期後高掛球衣。

在引進大批新戰力的二〇一二—一三年球季開始後不久，湖人就開除了麥克．布朗。吉姆．巴斯與總經理庫普恰克開始與菲爾．傑克森互動頻頻，想邀請他再度出山執掌球隊，也讓球迷與媒體們相信，菲爾．傑克森很快就會親自出馬、重新執起湖人隊的教鞭。

「那真的是個很詭異的夜晚，我會這麼說是因為我有實際在現場體會那股氛圍，」阿丹德回憶，「那個星期天晚上，我寫了一篇有關菲爾．傑克森的專欄報導，分析他有多適合現在的湖人隊，畢竟一切的跡象都顯現出他要重出江湖了。舉例來說，我和菲爾．傑克森團隊中某人最近一次對話中，他就表示，『我們在等幾個細節確認完而已，一切看起來都很順利』。科比在那場比賽後，也曾出言表示他很有信心菲爾．傑克森會再度擔任球隊總教練。我的意思是，他講這些話的語氣就好像一切都搞定了、就只差沒宣布而已。我寫好了我的專欄，發送出去後就回家了。結果我一到家檢查推特，就發現《洛杉磯時報》的布雷斯納罕（Mike

Bresnahan）用推特傳訊息跟我說，湖人的新教練是丹安東尼，不是菲爾・傑克森。我打電話查證後，才相信總教練是千思萬想都沒想到的丹安東尼。」

顯然當菲爾・傑克森還在思前想後的時候，湖人就突然決定要聘請前太陽與尼克隊總教練丹東尼了，最後他們也只打了一通深夜電話，告知菲爾・傑克森球團的最終決定。這是個既怪異又倉促的舉動，因為當時丹安東尼才剛做完膝關節置換手術，甚至直到接受這份工作的幾天後，他才有辦法到洛杉磯報到。

「他甚至沒趕上宣布自己就任的記者會，有必要這麼急嗎？」阿丹德回顧這些狀況時表示，「他們大概要等三天才能召開記者會，因為才剛動完膝蓋手術的他還只能在紐約休養。所以這代表我們請了一個不但沒趕上記者會，就任後的前三場比賽也會因為膝蓋手術而缺席的總教練，這樣的話有什麼急著決定教練人選的必要嗎？難道有人會攔胡？這件事只證明了球隊缺乏遠見。」

這個教練人選突然轉向的時機，使吉姆・巴斯和庫普恰克看起來是故意要讓菲爾・傑克森下不了台，也很像是吉姆・巴斯刻意針對姊姊珍妮・巴斯的舉動。但也有可能他們真的只是不知道怎麼處理事情而已。不論真相是哪一個，用這種方式來解決這件敏感又重要的事，都是個很糟糕的作法。

由於傑瑞・巴斯此時身患重病，吉姆・巴斯後來表示，他是根據垂死父親的意願才做出這個決定。可以想見，他的說法讓珍妮・巴斯非常生氣，以至於當丹安東尼終於抵達洛杉磯後，庫普恰克還不好意思帶他去球隊總裁的辦公室跟珍妮・巴斯打招呼。珍妮・巴斯指出，自己光是陪伴病榻上的父親就已經忙得焦頭爛額了。沒想到在她把大多時間都花在照顧父親上而忙得筋疲力盡的時候，還有人說這種話把她氣得火冒三丈。

後來在執教湖人的這兩個球季，丹安東尼都沒有與珍妮・巴斯見過面，他們之間最多的交集，就是前者在餐廳試著揮手向後者打招呼。

丹安東尼接下湖人教職後，遇到了許多困難，但他得到了一個將整支球隊團結在一起的啟示。那年十二月，布萊恩成為當時ＮＢＡ總得分排行榜第五、也是最年輕得到三萬分的球員。在同月稍晚一場敗給騎士的比賽中，他以二十八投十六中的命中率攻下四十二分。湖人接下來要作客麥迪遜廣場花園，迎戰另一支命運多舛的球隊尼克，這裡也是丹安東尼的傷心地。此時，布萊恩卻感到了劇烈的疼痛。「他背部的狀況很糟，」丹安東尼回憶，「他甚至沒辦法走路。我自己也很常背痛，這可不是開玩笑的。老天，他明明都痛得動彈不得了，卻還是來到了休息室，想試著站起來打這場比賽。我當時心想，『他根本不可能上場』，但他還是上了。而且他上場後就打得欲罷不能，我甚至還沒辦法把他換下來。」

「科比，你該休息囉。」這位球隊的新教練告訴他。

「我不能休息，」布萊恩回答，「因為只要我一休息，我的背就會開始僵硬，這樣我就沒辦法繼續打了。」

丹安東尼也只能給予那個唯一能讓布萊恩滿意的答案。「ＯＫ。」

「他一直忍痛在比賽，」回憶起布萊恩打了四十四分鐘、最終以九分之差落敗的比賽時，丹安東尼這麼說。吞下這一敗後，球隊在例行賽初期的戰績也持續在高低之間搖擺。對於傑瑞．巴斯的身體狀況，布萊恩是再清楚不過。而他也知道，這位老闆一定會以某種方式關注著他們。不過雖然球隊老闆命在旦夕，但布萊恩並不是因此才展現出旺盛的拚戰意識的，這麼多年來，他一直都是這樣的球員。

「不可思議，」逐漸熟悉這位麾下大將後，丹安東尼這麼說，「我的意思是，看著他在球場上飛奔，令我情不自禁想問，『他是怎麼辦到的？』」

對球隊和布萊恩來說，這段時期都是段有如雲霄飛車般的日子。在敗給尼克的前一天晚上，有人目睹布萊恩和凡妮莎到麥迪遜廣場花園聽颶風珊迪的賑災音樂會。而在新年前夕，又有人看到他們出雙入對。一月時，他們終於承認：他們已經沒有要離婚了。「我們很高興地宣布我們已經修復了彼此間的關係，並將會撤回離婚訴訟。」凡妮莎在Instagram上發布這則消息，「我們期待在未來與彼此攜手並進。」

這段文字底下還簽了名，「科比與凡妮莎」。

布萊恩也在臉書上確認了這則消息。

好萊塢的媒體認為他們會決定不離婚，是因為他們都是無可救藥的孤立主義者，卻又能夠在彼此身上得到一定程度的安慰。而且他們結婚時都是虔誠的天主教徒，離婚的話也有違他們的信仰。另外從外人的角度看來，雖然離婚的話凡妮莎會大賺一筆，但她最想要的還是繼續當科比・布萊恩的太太。對許多旁觀者來說，他們最滿意的是，布萊恩終於因為之前拒簽婚前協議而嘗到了苦頭。但他們夫妻之間剪不斷、理還亂的複雜關係，其實沒有辦法輕易地一刀兩斷。這位超級球星與他的球隊在他的一生中經歷過太多事了，因此他顯然需要這個被他稱為「小辣椒」*的女性伴隨在他的左右。

多年以來與布萊恩共事的薛佛，覺得他雖然滿腦子都是更上一層樓的雄心壯志，但這些企圖心卻都沒有比他的兩個女兒來得重要。薛佛回憶，只要是為了孩子，要他翹掉訓練也在所不惜。「他的掌上明珠就是他的全世界。」

不論他們夫妻和好如初的原因是什麼，這些年以來，因為許多決定傷害到自己的布萊恩，在三十四歲這個年紀，已經學到了如何退一步海闊天空，並專注在自己的道路上。在他充滿著追逐冠軍與榮耀的人生中，現在他或許又學到了，世界上還有許多其他更重要的事。

二〇一三年二月，傑瑞・巴斯在對抗了癌症幾個月後因病逝世。布萊恩來到諾基亞劇院（Nokia Theater）的追悼會上致詞，威斯特、菲爾・傑克森、賈霸與魔術強森等人也前來參加。

布萊恩告訴眾人，是勝利，讓他們兩人的關係越來越緊密。「他說，他是從傑瑞・巴斯身上，才學到了如何信任。」梅迪納回憶，「他特別提到當球隊想要在二〇〇五年聘回菲爾・傑克森時，自己曾對此感到懷

---

* 譯按：Mamacita，西班牙語，指辣妹、媽媽或關係親密的女子。

疑，當時不斷告訴他要相信『禪師』的人，就是傑瑞．巴斯。」

布萊恩也提到了他在二〇〇七年與傑瑞．巴斯發生的衝突，並表示他在那時也學到了相信老闆。「他學到的是，」梅迪納回想，「只要你相信傑瑞．巴斯，就會有好事發生。」

梅迪納說明，布萊恩認為他會相信傑瑞．巴斯，是因為後者知道自己在做什麼。「所以要讓別人相信這支球隊，關鍵是老闆要先替球隊打好基礎。」

這一刻也詮釋出布萊恩在最後幾個球季的心態。他依然有著旺盛的求勝欲望與企圖心，因此有些人便認為，隨著湖人的情況越來越糟、他想再拿下一座冠軍的渴望越來越強烈，就有可能促使他為了奪冠而做出加入另一支熱門球隊的決定。但布萊恩開始在這時再三強調，他一輩子都只會效力湖人這支球隊。

儘管這麼做讓球迷驚訝不已，球隊管理層內部也在經歷著已逝老闆的家庭之爭，但隨後局勢越來越艱困的幾個球季，布萊恩的忠心耿耿還是獲得了傑瑞．巴斯子女們的回報。在這個忠誠越來越不重要的年代，雖然球隊出現了戰績與公關危機的雙重打擊，但這段球員與球隊互敬互愛的情誼，卻在風雨之中顯得更加珍貴。

布萊恩似乎也在追悼會的致詞中，傳遞出一些訊息給他的教練和隊友們。整支球隊在新球季起步維艱，而媒體的報導中，總是寫說因為丹安東尼在義大利聯賽是少年的明星球員，與布萊恩有著良好的關係，但事實上他們根本就不熟，也很少跟對方講話。

在籃球方面，球隊一開始聘用丹安東尼就有著很大的問題。丹安東尼最有名的就是執教史蒂夫．奈許與太陽時發想的七秒以內進攻哲學。他是個好人，也有著極高的籃球智商，但他的執教思維太過前衛，更像是個太過崇尚快節奏進攻的科學家。而他的理論，影響了後來於二〇一五年崛起的勇士、那支由柯瑞率領的偉大球隊，並引爆了沉潛已久的小球革命。

在這股小球浪潮席捲聯盟之前，丹安東尼很早就是一位講求節奏與空間的教練，也是提倡球隊更加重視三分球的先驅，在他的帶領下，球隊的三分球命中率甚至能達到接近四成的水準。他是一名公認不重視低位打法的教練，因此他的執教風格與當時的湖人並不搭，畢竟這可是一支有著強力低位球員蓋索的球隊。而且，丹安東尼也並不是一位在乎防守的教練。

因此丹安東尼領軍之下的湖人內部很快就暗潮洶湧。布萊恩有時在走廊上與教練不期而遇時，甚至會一聲不吭地無視他逕自走過。他會擺出這種無言以對的態度，已經不只是因為他個性孤僻了。蓋索在丹安東尼的體系中打得十分掙扎，對於與自己攜手奪冠的夥伴受到如此對待，布萊恩感到十分憤怒。「人們都知道丹安東尼有著不信任低位打法的名聲，而且他也沒有放太多心力在防守上。」梅迪納說明。

更糟的是布萊恩與德懷特．霍華德的關係也越來越糟，後者的精壯身材替他在聯盟中贏得了「魔獸」的美譽，也是個能鞏固籃板的好手，但他打法卻不夠聰明，還有些自視甚高。丹安東尼會喜歡這名球員，或許是因為他很少背框單打，而且若能夠在替隊友掩護後走位到籃下，有如怪物般難擋的他便能夠靠著灌籃得分。

然而在球季開始時，丹安東尼的構想大多都沒有實現，也沒有對戰局帶來太大的影響。奈許一直在受傷，霍華德則是一邊與背傷奮戰、一邊找回狀態。因此顯而易見的是，丹安東尼對比賽的投入方向與執教風格，惹惱了本來就沒什麼耐心的布萊恩。

由於沒有感受到夥伴的尊重，霍華德有時候會回過頭來公開嘲弄布萊恩。考量到這位明星球員與歐尼爾之間曾有過的風雨，這顯然是個不明智的選擇。因為隊上全部的球星都因傷發揮有限，但又得為了滿足球迷的高期望而戰，丹安東尼很快就發現自己遭遇到團隊化學反應不佳的危機。

據說丹安東尼是出於傑瑞．巴斯明確希望能看到「Showtime」球風復興的意願才被球隊聘請來的。但和很多球迷一樣，魔術強森也對這個不尊重菲爾．傑克森且臨時變卦的決定感到憤怒。因而當這位新官上任的教練在球季開始時提到「Showtime」的字眼時，很快就引起了魔術強森的大力批評與嗤之以鼻。

「他們根本不想了解我的執教哲學，」丹安東尼在二〇一五年表示，「我不懂，也不知道為什麼，但我覺得可能是因為他們想要一個湖人出身的教練，而我不是。因此我想我不是他們心中的理想人選，只要沒有對到他們的口味，不管是誰都沒辦法讓他們滿意。所以這個球季從一開始就遭遇到許多困難。」

丹安東尼指出，如果球隊中有個優秀且健康的控球後衛，或許有辦法弭平旁觀者與教練之間不同籃球哲學所造成的分歧。然而奈許雖然是一名出色的控球後衛，但現在他太老了，所以在效力湖人時鮮少能以健康的姿態上場比賽。而當新的教練團試圖在季中重整旗鼓時，替補控衛布雷克（Steve Blake）也同樣出現了傷病困擾。更慘的是，就連教練丹安東尼自己也還沒完全從膝關節置換手術中康復。

「奈許和布雷克大概同時缺席了一個月的時間，」這位教練說明，「這是個巨大的損失。尤其我執教的球隊總是以控球後衛為主，這對我來說更是損失慘重，而且你也知道戰術都是由控衛發起的，所以沒了他們，我們現在在控衛的人手上真的是捉襟見肘。在布雷克回歸之前，我們做了許多嘗試。等到他恢復健康，球隊才終於從谷底反彈。如果奈許也能恢復健康歸隊，我想我們會取得很不錯的成績。」

事實上，儘管整個球季多災多難，但他們還是找回了狀態。「我覺得這跟科比的個人意志有很大的關係，」丹安東尼解釋，「因為我覺得我們一直沒有打出團隊籃球，球的流動也總是很不流暢。我們球隊中有許多很有天賦的球員，然而科比還是堅持在每場比賽打滿全場，並在場上的每分每秒都用盡自己的全力。我的意思是，他把我們帶進季後賽，你必須為此向他脫帽致意。這可不是開玩笑的，因為球隊當時處於泥濘之中，每場比賽、每次練習都打得很掙扎，每個關乎化學效應的問題也都會帶來不小的麻煩。」

當這個球季，從各方面來看，也是布萊恩最後一個有辦法撐起比賽的球季結束時，因為丹安東尼沒有分配好這位球星的出賽時間而招致了許多批評。但這位教練說明，想要讓準備好面對挑戰的布萊恩休息，幾乎是不可能的事。

「他太固執了。我跟他討論過，庫普恰克也跟他談過，你也知道科比是頂尖球員，他就是有那種奮戰精神，也覺得這是球隊必須具備的條件。或許確實如此，我也不確定，但總之就是沒有什麼事情能讓他慢下腳步。每場比賽後，我們都一直會問科比，『你不能再繼續這樣打下去了，你現在感覺怎麼樣？』他都說他覺得自己狀況很好。下一場比賽，我們也都這麼跟他說，『科比，我們得換個方式來打比賽了』。」

但到了比賽打得如火如荼的時候，每當丹安東尼問說，「你要不要休息一下？」

「不用了教練，我沒有要下場休息。」布萊恩都會這麼回答。

有鑑於球隊面臨著人手短缺的問題，丹安東尼也不會跟他爭辯什麼。

「我只能說，『好吧』。」這位教練回憶，「科比就是這樣的球員。他不顧一切、下定決心要把我們帶進季後賽，向所有人證明他還能做到些什麼。也因為如此，他的身體支撐不住了。」

這段期間，儘管球隊缺乏化學效應與健康的可用之兵，甚至彼此間的交流也不多，但他們還是神奇地保住了晉級季後賽的一線生機。丹安東尼說，這全得歸功於科比・布萊恩不屈的堅定意志。或許是球隊在一月二十三日敗給灰熊後舉行的球隊會議，成為他們起死回生的動力，也或許是傑瑞・巴斯的逝世，給了他們更多向前邁進的決心。

湖人在那年春天打出一波二十八勝十二敗的成績晉級季後賽。與往常相仿，布萊恩在這個球季也留下許多精彩時刻。一月底迎戰爵士的比賽，在攻下十四分、九籃板之餘，他還送出了該季最高的十四次助攻。然後在兩天之後迎戰雷霆的比賽，他又一次傳出了十四助攻，並攻下二十一分、九籃板。湖人接下來的九場比賽贏得七場勝利，這段期間布萊恩進入化繁為簡的省力模式，接著在一個月後的二月二十二日戰勝拓荒者的比賽中，突然爆發的他以二十三投十四中的表現攻下四十分。感覺到球隊需要自己提供更多進攻火力後，他開始得到更多分數。二、三月交接之際，他在出戰老鷹時攻下三十四分，還命中了致勝上籃。接著在幾天過後，他在戰勝紐奧良黃蜂的比賽攻下四十二分、十二助攻與七籃板，然後又在兩天後的比賽中再度狂砍四十一分。

雖然在三月中因為嚴重的腳踝扭傷錯過了兩場比賽，但復出後的他卻在三月下旬繳出穩定的表現，在他又送出了十四助攻，並斬獲九籃板、十九分，領軍戰勝國王的比賽中，他在那個夜晚超越了ＮＢＡ生涯得到三萬一千四百一十九分的張伯倫，成為當時ＮＢＡ歷史得分榜的第四位，而在榜上不遠的前方，就是第三的喬丹。

接著他在四月二日迎戰小牛的比賽中取得了生涯第十八次大三元，攻下二十三分、十一籃板與十一助攻，並在八天後攻下了該季最高的四十七分。在這場戰勝拓荒者的比賽，他二十七次出手投進十四球，十八次罰球出手也全數命中，並有八籃板、五助攻、三抄截與四阻攻的貢獻。他在這場比賽為了贏球打滿了四十八分鐘，而他拚了老命替球隊在近五戰取得四勝的這段時間，分別出賽了四十七、四十七、四十二、四十七與四十一分鐘，展現出壯士斷腕的堅毅決心。

兩天後，他雖然在史戴波中心帶領球隊戰勝了勇士，但在場上奮戰了四十四分又五十四秒後，他的球季卻隨著他攻向肘區後的倒地而應聲落幕。在他朝左側進攻、想要甩開勇士球員巴恩斯（Harrison Barnes）的同時，雖然製造了犯規，卻付出了更沉痛的代價。他的阿基里斯腱，發出了一聲清脆的聲響後，隨之斷裂。

蓋索說，這麼多年以來，他看著隊友留下了許多偉大事蹟，但任何事都比不上接下來發生的場面。被痛苦折磨著的布萊恩，堅持走上罰球線罰了兩球後，再靠著自己的力量走下球場。

雖然丹安東尼和布萊恩並沒有建立起良好的師徒情誼，但當他見證了這很可能成為布萊恩職業生涯最終章的一幕時，還是看得瞠目結舌。「他承受著阿基里斯腱斷裂的痛苦，卻還是爬了起來……走到罰球線上投進兩顆罰球再走回來。」丹安東尼在二〇一五年表示，「我的意思是，大多數人受了這種傷應該都被救護車給載走了，但他還能在球場上堅定地邁出步伐，並投進那兩記罰球。我只能說，這傢伙真是不可思議。」

本賽季，他出賽了七十八場，平均得到高居聯盟第三的二十七點三分，並在每場三十八點六分鐘的出賽時間繳出五點六籃板、六助攻、一點三六抄截的成績。在把球隊帶進季後賽的意念驅使下，他完成了兩次大三元與十六次雙十的壯舉，並有三十五場比賽得到三十分以上，其中八場跨越四十分的門檻。他的努力都被球迷們看在眼裡，也因此獲得生涯第三次成為明星賽投票人氣王的榮耀。他的生涯總抄截數也超越了魔術強森，登上隊史第一。

在那個阿基里斯腱撕裂的夜晚，臉上流淌著淚水的他，在休息室裡眾多記者面前，誓言自己將會從這次毀滅性的打擊中浴火重生。

雖然他不克出戰，但湖人還是贏得了例行賽的最後兩場比賽，梅迪納指出，某種程度上布萊恩的缺戰給了德懷特．霍華德證明自己能夠撐起球隊的機會。

《ESPN》的播報員史蒂芬．A．史密斯（Stephen A. Smith）後來透露了一件事，說有一次歐尼爾來看湖人比賽時，被布萊恩在比賽中找進了休息室。後者對他坦白說，直到跟其他中鋒合作後，才了解到歐尼爾的偉大之處，也很遺憾自己毀了能讓彼此攜手贏得更多總冠軍的機會。

「『俠客』來看了一場比賽，」阿丹德回憶，「然後他和科比進行了短暫的會面。我想他們都是這麼想的，你如果問科比，他一定也會這麼說。有一次我在一篇專欄中某一段同時提及了拜能與『俠客』，科比就因此對我發脾氣。他說，『別再讓我看到提到俠客的句子裡出現拜能的名字』。所以我重新讀了一遍後，告訴他，『不是同一句，只是同一段而已』。科比回我，『就算是同一段落，你也不能把兩人相提並論』。由於科比開始講了更多『俠客』的好話，『俠客』對科比的態度也軟化了下來。」

阿丹德和歐尼爾之間比他和布萊恩的關係親密許多，二〇一一年，他在歐尼爾於奧蘭多家中舉行退休記者會時，開始注意到這兩名球員的情誼出現了變化。當時NBA總冠軍賽正好在邁阿密進行，因此阿丹德從南佛羅里達開車趕到奧蘭多，來聽聽歐尼爾有什麼話要說。

「我問了『俠客』一個問題，而我感覺他知道我要問什麼，」阿丹德回憶，「不過他還是主動提起了他有多希望自己和科比能夠相處得更好，並表示這是他職業生涯最大的遺憾之一。他表示，他們會分開有很大的原因是因為市場行銷。他認為他們有點玩得太過火了，而他們會鬧出這些事，或者至少是他自己想鬧事，是因為他知道人們喜歡在茶餘飯後討論科比與『俠客』的湖人肥皂劇，這些話題能吸引他們的關注。」

灑狗血的八點檔劇情與衝突，對媒體來說就已經有很高的新聞價值了，尤其當主角是布萊恩與歐尼爾時更是如此。現在，即使他身負重傷，卻又與另一位中鋒起了衝突。

那年春天的季後賽首輪，湖人與馬刺碰頭，霍華德發揮不佳，也讓湖人很快就面對了橫掃的絕境。而在第四戰的第三節，霍華德居然被裁判驅逐出場。

「人們可以強烈地感覺到，這或許就是他在湖人的最後一場比賽了，」梅迪納回想，「當他被驅逐出場時，全場球迷都在噓他。雖然他的隊友們都公開支持他，但他在下半場早早讓自己被驅逐出場的行為，感覺就像是把隊友們留在場上給對手公開處刑一樣。他在走過球員通道時跟庫普恰克說了些話，我不知道他們說了什麼，但感覺談得不是很愉快。接下來出現的畫面，更是預示了一切。我不知道他是刻意為之還是純屬偶然，在霍華德被驅逐出場後不久，科比拄著拐杖走進了史戴波中心的球場，坐在球員板凳席後方。整座球場因此沸騰，並對他起立致敬。他擁抱了蓋索，在精神層面上給予他支持。兩相對比之下的象徵意義不言可喻，霍華德承受不住比賽負面的壓力因而遭到驅逐出場，接著科比來到球場上，象徵著他就算得靠柺杖才能走路、只能站在場邊，卻依然會與自己深愛多年的球隊奮戰到最後一刻。」

隨著湖人的球季到此結束，布萊恩也即將在動完手術後展開一段艱難的復健，然而很快又發生了一件令他操煩的私人事務。他的母親把他珍藏的個人紀念品釋出給一間紐澤西的競標拍賣店，讓出價最高者收購他的收藏品。據報導，布萊恩的父母因此賺了五十萬美元。而他們家的朋友說，這對夫妻之所以會這麼做，是因為布萊恩多年來鮮少提供他們經濟上的支援。這些年來，尤其是布萊恩的父親在WNBA洛杉磯火花隊執教與布萊恩率領湖人再奪兩冠的時期，這對夫妻與兒子之間的關係總是時好時壞。在那之後，喬．布萊恩到了名不見經傳的亞洲球隊當教練，潘繼續留在拉斯維加斯的家中，布萊恩的兩個姊姊則在內華達州過著各自的生活。後來他們打起了這場收藏品官司，布萊恩的外祖母站在他的母親這邊，並作證指出這些收藏品都是布萊恩給他爸媽的。不過他的姊姊夏莉亞則是在這場法庭論戰中加入了弟弟的陣營，不久後，布萊恩就贏回了他珍藏的球衣、獎牌等寶貝。

布萊恩在推特上砲轟自己的母親，使得他在費城的老朋友們都對這件事情，以及他們對簿公堂的外揚家醜震驚不已。

「據我所知，他們之間的關係恐怕再也無法挽回了。」布萊恩的高中教練唐納說。

如果說布萊恩的人生是一首曲子，那麼名為「破裂」的旋律，就是不斷在這段樂曲中出現的副歌。這也代表他的人生中，將會需要不斷地修補、康復和恢復。而不論是破裂還是修復，布萊恩都來者不拒。

結局

那年夏天動完阿基里斯腱撕裂的手術後，腳跟後的這道傷疤將會讓他的人生更加傳奇。對布萊恩來說，這道疤痕暗示著為了克服一切困難而下的決心與付出的努力。為了從傷勢中康復並找回身手而必須經歷的痛苦折磨？也只是這篇傳奇故事中其中一個段落而已。

他總是樂於讓人知道，自己熱衷於為了復健而做出努力。他常常在打一套特別的心理戰，就是他會在別人面前展現出他比誰練得都勤的一面，讓別人產生無法到達與他相同境界的自覺，因為沒有誰能比他更投入在訓練之中。現在他開始對自己打心理戰，在這個自我懷疑會將大多頂尖選手的信心啃食殆盡的年紀，他的自信反而暴增。他本來就是個非常有信心的球員，而現在他的信心膨脹到了在復健時蒙蔽了雙眼、自我迷失在體育館中的程度。

同一時間，德懷特．霍華德投入了自由球員市場，把他簽回來對這支情況危急的球隊來說是第一要務。NBA新版勞資協議與史騰否決了保羅的交易，是造成湖人會落入如斯境地的元兇。這支狂跩酷炫的球隊，在傑瑞．巴斯的耕耘下深獲球員信賴，並有著五光十色的好萊塢與美女圍繞的球隊，在自由球員市場原本是一塊大磁鐵，但現在看起來卻在一夕之間都變了樣。榮恩．卡特曾說，球員披上湖人球衣後，便宛如成了穿上黃金聖衣的帥哥，每場比賽，都變得像是在大明星前辦遊行一樣。突然之間，這樣的氣氛消失了。而巴斯家族與庫普恰克也確實該擔心失去霍華德的話，球隊該如何是好，因為未來球隊會越來越難吸引明星球員帶槍投靠。他們甚至擔憂到在洛杉磯各處掛起廣告看板，看起來就像在哀求霍華德留下一樣。湖人能提供給他一紙比其他球隊優渥好幾百萬的合約，但這些看板，卻映照出這支曾經傲視群雄的球隊，現在的心裡有多麼驚慌失措。

但與此同時，布萊恩卻擺出了對霍華德不屑一顧的態度，「去你的，我可沒有要跪舔他的打算，要滾就滾。」

他確實離開了，放棄了多出來的幾百萬元，離開湖人加入火箭。過去一直有著論調指出布萊恩的打法、對隊友的要求以及他的態度就像是驅蟲劑一般讓自由球員避之唯恐不及，如今霍華德的離開，也讓這種說法火上加油。

喬丹對隊友的要求也很高，溫特曾經說過，他比布萊恩嚴格多了，然而公牛在替他尋找適合的配角時，從來沒有因此受到阻礙。但現在聯盟、比賽風格與金錢的影響都與以往大不相同，而且在布萊恩帶領湖人奪冠的那幾年，他已經成為球隊絕對的代名詞。阿丹德認為，從許多層面來看，科比．布萊恩可說是最後一位血統純正的湖人球員了。他最終會把這個觀點告訴布萊恩的，畢竟湖人所有的代表人物都已經離開了。魔術強森賣掉了他的小額持股、威斯特在二〇〇〇年就離開了、傳奇播報員赫恩在二〇〇二年辭世，如今傑瑞．巴斯也在二〇一三年跟上他的腳步駕鶴西歸。

在這個突然充斥起新生代年輕球員的聯盟中，布萊恩就像是上個時代的產物，留在新時代與年齡與病痛激烈對抗。而現在的新世代，正是由他所開啟的。現在球隊越來越願意接受更年輕、技巧更生澀且花更少錢就能得到的天才球員。從各方面來看，NBA已經成為一個不斷在猜年輕球員會發展得如何的聯盟了。引領球員年輕化浪潮的兩大先驅布萊恩與賈奈特，現在則在為了能繼續留在聯盟中而奮戰。

布萊恩誓言要在六個月後、訓練營開始時回歸，雖然包括珍妮．巴斯的球隊高層在內，都希望他花一整年的時間來康復，但他可沒這個打算。不過在訓練營開始後，他並沒有如期回歸，畢竟想在六個月內從阿基里斯腱撕裂的傷勢中復原實在太荒謬了，沒有人能在這麼短的時間內辦到這種事。不過，他還是在二〇一三年十二月八日出戰暴龍的比賽中完成了傷癒後的初登場。最終他攻下九分、八籃板、四助攻與二抄截，並在丹安東尼的體系中擔任控球後衛的角色。只是他回歸球隊後只打了六場比賽，在十二月二十日左膝骨折後又脫離戰線了。他就好像是希臘神話裡的薛西弗斯（Sisyphus），辛苦把巨岩推上山頂後，卻只能看著它在轉瞬之間又滾回了山腳下。

布萊恩以相同的決心，面對新的傷勢與新的復健過程。他震撼人心的表現贏得了世界各地球迷的尊敬，也讓他們在那年二月用選票將他送進了明星賽的先發陣容。球迷對自己的敬愛，也燃起了布萊恩內心的火焰。布萊恩知道自己的球迷遍及四海，甚至還有粉絲在中國立了他的雕像。多年以來，還是有許多酸民並不欣賞布萊恩，甚至有許多人聽到他人提起布萊恩的名字便嗤之以鼻，但也有數以百萬計的人們因為他對籃球的熱情而為他深深著迷。他知道很多人對他有信心，他們也總是以言語對他傳遞出鼓勵。

曾經是偶像的喬丹，現在就在前方不遠處。布萊恩要超越他在ＮＢＡ歷史得分榜上的排名，剩下的只有時間問題而已。就像二〇〇三年春天，他們在洛杉磯最後一次交手的情形一樣。當布萊恩像一台跑車在場上風馳電掣地得分時，偉大的喬丹只能眼睜睜在一旁看著、束手無策。因此布萊恩再度一頭栽進復健，為了復出後的美好想像而努力。

他在隔年球季克服了膝傷回歸，而當他在二〇一四年十月二十八日出戰火箭的開幕戰踏上球場時，便又追平了另一位老對手、爵士傳奇後衛史塔克頓替單一球隊效力最多球季的紀錄。

現在丹安東尼已經不在了，他在休賽季期間與球隊分道揚鑣，而曾是布萊恩隊友且彼此熟識的拜倫·史考特成為總教練。由於他與布萊恩相處的經驗更多，加上這位明星球員本身也累積了許多傷勢，因此他能夠更好地處理布萊恩堅持上場的問題。雖然他平均出賽時間降到平均三十四點五分鐘，但依然在較為有限的上場時間內偶有佳作。十一月十六日迎戰勇士時，面對見證了他的阿基里斯腱斷裂的對手，他以單場四十四分的得分火力作為自己強勢回歸的宣言，也因此成為當時ＮＢＡ歷史上，能以三十六歲以上的高齡單場得到四十四分以上的四名球員之一。*

十一月三十日迎戰暴龍的比賽，他攻下三十一分、十一籃板與十二助攻，達成了職業生涯送出六千次助攻的里程碑，並因此成為當時史上唯一生涯累積三萬分與六千助攻的球員。†看起來他開始喜歡上了這個新的打法，接著在一月中迎戰騎士的比賽，傳出了生涯最高的單場十七次助攻。

賈霸在個人第十九個球季平均得到十四點六分，是此前ＮＢＡ歷史中個人職業生涯第十九個球季的最高平均得分紀錄，而這個標竿很快就被在三十六歲平均攻下二十二點三分、五點七籃板、五點六助攻與一點三四次抄截的布萊恩超越了。對許多後衛來說，這早就是該告老還鄉的歲數。

而他要達成的目標中最重要的一個，終於在二〇一四年十二月十四日作客明尼蘇達、第二節還剩五分二十四秒時完成了。在命中一記罰球後，他的生涯累計總得分到了三萬兩千兩百九十三分，這代表他終於超越了喬丹，成為ＮＢＡ歷史得分榜的第三位。凡妮莎與女兒們拿著一大串氣球，來到現場祝賀他歷史性一刻。沒錯，他得到的這些分數確實是震古鑠今的豐功偉業，但在他的人生中犯過這麼多錯後，還能與家人共聚一堂、一同分享這個時刻，對他來說有著更重大的意義。

這一刻讓人想起當這對夫妻和好時，布萊恩寫下的宣言。「我很高興地在這裡告訴大家，凡妮莎與我會繼續以家人的身分共同生活下去。」他寫道，「當一切曲終人散後，正因為有人能跟你一起分享其中的悲歡喜樂，才使得這趟旅程更顯得美麗。感謝大家給我們的支持與祝禱！」

隨著布萊恩在一月二十一日遭遇了肩膀的旋轉肌撕裂傷，超越喬丹的光輝時刻，成為他那年球季在球場上的最後一個亮點。而要動旋轉肌手術，也就意味著他又得再一次看著他好不容易推上山頂的大石頭滾落到山下。他又要面對他熟悉的復健，並像往常一樣毫不退卻地接受它，並立下要在二〇一五—一六年球季開始時重返球場的目標，而這也將是他在ＮＢＡ的第二十個球季。

歷盡千帆，回歸初心

《ESPN》的雪莉・史密斯當時也有著自己的戰鬥，二〇一四年秋天，她被醫師宣告患有了乳腺癌，這讓她經歷了一番痛苦的治療，頭髮也因此脫落了。不過她還是勇敢地重回崗位，展現出即使是光頭也依然優美的姿態。她曾經說過，在問過那個招致大禍、關於老虎伍茲的問題後，她與布萊恩之間的關係「持續在惡化」。

在最近的某個球季，她負責替《ESPN》電台報導明星賽的新聞，這家廣播界的巨頭特意把她調派到東區明星隊的休息室進行採訪工作，讓她離西區明星隊遠一點，這樣就不用跟布萊恩打交道了。誰都不想看到在這個關鍵的直播時刻出現尷尬的一幕。

不過該做的採訪還是要做，當時NBA最能幹也品貌兼優的資深媒體公關之一法蘭克（Tim Frank），就曾經出馬替她詢問布萊恩能否接受雪莉・史密斯的採訪。

「但他拒絕了。」她回憶。

類似的場面也出現在季後賽期間，她在一場比賽結束後要進行一次簡短快速的採訪，而在錄影畫面中，就拍到了當時在湖人擔任公關人員多年的布萊克（John Black）上前詢問布萊恩是否願意受訪。

「你可以看錄影帶，」雪莉・史密斯回憶，「布萊克走去問科比，『我希望你能接受雪莉・史密斯和《ESPN》的訪問』，然後你就會聽到他說，『噢，下地獄去吧，絕不！』」

「這是我們最後一次試圖採訪他，」她說，「我不會道歉的，畢竟我也沒有做錯任何事。」

---

* 譯按：二〇一九年四月九日以三十九歲之齡攻下五十一分的賈邁爾・克勞佛（Jamal Crawford）成為了第五位。

† 註：勒布朗・詹姆斯已在二〇一七—一八年球季成為第二位達成此一門檻的球員。

她和主管們討論過她問的那些有關老虎伍茲的問題。他們重新審查過後，也同意她在問出這個單刀直入的問題時沒有出任何差錯。雖然雪莉·史密斯從未談過，但從各方面來說，拿老虎伍茲來與布萊恩比較都是很引人注目的話題。這兩位運動員都是因為性醜聞而失去球迷的支持，但是，相比於這位高爾夫球手在受到打擊後不論在公眾面前還是運動場上都一蹶不振，布萊恩卻挺過難關，並重新在球壇建立起自己的地位。這再次證明，布萊恩能夠靠著意志力克服一切困難。

布萊恩與雪莉·史密斯冷戰了超過了十年。「我希望事情有轉圜餘地，並能往好的方向前進，」她說，「但我從未低頭，他也不曾道歉。」

因為生病的關係讓她休養了一段時間後，她在二〇一五年的春天重返職場，當時布萊恩也正在為了肩膀的復健而努力著。那年秋天，在布萊恩即將復出之際，《ESPN》要求她再試試看採訪布萊恩。就好像是這間公司裡的某人很喜歡看兩人僵持不下的尷尬場面、或是想穿透布萊恩精心營造的表面形象，看看他會如何應對一樣。

「我不想去採訪他，」她承認，「因為我不想再承擔一次吃閉門羹的風險。觀眾有知的權利，如果他不想跟我說話，那我們就讓其他人去跟他談。」

「我覺得現在正是打破僵局的時候，」其中一位她的節目製作人葛林柏格（Shari Greenberg）對雪莉·史密斯說，「他現在柔和很多，而且妳又抱病在身。」

「我只是不想冒這個險。」雪莉·史密斯回答。

「我並不是怕了。」雪莉·史密斯想著。畢竟在經歷與癌症的對抗後，她單純只是不想再被任何人拒絕了。

「我真的希望由妳來採訪。」葛林柏格告訴她。

最終雪莉·史密斯退讓了，同意在拍攝前先去探探布萊恩的態度。透過湖人的另一位媒體公關柏格利

（Alison Bogli），雪莉．史密斯提出了採訪請求。而從湖人休息室走出來的柏格利跟她說，布萊恩同意接受訪問。

「他願意接受我的訪問？」雪莉．史密斯問，「他有認出我嗎？他確定知道是我？我的頭髮現在這麼短，他有沒有把我誤認成別人？」

柏格利跟她再三確認，布萊恩知道是她。

然後布萊恩從休息室裡走了出來，向她伸出一隻友誼之手。

「你是要跟我握手嗎？」她問。「過來這裡。」布萊恩說話的同時，臉上也綻放出一抹微笑，「來跟我抱一下。」

「我真的是震驚到無以復加。」雪莉．史密斯回憶，「說真的，我本來以為這種事在我這輩子都不可能發生了。」

雪莉．史密斯在擁抱了布萊恩後說，「我真的很想念跟你說話的感覺，很高興我們終於跨越了彼此的藩籬。」

布萊恩靜靜地回答她，比起仇恨，在他們的生命中還有許多更重要的事。

「很高興妳現在看起來很健康。」布萊恩對她說。

「我也是，很高興看到你生龍活虎。」雪莉．史密斯回應。

「妳的頭髮看起來很讚。」布萊恩稱讚著雪莉．史密斯在接受癌症治療後長出來的草莓紅與金色混合的頭髮。

接著，雪莉．史密斯問了他關於女兒的問題。

「感覺就像我們在填補這十年的光陰，」她說，「這個感覺好不真實，就好像這十年間，原本讓我們與彼此冷戰的那幾件事從來沒有發生過一樣。這是一次很棒的訪談，是我訪問他以來最棒的幾次之一。

《ＥＳＰＮ》的同事們都發電子郵件給我，跟我說他看起來很輕鬆愉快。」

她問布萊恩，這十年以來，這麼長的時間，從自己身上了解到最多的是什麼事。她一問出口，各種五味雜陳的思緒便幾乎淹沒了她。

「我幾乎就要哭出來了，」她說，「沒有別的原因，就因為我很高興這一切終於過去了。要刻意避開他真的讓我很難受，我不想因此成為別人談論的對象。」

「我覺得他不是變得對他人很有防備之心，而是真的很害怕，」提起科羅拉多事件時，雪莉．史密斯說，「他不相信任何人，而他會這麼害怕也是很合理的。」

布萊恩自己在回首那樁性侵案件時也承認，他很害怕，真的很害怕，因為自己有可能會身陷囹圄十幾年。對有著至高無上的信心，並因此成為史上戰績最顯赫球員的布萊恩來說，這是個很重要的時刻，因為他居然會害怕。這暗示了在他看起來孤傲不群的外表，與看似為了成就偉大不惜付出一切代價的無窮決心之下，也住了一個有著真感情的人。

布萊恩在受了這麼多傷後，再度回到了ＮＢＡ的球場上。他不但戴著五枚冠軍戒指，也帶著一卡車人們對他的質疑。大家都懷疑，已經三十七歲，身上除了歲月的痕跡之外更傷痕累累的他，還有沒有能力成為一名合格的ＮＢＡ球員。

羅森指出，他在這幾年來把自己逼到極限的訓練，身上已經出現負面效果了，再加上他斷裂的阿基里斯腱，使他失去了優異的運動能力與他能在跳投時避開對手干擾的跳躍能力，而這些都曾是塑造了他進攻手段的重要基石。

現在是電視球評的巴克利，則直接預言布萊恩與湖人在二〇一五—一六年球季打不進季後賽。

雖然許多人們都在質疑他是否還有在球場上保持效率的能力，但他們終究只是旁觀者。身為當事人的布萊恩，對這些看法從來就不屑一顧，至少在公開場合是如此。他帶著有如鑽石般堅硬的信心全速前進，一點都不打算讓肩傷、膝傷和阿基里斯腱的撕裂傷打倒自己。

這樣的信心常被認為是自大與自戀，這樣的情形在布萊恩與喬丹身上都出現過。

「想要和這些傢伙一樣優秀，你得有某種程度的自戀性格才行。」蒙福德直言。

布萊恩想要主宰球場的強大渴望與喬丹的強大意志力和動力就像是從同一個模子中打造出來的，但兩人之間有個巨大的差異，就是他們與菲爾．傑克森的關係。

「喬丹更尊敬他一點。」蒙福德指出。

這幾年來，布萊恩的處事風格都與喬丹極為相似，只有一個關鍵之處完全不同。三角戰術大師孔恩（Tim Cone）在執教菲律賓球隊贏得當地聯賽十八座冠軍時，花了無數時間鑽研著喬丹與布萊恩的錄影帶。孔恩指出，喬丹對於自己在球場上的一舉一動，都有著嚴格的自我要求。

諷刺的是，布萊恩在進行研究影片、狀態調整等賽前準備時，都展現出無與倫比的自律精神，但他從未嚴格管束過自己在球場上的行動。

瓦卡羅觀察到，這位湖人之星從未像喬丹那樣，享有聯盟頭號球星的地位。會有這樣的現象，原因就出在布萊恩是個「邊緣人」，大多時間在歐洲成長的他，在ＮＢＡ中顯得與他人格格不入、與眾不同。

「他是個很聰明的人，」提起當時情形，瓦卡羅如此表示，「我認為他的聰明才智影響了聯盟中的其他球員與大眾對他的接受度。」

不過外界對他的批評雖然很多，但在洛杉磯，大家都對他喜愛有加，他也馬上得到了「金童」的稱號，並成為傑瑞．巴斯眼中的至寶。

也因為他一直是這位老闆的心頭肉，巴斯的子女對這一點也有所認知，因此在二〇一三年給了布萊恩一份兩年總額超過四千萬美金的合約。這種作法很符合父親的作風，即使是在魔術強森的生涯即將結束之時，他也毫不猶豫地給了他一份大合約。布萊恩的年薪將在二〇一五—一六年球季達到兩千五百萬美金，這也讓他成為該季聯盟最高薪的球員。

這些懷疑布萊恩還有沒有辦法重拾過往球星水準的人們也因此指出，就算他在場上有辦法成為一名堪用的球員，也配不上他的天價年薪。這使得許多湖人的死忠支持者哀號，認為這壓縮了球隊的薪資空間，與未來調整球員陣容的能力。毫無疑問，這份合約使球迷在布萊恩效力湖人的最後兩季對他多了份不諒解，也引起了籃球業界人士的嘲諷，因為他們認為管理球隊薪資空間在現代NBA中，是球隊想要成功的最重要因素之一。

不為所動的布萊恩，開啟了在另一個層面上與喬丹極為相似的最後一段旅程。布萊恩在湖人的最後兩個球季，簡直與喬丹在十多年前二度復出的情景如出一轍。一九九八年奪冠離開公牛後，籃球之神在二〇〇一年重出江湖、於巫師打了最後兩個球季，只是這兩年因為嚴重膝傷與隊友實力不振，他的發揮處處受限。他的老朋友們在知道喬丹明明知道這支球隊根本沒有機會奪冠、卻還願意扛起這項重擔時，都感到驚訝不已。

喬丹堅持自己能夠擔任年輕球員的導師，另外他也帶來了一位熟悉的老友，也就是曾在公牛執教過的道格．柯林斯來擔任教練。喬丹確實在好幾場比賽中都認真地提點隊友，但他牛牽到華盛頓還是牛的好勝個性，以及已經成為傳說等級的嚴厲態度，都成為他融入球隊的障礙。喬丹替這支華盛頓的球隊賺了數千萬美金，但在喬丹與隊友以及老闆波林的隔閡日漸加深後，隨著他被踢出球隊，他們的合作也以非常難看的方式劃下句點。

在這個即將到來的新球季，布萊恩身邊的隊友們根本不是能爭奪總冠軍的層級，但他們之中也不乏許多尚待開發並有天分的球員，像是蘭道（Julius Randle）、迪安傑羅．羅素（D'Angelo Russell）和克拉克森（Jordan Clarkson）等被認為有望成為湖人未來的年輕球員。找回自己水準的同時擔任年輕球員的好老師，或許也成為他得面對的最大挑戰。每一場比賽，人們都在評判著他在球場上與休息室中展現出的信心、自我與動力。很多關注著這段歷程的人都認為，就是這些複雜的要素集結而成的綜合體，成了喬丹在最後兩個球季的陰影，也影響到人們日後對他的評價。

布萊恩能不能從喬丹的前車之鑑中吸取教訓，調整自己的態度呢？在登上巔峰的這段過程中，布萊恩一直都是獨自前行的，因此除了追求完美之外，他不知道什麼才是正確的作法。他有辦法在替自己留下傳奇後，給這些接下來幾年將會穿上紫金戰袍的後輩們留下一些資產嗎？

人盡皆知的高昂自信，會讓他滿不在乎的噘起嘴唇，說出一聲當然可以。有些人覺得他最好打通電話給喬丹討論現況，畢竟，唯我獨尊的信心一直是兩人的優點，也是他們的缺點。有時，它就像惡魔在你耳邊的低語。

人們的擔憂似乎應驗了，二〇一五—一六年球季開始時，他在好幾場比賽中的表現都令人不忍卒睹。他的競技狀態顯著下滑，令許多人都看得忍不住搖頭，就連這幾年來都在攻擊他的酸民都沒想到他的表現會這麼慘。他在每晚投籃頻頻落空的畫面，讓大家都看傻了眼。十一月與十二月，他在九場比賽中平均出手十次以上、命中率卻未滿三成，其中一場更繳出了出手十四次僅命中一球的淒慘表現。看在菲爾．傑克森與羅森眼中，他在球場上的表現證實了他們的想法，也就是經歷了阿基里斯腱的撕裂傷以及這些年來累積的耗損後，他的崩盤也是可以預見的結果。

這是有生以來第一次，布萊恩的弱點在一直以來被他當作終極避風港的球場上無所遁形。更糟糕的是，他的平均出賽時間依然多達三十分鐘左右，這壓縮到了本應分給年輕球員的發揮空間。

隨著批評他的聲浪越來越大，布萊恩突然在十二月宣布他計劃在球季結束時正式退休。這代表他以蹩腳且尷尬的方式承認了一個明顯的事實：他的身體已經遠遠沒有承受如此高強度聯賽的能力了。

他以一封寫給比賽的情書，宣告出自己將會退役的事實。這封信中，寫滿了他對於這項運動有著多麼深刻的愛。在這個球季以三勝十三敗展開的當口，他承諾自己將會在這個球季結束時，也就是四月的時候褪下球衣。包含巴克利在內，很多人都不懂為什麼他要退休得如此拖泥帶水、不直接說退就退。而看在許多了解他的人眼中，布萊恩就像是一名患有籃球成癮症的患者，會這麼做，也證明了他依然深陷於球場中，只想盡可能地把這個無法避免到來的日子推得越遠越好。

這也使得他過去的偉大與現在的悲愴形成了鮮明的對比。布萊恩在幾年前曾保證自己會打到「打不動為止」，而且不想把自己的退休搞得像一齣從一座又一座有者NBA球隊的城市中接連上演、四處接受球迷最後禮讚的悲壯巡演。但在他發出退休宣言後，他的最後一季，就是以這個形式進行的。即使布萊恩每場的手感依然冰冷、湖人也一場接著一場地輸球，但球迷們還是因此湧入了球場，讓他在每一座客場都受到了英雄式的歡迎。

那年十二月，他回到了每年都會在賽程中安排造訪一次的費城，桑尼·希爾在那裡迎接他、家鄉球迷們為他歡呼吶喊、曾經帶過他的教練與他的老朋友們，也紛紛想跟他要一張搶手的珍貴門票，在這場比賽中與他見上一面。等了二十年，布萊恩終於能夠沉浸在這座城市給他的愛與支持之中了。

接下來，他的表現開始回溫，雖然不到優異的地步，但至少沒有打得很糟。喜愛他的球迷們從世界各地趕來歡送他，也讓他超越當時風靡全球的當紅炸子雞、正在帶領球隊挑戰歷史紀錄並朝季後賽前進的柯瑞，再一次在北境之地多倫多成為明星賽人氣王。

來到多倫多的布萊恩沒有往日的氣焰，而是抱持著另一種沉靜到幾乎是悠然自得、對這一刻充滿感激的心情來到現場。這場比賽，也成為了他告別巡演的最高潮。

這些時間以來，布萊恩開始透露他已經接受自己的時代成為過去的事實，是時候放眼褪下球衣後的未來了，而他也一直在為此默默地做著準備。

「這是個挑戰，」布萊恩在接受《紐約客》（New Yorker）的採訪時表示，「我要把挑戰的目標轉換成做到大多數人認為體育選手辦不到的事情，也就是在退休後找到其他能一展長才的領域。喬治·亞曼尼

（Giorgio Armani）直到四十歲才開創了亞曼尼（Armani）的品牌，四十歲！所以我的人生還長得很呢。」

後來他揭露了自己的偉大計劃，是透過自我品牌的推廣，繼續敘說他的傳奇，而這可以說是他從十幾歲起被愛迪達簽下之後，整個職業生涯中不斷在嘗試的目標。毫無疑問的是，他能做的事還很多，往後的日子也還很長，可以用來讓他實踐這個偉大的品牌構想，並實現他的希望。

總體而言，這幾年來他從NBA賺了三億兩千八百二十三萬美金的薪水，在生涯總薪資上僅次於賈奈特的三億三千五百八十七萬美金。＊有了這麼多錢，看起來布萊恩根本不需要再費力替自己書寫更多傳奇了，畢竟他身為一名鬥士的傳說事蹟早已毋庸置疑地名留青史、永垂不朽。

然而鮮為人知的是，此時的布萊恩正在計劃一場波瀾壯闊的告別秀。四月中於史戴波中心出戰爵士的比賽，將是他的最後一戰。而隨著人們對他最後一季的感傷情緒日益增長，他開始授權了一系列高價且限量的帽子與外套上市販售，每件都要價數千美金。布萊恩很清楚自己在市場上的價值，畢竟這二十年以來，有數不清的好萊塢明星與百萬富翁來到球場，只為了看他上場比賽。

在這場最終戰役的好幾個月前，布萊恩就以《親愛的籃球》（Dear Basketball）這首詩，替自己準備好最盛大的舞台：「我的心智可以承受打擊。我的靈魂可以經受磨難。但我的身體明白，現在，說再見的時候已經到來。」

布萊恩也為了他的最後之舞努力訓練，準備展現最後一場盛大的煙火秀。他可不想搞砸自己的最後一場比賽，使之成為虎頭蛇尾的悲慘結局。畢竟，他的傳奇性就是他的品牌。因此他為了自己的終局之戰下了極大的苦心，而在這一刻，他終於可以不顧年齡在整個球季帶給他的限制而火力全開。他知道，自己可以在這

＊ 譯按：勒布朗．詹姆斯在二〇二〇年十二月與湖人達成兩年八千五百萬美金的續約協議後，他的生涯總薪資將在這份合約履行完成後超越賈奈特與科比等人，達到史上最高的四億三千五百萬美金。

場職業生涯的終曲釋放出自己的全部，並留下一段值得後人津津樂道的謝幕之作。誰知道呢？如果他在生涯最後一場、也是他的第一千三百四十六場例行賽能夠保持火燙的手感，或許能拿個三、四十分呢。

這不是不可能。好幾年前，他曾經向喬丹尋求過如何兼顧數據與勝利的智慧以得高分的合理方式。這麼多年以來，這也一直是他衡量自我的標準。他在最後一季並沒有贏得多少勝利，但如果他能在最後一戰取回一些魔力，那麼他將有辦法以另一種形式戰勝每個運動員都會面對到的最大敵人——時間。

「老實說，我也不敢相信自己真的辦到了。」比賽結束後，他曾如此表示。

當然，爵士全隊也難以置信。

「我們幾乎都為此震撼不已。」當時效力爵士的海沃德（Gordon Hayward）在賽後表示。

當他最後一次與年輕隊友進行賽前精神喊話時，布萊恩表示，自己只有一個希望。

「我希望你們努力打球，」他說，「這是我唯一的要求。」

他以與本季截然不同的姿態出現在球場上，他的表現也美得有如一場夢。湖人整場比賽一直落後到第四節，差距多達十四分。從這一刻起，布萊恩彷彿回春，並朝著不可思議的單場六十分進發。此時三十七歲的他，就像進入了無我的境界，帶領湖人以一百零一比九十六拿下這場逆轉勝，迎接滿場起立球迷的喜悅、淚水以及震天價響的歡呼。

數字會說話，也能告訴你這場比賽有多麼驚奇。

布萊恩在第四節得到二十三分，比爵士全隊的二十一分還要多。

湖人絕地大反攻時，他一個人連得了十七分。

雖然這個球季聯盟中的高得分比賽增加了，但從二〇一五—一六年球季到這場比賽之前，還沒有球員能在單場比賽攻下六十分。

正如記者貝克指出，自從一九六三年截至當時，NBA只出現了三十一場有球員得到六十分以上的比賽，過去十一個球季更只出現了八場，而這八場中有五場是布萊恩貢獻的。

一九六九年，三十二歲、得到六十六分的張伯倫成為聯盟能得到六十分以上的球員中最年長的一位。布萊恩以這場驚天動地的比賽揮別自己的籃球生涯後，三十七歲的他刷新了這個紀錄。

為了達成今晚的成就，布萊恩出手了生涯新高的五十次，並命中其中二十二球。其中三分球則留下二十一投六中的表現。而他也注意到了那個夜晚，有一個奇怪的現象。「我的隊友們都在鼓勵我，一直跟我說，『出手、出手、出手』。」他在賽後表示，「一切都反過來了，本來是個惡人的我，現在成了英雄。大家本來都在叫我『傳球』，現在都要我『出手』，這個感覺真的很奇妙。」

同一天，勇士在奧克蘭（Oakland）贏得了歷史性的七十三勝，超越喬丹在一九九六年率領公牛贏得的七十二勝，創下NBA史上單季最多勝的紀錄。但布萊恩告別球壇的驚人之作，完全壓過了他們的鋒頭。

這場比賽，布萊恩利用最後一次機會，讓湖人球迷想起他們這麼多年來為什麼會一直喜愛這名球員。雖然這跟中國比起來，當地的球迷人潮顯得有些小巫見大巫，畢竟布萊恩的最終戰在中國吸引了一億一千萬人觀看。這個男人在他們心中，是有如貓王一般的存在。

「我不敢相信一轉眼間這二十年就過了。」賽後他對史戴波中心的球迷表示感謝時這麼說。

他曾經是個追逐夢想的男孩，如今終於成為人們心中的英雄人物。隨著他宣告了自己將展開的寫作計畫，也代表著他在球場上競逐的日子譜上了休止符。布萊恩以一場近乎完美的演出，讓這趟旅程就此落幕。

「沒有人能寫出更好的結局了。」他說。

發表感言後，他高舉手臂、把手指指向觀眾致意，並留下最後一句話。「Mamba out。」

片刻之後，印有這句短語的上衣便開始在他的網站上販售了。他整個生涯都在渴望著成為那個站上頂峰的男人，現在他終於完全成為一位能夠掌控大局的人物。一切的問題幾乎都被他找出了答案，或許只剩下最重要的一個疙瘩了，那就是喬與潘・布萊恩缺席了這場比賽，還有許多待解的分歧橫亙在這對親子之間。

不幸的是，喬·布萊恩在二〇一六年的夏天對一位朋友透露，他的妻子潘被診斷出患有腦瘤，並隨即進行了手術。喬·布萊恩接著表示，潘在動完手術後已經回到家中，並在持續康復。這道家庭創傷或許能夠增加他們和解的機會，並有希望讓布萊恩與父母間的連結更加緊密。

那年七月，就在母親發病的期間或稍晚的時段，布萊恩在《球星論壇》（The Players' Tribune）上寫了一篇《致年輕的自己》（A Letter to My Younger Self），看起來有一部份是想藉此說明他幾年前停止為父母提供經濟支援的原因。

如果要挑一個最能讓布萊恩一家言歸於好的場面，那麼答案肯定是喬·布萊恩在義大利征戰期間所屬球隊的老闆馬廷蒂所想到的景象。或許在某個聖誕節，他們可以回到斯里吉洛的托斯坎小村。在那個高山上的家，會在假期間被潘打點得美輪美奐。馬廷蒂若有所思地說，如果這家人能重遊故地，或許就能化解彼此的衝突，並讓他們重新找回共築美好家庭的愛。

隨著一家人一同沐浴在柔和的燭光下，就讓故事到此結束吧，讓愛人們與子子孫孫歡聚一堂，享受著假期的溫暖快樂。此時喬和科比會走在車道上，雖然他們已經老得沒辦法單挑了，但或許比場『H-O-R-S-E』花式投籃還是沒問題的。

噢，我的天，光是想到這裡，似乎就能聽到他們在噴什麼垃圾話了……

致謝

感謝每個接受採訪、並對科比．布萊恩及其家人提出各自見解的人。此外，多虧有了這幾年來在費城、洛杉磯和整個ＮＢＡ工作的記者們平日的投入，才讓這本書能夠完成。

非常感謝崔特曼（Jeremy Treatman），他幫助我安排幾位接受採訪的關鍵人物，也在接受我訪問時分享了他自己和科比的經歷。沃爾菲爾（Gery Woelfel）也貢獻了多則ＮＢＡ球員與教練的訪談，討論他們的布萊恩回憶。亨特（Donald Hunt）則替本書增添了許多一針見血的見解和研究上的幫助。

柏奈特（Larry Burnett）也在許多採訪和背景調查上給予了協助。

派特與蘇．佛林（Pat & Sue Flynn）在我研究義大利方面的資料時給了我極大的幫助，當然，也要感謝孔蒂（Alessandro Conti）。

感謝派特希雅．威爾斯（Patricia Wells）、凱倫．拉森比（Karen Lazenby）、圖瑪斯（Morgan Thumas）、霍洛威爾（Mike Hollowell）等人的協助，幫我把四百小時的採訪轉成逐字稿。

霍洛威爾在費城查的資料也惠我良多，圖瑪斯也在我蒐集資料時幫了我很多忙。

感謝我的朋友里貝羅（Jorge Ribeiro），給了一張我在二〇〇〇年採訪科比的照片，這張拍得真棒。我也感謝譚希（Lorna Tansey），惠賜了我多張布萊恩在史戴波中心最後一戰的照片。

我也必須感謝擔任我經紀人多年的卡尼切利（Matthew Carnicelli），他對我的作品充滿信心，並致力於將它推廣給更多的讀者。

另外，帕斯利（John Parsley）這位利特布朗出版社（Little Brown）的編輯有著巨大的熱情與天賦，幫助身為作者的我得到了許多成長。

而在許多方面上，我能夠獲得成長，也得感謝包括編輯歐拉—霍根（Malin von Euler-Hogan）在內的利特布朗出版社全體工作人員。我還要感謝自由編輯柏格斯（William Boggess）、帶領著出色製作團隊的班·艾倫（Ben Allen）與審稿編輯凱瑟琳·庫柏（Katharine Cooper）。校稿人威爾森（Scott Bryan Wilson）、負責索引編排的萊斯基（Heather Laskey）與書衣護封設計希考克斯（Neil Alexander Heacox）都把自己的工作做得很棒。另外我也要感謝製作協調瑪特林（Melissa Matlin）、印刷協調菲莉斯（Lisa Ferris）以及利特布朗出版社的出版與製作團隊。

法律顧問諾蘭（Chris Nolan）也作出了許多重要貢獻。

賈瑞嘉（Elizabeth Garriga）與索薩德（Maggie Southard）也打造了一支出色的宣傳團隊，不遺餘力地推廣本書。

最後我要感謝蒙格利（Gabriella Mongelli）和佛拉勒（Jeff Fraler）在編制本書平裝本時不辭艱辛的努力。

終幕

二〇一六年，我出版了《生來張狂》這本傳記。而就在二〇二〇年一月二十六日的悲劇發生不久後，一位來自以色列的讀者傳了一則訊息給我，說他很喜歡這本書。

「我們從來沒有想到，這本書這麼快就成為用來悼念他的回憶了。」他難過地補充。

在直升機墜毀，四十一歲的布萊恩、他十三歲的女兒吉安娜（Gianna）以及其他七人因此殞命後，全球數百萬的球迷都因此震撼不已，想找出事件發生的原因。

「他會如何被世人銘記？」如潮水般湧向我的媒體在這件令人心碎的事故發生後採訪我時這麼問。

「這麼說吧，」我想了想，「科比．布萊恩與他的象徵，將會繼續留在全世界球迷的心中，與他們繼續前進。」

舉例來說，八號。

當然還有，二十四號。

還有「曼巴」、「金童」（The Kid）、「Kobester」這幾個綽號也是，當然就連由歐尼爾命名、讓他很討厭的渾名「愛現鬼」，也會流傳下去。

就像是NBA很快就決定以他的名字替明星賽MVP獎盃命名一樣，他的英魂將繼續留在史戴波中心與美國國家籃球協會，影響籃球這項運動的運作與特質。

只要有人忍著傷痛上場打球，這些「有如科比」的舉動，就會讓人想到他的影子。

在復健的人們也會想到他，想到他堅持在阿基里斯腱斷裂後靠著自己的力量走下球場，並在賽後還有辦法在媒體面前侃侃而談。

從許多方面來看，他也是訓練、影片研究與賽前準備的代表人物。

布萊恩先生在做每件事時都立下了一個很高的標準。他因此成為訓練界的代表人物，也因為在菜鳥時就為了幫助湖人贏球而無懼於承擔出手了多次籃外空心的惡名，便成為無所畏懼、果決與信心的代名詞。

或許最特別的是，他很尊重女子籃球，也讓人更深刻地想起他與愛女、暱稱「吉吉」（Gigi）的吉安娜因為都熱愛競爭，而建立起的珍貴父女情。在那個悲劇發生的星期天晚上，我在接受完另一次媒體採訪後臨時起意打電話給女兒時想到了這些事。

我幾年前開始採訪科比時，我的小女兒才剛開始接觸籃球。她先是加入了一支AAU球隊，接著繼續在高中和大學打球。在她只有十二、三歲的時候，科比曾坐著寫了一張便箋給她，要她永遠不要放棄自己的夢想。現在她已經是一名生活在波士頓的母親了，在那之後她也一直注意著科比是怎麼教自己女兒打球的，因為當她和科比的女兒在相同年紀時，也受到了科比帶給她的極大影響。

和科比很像，我的女兒也是個做什麼事都很認真、並恪遵職業道德的人。當我打電話給她時，她告訴我，她找到了那張科比親筆寫下的便條。

在我們父女之間，科比也有著舉足輕重的地位。他是我們共同的回憶，即使在他麻煩纏身的那陣子，我的女兒還是十分尊敬著科比。

「科比是我們重要的夥伴。」我提醒她。

對他在湖人征戰二十載時，贏得了數不清有幾百萬的球迷、為人父母者與他們的孩子來說，科比，也一樣是「他們重要的夥伴」。

在他過世之後，許多媒體在採訪我時都會問，為什麼布萊恩對世界上的這麼多人來說，都有著如此重要的意義。

你覺得為什麼科比能引起這麼多人的共鳴？

「噢，我想這個原因很簡單，」我回答，「他不是完人，有許多缺點，某種程度上，這些缺點幾乎毀了他的職業生涯，但他卻有著重起爐灶的意志力與運氣。而有一點在科比的一生中從來沒有變過，那就是他全心全意想要獲勝的態度。在很多方面來說，這一點沒有人能比得上他。他在做任何事時都竭盡全力、會做好每一個細節也不會推卸任何責任。他的訓練刻苦到甚至會傷害到自己的程度。而從他開始打球的第一天起，他就以一股純粹的精神投入在這項運動之中。」

換句話說，他從未在這項自己深愛的運動中的任何環節放水過、從未有過任何自欺欺人的行為。因為他對比賽認真嚴肅的態度，就像是他身體的一部分一樣。

一九九六—九七年球季剛開始、他第一次來到紐約時，就在麥迪遜廣場花園的大批媒體面前宣稱自己將會成為史上最偉大的球員。他只是個剛剛展開職業生涯的十八歲少年，但他每個字都是認真的。這不是自吹自擂。在高中時，他就日日聞雞起舞，只為了爭分奪秒地訓練，因為對他來說，訓練永遠是不足的。他在勞爾梅里恩高中有一個小團體，他們會一起提前準備訓練。所以他在紐約講這些話並沒有在吹牛，而是展現他無與倫比的雄心壯志。

他剛披上湖人戰袍時，曾經受到了不小的挫折，當時他就曾經這麼告訴我，「我只是想成為站上頂峰的那個男人，」他一遍又一遍反覆地說著，「我只是想成為那樣的男人而已。」

他想成為有史以來最偉大的球員。當然，當你說出這種話時，一定會有人開始懷疑你是不是瘋了。這聽起來的確有些瘋狂，然而在這二十年間，他從來沒有放棄過這個崇高的理想。

毫無疑問的是，在他退休後變得更像個男人了，並以《親愛的籃球》這首自己對籃球的讚歌為基礎翻拍的影片，贏得了奧斯卡獎，向這個他深愛的運動致敬。

同樣毋庸置疑的，是他也變得更成熟、成為一位能撐起家庭的男人了。而他不但是鬥士的典範，更因此被NBA社群的眾人惦念在心。

安息吧，科比，還有你最愛的「吉吉」、你的「曼巴小辣椒」（Mamba-cita）。你與你的拚戰精神，會永遠留存在你的球迷心中。

羅倫・拉森比

二〇二〇年二月

入魂 08

生來張狂

科比・布萊恩傳

SHOWBOAT: The Life of Kobe Bryant

作　　者　羅倫・拉森比（Roland Lazenby）
譯　　者　李祖明
副總編輯　簡伯儒
總 編 輯　簡欣彥
行　　銷　許凱棣、曾羽彤、游佳霓、黃怡婷
封面設計　萬勝安

出　　版　堡壘文化有限公司
發　　行　遠足文化事業股份有限公司（讀書共和國出版集團）
地　　址　231新北市新店區民權路108-2號9樓
電　　話　02-22181417
傳　　真　02-22188057
Email　service@bookrep.com.tw
郵撥帳號　19504465
客服專線　0800-221-029
網　　址　http://www.bookrep.com.tw
法律顧問　華洋法律事務所　蘇文生律師
印　　製　韋懋實業有限公司
初版一刷　2021年3月
初版8刷　2023年7月
定　　價　新臺幣750元

國家圖書館出版品預行編目（CIP）資料

生來張狂：科比・布萊恩傳／羅倫・拉森比（Roland Lazenby）著；
李祖明譯. -- 初版. -- 新北市：遠足文化事業股份有限公司堡壘文化，
2021.02
　面；17×23公分. --（入魂；8）
譯自：Showboat : the life of Kobe Bryant
ISBN 978-986-06022-0-3（平裝）

1.布萊恩（Bryant, Kobe, 1978-2020.）　2.運動員　3.職業籃球
4.傳記

785.28　　　　110001150